Ulrich Quac

Hawaii

IWANOWSKI´S REISEBUCHVERLAG

Im Internet:

www.iwanowski.de

Hier finden Sie aktuelle Infos zu allen Titeln, interessante Links – und vieles mehr!

Einfach anklicken!

Schreiben Sie uns, wenn sich etwas verändert hat. Wir sind bei der Aktualisierung unserer Bücher auf Ihre Mithilfe angewiesen.

info@iwanowski.de

Hawaii

6., aktualisierte Auflage 2009

Salm-Reifferscheidt-Allee 37 • 41540 Dormagen
Telefon 0 21 33/26 03 11 • Fax 0 21 33/26 03 33
E-Mail: info@iwanowski.de
Internet: www.iwanowski.de

Titelbild: Bildagentur Huber
Alle anderen Farb- und Schwarzweißabbildungen: Ulrich Quack
Redaktionelles Copyright, Konzeption und dessen ständige Überarbeitung:
Michael Iwanowski
Layout: Ulrike Jans, Krummhörn
Karten und Reisekarte: Astrid Fischer-Leitl, München
Titelgestaltung sowie Layout-Konzeption: Studio Schübel, München

Gesamtherstellung: B.O.S.S Druck und Medien, Goch
Printed in Germany

ISBN-13: 978-3-933041-79-1

Inhaltsverzeichnis

ÜBERBLICK

Außerdem weiterführende Informationen zu folgenden Themen:

Verzeichnis der Karten und Grafiken:

INTERESSANTES

Farbkarten

vordere Umschlagklappe: Big Island – Hawaii
hintere Umschlagklappe: Groß-Honolulu
Buchrückseite: Übersicht Übersicht Hawaii mit Seitenverweisen

So geht's:

*Das Buch ist so aufgebaut, dass dem Reiseteil ein Einblick in **Geschichte und Kultur** sowie andere Aspekte des Reisezieles (Kap. 1-2) vorausgehen. Diesem Einblick folgen **allgemeine Tipps** zur Planung und Ausführung einer Reise (**Gelbe Seiten, Allgemeine** und **Regionale Reisetipps**, Kap. 3).*
*Im Anschluss folgt der **Reiseteil** (ab Kap. 4), in dem auf alle wichtigen und wesentlichen Sehenswürdigkeiten eingegangen wird.*
*Ein **ausführliches Register** im Anhang (Kap. 10) gibt Ihnen die Möglichkeit, schnell und präzise den gesuchten Begriff zu finden.*

Legende

- Sehenswürdigkeit
- National Park
- Internationaler Flughafen
- Nationaler Flughafen
- Höhle
- Pass
- Aussichtspunkt
- Kirche
- Tempel
- Denkmal
- Fort
- Leuchtturm
- Strand
- Golfplatz
- Surfen
- Whalewatching
- Tauchen
- Museum
- Theater
- Bibliothek
- Busbahnhof
- Information
- Krankenhaus
- Friedhof
- Post
- Hotel
- Restaurant
- Camping
- Picknickplatz
- Archäologische Stätte

Einleitung

Hawaii – allein schon der Name des Archipels weckt Erwartungen an palmengesäumte Strände, Wellenreiter und polynesische Exotik. Millionen von Urlaubern sind diesem Ruf gefolgt, und kaum jemand wird vom Reiseziel enttäuscht worden sein. Waren es seit Einsetzen des Massentourismus in den 1960er Jahren vor allem Amerikaner und Japaner, die in Hawaii ihre Traumdestination fanden, so wurde die Inselkette in den letzten Jahren besonders bei europäischen Gästen immer beliebter. Die Gründe dafür liegen auf der Hand:

• Wo sonst findet man eine solche Vielzahl blütenweißer **Sandstrände**, die ganzjährig reich mit Sonnenschein gesegnet sind und alle Formen von Wassersport möglich machen?

• Wo sonst findet man in den Tropen eine solch aufregende **Naturlandschaft**, in der riesige Vulkankrater und flache Ananasfelder, zerklüftete Steilklippen und erstarrte Lavaströme, Korallengärten und schneebedeckte Viertausender, hohe Wasserfälle und wüstenhafte Steppe, dichter Regenwald und große Rinderweiden, Sandstrände und Kaffeeplantagen auf engstem Raum benachbart sind?

• Wo sonst findet man eine solche Fülle einzigartiger Vertreter der **Flora und Fauna**, wo sich viele farbenprächtige Vögel, die es nur hier gibt, Rückzugsgebiete geschaffen haben, wo sich Hibiskus, Orchideen, Anthurien, Proteen und die seltene Silversword gegenseitig zu übertrumpfen suchen und wo sich Buckelwale, Mönchsrobben und Seeschildkröten in den Wellen tummeln?

• Wo sonst findet man solch ideale Möglichkeiten an **'Outdoor'-Aktivitäten**, unter denen Golf, Tennis, Reiten, Wandern, Fahrradfahren, Triathlon, Kayaking, Parasailing, Segeln, Surfen und Windsurfen nur eine kleine Auswahl stellen?

• Wo sonst findet man ein solch reichhaltiges Angebot an **Unterkünften**, das die gesamte Bandbreite vom primitiven Zeltplatz bis zum Fünf-Sterne-Apartment mit eigenem Jacuzzi, Fax und Privatstrand oder vom gemütlichen Bed & Breakfast in einem viktorianischen Holzhaus bis zum 600-Millionen-Dollar-Fantasy-Resort mit eigener Elektrobahn und Delfinarium abdeckt?

• Wo sonst findet man eine **multikulturelle Gesellschaft**, in der es keine dominierende Gruppe gibt, sondern Weiße, Hawaiianer, Japaner, Chinesen, Filipinos und viele andere Völkerschaften problemlos und auf hohem sozialen Niveau zusammenleben?

• Wo sonst findet man eine solch anregende **Kulturlandschaft**, in der man die Relikte der Vergangenheit (u.a. die Tempel der Ureinwohner, die Häuser der ersten Missionare und Walfänger sowie christliche und buddhistische Gotteshäuser) respektiert und schützt, in der Museen, Galerien und Konzerthäuser zum Besuch reizen und wo die Moderne mit futuristischen Büro- und Hotelbauten vertreten ist?

• Wo sonst also findet man ein Stück **modernes Amerika** mit all seinen komfortablen Errungenschaften **inmitten einer Südsee-Idylle?**

Kein Zweifel: Auf Hawaii tut sich eine eigene, wunderbare kleine Welt auf, die nur darauf wartet, entdeckt zu werden. Dies kann jeder auf seine Weise tun, die Voraussetzungen dafür sind da. Daher die dringende **Empfehlung**: Verlassen Sie Ihr Urlaubsquartier, so komfortabel es auch sein mag, und lernen Sie 'Ihre' Insel(n) beim Wandern, Radeln oder Besichtigungsfahrten kennen. Und wenn es Ihr Zeitplan ermöglicht, nutzen Sie die oft sehr preisgünstigen Angebote zum *'Island Hopping'*, denn keine hawaiische Insel ist wie die andere. Die Zeit nur am Strand zu verbringen – dazu ist Hawaii einfach zu schön!

Dieses Reise-Handbuch wendet sich vor allem an Individualreisende, die mit dem Mietwagen oder auf Wanderungen den Archipel erkunden möchten. Aufgebaut ist das Buch in drei Hauptteile: Im ersten finden Sie allgemeine Bemerkungen zur Geschichte, Geologie, Kultur, Bevölkerung und Gesellschaft des alten und des neuen Hawaii. Die 'Gelben Seiten' enthalten allgemeine und regionale reisepraktische Informationen, die dazu beitragen, sich vor Ort in den Dingen des Alltags besser zurechtzufinden, und vor der Reise eine sinnvolle Vorbereitung ermöglichen sollen. Die hier enthaltenen Hinweise zu Unterkünften und Restaurants erheben keinen Anspruch auf Vollständigkeit und orientieren sich eher am 'Besonderen'. Der dritte Hauptteil schließlich stellt die einzelnen Inseln mit ihren wichtigsten natürlichen und kulturellen Sehenswürdigkeiten sowie interessante Abstecher jenseits der ausgetretenen touristischen Pfade vor. Die Reihenfolge der Inseln orientiert sich an ihrer touristischen Bedeutung. Den Anfang macht Oahu mit der Hauptstadt Honolulu, es folgen Maui, Big Island, Kauai, Molokai und Lanai.

Bedanken möchte ich mich bei allen, die dieses Buch ermöglicht haben. Unter der Vielzahl hilfreicher Geister, die mir mit nützlichen Hinweisen, logistischer Unterstützung oder Überlassen von Bildmaterial sehr geholfen haben, möchte ich besonders erwähnen: Steffen Albrecht, Gabriele Hahn, Spilios Koutroulis, Cindy Pannu, Martin Quack und Petra Stops.

Allen meinen Lesern wünsche ich eine intensive Vorfreude auf das Reiseziel sowie einen erlebnisreichen Aufenthalt auf Hawaii, das Sie sicher mit einem herzlichen 'Aloha' begrüßen wird.

Wegberg, im März 2009

I. ALLGEMEINER ÜBERBLICK

Die hawaiische Inselkette befindet sich in isolierter **Lage** zwischen dem 19. und 28. nördlichen Breitengrad und zwischen dem 154. und 178. westlichen Längengrad mitten im Nordpazifik. Sie besteht aus acht größeren und über hundert kleinen Inseln oder Riffen, die sich in einer 2.000 km langen Kette bis zur Datumslinie hinziehen. Die gesamte Landfläche beträgt 16.700 km² (zum Vergleich: Mallorca 3.460 km²), von denen allein 10.448 km² auf die 'Große Insel' Hawaii (= Big Island) entfallen, während das weit auseinander gezogene Gebiet der nordwestlichen Hawaii-Inseln nur 7 km² auf sich vereinigen kann.

Geologie

Im **geologischen Sinn** ist Hawaii ein sehr junges Land, das seine Entstehung der Drift des pazifischen Beckens über eine Magmakammer (hot spot) verdankt. Die vor 70 Millionen Jahren begonnene Bildung der Inselkette ist noch nicht abgeschlossen, d.h. dass Erdbeben und vulkanische Tätigkeit – vor allem auf Big Island und unterseeisch östlich davon – zum Erscheinungsbild gehören. Inzwischen ist der aktive Vulkanismus sogar zu einem wichtigen Element der Tourismus-Industrie geworden.

Landschaftlich ist Hawaii ein Archipel der Vielfalt und Kontraste, in dem Meer und Gebirge, Regenwald und Lavawüsten, Plantagen und Sandstrände eng benachbart sind. Zu den größten Naturwundern gehören die beiden Viertausender *Mauna Kea* und *Mauna Loa* sowie der als 'aktivster Vulkan der Welt' bezeichnete *Kilauea* auf **Big Island**, die Caldera des *Haleakala* auf **Maui**, der *Garden of Gods* auf **Lanai**, die höchsten *Steilklippen* der Welt auf **Molokai**, die Tuffkegel des *Diamond Head* und *Punchbowl Craters* auf **Oahu** sowie die *Na Pali Coast*, der *Waimea Canyon* und der *Akalai Swamp* auf **Kauai**.

Klima

In **klimatischer Hinsicht** stellt Hawaii ein ideales Reiseziel dar, in dem die Temperaturen an der Küste ganzjährig zwischen den Durchschnittswerten von 24 °C bis 27 °C schwanken; gleiches gilt für die Wassertemperaturen. Dieses Klima, das durch die tropische Lage unterhalb des nördlichen Wendekreises verursacht wird, zeigt größere Abweichungen, wenn es im Inselinneren in höhere Lagen hinaufgeht: Auf den Gipfeln des *Mauna Kea* und *Mauna Loa* kann sogar Schnee liegen!

Noch größere Unterschiede gibt es bei der Verteilung der Niederschläge. Z.B. gilt der *Mt. Waialeale* auf Kauai mit durchschnittlich 12.000 mm als 'feuchtester Ort der Welt', während nur wenige Kilometer Luftlinie entfernt ausgesprochen trockene Verhältnisse mit rund 500 mm herrschen. Verantwortlich für diese Ungleichheit sind die beständigen Passatwinde, die aus nord-östlicher Richtung heranwehen und deren Wolken sich in den Höhenlagen der hawaiischen Gebirge abregnen.

Geschichtlich wurde die Inselkette zunächst durch die Einwanderung seefahrender polynesischer Stämme ab dem 8. Jh. n. Chr. geprägt, die in den folgenden Jahrhunderten eine sehr hoch stehende jungsteinzeitliche Kultur mit Handelskontakten bis nach Tahiti etablieren konnten. Aber erst zu Beginn des 19. Jh. schaffte es *Kamehameha der Große*, die einzelnen Inseln in einem gemeinsamen hawaiischen Königreich zu vereinigen.

Mit Europa kamen die Hawaiianer wahrscheinlich schon im 16. Jh. durch die Spanier, sicher aber 1778 durch *James Cook* in Kontakt. Die nachfolgende Zeitspanne sah einerseits die zerstörerischen Folgen dieses Kontaktes (Epidemien und drastischer Rückgang der Bevölkerung, Verlust der kulturellen Identität durch Missionierung), andererseits aber den Aufbau eines neuen, blühenden Gemeinwesens auf der Grundlage der Plantagenwirtschaft. Der Arbeitskräftemangel auf den Zuckerrohrfeldern führte zur Anwerbung von Vertragsarbeitern in China, Japan, Portugal, den Philippinen und anderen Ländern, deren Nachfahren heute das ethnische Bild des Archipels bestimmen.

Geschichte

Die Oberschicht der amerikanischen Plantagenbesitzer setzte 1893 in einem Putsch die Abschaffung der Monarchie und die Ausrufung der 'Republik Hawaii' durch, im Jahre 1900 dann die offizielle Annektierung der Inselkette durch die USA. Das amerikanische Territorium mit dem bedeutenden Flottenstützpunkt Pearl Harbor war auch Ziel des japanischen Angriffs von 1941. Nach den Kriegswirren, im Jahre 1959, wurde Hawaii dann als 50. Bundesstaat (= 'Aloha State') in die Vereinigten Staaten aufgenommen. Innerhalb der USA spielt Hawaii insofern eine Sonderrolle, als es nicht nur außerhalb des nordamerikanischen Subkontinents liegt, sondern auch der einzige reine Inselstaat ist und keine gemeinsame Grenze zu einem anderen US-Territorium besitzt.

Oahu: im Polynesian Cultural Center

Die **Bevölkerungszahl** von insgesamt 1,3 Millionen entspricht einer durchschnittlichen Siedlungsdichte von nur 84 Einwohnern pro Quadratkilometer, wobei aber rund 75 % davon auf der Insel Oahu zu Hause sind (= 900.000 Ew.) und darunter wiederum ein Drittel in der Hauptstadt Honolulu. In der ethnischen Zusammensetzung der Bevölkerung gibt es nur Minderheiten, wobei die Staatsbürger europäischer bzw. nordamerikanischer und die japanischer Herkunft mit jeweils einem knappen Viertel die größten Anteile haben. Starke Minderheiten bilden daneben die Hawaiianer, Chinesen, Filipinos und Puertoricaner. Das Zusammenleben der Volksgruppen ist problemlos, was sich u.a. an den deutlich zugenommenen Mischehen zeigt.

Bevölkerung

Die ethnische Mischung macht auch den **kulturellen** Reiz des Archipels aus. Auf fruchtbare Weise haben sich Einflüsse aus Amerika, Asien, Europa und dem pazifischen Raum zu einer gesamt-hawaiischen Kultur verdichtet, ohne dass die einzel-

Anflug auf den Flughafen Honolulu

nen Volksgruppen in diesem Schmelztiegel völlig aufgegangen wären. Der Reisegast kann sich also nicht nur auf Kultstätten oder in Museen hervorragend präsentierte Funde des alten Hawaii freuen, sondern auch auf ein lebendiges Spektrum von religiösen und Volksfesten, Gotteshäusern und Tempeln, Tänzen und Liedern, in denen sowohl Traditionelles bewahrt als auch Modernes gewagt wird.

Die **touristische Infrastruktur** kann als erstklassig gelten. Die Bandbreite an Unterkünften oder Restaurants deckt alle unterschiedlichen Qualitätsansprüche und Preiskategorien ab, die Sportmöglichkeiten zu Wasser und zu Land sind für Anfänger und Fortgeschrittene gleichermaßen ideal (vor allem beim Surfen, Windsurfen, Wandern und Golfen), das touristische Angebot etwa an Leihwagen oder Helikopterrundflügen ist perfekt organisiert, das Service-Personal freundlich und engagiert.

Fremdenverkehr

Zusätzlich macht einen Aufenthalt die Tatsache angenehm, dass im Vergleich zu vielen anderen Regionen der USA die Kriminalitätsrate gering ist und soziale Spannungen weniger krass in Erscheinung treten. Mit anderen Worten: Es lässt sich kein besseres Reiseziel denken!

2. SO IST HAWAII

Hawaii auf einen Blick

Landfläche:	16.700 qkm
Einwohner:	1,3 Millionen Einwohner (84 Ew/qkm)
Bevölkerung:	21,1 % Hawaiianer und Teil-Hawaiianer, 23,5 % Weiße, 16,7 % Japaner, 13,3 % Filipinos, 3,9 % Chinesen, 2,1 % Koreaner, 19,4 % Andere
Staatssprache:	Amerikanisches Englisch, in bestimmten Siedlungsgebieten auch hawaiisch
Hauptstadt:	Honolulu (Oahu; 380.000 Ew)
Religion:	50 % christliche Kirchen (etwa zur Hälfte Katholiken und Protestanten), Buddhisten, Shintoisten
Flagge:	Im linken oberen Feld der Union Jack, sonst 8 waagerechte Streifen in den Farben rot, blau und weiß
Staats- und Regierungsform:	50. Bundesstaat der USA mit Zweikammersystem (Repräsentantenhaus und Senat)
Offizieller Staatsvogel:	Hawaiische Gans (Nene)
Offizielle Staatsblume:	Gelber Hibiskus (Pua mao hau hele)
Offizieller Staatsbaum:	Kerzennussbaum (Kukui)
Offizielle Staatshymne:	Hawai'i Pono'i
Staatsoberhaupt:	Der Gouverneur, der alle 4 Jahre neu gewählt wird (seit 2002 Linda Lingle)
Währung:	US-Dollar (US$)
Wirtschaft:	Tourismus, Militär, Landwirtschaft
Arbeitslosigkeit:	2,6 % (2007)
Problematik:	Relativ hohe Lebenshaltungskosten (25 % über dem US-Durchschnitt), Verkauf von Immobilien an ausländische Investoren

Historischer Überblick

Die polynesische Besiedlung

Angesichts der Wasserwüste um die Hawaii-Inseln ist es erstaunlich, dass sie überhaupt von Menschen in der Vorgeschichte besiedelt werden konnten. Selbst in einem modernen Düsenflugzeug kann einem die Zeit noch recht lang werden, bis man Honolulu erreicht – wie lange also mag es gedauert haben, bis Steinzeitmenschen in primitiven Kanus, ohne Seekarten oder nautische Hilfsmittel, hierhin gerieten?! Nur zur Erinnerung: Die nächsten festländischen Küsten sind alle mindestens 4.000 Kilometer entfernt, konkreter: zum Südwesten Wellington 6.702 km

Isolierte Lage

und Sydney 7.122 km, zum Osten San Francisco 3.381 km, Panama 7.511 km und Valparaiso 9.621 km, zum Westen Wladiwostok 5.991 km, Hongkong 7.987 km und Manila 7.692 km, zum Norden Alaska 4.300 km! Wie viel Mut und Gottvertrauen müssen diese Menschen besessen haben, sich auf das Wagnis einer Pazifiküberquerung zu machen, lange vor Kolumbus und wohl auch eher als die Wikinger? Wer waren diese Menschen, woher kamen sie und wann vollbrachten sie diese ungeheure seefahrerische Leistung?

Wagemutige Seefahrer

Mit Fug und Recht kann man die Polynesier die 'größten Seefahrer aller Zeiten' nennen. Die Ursprünge der polynesischen Kultur liegen in Südostasien, wo sich vermutlich einige Stämme vor rund 3.000 Jahren aus unbekannten Gründen auf den Weg machten und über Malaysia, Indonesien und die Philippinen den großen Sprung in den Pazifik begannen. Sie hatten damals schon Jahrhunderte seemännischer Erfahrung hinter sich und wussten aus Strömungen, Wellen- und Wolkenformationen, Sternen und Zugvögeln ihre Schlüsse zu ziehen. Wenn sie ihre Reise aus Landnot und wegen Überbevölkerung antraten, dann blieben ihnen weder Melanesien noch Mikronesien als Fluchtziel, denn diese Archipele waren schon besiedelt.

Das polynesische Dreieck

Es blieb ihnen nur der Weg nach Osten. Und dort, in der Mitte des Pazifiks, stießen sie schließlich auf ein weit verstreutes Inselreich, nach dem die Forschung ihnen den Namen gab (griech. *poly nissoi* = 'viele Inseln'). Dieses Polynesien hat die Form eines Dreiecks, in dessen Mitte Tahiti liegt und dessen Eckpunkte im Norden Hawaii, im Südosten die Osterinsel und im Südwesten Neuseeland bilden. Wann dieses Dreieck zum ersten Mal von Polynesiern entdeckt wurde, ist nicht ganz sicher, vermutlich jedoch in den Jahrhunderten vor und nach der Zeitenwende. Allerdings ist dieses Dreieck riesig: Von Tahiti nach Hawaii muss man z.B. etwa 4.380 km zurücklegen und von den Marquesas-Inseln nach Hawaii etwa 4.160 km! Deswegen dauerte es auch länger, bis Menschen zum ersten Mal die Extrempunkte des polynesischen Dreiecks erreichten.

Hawaii wird dabei wohl gegen 600-750 n. Chr. entdeckt und besiedelt worden sein, und zwar zunächst von den Marquesas-Inseln aus. Schließlich war etwa im 10. Jh. der gesamte polynesische Raum erkundet; das Vorkommen der Süßkartoffel *Kumara,* die aus den südamerikanischen Anden stammt, beweist sogar die unglaubliche Leistung der Erschließung eines Gebietes von 4.000 Seemeilen.

Hawaiis Ureinwohner

Der Begriff der 'polynesischen Kultur' ist insofern berechtigt, als sich Sprache, Religion, Techniken etc. auf allen Inseln von Tahiti bis Fidschi, von den Osterinseln bis Hawaii ähneln. Die isolierte Lage der einzelnen Inselgruppen brachte es aber mit sich, dass jeder Archipel sein eigenes, unverwechselbares Kulturgepräge bekam. Für Hawaii ist dabei wichtig, dass es nach den Immigranten von den Marquesas eine zweite Einwanderergruppe gegeben hat, die gegen 1000 n. Chr. von Tahiti aus eintraf. Völkerkundler gehen davon aus, dass hawaiische Legenden über die so gen. *Menehune*, in den Bergen wohnende Zwerge, auf die Ureinwohner zurückgehen, die von den Tahitianern verdrängt oder versklavt worden sind. Wohl noch bis ins 14. Jh. hinein wird die Verbindung nach Tahiti bestanden haben und mit Kanus Handel zwischen den Inselgruppen getrieben worden sein.

INFO Die Navigationskunst der Polynesier

Lange Zeit war rätselhaft, wie es die steinzeitlichen Polynesier schaffen konnten, auf ihren kleinen Einbäumen die Wasserwüste des Pazifiks zu bezwingen. Wie war es möglich, dass ihre Boote nicht kenterten, von Strömungen und Winden abgetrieben wurden? Wie war es möglich, dass man auf den beengten Kanus nicht nur Lebensmittel für die mehrwöchige Reise transportieren konnte, sondern auch noch Tiere, Saatgut und eine beträchtliche Menge Menschen? Die Boote solcher Emigrationsfahrten waren aus ausgehöhlten und mit Baumharz abgedichteten Baumstämmen gefertigt, die einen Ausleger zur Stabilisierung hatten oder von denen zwei durch Kokosnussfasern miteinander verbunden wurden (Doppelrumpf-Kanus).

Hawaiisches Doppelrumpf-Kanu im 19. Jh.

Dieses Katamaran-System erlaubte es, eine Plattform über den beiden Einbäumen anzubringen, auf denen man genügend Platz für Vorräte und Menschen hatte und sogar kleine Hütten errichten konnte. Man schätzt, dass ganze Großfamilien auf einem dieser Boote unterkommen konnten, also mehrere Dutzend Personen. Ähnlich wie die wikingischen Schiffe hatten die polynesischen Boote zwei Antriebsarten: Sie wurden gepaddelt und zusätzlich durch ein Segel (geflochtene Pandanus-Blätter) vorwärts gebracht; Strömungen und Passatwinde konnten so optimal ausgenutzt werden.

Dass sich da draußen im Meer überhaupt Land befände, das konnten die Seefahrer aus dem Flug von Zugvögeln schließen, die ja nicht ins Nirgendwo aufbrachen und regelmäßig zurückkamen. Der Regenpfeifer (Kolea) z.B. flog auf seiner Route von Tahiti nach Alaska häufig über Hawaii. Die Grundvoraussetzung für die Transpazifik-Reisen war eine genaue Kenntnis des Sternenhimmels. Priester und Seher, die in dieser Kunst unterrichtet waren, durften also auf keiner Fahrt fehlen. Diese mussten über ein sehr großes astronomisches Niveau verfügen, denn der unverrückbare Polarstern, der die Orientierung in unseren Breiten so erleichtert, ist auf der Reise von Tahiti nach Hawaii erst hinter dem Äquator zu sehen. Man richtete sich stattdessen vor allem nach dem Lauf des hellsten Südsternes (Sirius) und nach dem rötlichen Arcturus. Die Gestirne und die Begleitumstände der Seefahrt (Strömungen, Farbe des Meeres, Temperaturen, Wellen etc.) wurden von den Polynesiern genau beobachtet und in Liedern und Geschichten exakt beschrieben. Weitere Naturphänomene wie wechselnde Windrichtungen und das Auftauchen von Küstenvögeln oder Walen und Delfinen gaben Anhaltspunkte, dass man sich dem Ziel näherte. Die Polynesier, die von Süden auf Hawaii zusegelten, werden zudem nachts schon von weitem den Feuerschein der Vulkane auf Big Island als überdimensionierten Leuchtturm gesichtet haben.

Trotzdem: Bei den riesigen Entfernungen und der Gefährlichkeit des Meeres dürfte die Anzahl derjenigen, die niemals in Hawaii angekommen und in der Weite des Pazifiks verschollen sind, die Zahl der tatsächlichen Immigranten übersteigen. Man schätzt, dass insgesamt über eine halbe Million Menschen bei den Fernfahrten der Polynesier umgekommen sind. Eine Reise von Tahiti nach Hawaii wird mehrere Wochen gedauert haben, was besondere Anforderungen an die Proviantierung stellte. Mit Regenwasser konnte man nicht zu jeder Jahreszeit rechnen, also mussten zusätzlich Kokosnüsse mitgenommen werden. Als Nahrung dienten gepökeltes Fleisch, Trockenfisch und frisch gefangene Meerestiere. Die mitgeführten Tiere, die ja auch auf Futter angewiesen waren, waren jedoch tabu und durften nicht berührt werden, denn sie sollten das Ziel lebend erreichen, sich dort vermehren und langfristig das Überleben sicherstellen.

Später verlernten die alten Hawaiianer jene Segelkunst, ohne die sie ihre Heimat nie erreicht hätten. Erst 1976 stach noch einmal ein traditionelles, 20 m langes und knapp 3 m breites Boot in See: Es war die 'Hokulea', die auf der Grundlage alter Berichte von erfahrenen hawaiischen Bootsbauern gebaut worden war, um die Hochseetüchtigkeit der Segelkanus zu beweisen. Nach einer 17.000-Kilometer-Reise nach Tahiti und nach Neuseeland war ihr dies eindrucksvoll gelungen.

Die europäische Entdeckung

Waren Spanier die Ersten?

Europäer im Südpazifik

Die Wissenschaft ist sich uneins, ob vor *James Cook* Südeuropäer die pazifische Inselwelt gesichtet haben, vielleicht sogar Kontakt mit deren Einwohnern aufnahmen. Die Möglichkeit war immerhin gegeben, hatten doch mehr als 220 Jahre vor dem britischen Weltumsegler die Spanier begonnen, regelmäßig den Pazifik auf der Route Mexiko – Philippinen zu befahren. Zwar ging der damals übliche Seeweg entweder nördlich oder südlich an der Inselgruppe vorbei, doch wissen wir aus den zeitgenössischen Logbüchern, wie oft die Spanier damals vom Kurs abkamen und unfreiwillig in bislang unbekannte Gebiete vorstießen. 1527 soll beispielsweise nach nicht bewiesenen Quellen *Juan Gaetano* vor dem Archipel vor Anker gegangen sein. Als in den Kaperkriegen zu Beginn des 18. Jh. spanische Seekarten in die Hände der Engländer fielen, waren dort Inseln mit Namen *La Mesa* (= der Tisch) und *Los Monjos* (= die Mönche) etwa an der Stelle eingezeichnet, an der Hawaii zu finden ist.

Weitere Funde und Berichte lassen Spekulationen aufkommen, ob Spanier nicht nur Hawaii sichteten, sondern dort auch an Land gegangen sind und einen nachhaltigen Einfluss auf die insulare Gesellschaft gehabt haben. So fand man in den 1950ern z.B. im Sarg des vergötterten Häuptlings *Lono* aus dem 17. Jh. ein kleines Eisenstück, das die Hawaiianer niemals selbst hervorgebracht haben können. In den frühen mündlichen Berichten der Ureinwohner ist zudem von hellhäutigen Menschen die Rede, und die Prunkausrüstung eines hawaiischen Kriegers erinnert mit Helm, Dolch und Umhängen auffällig an spanische Moden. Selbst die bevorzugten Farben der Häuptlings-Federumhänge, nämlich Rot und Gelb, werden von Forschern mit einem frühen Kontakt zu Spaniern in Verbindung gebracht, die die gleichen Farben für das Königshaus reserviert hatten. Alle diese Mosaiksteine erhärten in ihrer Summe die Vermutung, dass Spanier die ersten europäischen Entdecker Hawaiis waren, bringen dafür jedoch keinen stichhaltigen Beweis.

Spanische Relikte?

Captain James Cook

Eindeutig bewiesen und in vielfältigen Quellen dokumentiert ist natürlich die 'Entdeckung' des Archipels im Januar 1778 durch ***James Cook*** und die Besatzung der Schiffe *Resolution* und *Discovery*. Auf zwei Weltreisen hatte sich *Cook* damals bereits Ruhm erworben und bahnbrechende Entdeckungen gemacht, auch waren ihm große Teile der polynesischen Inselwelt bekannt. Ab 1776 befand sich der britische Weltumsegler auf dem Weg in die Arktis, wo er die berüchtigte Nordwest-Passage finden sollte. Mehr zufällig stieß er dabei mitten im Pazifik auf Hawaii, wo er Ende Januar 1778 an Oahu vorbeisegelte und in der Bucht von *Waimea* auf Kauai vor Anker ging. Bereits am nächsten Tag fand in freundschaftlicher Atmosphäre der erste Kontakt zu den Einheimischen statt und wurden die ersten Güter getauscht.

Vorstoß der Briten

Die HMS Resolution (neuzeitliche Darstellung)

Die Besatzung verbrachte nur eine kurze Zeit auf Kauai und Niihau, wenige Tage, die aber trotzdem mehrere Konsequenzen hatten: Zunächst einmal entstanden die ersten Aufzeichnungen über Leben und Kultur der Hawaiianer sowie über die Fauna und Flora des Archipels. Zusammen mit Beschreibungen bei den späteren Aufenthalten stellen diese Dokumente die wohl wichtigste historische Quelle über das frühe Hawaii dar, insbesondere das Logbuch von James Cook und die Illustrationen des Schweizers *Johann Wäber* (engl.: *John Webber*). Bei der Gelegenheit taufte Cook die Inselkette übrigens 'Sandwich-Inseln', nach *John Montagu,* dem vierten Earl of Sandwich und wichtigsten Förderer des Kapitäns. Zweitens schenkten die Weißen den Einheimischen Ziegen und Schweine sowie einige Samen von Früchten und setzten damit unfreiwillig eine verhängnisvolle Entwicklung in Gang, die schließlich die gesamte einheimische Tier- und Pflanzenwelt in Mitleidenschaft ziehen sollte. Auch die Sexualkontakte, die die Matrosen und Offiziere mit den freigiebigen Inselmädchen eingingen, sollten für die hawaiische Gesellschaft furchtbare Folgen haben, indem Syphilis, Gonorrhöe und andere Krankheiten Einzug hielten. Und drittens schließlich war der angenehme Aufenthalt auf den Inseln der Grund, dass Cook später zurückkehren sollte.

James Cooks Reise

Die nächsten sieben Monate verbrachten die Schiffe in der eisigen Kälte der Arktis, ohne die Nordwest-Passage tatsächlich zu erreichen und in den Atlantik zu gelangen. Cook entschloss sich, die Heimreise auf gleicher Route wie bei der Hinfahrt anzutreten, wobei er wegen seiner guten Erfahrungen auf Hawaii und wegen zwingend notwendiger Reparaturarbeiten dort eine Zwischenstation plante. Im November 1778 traf die kleine Flotte an ihrem Ziel ein, erkundete allerdings zunächst die gesamte Inselwelt (wobei u.a. die Insel Maui 'entdeckt' wurde), um schließlich am 17. Januar 1779 in der Kealakekua-Bucht im Westen von Big Island vor Anker zu gehen.

Der Empfang, der den Europäern dort bereitet wurde, übertraf alles, was sie bis dahin in Polynesien erlebt hatten. Offiziere schätzten, dass rund 3.000 Kanus und etwa 10.000 Einheimische versammelt waren, und in Cooks Tagebüchern ist nachzulesen, welche Feierlichkeiten, Geschenke und Speisen von den Hawaiianern aufgeboten wurden, um ihre Gäste zufrieden zu stellen. Der Grund für eine solche außergewöhnliche Zuvorkommendheit: Erstens hatte Cook als Ankerplatz zufälligerweise einen heiligen Ort ausgewählt, an dem gerade damals die größte religiöse Zeremonie zu Ehren des Gottes *Lono* abgehalten wurde. Und zweitens hielten die Einheimischen aufgrund dieser Vorzeichen und wegen ihrer Legenden, die bis in Details auf Cook und seine Schiffe zuzutreffen schienen, ihn für den Gott Lono persönlich.

Nach zwei Monaten, in denen die Weißen nicht nur mit Geschenken überhäuft wurden, sondern auch die Schiffe instand setzten und erneut das freizügige Leben genossen, stachen die *Resolution* und *Discovery* am 4. Februar endlich in See. Allerdings gerieten sie kurz darauf in einen heftigen Sturm, der Segel und Masten beschädigte, so dass sich Cook entschloss, zurückzukehren, um die notwendigen Reparaturen vorzunehmen. Diesmal war alles ganz anders: Nach dem Ende des Festes waren die meisten Einheimischen in ihre Dörfer zurückgekehrt und diejenigen, die man in der Bucht antraf, zeigten unverhohlen Misstrauen. Denn wieso konnte ihr Gott durch einen Sturm so in Bedrängnis geraten? Die Einheimischen, die sich für Lono-Cook verausgabt hatten und deren Lebensmittel erschöpft waren, begannen, an der göttlichen Rolle des Weißen zu zweifeln und sich in steigendem Maße durch Diebstähle zu bereichern.

Tragisches Ende des Weltumseglers

Am 13. Februar kam es zu einem Scharmützel, bei dem vier Besatzungsmitglieder und James Cook ums Leben kamen (vgl. S. 389f). Später wurden der Schiffsbesatzung einige verstümmelte Leichenteile des Weltumseglers übergeben, und man konnte in Erfahrung bringen, dass andere Teile in den Besitz von Häuptlingen und Priestern übergegangen waren. In diesem blutigen Gemetzel endete das Leben eines der größten Seefahrer aller Zeiten; und genauso blutig begann die 'moder-

INFO James Cook – Weltumsegler, Forscher und Entdecker

James Cook wurde als Sohn eines Arbeiters am 27. Oktober 1728 in Marton (Yorkshire) geboren und fuhr als Jugendlicher zunächst auf einem Kohlenschiff zur See, bevor er dann im Siebenjährigen Krieg in die Dienste der englischen Marine trat. Ab da entwickelte er eine der erstaunlichsten Karrieren eines Arbeiterkindes des 18. Jh. Sein naturwissenschaftliches und zeichnerisches Talent prädestinierten ihn für eine Expedition zur Vermessung des kanadischen St.-Lorenz-Stromes, und seine kartografischen Produkte sowie die Beschreibung einer Sonnenfinsternis im Jahre 1766 machten die britische Admiralität und die Royal Society auf ihn aufmerksam. Schließlich übertrug man ihm die Leitung jener Expedition mit der *Endeavour* (= 'Bestreben', 'Anstrengung'), die zur (Wieder-)Entdeckung der pazifischen Inselwelt führen sollte.

James Cook, zeitgenössisches Porträt

Allerdings war die Suche nach dem Südkontinent nicht der einzige Zweck dieser Reise; auf ihr sollte ein neues Mittel (Sauerkraut!) gegen den Skorbut getestet (erfolgreich) und auf Tahiti der Durchzug der Venus durch die Sonne beobachtet werden. Nach der Beendigung seiner Aufgaben und der Kartografierung Neuseelands segelte Cook 1770 an Australien vorbei und um das Kap der Guten Hoffnung herum zurück nach England – seine erste Weltumseglung! Zwei weitere Reisen (1772-75 und 1776-79) führten James Cook erneut in den Pazifik, dabei wagte er sich so weit nach Süden vor wie niemals ein Weißer vor ihm. Auf seiner letzten Fahrt sollte er mit den Schiffen *Discovery* und *Resolution* die Nordwest-Passage, also den Seeweg durchs Eismeer nördlich am amerikanischen Kontinent entlang, finden und bezwingen. Nachdem ihm das nicht gelungen war, segelte er von Alaska zurück in den Pazifik, wo der Fünfzigjährige schließlich am 13. Februar 1779 von hawaiischen Einheimischen umgebracht wurde. Seine wissenschaftliche Sorgfalt, sein seemännisches Können und seine vergleichsweise große Toleranz den Einheimischen gegenüber machten ihn zu einer der ganz großen Entdeckergestalten des 18. Jh.

Im gesamten pazifischen Raum erinnern die Namen einiger Inseln, Berge und Meeresstraßen an James Cook. Und Statuen von ihm sind im neuseeländischen Gisborne genauso zu finden wie in Anchorage/Alaska. Auf der Insel Hawaii ist sogar eine Ortschaft nach dem Entdecker benannt. Es ist auch kein Zufall, dass verschiedentlich Raumfahrzeuge der NASA nach den Schiffen des Weltumseglers benannt wurden. So gab es den Spaceshuttle *Discovery*, und vorher schon hieß die Kapsel der 15. Apollo-Mission, die 1971 zur Mondumlaufbahn geschickt wurde, *Endeavour*, an Bord befand sich damals auch ein Holzstück eben jenes Schiffes, mit dem Kapitän Cook 200 Jahre zuvor seine erste Reise in den Pazifik unternommen hatte!

ne' Geschichte Hawaiis. Denn die Überlebenden waren vom grausigen Tod ihres Kapitäns so schockiert, dass sie nun ihrerseits mit Kanonen auf Dörfer und Tempel schossen und genau jene Menschen töteten, deren Gesellschaft sie noch kurz vorher so genossen hatten.

Weitere 'Entdecker'

Nach James Cooks Ermordung übernahm der Offizier **Charles Clerke** die Leitung der Schiffe und brachte die Expedition sicher nach England zurück. Auf dem Weg sichtete und beschrieb er die Insel Lanai, die Cooks Aufmerksamkeit entgangen war. Danach gelangte noch eine Reihe weiterer wagemutiger europäischer Seeleute nach Hawaii, darunter die **Franzosen** *Jean-François Galaup de la Pérouse* und *Louis de Freycinet*, die zum ersten Mal den Katholizismus auf die Inseln brachten.

George Vancouver

Die meisten Expeditionen unternahmen jedoch die **Engländer**. Hier ist an erster Stelle die Expedition von *George Vancouver* zu nennen, der mit den Schiffen *Discovery, Chatham* und *Daedalus* insgesamt dreimal zwischen 1792 und 1794 Hawaii anlief. Vancouver, der außerdem die Nordwestküste Amerikas erforschte, betrat auf seiner ersten Reise 1792 als erster Weißer die Insel Molokai, bei seiner zweiten Reise besuchte er alle Inseln und verhandelte mit deren Königen. Ein inniges Verhältnis verband ihn mit König *Kamehameha d. Großen*, dem er mit Rat, Waffen und westlicher Schiffsbaukunst bei seinen Eroberungszügen zur Seite stand. Auf ihn geht auch die Einführung der ersten Rinder, Gänse, Orangen, Trauben, Mandelbäume und anderer Früchte zurück. Daneben brachte er die britische Flagge, den Union Jack, nach Hawaii, die auf Kamehameha so viel Eindruck machte, dass er nach diesem Vorbild eine hawaiische Flagge kreieren ließ und sein Königreich sogar unter den Schutz Englands stellte. Schließlich wurden sogar die **Russen** im Pazifik aktiv und segelten von ihrer Kolonie Alaska aus südwärts (vgl. S. 479).

Königsdynastien, Walfänger und Missionare

Während der ersten Jahrzehnte des 19. Jh. prallten auf Hawaii Ideen und Einflüsse aus allen möglichen Richtungen aufeinander und führten dazu, dass sich die Inseln in kürzester Zeit mehr veränderten als in den Jahrhunderten davor. Die Ureinwohner, schlagartig aus ihrer Isolation herausgerissen, mussten versuchen, sich mit den neuen Verhältnissen zu arrangieren. Neu war für sie auch, dass es einem aus ihrer Mitte gelingen sollte, alle Inseln in seine Gewalt zu bekommen und zum ersten Mal in der Geschichte ein vereinigtes Königreich Hawaii zu installieren. Die Rede ist von *Kamehameha I.*, dem die Geschichtsschreibung später das Attribut 'der Große' zuerkannte.

Königreich Hawaii

INFO Hawaiis Napoleon: König Kamehameha der Große

König Kamehameha wurde wahrscheinlich im November 1758 in **Kohala** auf Big Island **geboren**. Seine Eltern entstammten jeweils mächtigen Häuptlingsgeschlechtern, die große Teile der Insel Hawaii beherrschten. Der Legende nach wurde seine Geburt von himmlischen Vorzeichen begleitet, die seine spätere Bedeutung für den Archipel ankündigten. Seine ersten Jahre wurde das Kind versteckt, um nicht von konkurrierenden Clans getötet zu werden. Nach dieser Zeit wurde der Junge, der ursprünglich Paiea hieß, zum Häuptlingshof zurückgebracht und erhielt den Namen Kamehameha (= 'der Einsame').

Die nächsten sieben Jahre wurde er in sportlicher, religiöser und sozialer Hinsicht zu einem 'alii' erzogen, der später einmal als Herrscher auftreten sollte. Nach dem Tod seines Vaters wurde er im Alter von 14 Jahren von seinem Onkel, König Kalaniopuu, adoptiert. Der Junge, zu dieser Zeit bereits ein berühmter Speerwerfer und als außerordentlich klug und stark bekannt, begleitete seinen Onkel in vielen Bürgerkriegen, die diesen zum König von ganz Big Island und einem Teil Mauis machten. Zusammen mit König Kalaniopuu besuchte Kamehameha am 17. Januar 1779 die 'Discovery' und machte die persönliche Bekanntschaft Captain Cooks.

Zwei Dinge hatten ihn bei diesem Besuch besonders beeindruckt: einmal die Gewehre, Kanonen und anderen Eisenwaffen. Der kluge Stratege in ihm erkannte sofort deren Bedeutung für die Auseinandersetzung mit den herkömmlich bewaffneten feindlichen Stämmen. Zum andern das Segelschiff des Briten, das sicherer und viel größer als seine Ausleger-Kanus und für Seeschlachten weitaus besser geeignet war. Es dauerte allerdings noch eine Weile, bis er seine Erkenntnisse nutzen konnte. Erst nach dem Tod seines Onkels und nach Besuchen anderer westlicher Seeleute, die ihn mit Waffen ausrüsteten, konnte er in die ununterbrochenen Stammeskriege eingreifen.

Sein **erster Feldzug** führte ihn 1790 nach **Maui,** wo er bei Hana landete und nach und nach die gesamte Insel eroberte. Die letzten Verteidiger trieb er ins enge Iao-Tal und ließ sie dort mit einer Kanone beschießen. Im nächsten Jahr führte er einen erbitterten Krieg auf seiner Heimatinsel **Big Island** gegen seinen stärksten Rivalen, König Keoua. Kamehameha, der ohnehin schon als offizieller Wächter des Kriegsgottes Ku galt, erhielt dabei eine weitere göttliche Hilfe: Die Feuergöttin Pele sandte Vulkanausbrüche und Gaseruptionen, die die zweite Armee Keouas völlig vernichteten: Mehr als 400 Menschen starben bei dieser Naturkatastrophe! Weitere Kriege folgten, oft verbunden mit einem schrecklichen Strafgericht, bei dem die feindlichen Häuptlinge dem Kriegsgott Ku geopfert wurden. 1795 sandte Kamehameha erneut eine Kriegsflotte mit 16.000 Mann, Kanonen und Musketen gegen **Maui,** das von ihm abgefallen war, und eroberte die Insel zum zweiten Mal.

Im gleichen Jahr verleibte er auch **Molokai** seinem Reich ein und setzte die Fahrt zum dicht bevölkerten **Oahu** fort. Er landete in Waikiki und trieb die Verteidiger der

Insel ins Nuuanu Valley, wo sich diese aus Angst vor dem grausamen Herrscher die Klippen hinabstürzten. 1796 vereitelte ein Sturm Kamehamehas Eroberung von **Kauai** und **Niihau**. In Kämpfe auf den anderen Inseln verstrickt, die er alle siegreich bestand, konnte er sich erst ab 1805 wieder dem ungelösten Problem Kauai zuwenden. Bis 1810 unternahm er noch einen zweiten Feldzug dorthin, der ebenfalls an den Naturgewalten scheiterte, bis schließlich ein Vertrag zustande kam, der Kauai eine gewisse Autonomie zusicherte, aber im Prinzip die Herrschaft Kamehamehas über die Insel bestätigte.

'Der Einsame' hatte es also geschafft, alle bewohnten Inseln des Archipels in einem **Königreich zu vereinen** und eine **Dynastie** zu begründen, die noch fast ein Jahrhundert Bestand haben sollte. Gleichzeitig leitete er durch seine **Kontakte zu den Weißen** jedoch auch jene Entwicklung ein, die schließlich zum Ende eben dieses Königreichs führen sollte. Auf seinem Weg zur Alleinherrschaft bediente er sich der militärischen und wirtschaftlichen Macht der 'Haole' (= Weißen), nahm Waffen und Ratschläge etwa des Kapitäns George Vancouver an und betätigte sich auch im **Welthandel**, indem er die Sandelbäume abschlagen und das duftende Holz nach China verkaufen ließ.

König Kamehameha der Große

Wenn es opportun war, legte er seinen Federumhang ab und ließ sich in westlicher Kleidung sehen. Vor allem von der Macht des britischen Weltreiches war er beeindruckt. So ließ er mit Hilfe des Kapitäns Vancouver ein Schiff nach westlichem Vorbild bauen, dem er bezeichnenderweise den Namen Britannia gab. Und der Union Jack sollte ab dieser Zeit auch auf den hawaiischen Schiffen wehen. Kamehameha ging sogar so weit, George Vancouver eine Botschaft mitzugeben, nach der das Königreich Hawaii unter den Schutz Englands gestellt werden wolle.

Von seiner inneren Einstellung her blieb Kamehameha seinem polynesischen Ursprung treu. Er respektierte das Kapu-System, opferte den Göttern, folgte dem Rat der Priester und umgab sich mit einem Harem adeliger Frauen. Seine Lieblingsfrau Kaahumanu sollte später seinen Platz einnehmen. In seinen späteren Jahren konnte Kamehameha dem Inselreich die lange ersehnte **Friedenszeit** bringen. Er ließ überall im Land Tempel bauen und galt in seiner unumschränkten Macht als weise und mild, so dass er sich den Beinamen 'der Große' zu Recht verdiente. Der 61-jährige Kamehameha **starb** am 8. Mai 1819 bei **Kailua**/Big Island. Nach alter Tradition wurden seine Gebeine an einem geheimen Ort beigesetzt.

Der Beginn des Handels

Nach Cooks 'Entdeckung' legten schon bald Schiffe aus aller Herren Länder in den hawaiischen Häfen an. Denn die Inselkette lag fast genau in der Mitte der lukrativen Route zwischen Asien und Amerika. Waren aller Art, vor allem aber Pelze aus Nordwestamerika und Seide, Textilien und Gewürze aus China, konnten nun gefahrloser über den Pazifik transportiert werden, da sich auf der Zwischenstation Hawaii die ideale Gelegenheit ergab, Vorräte aufzufüllen und Wartungsarbeiten zu tätigen. Dieser Zwischenstopp war auch aus anderen Gründen interessant: Schließlich bot der Archipel eigene Produkte wie z.B. Sandelholz zum Export an, während dort wiederum z.B. Feuerwaffen, Alkohol, Spiegel etc. reißenden Absatz fanden. Außerdem hatte es sich herumgesprochen, dass die polynesischen Mädchen Liebesabenteuern nicht abgeneigt waren.

Unter den Händlern waren nicht wenige Seebären und Haudegen von äußerst zweifelhaftem Charakter. Die schlimmsten Auswüchse ereigneten sich noch zu *Kamehamehas* Lebzeiten, als sich *Simon Metcalfe*, der Kapitän des amerikanischen Schiffes *Eleanora*, im Jahre 1790 für den Tod eines Matrosen und den Diebstahl eines Bootes rächen wollte. Mit Kanonen ließ er die Grashütten und Tempel einer kompletten Siedlung niederbrennen, anschließend segelte er zum nächsten Dorf weiter, wo *Metcalfe* das Feuer auf die ahnungslosen Einheimischen eröffnen ließ. Rund 100 Tote und noch mehr Verwundete waren die Folge dieses Blutbades, das nach seinem Schauplatz auf Maui als **Olowalu-Massaker** bekannt wurde.

Kämpfe gegen die Weißen

An der Kona-Küste von Big Island züchtigte der Kapitän kurze Zeit später den Häuptling *Kameeiamoku* mit einem Schiffstau. Dieser schwor daraufhin dem nächsten *Haole*-Schiff, das er sehen würde, Rache. Ein solches kam einige Wochen später aus Amerika herangesegelt, trug den hübschen Namen *Fair American* und stand – Ironie der Geschichte! – unter dem Kommando von *Metcalfes* Sohn *Thomas*. Mit einigen Gefolgsmännern konnte Häuptling *Kameeiamoku* das Schiff entern, die Besatzung über Bord werfen und im Wasser mit Keulen und Paddeln erschlagen.

Solche Grausamkeiten waren allerdings nicht die Regel, und sie nahmen weiter ab, als *Kamehameha I.* die Zügel in seinem Königreich fester in die Hand bekam. Es waren andere Probleme, die nun in den Vordergrund drängten. Erstens war bereits eine ganze Generation von Hawaiianern durch **Krankheiten** gezeichnet – aufgrund der relativ hohen Promiskuität hatten sich Syphilis und andere Geschlechtskrankheiten rasend schnell über die Inseln ausgebreitet; hinzu kamen Masern, Typhus, Keuchhusten und Grippe, gegen die die Einheimischen keine Abwehrkräfte besaßen. Und zweitens tauchte zu Anfang des 19. Jh. die raue Gesellschaft der Walfänger in Jahr für Jahr größerer Anzahl vor Hawaii auf.

Dezimierung durch Krankheiten

Die Walfänger

1819, dem Todesjahr von *Kamehameha I.*, wurden die ersten Walfänger in hawaiischen Gewässern aktiv. In Europa und Amerika gab es einen steigenden Bedarf an Lampenöl, die Mode verlangte nach Fischbein, und die Parfümerien nutzten verschiedene Essenzen, die aus den Walköpfen gewonnen wurden. Die nordatlantischen Gewässer um Spitzbergen und Jan Mayen waren mehr oder weniger leergefischt, so dass die Nachricht, rings um das neu entdeckte Hawaii gäbe es enorme Bestände der Meeressäuger, eine internationale Flotte von Walfängern in Bewegung setzte. Dass die Jagd auf die mächtigen Pottwale, die die Walfängerboote oft an Größe übertrafen, eine harte und gefährliche Arbeit war, weiß jeder, der einmal *Herman Melvilles* Roman *Moby Dick* gelesen hat. Sobald der Ausguck das charakteristische 'Blasen' eines Wales meldete, begann eine fieberhafte Tätigkeit. Kleine Ruderboote wurden zu Wasser gelassen und in Windeseile in die Nähe der riesigen Säugetiere gebracht. Dort musste der Harpunier den Wal mit aller Wucht und sehr gezielt treffen, damit er ernsthaft verletzt war, nicht mehr tief abtauchen konnte und von weiteren Harpunen zur Strecke gebracht werden konnte.

Wirtschaftsfaktor Walfang

Immer bestand die Gefahr, dass das Tier den Harpunier oder gleich das gesamte Ruderboot mit in die Tiefe zog oder in Panik auf das Mutterschiff zuraste und es zerstörte. Hatte man Glück und der Pottwal war verendet, musste er längsseits an das Walfängerschiff gebracht werden, wo man begann, mit Äxten und speziellen Spaten Bahnen von Speck aus dem Tier herauszuschneiden. Diese wurden in großen Kesseln an Bord zu Tran und so gen. Spermöl verkocht, das man in großen Fässern lagerte. Den riesigen Kopf zerhackte man in Teile und schaufelte aus dem Gehäuse den kostbaren Walrat, ein begehrtes Produkt für die Parfümerien der westlichen Welt.

Walfänger im Pazifik (zeitgenöss. Darstellung)

Für Hawaii war der Walfang Segen und Fluch zugleich. **Wirtschaftlich** profitierte man von dem Geschäft, da die Sandelholzwälder, die ab 1811 für kurze Zeit das wichtigste Exportgut lieferten, bereits 1830 völlig abgeschlagen waren. Schließlich mussten die Schiffe der Walfänger überholt und der Proviant aufgefrischt werden – Versorgungseinrichtungen und eine lebhafte Kleinindustrie schossen daher vor allem in Lahaina und Honolulu aus dem Boden. Daneben heuerten nun auch viele Hawaiianer selbst auf den Schiffen an. Und die Matrosen, durchweg abenteuerliche Gestalten, ließen Tausende von Dollars auf den Inseln, die von Spelunken, Hotels, Kneipen, Billardhallen und Bordellen geradezu überflutet wurden.

Alljährlich strömten in der Walfangsaison (Frühjahr und Herbst) mehr Ausländer in die beiden einzigen Städte, die binnen kurzer Zeit zu Häfen kontinentalen

Zuschnitts aufblühten, mit Banken, Post, Bäckereien, Kaufhäusern und Konsulaten. Und der Walfang wurde genauso schnell zu einer größeren Geldquelle für die Inseln als Landwirtschaft oder Handel.

Raue Gesellschaft

Kulturell und **sozial** war die Ära jedoch für die Ureinwohner furchtbar. Die Walfänger setzten ihr raues Seefahrerleben an Land fort, indem sie ihre 'Erholungspausen' zu alkoholischen Exzessen, Glücksspiel, Vergewaltigungen und arroganten Verhaltensweisen gegenüber den 'Wilden' missbrauchten. Häufig kam es zu organisierten Übergriffen, die weder eine neu gegründete Polizeitruppe noch die mahnenden Worte der Missionare verhindern konnten. Die Inselbevölkerung, die innerhalb einer Generation vom Tauschhandel zum Geldverkehr übergegangen war, schickte aus blanker Not viele ihrer Töchter in die Bordelle – zwar hatte es im polynesischen Kulturraum eine gewisse sexuelle Freizügigkeit gegeben, aber keine Prostitution. Zu allem Übel infizierten sich dort die Mädchen schnell mit Geschlechtskrankheiten und beschleunigten somit den Untergang der hawaiischen Volksgruppe. Zusätzlich wurden die Hawaiianer, die ja gleichzeitig von den Missionaren zum Christentum bekehrt wurden, dadurch verunsichert, dass sich die raubeinigen Walfänger ebenfalls Christen nannten, aber genau das taten, wogegen die Missionare wetterten.

Seinen **Höhepunkt** erreichte der Walfang 1843-1860 (= *'Golden Age of Whaling'*). Und hierbei ragte das Jahr 1846 mit der Rekordzahl von 596 Walfängerschiffen in Lahaina und 429 in Honolulu nochmals besonders heraus. Durch die Erfindung der Walharpune war die Arbeit ungefährlicher und effektiver geworden. Zudem gab es bereits spezielle Dampfschiffe für den Walfang, die auch im Pazifik zum Einsatz kamen. Doch je mehr Walfänger sich in den hawaiischen Gewässern tummelten, desto akuter wurde das Problem der Überfischung. Die riesigen Säugetiere wurden so gnadenlos bejagt, dass ihre Zahl stetig abnahm, was wiederum die Suche nach **neuen Fanggründen** zur Folge hatte. Diese fand man nahe Alaska und in den übrigen arktischen Gewässern, aber erstens nahm die Walpopulation auch dort bald schon rapide ab, und zweitens lagen die einzelnen Fanggründe nun so weit auseinander, dass die Reisen immer beschwerlicher wurden und länger andauerten (vier Jahre waren keine Seltenheit!). Dadurch entstanden **höhere Kosten**, die den Preis für Walöl immer weiter nach oben schraubten und in der Konsequenz die Suche nach alternativen Energiequellen verstärkten.

Ende des Walfangs

Nach und nach ersetzten ab den 1860ern Naturgas, Öl aus Kohle, Kerosin und Petroleum das teure Walöl und brachten die Walfängerei im großen Stil schließlich zum Erliegen.

Die Missionare

Fast zeitgleich mit den Walfängern, nämlich im Jahre 1820, trafen mit der Brigg *Thaddeus* nach einer fünfmonatigen, beschwerlichen Seereise die ersten protestantischen Missionare ein. Sie kamen aus dem amerikanischen Boston und hingen einer puritanischen Glaubensrichtung *(Kongregationalisten)* an. Mit Fleiß, Überzeugungskraft und Askese schafften sie es, ziemlich schnell die wichtigsten Adeligen und Könige zu bekehren, die wiederum ihre Untertanen dem strengen Protestantismus zuführten, obwohl dieser überhaupt nicht zur lebensbejahenden Gesellschaft der Polynesier passen wollte. So verdammten die Missionare nicht nur den alten Götzendienst, sondern taten auch die hawaiischen Tänze und Lieder, die freizügige Bekleidung, ja selbst das Lächeln, Lachen und Schwimmen als Teufelswerk ab. Besonders einem Mann fiel innerhalb dieser ersten Gruppe eine Führungsrolle zu: *Hiram Bingham.*

INFO Wer war Hiram Bingham?

Der 1789 im US-Bundesstaat Vermont geborene Bingham studierte in den Vereinigten Staaten Theologie und wurde in Boston als 31-jähriger zum Leiter der ersten Missionierungsfahrt nach Hawaii bestimmt. Im Machtzentrum des damaligen Hawaii, auf Big Island, stand er der ersten christlichen Kirche des Archipels als Pastor vor. Dort erlebte er auch das Zusammentreffen der althawaiischen Gesellschaft und der weißen Welt in Gestalt der Walfänger.

Gegen die Moralvorstellungen beider Gruppen kämpfte der strenge Puritaner mit aller Macht an und geriet dadurch zwangsläufig in Konflikte. Wichtige Verdienste erwarb sich Bingham jedoch um die Schriftsprache der Ureinwohner. Er zeichnete auch die Pläne für die 'Great Stone Church' in Honolulu. Als sich der Gesundheitszustand seiner Frau verschlechterte, verließ Bingham 1840 die Inseln und kehrte in die Vereinigten Staaten zurück. Er starb 1869 in New England.

Die Entwicklung des hawaiischen Alphabets, die Übersetzung der Bibel und Kirchenlieder ins Polynesische, die Einrichtung von Schulen und Krankenstationen – das gehörte unzweifelhaft zu den **bewundernswerten Leistungen** der Missionare. Auch traten sie bisweilen den marodierenden Walfängern entschlossen und sogar mit Waffen entgegen oder retteten einheimische Mädchen vor dem Schicksal der Prostitution. Andererseits zeigten sie sich als äußerst **arrogant** gegenüber der polynesischen Kultur, von der sie sogar mehr zerstörten, als für ihren Missionsauftrag notwendig gewesen wäre.

Erstaunlich ist, wie es die Familien der ersten Missionarsgruppe und die jener **zweiten Mission**, die im April 1823 in Honolulu eintraf, später verstanden, in die **wichtigsten politischen, gesellschaftlichen** und **wirtschaftlichen Positionen** aufzusteigen. Auch als sie längst nicht mehr im geistlichen Bereich arbeiteten, bildeten diese Familien einen elitären, fest gefügten Kreis und verbanden sich i.d.R. nicht mit den Ha-

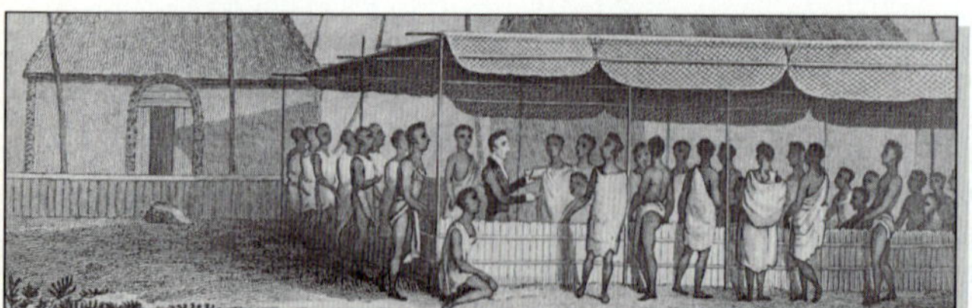

Ein Missionar predigt den Einheimischen (zeitgenöss. Darstellung)

waiianern oder anderen ethnischen Gruppen, sondern heirateten untereinander. Bis in die Jetztzeit gibt es Nachfahren der ersten Missionare, die sich z.T. immer noch als die wahren Repräsentanten der alten Gesellschaftsordnung verstehen. Und die Namen der wichtigsten Missionarsfamilien (*Castle, Ruggles, Dole, Judd, Kinney, Smith, Thurston, Whitney* u.a.) sieht man stets an erster Stelle als Politiker, Großgrundbesitzer und Händler. Fast zeitgleich trafen auch Missionare anderer christlicher Glaubensrichtungen ein.

Vor allem die **römisch-katholische** Kirche war dabei sehr erfolgreich. Bereits im August des Jahres 1819 konnte ein Priester an Bord des französischen Kriegsschiffes *l'Uraine* den damaligen Premierminister *Kalanimoku* im Beisein der Königin und anderer Adeliger taufen, worauf sich dieser zum 'Papst' aller Insulaner erklärte. Nach diesem kuriosen Intermezzo setzte die katholische Missionstätigkeit ab 1827 erst richtig ein, getragen hauptsächlich von französischen Patres. Diese zeigten sich toleranter gegenüber den Sitten und Gebräuchen der Ureinwohner und verbreiteten ein lebensfroheres Christentum, so dass der Katholizismus viele Anhänger gewann. Obwohl Königin *Kaahumanu* 1827 den Protestantismus zur Staatsreligion erklärte und 1830 den katholischen Patres die Missionstätigkeit verbot, konnte die Popularität dieser Glaubensrichtung nicht eingeschränkt werden, die im Lauf der Zeit zur wichtigsten der Inseln wurde.

Christentum wird Staatsreligion

Hawaii im Spannungsfeld der Weltmächte

Erstaunlicherweise konnte das kleine und relativ schutzlose Königreich Hawaii im Zeitalter des Imperialismus ziemlich lange seine Selbstständigkeit bewahren. Immerhin tummelten sich im 19. Jh. die wichtigsten See- und Weltmächte im pazifischen Raum und waren bestrebt, ihr jeweiliges Imperium zu vergrößern. Die Russen hatten sogar Alaska erworben, die Franzosen sich Tahiti einverleibt, und die Briten machten selbst das weit entfernte Neuseeland zu ihrer Kolonie. Vielleicht ist es ein glücklicher Zufall der Geschichte, dass das Königreich Hawaii ein Jahrhundert lang bestehen durfte. Das Problem, sich im Spannungsfeld der Weltmächte behaupten zu müssen, war schon dem weitsichtigen König *Kamehameha I.* bewusst gewesen, und er hatte versucht, es auf seine Weise zu lösen, indem er sein Reich kurzerhand als 'Geschenk' unter den Schutz Englands gestellt hatte. Weniger zivilisiert benahmen sich einige Europäer, die offensichtlich Hawaii als herrenlose Schatzinsel betrachteten, ihre eigenen Kräfte maßlos überschätzten und in überhasteten Aktionen auf eigene Faust die Geschichte beeinflussen wollten. Dazu drei Beispiele:

In der Ära des Kolonialismus

- **1816**: Mitten in den Kriegen König *Kamehamehas* erreicht der im russischen Auftrag segelnde deutsche Arzt *Georg Anton Scheffer* (1779-1836, vgl. S. 479) Hawaii und versucht, auf Oahu einen ersten Brückenkopf des Zarenreiches zu errichten. Als ihm dies nicht gelingt, segelt er nach Kauai, das er in Absprache mit dem dortigen König unter den Schutz von *Alexander I.* stellt. Zwei Jahre lang weht der zaristische Doppeladler über Kauai, bevor der Abenteurer in Richtung Brasilien flieht.
- **1843**: Kapitän *George Paulet* von der Fregatte *Carysfort* besetzt handstreichartig das Fort von Honolulu und erklärt unter Abspielen der Hymne 'God Save

the Queen', dass die Inseln nunmehr zum britischen Weltreich gehören. Fünf Monate lang gilt auf diese Weise *Queen Victoria* als Regentin des Archipels, bis auf Vermittlung des britischen Konteradmirals *Richard Thomas* in fieberhafter diplomatischer Aktivität ein Vertrag zwischen dem hawaiischen König und den drei Mächten Großbritannien, Frankreich und USA zustande kommt. In diesem Papier wird die Selbstständigkeit des Königreichs offiziell bestätigt.

Spielball der Großmächte

- **1849**: Ebenfalls in die Regierungszeit Kamehamehas III. fällt der Handstreich des französischen Konteradmirals *Legoarant de Tromelin*, der mit Invasionstruppen in Honolulu an Land geht, das Fort zerstört, den Regierungspalast plündert und die königliche Yacht entführt. Auch *Tromelin* handelte nicht in offiziellem Auftrag, verschwand nach einer Weile von selbst und lebt nur als Fußnote der Geschichte fort.

Zuckerplantagen und Vertragsarbeiter

Nach dem Sandelholz-Export nach China und dem kurzen Boom des Walfangs nahm zunächst der Anbau von Zuckerrohr, dann der von Ananas die wirtschaftliche Schlüsselposition auf Hawaii ein. Hierbei betätigten sich vor allem die Nachfahren der ersten Missionare, die während der Regentschaft *Kamehamehas III.* zur Mitte des 19. Jh. durch eine Landreform *('Große Mahele')* in die Lage versetzt worden waren, sich Großgrundbesitz anzueignen. Bald schon hatte eine Handvoll weißer Familien gut zwei Drittel des gesamten Landes in Besitz, das sie durch die Nutzung neuer Bewässerungstechniken in blühende Zuckerrohrplantagen umwandelte.

Ein Kardinalproblem bei der großflächigen Landwirtschaft war der Mangel an Arbeitskräften, den die durch eingeschleppte Krankheiten stark dezimierte einheimische Bevölkerung nicht beheben konnte. Immerhin hatte der Archipel, auf dem einst 300.000-400.000 Hawaiianer lebten, im Jahre 1882 mit nur 48.000 Einwohnern einen historischen Tiefstand erreicht. Das Problem lösten die *Haole*, indem sie im großen Stil Arbeitskräfte aus Asien und Europa ins Land holten, durch die die Bevölkerungszahl bis zum Jahr 1900 wieder auf 154.000 Menschen anstieg. Die erste größere Gruppe von Vertragsarbeitern wurde in **China** rekrutiert, in der zweiten Hälfte des 19. Jh. folgten dann Zehntausende von **Japanern**. Aus Europa waren zahlenmäßig die **Portugiesen** am stärksten vertreten, die vor allem als Vorarbeiter angeworben wurden. Aber auch Deutsche, Skandinavier, Briten, Iren, Franzosen, Mexikaner, Filipinos u.v.m. lockte der Zuckerboom nach Hawaii, teils als billige Arbeiter, teils als besser gestellte Aufseher und Vorarbeiter, teils als Geschäftsleute und Händler.

Einwanderung aus dem Fernen Osten

Mit den Arbeitskräften, die für einen Hungerlohn auf den Plantagen schufteten und in erbärmlichen Wohnverhältnissen lebten, konnte die Zuckerproduktion rasant gesteigert werden. Zuckerfabriken, Barackensiedlungen und Schmalspur-Eisenbahnen wurden allerorten aus dem Boden gestampft, die Produkte schließlich durch eigene Handelsgesellschaften und Schiffsagenturen auf die Weltmärkte gebracht. Die Entwicklung des Königreiches beeinflusste die Zuckerindustrie als seine wichtigste Geldquelle in vielfältiger Weise. Von den Folgen der Monokultur für Flora, Fauna und Landschaftsbild einmal abgesehen, war durch die Zuwanderung von

Arbeitskräften aus aller Herren Länder die völkische Zusammensetzung der Einwohnerschaft radikal verändert worden. Das Königreich Hawaii war kein Reich der Hawaiianer mehr, im Gegenteil stellten diese bald nur noch eine Minderheit innerhalb einer multikulturellen Gesellschaft. Und die weißen Zuckerbarone, von deren Geschäften das Wohl und Wehe des Landes abhing, fühlten sich nicht nur als Elite, sondern waren es im politischen Sinn tatsächlich. Mehr noch als die Könige und Parlamente bestimmten sie den Weg Hawaiis, und als sie später um ihren Besitzstand fürchten mussten, schafften sie kurzerhand die Monarchie ab.

Zuckerbarone: Hawaiis Elite

Die Entwicklung des Königshauses

Das Königreich Hawaii, das seit 1810 durch den Anschluss der Insel Kauai 'komplett' war, wurde nach dem Tod *Kamehamehas I.* durch eine Reihe mehr oder weniger erfolgreicher Regenten repräsentiert, die ihre Herrschaft zunächst auf die traditionelle polynesische Erbfolge stützten. D.h. dass eine Versammlung von Häuptlingen den jeweiligen Nachfolger in sein Amt einsetzte, sich dabei aber nach den Wünschen des Verstorbenen richtete.

Ein wichtiges Mitspracherecht hatte die vornehmste Königsfrau, die *Alii nui*, die auch den Regierungsgeschäften vorstehen konnte, wenn der neue König noch zu jung dafür war. Später gab es dann eine Verfassung und ein Parlament nach westlichem Vorbild, einmal sogar eine Königswahl per Volksabstimmung. So geschickt einige der Könige ihr Reich durch eine weltpolitisch unruhige Zeit führten, so deutlich war gleichzeitig auch, dass sie die Repräsentanten eines sterbenden Volkes waren: Kontinuierlich nahm die Zahl ihrer Untertanen ab.

• König Liholio (Kamehameha II.)

Nach dem Tod des Großen *Kamehameha* trat im Mai 1819 sein Sohn *Liholio* als *Kamehameha II.* die Erbfolge an, allerdings nur mit eingeschränkter Macht. Denn die Lieblingsfrau seines Vaters, Königin *Kaahumanu*, bestimmte in wesentlichen Teilen die Politik mit. Dies ist insofern von großer Wichtigkeit, als sie eine große Fürsprecherin der protestantischen Missionare war und entscheidend dazu beitrug, dass sich das Christentum in relativ kurzer Zeit ausbreiten konnte, dass die neue Schrift gelehrt wurde und dass das alte Gesellschaftssystem mit seinen *Kapu*-Regeln bereits 1819 außer Kraft gesetzt wurde.

Kamehameha II.

Ab nun aßen Männer und Frauen gemeinsam, gab es keine rituellen Menschenopfer mehr und verschwand ein alter Tempel nach dem anderen. Als *Kaahumanu* im Jahre 1832 starb, war sie die erste Adelige, die christlich bestattet wurde. Sie überlebte ihren Sohn *Liholio* um acht Jahre. Dieser war von einem Geschenk des britischen Königs *George IV.* so geschmeichelt gewesen, dass er sich 1823 samt Gattin und Gesinde an Bord eines Walfangschiffes nach London aufmachte, um sich persönlich zu bedanken. Im Juli 1824, noch bevor er den König treffen konnte, erkrankte die gesamte Gesellschaft in England an der Grippe und starb binnen weniger Tage. Die Leichen *Kamehamehas II.* und seiner Frau wurden mit dem Schiff *HMS Blonde* nach Hawaii zurückgebracht, wo sie 1825 eintrafen.

• König Kauikeaouli (Kamehameha III.)

Königtum im Zeitenumbruch

Der König hatte verfügt, dass sein jüngerer Bruder *Kauikeaouli* die Erbfolge antreten solle. Wegen *Liholios* unerwartet frühen Todes war dieser aber bei seiner Inthronisierung als *Kamehameha III.* erst zehn Jahre alt, weswegen zunächst Königin *Kaahumanu* erneut die Regierungsgeschäfte führte. Durch sie wurde *Kauikeaouli* im calvinistischen Sinn erzogen und setzte sich auch später für das Christentum ein. Seine Regierungszeit – die längste eines hawaiischen Königs – war geprägt von innen- und außenpolitischen Wirren, von wirtschaftlichen Schwierigkeiten, dem Ausbruch einer Pest-Epidemie und von gesellschaftlichem Umbruch. Es war die Zeit der Walfänger und der europäischen Desperados, die das Königreich unter fremde Herrschaft stellen wollten *(s.o.)*.

Kamehameha III. und seine Frau Malama

Angesichts der schwierigen Umstände kann seine Regentschaft allein schon deswegen als gelungen bezeichnet werden, weil Hawaii seine Selbständigkeit behaupten konnte. *Kamehameha III.* war es auch, der 1845 offiziell die Hauptstadt von Lahaina (Maui) nach Honolulu verlegte. 1840 hatte er bereits dem Land seine erste **Verfassung** gebracht, indem er nach englischem Vorbild ein Zweikammersystem (das Oberhaus mit den *Alii* und das Unterhaus mit gewählten Volksvertretern) einsetzte. Diese Verfassung, die übrigens auch die Einrichtung des ersten Gerichtshofes zur Folge hatte, wurde 1852 noch einmal liberalisiert. Weitreichende Bedeutung hatte die **Landreform**, die als *Große Mahele* in die Geschichte einging und das Ende des hawaiischen Feudalismus markierte: Bisher hatte alles Land dem Stamm, vertreten durch seine Adeligen, gehört.

Nun ging es in den Besitz des Staates und des Volkes über, konnte also ge- und verkauft werden. Was als löbliche Reform für das Volk gedacht war, verkehrte sich allerdings ins Gegenteil, da es vor allem die Weißen waren, die die neue Situation zu nutzen verstanden. Bis 1886 hatten die wenigen *Haole*-Familien zwei Drittel des gesamten hawaiischen Territoriums in ihren Besitz gebracht, und am Ende des Jahrhunderts waren es bereits rund 80 %! Außenpolitisch hatte sich *Kauikeaouli* mit dem Gedanken angefreundet, die USA, die sich damals um die Bundesstaaten Texas, Oregon, Kalifornien und New Mexiko vergrößerten, seien auch als Heimat eines Bundesstaates Hawaii geeignet, eine Meinung, die er mit den meisten weißen Großgrundbesitzern teilte. Bevor diese Pläne politische Gestalt annehmen konnten, starb der damals 41-jährige und seit längerem kranke König im Dezember 1854.

Im Focus der USA

• König Alexander Liholio (Kamehameha IV.)

Die Nachfolge *Kamehamehas III.* trat sein 19-jähriger Adoptivsohn *Alexander Liholio* an, der sich in mehrfacher Hinsicht von seinem Vater unterschied. Auf einer längeren Auslandsreise in die USA (wo er als 'Nigger' beschimpft worden war) und nach Großbritannien hatte er das amerikanische System hassen gelernt, seine ganze Sympathie galt stattdessen dem europäischen, insbesondere dem englischen Kulturkreis. Es war daher folgerichtig, dass er die Anglikanische Kirche ins Land rief und selbst mit seiner Frau *(Königin Emma)* Mitglied dieser Kirche wurde. Diplomatisch war er insofern erfolgreich, als der souveräne Status des Königreichs mit den Großmächten in einigen Verträgen festgeschrieben wurde.

Tragische Gestalt

Kamehameha IV. kurz vor seinem Tod

Schlimm hingegen war der erste große Lepra-Ausbruch, der zahlreiche Todesopfer forderte und die Zahl seiner Untertanen auf einen dramatischen Tiefststand verringerte. Dem König war daher besonders an der Volksgesundheit gelegen, was an der Gründung des ersten Krankenhauses deutlich wird, das nach seiner Frau *Queen Emma Hospital* benannt wurde. Wirtschaftlich boomte der Walfang ein letztes Mal, gleichzeitig wurden aber bereits die ersten Zuckerrohrplantagen angelegt.

Ansonsten war seine Regentschaft, die nur ein Jahrzehnt dauerte, von persönlichen Schicksalsschlägen überschattet. Die Alkoholabhängigkeit des jungen Herrschers war allgemein bekannt, und betrunken war er auch, als er seinen Privatsekretär und besten Freund in unbegründeter Eifersucht erschoss. Der Tod seines vierjährigen Sohnes, Prinz *Albert Edward*, warf den König völlig aus der Bahn; nachdem er zuvor das Luxusleben am Hof genossen hatte, zog er sich nun völlig aus der Öffentlichkeit zurück. Er starb an einem asthmatischen Anfall im November 1863.

• König Lot Kapuleiwa (Kamehameha V.)

Sein Nachfolger wurde noch am gleichen Tag sein älterer Bruder *Lot Kapuleiwa*, der sich um eine stärkere Stellung des Königsamtes bemühte. Er ersetzte die beiden Häuser des Parlamentes durch ein Einkammersystem und machte das Wahlrecht vom Eigentum und vom Nachweis der Lese- und Schreibfähigkeit abhängig. Im Gegensatz zu seinem Vorgänger schwenkte er wieder auf die amerikanische Linie ein und reagierte auf den Arbeitskräftebedarf der Großgrundbesitzer durch die Errichtung einer Einwanderungsbehörde. Bald darauf trafen die ersten Kontingente chinesischer Vertragsarbeiter ein und verhalfen der jungen Plantagenwirtschaft zu ihrem ungeheuren Aufschwung. Mit dem japanischen Kai-

Auf dem Weg zum modernen Staat

serhof wurde ein Freundschaftsvertrag geschlossen, und auch dort begann man, Plantagenarbeiter anzuwerben. Das große Ziel des Königs, nämlich ein Handelsvertrag mit den USA, um dort hawaiischen Zucker absetzen zu können, scheiterte jedoch einerseits am amerikanischen Bürgerkrieg, andererseits an Vorbehalten der Amerikaner, die ihre eigene Zuckerindustrie schützen wollten.

Die ersten Touristen

Trotzdem begann die Wirtschaft zu florieren, der Güterverkehr wuchs, und der hawaiische Alltag wurde immer mehr verwestlicht. Kaufhäuser, Banken, Hotels, Postämter etc. entstanden, Dampfschiffe verkehrten zwischen Kalifornien, Hawaii, Australien und Neuseeland, und die ersten Touristen – darunter der Schriftsteller *Mark Twain* – entdeckten die Reize von Waikiki. Wie seine Vorgänger war König *Lot* von kränklicher Verfassung und in seinen letzten Lebensjahren ans Bett gefesselt. 1872 starb er 42-jährig und kinderlos, ohne vorher einen Nachfolger bestimmt zu haben – und mit ihm ging gleichzeitig die 71-jährige Herrschaft der *Kamehameha*-Dynastie zu Ende.

• König William Charles Lunalilo

Mit dem Tod von *Lot Kapuleiwa* war die direkte Linie der männlichen Nachfahren *Kamehamehas I.* ausgestorben. Für einen solchen Fall sah die Verfassung von 1864 eine Königswahl vor, die einen geeigneten Kandidaten innerhalb des Adelsparlamentes auf den Thron bringen sollte. Aus den Reihen der *Alii*, also der mächtigsten Häuptlinge bzw. Häuptlingsfrauen, stellten sich vier Bewerber zur Wahl, nämlich *David Kalakaua* (*s.u.*), die beiden Prinzessinnen *Ruth Keelikolani* und *Bernice Pauahi Bishop* sowie *William Charles Lunalilo*. Letzterer konnte sich erst nach einer **Volksabstimmung** gegenüber *Kalakaua* durchsetzen und trat seine Regentschaft im Januar 1873 an.

Der als *'Prince Bill'* bekannte und im Volk äußerst beliebte König war damals 38 Jahre alt, aber bereits von Alkoholmissbrauch und Lungenkrebs gezeichnet und musste bald schon die Regierungsgeschäfte von seinem Krankenbett in Waikiki aus führen. Nach 13 Monaten starb der König, ohne sein wichtigstes innenpolitisches Ziel erreicht zu haben, nämlich einen Handelsvertrag mit den USA.

• David Kalakaua, der lebenslustige Monarch

Hawaiis 'Merry Monarch'

Da auch der Junggeselle *Lunalilo* keinen männlichen Nachkommen hatte stand eine erneute Wahl an, bei der sich *David Kalakaua* gegen die Kandidatin *Queen Emma* durchsetzen konnte. Die 'Ära Kalakaua' begann am 12.02.1874 und wurde zur schillerndsten Epoche der hawaiischen Monarchie. Der Grund dafür lag im lebenslustigen Charakter und der Reisetätigkeit des neuen Königs, der bald schon den Beinamen *'Merry Monarch'* erhalten sollte. Sein Vorbild waren die großen europäischen Königshäuser, denen er in allem nachzueifern trachtete. Er gab den prächtigen Iolani-Palast in Auftrag, in dem er rauschende Feste feierte, organisierte Pferderennen, hielt sich eine Blaskapelle und unterschrieb Verträge mit *Kalakaua Rex*. Auf der anderen Seite war er weder ein Sklave fremder Einflüsse noch ein bloßer Verschwender ohne geistigen Hintergrund. Im Gegenteil strotzte *Kalakaua* sozusagen vor polynesischem Selbstbewusstsein. Mit der Errichtung der

Kamehameha-Statue verbeugte er sich vor der hawaiischen Vergangenheit, daneben förderte er die alten Hula-Tänze und Lieder. Als musisch begabter und feinsinniger Mensch textete er selbst Lieder, wie die Nationalhymne, und verkehrte u.a. freundschaftlich mit dem Schriftsteller *Robert Louis Stevenson.*

König David Kalakaua

Seine erste Auslandsreise führte ihn nach Washington, wo er von Präsident *Grant* mit einem imposanten Staatsbankett begrüßt wurde – immerhin war er der erste Monarch, der die USA besuchte. Auch diplomatisch war die Reise ein Erfolg, indem fortan das Königreich als 'befreundete Macht' galt und endlich ein Handelsvertrag ratifiziert werden konnte, der u.a. den Fortfall der Importzölle für hawaiischen Zucker enthielt. Sein Ruf als *'Merry Monarch'* wurde endgültig gefestigt, als *Kalakaua* 1881 zu einer Weltreise (die erste eines Staatsoberhauptes) aufbrach, die ihn u.a. nach Japan, Hongkong, Thailand, Singapur, Indien und Ägypten führte. In Europa traf der König u.a. *Königin Victoria* in London, den späteren *Kaiser Wilhelm* in Berlin sowie *Papst Leo XIII.* in Rom.

Über Amerika, wo er in San Francisco die letzten großen Feste feierte, kehrte er schließlich nach Honolulu zurück und zelebrierte dort mit großem Prunk zwei Wochen lang seine Krönungsfeierlichkeiten, zu denen er großmütig das gesamte Volk einlud. Staunend sah dieses die unglaublichen Schätze, die der König auf seiner Weltreise angehäuft hatte (u.a. zwei Juwelenkronen für sich und Königin Kapiolani). Die Hauptstadt selbst verwandelte sich mit privaten und öffentlichen Gebäuden, breiten Boulevards, Straßenbahnen und Gaslaternen immer mehr in eine Metropole westlichen Zuschnitts. Zwischen 1872 und 1896 verdoppelte sich ihre Bevölkerung auf 30.000 Menschen. Die meisten der Zugezogenen lebten jedoch unter ärmlichen Bedingungen in jenem Areal, das wegen der vielen Chinesen 'Chinatown' genannt wurde. Als dort 1886 ein Großfeuer ausbrach, hatte dies verheerende Folgen – fast der gesamte Stadtteil wurde vernichtet, etliche Menschen verbrannten und 6.000 wurden obdachlos. Währenddessen frönte der Monarch weiterhin seinem aufwändigen Lebenswandel und gab alljährlich Hunderttausende von 'Kalakaua-Dollars' (so die damalige Währung) aus. Nun

Honolulu auf dem Weg zur Metropole

Wappenschild am Iolani-Palast

Staatsstreich der Weißen

aber eskalierte die innenpolitische Situation. Immer heftiger. Viele weiße Großgrundbesitzer wollten einen Putsch, mit dem Ziel, das Land den USA anzuschließen. Im Juni 1887 war es schließlich so weit: In einem unblutigen Staatsstreich *(s.u.)* übernahmen die Zuckerbarone die Macht, setzten eine neue Verfassung durch und degradierten *Kalakaua* zu einem Marionetten-König.

Während seiner letzten Lebensjahre war der Regent also ohne jegliche politische Macht. Als sich sein Gesundheitszustand verschlechterte, reiste er nach San Francisco, wo er sich ärztlich behandeln lassen wollte, und starb dort im Januar 1891 in seiner Hotelsuite. Zwar folgte ihm seine Schwester ***Lydia Liliuokalani*** auf den Thron, die allerdings mit ihrem Versuch, den alten Zustand der Monarchie wiederherzustellen, keinen Erfolg hatte *(s.u.)*. Nach dem Putsch der Weißen war es nur ein kurzer Schritt, bis die Monarchie auf Hawaii endgültig abgeschafft wurde.

Die Könige von Hawaii	geboren	Thron-besteigung	Tod
Kamehameha I. ('Der Große')	ca. 1758	1795	08.05.1819
Liholio (Kamehameha II.)	1797	20.05.1819	14.07.1824
Kauikeaouli (Kamehameha III.)	1813	06.06.1825	15.12.1854
Alexander Liholio (Kamehameha IV.)	1834	11.01.1854	30.11.1863
Lot Kapuleiwa (Kamehameha V.)	1830	30.11.1863	11.12.1872
William Charles Lunalilo	1835	08.01.1873	03.02.1874
David Kalakaua	1836	12.02.1874	20.01.1891
Lydia Liliuokalani	1838	29.01.1891	11.11.1917

Putsch der Zuckerbarone und das Ende der Monarchie

Die weißen Großgrundbesitzer und Nachfahren der puritanischen Missionare hatten mit Argwohn die prunkvolle Hofhaltung König *Kalakauas* beobachtet. Es war nicht so sehr die Verschwendungssucht des Königs, die sie z.T. mit ihren Steuern finanzieren mussten, sondern vor allem das erwachende hawaiische Selbstbewusstsein und die antiamerikanische Tendenz in der Umgebung des Königs, die ihnen Sorge bereitete. Sie befürchteten außerdem, dass *Kalakauas* Außenpolitik Hawaii für andere Mächte (z.B. Japan) interessant machen und dass die Rechtmäßigkeit ihres riesigen Landbesitzes in Zweifel gezogen würde. Stattdessen befürworteten sie einen Anschluss an die USA, wo sie – so die Überlegung – eine bessere Marktsituation für ihre Produkte erhalten könnten.

Als der Monarch bei seinen Untertanen wegen Bestechungsvorwürfen und anderer Skandale an Popularität verlor, sahen die Zuckerbarone ihre Stunde gekommen: In der Hoffnung auf offizielle US-amerikanische Unterstützung marschierte ihre Miliz, unterstützt durch weiße Söldner, auf den Iolani-Palast zu. Der König wurde gezwungen, sein Kabinett mit den verhassten 'Ausländern' zu entlassen und einer neuen Verfassung zuzustimmen. Nach dieser war das Wahlrecht an ein bestimmtes Einkommen gebunden, d.h. dass die politische Macht nun in die Hände einer Clique überging, die mit den *haole* identisch war oder deren Interessen vertrat.

Putsch und Gegenputsch

Dagegen regte sich im In- und Ausland Widerstand. Aufgrund dieser Entrüstung, die der amerikanische Präsident im Übrigen teilte, konnte nun auch nicht länger von einer Annexion durch die USA die Rede sein, obwohl man dort sehr gerne das Angebot wahrnahm, Pearl Harbor als Seehafen nutzen zu dürfen. Der Widerstand der Einheimischen wurde von dem Halb-Hawaiianer *Robert Wilcox* angeführt, der im Juli 1889 zum **Gegenputsch** ausholte. Schlecht vorbereitet und ausgerüstet, mussten jedoch seine Revolutionstruppen von nur 150 Mann kläglich das Weite suchen. Kurz darauf verließ König *Kalakaua* aus gesundheitlichen Gründen die Insel, nicht ohne vorher seine Schwester *Liliuokalani* als Nachfolgerin bestimmt zu haben.

Königin Liliuokalani im Jahre 1891

Als selbstbewusste Regentin konnte die 1838 geborene **Lydia Liliuokalani** nicht mit ihrer Rolle zufrieden sein, die ihr keine politische Handlungsfreiheit bot, sondern nur die Funktion einer Repräsentation jener Gesellschaft, in der die weiße Oberschicht von Großgrundbesitzern das Sagen hatte. Sie scharte deshalb liberale und oppositionelle Kräfte um sich, mit dem Ziel, eine neue Verfassung zu installieren, die die alten Verhältnisse wiederherstellte. Als dieser Plan bei der *haole*-Fraktion bekannt wurde, konterte man dort mit den alten Überlegungen einer Annexion durch die USA. Diesmal spielte der amerikanische Botschafter in Honolulu mit und beorderte das Kriegsschiff *USS Boston* mit 160 Marinesoldaten herbei, damit diese 'Leben und Eigentum der amerikanischen Bürger' schützten. Am 16. Januar 1893 besetzten die Blaujacken alle strategisch wichtigen Plätze in der Hauptstadt, und schon am nächsten Tag verkündete eine selbst ernannte provisorische Regierung unter Führung des Zuckerbarons *Sanford B. Dole* das **Ende der Monarchie**. Und über dem Iolani-Palast, der inzwischen in 'Regierungsgebäude' umgetauft war, wehte eine übergroße amerikanische Flagge.

Hawaiis letzte Königin

Die Republik Hawaii

Erneut hatte sich die Haole-Fraktion verrechnet, denn der amerikanische Senat und Präsident *Grover Cleveland* teilten die Empörung der Königin und taten alles, um diese wieder in ihre verfassungsmäßigen Rechte einzusetzen. Doch alles Drän-

Die unabhängige Republik...

gen nutzte genauso wenig wie die Entsendung von Sonderbotschaftern: Die provisorische Regierung weigerte sich, die Macht wieder abzugeben. Stattdessen rief sie am 4. Juli 1894 die **'Republik Hawaii'** aus und ernannte *Sanford B. Dole* zu deren erstem Präsidenten. Noch einmal versuchten die Royalisten auf Hawaii, das Rad der Geschichte herumzudrehen, und erneut war es der Volksheld *Robert Wilcox*, der im Einvernehmen mit der Königin im Januar 1895 einen **Putsch** versuchte.

Auch diese Revolte scheiterte, und während man die Rebellen vor ein Kriegsgericht stellte, musste sich auch die Ex-Königin *Lydia Liliuokalani* vor Gericht verantworten. Nachdem man in ihrem Garten ein ganzes Waffenlager ausgehoben hatte, war ihre Beteiligung an dem Putsch offensichtlich, und der Schuldspruch lautete auf 5.000 Dollar Strafe und fünf Jahre Zwangsarbeit. Um die Dame nicht zur Märtyrerin zu stilisieren, wandelte man die Strafe in einen einjährigen Hausarrest um. Nach dessen Verbüßung reiste *Liliuokalani* nach Washington, um dort an höchster Stelle gegen die Rolle der US-Marines zu protestieren und tatkräftige Hilfe einzuklagen.

...wird US-Territorium

Die politischen Verhältnisse in den USA hatten sich jedoch grundlegend gewandelt. Die demokratische Partei und ihr Präsident *Cleveland* waren in den Wahlen von 1897 geschlagen worden, nun saßen die republikanischen Falken im Kongress und ein Präsident *McKinley* im Weißen Haus. Und obwohl beide über die Vorgeschichte des Putsches und die amerikanische Verstrickung in die hawaiischen Verhältnisse nicht ganz glücklich waren, unterzeichnete *McKinley* jene Resolution, die nur sieben Monate nach der Amtsübernahme aus der Republik Hawaii ein **Territorium der USA** machte. Am 12. August 1898 nahm der Botschafter *Sewall* in Honolulu die Inselkette als 'Geschenk' aus den Händen von *Sanford B. Dole* an. Gleichzeitig dankte *Lydia Liliuokalani* von sich aus endgültig als Königin ab. Ein Jahrhundert der hawaiischen Souveränität ging zu Ende!

Das amerikanische Hawaii

Der neue politische Status

Zwar war die amerikanische Annexion Hawaiis schon 1898 in einer Resolution festgeschrieben worden, in der aber nichts über die genaue zukünftige Staatsform der Inselkette ausgesagt wurde. Deshalb existierte die Republik Hawaii offiziell noch weitere zwei Jahre.

Die letzten Monate ihres Bestehens wurden von dem erneuten Auftauchen einer Seuche überschattet: Im Dezember 1899 entwichen von einem asiatischen Frachtschiff Ratten, kurze Zeit später tauchten die ersten Pesttoten auf. Da Krankheits- und Todesfälle ausschließlich aus dem beengten Slumgebiet der Chinatown (diese war nach dem Großfeuer von 1886 wieder aufgebaut worden) bekannt wurden, entschloss sich die Regierung, die Seuchenherde durch ein gezieltes Feuer auszuräuchern. Dabei geriet der Brand in einem Sturm außer Kontrolle und zerstörte bald den gesamten Stadtteil – etwa zwei Drittel der bebauten Fläche im Herzen von Honolulu. Bei den Chinesen regte sich bald der Verdacht, die Weißen hätten das Feuer mutwillig gelegt, um durch die Zerstörung der asiatischen Geschäfte und Wohnhäuser wirtschaftlich zu profitieren und um Bauland zu gewinnen. Während die Wogen wegen dieses Zwischenfalls noch hoch schlugen, hatte der Kongress eine neue Verfassung erarbeitet, auf deren Grundlage Präsident *McKinley* Hawaii offiziell in die Vereinigten Staaten eingliederte.

Sanford B. Dole (Mitte) mit seinem Kabinett

Der neue politische Status, der für die nächsten 50 Jahre Bestand haben sollte, begann am 14. Juni 1900. Als ersten Gouverneur des Territoriums ernannte *McKinley* jenen *Sanford B. Dole*, der schon die provisorische Regierung angeführt hatte und Präsident der Republik gewesen war. Die Repräsentanten des alten Königreiches machten ihren Frieden mit dem neuen System, und die ehemalige Königin *Liliuokalani* sah man bei offiziellen Anlässen immer häufiger an der Seite des Gouverneurs. Als sie 1917 starb, wurde sie mit allen Ehren im königlichen Mausoleum beigesetzt, wobei Zehntausende von Hawaiianern dem Trauerzug beiwohnten. Als letzter Abkömmling des Königshauses von Hawaii starb 1922 der populäre Prinz *Kuhio,* dessen Geburtstag (26. März) als *Kuhio Day* immer noch gesetzlicher Feiertag ist.

'The Big Five' und soziale Unruhen

Das wirtschaftliche Leben Hawaiis wurde in der ersten Hälfte des 20. Jh. vor allem vom Zuckerrohranbau bestimmt. Aus der ohnehin kleinen Schicht von Großgrundbesitzern kristallisierte sich dabei durch Einheirat, Aufkäufe und Zusammenlegung von Plantagen eine dominierende Stellung von fünf Gesellschaften heraus, die es bis 1933 schafften, fast den gesamten Zuckermarkt an sich zu reißen und durch ihre Beteiligung an Banken, Kaufhäusern, Reedereien, Transportunternehmen, Versicherungen usw. eine absolute wirtschaftliche Kontrolle auszuüben. Nach dem Ersten Weltkrieg blieben als so gen. 'Big Five' die Firmen *Castle & Cook, Alexander & Baldwyn, C. Brewer & Co., Theo H. Davies* und *American Factors Ltd. (AMFAC)* übrig.

Monokultur Zuckerrohr

Deren Vertreter waren es auch, die die wahre politische Macht in ihren Händen hielten. Als konservativ denkende Republikaner waren sie auf die Sicherung ihres Besitzstandes aus – weder die Gewerkschaftsbewegung noch soziale Veränderungen sollten ihrer Meinung nach den *Status quo* stören, so dass Hawaii lange hinter den Errungenschaften des amerikanischen Festlandes zurückblieb. Inzwischen war seit 1901 durch die Gründung der hawaiischen Ananas-Gesellschaft von *James D. Dole* der Grundstein für einen wirtschaftlich außerordentlich erfolgreichen Erwerbszweig gelegt worden, der eine erneute Anwerbung von Vertragsarbeitern nach sich zog.

Gewerkschaftsbewegung

Vertragsarbeiter auf einer Zuckerplantage Ende des 19. Jh.

Diese waren immer noch nahezu rechtlos und lebten unter erbärmlichen Bedingungen. Außer Chinesen und Japanern hatte man seit 1900 auch Puertoricaner, und vor allem seit 1906 viele Filipinos ins Land geholt (125.000 bis 1946), die besonders unter den Verhältnissen zu leiden hatten. In ihren Wohnbaracken *(barreios)* verbuchten deshalb die Gewerkschaftler, die damals noch unter Gewaltanwendung von den Zuckerbaronen und ihren Aufsehern von den Plantagen vertrieben wurden, die größten Erfolge. Schon 1902, 1906 und 1909 hatten japanische Arbeiter kurzzeitig die Arbeit niedergelegt.

Streiks und Aufstände

Zu Beginn der 1920er Jahre flammten die Streiks wieder auf, nun aber besser organisiert durch den Filipino *Pablo Manlapit*, der japanische und philippinische Arbeiter zu einer gemeinsamen Aktion bewegen konnte. Den Höhepunkt bildete der Streik von 1924, der 8 Monate dauerte und von dem 23 der insgesamt 45 Zuckerplantagen betroffen waren. Zu Übergriffen kam es dabei auf der Insel Kauai, bei denen 16 Streikende und 4 Polizisten ums Leben kamen. Auf diesen ersten Arbeitskampf reagierte die Regierung geradezu panisch und mit unangemessenen Mitteln: Gouverneur *Farrington* beorderte Soldaten der Nationalgarde nach Kauai, um den Aufstand niederzuschlagen. 101 Streikende wurden verhaftet, anschließend 60 davon zu vierjährigen Gefängnisstrafen verurteilt; den Gewerkschafter *Manlapit* verwies man des Landes.

Erfolgreich waren die Arbeitsniederlegungen nur insofern, als die Lohnunterschiede, die die Zuckerbarone zwischen den ethnischen Gruppen aufgebaut hatten, abgemildert wurden und die Einkommen insgesamt leicht stiegen. Auch wuchs das Gefühl der Solidarität zwischen den Arbeitern. Allerdings erkannten die Arbeitgeber die Gewerkschaften niemals als Gesprächspartner an. Stattdessen ließen sie die Gewerkschaftsvertreter von den Plantagen vertreiben und gingen mit Hilfe von Polizei und Justiz gegen jegliche Art von Arbeitskämpfen vor. Trauriger Höhepunkt dieser Politik war 1938 das so genannte Hilo-Massaker, als die Polizei in Hilo bei einer Auflösung streikender Werftarbeiter Tränengas und scharfe Munition einsetzte; mindestens 50 Arbeiter erlitten dabei z.T. schwere Verletzungen. Es sollte noch bis nach dem Zweiten Weltkrieg dauern, bis zwischen Gewerkschaften und Arbeitgebern normale Verhältnisse möglich waren.

Die Welt rückt näher

Weit reichende technische Veränderungen erlebte das Territorium in den ersten drei Dekaden des 20. Jh. Bereits 1902 hatte die *Pacific Cable Company* ein Kabel von San Francisco nach Honolulu legen lassen, so dass Nachrichten aller Art nun sofort zwischen dem Mutterland und seinem westlichen Außenposten hin- und herfließen konnten. Ein Jahr später wurde dieses System erweitert, indem Honolulu auch mit den Philippinen und mit anderen pazifischen Inseln verbunden wurde. Ein Manko stellte nach wie vor die große Entfernung für den Personenverkehr dar. Wer von Kalifornien nach Honolulu gelangen wollte, brauchte trotz aller modernen Schiffstechnik immer noch mindestens fünf Tage an Fahrtzeit. Im Jahre 1927 schafften aber zum ersten Mal Wasserflugzeuge der US-Armee einen Non-Stop-Flug zwischen dem Festland und Hawaii. In den folgenden Jahren nahm der Flugverkehr bedeutend zu: 1929 wurde eine Fluglinie für Personen- und Warentransport zwischen den hawaiischen Inseln gegründet, 1935 landete zum ersten Mal eine private Gesellschaft *(PanAm)* nach 19-stündigem Flug in Pearl Harbor. Und bereits im Oktober 1936 erreichten die ersten zivilen Passagiere per Flugzeug Honolulu. Seit dem Jahr 1931 bestand zudem eine Telefon- und Radio-Verbindung zwischen Amerika und der Inselgruppe.

Symbol des Fortschritts: Aloha Tower in Honolulu

Aber es war nicht nur die Entwicklung der Kommunikationssysteme und der Transportwege, die Hawaii der Welt näher brachten. Immer mehr Amerikaner und gut situierte Europäer brachen nun selbst auf, um den Archipel zu besuchen. Nachdem 1901 das berühmte *Moana Hotel* in Waikiki seine Pforten geöffnet hatte und 1927 das nicht minder luxuriöse *Royal Hawaiian Hotel* hinzugekommen war, begann der Tourismus seinen Siegeszug. Zunächst war es jener ausgewählte Kreis von finanzstarken Gästen, der sich sowohl die einwöchige Kreuzfahrt auf den Luxuslinern als auch den Aufenthalt in den beiden Nobelherbergen leisten konnte. Im Schnitt hatten diese Pioniere des Fremdenverkehrs einen ganzen Monat an Zeit zur Verfügung.

Die Tourismusindustrie entsteht

Vor dem Weltkrieg erreichte nur 1 % aller Hawaii-Touristen ihr Reiseziel mit dem Flugzeug, wobei der Flug ab Kalifornien 17 Stunden dauerte und die damals enorme Summe von US$ 278 kostete. Nachdem aber 1922 durch das *Waikiki Reclamation Project* die Entwässerung der sumpfigen Ebene beschlossen und neues Bauland erschlossen war, schossen auch weniger elitäre Unterkünfte aus dem Boden: Spätestens ab den 1930er Jahren begann Hawaii (d.h. Waikiki), sich als touristisches Massenziel anzubieten. Die Besucherzahlen stiegen von 9.700 im Jahre 1922 auf 22.000 im Jahre 1929 und 32.000 im Jahre 1941. In diese Entwicklung setzte allerdings der Zweite Weltkrieg eine zwar kurze, aber deutliche Zäsur.

Hawaii im Zweiten Weltkrieg

Bereits vor dem berühmten Angriff auf *Pearl Harbor* war es im Pazifik zu einer deutlichen Verschlechterung der japanisch-amerikanischen Beziehungen gekommen. Spätestens seit 1930 beobachtete man mit Unbehagen die immer deutlicher werdenden Zeichen eines japanischen Nationalismus und Militarismus. Schon 1931

Japans Rolle

hatten japanische Militärs ziemlich eigenmächtig die nordchinesische Provinz Mandschurei überfallen und damit die Proteste (aber auch nicht mehr) der amerikanischen Regierung herausgefordert. Die Frage wurde laut, wie es um die Sicherheit in Südostasien bestellt sei und welche Rolle China dabei zukäme. Ungerührt von solchen Überlegungen hatte Japan 1937 in einer Großoffensive seine Expansion fortgesetzt, das 'Reich der Mitte' angegriffen und sich einverleibt. Die Voraussetzungen für eine friedliche Lösung des chinesisch-japanischen Konflikts und damit für eine Befriedung des Südpazifiks waren also denkbar schlecht, als 1939 der **Zweite Weltkrieg** in Europa ausbrach und das Kaiserreich kurz darauf ein Bündnis mit der Achse Berlin-Rom einging.

Die Vereinigten Staaten forcierten nun ihre Bemühungen, mittels Drohungen, diplomatischer Aktivität und einem Boykott so wichtiger Wirtschaftsgüter wie Öl und Eisenerz Japan zum Einlenken zu bewegen. Dies wiederum wurde von den Japanern als unfreundlicher Akt und Bedrohung der nationalen Sicherheit gesehen. Obwohl die beiden Regierungen weiter verhandelten, deutete 1941 alles auf einen Krieg hin.

Tora! Tora! Tora!

Dieser wurde ohne Kriegserklärung mit dem Blitzangriff am 7. Dezember 1941 von japanischer Seite begonnen. Die Militärs des Kaiserreiches, das zu diesem Zeitpunkt bereits weite Teile Indochinas und des südwestlichen Pazifik kontrollierte, hatten Admiral *Isoroku Yamamoto* mit der Planung des Angriffs beauftragt. *Yamamoto*, der persönlich gegen den Krieg war, sah die einzige Chance darin, einen möglichst schnellen und unerwarteten Schlag durchzuführen, der die Pazifikflotte der Amerikaner zerstören und ihre Möglichkeiten zum Gegenangriff beschneiden sollte. Am 26. November ließ er in Nordjapan eine Angriffsflotte von 33 Kriegsschiffen, 6 Flugzeugträgern und Hilfseinheiten in See stechen – ihr Ziel: **Pearl Harbor**. Weit außerhalb der üblichen Seefahrtsrouten operierend und unbemerkt von der US-Aufklärung, konnte diese Flotte in den frühen Morgenstunden des 7. Dezember ihre Angriffsposition 370 km nördlich von Oahu beziehen. Gleichzeitig wurden kleinere U-Boote ausgesandt, die ca. 16 km vor der Einfahrt des Hafens von Honolulu den Angriff erwarten und unterstützen sollten. An diesem Tag, einem Sonntag, waren viele der Schiffe unbemannt und lagen aufgereiht im Hafen.

Honolulu Star-Bulletin 1st EXTRA

WAR!

(Associated Press by Transpacific Telephone)
SAN FRANCISCO, Dec. 7.—President Roosevelt announced this morning that Japanese planes had attacked Manila and Pearl Harbor.

OAHU BOMBED BY JAPANESE PLANES

SIX KNOWN DEAD, 21 INJURED, AT EMERGENCY HOSPITAL

In der ersten Meldung über den Blitzangriff wird die Zahl der Toten noch mit 'sechs' angegeben.

Die beiden japanischen Angriffswellen, die ab 8.00 Uhr Honolulu, Pearl Harbor und andere Ziele auf Oahu heimsuchten, brachten den Vereinigten Staaten die bis dahin **größte militärische Niederlage** in ihrer Geschichte bei (vgl. S. 278f). Fast ihre gesamte Pazifikflotte und 164 Flugzeuge waren vernichtet und 2.400 Personen getötet worden.

Ein Ziel erreichten die Japaner jedoch nicht: Die großen amerikanischen Flugzeugträger hatten sich nicht in Pearl Harbor befunden und konnten nun ihrerseits zum Gegenangriff auslaufen. Und trotz des flammenden Infernos, das die japanischen Bomber hinterlassen hatten, war Pearl Harbor selbst erstaunlich intakt. Die Dockanlagen konnten repariert, viele versenkte Schiffe geborgen und wieder instand gesetzt werden. Das Entscheidende jedoch war: Durch den Schock, den der Angriff auf Pearl Harbor bei den Amerikanern hinterließ, sah die bisher noch schwankende Öffentlichkeit nun keine Alternative mehr zum **Eintritt in den Weltkrieg**.

USA treten in den Weltkrieg ein

Am gleichen Tag des Desasters erklärte Präsident *Roosevelt* Japan den Krieg und bezeichnete in seiner Ansprache an die Nation den 7. Dezember als *Day of Infamy*. Die europäischen Achsenmächte (Deutschland und Italien) reagierten darauf am 11. Dezember mit der Kriegserklärung an die USA. Gleichzeitig war damit der Startschuss gegeben für ein enormes **Aufrüstungsprogramm**, das binnen kurzer Zeit die US-Pazifikflotte an Schiffen, Waffen und Besatzung weit über die ursprüngliche Stärke hinaus wiederherstellte. Die Inseln selbst waren sofort nach dem japanischen Angriff unter **Kriegsrecht** gestellt und die Bemühungen um einen effektiven Küstenschutz verbessert worden. Zehntausende versuchten panikartig, Hawaii in Richtung USA zu verlassen, und die Furcht vor einer erneuten Angriffswelle oder einer gezielten Invasion wuchs sich teilweise zur Hysterie aus.

Vorsorglich wurden geeignete Landeplätze (z.B. der Strand von Waikiki) mit Stacheldraht abgesperrt, Waffen in Stellung gebracht und neue Beobachtungsposten installiert. dass nicht nur Oahu gefährdet war, wurde bereits am 30. Dezember deutlich, als japanische U-Boote Hilo (Big Island), Nawiliwili (Kauai) und Kahului (Maui) beschossen. Ebenfalls durch ein U-Boot wurde im Januar 1942 ein US-Transportschiff in hawaiischen Gewässern versenkt. Und am 2. März des gleichen Jahres sah sich Honolulu erneut einem Bombardement aus der Luft ausgesetzt.

Hawaii als 'pazifischer Flugzeugträger'

Mit dem Erstarken der Amerikaner und fortschreitenden Erfolgen an der pazifischen Front zog sich schließlich der Krieg von Hawaii in westlicher Richtung zurück. Die Aufrüstung der Insel Oahu zu einem waffenstarrenden 'festen Flugzeugträger' sorgte jedoch dafür, dass es selbst jetzt noch zu tragischen Ereignissen kam: Im Jahre 1944 explodierten im Mai und Juni jeweils in einer Kettenreaktion mehrere Munitionsdepots, und am 8. Juni waren Bomber über Honolulu kollidiert und in ein dicht besiedeltes Wohngebiet gestürzt. Insgesamt 374 Tote und annähernd tausend Verletzte forderten diese Unglücke.

Durch den Abwurf der **Atombomben** von Hiroshima und Nagasaki und der dadurch erzwungenen **bedingungslosen Kapitulation Japans** war der Krieg am 14. August 1945 zu Ende. Auf Hawaii wurde der Tag mit Glockengeläut, Hupkonzerten und spontanen Umzügen überschwänglich gefeiert und ging als *V-J-Day (Victory over Japan Day)* in die Geschichte ein.

Ausschließlich aus 'Nisei' zusammengesetztes US-Regiment

Von besonderer Bedeutung waren die Verschlechterung der japanisch-amerikanischen Beziehungen und schließlich die kriegerischen Ereignisse für die **auf Hawaii lebenden Japaner**. Dabei handelte es sich nicht etwa um eine verschwindend kleine Minderheit: Immerhin machten die Nachfahren der japanischen Plantagenarbeiter, die im 19. Jh. eingewandert waren, rund 30 % der Bevölkerung (= 160.000) aus! Die meisten davon fühlten sich wohl eher als Amerikaner denn als Japaner, nannten sich *Nisei* oder *Americans of Japanese Ancestry* und hatten durch ihre Arbeit (u.a. auch beim Militär) zum Wohlstand des Territoriums nicht unerheblich beigetragen. Weder auf den Inseln noch in Washington konnte man sich deshalb vorstellen, diese große Gruppe in Internierungslager zu sperren, was sonst in den USA durchaus üblich gewesen war.

Schicksal der Japaner

Doch strenge Kontrollen, Verdächtigungen, Denunziationen und auch vereinzelte Festnahmen von vermeintlichen oder tatsächlichen Spionen führten dazu, dass das bis dahin unkomplizierte Verhältnis zwischen den ethnischen Gruppen spürbar abkühlte. In den Kriegsjahren zeigten sich die japanischen Hawaiianer durchweg als loyal und kämpften auf den pazifischen und europäischen Kriegsschauplätzen an der Seite ihrer amerikanischen Mitbürger. Das 442. US-Regiment war sogar ausschließlich aus Japanern zusammengesetzt. Doch erst durch die Aufhebung des Kriegsrechtes wurde so mancher Diskriminierung die rechtliche Grundlage entzogen. Und innerhalb der einzelnen ethnischen Gruppen dauerte es noch erheblich länger, bis alle *Nisei* wieder als vollwertige und unverdächtige Bürger des Territoriums akzeptiert wurden.

Der moderne Bundesstaat

Nach dem Weltkrieg setzten sich jene Tendenzen verstärkt fort, die vorher schon einen rasanten Strukturwandel im Territorium in Gang gesetzt hatten. Die Geburtenfreudigkeit der Insulaner, verbunden mit einem unverminderten Zuzug von Immigranten (Asiaten, Europäer und seit 1951 auch viele Samoaner) sorgten für ein stetiges Wachstum der Bevölkerung, die 1983 zum ersten Mal die 1-Million-Grenze überstieg. Deren Lebensstandard passte sich schrittweise den amerikanischen Verhältnissen an, wie überhaupt der hawaiische Alltag zusehends verwestlicht wurde.

Bereits 1952 war die erste hawaiische Fernsehstation auf Sendung gegangen, es folgte ein Ausbau der Infrastruktur mit Flughäfen (1959 erstmalige Landung eines Düsenjets), Highways und Freeways sowie moderner Wohn- und Hotelanlagen. Die pazifische Sonderrolle der Inselkette zwischen Asien und Amerika schlug sich in einer stetigen Steigerung des Handels nieder und führte zum Ausbau von Honolulu als Bankenzentrum und Drehscheibe des pazifischen Luftverkehrs. Verbessert und intensiviert wurden die Beziehungen zu den fernöstlichen Pazifikanrainern, insbesondere zu Japan. Schon 1964 wurde z.B. für 84 Millionen US$ ein Unterwasserkabel zwischen Tokio und Hawaii installiert. Einen enormen Aufschwung nahm der Fremdenverkehr, denn im gleichen Jahr, in dem Hawaii den Status eines Bundesstaates erlangte, begann auch der regelmäßige Transport mit schnellen Düsenjets, die die Flugzeit auf 4 Stunden verkürzten. Das war für die Inseln der Durchbruch zur Massendestination, der 1967 erstmalig mehr als 1 Million Touristen nach Hawaii brachte.

Politik, Regierung und Verwaltung

Hawaii wird 50. Bundesstaat

Ein einschneidendes Ereignis war die Volksabstimmung von 1959 über den zukünftigen Status des Inselreichs. Dabei sprach sich nur ein einziger Wahldistrikt, nämlich die ausschließlich von Hawaiianern bewohnte Insel Niihau, gegen die Aufnahme in die Vereinigten Staaten aus. Am 21. August 1959 schließlich erklärte Präsident *Eisenhower* Hawaii offiziell zum **50. Bundesstaat**: Der 'Aloha State' war geboren.

STATEHOOD!

House Sends Bill to Ike

Honolulu Star-Bulletin

Sirens, Bells Herald Statehood Arrival

First Class Citizens Now

Schlagzeile: Hawaii wird Bundesstaat

Sein Aufbau entspricht dem allgemein-amerikanischen Verwaltungs- und Regierungssystem. D.h., dass an seiner Spitze ein **Gouverneur** steht, der alle vier Jahre gewählt wird. Die Geschicke des jungen Staates wurden hier vor allem von Demokraten geleitet, insbesondere vom Gouverneur *John A. Burns*, der über drei Perioden (1962-1974) sein Amt bekleidete. Er zählt zu den ganz großen politischen Persönlichkeiten Hawaiis in der Nachkriegszeit. Gleiches kann man auch vom Demokraten *George Ariyoshi* behaupten, der 1974 zum Gouverneur gewählt wurde und diese Position ebenfalls drei Perioden lang behauptete. Mit *Ariyoshi* war zum ersten Mal ein Bürger japanischer Abstammung in das höchste Amt eines US-Staates gelangt. Und dass die Zeit der *Haole*-Herrschaft endgültig vorbei war, wurde durch die Wahlen von 1986 klar. Damals sprach sich die Mehrheit für *John Waihee* als Nachfolger *Ariyoshis* aus, der nicht nur ebenfalls der demokratischen Partei angehörte, sondern außerdem von hawaiischer Abstammung war. Die derzeitige Gouverneurin *Linda Lingle* wurde 2002 in ihr Amt gewählt, sie beerbte dabei *Benjamin J. Cayetano,* der dem Inselstaat seit 1994 vorstand. *Lingle* wurde 2006 wiedergewählt.

Wie in Washington D.C. und in jedem Bundesstaat besteht das Parlament aus zwei Kammern: dem Repräsentantenhaus und dem Senat. Die erstgenannte Kammer hat zzt. 51 Mitglieder und wird alle zwei Jahre in 51 Distrikten neu gewählt, während der Senat aus 25 Abgeordneten besteht, die sich alle vier Jahre in 25 Distrikten zur Wahl stellen müssen. Im Repräsentantenhaus der USA ist Hawaii mit einem Abgeordneten vertreten. Anders als andere Bundesstaaten, die

Tipp

Statistische Informationen zum Bundesstaat Hawaii, wirtschaftliche Eckdaten, Infos zu Politik, Regierung, Verwaltung, sozialer Lage, Haushalt etc. sind im Internet unter www. hawaii.gov *erhältlich.*

zusätzlich noch kleinere administrative Einheiten kennen, besitzt Hawaii nur zwei Verwaltungsebenen – die des Bundesstaates an sich und die der vier Counties, in die er unterteilt ist. Davon ist das mit Abstand wichtigste: City and County of Honolulu, das die Hauptstadt, die Insel Oahu und etliche Inselchen im Nordwesten umfasst. Wie jedem County steht ihm ein *Major* (= Landrat, Bürgermeister) vor. Die anderen drei Counties sind das County of Maui, zu dem die Inseln Maui, Molokai, Lanai und Kahoolawe gehören, das County of Hawaii, das aus Big Island besteht, und das County of Kauai, das die Inseln Kauai und Niihau umfasst.

Zeittafel

ca. 750 n. Chr.	Vermutlich erste polynesische Besiedlung von den Marquesas-Inseln aus.
ca. 1100-1300	Handelsverkehr mit Kanus zwischen Hawaii und Tahiti.
1778	'Entdeckung' des Archipels (= Sandwich-Inseln) durch James Cook und die Besatzung der Schiffe Resolution und Discovery.
1779	Am 14. Februar wird Cook auf Hawaii von Einheimischen umgebracht.
ab 1786	Handelsschiffe aus England, Frankreich, Spanien, Russland und Amerika gehen in Lahaina und Honolulu vor Anker.
1789-1810	Kriegszüge des Königs Kamehameha I. von Hawaii gegen die Nachbarinseln.
1792	Eine Expedition des Briten George Vancouver bringt die ersten Rinder nach Hawaii.
1810	Die Insel Kauai wird dem Königreich Hawaii einverleibt.
1819	Die ersten Walfänger werden in hawaiischen Gewässern aktiv.
1820	Die ersten amerikanischen Missionare treffen ein.
1845	Die Funktion der Hauptstadt geht von Lahaina auf Honolulu über.
1846	Höhepunkt der Walfang-Ära.
1848	Inkrafttreten der 'Großen Mahele': Landkauf wird für alle Bürger möglich.
ab 1850	Beginn des großflächigen Zuckerrohranbaus. In der Folge Arbeitskräftemangel, der durch die Anwerbung von Vertragsarbeitern aus China, Japan, Portugal, den Philippinen und vielen anderen Ländern behoben wird.
1866	Einrichtung der Lepra-Station auf Molokai
1881-83	Weltreise des Königspaares, bei dem Kalakaua u.a. mit den wichtigsten Monarchen Asiens und Europas zusammentrifft.
1882	Mit 48.000 Einwohnern hat Hawaii einen historischen Tiefpunkt erreicht.
1887	Unblutiger Putsch der 'Zuckerbarone', die Weißen bilden eine provisorische Regierung. Ein hawaiischer Gegenputsch scheitert 1889, die Königin wird für abgesetzt erklärt.
1894	Durch eine neue Verfassung wird Hawaii in eine Republik umgewandelt; die Präsidentschaft übernimmt Sanford B. Dole.

1900	Nach einer Annexion wird Hawaii am 14. Juni offizielles Territorium der USA unter der Verwaltung eines Gouverneurs. Großfeuer in der Chinatown von Honolulu.
1901	James D. Dole gründet die hawaiische Ananas-Gesellschaft. Erste Straßenbahn in Honolulu. Eröffnung des Moana Hotels in Waikiki.
1902	Erste Installierung eines Unterseekabels (San Francisco – Honolulu), ein Jahr später wird ein weiteres Kabel zu den Philippinen und anderen Inseln im Pazifik gelegt.
1907	Gründung des College of Agriculture, aus dem sich 1911 das College of Hawaii und 1920 die University of Hawaii entwickelt.
1908	Der Kongress beschließt die Einrichtung der Flottenbasis Pearl Harbor.
1917	Liliuokalani, die letzte Königin Hawaiis, stirbt.
1922	Als letzter Abkömmling des Königshauses von Hawaii stirbt Prinz Kuhio. Die Hawaiian Pineapple Co. kauft die Insel Lanai. Die ersten beiden hawaiischen Radiosender nehmen ihren Betrieb auf.
1924	Soziale Unruhen: achtmonatiger Streik der Filipino-Gewerkschaft, bei Auseinandersetzungen mit der Polizei werden 16 Streikende getötet, anschließende Verhaftungswelle.
1927	Zum ersten Mal schaffen Wasserflugzeuge der US-Armee einen Non-Stop-Flug von Kalifornien nach Hawaii.
1931	Zwischen Amerika und der Inselgruppe wird eine Telefon- und Radio-Verbindung hergestellt.
1941	Am 7. Dezember japanischer Überraschungsangriff auf Pearl Harbor, in der Folge Kriegserklärung an Japan. Hawaii wird unter Kriegsrecht gestellt. Am 30. Dezember heftige U-Boot-Angriffe.
1945	Am 14. August japanische Kapitulation, am nächsten Tag Feiern des V-J-Day (Victory over Japan-Day) in Hawaii.
1946	Ein Tsunami (Flutwelle) fordert in Hilo 150 Todesopfer und richtet eine Sachschaden von über 25 Millionen US$ an.
1959	Hawaii wird am 21. August offiziell zum 50. Bundesstaat der USA erklärt.
1960	Umweltkatastrophen auf Hawaii: Eine Flutwelle fordert in Hilo 57 Menschenleben, Vulkanausbrüche und Erdbeben verheeren das Gebiet um Puna.
1974	Mit der Wahl des Demokraten George Ariyoshi zum Gouverneur gelangt zum ersten Mal ein Bürger japanischer Abstammung in das höchste Amt eines US-Staates.
1983	Die Bevölkerungszahl klettert zum ersten Mal über die 1-Million-Grenze.
2001	Die Anschläge auf das New Yorker World Trade Center verursachen einen fast 10-prozentigen Rückgang der Besucherzahlen.
2002	Mit Gouverneurin Linda Lingle wird der Bundesstaat erstmals von einer Frau regiert.
2005	Die Zahl der Touristen übersteigt erstmalig die 7-Millionen-Grenze.
2005-06	Wieder verstärkter Lavafluss auf Big Island.
2008	Einer der aktivsten Vulkane der Erde, der Kilauea auf Hawaii, spuckt Asche und Steine.
2009	Barack Obama, auf Hawaii geboren und aufgewachsen, wird als 44. US-Präsident vereidigt.

Landschaftlicher Überblick

Die Entstehung der Inseln

Als die ersten europäischen Seefahrer Kap Hoorn umsegelten und die stille Weite eines riesigen Weltmeeres vor Augen hatten, nannten sie dieses den 'Stillen' oder 'Pazifischen Ozean'. Jene Namensgebung ist jedoch vollkommen irreführend: Kein anderes Weltmeer ist so unruhig wie gerade der Pazifik! Erinnert sei in diesem Zusammenhang an die räumliche Dimension der Wasserwüste, die nord- und südpolare Gebiete ebenso umfasst wie den tropischen Gürtel. Deshalb kommt es hier zu einer enormen Luftbewegung warmer und kalter Ströme, die sich zum schrecklichen Phänomen des tropischen Zyklons, dem Taifun, verdichten können.

Der 'Ring aus Feuer'

Die Unruhe der Luft über dem Pazifik findet ihre Entsprechung am Boden, unterhalb und oberhalb des Wasserspiegels. Gemeint ist jener immense Gürtel starker Vulkan- und Erdbebentätigkeit, der landläufig als 'Ring aus Feuer' bezeichnet wird.

Etwa 75 % aller aktiven Vulkane liegen auf diesem Gürtel, der im allgemeinen der Küste des Pazifiks folgt: von der Südspitze Chiles über die Anden-Vulkane und Mittelamerika bis zum Andreas-Graben, weiter nach Nordwesten bis Alaska und zu den Aleuten, über die russische Kamtschatka-Halbinsel dann in südlicher Richtung nach Japan und China und schließlich zu den Philippinen, nach Indonesien, Neu-Guinea bis nach Neuseeland. Mit seinen über 45.000 km Länge umfasst der 'Ring aus Feuer' ein Gebiet von ca. 178 Millionen km^2, und die Zahl der Toten, die in historischer Zeit seinen Erdbeben und Vulkanausbrüchen zum Opfer gefallen sind, geht weit in die Millionen (allein das Erdbeben im chinesischen Tangshan forderte 1976 etwa 500.000 Todesopfer!).

Der hawaiische Archipel ist zwar selbst nicht Teil dieses vulkanischen Gürtels, gleichwohl aber vom Vulkanismus der Gesamtregion betroffen bzw. verdankt diesem seine Entstehung. Denn die Inseln liegen der pazifischen Platte auf, die nach der Theorie der Kontinentaldrift sich jährlich mehr als 8 cm nach Nordwesten bewegt. Offensichtlich schiebt sie sich dabei über einen so genannten *hot spot*, d.h. eine ortsfeste Magmakammer von außergewöhnlich hoher Temperatur und hoher Förderung vulkanischen Gesteins.

Die Folge ist, dass sich in Millionen von Jahren ein unterseeischer Sockel immer weiter und schneller aufstockt, schließlich die Wasseroberfläche durchbricht und zu einem hohen Vulkanberg heranwächst. Wegen der Drift der pazifischen Platte verlässt die so entstandene Insel den *hot spot* und wandert weiter nordwestlich, der Vulkan erlischt. Während das Magma des *hot spots* bereits das nächste Massiv aufschichtet, ist der Vorgänger-Vulkan den Erosionskräften der Natur ausgesetzt, die nun damit beginnen, langsam, aber sicher die Insel wieder abzutragen.

Hawaiische Genese

Der Zeitraum, in dem sich der geschilderte Prozess abspielte, umfasst die letzten 70 Millionen Jahre, also eine erdgeschichtlich recht junge Spanne. Und er bedeutet für das gegenwärtige Aussehen der Inselgruppe Folgendes:

- Da die Driftbewegung der pazifischen Platte nach Nordwesten geht, liegen die ältesten hawaiischen Inseln im Nordwesten des Archipels und die jüngste im Südosten.
- Wegen der Erosion sind die Inseln im Nordwesten am flachsten und im Südosten am höchsten.
- Wegen des *hot spots* ist nur die südöstlichste Insel (Big Island) vulkanisch aktiv.
- Die (erdgeschichtlich) nahe Zukunft wird eine Vergrößerung des Archipels mit sich bringen: Vor der Ostküste von Big Island hat sich bereits der unterseeische Vulkan *Loihi* zu beträchtlicher Höhe aufgestockt.

Würde man mit dem Flugzeug von Nordwesten her über die Inselkette fliegen, sähe man zunächst *Kure Island* und die *Midway Islands*, die heute als Atolle kaum noch über die Wasseroberfläche ragen, vor rund 50 Millionen Jahren aber vermutlich ebenso hoch waren wie heute Big Island. Über weitere Riffe und flache Inseln käme man dann, nach ungefähr 1.100 km und kurz vor dem nördlichen Wendekreis, zu den *French Frigate Shoals* und *Necker Island*, die sich bereits in klaren Konturen über den Pazifik erheben. Auf den nächsten 1.400 km sähe man dann jeweils größere und höhere Inseln (Kauai: 1.431 km², höchste Erhebung 1.598 m. Oahu: 1.574 km²/1.225 m. Maui: 1.887 km²/3.055 m), bis man schließlich am Big Island angelangt wäre, dem mit 10.454 km² größten Bestandteil des Archipels, dessen Gipfel *Mauna Kea* und *Mauna Loa* deutlich die Höhe von 4.000 m ü.d.M. übersteigen.

Das lange Ende der Inselkette

Die Feuerinseln – Vulkane, Lava, Flutwellen

Wie viele Feuer speiende Berge gibt es auf Hawaii?

Wenn Besucher angesichts der Entstehungsgeschichte des gesamten Archipels nun auch überall Vulkane, Schlammtöpfe, Schwefelquellen oder Solfatare erwarten, müssen sie an die oben genannte *hot-spot*-Theorie erinnert werden. D.h., dass die sichtbare (also sich oberhalb des Ozeans abspielende) vulkanische Aktivität **nur** auf **Big Island** beobachtet werden kann.

Zwar gilt Hawaii gemeinhin als eines der besten Beispiele für eine stetige und außerdem 'touristisch erschlossene' Vulkantätigkeit, und tatsächlich konnten dort noch in jüngster Vergangenheit Lavaströme beobachtet werden, die vom Volumen her zu den größten der Welt zu rechnen sind, doch ist die Zahl der entsprechenden Schauplätze begrenzt – etwa im Vergleich zu Island, das rund 30 aktive Vulkane besitzt. Auf Hawaii sind es derer nur **zwei**:

❶ ***Mauna Loa***. Um diesen Berg, der mit einer Höhe von 4.169 m als größter Vulkan der Welt gilt, ist es im letzten Jahrzehnt recht ruhig geblieben. Doch mit den Eruptionen, die sich allein in der Nachkriegszeit ereigneten, demonstrierte die Vulkangöttin *Pele* jeweils eindrucksvoll, zu welchen Kraftakten sie fähig ist. Im Jahre 1950 z.B. produzierte sie in einem 23 Tage währenden Ausbruch einen der längsten Lavaströme in historischer Zeit. 1975 meldete sich der Mauna Loa dann

Größter Vulkan der Welt

Der Kilauea-Krater auf Big Island

erneut durch eine kurze 18-Stunden-Eruption zu Wort, die von einer Serie kleinerer Erdbeben begleitet war. Und zuletzt brach im März 1984 in 2.865 m Höhe eine Spalte auf, aus der bis Mitte April ununterbrochen Lava ausfloss.

❷ ***Kilauea-Krater***. Der 4 km lange, 3,2 km breite und 1.243 m hohe Krater im *Hawaii Volcanoes National Park* ist der zuverlässigste Garant für das Erleben eines vulkanischen Naturschauspiels. Nachdem er u.a 1790, 1959, 1960, 1969 und in den 1970ern fast jedes Jahr Magma nach oben beförderte, ist er seit 1983 nahezu ununterbrochen in Aktion und sendet von seinen Flanken Lavaströme in Richtung Meer, die Häuser in Brand setzen, sich über Straßen wälzen und schließlich im Kontakt mit Seewasser weiße Dampfwolken produzieren.

Eruptive Aktivität

Alle anderen Vulkane auf dem Archipel gelten definitiv als 'tot'. Drei Ausnahmen gibt es jedoch, für die man die Bezeichnung **'schlafende Vulkane'** gewählt hat, weil ihr letzter Ausbruch vor noch nicht allzu langer Zeit stattfand und die Forschung eine erneute Eruption zwar für unwahrscheinlich, aber nicht für ausgeschlossen hält:

- Der ***Mauna Kea*** (4.205 m), der nördliche Bruder des *Mauna Loa* auf Big Island, hatte noch im 17. und 18. Jh. einige Nachwehen seiner ehemals umfangreicheren vulkanischen Tätigkeit.
- Der ***Hualalai*** (2.521 m) auf Big Island, unweit der Touristen-Hochburg Kailua-Kona, sandte zuletzt 1801 Lavaströme in Richtung Meer.
- Der ***Haleakala*** (3.055 m), der als einziger nicht auf Big Island, sondern auf Maui liegt, ist zuletzt um das Jahr 1790 ausgebrochen, und zwar aus einem Seitenkrater ziemlich tief am Berghang.

Welche Vulkanformen kann man unterscheiden?

Aufgrund der geschilderten Erdgeschichte sind die hawaiischen Vulkane in ihrer 'reinen' Form (d.h. noch nicht durch Erosion abgetragen) am ehesten auf Big Island und Maui zu sehen. Das, was im landläufigen Sinn einen Vulkan ausmacht, nämlich die steile, gleichmäßig und konisch zulaufende Kegelform, findet man auf Hawaii nicht. Solche Kegel (wie z.B. der des japanischen *Fudschijama)* haben sich durch sehr zähflüssige und gasreiche Lava sowie Asche aufgebaut – das Resultat nennt man dann einen **Schichtvulkan** (bzw. Zentral- oder Stratovulkan).

Im Gegensatz dazu dominieren auf Hawaii die so gen. **Schildvulkane** das Landschaftsbild. Schildvulkane entstehen durch die Förderung von dünnflüssiger und gasarmer Lava, wobei die hohe Fließgeschwindigkeit für einen relativ großen Durchmesser und ein enormes Gewicht einerseits und nicht sehr steile Flanken andererseits verantwortlich ist. Das hat zur Folge, dass man Schildvulkane z.T. gar nicht als Berge erkennt oder aber ihre tatsächliche Höhe leicht unterschätzt.

Riesige Schildvulkane

Dem *Mauna Loa* z.B., der oft als größter Einzelberg der Welt bezeichnet wird und dessen Gewicht rund hundertmal größer ist als das des *Fudschijama*, sieht man seine gut 4.000 Höhenmeter nicht an. Bei der Entstehung der Insel Maui waren zwei Schildvulkane beteiligt, nämlich der *Haleakala* und der *Puu Kukui*, deren Hänge sich erst später zu einer gemeinsamen Landmasse vereinigten. Auch die Insel Oahu besteht im Grunde aus zwei Schildvulkanen, die vor vielen Millionen Jahren entstanden und durch stetige Lavaförderung zur heutigen Insel zusammengewachsen sind. Dort, wo sich die Lavaströme trafen, breitet sich nun die zentrale Hochebene aus. Aber selbst die Atolle weit im Nordwesten gehen auf einst mächtige Schildvulkane zurück, die im Lauf der Zeit jedoch von der Erosion abgetragen wurden. Der Gebirgsstock befindet sich dort mittlerweile unter Meeresspiegelniveau, während die sichtbaren Inselteile von Korallenriffen gebildet werden, die dem Sockel aufsitzen.

Ein anderes Charakteristikum der hawaiischen Schildvulkane ist die Tatsache, dass sich bei ihrem Aufbau die darunter liegende Magmakammer oft so entleerte, dass der Berg in sich zusammenstürzte. Den riesigen Kessel, der bei einem solchen Prozess entstand, nennt man eine **Caldera**. In einer Caldera kann wiederum ein neuer Krater entstehen, aus dem erneut Lava ausfließt und einen Schildvulkan auf dem Boden des alten aufzustocken beginnt, bis dieser evtl. ebenfalls in sich zusammenstürzt. Eine Caldera stellt also nicht den eigentlichen Krater dar, sondern besitzt im Innern mindestens einen dieser Schlote, die das Magma nach oben befördern. Nachdem sich der eigentliche Schildvulkan solcherart aufgebaut hat, ist die vulkanische Tätigkeit i.d.R. nicht schlagartig zu Ende, sondern nimmt langsam ab, indem immer wieder gasreiches Gemisch explodiert oder Asche und anderes Auswurfgestein an unterschiedlichen Stellen freigesetzt werden.

Calderas und Explosionskrater

Relikte dieser Phase sind jene Mondlandschaften, aus denen sich recht niedrige, aber schön geformte **Explosionskrater** und Aschen- oder Schlackenkegel *(Ash Cones, Cinder Cones)* erheben – besonders schön auf dem *Haleakala* auf Maui. Und dort, wo noch Lavafluss stattfindet, geschieht dies meist nicht durch den alten Hauptkrater, sondern durch Seitenkrater an den Vulkanhängen oder durch Spalten. Ebenfalls auf die letzte Phase vulkanischer Tätigkeit sind jene Kegel aus Tuffgestein *(Tuff Cones)* zurückzuführen, die sich schroff und unvermittelt nahe dem Meer auftürmen – darunter als markantestes Beispiel der *Diamond Head* auf Oahu.

Wie ist die hawaiische Lava beschaffen?

Die Beschaffenheit der Lava, d.h. ihre dünn- oder zähflüssige bzw. gasarme oder -reiche Struktur, ist erstens für den Aufbau der unterschiedlichen Vulkanformen verantwortlich und zeigt sich zweitens auch in der Oberflächengestalt. Dabei sind auf Hawaii **zwei Arten von Lavaströmen** dominierend, die sich in ihrer chemischen Zusammensetzung gleichen, aber deutlich voneinander unterschieden werden können:

❶ Das gasarme, schnell und breitflächig ausströmende Material wird als **Fladenlava** oder auf polynesisch als ***Pahoehoe*** bezeichnet. Sie ist oft von tiefschwarzer Färbung und von einer scheinbar 'weichen' Oberfläche. Nun ist die Fließgeschwindigkeit nicht immer gleich; anders als Wasser kann ein Lavastrom aufgehalten werden und dabei an der Oberfläche erstarren. Die ansonsten glatte Oberfläche wird dabei von tiefen Rissen und Gräben durchzogen oder zu bizarren Formationen aufgeworfen.

Scharfkantige A'a-Lava (links) grenzt hier direkt an die weichere Pahoehoe-Lava (rechts)

Lavaformen

Manchmal bricht glühende Lava durch die schon erkaltete Kruste und wälzt sich ineinander verdreht langsam vorwärts *(Stricklava)*. Oder die erstarrte Oberfläche eines Lavastromes wird durch Verdampfung von Wasser aufgebrochen und zu so gen. Schollendomen aufgewölbt. An anderer Stelle kann die Oberfläche erstarrt sein, während das dünnflüssige Material darunter durch regelrechte Tunnelsysteme weiterfließt, um viele Kilometer entfernt wieder ans Tageslicht zu geraten. Und an der Ostküste von Big Island kommt es zu dem Phänomen von Lavazungen, die sich – obwohl viel schwerer als Wasser – mehrere Dutzend Meter über den Ozean schieben: Getragen werden sie von einem Luftpolster, das sich aus verdampfendem Wasser bildet.

❷ Im Gegensatz zur *Pahoehoe* wälzt sich gasreiches und weniger heißes Material langsamer vorwärts und erstarrt zur so gen. **Blocklava** (polynesisch: ***A'a***): übrig bleibt ein zerrissenes, von scharfkantigen Blöcken, Schollen und Scherben geprägtes Terrain, das für Wanderer äußerst unangenehm ist. Vor allem im Volcanoes Nationalpark auf Big Island können *Aa*-Lava und *Pahoehoe*-Lava oft unmittelbar nebeneinander beobachtet werden.

Lava-Fontäne am Kilauea

Länger als der Vegetation bietet die Lava dem Meereswasser Widerstand. Deswegen kann man auf vielen Inseln noch Reste alter Lavaströme **an der Küste** entdecken, wo sich schwarzgezackte, bizarre Blöcke der Meeresbrandung entgegenstellen. Irgendwann gewinnen aber auch hier die Erosionskräfte die Oberhand und können die Lava schließlich in mikroskopisch feine Stücke zerschlagen. Das Resultat sind dann jene **schwarzen Sandstrände**, die man besonders auf Big Island antrifft (schwarzer Sand kann allerdings auch viel schneller durch Dampfexplosionen entstehen, indem die glühende Lava beim Kontakt mit Wasser zerfetzt wird). Außer der 'normalen' Lava treten natürlich weitere vulkanische Auswurfmassen auf, die sich je nach chemischer Konsistenz, Kontakt mit anderen Elementen und Art der Förderung in Form, Färbung und Zusammensetzung unterscheiden. Im Kontakt mit Wasser kann z.B. durch die extreme Abkühlung zersplittertes Glas entstehen. Daneben gibt es die gesamte Bandbreite an ausgeworfenen Lockerprodukten wie Bims, Bimsasche, Asche usw.

Schwarzer Sand

Ist Hawaii ein Erdbebengebiet?

Es ist klar, dass sich in einem geologisch so instabilen Gebiet wie Hawaii häufige **Erdbeben** ereignen, entweder im Zusammenhang mit einer vulkanischen Eruption oder bei Driften und Verwerfungen der pazifischen Platte. Im Gegensatz zu ihrer Häufigkeit haben Erdbeben in der Vergangenheit allerdings nicht jene zerstörerische Kraft entwickelt, die oft an den Rändern des pazifischen Beckens (Kalifornien, Japan, China) auftritt. Die überwiegende Zahl der Erdbeben wird von den Menschen noch nicht einmal wahrgenommen, sondern nur von seismografischen Geräten registriert.

Was sind Tsunamis?

Seit der Flutwelle, die 2004 Tod und Zerstörung nach Südostasien brachte, weiß man, welche schrecklichen Folgen von Erd- oder Seebeben ausgelöst werden können. Im Pazifik wurden von solchen Riesenwogen, die man nach einem japanischen Wort *Tsunami* benennt, besonders die Stadt Hilo auf Hawaii betroffen (vgl. S. 419), Auf offener See werden Tsunamis, beispielsweise von Schiffsbesatzungen, kaum wahrgenommen, obwohl sie fast Schallgeschwindigkeit erreichen können (bis 1.200 km/h). Der Grund liegt erstens in der unbegrenzten Wassertiefe und zweitens in der ungeheuren Entfernung von 150 km und mehr zwischen zwei Wellenkämmen.

Flutwellen

Erst wenn sich ein Tsunami der Küste nähert, nimmt er das Aussehen einer Welle an: Wegen des ansteigenden Meeresbodens bremst sich die Woge auf 90 km/h ab, die Wellenkämme werden zusammengestaucht, stürzen übereinander und bauen sich zu einer Wasserwand auf. Selbst wenn diese nur 2-3 m hoch ist, kann sie katastrophale Folgen haben. Die Tsunamis von Hilo waren 1946 und 1960 jeweils höher als 10 m, andere Flutwellen, die z.B. 1896 Japan oder 1964 Südalaska verheerten, werden eine Höhe von mindestens 30 m gehabt haben.

Der Ort eines Erd- bzw. Seebebens ist nicht identisch mit dem Aufprall einer Flutwelle, da sich die Energie vom Epizentrum des Bebens fortbewegt. Deswegen hatten die Tsunamis, die mit voller Wucht auf Hawaii trafen, ihren Ursprung auch nicht in einem hawaiischen Erdbeben. Allein die seismische Woge, die durch die bekannte Explosion des *Krakatau-Vulkans* 1883 ausgelöst wurde, ging zweimal um die ganze Erde, bevor ihre Energie verebbt war. Da aber der Pazifik von einem vulkanischen Gürtel ('Ring aus Feuer') umgeben ist, taucht hier das gefürchtete Phänomen eines Tsunamis relativ häufig auf und betrifft besonders jene Inselwelten, die sich mitten im Ozean einer Riesenwelle entgegenstellen. Aus diesem

Grund haben die Anliegerstaaten des Pazifikbeckens 1948 ein Tsunami-Warnsystem eingerichtet, das alle Küstenländer verständigt, wenn die Entstehung einer Flutwelle beobachtet wird. Der Mittelpunkt dieses Warnsystems ist die Station des *U.S. National Weather Service* bei Honolulu. Dieses Zentrum wird von Seismologen rund um den Pazifik verständigt, wenn irgendwo ein Erdbeben registriert wurde. Anschließend wird von Beobachtern nach Anzeichen für eine Flutwelle Ausschau gehalten und falls es solche gibt, werden alle Angaben über die Geschwindigkeit der Woge und die mögliche Zeit ihres Eintreffens an den gefährdeten Küsten gesammelt. Schließlich benachrichtigt man Zivilschutz und Militär der betroffenen Region, damit man sich dort auf eine eventuelle Katastrophe einstellt bzw. Evakuierungsmaßnahmen ergreift.

Warnsysteme

Weihnachten 2004 wurde von diesem Warnsystem auch das Erdbeben auf dem Grund des Indischen Ozeans registriert. Die Meldung schätzte das Beben als 'ungefährlich' ein – was für den Bereich des Pazifiks auch zutraf. Fatalerweise beruhigte diese Meldung auch verschiedene Institutionen in Thailand und Indonesien, wo kurze Zeit später der Tsunami mit voller Wucht eintraf, Hunderttausende Menschenleben auslöschte und noch mehr obdachlos machte.

Neben den 'richtigen' Tsunamis gibt es übrigens Flutwellen, die kein Erd- oder Seebeben als Ursache haben. Vor allem die heftigen pazifischen Taifune haben soviel Energie, dass sie ebenfalls das Meer zu Wasserwänden auftürmen können, die dann natürlich eine ähnlich zerstörerische Kraft entwickeln.

Meeresstraßen und Inseln, Canyons und Berge

Größe der Inseln

Die Landmasse des hawaiischen Archipels umfasst insgesamt 16.642 km², wovon allein 99 % auf die acht größeren Inseln entfallen. Von diesen ist wiederum Big Island größer als alle anderen Inseln zusammen. Jene Inselchen und Atolle, die sich in einer fast 2.000 km langen Kette nordwestlich in den Pazifik schieben, fallen demgegenüber kaum ins Gewicht, wenn auch deren Anzahl in die Hunderte geht. Wem Zahlenangaben zu abstrakt sind: Die Größe des Inselstaates entspricht in etwa der des Bundeslandes Schleswig-Holstein; ist also nicht gar so klein, wie viele 5-Tages-Touristen offensichtlich vermuten. Auch ist die manchmal publizierte Meinung falsch, Hawaii sei der kleinste amerikanische Bundesstaat: weit im Osten haben Rhode Island, Connecticut und Delaware eine noch geringere Bodenfläche!

Acht große und viele kleine Inseln

Die Größenverhältnisse der acht Inseln im Überblick			
Hawaii (Big Island)	10.458 qkm	***Molokai***	676 qkm
Maui	1.888 qkm	***Lanai***	361 qkm
Oahu	1.574 qkm	***Niihau***	189 qkm
Kauai	1.433 qkm	***Kahoolawe***	116 qkm

Das Meer

Es ist zwar gewagt, den Ozean als 'Landschaft' zu bezeichnen, aber andererseits werden die Inseln durch das umgebende Meer erst als solche definiert. Nicht erkennbar ist, welche **enormen Tiefen** sich unter der Wasseroberfläche verbergen. Bis zu 5.000 m reichen die verlängerten Vulkanhänge hinab, bis sie zum eigentlichen Meeresboden gelangen. Taucher und Schnorchler, die die ersten Tiefenmeter erkunden, sind begeistert von der unglaublichen Schönheit der Unterwasserwelt. Nah genug zur Oberfläche, um von der Wärme und dem Licht der Sonnenstrahlen zu profitieren, haben sich hier oft **Korallen** angesiedelt und z.T. größere Riffe gebildet. Dies trifft besonders für die so gen. Leeward-Inseln zu, also die nordwestlichen Ausläufer des Archipels. Dort sind die Korallenriffe als unfreiwillige Wellenbrecher dafür verantwortlich, dass sich das Wasser in den Atollen so gut wie niemals stürmisch zeigt. Auch der feine, weiße Sandstrand verdankt ihnen seine Entstehung, während der Sand an den Hauptinseln hauptsächlich aus angeschwemmtem oder ausgewaschenem Bodenmaterial besteht und alle Farbnuancen zwischen Goldgelb und Schwarz abdeckt.

Enorme Wassertiefe

Die einzelnen hawaiischen Inseln sind voneinander durch unterschiedlich breite **Meeresstraßen** getrennt, die man auf Englisch *Channels* nennt. Viele Besucher machen sich keine Vorstellungen von den Distanzen und sind manchmal enttäuscht, wenn sie auf Kauai selbst von einem höheren Standpunkt aus nichts von der oft genannten 'Inselkette' erkennen können. Immerhin beträgt dort die Entfernung zur Nachbarinsel Oahu rund 115 km! Währenddessen liegen z.B. Molokai, Lanai und Maui stets in Sichtweite zueinander und von Mauis Südküste sind auch die Bergriesen von Big Island deutlich zu sehen.

Breite Meeresstraßen

Die Breite der Meeresstraßen (Channels)

Name	zwischen	Breite
Kauai Channel	Kauai und Oahu	115 km
Alenuihaha Channel	Maui und Big Island	48 km
Kaiwi Channel	Oahu und Molokai	47 km
Kealaikahiki Channel	Lanai und Kahoolawe	29 km
Kaulakahi Channel	Kauai und Niihau	27 km
Kalohi Channel	Molokai und Lanai	14 km
Auau Channel	Lanai und Maui	14 km
Pailolo Channel	Molokai und Maui	14 km
Alalakeiki Channel	Kahoolawe und Maui	11 km

Die Küsten

Die Küstenlinie vieler Inseln erscheint dem Seefahrer aus der Ferne als plumpe, grüne Landmasse, die manchmal an einen überdimensionierten Wal denken lässt. Oft türmt sich dann mit jeder Seemeile, die einen näher an das Ufer heranbringt, die Küste zu einer undurchdringlichen Wand auf. Und erst ganz zum Schluss löst sich diese in jene scherenschnittartigen, bizarren Formationen auf, die man staunend als eines der prächtigsten Landschaftsbilder erkennt, die der pazifische Raum aufzuweisen hat. Ob im Osten und Westen Oahus, im Norden von Big Island oder an den Küsten von Maui, Lanai und Molokai, vor allem aber an der *Na Pali Coast* auf Kauai stehen diese **Klippen**, die man auch mit dem polynesischen Wort *Pali* bezeichnet. Hier haben in Jahrtausenden Wind und Wetter, Gebirgsbäche, Sturzregen und Sturmfluten aus der **Steilküste** Felsnadeln, -zähne und schräg gestellte Kegel herausgesägt und wie eine künstliche Kulisse hintereinander angeordnet. Besonders auf Molokai beeindrucken die *Pali* allein schon durch ihre unglaubliche Höhe: bis zu 1.100 m – tiefer als anderswo in der Welt – fällt hier die Insel fast senkrecht ins Meer ab!

Steile Klippen

Die Na-Pali-Küste auf Kauai

An anderer Stelle ist die Küste von flacheren, aber genauso eindrucksvollen **Lavaformationen** gesäumt, gegen die das Meer mit wahren Gischtkaskaden anbrandet. Genauso gut gibt es aber auch die sanften **Buchten**, in die manchmal mit Mangroven bewachsene Flüsse und Bäche aus dem Inselinneren münden, flache Nehrungen und ganze Wassersysteme, die sich weit ins Hinterland erstrecken – am größten und bekanntesten *Pearl Harbor* auf Oahu. Wo solche flachen Stellen nicht von Häfen oder Flussmündungen besetzt sind, erstrecken sich auf allen Inseln herrliche **Sandstrände**, manchmal als sichelförmige, nur wenige Hundert Meter breite Badebuchten, manchmal als kilometerlange und von Dünen gesäumte Streifen. Nicht sie alleine sind es, von denen der Hawaii-Tourismus lebt, sondern auch der landschaftliche Kontrast zur Bergwelt und zu jenen Küstenabschnitten, von denen oben die Rede war.

Die Berge

Wendet man sich von der Küste landeinwärts oder, wie die Polynesier sagen: *Mauka* (im Gegensatz zu *Makai* = von der Insel fort, auf das Meer zu), erhebt sich vor einem fast überall ein äußerst gebirgiges Profil, in das sich oft nur schmale Täler eingegraben haben. Die hawaiischen Berge erreichen tatsächlich enorme Höhen, deshalb bedürfte es eigentlich nicht des Blicks auf ihren unterseeischen Sockel, der allerdings eine weitere Sensation bereithält: Wegen der Wassertiefe der Meeresstraßen und des Ozeans ringsum gehen die Vulkane dort weiter hinab, als sie über dem Wasser in den Himmel ragen. Ihre Basis liegt in etwa 5.000 m Tiefe, und beide Höhenangaben zusammengerechnet ergeben beim *Mauna Kea* und beim *Mauna Loa* höhere Werte als z.B. beim *Mount Everest.*

Beträchtliche Höhendifferenz

Diese beiden hawaiischen Gipfel deshalb als die **höchsten Berge der Welt** zu bezeichnen, ist durchaus berechtigt. Denn erstens haben Bergsteiger im Himalaja wegen der beträchtlichen 'Grundhöhe' auch nicht 8.000 Höhenmeter zu bezwingen. Und zweitens ist das Wort 'Normalnull' ein relativer Begriff, da der Meeresspiegel in der Vergangenheit beträchtlichen Schwankungen unterworfen war. Zwar können die beiden Viertausender im Winter monatelang eine Schnee- und Eishaube tragen, ansonsten aber unterscheiden sie sich deutlich von der Bergwelt des Himalaja oder der Alpen. Wo jene Steilwände und schroffe Grate aufweist, steigen die Flanken dieser Schildvulkane nur sanft an; wo jene von spitzen, gezackten Gipfeln bekrönt ist, haben diese abgeflachte Kuppen. Eine direkte Folge davon ist, dass man selbst auf die höchsten Berge Hawaiis mit dem Wagen gelangen kann, so dass sie etwas respektlos als *Drive in Volcanoes* bezeichnet werden.

Die höchsten Berge der Welt

Die Temperaturunterschiede zwischen 'oben' und 'unten' sind beträchtlich: Bereits in 1.000 Metern Höhe ist das Quecksilber um einige Grad gefallen, und wer z.B. auf Maui den Sonnenaufgang auf dem 3.055 m hohen *Haleakala* beobachten möchte, muss mit Temperaturen um den Gefrierpunkt rechnen. An kaum einem anderen Ort in der Welt ist der Aufstieg aus tropischen Verhältnissen in die alpine Kühle so schnell und problemlos möglich wie auf Hawaii. Außer den spürbar niedrigeren Temperaturen sollte man sich in der pazifischen Bergwelt auch auf eine größere Feuchtigkeit gefasst machen. Nebel und Regen können dabei Autofahrern (z.B. regelmäßig auf der *Saddle Road* auf Big Island) und Bergwanderern das Leben schwer machen. Der Grund: Die Passatwinde sorgen für einen ständigen Nachschub an Wolken, die dann in den höheren Regionen abregnen und den Gipfeln z.T. enorme Niederschlagswerte bescheren. Mit jährlich etwa 12.000 mm gilt dabei der 1.548 m hohe *Mt. Waialeale* auf Kauai als 'feuchtester Ort der Welt'.

Temperaturunterschiede

Die größten Berge Hawaiis

Name	Insel	Höhe ü.d.M.
Mauna Kea	Big Island	4.205 m
Mauna Loa	Big Island	4.104 m
Haleakala	Maui	3.055 m
Hualalai	Big Island	2.521 m
Puu Kukui	Maui	1.764 m
Mt. Kawaikini	Kauai	1.598 m
Mt. Waialeale	Kauai	1.548 m
Kamakou	Molokai	1.513 m
Kilauea	Big Island	1.243 m
Mt. Kalaa	Oahu	1.227 m
Lanaihale	Lanai	1.027 m

Die Täler

Mit ihrer überquellenden Vegetation und herrlichen Wasserfällen gehören die z.T. sehr engen Täler zu den unverwechselbaren Landschaftsbildern des Archipels, die man auf Helikopter-Rundflügen, auf Wanderungen und z.T. auch mit dem Wagen genießen kann. Sie öffnen sich meist trichterförmig zum Meer hin und geben dort landwirtschaftlichen Nutzflächen Platz. Folgt man diesen Einschnitten landeinwärts, rücken die Bergwände immer näher aufeinander zu, die trägen Flüsse wandeln sich zu reißenden Gebirgsbächen, bis man am Endpunkt schließlich in eine enge, fast unüberwindlich steile Schlucht gelangt. Hier rauschen Kaskaden bis zu 300 m tief hinab und bilden jene fantastischen **Wasserfälle**, für die Hawaii so berühmt ist.

Hawaiis Wasserfälle

Zu den eindrucksvollsten Tälern dieser Art gehören das *Halawa Valley* auf Molokai, das *Kalalau Valley* auf Kauai, das *Iao Valley* auf Maui, das *Polulu Valley* und *Waipio Valley* an der Nordostküste von Big Island, sowie auf Oahu das *Makaha Valley* im Westen, das *Waimea Valley* im Norden und das *Nuuanu Valley* im Süden. Hawaiis 'Tal der Täler' ist jedoch fraglos der berühmte *Waimea Canyon* auf Kauai: Mehrere Gebirgsbäche haben sich hier bis 600 m tief in den Untergrund eingegraben und ein Naturwunder geschaffen, das in der touristischen Literatur oft als 'Grand Canyon des Pazifik' bezeichnet wird.

Hawaiische Tierwelt

Landtiere

• Säugetiere

Vor Ankunft der Menschen hatten Säugetiere keine Chance, die isolierte Inselwelt zu bevölkern, wenn sie nicht schwimmen oder fliegen konnten. Ersteres taten die Meeressäuger *(s.u.)*, letzteres ist nur einer besonderen, behaarten **Fledermausart** gelungen, die heute in Höhenlagen von über 1.300 m ihr Rückzugsgebiet hat. Alle Landsäugetierarten sind also – freiwillig oder unfreiwillig – importiert worden.

Die Polynesier brachten als Nutztiere **Schweine**, **Hühner** und **Hunde** mit (Hunde wurden auch verspeist), daneben aber auch (und ganz bestimmt nicht mit Absicht!) Ratten und Mäuse. Bereits dadurch wurde das ursprüngliche ökologische Gleichgewicht empfindlich gestört, und die verwilderten **Schweine** gehören immer noch zu den größten Pflanzenschädlingen. Die Artenvielfalt nahm in der Zeit der europäischen Entdeckungsfahrten zu: Bereits *James Cook* schenkte den Polynesiern **Ziegen**, die sich alsbald stark vermehrten. Eine Generation später waren **Katzen**, **Rinder**, **Schafe** und **Pferde** eingeführt, und die Landschaft begann, sich durch Viehverbiss, Abholzung und Weidewirtschaft stärker als jemals zuvor zu verändern.

Importierte Fauna

Auf andere Weise schlimme Auswirkungen hatten jene **Ratten**, die in der zweiten Hälfte des 19. Jh. aus asiatischen Häfen eingeschleppt wurden und die die Pest verbreiteten. In der Mitte des 20. Jh. brachte man **Mungos** nach Hawaii, damit sie die Zuckerrohrplantagen rattenfrei halten sollten; die gefräßigen Tiere hielten sich jedoch nicht an den für sie vorgesehenen Speiseplan, sondern räuberten wild in der gesamten Tierwelt. Sie gelten zusammen mit den Katzen als die schlimmste ökologische Gefahr für die endemische Vogelwelt.

Unter den Säugetieren, die man heutzutage auf Hawaii antrifft, gibt es auch einige unerwartete Arten, etwa **Lamas**, die auf Big Island gehalten werden.

• Reptilien und Lurche

Außer der Seeschildkröte hat es vor Ankunft der Menschen keine Reptilien in Hawaii gegeben, und die meisten der heute vorhandenen Arten sind erst relativ spät eingeführt worden. Z.B. machte man 1932 die puertoricanische **Riesenkröte** *Bufo* heimisch, weil man sich von ihr einen Rückgang der Käfer und anderer Schädlinge in den Zuckerrohrfeldern versprach. Die braun-grauen Tiere werden bis zu 18 cm lang und sind vor allem während der Paarungszeit in Tümpeln und Teichen (u.a. bei den großen Hotelanlagen) zu finden. Zum Selbstschutz können die Kröten ein Sekret ausscheiden, das sogar in der Lage ist, Hunde zu töten.

> **Hinweis**
>
> *Falls Sie einen* Bufo *angefasst haben, sollten Sie anschließend jede Berührung mit Mund oder Augen vermeiden und sich baldmöglichst die Hände waschen.*

Die kleinen, grünen **Anolis-**Eidechsen *(Iguanas)* wurden 1950 zum ersten Mal auf Oahu gesichtet und haben sich inzwischen auch über Maui, Big Island und Kauai ausgebreitet. Wie ein Chamäleon können sie ihre Farbe der Umgebung anpassen (grau oder braun). Gleiches gilt auch für den **Haus-Gecko**, der in vielen Haushalten und Hotels vorkommt. Seit dem Zweiten Weltkrieg in Hawaii heimisch, ist er ein wertvoller Insektenvertilger und sollte deshalb ruhig im Hotelzimmer gelassen werden (sein leises Zirpen ist nicht weiter störend). Seine Hautfarbe ist tagsüber dunkler als nachts, wenn sie fast durchsichtig erscheint.

Große Arten-vielfalt

Das bis zu 25 cm große **Jacksons's Chamäleon** ist wegen seiner sprichwörtlichen Farbwechsel und seiner unabhängig voneinander bewegbaren Augen bekannt. Den Insektenfresser, der die Beute mit seiner langen, blitzartig herausschnellenden Zunge fängt, kann man vor allem an Oahus Ostküste antreffen, wo einige Exemplare, die als Haustiere gehalten wurden, in die Freiheit entkamen und sich stark vermehrten.

• Insekten

Ein wahres Eldorado ist Hawaiis Tropenwelt für alle möglichen Formen von Insekten (ca. 10.000 Arten), die hier nicht nur in großer Zahl, sondern auch in erstaunlichen Dimensionen auftauchen. Obwohl mancher Tourist angesichts äußerst großer Spinnen, Käfer und Kakerlaken erschrecken mag, sind diese Tiere meist ganz harmlos. Während die Staaten bildenden Insekten (Ameisen, Termiten) wahrscheinlich erst durch die Europäer oder Asiaten eingeschleppt wurden, sind Flöhe, Fliegen u.a. bereits mit den Polynesiern nach Hawaii gekommen. Andere Insektenarten sind endemisch und häufig enorm spezialisiert, so dass sie nur in einer ganz bestimmten Umgebung, manchmal nur an einer einzigen Pflanzenart vorkommen. Unangenehm können Moskitos, Tausendfüßler und Kakerlaken werden. **Moskitos** sind vor allem in der Dämmerung lästige Zeitgenossen, gegen die man sich am besten mit langer Kleidung schützt.

In Acht nehmen sollte man sich vor dem Biss einiger **Tausendfüßler**-Arten, die nachts auf Grasflächen und in Büschen auftreten: Er ist sehr schmerzhaft und kann im Extremfall Lähmungen hervorrufen. **Kakerlaken** sind ungefährlich und nur aus ästhetischen oder hygienischen Gründen nicht gern gesehen. Sollten Sie sich in Ihrem Hotelzimmer zu sehr belästigt fühlen, sagen Sie an der Rezeption Bescheid – kurze Zeit später wird ein Angestellter mit der chemischen Keule zuschlagen.

Grund zur Freude und eine wahre Augenweide sind demgegenüber die großen, bunten **Schmetterlinge**.

• Schnecken

Endemische Tiere

Erstaunlich ist nicht nur der Reichtum an Schnecken (etwa 1.000 verschiedene Arten), sondern auch die Tatsache, dass sie überhaupt nach Hawaii gelangt sind. Denn die Vermutung, dass diese Tiere wie andere importiert wurden, stimmt nicht: Viele Arten sind endemisch, d.h. nur auf Hawaii anzutreffen. Vor allem Wanderer werden Gelegenheit haben, deren Artenreichtum und die Farbenvielfalt zu bewundern, insbesondere bei den gut 100 Arten, deren Gehäuse man an den Baumstämmen im Regenwald findet.

Vögel

Der hawaiische Vogelreichtum war einst berühmt, vor allem wegen der so gen. **Kleidervögel**, aus deren leuchtenden Federn Umhänge, Helme und andere Attribute der Häuptlinge gefertigt wurden. Diese Vögel wurden im alten Hawaii von spezialisierten Fängern gejagt, so dass einige der rund 70 endemischen Arten schon vor Ankunft der Weißen ausgestorben waren. Eingeführte Mungos, Eulen, Katzen und Hunde haben deren Bestand weiter dezimiert, so dass heute nur rund 45 einheimische Vogelarten übrig geblieben sind, von denen 31 wiederum in der akuten Gefahr des Aussterbens schweben. Ihr Rückzugsgebiet sind die höher gelegenen Regenwälder, wo man mit viel Glück z.B. die **Hawaiische Eule** *(Pueo)*, den kleinen *Palila* oder den **Hawaiischen Falken** *('Io)* antrifft. Oder die Feuchtgebiete in den Ebenen, wo u.a. die **Hawaiische Ente** *(Koloa)* mit maximal 1.000 Exemplaren vertreten ist, und zwar ausschließlich auf Kauai.

Nene-Gänse am Haleakala auf Maui

Wie mit konsequentem Tierschutz gefährdete Arten gerettet werden können, zeigt das Beispiel der **Hawaiischen Gans** (*Nene*), dem 'offiziellen Staatsvogel' Hawaiis. Die *Nene* wurden in der Vergangenheit von Mungos geräubert und von Menschen geschossen; noch 1907 tauchten sie auf der Speisekarte von

Spezialitätenrestaurants auf! Auf diese Weise ging der Bestand der Hawaiischen Gänse, der zur Zeit *Captain Cooks* bei schätzungsweise 25.000 gelegen haben dürfte, auf nur noch 30 Tiere zu Beginn der 1940er Jahre zurück. 1949 startete man ein groß angelegtes Schutz- und Aufzuchtprogramm, durch das die *Nene* wieder in ihren ehemaligen Wohngebieten heimisch gemacht werden konnte. Zwar hat der Taifun *'Iwi'* 1982 etliche Tiere getötet, trotzdem leben heute etwa 500-1.000 Exemplare wild, besonders im *Volcanoes National Park* (Big Island), im *Haleakala National Park* (Maui) und im *Kilauea Point Wildlife Refuge* (Kauai).

Hawaiis Staatsvogel

Man erkennt die Gänse an ihrem schwarzen Kopf und an ihrem typischen Laut, den sie während des Fluges ausstoßen: 'ney-ney'. Auf dem Lavaboden, wo sie sich am liebsten aufhalten, erinnern ihre Laute eher an ein dumpfes Hundegebell oder an das Muhen einer Kuh. Die *Nene* kann zwar schwimmen und besitzt auch Schwimmhäute, tut dies jedoch sehr selten, da sie im Gegensatz zu anderen Gänsen nicht an Teichen oder Seen lebt. Außer an den genannten Stellen gibt es 1.000-2.000 *Nene*, die in verschiedenen amerikanischen und europäischen Zoos eine neue Heimat gefunden haben, u.a. auch im Zoo von Honolulu.

Die meisten der ortsfesten Vögel auf Hawaii sind importiert, d.h. sie kamen als 'blinde Passagiere' auf Schiffen hierhin oder wurden aus unterschiedlichsten Gründen mutwillig auf die Inselkette gebracht. Die frühen Polynesier importierten beispielsweise den farbenprächtigen **Hahn** *(Moa)*, der ihnen als Speise, als Opfergabe und zu Hahnenkämpfen diente. Später von Mungos gnadenlos verfolgt, sieht man heute verwilderte *Moas* fast nur noch im Regenwald von Kauai, wo die erwachsenen Tiere die Nacht eigentümlicherweise hoch oben in den Bäumen verbringen.

Andere Vögel wurden erst nach dem Weltkrieg eingeführt, z.B. 1958 die **Kalifornische Eule**, damit sie in den Zuckerrohrplantagen Jagd auf Schädlinge (Ratten etc.) mache. Ein anderes Beispiel ist der **Kuhreiher** *(Cattle Egret)*, den man häufig auf den Feldern sieht, wo er die Rinder von Ungeziefer befreit – das war auch der Grund, warum er 1959 vom Landwirtschaftsministerium nach Hawaii geholt wurde. Inzwischen hat er sich so stark vermehrt, dass er zu einer Gefahr für die endemischen Vögel geworden ist, denen er in den Feuchtbiotopen das Futter (Insekten, Frösche, Mäuse) wegfrisst oder deren Küken tötet.

See- und Zugvögel

Hingewiesen sei auch auf die außerordentlich großen Bestände an **See- und Zugvögeln**. Besonders die nordwestlichen Inseln, von denen viele unter Naturschutz stehen, sind die bevorzugten Nistplätze von Möwen, Seeschwalben, Tölpelarten und – als größtem Seevogel Hawaiis – dem Laysan-Albatros. Als elegantester Segler gilt zu Recht der **Große Fregattvogel**, der in größeren Kolonien auf dem Felsen-Eiland *Kaula Rock* (nahe Niihau) und am *Kilauea Point* auf Kauai vorkommt. Die wendigen und schnellen Tiere (Flügelspannweite über 2 m) verfolgen oft andere Seevögel und attackieren sie so, dass diese ihre Beute loslassen. Die wiederum schnappt der Fregattvogel im Fluge auf, bevor sie im Meer verschwindet. Da ihr Gefieder nicht wasserabweisend ist, können die Seevögel nämlich nicht tauchen. Der polynesische Name des Vogels ist *Iwa* (= 'der Dieb') und charakterisiert dieses Beuteverhalten.

Der Kolea im Winter- (links) und Sommerkleid (rechts)

Von den Zugvögeln soll an dieser Stelle nur der bekannte **Pazifische Regenpfeifer** *(Kolea)* genannt werden, der alljährlich im August aus dem über 3.000 km entfernten Sibirien oder Alaska heranreist, um den Winter auf Hawaii zu verbringen. Bei der Wahl ihrer Nistplätze sind die in großer Zahl auftretenden *Koleas* äußerst ortstreu und suchen viele Jahre hintereinander immer genau die gleichen Plätze auf. Im April verlassen die aktiven Tiere in großen Schwärmen die Inseln und fliegen in ihre arktische Sommerheimat zurück. Andere *Koleas* verbringen den Winter in Südostasien, Tahiti, Australien und sogar Neuseeland, d.h. sie leisten eine Flugstrecke von rund 13.000 km!

Meerestiere

• Meeressäuger

Während erst der Mensch Landsäugetiere auf die Inseln brachte, hatten Meeressäuger schon seit Urzeiten den Archipel aufgesucht. Nicht umsonst wurde Hawaii im 19. Jh. wegen seiner reichen **Walbestände** ein bevorzugtes Fanggebiet der Walfänger, die dem mächtigen **Pottwal** *(Sperm Whale)* genauso nachstellten wie dem **Buckelwal** und dem kleineren, 5-6 m langen **Schnabelwal**. Von diesen ist heutzutage der **Buckelwal** (engl.: *Humpback Whale*; vgl. S. 358) der häufigste Gast, der sich in Hawaiis tropischen Gewässern paart und seine Jungen zur Welt bringt. Die bis zu 15 m langen und 45 t schweren Meeressäuger sind seit 1964 weltweit geschützt und inzwischen zum 'offiziellen Staatstier von Hawaii' erklärt worden. Bis zu 600 von ihnen treten alljährlich die Reise nach Hawaii an, wo sie dann zwischen Dezember und April die Hauptattraktion der Whalewatchers darstellen.

Objekte des Whalewatching

Hinweis

Besonders gute Beobachtungspunkte sind: Kauai: Kilauea Point. *Big Island:* Kona Coast *und* South Point. *Oahu:* Hanauma Bay – *sowie alle Küsten der Inseln Molokai, Lanai und Maui.*

Zur Familie der Zahnwale gehören die **Delfine** (hawaiian.: *Nai'a)*, die ganzjährig die hawaiischen Gewässer bevölkern. Am häufigsten vertreten ist der hawaiische Spinner-Delfin, ein sehr aktives Tier, das in Herden von über 100 Exemplaren auftritt. Man erkennt es leicht an seiner torpedoartigen Form mit dunkelgrauer Rücken- und weißer Bauchfärbung sowie einem hellgrauen Streifen an den Flanken. Spinner-Delfine werden bis zu 2 m lang und 16,5 kg schwer. Ihre Nahrung – Fische und Tintenfische – jagen sie hauptsächlich nachts, wobei sie bis zu 100 m tief tauchen. Die intelligenten Tiere scheinen oft vor lauter Lebensfreude Luftsprünge zu veranstalten, bei denen sie sich mit ihren muskulösen Schwanzflossen aus dem Wasser katapultieren. Von Land aus ist dieses Schauspiel am besten von folgenden Standorten aus zu beobachten: Big Island: *Kealakekua Bay*. Oahu: zwischen *Barbers Point* und *Waianae*. Kauai: *Kilauea Point, Na Pali Coast, Spouting Horn*. Maui: *Honolua Bay, Launiupoko State Park*. Lanai: *Manele Bay*.

Häufige Gäste in hawaiischen Gewässern sind neben den Spinner-Delfinen die gefleckten Pazifik-Delfine *(Spotted Dolphins)* und die *Bottlenose Dolphins*, seltener sind fünf weitere Delfinarten zu sehen.

Delfine und Robben

Die **hawaiische Mönchsrobbe** (hawaiian.: *Ilio-holo'i'ka'uaua)* ist ein endemisches, d.h. nur hier beheimatetes Säugetier. Als Nahrung dienen der Robbe Fische, Hummer und Tintenfische, auf die sie bis zu 50-mal am Tag auf Beutefang geht; dabei unternimmt sie Tauchgänge bis in 120 m Tiefe! Mönchsrobben, die eine bevorzugte Beute von Haien sind, wurden lange Zeit zusätzlich vom Menschen gejagt, so dass sie akut vom Aussterben bedroht waren.

Inzwischen hat sich ihr Bestand wieder auf etwa 1.500 Exemplare erholt, von denen die meisten allerdings bei den nordwestlichen Inseln leben. Seit Ende der 1980er Jahre sind einige von ihnen in den Gewässern der Hauptinseln gesichtet worden (besonders in Niihau und an der Nordküste von Oahu und Kauai); trotzdem gehört immer noch sehr viel Glück dazu, eines der seltenen Tiere zu Gesicht zu bekommen. Gefangene Mönchsrobben leben im *Waikiki Aquarium* und im *Sea Life Park* (Oahu).

- **Seeschildkröten**

Die imposante **Grüne Meeresschildkröte** *(Pacific Green Sea Turtle;* hawaiian.: *Honu)* ist leider sehr selten geworden, nachdem Menschen sie wegen ihres schmackhaften Fleisches bis in jüngste Zeit harpuniert haben. Noch in den 1960er Jahren wurden Seeschildkröten-Steaks in Honolulus Restaurants als Delikatesse verkauft. Erst seit 1978 steht das Reptil (wie alle Seeschildkröten) weltweit unter Naturschutz. Erwachsene Tiere erreichen ein Gewicht von bis zu 200 kg, wobei der Panzer über einen Meter lang ist. Die Schildkröten sind gute, bis zu 40 km/h schnelle (!) Schwimmer und ernähren sich ausschließlich vegetarisch.

Grüne Meeresschildkröte

Ihre unterseeischen 'Weidegebiete' befinden sich um die Hauptinseln Hawaiis, aber zur Eiablage wandern sie zu den Nordwestinseln, insbesondere zu den French Frigate Shoals, gut 800 km nordwestlich von Honolulu. Die Eiablage geschieht in der Zeit von Mai bis August, und zwar nachts und an Land. Dabei buddelt jedes Weibchen ein Loch in den Sandstrand, legt ca. 100 Eier ab und bedeckt das Gelege wieder mit Sand. Zwei Monate danach schlüpfen die Jungen und versuchen, das offene Meer zu erreichen. Falls sie nicht vorher von Krebsen, Fischen oder Tigerhaien gefressen worden sind, sieht man sie nach 2-4 Jahren wieder in den Gewässern der Hauptinseln, wobei die Jungtiere selten länger als 35 cm sind.

- **Fische**

Überall da, wo sich Korallenbänke oder -riffe gebildet haben, stößt man auf eine zahlreiche und bunte Gemeinschaft von so gen. **Riff-Fischen**, die alle im und am Riff Schutz vor Feinden suchen oder sich von diesen ernähren. Die meisten davon sind unter ähnlichen Lebensbedingungen im gesamten tropischen Bereich des Pazifischen und Indischen Ozeans anzutreffen, was der Faszination einer Begegnung mit ihnen keinen Abbruch tut. Trompeterfische, Löwenfische, gelbköpfige Aale, langnasige Adlerfische, Papageienfische, Blaue Lippfische, Schmetterlingsfische und Ziegenfische – diese farbenprächtigen und oft bizarren Meeresbewohner, die in dichten Schwärmen an den Korallen stehen, stellen nur eine kleine Auswahl aus ungefähr 700 verschiedenen Arten dar. Darunter befinden sich auch solche Riff-Fische, die unter ihrem polynesischen Namen bekannt sind, z.B. lustige, wie der *Kihikihi*, oder zungenbrecherische, wie der *Humuhumunukunukuapuaa*, der zum 'offiziellen Staatsfisch' von Hawaii ernannt wurde.

Farbenfrohe Unterwasserwelt

Der Humuhumunukunukuapuaa

Angesichts dieses Fischreichtums und der Tatsache, dass zahlreiche Arten nicht nur prächtig aussehen, sondern überaus wohlschmeckend sind, ist klar, dass das **Hochseeangeln** *('Big Game Fishing')* zu einem beliebten Sport wurde. In fast jedem Hafen des Bundesstaats kann man heutzutage an Angeltörns mit professioneller Ausstattung und Begleitung teilnehmen. Als Hochburg des Sports aber gilt Kailua-Kona auf Big Island, das sich selbstbewusst *'the deep-sea fishing capital of the world'* nennt. Hier werden alljährlich von Juni bis August internationale Wettbewerbe veranstaltet, und die Zurschaustellung der dicksten Brocken beim Abwiegen kann schon als touristisches Ereignis bezeichnet werden. Zu den beliebtesten Beutetieren zählen Blauer Marlin *(Blue Marlin)*, Thunfisch *(Tuna)*, Wahu *(Wahoo)*, Mahimahi, Bonito, Schwertfisch und Barrakuda, während Makrele, Zackenbarsch und Roter Schnapper hauptsächlich von Fischern angelandet werden.

Haie

Zu den Großfischen, auf die die Hochseeangler Jagd machen, gehören auch jene Meeresbewohner, mit denen der durchschnittliche Tourist nicht unmittelbar in Kontakt kommen möchte. Die Rede ist von einigen **Hai**-Arten (z.B. Tigerhaie), die in Hawaii durchaus bis in Strandnähe vordringen können, da die Inseln – anders als die der Karibik – nicht von einem Riffgürtel umgeben sind. Zwar sind bisher Menschen nur sehr selten angegriffen worden, aber es gab durchaus auch Fälle wie den der dreizehnjährigen Surferin Bethany Hamilton, der 2003 von einem Tigerhai ein Arm abgerissen wurde. Die aus Kauai stammende Hamilton überlebte die Attacke und geht heute als Profisurferin nach wie vor ihrem Sport in hawaiischen Gewässern nach.

- **Klein- und Schalentiere**

An den Sandstränden und Lavaklippen entfaltet sich über und unter Wasser ein vielfältiges maritimes oder amphibisches Leben. Wie bei den Fischen geht hier die Zahl der einzelnen Arten in die Hunderte, weshalb an dieser Stelle nur einige Beispiele gegeben werden können.

Krebse (hawaii.: *Papa'i)* wird wohl jeder Hawaii-Besucher beobachten können, da sich viele Arten von ihnen an den Sandstränden aufhalten, wo sie knapp oberhalb des Brandungsbereiches ihre Löcher buddeln. An den Fels- oder Lava-Küsten ist der Schwarze Steinkrebs (hawaii.: *A'ama)* zu Hause, dessen Fleisch eine begehrte Delikatesse darstellt. Auch **Muscheln** jeder Art können Schnorchler, Taucher und Badegäste finden. Eine Besonderheit, weil nur in Hawaii zu Hause (endemisch), sind die drei *Opihi*-Arten, die man mit einem scharfen Messer vom Untergrund löst und dann wie Austern roh aus der Schale schlürft. Das Muschelgehäuse wird u.a. zu Schmuck verarbeitet.

Ebenfalls als Köstlichkeit gelten zwei Arten von **Schnecken**: einmal die kleine und schwarze *Pipipi*, die man bei Ebbe oft auf Steinen findet. Sie wird in Salzwasser gekocht und das Fleisch anschließend mit einem spitzen Gegenstand vom Schneckenhaus gelöst. Zum andern die etwas größere *Kupe'e*, die man nachts während der Ebbe aufsammelt. Sie schmeckt nicht nur gut, sondern besitzt auch ein Gehäuse, das man mit anderen zu Rasseln zusammenbinden kann, die dann beim Hula-Tanz getragen werden. **Scampi, Hummer** *(Lobster)* und **Garnelen** *(Prawn)* werden von Fischerbooten angelandet, darunter häufig der leuchtend rote Hawaiische Hummer und der vielfarbige Königshummer.

Leckeres Seafood

Das populärste Seafood jedoch stellt eine fremde, in Aquakulturen gezüchtete Art dar: die so gen. *Malaysian Prawn*. Sie 'wächst' in den meisten der kommerziellen Meerwasser-Teiche, die man auf den Hauptinseln sieht. Diese wohlschmeckende Steingarnele kann ein Gewicht von bis zu 500 g erreichen, wird aber meistens früher 'geerntet', so dass beispielsweise auf dem Markt ein Pfund Garnelen aus 5-10 Exemplaren besteht.

Korallenbänke

Obwohl sie eher Pflanzen ähnlich sehen, sind auch die **Korallen** Meerestierchen, die nur knapp unter der Wasseroberfläche leben. Die Koralle baut ihre fantasievolle 'Wohnung' aus Kalk, das sie dem Wasser entzieht; nach ihrem Absterben siedeln sich darauf dann neue Korallen an. Sinkt nun der Meeresboden langsam ab, klettern die Korallenstöcke immer weiter nach oben, um nicht die notwendige Energie des Sonnenlichtes zu verlieren. Wenn Millionen und Abermillionen von abgestorbenen Korallen sich Schicht um Schicht aufgetürmt haben, ist ein Korallenriff entstanden. An dessen Aufbau sind jedoch auch Schwämme, Röhrenwürmer und Seeanemonen beteiligt, indem sie das ganze System zusammenhalten.

Solche Korallenriffe trifft man besonders an den Atollen im äußersten Nordwesten an, daneben treten Korallenbänke aber auch im Bereich der Hauptinseln auf. Sie bieten nicht nur einer Wunderwelt von farbenprächtigen Fischarten eine Heimat, sondern sind selbst ein Meisterwerk der Natur. Bei Tauchgängen, Schnorcheltrips oder vom Glasbodenboot aus ist diese einzigartige Pracht aller möglichen Formen und Farben zu bewundern, u.a. stößt man dabei auf Fächer-, Gorgonen-, Gehirn- und Kelchkorallen, um nur einige zu nennen.

Hawaiische Pflanzenwelt

Wie bei der Fauna war die isolierte Lage des Archipels lange Zeit ein Hindernis für die Entstehung einer umfangreichen Pflanzenwelt. Neue Spezies konnten praktisch nur als Samen und Sporen in den Ausscheidungen bzw. im Gefieder von Vögeln nach Hawaii gelangen, oder sie mussten schwimmend den Pazifik durchqueren. Trotzdem schafften es im Laufe der Jahrtausende mehrere Pflanzen, Fuß zu fassen, sich zu vermehren und so zu verändern, dass sie kaum mehr Ähnlichkeit mit ihren Verwandten in anderen Teilen der Welt aufweisen.

Importierte Nutzpflanzen

Die Polynesier, die von den Marquesas und Tahiti aus den Archipel besiedelten, brachten etwa 30 unterschiedliche Pflanzentypen mit, die für ihr Überleben notwendig waren, d.h. als Obstbäume und essbare Knollen, als Medizin, als Bau- und Webmaterial o.ä. genutzt wurden (manche Pflanzen erfüllten mehrere dieser Funktionen). So kamen Kokosnuss, Taro, Brotfrucht, Bananen, Bambus u.v.m. nach Hawaii. Komplettiert wurde die Flora durch die Europäer, die jene Arten mitbrachten oder importierten, die sie für unverzichtbar hielten oder von denen sie sich wirtschaftlichen Erfolg versprachen. Deswegen war der heute weitaus größte Anteil der hawaiischen Pflanzenwelt ursprünglich nicht auf den Inseln heimisch – selbst solche nicht, die landläufig als 'typisch hawaiisch' gelten. Die importierte Flora gedieh im milden Klima gut und verdrängte einerseits die endemischen Pflanzen, z.T. veränderte sie sich andererseits entsprechend den natürlichen Bedingungen und wurde so ebenfalls unverwechselbar 'hawaiisch'.

Bäume

Holzlieferanten

Die einheimischen **Koa**-Bäume sind bis zu 3 m dick und bis zu 20 m hoch, man erkennt sie an ihren sichelförmigen Blättern und den kleinen, dunkelbraunen und bohnenartigen Samenkapseln. Die besten Wachstumsbedingungen finden Koas auf der regenreiche Seite der Berghänge ab 1.500 m, aber auch in trockenen Regionen gibt es sie in einer niedrigeren Variante. Als die Polynesier die Inseln entdeckten, erkannten sie schnell die Vorzüge dieser Akazienart mit ihrem harten Holz (polynesisch: *Toa* = 'stark'). Aus ihm stellten sie Kanus und Paddel, Surfbretter und Möbel, Waffen, Kalebassen, Trommeln, Ringe, Skulpturen und die tragenden Teile ihrer Häuser bzw. Tempel her. Ein naher Verwandter ist jene importierte Baumart, die *Haole-Koa* genannt wird und in trockenen Gegenden von Farmern als natürlicher Weidezaun genutzt wird. Beide Baumarten waren 1984 von einem Schädling befallen und schienen verloren, bis ein Käfer den Schädling als Leckerbissen entdeckte und das Problem auf natürliche Weise gelöst wurde.

Auch der **Ohia** ist endemisch und geht oft mit den Koas eine enge Lebensgemeinschaft ein, obgleich er viel häufiger vorkommt. Er wächst in mehreren Unterarten, die je nach Klima, Höhenlage und Niederschlagsmenge vom kleinen, strauch-

Schraubenpalme

artigen Gewächs bis zu einem imposanten, 30 m hohen Baum reichen können. Genau wie der *Koa* ist der *Ohia* wegen seines harten Materials von den Polynesiern als Bauholz und zur Produktion von Möbeln oder Alltagsgegenständen bevorzugt worden.

Weit verbreitet ist der **Kukui** (Kerzennussbaum), der aufgrund seines großen Nutzens zum 'offiziellen Staatsbaum' von Hawaii erklärt wurde. Die Polynesier gewannen aus seinen Nüssen z.B. Öl für ihre Lampen, Medizin sowie Gewürze.

Die **Schraubenpalme**, auch *Hala Tree* oder *Pandanus* genannt, gibt es zwar in vielen anderen pazifischen oder asiatischen Gebieten, erreichte aber Hawaii noch vor den Menschen, da ihre Samen längere Zeit im Seewasser überdauern können. Ihren bis zu 7 m hohen Stamm, der sich über den charakteristischen, dünnen Stelzwurzeln erhebt, sieht man vor allem in Ufernähe, allerdings wächst die Schraubenpalme bis in Höhen von 600 m ü.d.M. Bei den Polynesiern wurden praktisch alle Teile des Hala Tree genutzt (u.a. als Kleidung, Dachbedeckung oder als kunstvolle *leis*).

Bevor die Kokosnusspalme auf Hawaii heimisch wurde, bedeckten ausgedehnte Haine von **Loulus** (lat.: *Pritchardia Hillebrandii)* die Inseln. Diese einheimische Palmenart wächst 3-9 m hoch und ist durch ihre fächerartige 'Krone' über einem dünnen Stamm gekennzeichnet. Ihre Früchte sind etwa olivengroß. Die Loulu kommt in vielen Varianten vor, wobei die beiden Arten, die man am häufigsten in den Gärten sieht, aus Molokai und von den Fidschi-Inseln stammen.

Kokosnusshain auf Molokai

Die Kokosnuss

Die vielleicht wichtigste Kulturpflanze, die die Polynesier sozusagen im Reisegepäck mitbrachten, war die **Kokosnuss** *(Niu)*. Das edle Aussehen der Palme und ihr vielfältiger Nutzen waren wohl auch der Grund, warum sie bis 1959 als 'offizieller Staatsbaum' Hawaiis geführt wurde. Allein die fußballgroße Kokosnuss ist ein Phänomen für sich: Sie kann 23 m tief fallen, ohne zu zerbrechen, ist mit

'Fleisch' und mit Flüssigkeit gefüllt und kann 50 verschiedenen Verwendungen zugeführt werden. U.a. diente die Schale als Trinkgefäß, als Schaber, als Fischhaken oder als Musikinstrument, während der Bast als Verbindungs- und Brennmaterial genutzt wurde. Aus den geflochtenen Blättern stellte man Körbe, Hüte und Matten her, aus der mittleren 'Rippe' u.a. Nadeln, Fleischspieße und Fischköcher, aus dem Stamm schließlich Bauholz, Kanus und Trommeln. Heute wird vor allem das aromareiche Innere der Nuss genutzt, z.B. für alkoholische oder nichtalkoholische Getränke, als Trockenfrucht oder für Lotions und Cremes.

Komplette Verwertung

Von besonderer Bedeutung für das alte Hawaii war die **Ti-**Pflanze (lat.: *Cordyline Terminalis)*, eine Lilienart, die sich in niedriger Baumhöhe über die Erde erhebt. Von den Polynesiern mitgebracht, nutzten sie diese auf vielfältige Weise: Ihre Priester waren in Ti-Blätter gekleidet, Ti-Blätter dienten als Abdeckung der Erdöfen, als Dachbelag, als Rock beim Hula-Tanz, zusammengerollt als Trinkgefäß oder zu Sandalen verarbeitet. Die Wurzel der Pflanze ist stark zuckerhaltig und wurde zu süßem Gebäck verwandt und zu Alkohol destilliert.

Zu weitaus gigantischeren Bäumen wachsen mehrere importierte **Feigenbaum-Arten** mit Luftwurzeln heran, die bei uns mit viel Mühe höchstens Wohnzimmerhöhe erreichen. Der *Ficus Benjaminii* zählt dazu, vor allem aber der majestätische *Banyanbaum*. Letzterer pflanzt sich durch Vögel fort, die seinen Samen auf andere Pflanzen ausscheiden, von denen er sich zunächst als Schmarotzer ernährt.

Lebensmittel Brotfrucht

Den **Brotfruchtbaum** brachten die Polynesier über Tahiti nach Hawaii, da sie seine grünen, kugelartigen Brotfrüchte – eigentlich eher eine auf Bäumen wachsende Gemüseart – als Lebensmittel schätzten. Für die Versorgung der Sklaven in der Karibik war der Brotfruchtbaum von ausschlaggebender Bedeutung, nachdem *Cooks* Begleiter und späterer Kapitän *Bligh* (der von der berüchtigten *'Bounty')* ihn von Hawaii nach Westindien gebracht hatte.

Häufig sieht man heute den aus Australien importierten **Eukalyptusbaum**, der als Kulturpflanze geschätzt wird, weil er erstens sehr schnell zu voller Höhe wächst (und damit in Aufforstungsgebieten den Boden für nachfolgende Baumarten bereiten kann) und zweitens hilft, Sumpfgebiete trockenzulegen.

Die importierte **Mangrove**, die man immer häufiger im Mündungsbereich der Flüsse antrifft, ist zwar von botanischem Interesse (= der einzige Baum, der im Salzwasser wachsen kann), gleichzeitig aber auch einer der hartnäckigsten Verdränger einheimischer Flora. Gleiches gilt für die **Wasserhyazinthe**, die sich geradezu explosionsartig vermehrt hat.

Blumen

Viele Blumen und Zierblattarten machen ganzjährig aus Hawaii einen blühenden und farbenprächtigen Park. In privaten und botanischen Gärten, am Wegrand und im Regenwald findet man hiervon eine überquellende Fülle, die jeden Spaziergang zu einem Erlebnis werden lassen. Aus der Familie der Malven bestechen dabei etwa 5.000 verschiedene Hibiskus-Arten durch ihre Schönheit, darunter auch als

Silversword am Haleakala auf Maui

offizielle Staatsblume von Hawaii der Gelbe Hibiskus. Lilien, Wasserlilien, Heliconien, Strelitzien, Bougainvilleen, Oleander u.v.m. sind weitere Blumenarten, die man oft und in vielen Variationen zu Gesicht bekommt. Einige Zierblumenarten werden auch wirtschaftlich genutzt, d.h. gezüchtet und exportiert. Insbesondere der Anbau von Orchideen-Arten und Anthurien hat sich hierbei zu einem lukrativen Geschäft entwickelt. Eine besondere Erwähnung verdient die **Silversword** *(Agyroxiphium Sandwicense)*, eine endemische Pflanze, die nur in den oberen Vulkanregionen – ab 2.000 m ü.d.M. – von Maui und Big Island anzutreffen ist. Nachdem sie in ihrer bizarren Heimat der Calderas fast völlig verschwunden war, wurde die Silberschwertpflanze unter Naturschutz gestellt und vor dem Aussterben bewahrt. Trotzdem gilt sie als eine der seltensten Pflanzen der Welt. Ihre Blütezeit erreicht die Pflanze nach frühestens fünf Jahren, wobei bis zu 2 m hohe Blütenstände emporwachsen; anschließend bildet die Silversword Samen und stirbt ab.

Bizarre Schönheit

Nutzpflanzen

Ein Großteil der hawaiischen Pflanzenwelt ist nicht nur schön anzuschauen, sondern wurde und wird auch wirtschaftlich genutzt. In der Mehrheit handelt es sich dabei nicht um endemische, sondern um Importpflanzen. Aus der polynesischen Zeit hat sich **Taro** herübergerettet, ein Knollengewächs, aus dem man den breiartigen *Poi* zubereitet. Angebaut wird Taro auf kleinen, stark bewässerten Feldern, die man besonders noch auf Kauai entdecken kann. Die Nutzpflanze deckt den Eigenbedarf, wird aber nicht exportiert. Nach dem Import und der erfolgreichen Züchtung von **Ananas**, insbesondere der großen Cayenne-Frucht, erweiterten viele Weiße ihre Plantagen und bauten zusätzlich zum Zuckerrohr auch Ananas an. Besonders auf Oahu und auf Lanai ist diese Pflanze bis heute von großer wirtschaftlicher Bedeutung (vgl. S. 310f).

Vor allem auf Hawaii und Molokai wird an den feuchten Berghängen **Kaffee** angebaut, der sich trotz seines relativ hohen Preises einen festen und zunehmenden Kundenkreis erworben hat. Der sehr aromatische *Kona-Kaffee* (vgl. S. 388) wird im September geerntet, auf Hawaii geröstet und zum größten Teil auf den Inseln verbraucht, inzwischen aber auch nach Festlandamerika exportiert.

Landwirtschaftliche Exportartikel

Ein weiterer landwirtschaftlicher Spezialzweig ist die Kultivierung von **Macadamianuss-Bäumen**, die aus Australien stammen und deren Wert dort von deutschen Einwanderern zum ersten Mal entdeckt wurde. Einer von ihnen, der Baron *Ferdinand Heinrich von Müller*, benannte die Frucht nach dem 1855 eingewanderten schottischen Philosophen *Dr. John Macadam*. Die Macadamia wurde 1892 in Oahu eingeführt, dann aber besonders auf Big Island angebaut, sie enthält über 80 % ungesättigte Fettsäuren, hat unter allen Nüssen den höchsten Eiweißgehalt und ist reich an Mineralstoffen sowie an Vitamin B. Wegen ihrer positiven Wirkung auf die Gesundheit und ihres guten Geschmacks trägt die Macadamia auch den Beinamen 'Königin der Nüsse'. Sie wird inzwischen in einer breiten Produktpalette auf dem einheimischen und internationalen Markt erfolgreich angeboten.

'Königin der Nüsse'

Während die Polynesier beispielsweise Yam, Brotfrucht, Banane, Kokospalme einführten, wurden doch die meisten der heute auf Hawaii angebauten **Früchte** von

INFO Hawaii und das Zuckerrohr

Ausgedehnt und auffällig sind die Zuckerrohr-Plantagen der Hawaii-Inseln. Das Zuckerrohr war die erste Pflanze, deren Produkte im 19. Jh. im großen Stil exportiert wurden. Es waren jedoch nicht die Weißen, sondern ebenfalls bereits die Polynesier, die diese Nutzpflanze auf den Archipel brachten. Durch Kauen und Pressen gewannen sie den Saft, der bei ihnen gleichermaßen als Nahrung, Süßstoff und Heilmittel diente. Um die Mitte des 19. Jh. begannen einige weiße Großgrundbesitzer, mit Bewässerung und Düngung das Zuckerrohr als alles beherrschende Monokultur zu etablieren. Damit war diese Nutzpflanze wirtschaftlich von enormer Bedeutung, von ihr hing das Wohl und Wehe Hawaiis ab. Außerdem ist das Zuckerrohr biegsam und widerstandsfähig, und es bedarf schon eines sehr schlimmen Taifuns, um die Nutzpflanze ernsthaft zu gefährden.

Trotz der rückläufigen Anzahl von Plantagen und Fabriken dominieren die Zuckerrohrfelder immer noch die fruchtbaren Ebenen der vier größten Inseln Big Island, Maui, Oahu und vor allem von Kauai. Keine andere Pflanze hatte außerdem so weit reichende gesellschaftliche Konsequenzen – u.a. wegen der Zuwanderung Hunderttausender Kontraktarbeiter aus Asien und Europa. Wenn das Zuckerrohr blüht, sieht man überall die zierlichen, silbergrauen Federbüschel über dem kräftigen Grün. Bei der Ernte werden die Halme der bis zu 5 m hohen Pflanzen abgeschlagen, von den Blättern befreit und zu den Zuckerfabriken transportiert. Hier werden die Stängel so lange durch verschiedene Walzen und Pressen geschickt, bis sie keinen Saft mehr abgeben. Das ausgepresste Zuckerrohr wird dann getrocknet und dient z.T. als Brennmaterial für die Öfen, in denen der Saft aufgekocht wird. Früher wurde der Sirup auf 500 °C erhitzt, bis er kristallisierte. Heute wird der Vorgang beschleunigt, indem man den eingedickten Zuckersaft zentrifugiert, wobei die Zuckerkristalle an den Rändern kleben bleiben.

Nach der Ernte erfordert die Zuckerkultur keine neue Aussaat, denn über den abgeschlagenen Halmen wachsen die neuen sofort wieder nach. Dieses System funktioniert einige Jahre lang, dann ist der Boden ausgelaugt, das Feld muss umgepflügt und mit Mineralien angereichert werden. Nach einer Ruhepause beginnt der Prozess von vorn, d.h. dass man die ca. 20-30 cm langen Ableger in die frisch umgepflügten Felder einsetzt, wo sie nach 15-17 Monaten zum ersten Mal erntereif sind.

den Weißen ins Land gebracht. Avocados, Guaven, Mangos, Orangen, Papayas, Passionsfrüchte, Wassermelonen u.v.m., viele davon in mehreren Arten und ganzjährig wachsend, bereichern nicht nur die einheimische Speisekarte von Privathaushalten und Hotels, sondern gehen zunehmend in den Export. Viele Pflanzer geben der Kultivierung dieser Früchte für die Zukunft größere Chancen auf dem Weltmarkt als den früher übermächtigen Zuckerrohr und Ananas!

Klima

Jahreszeiten und Temperaturen

Da die hawaiische Inselkette mitten in den Tropen gelegen ist, kennt sie keine Jahreszeiten im europäischen Sinn. Zwar ist oft – und auch in diesem Buch – von 'Sommer' und 'Winter' die Rede, doch sind die Temperaturunterschiede gering. Im Durchschnitt herrschen ganzjährig Werte von 22 bis 27 °C, und zwar im Wasser wie in der Luft! Der Grund für diese ausgeglichene Wetterlage sind die stetigen Nord-Ost-Passatwinde und der Ozean, der mit seinem Warmwasser die kalten Luftmassen erwärmt bzw. die warmen Luftströme abkühlt und so einen natürlichen Temperaturausgleich schafft.

Ausgeglichene Wetterlage

In der Zeit von April bis Oktober, wenn die Sonne am höchsten steht, spricht man vom **Sommer**, der den Inseln Durchschnittstemperaturen von 23 bis 28 °C bringt. Bei Windstille sind jedoch auch Werte von über 30 °C möglich (in Honolulu wurden maximal 33 °C gemessen), doch ist dies eher die Ausnahme, da die Passatwinde gerade im Sommer sehr beständig sind. Deswegen besuchen Windsurfer (im Gegensatz zu den Wellenreitern) Hawaii am liebsten in dieser Jahreszeit.

Als **Winter**, wenn die nach Süden gewanderte Sonne tiefer steht, gelten die Monate von November bis März; sie sind charakterisiert durch etwas geringere Temperaturwerte, die sich in einer Spanne von 18 bis 27 °C bewegen (Tiefstwert in Honolulu 15 °C). Der weniger beständige Passat bringt es jedoch mit sich, dass die Inseln in den Einfluss der pazifischen Tiefdruckgebiete gelangen können, die mitunter längere Perioden wolken-, regen- und sturmreichen Wetters nach sich ziehen. Ein weiterer Unterschied zum Sommer besteht in dem signifikant höheren Wellengang (besonders an den nördlichen Küsten), der den Winter zur idealen Reisezeit für Wellenreiter macht, während das Schwimmen, Schnorcheln und Tauchen dann zu gefährlich wird.

Stärker als die durchschnittlichen **Temperaturunterschiede** zwischen Sommer und Winter sind die zwischen Tag und Nacht und die zwischen Küste und Bergregion. Wer sich den ganzen Tag am Strand in der Sonne geaalt hat, wird deswegen den abendlichen Spaziergang als kühl empfinden. Und wer sich mit dem Wagen oder als Bergwanderer in die höheren Regionen aufmacht, sollte ohnehin an wärmere Kleidung denken. Auch im Sommer kann einen der Sonnenaufgang auf dem *Haleakala* (Maui) mit Temperaturen um den Gefrierpunkt begrüßen. Und die Gipfel der Viertausender auf Big Island liegen in so manchem Winter monatelang unter einer Schneehaube.

Schnee auf Hawaii

Passatwinde

Die **Passatwinde** wehen gleichmäßig aus nord-östlicher Richtung und sorgen dafür, dass die Sommerhitze erträglich bleibt. Außerdem bringen sie das Gros der Niederschläge, wovon entsprechend der Windrichtung die Ost- und Nordküsten *(Luv-Seite)* bzw. die Ost- und Nordhänge der Berge betroffen sind. Jene Gebiete, die im Windschatten der Gebirge liegen, sind demgegenüber weitaus trockener und sonnenreicher. Da es keine Regel ohne Ausnahme gibt, kann es vorkommen, dass sich der Wind dreht oder ganz ausbleibt. Die in der Folge auftretenden Perioden mit unangenehm heißem Wetter dauern i.d.R. aber nur kurz an. Gleiches gilt auch für die Zeit, in der der Wind aus südlicher oder westlicher Richtung kommt. Dann kann ein sehr schwüles Klima herrschen, und Regen fällt auf die sonst trockene Seite der Inseln *(Lee-Seite)*.

Zerstörungen eines Hurrikans auf Kauai

Die vom Passat herangewehten Wolken stauen sich am gebirgigen Profil der Inseln. Von ganz anderer Art sind jene Rauchwolken, die bei Vulkanausbrüchen auf Big Island entstehen und oft tagelang über Hawaii liegen. Manchmal steigert sich der Wind bis zu Orkanstärke, und es kommt zum gefürchteten Phänomen der **Taifune**. Ein Taifun entsteht, wenn das Oberflächenwasser eine Temperatur von mindestens 26 °C hat und stark verdunstet. Die warme, feuchtigkeitsgeladene Luft steigt rasch in große Höhen empor, wo sie abgekühlt wird. Dies wiederum führt zu gigantischen Quellwolken, die sich in heftigen Gewittern und stark niedergehendem Regen entladen. Das Ganze kreist um ein Tiefdruckgebiet in immer schnelleren Wirbeln, die ab einer Geschwindigkeit von 60 km/h 'Tropensturm' genannt werden. Dieser ist zunächst noch ein senkrecht stehendes, ortsfestes System, das aber durch die Erdrotation in eine Schieflage gerät bzw. umkippt und sich vorwärts bewegt. Im Zentrum des Orkans sinkt der Luftdruck extrem hinab.

Stürme und Taifune

Wenn sich die geballten Luftmassen und Wolkenwirbel, die im Durchmesser bis zu 800 km betragen können, mit mehr als 120 km/h um die eigene Achse drehen, spricht man von einem 'Taifun' oder 'Hurrikan'. Allerdings kann sich die Drehgeschwindigkeit bis auf 320 km/h steigern, während im 'Auge des Taifuns' Windstille herrscht. Dieses ganze rotierende System wandert mit einer Geschwindigkeit von 20-50 km/h über die Wasserflächen, aus denen es immer wieder mit feuchter Luft gespeist wird. Glücklicherweise werden die hawaiischen Inseln von solchen Wirbelstürmen weitaus seltener heimgesucht als etwa die Karibik oder Florida. Wenn aber doch ein Taifun seinen Weg nach Hawaii findet, entwickelt er dort eine ähnlich furchtbare Zerstörungskraft wie 2005 in New Orleans. Besonders betroffen war davon in der jüngeren Vergangenheit Kauai, das wegen seiner nordwestlichen Lage den Kaltluftmassen am ehesten ausgesetzt ist. Die Hurrikane *Iwa*

(1982) und *Iniki* (1992) brausten jeweils mit einer Windstärke von 275 km/h über die Insel, knickten Bäume und Strommasten um, deckten Dächer ab, fegten Autos von der Straße und schlugen regelrechte Schneisen in die Vegetation.

Niederschläge

Die Klimatabelle *(s.u.)* zeigt, dass es bei den Niederschlägen zwar Unterschiede im Jahresablauf gibt, die allerdings so geringfügig sind, dass man nicht von einer 'Regenzeit' und einer 'Trockenzeit' sprechen kann. Ebenso wird aber deutlich, dass sehr wohl große Unterschiede in der Gesamtmenge unterschiedlicher Orte bestehen: So ist der Standort Hilo auf Big Island mit durchschnittlich 3.470 mm Niederschlag im Jahr mehr als sechsmal 'feuchter' als Honolulu mit 556 mm. Noch extremer wird es, wenn man die Ortschaft Puako auf Big Island mit dem Mt. Waialeale auf Kauai vergleicht. Während jener mit 230 mm fast schon an die Werte von typischen Wüstenorten herankommt, ist dieser mit über 12.000 mm nicht nur der regenreichste Punkt des Bundesstaates, sondern der ganzen Welt.

Von trocken bis sehr feucht

Da die Wolken der Passatwinde aus Nordosten heranwehen und, bevor sie abregnen, auf den Inseln nach oben abgeleitet werden, ergeben sich folgende Faustregeln:

- Die windzugewandten Seiten *(Luv-Seiten)* der Inseln, also die Nord- und Ostküsten, haben die höchsten Niederschläge. Die windabgewandten Seiten *(Lee-Seiten)*, also die Süd- und Westküsten, haben die geringsten Niederschläge.
- Auf den regenreichen Luv-Seiten steigt die Niederschlagsmenge, je mehr man sich von der Küste in die höheren Regionen begibt. Der Steigungsregen ist in den mittleren Höhenlagen (1.000-1800 m ü.d.M.) am stärksten, die eigentlich ständig wolkenverhangen sind. An der Küste hingegen fallen die Niederschläge hauptsächlich in Form von kurzen, aber heftigen Regenschauern.
- Im Winter sind die Niederschlagsmengen geringfügig höher als im Sommer.

Sonnenscheindauer

Da aufgrund des äquatornahen Breitengrades die Tage ganzjährig etwa gleich lang hell sind (zwischen 11½ und 13 Stunden), hängt die Sonnenscheindauer eines Ortes auf Hawaii weniger von der Jahreszeit als vielmehr von der Lage (Luv- oder Lee-Seite) ab. Deswegen sind Pauschalwerte, die für eine ganze Insel gelten, wenig aussagekräftig für einen bestimmten Strand oder einen bestimmten Hotelstandort.

Die Sonneninseln

Auf Oahu z.B. werden als Extremwerte für den Februar durchschnittlich 129 Sonnenscheinstunden und für den Juni 270 Sonnenscheinstunden angegeben, was 40 % bzw. 70 % der maximal möglichen Werte entspricht. Darin sind allerdings die Verhältnisse an der praktisch immer wolkenlosen Westküste genauso enthalten wie die im regenreichen Osten. Aus der Klimatabelle (s. S. 76) ist hingegen ersichtlich, welche großen Unterschiede es allein zwischen den beiden größten Städten des Bundesstaates gibt. Während im windgeschützten Honolulu die mittlere tägliche Sonnenscheindauer zwischen 6 und 9,4 Stunden variiert, reicht die Spanne im regenreichen Hilo auf Big Island nur von 3,7 bis 5,6 Stunden.

Hilo (Hawaii)					
	Tagestemperatur in °C		Nieder-schläge (in mm)	Regentage	tägl. Sonnen-schein-stunden
	max.	min.			
Januar	25,9	17,1	300	18	5,3
Februar	25,9	17,0	329	18	4,9
März	25,7	17,2	373	24	4,7
April	26,1	17,9	303	25	4,5
Mai	26,9	18,7	237	25	4,1
Juni	27,8	19,2	172	24	5,3
Juli	28,0	19,7	249	28	5,6
August	28,4	20,2	291	27	4,9
September	28,3	20,1	216	24	5,5
Oktober	28,1	19,8	274	24	4,8
November	26,9	18,8	340	24	4,0
Dezember	26,0	17,8	386	23	3,7
Jahresmittel	*27,0*	*18,6*	*3.470*	*284*	*4,8*

Honolulu (Oahu)					
	Tagestemperatur in °C		Nieder-schläge (in mm)	Regentage	tägl. Sonnen-schein-stunden
	max.	min.			
Januar	26,2	18,8	96	10	7,3
Februar	26,0	18,9	84	10	7,7
März	26,2	19,1	73	9	8,3
April	26,8	20,1	33	9	8,6
Mai	27,7	21,1	25	6	8,8
Juni	28,8	22,2	8	6	9,1
Juli	29,2	22,8	11	8	9,4
August	29,4	23,2	23	7	9,3
September	29,6	22,9	25	7	9,2
Oktober	29,0	22,3	47	10	8,3
November	27,8	20,9	55	10	7,5
Dezember	26,2	19,9	76	11	6,2
Jahresmittel	*27,8*	*21,0*	*556*	*103*	*8,3*

Kultureller Überblick

Das alte Hawaii

Den ersten Europäern, die mit den Einheimischen in Kontakt traten, musste das Leben auf Hawaii und den anderen Südseeinseln paradiesisch vorkommen. Sahen sie doch überwiegend glückliche Menschen, die in Großfamilien lebten, sich mit Wassersport, Spielen, Tänzen und Gesängen vergnügten und die zudem mit einer Natur gesegnet waren, die Früchte, Lebensmittel und Baumaterialien in Hülle und Fülle bereithielt. Die Matrosen, die viele Wochen auf hoher See hinter sich hatten und oft aus puritanischen Verhältnissen kamen, werden zudem von den schönen Mädchen beeindruckt gewesen sein, die sie nackt am Strand sahen und deren sexuelle Freizügigkeit sie genossen.

Junge hawaiische Frau (18. Jh.)

Sicher: Es gab von Beginn an auch unschöne Szenen zwischen Weißen und Einheimischen, Streitigkeiten, die oft aus Missverständnissen herrührten und die sehr schnell zu Mord und Totschlag eskalierten – das Schicksal *Captain Cooks* ist dafür ein gutes Beispiel. Diese beiden verschiedenen Seiten des ersten Kontaktes sollten für lange Zeit das westliche Bild von Hawaii prägen: Auf der einen Seite das Südsee-Paradies, bevölkert von unverdorbenen und 'schönen Wilden', auf der anderen Seite eine gefährliche Inselwelt, in der heidnische Riten, Diebstahl und Kannibalismus zu Hause waren.

Gesellschaft

Trotz aller scheinbaren Leichtlebigkeit wohnte der althawaiischen Gesellschaft eine sehr streng aufgebaute Hierarchie inne, die auf der Trennung des gemeinen Volkes *(Makaainana)* von der Schicht der Adeligen *(Alii)* und Priester *(Kahuna)* beruhte. Da es ein ähnliches System etwa auf Tahiti oder Neuseeland gab, liegt die Vermutung nahe, dass es die Ureinwohner schon aus ihrer polynesischen Heimat mitbrachten. Die kleinste Einheit der Gesellschaft stellte natürlich die Familie dar, in der mehrere Generationen und oft auch verschiedene Verwandtschaftsgrade zusammenwohnten. Anders als bei uns war die Eltern-Kind-Beziehung in einer solchen **Großfamilie** weniger festgelegt: Die Erziehung oblag den weiblichen Erwachsenen gemeinsam, häufig wurden Kinder auch an Verwandte oder Freunde 'abgegeben', die keine bzw. weniger Kinder hatten oder sozial besser gestellt waren.

Patriarchalische Großfamilien

Innerhalb der Großfamilie herrschte ein patriarchalisches System, in dem die Männer alle wichtigen Entscheidungen trafen und i.d.R. mehrere Frauen hatten. Es konnte jedoch auch durchaus vorkommen, dass die Frauen mehrere Sexualpartner hatten. Die Frauen verrichteten die Feldarbeit, erzogen die Kinder, bereiteten

Speisen und sorgten für die Dinge des alltäglichen Lebens (Kleidung, Gerätschaften, Schmuck). Währenddessen gingen die Männer auf Jagd oder Fischfang, bauten Häuser oder zogen in den Krieg, wenn die *Alii* sie dazu aufriefen. Bei kultischen Handlungen oder Entscheidungen, die den Stamm betrafen, blieben die Männer unter sich und aßen Speisen, die keine Frau berührt haben durfte. Ohnehin waren viele Dinge den Frauen verboten *(Kapu)*, u.a. das Essen bestimmter Lebensmittel (z.B. Bananen), das gemeinsame Essen mit den Männern usw.

Strenges Gesellschaftssystem

Jede Großfamilie bezog ihre Identität aus der Ahnenreihe des männlichen Vorstandes und stand unter dem Schutz einer persönlichen Gottheit, der man einen kleinen Privataltar errichtete. Die Individualität der Familie erkannte man u.a. an den **Tätowierungen**, die sich Männer wie Frauen auf Beinen, Füßen, Armen, im Gesicht (einschließlich der Zunge), an den Hüften und am Gesäß anbringen ließen. Diese Prozedur, bei der die Farbe mittels scharfer Obsidianklingen und Vogel- oder Fischknochen unter die Haut gebracht wurde, muss sehr schmerzhaft gewesen sein, ist jedoch ein Kennzeichen aller polynesischen Völker, auf deren Ausdruck *Tatau* unser Wort *Tätowierung* (bzw. engl.: *Tatoo*) zurückgeht. Die Anbringung einer Tätowierung war ein religiöser Akt und wurde von Spezialisten durchgeführt, die einen ähnlichen Rang wie die Priester einnahmen.

Über dem gemeinen Volk standen die **Alii**, also die Oberschicht der Adeligen, die die Priester, Häuptlinge und Könige stellten. In langen, mündlich tradierten Ahnenreihen konnten sie ihre Herkunft von den Göttern oder Halbgöttern herleiten und damit ihre besondere Macht legitimieren. In einem dem Feudalismus vergleichbaren System besaßen die *Alii* nahezu unumschränkte Macht: Sie konnten Recht sprechen, Tribut verlangen, zum Kriegsdienst aufrufen und die Töchter der einfachen Familien gebrauchen oder in ihren Harem aufnehmen. Dinge, die den gesamten Stamm betrafen, wurde von den *Alii* gemeinsam beraten, wobei den mächtigsten Aristokraten die Stellung eines Königs zukam.

Adelige und Könige

Die Konkurrenz der *Alii* untereinander und Streitereien zwischen den erbberechtigten Söhnen führten zwangsläufig zu einer langen Reihe von Fehden, bei denen es um die Macht in bestimmten Inselteilen oder auf der gesamten Insel ging. Später führten die großen Häuptlinge auch Kriege gegen die Nachbarinseln, bis *Kamehameha I.* schließlich alle Inseln in einem Königreich zusammenschloss.

Das Erlernen der ritterlichen **Kriegskunst** war Privileg der *Alii*, deren Söhne z.B. im Speerwerfen, Boxen und Ringen intensiv unterrichtet wurden. Kam es zur Schlacht, mussten die Astrologen und Seher den jeweils günstigsten Termin bestimmen, außerdem mussten die Priester einverstanden sein und die Götter durch Menschenopfer und die Errichtung von Tempeln günstig gestimmt werden. Dann wurden die waffenfähigen Männer des Stammes zusammengerufen und in einer geordneten, einer mittelalterlichen Schlachtordnung ähnlichen Aufstellung gegen den Feind geführt. Gekämpft wurde mit bis zu 6 m langen Speeren, kürzeren Wurfspießen, Keulen und Knüppeln, Steinäxten und mit Haifischzähnen besetzten Messern. Bei den Feldzügen *Kamehamehas I.* wurden bereits auch westliche Waffen eingesetzt. Die unumschränkte Macht der Aristokraten stieß also jeweils dann an ihre Grenzen, wenn sich andere *Alii* in ihrer Macht gefährdet sahen. Eine zweite, kaum weniger bedeutende Instanz war die der Priester *(Kahuna*; s.u.), die ebenfalls die Häuptlinge in ihre Schranken weisen konnten. Auf der untersten Sprosse der alt-hawaiischen Gesellschaft standen die **Sklaven** *(Kaua)*, die sich meist aus Ausgestoßenen und Kriegsgefangenen rekrutierten. Da sie ihr *Mana* (s. S. 81) verloren hatten, galten sie kaum noch als Menschen, sondern wurden als 'Kadaver' bezeichnet und mit einer Tätowierung auf der Stirn markiert; aus ihren Reihen wurden auch bevorzugt die Menschenopfer zur Besänftigung der Götter ausgewählt.

Kunst und Spiele

Während die Geschichten von blutigen Kriegszügen und Menschenopfern ein manchmal düsteres Licht auf die alt-hawaiische Gesellschaft werfen, verkörpern ihre Spiele und ihr Kunsthandwerk die lebensfrohe, leichte und künstlerische Seite ihrer Welt.

Sportlich und geschickt

Die Isolation des Archipels brachte eine Reihe einzigartiger **Spiele** und **Sportarten** hervor, die es in gleicher Weise nirgendwo sonst gab. Schon *James Cook* berichtete von der außerordentlichen Geschicklichkeit, mit der die Polynesier ihre Ausleger-**Kanus** steuern konnten. Und allen Weißen, die zum ersten Mal nach Hawaii kamen, fiel das **Wellenreiten** auf, das man damals auf sehr langen Holzbrettern aus Koa-Holz ausübte. **Speerwerfen, Boxen** und **Bogenschießen** waren edle Sportarten, die oft den *Alii* vorbehalten waren und die man anlässlich des Erntedankfestes (*Mahikiki*) als inselübergreifendes Kräftemessen veranstaltete. Ein eher volkstümliches Vergnügen war hingegen das Steigenlassen von **Drachen**, die man kunstvoll aus dünner Baumrinde fertigte, und die **Schlittenfahrt** mit einem Holzfahrzeug *(Holua)*, für die man steile Abhänge herrichtete. Daneben kannten die Polynesier eine Art **Marionettentheater**, etliche **Glücks-** und **Geschicklichkeitsspiele** und betrieben als **Denksport** das Spiel *Konane*, von dem einige Exemplare in Museen und an einigen historischen Plätzen bewahrt sind. Es wurde mit schwarzen und weißen Steinen auf schwarzem Steinuntergrund gespielt und seine Regeln ähnelten denen unseres Brettspieles Mühle.

Steinspiel 'Konane'

Zu den Vergnügen der Ureinwohner zählten auch ihre **Gesänge** und **Tänze**, die z.T. die Zeiten überdauern konnten und heute wieder in steigendem Maße Einheimische wie Touristen anziehen.

Besonders zeigt sich das hohe kulturelle Niveau des alten Hawaii in seiner **Kunst** und seinem **Kunsthandwerk**. Insbesondere zählen dazu die geschnitzten **Holzskulpturen**, die prächtige **Federkleidung**, der Schmuck und die zeitlos schönen **Petroglyphen**.

Religion

Hunderte von Göttern bevölkerten die polynesische Mythologie, von denen die wichtigsten die Erde, Gestirne, Halbgötter und Menschen geschaffen hatten. Diese wurden auf allen Inseln (und unter leicht veränderten Namen im ganzen polynesischen Raum) angebetet. Die Erde, das Meer und die Gestirne wurden von den drei Hauptgöttern **Kane**, **Ku** und **Lono** geschaffen. Unter diesen kam *Kane* als Gott der Vegetation und des Sonnenlichtes, als Erschaffer und Ahnherr aller Häuptlinge, als Schutzgott des Wassers und als Prototyp der männlichen Kraft (*Kane* = 'Mann') eine besondere Bedeutung zu, vergleichbar etwa Odin oder Zeus. Er galt als verhältnismäßig milder Gott, der nicht durch Menschenopfer besänftigt werden musste. Anders der Kriegsgott *Ku*, der ähnlich wie Thor oder Ares vor Schlachten angerufen wurde und den man durch blutige Riten auf seine Seite ziehen musste. Zu *Ku* betete man jedoch auch mit der Bitte um Regen, um Potenz und Nachkommenschaft, um einen ertragreichen Fischfang oder um magischen Beistand. *Kus* Ehefrau, die Göttin *Hina*, verkörperte die Erde und die untergehende Sonne, und in der Vereinigung mit ihrem Mann, der den Himmel und die aufgehende Sonne repräsentierte, bildeten sie eine kosmische Ganzheit.

Drei Hauptgötter

Der dritte Schöpfer, *Lono* (= 'erschallend'), erfüllte vor allem die Funktion eines Fruchtbarkeitsgottes, der sich im Donner und im Wind, in den Wellen des Meeres und in fruchtbaren Feldern offenbarte. Als Verwandlungskünstler nahm er die unterschiedlichsten Gestalten an. Wie *Kane* benötigte er keine Menschenopfer und galt als freundlich und milde. Das Erntedankfest *Makahihi*, das alljährlich von November bis Januar abgehalten wurde, wurde zu seinen Ehren begangen.

Weitere Gottheiten

Daneben verehrte man zahlreiche weitere Gottheiten auf allen Inseln und rief sie in Notlagen um Hilfe an. **Kanaloa** z.B., der Gott des Ozeans, der Heilkraft und der Winde, war den seefahrenden Polynesiern besonders heilig. In Kämpfe mit dem lebensbejahenden *Kane* verstrickt, galt er auch als Gott des Todes. Auf die Gunst von **Pele**, der Göttin des Feuers und der Vulkane, war man angesichts der Feuer speienden Berge Hawaiis zwangsläufig angewiesen. Der Halbgott **Maui** genoss große Verehrung u.a. deswegen, weil er die hawaiischen Inseln aus dem Meer an die Oberfläche befördert hatte und mit seinem Lasso die Sonne einfangen konnte, so dass für die Menschen die Tage länger wurden und sie ihre Arbeiten besser verrichten konnten. Des Weiteren hatte fast jeder Bereich der Natur und der Kultur seinen eigenen Schutzgott, ebenso wie jeder Stamm, jeder Clan und jede Familie.

Tempel und Kulte

Was der Hausaltar für die Großfamilie war, war der **Heiau**, der hawaiische Tempel, für den Stamm. Zahlreiche Überreste solcher steinerner Kultbauten, von denen manche eine erstaunliche Größe einnehmen konnten, sind heute noch erhalten. Sorgfältig aufgeschichtete Trockenmauern, deren Lavasteine z.T. von weither transportiert wurden, grenzen im Gelände ein Rechteck ab, das die Dimension eines Fußballfeldes haben kann. An anderer Stelle sieht man terrassierte Plattformen, die Zeugnis von der hohen Ingenieurskunst ihrer Erbauer ablegen. Solche *Heiaus* waren von großen, hölzernen Statuen *(Tikis)* umgeben, trugen Grashäuser mit dem Idol eines Gottes und turmartige Gerüste, von denen herab Prophezei-

Rituelle Hinrichtung (18. Jh.)

ungen kundgetan oder Gebete gesprochen wurden. Ein *Heiau* war das Zentrum des Opferkultes, d.h. dass hier den Gottheiten Speisen, Tiere oder Menschen mit der Bitte um Schutz, Vergebung oder Glück dargebracht wurden. Vor allem auf der Insel Big Island kann man einige restaurierte *Heiaus* bewundern, darunter auch ein so gen. *Puuhonuua*. Dabei handelte es sich um Tempelbezirke, die den zum Tode Verurteilten oder Ausgestoßenen als letzte Fluchtmöglichkeit dienten.

Der Götterkult mit all seinen Regeln und Verboten wurde von den **Priestern**, den *Kahuna* geleitet, die gleichzeitig auch als Heiler, Astronomen, Propheten, Zauberer und Hüter der Tempel auftraten. Da sie (und nur sie) den Willen der Götter erkennen konnten, war ein Häuptling oder König auf ihren Beistand angewiesen. Die *Kahuna*, die ebenfalls aus einer *Alii*-Familie stammten, hatten untereinander eine ähnlich Hierarchie wie die Aristokraten, so dass aus ihrer Mitte eine Art Oberpriester als Gegengewicht zum König entstand. Damit verkörperten sie, ähnlich wie die keltischen Druiden oder die indianischen Medizinmänner, eine beträchtliche Macht, und jeder weitsichtige Adelige tat alles, um sie auf seine Seite zu ziehen.

Mana und *Kapu*

Kunst, Religion und das alltägliche Leben wurden von zwei Grundprinzipien entscheidend bestimmt: *Mana* und *Kapu*. Unter *Mana* versteht man eine spirituelle Kraft, die allen Dingen innewohnt und in einzelnen Personen ebenso wie in anderen Lebewesen, aber auch in Familien, Clans und einem Stamm sichtbar wird. Als relative Größe kann das *Mana* zu- oder abnehmen, entscheidend sind persönliche Leistungen oder besondere Fähigkeiten. Das von den Vorfahren ererbte *Mana* stieg z.B. nach einer Heldentat oder einem erfolgreichen Kriegszug gegen einen feindlichen Stamm, dessen *Mana* dadurch wiederum in gleichem Maße sank. Die Versklavung führte zu einem völligen Verlust des *Mana*. Mit *Kapu* ist die Außergewöhnlichkeit oder Heiligkeit bestimmter Plätze, Menschen, Dinge, Handlungen und Situationen gemeint. So war z.B. die Person, das Haus, ja selbst der Schatten eines Adeligen für gewöhnliche Menschen *Kapu*, d.h. unberührbar. *Kapu* war ebenfalls das gemeinsame Essen von Männern und Frauen, die Anwesenheit von Frauen oder gewöhnlichen Menschen bei Versammlungen der *Alii* (Häuptlinge), das Betreten eines Tempels, Frauen während der Menstruation usw.

Spirituelle Kraft

Es gab also ein ausgeklügeltes System moralisch-ethischer Gesetze, das von der Geburt bis zum Tod alle Lebenslagen regelte. Das Wort stammt vom polynesischen *tapu* ab, das als Lehnwort 'Tabu' auch in unserer Sprache vorkommt. Jemand, der ein *Kapu* nicht beachtete, wurde entweder von den Göttern mit Unglück, Verlust des *Mana*, Krankheit oder Tod bestraft, oder von den Priestern (*Kahunas*) seiner gerechten Strafe zugeführt. Wessen Schatten einen Häuptling gestört, wer die Heiligkeit eines Tempels missachtet, den Besitz eines *Alii* betreten

Strenge Regeln und Verbote

oder die Regeln im Umgang mit den Priestern nicht befolgt hatte, konnte erschlagen, gesteinigt, lebendig vergraben, verbrannt, erdrosselt oder ertränkt werden. Solche armen Opfer widmete man den Göttern, damit diese nicht den Stamm für das Übertreten des *Kapu* bestraften.

Kunst, Architektur und Kunsthandwerk

Kunstfertige Gesellschaft

Viele Besucher, die auf Hawaii allein eine amerikanisch durchorganisierte Urlaubslandschaft erwartet haben, werden von dem großen Angebot überrascht sein, das die Inseln dem Kunst- und Kulturinteressierten anzubieten haben. Vor allem die Kunst des alten Hawaii, die in Museen und an historischen Plätzen bewahrt wurde, lohnt ein intensiveres Kennenlernen. Die Hochachtung vor dieser Kunst wird umso größer, wenn man bedenkt, dass die materielle Ausrüstung der Polynesier recht dürftig war und nur aus Werkzeugen aus Stein, Obsidian, Zähnen und Korallen bestand. Technische Fertigkeiten wie das Weben und das Töpfern waren unbekannt, die Stoffe für Kleidung und Decken machte man aus Baumbast und Federn. Unser Verständnis von Kunst und die Unterscheidung zum Kunstgewerbe lassen sich übrigens nicht ohne weiteres auf die insulare Kultur anwenden. Denn der Hawaiianer lebte in einem Kosmos, in dem Götter, Natur und Menschen aufs engste miteinander verflochten waren. Ob er nun einen Angelhaken schnitzte oder ein Götterbild schmückte – beides diente gleichermaßen seinem Bedürfnis nach Ästhetik und dem Wohlgefallen der Götter. Die besten Möglichkeiten, sich am Reiseziel über das hawaiische Kunstschaffen zu informieren, bestehen in Honolulu, wo das *Bishop Museum* und die *Academy of Arts* die ersten Adressen darstellen.

Petroglyphe auf Big Island

Die Felsbildkunst (Petroglyphe)

Der Legende nach war es die Vulkan-Göttin *Pele*, die die ersten Petroglyphen (von griech.: *petros* = 'Fels', *glyphe* = 'Zeichnung') nach Hawaii brachte. Nach einer anderen Geschichte sollen die *Menehune*, zwergenhafte Wesen aus den Wäldern, die Symbole angebracht haben. Die 'Zeichnungen' wurden meist in geneigte Felsflächen aus Tuff oder Lava hineingraviert oder geritzt. Da die Polynesier kein Metall kannten, war dies eine sehr langwierige und schwierige Arbeit. Anschließend können die Felszeichnungen noch mit Farbe ausgemalt worden sein. Daneben gibt es auch reine Bilder (Piktographe), die sich allerdings nicht so gut erhalten haben. Die Bandbreite der Symbole ist groß und verwirrend, eine Interpretation kaum mehr möglich. Wer glaubt, dass hier die Ureinwohner nur einen Teil ihres alltäglichen Lebens darstellen wollten, verkennt den magischen Hintergrund jeder prähistorischen Kunst. Auffällig ist die Vielzahl von menschlichen (männlichen) Figuren, deren Oberkörper oft in Form eines Dreiecks dargestellt ist. Bei einigen sind die Hände besonders deutlich hervorgehoben, bei anderen der Phallus. Diese Darstellungen könnten Götter, Halbgötter oder Häuptlinge meinen, die durch das Anbringen der Felsritzungen sozusagen verewigt wurden. Bisweilen sieht man auch eine große Figur, die über einer kleineren steht (Gottheit und Mensch? Geburt?), Fische, Hunde und abstrakte Zeichen, die die Gestirne oder die Sonne bedeuten könnten. Viele Felder mit Petroglyphen befinden sich nahe dem Meer, und zwar häufig auf der windabgewandten, trockenen Seite der Insel, oft auch in der Nähe von alten *Heiaus* oder Stellen, an denen der Überlieferung nach *Alii* begraben sein sollen.

Die Petroglyphe sind i.d.R. zeitlos schön, geradezu 'modern'. Dies ist wohl auch der Grund, warum inzwischen Airports und das Innere von Flugzeugen, Hotelhallen und T-Shirts, Silberschmuck und Firmenembleme Petroglyphen-Motive tragen.

Holzschnitzkunst und Bildhauerei

Die hoch stehende Holzschnitzkunst der Polynesier bezog sich auf ihre gesamte Umgebung, indem Dinge des Alltags wie Hauspfosten, Holzschalen, Keulen, Kanus und Kanupaddel, Angelhaken, Speere, Netzbeschwerer usw. ornamental oder figürlich dekoriert wurden. Dazu benutzte man nicht nur die einheimischen Hölzer (besonders Koa), sondern auch Knochen oder Walzahn, die auf gleiche Weise geschnitzt wurden. Das Bestreben der Ureinwohner, selbst den kleinsten und alltäglichsten Dingen eine schöne Form zu geben, war aber nicht Kunsthandwerk oder bloßes Design, sondern gleichzeitig ein religiöser Akt, bei dem man strenge Regeln und Normen beachten musste. Dies trifft natürlich in besonderem Maße auf die geschnitzten Idole, Götterbilder und Ahnenfiguren zu. Die ältesten davon werden die polynesischen Einwanderer bereits aus ihrer Heimat mitgebracht haben. Denn es ist undenkbar, dass sie ihre langen Überseefahrten antraten ohne den Schutz und Beistand ihrer Götter, die wiederum durch Bildnisse aus Holz oder Stein repräsentiert wurden.

Götterbilder

Tatsächlich zeigen die ersten hawaiischen Götterbilder eine starke Ähnlichkeit mit denen, die Archäologen auf den Marquesas gefunden haben. In der Isolation entfernte sich später die Bildhauerei von ihren Vorbildern, es entstand eine eigenständige, unverwechselbar hawaiische Formensprache. Bei den Statuen ist dabei eine Biegung des Körpers vor allem in der Brustlinie kennzeichnend, so dass die Figuren oft leicht vornübergeneigt erscheinen. Um sie wirkungsvoller zu gestalten, brachte man auf ihrem Kopf häufig Menschenhaare an, denen man Zauberkraft zuschrieb, außerdem konnten die Götterbilder mit polierten Muscheln, Steinen, Zähnen und Federn geschmückt sein.

Holzidol am 'Place of Refuge' (Big Island)

Ahnenfiguren, Idole und Götter stellten die Ureinwohner sowohl in Holz als auch in Stein (meist Tuffstein) dar, ihre Größe variierte zwischen wenigen Zentimetern und mehr als drei Metern.

Die Künstler waren bemüht, das jeweils Besondere des Dargestellten herauszuheben; so wurden der Kriegsgott *Ku* z.B. immer sehr furchterregend und zähnefletschend, Fruchtbarkeitsgötter hingegen mit übergroßem Geschlechtsteil dargestellt. Für das, was die Hawaiianer schnitzten bzw. in Stein hauten, standen ihnen zunächst nur sehr einfache Werkzeuge aus Stein, Zähnen und Korallen zur Verfügung. Dies änderte sich nach Ankunft der Europäer, von denen die Polynesier das Eisen übernahmen und es sehr schnell verstanden, die neuen Gerätschaften für ihre Kunstproduktion einzusetzen. Diese technische Revolution brachte einerseits natürlich Arbeitserleichterung und Zeitersparnis: Für eine Holzfigur brauchte man nun höchstens noch ein Zwanzigstel der Zeit als früher, und die Produktion stieg gewaltig. Andererseits wurden die Schnitzereien und Steinskulpturen jetzt größer und bizarrer, so als ob die Künstler urplötzlich von einer Fessel befreit wären und erst jetzt ihr ganzes Repertoire an Formgebung und Phantasie entfalten konnten.

Neuer Werkstoff Eisen

Oft wird behauptet, der neue Werkstoff Eisen sei ein Hauptgrund für das Erlöschen der alten Kunst gewesen. Doch das ist ein Vorurteil, denn im Gegenteil ermöglichte dieser eine letzte, überschwängliche Blüte (vor allem unter Kamehameha I.). Nicht das Eisen, sondern Missionierung und Verwestlichung brachte die polynesische Kunst zum Erliegen.

Die Federkunst

Die vielleicht auffälligste und wertvollste Leistung des Kunsthandwerkes ist die Verwendung von bunten Vogelfedern für Götterbilder, Gürtel, Helme, Schärpen und Umhänge. Federn galten in ganz Polynesien als Kostbarkeit. Aber kein Volksstamm hat es in dieser Technik zu einer solchen Meisterschaft gebracht wie die Hawaiianer, und die bedeutendsten Völkerkunde-Museen der Welt sind froh, wenn sie eines dieser herrlichen Exponate in ihrer Sammlung haben. Das gilt vor allem für die **Federmäntel**, die den *Alii* vorbehalten waren und die nur unter viel Mühen in einem langwierigen Prozess entstehen konnten. Schon *Captain Cook* rühmte diese Arbeiten und verglich sie mit dem schönsten und dichtesten Samt.

Hawaiischer Adeliger mit Federhelm und Federumhang (18. Jh.)

Die Könige hatten spezialisierte Vogelfänger, die mit Ruten und Netzen Jagd auf die begehrte Beute machten. Denn für die Kunstwerke wurden nur besonders farbenprächtige Tiere mit besonders kleinen Federn genutzt; am wertvollsten waren die in den Königsfarben Rot und Gelb. Hauptlieferant waren die *Oo*-Vögel mit ihren daunenweichen Brustfedern und der so gen. hawaiische Zuckervogel *(Mamo)* mit seinen leuchtenden gelben Federbüscheln. Ein Prachtstück im

Bishop Museum, das *Kamehameha I.* gehört haben soll, besteht aus nicht weniger als 450.000 winzigen Einzelfedern, für deren Produktion gut 80.000 Vögel nötig gewesen waren. Es muss Jahrzehnte gedauert haben, bis ein solcher Königsmantel fertig gestellt war. Heutzutage wäre es unmöglich, einen ähnlichen Federumhang zu rekonstruieren: Erstens fehlt es an Handwerkern, die – von den Lohnkosten einmal abgesehen – die Kunstfertigkeit der traditionellen Knüpftechnik beherrschen würden, zweitens sind die meisten Vögel, von denen die Federn gewonnen wurden, inzwischen ausgestorben. Außer für die Produktion von Mänteln und Umhängen wurden die kostbaren Federn auch für die nicht minder wertvollen **Helme** benutzt, die also nur von der Form her den Helmen der alten Griechen oder der Spanier ähnlich sind, diesen aber weder im Material noch in der Funktion entsprachen. Die großen Könige schmückten sich überdies mit Schärpen und kürzeren Umhängen sowie mit Standarten, in die jeweils Federn eingearbeitet wurden. Bekannt sind ferner hölzerne Götterbilder, die mit Federn zusätzlich geschmückt wurden.

Wertvolle Federmäntel

Flechtkunst und Textilherstellung

Da die Polynesier weder Wolle noch den Webstuhl kannten, mussten sie ihre Stoffe für Kleidung, Körbe, Matten und Decken aus anderen Materialien herstellen. Dazu nahmen sie den Rindenbast bestimmter Bäume (vor allem dem Papiermaulbeerbaum) und schnitten diesen in Streifen. Die einzelnen Baststreifen wurden dann durch stetiges Klopfen so lange zu dicken Lagen und breiteren Bahnen verfilzt, bis ein textilartiges Endprodukt entstand: *Kapa* (auf Tahiti *Tapa*). Solche für die Inselwelt von ganz Polynesien charakteristischen Baststoffe wurden entweder bedruckt oder bemalt. Mit Nadeln aus spitzen Gräsern und Bändern aus Bananenbaumrinde konnten die Stoffbahnen miteinander verknüpft werden. Auf ähnliche Weise wurden die Blätter der *Ti*-Wurzel zur Herstellung von Kleidung, Körben und Matten genutzt.

Bast und Stoffe

Die Textilherstellung im westlichen Sinn setzte bald nach Ankunft der ersten Weißen ein. Schon *Kamehameha I.* ließ sich stolz in europäischen Kleidern porträtieren. Später bestanden die puritanischen Missionare darauf, dass die Einheimischen beim Kirchenbesuch 'anständig' aussahen, d.h. nicht nackt oder halbnackt erschienen, und in ihren Schulen wurde den hawaiischen Frauen das Nähen und Weben beigebracht. Die Schiffe, die damals die Handelsroute Kalifornien-Hawaii-China befuhren, brachten aus dem fernen Osten stets größere Mengen an Stoffen und Seide mit, und mit der Zeit entwickelte sich eine eigenständige hawaiische Textilkunst. Deren bekannteste Beispiele sind die *Muumuus*, bunte und bodenlange Kleider, die locker um die Hüfte geschlungen werden, sowie die hinlänglich bekannten Hawaii-Hemden.

Die Blumenkränze (Leis)

Hawaii-Besucher erhalten oft als Begrüßung einen wohlriechenden Blumenkranz umgehängt und machen damit gleich zu Anfang ihres Urlaubs Bekanntschaft mit der traditionellen Kunstform der *Leis*. Früher waren solche Girlanden allein den Göttern vorbehalten, denen man ein *Lei* als Opfergabe darbrachte oder denen zu

Lei-Verkäuferinnen in Honolulu um 1900

Ehren der Blumenkranz bei religiösen Tänzen getragen wurde. Später ließen sich auch Könige oder andere *Alii* mit Feder-*Leis* schmücken sowie normale Sterbliche, die auf besonderen Schutz angewiesen waren (z.B. Schwangere). Die heutige Sitte, dem Beschenkten nach dem Umhängen der Blumenkette einen Kuss zu geben, ist hingegen nicht so alt und rührt vom Zweiten Weltkrieg her. Dass *Lei* nicht gleich *Lei* ist, kann man beim Vergleich der Preise (von US$ 5 bis weit über US$ 1.000) und des Aussehens – z.B. auf dem *International Market* in Oahu – auf den ersten Blick feststellen. Neben sehr viel Kitsch, darunter neuerdings leider auch Plastikprodukte, stößt man aber immer wieder auf wahre Kunst-Stücke, die dem Eingeweihten viel über die Herkunft der Blumenkette verraten können. Denn jede Insel hat ihre eigene Tradition, bei der im Übrigen nicht nur Blumen verwendet werden. Die meisten *Leis* werden aus intensiv riechenden Blumen (u.a. Hyazinthen, Nelken, Plumeria, Orchideen) gefertigt und auf ein Band gespannt. Die Art, Anordnung und Farbe der Blumen ist dabei jedoch nicht zufällig, sondern sorgfältig ausgewählt.

Folkloristisches Wahrzeichen

Außer Blumen werden viele andere Materialien zur Herstellung benutzt. Früher gab es z.B. *Leis* aus Meerespflanzen oder solche, die aus den stark duftenden Weinblättern des Maile-Baumes bestanden. Im Bishop-Museum kann man einen *Lei* aus Federn bestaunen, für den mindestens 100 Vögel ihr Leben lassen mussten. Auf der Insel Niihau hat man sich auf die Herstellung von *Momo Leis* spezialisiert, die aus winzigen Muscheln bestehen und extrem teuer sind. Bei der *Hili*-Art werden Grünpflanzen kombiniert (duftende Blätter und Farne), ähnlich wie bei der *Wili*-Variante. Etwas Besonderes sind *Humuhumu Leis*, da sie nicht aufgebunden, sondern auf flache Ti-Blätter genäht werden und somit eine Art Streifen ergeben. Die sehr teuren *Haku Leis* schließlich vereinen Blumen, Blüten, Blätter und Farne. Weiter können auch Beeren und Kukui-Nüsse, Kräuter und Baumrinde in die Produktion einfließen.

Die Baukunst

Aus archäologischen Ausgrabungen sowie aus Berichten von *James Cook* und anderen frühen Weltreisenden wissen wir über die Baukunst des alten Hawaii ziemlich gut Bescheid. Am vornehmsten und aufwändigsten entfaltete sie sich bei der Errichtung fester Tempelanlagen, den so gen. *Heiaus* (vgl. S. 80f). Für die Anlage solcher Kultplätze gab es regelrechte Fachleute, die das Gelände auswählten und die Bauarbeiten überwachten. Der Tourist wird in Hawaii auf zahlreiche Überreste der *Heiaus* stoßen und dabei sicher von den Dimensionen, der Sorgfalt der Trockenmauern und den terrassierten steinernen Rechtecken beeindruckt sein. Da die Aufbauten aus organischem Material bestanden, ist von ihnen nichts

Gebäude aus Stein…

mehr original erhalten; bei den meisten Anlagen muss man sich also die hölzernen Wächter- und Götterfiguren, die so gen. Gebetstürme und die eigentlichen Tempelhäuser aus Gras hinzudenken. Bei fast allen *Heiaus* befand sich an einem Ende des Areals ein aus Steinen errichteter Altar zum Aufstellen der Götterbilder.

Ansonsten gab es kaum Steingebäude. Selbst die größten Könige pflegten in Graspalästen zu residieren, die vom Aufbau her dem Prinzip der normalen Wohnhäuser folgten. Da Holz kostbar war, wurde es nur sehr sparsam verwendet, stattdessen errichtete man solche Häuser über einem Gittergeflecht aus Stäben, auf das dann Schilfgras gelegt wurde. Die Seitenwände konnten mit Matten aus *Kapa* abgedichtet sein, ebenso der Boden. Mit der Siedlungstätigkeit der Weißen verschwand die traditionelle Baukunst zusehends. Die Architektur folgte von nun an den jeweils in Europa und Amerika populären Baustilen – zuerst in den Städten, dann auch auf den Dörfern. Dabei wurden durchaus beachtliche Resultate erzielt, insbesondere natürlich in Honolulu, wo sich im 19. Jh. die wirtschaftliche und politische Elite konzentrierte – das beste Beispiel dafür ist das Viertel um den Iolani-Palast. Zu Anfang des 20. Jh. kam aus Kalifornien der so gen. *Mission Style*, der die Mittelmeer-Architektur aufnimmt, und wenig später ebenfalls aus Amerika die *Art déco* (gute Beispiele dafür sind z.B. in Hilo zu sehen).

...und Schilfgras

Das Stadtzentrum von Hilo (Big Island) um 1924

Große Kirchen aus dem 19. Jh. gibt es mit Ausnahme von Honolulu kaum, aber jedes Gotteshaus erhielt auch auf dem Land immer eine überzeugende, oft charmante Gestalt. Es lohnt sich stets, an diesen grün, weiß und blau angestrichenen Holzkirchen anzuhalten und einen Blick ins Innere zu werfen. Die Architektur der normalen Wohn- und Geschäftshäuser war zweckdienlich und entsprach den klimatischen Bedingungen Hawaiis. Zur Straße hin schützten über den Bürgersteig gespannte Dächer die Passanten vor Sonnenschein oder Regengüssen, während sich ein Großteil des häuslichen Lebens auf den umlaufenden Veranden oder Balkonen *(Lanais)* abspielte. Unter dem Dachfirst angebrachte Öffnungen durchlüfteten die Häuser. All dies kann man z.B. in der alten Walfänger- und Hauptstadt Lahaina (Maui) sehen, die das wohl schönste Beispiel für ein geschlossenes Ortsbild aus dem 19. Jh. abgibt.

Musik und Tanz

Der Hula

Ursprünglich war der Hula eine religiöse Handlung und als solche den Männern vorbehalten. In den klosterähnlichen Hula-Schulen, die für die Tänzer übrigens eine Zeit der sexuellen Entsagung bedeuteten, lernten die Schüler die einzelnen Schritte, Gesten und Kopfhaltungen, die alle einen hohen symbolischen Gehalt besaßen. Sinn des Hula war es, die Lieder *(Mele)* der Priester zu begleiten und zu ergänzen. Angespornt wurden die Tänzer mit Trommeln, Rasseln, anderen Klopf- und Schlaginstrumenten sowie mit Händeklatschen. Die Missionare brandmarkten den Hula als Teufelswerk mit obszöner Bedeutung, die er tatsächlich bis dahin nie gehabt hatte. Mit fortschreitender Christianisierung gerieten dann auch viele der alten Tänze und ihre Bedeutung in Vergessenheit.

Ursprung des Hula

Es ist ein Verdienst des sinnenfrohen Königs *Kalakaua*, den Hula gerettet zu haben. 1874 gründete er eine eigene Hula-Gruppe und richtete in der Folgezeit auch wieder Hula-Schulen *(Hula Halaus)* ein, in der die traditionelle Tanzform erlernt werden konnte. Die Zeiten hatten sich jedoch gewandelt, und getanzte polynesische Legenden und Mythen konnten im ausgehenden 19. Jh. kein Publikum finden.

Hula-Tänzerinnen um 1900

Auch der Musikgeschmack hatte sich geändert, neue Instrumente und musikalische Einflüsse aus aller Welt waren nach Hawaii gekommen und hatten sich dort verschmolzen. Die Folge war ein Hula, der von Männern und Frauen gleichermaßen getanzt und nun von einem umfangreicheren Instrumentarium begleitet wurde sowie sich inhaltlich mehr auf die angenehmen, romantischen und lebensfrohen Momente festlegte. Damit entsprach er jenem Klischee, das der aufkommende Hawaii-Tourismus von der Südseeidylle mit ihrem vermeintlich lockeren Leben erwartete.

Hawaiisches Symbol

Nachdem *Bing Crosby* für zwei Lieder in dem 1937 gedrehten Film *'Waikiki Wedding'* den Oskar bekommen hatte, wurde der Tanz weit über die Grenzen des Archipels bekannt und gilt seitdem als Symbol für Hawaii schlechthin. Die Lieder waren zwar 'halb-weiß' *(Hapa Haole)*, d.h. sie waren in Form und Inhalt wenigstens zur Hälfte amerikanisch-europäisch beeinflusst, aber genau das entsprach den Erwartungen des Publikums, das vom Hula Exotik verlangte, ohne dass diese zu fremd wirken sollte. Im 'neuen Hula' *(Hula Auana)* stehen die weiblichen Tänzer im Vordergrund, die sich mit Hüftschwung, Lächeln und erotischer Ausstrahlung zu den Klängen von Ukulele, Trommeln und Gitarren bewegen. Die Männer bleiben im Hintergrund und geben nur gelegentliche Einlagen. Auch der 'typische' Grasrock und die unbedeckten Hüften sind eine Erfindung der Moderne: der Grasrock wurde von den Gilbert-Islands importiert und war früher auf Hawaii niemals üblich.

Musik

Im alten Hawaii ehrten die Priester mit monotonen Gesängen *(Mele)* die Götter, Ahnen, Häuptlinge und die Natur. Es waren Lieder, die das gesammelte religiöse und mythische Wissen der Stämme enthielten, von hohem literarischen Niveau, aber kaum melodiös. Wenn überhaupt, wurden sie allein von Rhythmus-Instrumenten begleitet. Daneben werden sicher auch Volksfeste Anlass zum Singen und Tanzen gegeben haben, bei denen die ganze Bevölkerung teilnahm und die die sinnenfrohe Seite des polynesischen Lebens betonten. Nach der Entdeckung Hawaiis durch die Weißen strömten die **Missionare** auf die Inseln und versuchten, die Ureinwohner für das Christentum zu gewinnen.

Alt-hawaiischer Hula-Tänzer (18. Jh)

Ein wichtiges Mittel waren dabei die **Kirchenlieder** *(Himeni)*, die sie in die hawaiische Sprache übersetzten. Sie wählten damit genau das richtige Medium, denn die Choräle und Psalmen mit ihrer ungewohnten Melodie wurden bei den Gottesdiensten (im Gegensatz zu den 'langweiligen' Predigten) für die Hawaiianer zu einer Attraktion. Bis heute werden die alten Kirchenlieder inbrünstig gesungen und ist das Chorleben in den Gemeinden überaus aktiv. Als im 19. Jh. Ausländer aus aller Herren Länder nach Hawaii strömten, bereicherten sie die Inseln mit ihren Liedern, ihrem Musikempfinden und ihren Instrumenten. Die **Portugiesen** brachten durch ihre sentimentalen *Fado*-Gesänge ein Element in die hawaiische Musik, das hier begeistert aufgegriffen wurde; anscheinend konnte es die Gefühlslage der Bevölkerung besonders gut wiedergeben. Portugiesisch ist auch der Ursprung jener kleinen, 4-saitigen Gitarre *(Braquino)*, die wohl 1878 von Madeira aus nach Hawaii gelangte und die man hier ***Ukulele*** (= 'Springfloh') nannte.

Die Ukulele-Gitarre

Zu diesem Zeitpunkt war die Begeisterung für westliche Lieder und Tänze selbst zu Mitgliedern des Königshauses gelangt. König *Kamehameha III.* wollte eine Blaskapelle nach dem Muster europäischer Königshöfe haben und holte zu diesem Zweck den Deutschen ***Wilhelm Merseburgh*** ins Land. Er stellte die ***Hawaiian Royal Band***, die allerdings erst unter den Königen *Kamehameha V.* und *Kalakaua* ihren berühmten Namen erhielt. Geleitet wurde sie damals von einem weiteren Deutschen, dem Potsdamer ***Heinrich Berger***, der ihr 1872-1915 vorstand und von Königin *Liliuokalani* den Beinamen 'Vater der hawaiischen Musik' bekam. Die Kapelle gab unter Berger 32.000 Konzerte, wobei die hawaiischen Texte und die Kompositionen zum großen Teil von ihm stammten. Der Einfluss *Bergers* und seiner Band auf die Unterhaltungsmusik des Landes kann nicht hoch genug eingeschätzt werden, zwei Generationen hawaiischer Musiker standen ganz in ihrem Bann.

Vater der hawaiischen Musik

Neben die normale Gitarre, die *Ukulele* und die Blasinstrumente der Königlichen Kapelle trat 1895 die **Stahlgitarre**, die zum ersten Mal der einheimische Musiker *Kekuku* verwandte und die sich zu einem weiteren Kennzeichen der *Hawaiian Music* entwickeln sollte. Die Filmindustrie **Hollywoods** konnte sich dem nicht verschließen: An den Originalschauplätzen wurden mehrere erfolgreiche Streifen gedreht, deren Musik- und Tanzbegleitung nun in aller Welt zu sehen waren.

Aloha 'Oe

In den 1960er-70ern beherrschten die internationalen Musikströmungen die Szene Hawaiis. *Elvis Presley* sang in seinem berühmten Konzert *'Aloha from Hawaii'*, das in alle Welt übertragen wurde, zwar das altehrwürdige *Aloha 'Oe,* das in den Rahmen seiner sonstigen Schlager und Rock'n'Roll-Hits jedoch nicht recht passen wollte.

Heute unterscheidet sich der Musikgeschmack der hawaiischen Jugendlichen kaum von dem allgemein-amerikanischen, und einheimische Gruppen spielen harten Rock oder versuchen sich in Rap, Reggae und HipHop.

'Hawai'i pono'i' und 'Aloha 'Oe'

König Kalakaua und seine Schwester Liliuokalani taten sich mit Kompositionen, Liederbüchern und Konzertveranstaltungen hervor. Während Kalakaua u.a. die Neufassung der Nationalhymne Hawai'i Pono'i schrieb, stammt aus der Feder Liliuokalanis das berühmte und schwermütige Aloha 'Oe, ohne das kaum ein Hawaii-Film auskommen konnte und mit dem man früher die Kreuzfahrt-Passagiere in Honolulu verabschiedete:

Hawai'i pono'i (Text: König Kalakaua; Vertonung: Heinrich Berger)

Hawai'i pono'i	*Mein Hawaii,*
Nana i kou mo'i	*Blick auf deinen König.*
kalani ali'i	*Den königlichen Häuptling,*
Ke ali'i	*Das Haupt.*
Hawai'i pono'i	*Mein Hawaii,*
e ka lahui e,	*O, du Nation,*
O kau hana nui	*Unsere große Pflicht:*
E ui e.	*Zu wetteifern.*

Aloha 'Oe (Text: Königin Liliuokalani; Vertonung: Heinrich Berger)

Aloha 'oe, aloha 'oe	*Leb wohl, leb wohl*
E ke onaona no ho i ka lipo	*Du süßer Duft in der blauen Ferne*
One fond embrace,	*Eine zärtliche Umarmung noch und ich gehe,*
a ho'i a'e au	*Bis wir uns einst wiedersehen*

Der Surf-Sport

Das Surfen gehört zu den uralten Kulturtechniken der Polynesier. Wir kennen z. B. die Darstellung von Surfern auf Petroglyphen (= Felsritzungen) und wissen, dass bei *Captain Cooks* Ankunft der Sport in voller Blüte stand. Schon damals ritten die Hawaiianer elegant und formvollendet auf den Wellen, zum Erstaunen der Europäer über solch eine Kunstfertigkeit. In der polynesischen Gesellschaft wurde das Surfen von Männern, Frauen und Kindern ausgeübt, galt aber insgesamt als Sport der Adeligen und Häuptlinge, die sich daher die besten Surfstrände mit *Kapus* reservieren ließen. Auch muss es damals bereits die ersten Surf-Wettkämpfe gegeben haben. Als *Surfboards* dienten den Hawaiianern 3-6 m lange und zentnerschwere Planken aus dem Holz der *Wili-* und *Koa*-Bäume.

Die ersten Wellenreiter

Nach einer Zeit des Verfalls wurden in Honolulu 1908 der *Outrigger Canoe Club* und 1911 der *Hui Nalu* (Surfklub) gegründet. Beide kümmerten sich vornehmlich um den traditionellen Kanusport, daneben aber eben auch um das Wiederbeleben des Surfens. Der Zeitpunkt kam nicht von ungefähr – ging es doch damals darum, Oahu als Destination für Strandurlaub zu entwickeln. Schließlich machte der Adelige *Duke Paoa Kahanamoku*, der spätestens seit seiner olympischen Goldmedaille im Schwimmen von 1912 (vgl. S. 273f) eine anerkannte Persönlichkeit war, den Surfsport populär und gesellschaftsfähig. Und von Hawaii aus trat er schließlich seinen Siegeszug um die Welt an.

Hawaiisch und Pidgin-Englisch

Hawaiisch

Das vokalreiche, melodiöse Hawaiisch war jene Sprache, die die ersten Weißen auf dem gesamten Archipel antrafen. Es war eine poetische und symbolhafte Sprache, voller Metaphern aus der Natur und der göttlichen Sphäre. Und es war eine Sprache, die allein mündlich überliefert wurde, also keine Schrift kannte. Daher erklärt sich die Vielzahl voneinander abweichender Schreibweisen vor der 'Erfindung' des hawaiischen Alphabets. *Captain Cook* beispielsweise hatte in seinem Tagebuch für die Insel Hawaii die Schreibweise 'Owhyhee' gewählt, der Weltreisende Otto von Kotzebue in den 1820er Jahren 'O Wahi'. Sein Begleiter Adalbert von Chamisso veröffentlichte nach zweimaligem Aufenthalt auf dem Archipel 1837 eine Grammatik der hawaiischen Sprache.

Ein Jahr zuvor war das erste hawaiisch-englische Lexikon erschienen, das von nun an eine einheitliche Schreibweise festlegte. Es fußte auf dem Werk der puritanischen Missionare, die zu Anfang des 19. Jh. nach Hawaii kamen, ihre Kirchenlieder und die Bibel übersetzen wollten und auf diese Weise eine Schriftsprache entwickelten. Zunächst mussten sie die Sprache mit ihren Feinheiten natürlich selbst erlernen, was ihnen erstaunlich schnell gelang. Ab 1823 konnten sie dann bereits darangehen, ein hawaiisches Alphabet festzulegen. Eine Schwierigkeit war dabei, dass der Lautwert von Vokalen und Konsonanten oft zwischen dem der westlichen Entsprechung lag; Beispielsweise gab es weder ein klar definiertes *t* noch ein

Hawaiisches Alphabet

k, sondern einen Lautwert dazwischen, ebenso waren die Grenzen zwischen *r* und *l* fließend. Die Missionare behalfen sich, indem sie darüber abstimmten, welchem westlichen Buchstaben ein solcher Lautwert eher entspräche. So entschieden sie sich z.B. für das k (Kamehameha anstelle von Tamehameha) und das *l* (Honolulu anstelle von Honoruru) und legten damit gleichzeitig die Aussprache bis auf den heutigen Tag fest. Die Konsonanten *h, k, l, m, n, p* und *w* werden wie im Deutschen ausgesprochen. Das *w* allerdings hat den Lautwert *f*, wenn es nach einem e oder *i* folgt.

Vokalreich und melodiös

Als eine Art Zusatzkonsonant kann der Apostroph ' ('Okina) gelten, der einen Knacklaut bzw. kurzen Atemstopp anzeigt. Dieses Zeichen ist im Lauf der Zeit eingefügt worden, weil die von den Missionaren festgelegten Konsonanten nicht die Bandbreite der hawaiischen Sprache wiedergeben konnten. Ein 'Okina-Zeichen trennt Vokale oder Diphthonge und ist heutzutage oft auch bei Orts- und Flurnamen (z.B. in Landkarten) anzutreffen; z.B. schreibt man in solchen Fällen Kaua'i anstatt Kauai, Kapa'a anstatt Kapaa und Hawai'i anstatt Hawaii. Seit einigen Jahren ist dies im Übrigen auch die offizielle Schreibweise des Bundesstaates. Die korrekte Aussprache lautet im Fall von Hawai'i also Hawaih-ih, d.h. alle Vokale werden einzeln gesprochen, und zwischen den letzten beiden wird eine kurze Pause eingelegt. Ebenso bei *Muumuu*, dem bodenlangen hawaiischen Kleid, das eigentlich *Mu'umu'u* geschrieben und *Muh-uhmuh-uh* gesprochen wird. Insgesamt gibt es als **Vokale** wie im Deutschen *a, e, i, o* und *u*. Häufig werden diese verdoppelt und werden dann nicht lang, sondern zweifach gesprochen. Soll ein Vokal betont und/oder gedehnt ausgesprochen werden, hat es sich in der Schriftsprache eingebürgert, diesen mit einem Querbalken zu markieren.

> **Hinweis**
>
> *Im Anhang finden Sie einige hawaiische Bezeichnungen, wie sie häufig auf Landkarten und in Flur- und Ortsnamen auftauchen.*

Die Vokale und Konsonanten der hawaiischen Schriftsprache ergeben zusammen nur 12 Buchstaben, womit sie das **kürzeste Alphabet der Welt** darstellen. Die **Silben** sind jeweils kurz und enthalten nie mehr als einen Konsonanten. Kennt man die Silben eines Wortes und spricht sie nacheinander aus, wird selbst die Aussprache eines Wortungetüms wie *Humuhumunukunukuapua'a* (ein Fisch) zu einer leicht zu bewältigenden Aufgabe.

Pidgin-Englisch

Mischsprache

Eine weit verbreitete Sprache war das so gen. *Pidgin*-Englisch, das ursprünglich jenes Kauderwelsch bezeichnete, das chinesische Händler in Kanton mit englischsprachigen Seemännern und Geschäftsleuten wechselten. Das Wort selbst wird aus einer Verballhornung für *Business* erklärt. In jener Zeit, als auf Hawaii die Angehörigen unterschiedlichster Völker zusammenkamen und irgendwie miteinander kommunizieren mussten, wurde dieses *Pidgin*-Englisch zu einer gemeinsamen Grundlage. Sie erlaubte es dem amerikanischen oder deutschen Großgrundbesitzer, seinen Plantagenarbeitern (die ja aus bäuerlichen Gegenden Chinas und Japans kamen und keine Fremdsprachenkenntnisse besaßen) Befehle zu erteilen, in ihr konnten sich Walfänger und hawaiische Freudenmädchen unterhalten, konnten

> **Hinweis**
> *Unter der Internet-Adresse www.extreme-hawaii.com/pidgin können Sie sich Beispiele für gesprochenes Pidgin-Englisch anhören.*

sich Portugiesen, Briten und asiatische Neuankömmlinge verstehen, mit *Pidgin* schließlich verständigte sich die multikulturelle Jugend der Inseln. Je nachdem, aus welchen Nationen sich ein bestimmtes Siedlungsgebiet zusammensetzte, hatte auch das dort gesprochene *Pidgin* eine ganz eigene Prägung und gab es Dialekte, die erheblich voneinander abwichen. Seit der amerikanischen Zeit ist das *Pidgin* auf dem Rückzug, aber immer noch gibt es unter der einheimischen Bevölkerung einen hohen Prozentsatz, der wenigstens einige Floskeln und Ausdrücke beherrscht. Damit ist das *Pidgin* auch heute noch geeignet, sich auf eine witzige und oft drastische Weise gegenüber der amerikanischen Hochsprache zu wehren oder Touristen auf den Arm zu nehmen.

Essen und Trinken

Die Mahlzeiten

So bunt wie das Land und seine Bewohner ist auch die Küche von Hawaii – kein Wunder, wenn man bedenkt, welche kulinarischen Einflüsse seit vielen Jahrzehnten ihre Spuren hinterlassen haben. Vor allem natürlich in Honolulu, aber auch in vielen anderen touristischen Orten gibt es Spezialitätenrestaurants, die sich der amerikanischen, chinesischen, koreanischen, thailändischen, italienischen oder französischen Küche verschrieben haben; daneben setzen die Restaurants in den größeren Hotelanlagen oft eine an bestimmten Landesküchen orientierte Note. Dabei sieht man wegen der starken japanischen Bevölkerungsgruppe und dem Strom der japanischen Touristen immer häufiger fernöstliche Gerichte auf der Speisekarte.

Japanischer Einfluss

Viele Restaurants (selbst in internationalen Hotels) haben ohnehin einen starken japanischen Akzent, ganz abgesehen von den 'Sushi-Bars'. Ihren Namen führen diese Schnell-Gaststätten nach der Spezialität *Sushi*: einer Platte mit rohem Fisch, Algen oder Scampi, äußerst ästhetisch angerichtet und mit Gemüse oder Reisbällchen serviert. Auch die Speise *Sashimi* besteht aus rohem, in Streifen geschnittenem Fisch (meist Thunfisch), der mit Soja-Soße und Meerrettich angerichtet ist.

Welcher Nationalität auch immer sich ein Restaurant verpflichtet fühlt, seine Speisen bestehen i.d.R. aus frischer, von den Inseln kommender Ware. Die großen Ranchen versorgen die Metzger mit vorzüglichen Steaks, wohlschmeckende Früchte und Gemüse wachsen sozusagen im Vorgarten, und Fische oder Meeresfrüchte gehören ohnehin zu den kulinarischen Höhepunkten der hawaiischen Küche. Dass dabei viele Namen auf der Speisekarte ungewohnt (weil hawaiisch) sind, sollte keinen davon abhalten, gerade diese Köstlichkeiten zu probieren. Am häufigsten wird Ihnen dabei der *Mahimahi* (Dorado) begegnen; er kommt das ganze Jahr über in dichten Beständen vor der Küste vor, besitzt ein festes, fast geruchloses Fleisch und wird in vielen Variationen zubereitet. Als Speisefisch sehr beliebt ist auch der *Ahi*, ein Gelbflossen-Thunfisch, während die etwas selteneren Tiefsee-

Frisches aus den Meeresstraßen

fische *Opakapaka* (Pink Snapper) und *Onaga* (Red Snapper) vor allem von Gourmet-Restaurants angeboten werden.

Pazifische Küche

Das nahe Beieinander der unterschiedlichen Küchen und die Tatsache, dass ohnehin alle auf das gleiche insulare Angebot an frischen Rohwaren zurückgreifen, hat dazu geführt, dass enge geschmackliche Abgrenzungen aufgebrochen wurden und Zubereitungsarten verschiedener Herkunft miteinander verschmolzen sind. Z.B. stehen inzwischen selbst in einer Fast-Food-Kette wie *McDonald's* japanische Nudeln und Soßen auf der Speisekarte. Auf gehobenerem Niveau sind ein Resultat dieser gegenseitigen Beeinflussung die so gen. *Pacific Rim Cuisine* und die *Nouvelle Cuisine Americaine*. Im ersten Fall handelt es sich um eine Kombination französischer und fernöstlicher Kochkunst auf der Grundlage frischer, lokaler Esswaren, im zweiten Fall um eine Abwandlung der deftigen amerikanischen Küche mit leichter Kost und landestypischen Früchten sowie einer stärkeren Berücksichtigung von Fisch- und Seafood-Gerichten.

Typisch 'hawaiisches Essen', d.h. die traditionelle polynesische Küche, wird man als Tourist nur selten in authentischer Form genießen können. Die häufig angebotenen Luaus *(s.u.)* sind fast alle am amerikanisch-europäischen Geschmack orientiert.

- **Frühstück**

Abfolge der Mahlzeiten

Das amerikanische Frühstück ist eine der beiden Hauptmahlzeiten und für die Leibesfülle vieler US-Bürger mitverantwortlich. Weitaus üppiger als bei uns wird in den Morgenstunden (die auf Hawaii auch gerne bis in den Mittag gehen können) gespeist: Mindestens zwei Eier, Schinken oder ein Steak, Kartoffeln, Brot, Marmelade und reichlich Ketchup gehören unverzichtbar dazu. Es ist aber i.d.R. möglich, die genannten Bestandteile einzeln zu bestellen. Als Konzession an die Europäer wird außerdem meist ein *Continental Breakfast* angeboten, daneben kann man in immer mehr Hotels ein chinesisch oder japanisch beeinflusstes Frühstück (Nudelsuppe etc.) bekommen. Das Frühstück nimmt man in den Hotelrestaurants oder (billiger!) in den *Coffee Shops* ein. Im Übernachtungspreis ist es in den seltensten Fällen eingeschlossen.

- **Brunch**

Vor allem in den größeren Waikiki-Hotels ist Brunchen eine weit verbreitete Einrichtung und wird i.d.R. an Sonn- und Feiertagen zwischen 11 und 14 Uhr angeboten. Die aus *Breakfast* und *Lunch* zusammengesetzte Wortschöpfung deutet schon an, dass es sich dabei um eine Mischung aus Frühstück und Mittagessen handelt und dementsprechend komponiert ist. Die Abfolge der kalten und warmen Speisen pflegt man sich an einem üppigen Buffet selbst zusammenzustellen.

- **Lunch**

Das Mittagessen fällt im Gegensatz zum deutschsprachigen Raum eher bescheiden aus. Meistens suchen die Hawaiianer in der kurzen Mittagspause einen Coffee Shop, eines der Fast-Food-Restaurants, eine Sushi-Bar oder eine Cafeteria auf und begnügen sich mit einem mehr oder weniger kleinen Imbiss. Auch Urlauber kommen mit einer leichten Zwischenmahlzeit, Obst oder einem spät eingenommenen amerikanischen Frühstück gut über den Tag, was zudem der Reisekasse zuträglich ist. Außerdem bieten viele Hotels ein Lunchpaket an, das Autotouristen und Wanderer unterwegs oder Badegäste am Strand verzehren können. Wer trotzdem nicht auf das gewohnte 'größere' Mittagessen verzichten möchte, findet schon zur Mittagszeit in vielen Gaststätten das Angebot an Speisen und *Daily Specials*, auf das man sich in Amerika normalerweise fürs Abendessen freut.

• Dinner

Das Abendessen ist die Hauptmahlzeit des Tages und wird etwa zwischen 18 und 21 Uhr eingenommen. Wer früher Hunger hat oder sparsam veranlagt ist, kann bei den *Early Bird Specials* zuschlagen, einem 'vorgezogenen' Abendessen, das zwischen 16 und 18 Uhr zu einem ca. 30 % geringeren Preis angeboten wird.

• Essen im Restaurant

Wer jeden Tag zum Frühstück, Mittagessen und Abendessen ein gutes Restaurant aufsucht, wird dies schneller in der Reisekasse spüren, als ihm lieb sein kann. Billiger und für den Strandaufenthalt bzw. für Ausflüge bequemer ist es, wenn man sich einen Picknickkorb zusammenstellt oder frisches Obst kauft. Eine Ausweichmöglichkeit sind natürlich auch die zahlreichen Fast-Food-Läden: Die Hamburger-Ketten *McDonald's* und *Burger King* sind auf allen Inseln flächendeckend vertreten, ebenso *Domino's Pizza*. Für wenige Dollar kann man sich außerdem beim chinesischen Take-away durchaus satt essen, und inzwischen bieten auch immer mehr Bistros europäischer Art Mahlzeiten für den kleinen Hunger an. Auf Hawaii sind die meisten Restaurants bis 22 Uhr geöffnet.

> **Hinweis**
>
> *Für den Einkauf oder den Besuch im Restaurant finden Sie im Anhang eine kleine Sprachhilfe.*

Anders als bei uns geht man nicht von sich aus auf einen freien Platz zu, sondern wartet am Eingang (an dem Schild *Wait to be seated*), bis einem der *Host* oder die *Hostess* einen Platz zuweist. Natürlich sollte man offen sagen, wenn einem dieser Platz nicht gefällt. Auch sollten Sie angeben, ob Sie einen Raucher- oder Nichtraucherplatz bevorzugen. Vor allem in den Hotelrestaurants sind häufig alle Plätze belegt, so dass man die Wartezeit in der Bar oder Lounge verbringt (und dort i.d.R. einen Aperitif zu sich nimmt).

Kleiderordnung

Während in den Vereinigten Staaten das Dinner immer häufiger als gesellschaftliche Angelegenheit zelebriert wird (die mindestens aus Vorspeise, Hauptgericht und Nachspeise besteht, eine gepflegte Kleidung verlangt und zu der man gerne Freunde und Geschäftspartner einlädt), sind die Sitten auf Hawaii stärker an sein warmes Klima und die Bedürfnisse der Urlauber angepasst. D.h. dass man nur bei den wirklich besten Adressen mit Anzug und Krawatte bzw. eleganter Abendgarderobe erscheinen sollte, es ansonsten aber lockere Freizeitkleidung tut.

INFO Hawaiisches Essen/Luaus

Wer das Glück hat, von einem Einheimischen im privaten Rahmen zum Essen eingeladen zu werden, wird noch am ehesten authentisch-polynesische Küche genießen können. Eine Alternative ist die Teilnahme am abendlichen Festessen des **Luaus**, das fast alle größeren Hotelanlagen an bestimmten Wochentagen anbieten. Der Ablauf einer solchen, fast immer unter freiem Himmel abgehaltenen Veranstaltung besteht i.d.R. aus drei Phasen: Nachdem die Gäste eingetroffen sind (gegen 18 Uhr), haben sie zunächst etwa eine Stunde Gelegenheit, sich bei Cocktails und anderen Getränken zwanglos zu unterhalten. Manchmal wird dabei auch *Okolehao* angeboten, ein scharfer Schnaps, der aus der Wurzel der Ti-Pflanze gewonnen wird.

Anschließend nimmt man an langen Tischen Platz und bedient sich am Buffet mit warmen und kalten Speisen. Zum Schluss steht eine Show mit hawaiischen Liedern und Tänzen auf dem Programm (bis ca. 21 Uhr).

Der Höhepunkt eines Luaus ist das Essen, bei dem der Erdofen *Imu* eine zentrale Rolle spielt. Dabei handelt es sich um eine Grube, in der schon um die Mittagszeit mit *Kiawe*-Holz ein Feuer entfacht und dadurch Lavasteine erhitzt werden. Nach Entfernen der Asche legt man ein in feuchte Ti- und Bananenblätter gewickeltes Schwein in die Grube, wobei heiße Steine auch in die Bauchhöhle des Tieres kommen. Anschließend deckt man die Grube ab und lässt das Ganze einige Stunden garen. Beim Luau wird es wieder hervorgeholt und in kleine, äußerst zarte Stücke zerteilt – *Kalua* nennt man ein auf diese Art zubereitetes Schwein. Daneben können aber auch gesalzene Fische, Rindfleisch und Taro-Spitzen im Erdofen gedämpft werden, die mit dem *Kalua*-Schwein zu einer *Laulau* genannten *Imu*-Platte komponiert werden.

Solch ein Luau ist eine aufwändige Sache, bei der früher ganze Großfamilien tagelang mit den Vorbereitungen beschäftigt waren. Aus diesem Grund sind leider immer mehr Hotels dazu übergegangen, das langsame Garen im Imu-Erdofen durch moderne Methoden in der Hotelküche abzukürzen.

Außer den Fleisch- und Fischgerichten umfasst das Buffet Beilagen, z.B. Obst, Salate, Yams, Süßkartoffeln und Brotfrüchte. Gewöhnungsbedürftig ist der traditionelle **Poi**, der lange Zeit die Hauptnahrung der Insel darstellte. Hierfür zerstößt man gekochte Taro-Knollen und verarbeitet sie zu einer grauen, ein wenig an Mehlbrei erinnernden Masse. Dieses Essen gilt als sehr gesund und magenfreundlich, ist wegen seines säuerlichen Geschmacks aber mit Sicherheit nicht die beliebteste Beilage eines Luaus. Anders sieht es mit der Vorspeise **Lomi** aus, einem mit Tomaten und Zwiebeln marinierten Pazifik-Lachs. Lecker sind auch die **Opihi**-Schnecken. Als Dessert wird **Haupia** gereicht, eine Art Pudding aus dem Fleisch der Kokosnuss.

Die Getränke (beverages)

Wie überhaupt in den USA liebt man auf Hawaii Erfrischungsgetränke eiskalt. Deswegen werden Softdrinks (Limonaden, Gemüsesäfte, Orange Juices usw.), aber z.T. sogar auch Bier, Milch und Wein mit Eisstücken serviert, und in den meisten Hotels hat jede Etage ihren Eiswürfel-Automaten. Europäischen Touristen ist man übrigens nicht böse, wenn sie bei der Getränkeorder mit *little ice, please* oder *no ice, please* kundtun, dass sie von diesen amerikanischen Gepflogenheiten nicht viel halten. Übrigens haben auch Dosengetränke i.d.R. eine magenunfreundliche Temperatur in Gefrierpunktnähe. In Restaurants ist es selbstverständlich, dass man den Gästen ein bis zum Rand gefülltes Eiswasser-Glas hinstellt. Ansonsten fällt beim Kauf von Getränken auf, dass mehr noch als bei uns Plastikflaschen, Aluminiumdosen und Pappbehälter überwiegen.

Warmes und Kaltes

• Kaffee und Tee

Leider trifft es immer noch zu, dass in den meisten Restaurants und Coffee Shops ein 'American Coffee' serviert wird, der entweder ein Instant-Getränk oder so schwach geröstet ist, dass er schal schmeckt und nur den einzigen Vorteil hat, dass er zu jeder Tages- und Nachtzeit bedenkenlos getrunken werden kann. Erfreulicherweise hat aber die Zahl von Cafés, Filialen der Starbuck-Kette oder jenen Gaststätten zugenommen, in denen man einen Kaffee, Espresso oder Capuccino europäischer Machart bekommt. Der dabei meist verwendete *Kona*-Kaffee kommt aus Hawaii selbst und ist ausgesprochen aromatisch. Erfreulich ist auch die Sitte, Kaffee ohne Aufpreis nachzuschenken oder es den Gästen freizustellen, sich nach Belieben an der Thermoskanne selbst zu bedienen. Wer auf den Wirkstoff Koffein verzichten möchte, kann sich in den meisten Restaurants einen *de-coffeinated coffee/tea* bestellen. Tee gibt es fast ausschließlich als Beutel-Tee. Erfrischend ist der Eistee *(iced tea)*, der in großen Flaschen lange gezogen ist und dann mit Eiswürfeln, Zitrone und Zucker serviert wird.

• Softdrinks

Die Angebotspalette des Coca-Cola-Konzerns aus Atlanta ist allgegenwärtig, daneben gibt es etliche Produkte ebenfalls weltweit bekannter Konkurrenzfirmen. Äußerst beliebt und z.T. von enormer Größe sind die Milchshakes, die es u.a. in jedem Fast-Food-Restaurant gibt. Auf Hawaii werden außerdem vorzügliche frische Fruchtsäfte angeboten.

• Bier

Es gibt doch Bier auf Hawaii

Dass der Karnevalsschlager 'Es gibt kein Bier auf Hawaii ...' jeglicher Grundlage entbehrt, dürfte inzwischen bekannt sein. Im Gegenteil stellt Bier das beliebteste alkoholische Getränk auf den Inseln dar. Die populärsten Marken stammen trotz europäischer Namen *(Budweiser, Löwenbräu)* aus rein amerikanischen Unternehmen, die z.T. eigene Braumethoden und Ingredienzien haben. Weitere bekannte nationale Biersorten sind *Coors, Miller* und *Schlitz*. Besser schmeckt das amerikanische Bier, wenn es in Bars als Fassbier *(american draught)* bestellt wird. Bei einer

Trinkrunde greift man gerne auf die größeren Bierkrüge *(pitcher, tankard, mug)* zurück. Wem aber die einheimische Produktion partout nicht schmecken will, der kann auf europäische (z.B. *Guinness, Heinecken, Becks, Tuborg)* oder mexikanische *(Corona)* Importbiere zurückgreifen. In Restaurants mit ethnischer Küche stehen daneben oft die Biermarken des Heimatlandes auf der Getränkeliste. Gut für Autofahrer: Auch in den USA ist alkoholfreies Bier auf dem Vormarsch.

• Wein

Die Tatsache, dass Amerika hervorragende Weine herstellt, hat sich inzwischen auch in Europa herumgesprochen. In den besseren Restaurants werden vor allem vorzügliche kalifornische Weine angeboten. Am häufigsten wird man dabei folgende Tropfen auf der Weinliste finden:

Amerikanische Weine

- **Rotweine**

Zinfandel	auch als 'kalifornischer Beaujolais' bezeichnet, schmeckt himbeerartig
Cabernet Sauvignon	der wohl beste Rotwein, aromatisch und trocken, sollte mindestens 4 Jahre alt sein
Petite Sirah (Shiraz)	dunkelroter, gerbstoffreicher und alterungsfähiger Wein
Pinot Noir	leichter, fruchtiger Rotwein
Barbera	sehr dunkler Rotwein mit ausgewogenem Säuregehalt
Ruby Cabernet	guter trockener Tischwein
Gamay Beaujolais	ähnlich dem Pinot Noir, aber nicht mit dem französischen Beaujolais vergleichbar

- **Roséwein**

Gamay	leichter Rosé

- **Weißweine**

Chenin Blanc	harmonischer, herber Wein
Chardonnay	der beste kalifornische Weißwein, trocken, aromatisch und duftend
White Riesling	fruchtiger, herber Weißwein
Semillon	ziemlich süßer, goldfarbener Wein
Sauvignon Blanc	trockener, erdig-fruchtiger Weißwein
Gewürztraminer	leicht süßer, aromatischer Wein
Pinot Blanc	fruchtig und trocken

• Cocktails und Spirituosen

Nirgendwo sonst ist die Kunst des Mixens von Longdrinks und Cocktails so verbreitet wie in den USA. Dabei trinkt man gerne ein Gläschen direkt nach Feierabend, wenn in den Bars und Restaurants die *happy hour* eingeläutet wird: Von 17-19 Uhr (Zeiten lokal unterschiedlich) bekommt man die Cocktails günstiger bzw. zwei Getränke zum Preis von einem. Außer den international bekannten Cocktails sind auf Hawaii vor allem der *Mai Tai* (Limonensaft, Rum, Orange, Curaçao, Sirup), die *Piña Colada* (Rum, Kokosnusscreme, Ananassaft), die *Margarita* (Tequila mit Zitrone, im Glas mit Salzrand serviert) und der *Blue Hawaiian* (Rum, Ananassaft, blauer Curaçao) sehr beliebt. An puren Spirituosen stehen Brandy, Whisky (Bourbon) und Wodka obenan.

Bevölkerung und Gesellschaft

Bevölkerungsentwicklung und Siedlungsstruktur

Wie viele Menschen in prähistorischer Zeit auf den einzelnen Inseln gelebt haben mögen, ist selbst als Schätzung schwer zu sagen. Flurnamen und archäologisch nachweisbare Siedlungsspuren beweisen jedoch, dass die Polynesier an nahezu allen zur Besiedlung überhaupt möglichen Stellen lebten, selbst an solchen, die heute von Urwald überwuchert, von Lava bedeckt oder von riesigen Plantagen besetzt sind. Der Archipel, den *James Cook* **1778** erreichte, wird die Heimat von etwa 300.000 bis 400.000 Ureinwohnern gewesen sein.

Vor diesem Hintergrund sind die statistischen Daten der Bevölkerungsentwicklung erschreckend, die nach der europäischen 'Entdeckung' einsetzte. Binnen weniger Generationen dezimierten eingeschleppte Krankheiten die Hawaiianer bis an den Rand der Auslöschung. Eine Erholung setzte dann erst wieder ein, als die weißen Plantagenbesitzer Arbeitskräfte aus Asien und Europa ins Land holten. So stieg **1882-1900**, dem Beginn der amerikanischen Zeit, die Population von 48.000 auf 154.000. Welchen Anteil dabei die geförderte Immigration hatte, macht eine Aufschlüsselung der letztgenannten Zahl deutlich: Im Jahre 1900 setzte sich die hawaiische Bevölkerung aus 61.000 Japanern, 30.000 Hawaiianern, 26.000 Chinesen, 18.000 Portugiesen, 10.000 hawaiischen Mischlingen und 9.000 Angehörigen anderer Nationalitäten zusammen.

Junge in Hawaii

Nach 1900 sorgten die anhaltend gute Konjunktur, die Geburtenfreudigkeit der ethnischen Gruppen und der Mischehen sowie der weitere Zuzug von Einwanderern für ein enormes Wachstum. Bereits am Vorabend des Zweiten Weltkrieges war die vor Ankunft der Weißen bestandene Bevölkerungsdichte wieder erreicht, Mitte der 1980er Jahre zum ersten Mal die Millionengrenze überschritten. Von 1980 bis heute stieg die Zahl der Hawaiianer wiederum enorm an. 2005 betrug das Durchschnittsalter auf Hawaii 37,7 Jahre. Und die Lebenserwartung ist mit knapp 76 Jahren bei Männern und 82 Jahren bei Frauen mit die höchste in den USA.

Bevölkerungsentwicklung auf Hawaii			
1778	350.000 Einwohner	*1950*	499.769 Einwohner
1832	130.000 Einwohner	*1980*	893.428 Einwohner
1882	48.000 Einwohner	*1990*	1.108.229 Einwohner
1900	154.000 Einwohner	*2009*	1.288.198 Einwohner

Die **Siedlungsstruktur** ist, auf den gesamten Archipel bezogen, uneinheitlich. Teilt man die Einwohnerzahl von ca. 1,3 Millionen durch die Landfläche, ergibt sich mit **84 Menschen pro km²** ein sehr geringer Wert. Schaut man sich einzelne Inseln genauer an, wird man feststellen, dass der Besiedlungsgrad etwa von Maui und Hawaii (Big Island) noch weit darunter liegt. Allerdings darf dabei die Topographie nicht außer Acht gelassen werden: Weite Teile des Inselinneren eignen sich einfach nicht zur Kultivierung, anderswo setzen landwirtschaftliche Nutzflächen Grenzen. Aber im Grunde gilt, dass sich der Mensch überall da auf den Inseln niedergelassen hat, wo dies möglich war.

Die Rangfolge der bewohnten hawaiischen Inseln		
1.	Oahu	900.000 Einwohner
2.	Hawaii	173.000 Einwohner
3.	Maui	142.000 Einwohner
4.	Kauai	63.000 Einwohner
5.	Molokai	7.400 Einwohner
6.	Lanai	3.200 Einwohner
7.	Niihau	300 Einwohner

Als äußerst dicht bevölkert muss die Insel Oahu gelten, die allein mit rund 900.000 Einwohnern etwa vier Fünftel der Gesamtbevölkerung beherbergt. Der Löwenanteil davon, nämlich knapp die Hälfte, fällt auf den Großraum Honolulu, daneben haben sechs Städte auf der Insel mehr als 15.000 Einwohner: Pearl City, Kailua, Kaneohe, Waipahu, Mililani und Wahiawa. An diesen Zahlen ist auch ein hoher Grad der Verstädterung ablesbar, der – auf die gesamte Inselgruppe bezogen – nur noch knapp ein Fünftel der Bevölkerung als Landbewohner ausweist. Zwar haben diese Ortschaften – von Hilo auf Big Island abgesehen – eher Kleinstadt-Charakter, sind jedoch für das Umfeld dominierend und damit jeweils lokale Zentren der Landflucht. Selbst ein Dörfchen wie Lanai City ist mit seinen 3.000 Einwohnern ein Beispiel von 'Verstädterung', da hier inzwischen fast die gesamte Inselbevölkerung ansässig ist!

Verstädterung

Die ethnischen Grupppen

Auf Hawaii ist das Schlagwort vom *melting pot,* also vom 'Schmelztiegel der Völker' mehr berechtigt als in jedem anderen amerikanischen Bundesstaat. Kein Kontinent und kaum eine größere ethnische Gruppe, die nicht wenigstens ein Steinchen im insularen Bevölkerungsmosaik stellen würde. Natürlich gelten heute alle Bürger als 'Amerikaner', und nur 15 % der Einheimischen sind nicht auf dem Territorium der USA geboren. Aber schon ein oberflächlicher Blick auf das bunte Gemisch von Hautfarben macht deutlich, dass die Ursprünge dieser 'amerikanischen Bürger' in allen möglichen Gebieten diesseits und jenseits des Pazifiks liegen. Und noch etwas ist auffällig: Keine bestimmte Volksgruppe drängt in den Vordergrund und besitzt – statistisch gesprochen – mehr als 30 % Bevölkerungsanteile. Mit anderen Worten ist jeder Bürger Hawaiis Angehöriger einer ethnischen Minderheit!

Hawaiianer und 'Teil-Hawaiianer'

Als *James Cook* 1778 den Archipel für das Abendland entdeckte, lebten dort schätzungsweise 300.000-400.000 Ureinwohner. Rund hundert Jahre später war deren Population auf die erschreckende Zahl von nur 48.000 gesunken. Der Grund dafür lag weniger in einer gezielten Vernichtung, als vielmehr in eingeschleppten Krankheiten, allen voran Masern, Typhus, Cholera und der Pest, denen ihr Immunsystem nicht gewachsen war. Der größte Aderlass ereignete sich bereits in den ersten Jahrzehnten des 19. Jh., noch vor der Ankunft der Missionare – allein im Jahr 1804 sollen rund 100.000 Ureinwohner an Cholera und Typhus gestorben sein! Aber auch die Missionare mussten noch erleben, dass die Menschen, deren Seelen sie erretten wollten, scharenweise dahingerafft wurden.

Nachfahren der Urbevölkerung

In den 1840ern war eine solche Misere erreicht, dass Depressionen und Selbstmorde unter den Hawaiianern um sich griffen, und es schien absehbar, dass diese 'stolze und schöne Rasse', wie sie *Cook* noch vor zwei Generationen angetroffen hatte, zum Aussterben verurteilt war. Hygienische Verbesserungen, eine stärkere Anpassungskraft an die veränderten Bedingungen, vor allem aber das Einheiraten in andere ethnische Gruppen und die Zeugung von Mischlingen setzte dem Verfall ein Ende.

Zzt. zählen etwa 11 % der Bevölkerung als 'Teil-Hawaiianer' und rund 10 % der Bevölkerung als 'Hawaiianer', wobei man jedoch als solcher in der Statistik bereits auftaucht, wenn nur ein Großelternteil hawaiisch ist. Die Zahl der 'reinrassigen' Ureinwohner hingegen dürfte die 10.000-Grenze nicht überschreiten. In der sozialen Hierarchie stehen die Hawaiianer an unterster Stelle und sind sowohl in der Arbeitslosen- als auch in der Kriminalitätsstatistik überproportional vertreten.

Die Ostasiaten

Gut die Hälfte aller Staatsbürger sind die Nachfahren jener chinesischen, japanischen, philippinischen oder koreanischen Einwanderer, die die blanke Not auf die Inseln brachte und die sich – anders als die Weißen – ihren heutigen gesellschaftlichen Status in vielen Generationen erkämpfen mussten. Dazu gehört auch die Gruppe der **Koreaner**, deren Anzahl etwa 2 % der Bevölkerung ausmacht. Obwohl erste Koreaner bereits im Jahre 1903 als Kontraktarbeiter für die Zuckerplantagen in Hawaii einreisten, ist ihre Zahl erst seit dem Zweiten Weltkrieg auf ihren heutigen Stand angewachsen. Auch die **Vietnamesen** und **Thailänder**, die man heutzutage vor allem in Honolulu antrifft und die mehrheitlich in der Gastronomie arbeiten, sind 'neuzeitliche Einwanderer', von denen viele vor ihrer Ankunft auf Hawaii zunächst in den Vereinigten Staaten gelebt haben. Die drei wichtigsten asiatischen Immigrantengruppen sind jedoch:

Neuzeitliche Einwanderer aus Asien

• Chinesen

Die Präsenz der Chinesen auf Hawaii ist fast genauso alt wie die der Weißen: Bereits in den Jahren 1789-91 waren einige von ihnen als Matrosen auf europäischen Schiffen hierhin gelangt, blieben an Land und nahmen u.a. als Söldner an den Feldzügen von *Kamehameha I.* teil. Von weit größerer Bedeutung jedoch waren jene so gen. Kulis, die zur Mitte des 19. Jh. für die harte Saisonarbeit in der Zuckerrohr-Industrie angeworben wurden – für einen Hungerlohn von 36 US$ pro Jahr und im Rahmen von Fünf-Jahres-Verträgen. Nach Beendigung ihrer Arbeit blieben die meisten von ihnen in Hawaii und versuchten, entweder weiter als Plantagenarbeiter verpflichtet zu werden oder sich mit dem Ersparten selbstständig zu machen. Darin zeigten sie sich als äußerst geschickt: Bereits 1869 waren allein in Honolulu 70 chinesische Geschäfte registriert, die meisten davon im heutigen Stadtteil Chinatown. Neben Honolulu war Lahaina ein bevorzugter chinesischer Wohnort. Außer durch ihren Geschäftssinn zeichneten sich ihre Sippenverbände *(Hui)* – im Gegensatz zu den Japanern – durch die Bereitschaft aus, recht früh Mischehen mit Hawaiianern einzugehen. Dabei verlor die chinesische Gemeinde nie ihre Ursprünge aus den Augen, sondern begleitete mit ihren Festen, ihren Tempeln, ihren Speisen und ihren Spielen von Anfang an die Entwicklung der insularen Kultur und trug zu deren unverwechselbarem, multikulturellem Charakter bei.

Chinesen: eine starke Minorität

Nicht zu unterschätzen ist auch das intellektuelle Moment, das von den hawaiischen Chinesen zu allen Zeiten ausging. Als ein Beispiel unter vielen sei hier an Dr. *Sun Yat Sen* erinnert, der sich in Honolulu mit gesellschaftskritischen Theorien auseinandersetzte und revolutionäre Zellen gründete, die bis nach China zurückstrahlten. Viele Historiker halten *Sun Yat Sen* für einen direkten Vorläufer *Mao Tse Tungs* und Hawaii demnach für die 'Wiege der chinesischen Revolution'. Heute sind die Hawaiianer chinesischer Abstammung, die einen Bevölkerungsanteil von knapp 4 % haben, in allen sozialen Schichten zu finden, bis hinauf in die mächtigsten Ämter und reichsten Familien. Einer von ihnen ist z.B. *Hiram Fong*, der erste Asiat überhaupt, der einen Sitz im Washingtoner Senat bekam.

• Japaner

Die zweite Asiaten-Gruppe, die nach den Chinesen ins Land geholt wurde, waren die Japaner, die ebenfalls auf den Plantagen arbeiten sollten. 1868 brachte ein britisches Segelschiff einige Dutzend von Nippons Söhnen ins Land, wo sie sich für drei Jahre zur Plantagenarbeit verpflichtet hatten. Dieser Versuch war von den Großgrundbesitzern initiiert worden, die sich von den Japanern im Vergleich zu den Chinesen (noch) größere Loyalität, Disziplin und Einsatz erhofften. Obwohl die Arbeiter alle in sie gesetzten Erwartungen übertrafen, standen einer Ausweitung der Verpflichtungen gewisse Ressentiments im Wege, die das hawaiische Königshaus gegenüber den Asiaten hegte.

Dies änderte sich unter König *Kalakaua*, der auf seiner Weltreise 1881 Japan besucht hatte und so beeindruckt war, dass er sogar eine japanisch-hawaiische Konföderation ins Auge gefasst haben soll. Er schaffte alle Behinderungen der Einwanderung ab, und 1886 traf aus Tokio das erste Schiff mit knapp 1.000 japanischen Landarbeitern ein. Die meisten von ihnen sollten trotz der widrigen Lebensumstände für immer auf Hawaii bleiben, und unzählige andere folgten nach. 1890 gab es bereits 12.610 Japaner auf den Inseln, sechs Jahre später schon doppelt so viele, und 1900 hatten sie mit gut 61.000 Angehörigen jede andere Immigrantengruppe hinter sich gelassen.

Stärkste Immigrantengruppe: die Japaner

Fleiß sowie eine starke familiäre Bindung machten die japanischen Clans zu einem wichtigen Faktor – dies umso mehr, als ihnen der Weg zu Bildung und Machtpositionen geebnet wurde und sie die Aufstiegschancen auch außerhalb der Feldarbeit wahrnahmen. Zu einem Rückschlag der traditionell guten Beziehungen drohte der Zweite Weltkrieg zu werden. Doch die *Nisei*, wie man die japanischen Hawaiianer nannte, zeigten sich durchweg als loyale Amerikaner und ließen sich auch durch Verunglimpfungen und pauschale Verdächtigungen nicht aus ihrer neuen Heimat vertreiben.

Japanischer Friedhof (Kauai)

Mit der langsamen Annäherung beider Staaten verstärkte sich ihre Position im Bundesstaat – Japaner waren es, die in die Aufsichtsräte der größten Firmen und Banken gelangten, die bei der Entwicklung des Tourismus führend beteiligt waren und die schließlich auch politisch jene Rolle einnahmen, die ihnen aufgrund ihrer Bevölkerungsanteile zukam (u.a. Wahl von *George Ariyoshi* zum Gouverneur im Jahre 1974). Heute stellen sie mit knapp 17 % die größte einzelne Volksgruppe in Hawaii, und ihre Zahl steigt stetig an. Ihre Dominanz wird jedem Besucher auffallen – sei es an der Vielzahl von Sushi-Bars und Hotels im japanischen Design oder sei es an den japanischen Textbeiträgen und Beschriftungen in Touristenzeitungen bzw. Kaufhäusern. Die japanischen Touristen stellen nach den US-Amerikanern die zweitgrößte Besuchergruppe, es gibt zwei Zeitungen in japanischer Sprache sowie japanische Radio- und Fernsehsender.

• Filipinos

Die harte Arbeit auf den Zuckerrohr- und Ananasplantagen war der Grund, warum man nach den Chinesen und Japanern in der ersten Hälfte des 20. Jh. genügsame und billige Arbeitskräfte in den Filipinen anwarb. Allein von 1906-1946 wurden so 125.000 Filipinos ins Land geholt, darunter allerdings nur sehr wenige Frauen (weniger als 10.000). Für die Arbeiter bedeutete das neben einer schlecht bezahlten und monotonen Tätigkeit auch ein Leben in kasernenartigen Verhältnissen, so dass etwa die Hälfte von ihnen nach Ende ihres Vertrages in die Heimat zurückkehrte. Die anderen verheirateten sich später mit einheimischen Frauen oder warteten auf solche, die ihnen von den Philippinen nachreisten.

Ehemalige Landarbeiter

Heute beträgt der Bevölkerungsanteil der Hawaiianer filippinischer Abstammung 13,3 %. Lange Zeit war diese Einwanderergruppe zusammen mit den 'echten' Hawaiianern am unteren Ende der sozialen Hierarchie angesiedelt. Die weißen Plantagenbesitzer unterstellten ihnen einen Hang zu Kriminalität und Bandenwesen, der jedoch – sofern er nicht ein bloßes Vorurteil war – aus den schlimmen

Verhältnissen in den philippinischen Wohnbaracken *(barreios)* und der ungerechten Lohnpolitik resultierte. Es ist kein Zufall, dass sich die blutigen Unruhen von 1924, bei denen Soldaten der Nationalgarde eingesetzt wurden, an den Versuchen der Filipino-Gewerkschaft entzündeten, höhere Löhne durchzusetzen. Bei diesem Arbeiteraufstand wurden 16 Filipinos getötet und mehr als hundert verhaftet. Im Laufe der Zeit konnten sich jedoch auch diese Einwanderer aus den Fesseln von Armut, Vorurteilen und Benachteiligung befreien.

Philippinische Plantagenarbeiter

Die heutigen Filipinos sind mehrheitlich in allen Berufssparten zu finden, und nicht wenige von ihnen schafften den Weg in die Schaltstellen von Politik, Wirtschaft und Tourismus. Das kulturelle Erbe der Filipinos hat sich im hawaiischen Alltag nicht ganz so stark niedergeschlagen wie das der Chinesen und Japaner, ist aber durchaus aufzuspüren. Dabei sind nicht die traditionellen Hahnenkämpfe gemeint, die zwar polizeilich verboten sind, gleichwohl aber stattfinden. Sondern vielmehr das Moment der Lebensfreude, der Hang zu ausgelassenen Festen (am schönsten bei der auf allen Inseln stattfindenden *Fiesta Filipina* im Juni) und ihr tiefer Glaube, ohne den der Katholizismus auf Hawaii erheblich ärmer wäre.

Die Weißen

Mit 23,5 % Bevölkerungsanteil ist die Gruppe der Weißen *(Haole)* die stärkste im Bundesstaat, setzt sich aber natürlich aus verschiedenen Nationen zusammen. Während früher die geringe Zahl der **weißen Amerikaner** in auffälligem Gegensatz zu ihrem wirtschaftlichen Einfluss stand, ist deren Bevölkerungsanteil seit der Annexion und besonders seit dem Zweiten Weltkrieg enorm gestiegen. In den Chefetagen von Hotels, Firmen für landwirtschaftliche Produkte, Fluggesellschaften, Autovermietern usw. sind die weißen Amerikaner in der Überzahl; hinzu kommen etliche Rentner und Privatiers, die auf den Inseln einen angenehmen Lebensabend verbringen, sowie die ca. 100.000 militärischen Angestellten, die allerdings bei keiner Statistik als Einwohner Hawaiis mitgezählt werden. Trotzdem und obwohl ihr Prozentsatz weiter wächst, hat kein amerikanischer Bundesstaat so wenige 'Weiße' aufzuweisen wie Hawaii.

Europäische Immigrantengruppen

Einen beträchtlichen Anteil stellen daneben die Nachfahren verschiedener europäischer Völker, die entweder bereits zu Zeiten des Königreichs auf den Inseln Fuß fassten oder auf dem Umweg über die USA hierhin emigrierten oder in jüngerer Zeit direkt aus Europa einwanderten. Beispielhaft für die erste Kategorie sind die **Briten**, die wie die Deutschen im 19. Jh. als Kaufleute, Unternehmer und Plantagenbesitzer erfolgreich waren, durch Mischheirat im Lauf der Zeit jedoch im Schmelztiegel aufgegangen sind. Schon die Missionare aus Boston waren eigentlich eher **Engländer**, die erst seit einer oder zwei Generationen in Amerika lebten. Unter den Mormonen befanden sich viele Amerikaner **schwedi-**

INFO Hawaii und die Deutschen

Erstaunlich ist sowohl der wirtschaftliche Erfolg einiger deutschsprachiger Immigranten und die politischen oder kulturellen Akzente, die von Deutschen ausgingen, als auch die Tatsache, wie früh deutschsprachige Matrosen und Gelehrte mit Hawaii in Kontakt kamen und aufschlussreiche Publikationen über ihr Reiseziel veröffentlichten. Bereits *James Cook* wurde auf seiner Entdeckungsfahrt von Deutschen begleitet, darunter der Matrose *Heinrich Zimmermann*, der seine Erlebnisse 1781 – noch vor der Veröffentlichung des englischen Berichtes! – unter dem Titel *Die Reise um die Welt mit Kapitän Cook* auf den Markt brachte.

Der Schweizer *Johann Wäber* (engl.: *John Webber*) war der offizielle Illustrator der Reise, von ihm stammen die ersten Abbildungen aus Hawaii überhaupt. Ein anderer Weltumsegler – der Baltendeutsche *von Krusenstern* – bereiste 1803-06 im Auftrag des Zaren die Ozeane und machte dabei auch auf Hawaii Station. Er wurde u.a. von seinem Neffen *Otto von Kotzebue* begleitet, dem wir das Buch *Entdeckungsreise in die Südsee und nach der Beringstraße* verdanken; es gibt die Erlebnisse dieser und einer weiteren Reise (an Bord des russischen Schiffes *'Rurik'*) wieder. Sein Reisepartner war der bekannte Dichter *Adalbert von Chamisso*, der nach Sprachstudien auf den Inseln die erste Grammatik schrieb (*Über die hawaiische Sprache*, 1837) und außerdem seinen Bericht *Reise um die Welt mit der Romanzoffischen Entdeckungs-Expedition* vorlegte.

In späteren Zeiten kamen Deutsche als Ärzte, Geschäftsleute, Farmer und Plantagenarbeiter ins Königreich, wo sie einen überaus guten Ruf hatten. Von höchster Seite wurde dies bestätigt, als König *Kamehameha III.* 1846 seinem deutschen Kollegen *Friedrich Wilhelm IV.* von Preußen über dessen Untertanen schrieb, dass *'keine Ausländer ordentlicher (sind) und in ihrem Benehmen korrekter'*. Die Weltreise des Königs *Kalakaua*, die ihn 1881 auch nach Berlin führte, tat ein Übriges, um die Beziehungen zwischen Preußen und dem Königreich zu intensivieren. Nicht umsonst erinnerten sowohl die Rangordnung und als auch die Uniformen und Orden der hawaiischen Armee an das deutsche Vorbild, ebenso *Kalakauas* Galauniform samt Pickelhaube.

Vorher schon wurden von den Großgrundbesitzern Deutsche und Österreicher gerne als Vorarbeiter *(Lunas)* eingesetzt. Andere Deutsche waren so erfolgreich, dass sie selbst zu Großgrundbesitzern aufstiegen. So der aus dem Hannoverschen stammende ***Claus Spreckels*** (1828-1908). Er kam nach 'Lehrjahren' in Amerika 1876 über Kalifornien nach Hawaii, wo er auf der Insel Maui 100.000 Morgen Land pachtete. Den Zuckerrohranbau revolutionierte er durch eine ausgefeilte Bewässerungstechnik und die Einführung der Schmalspur-Eisenbahn. Bald schon galt er als der ungekrönte 'Zuckerkönig', der seine guten Beziehungen zum Königshof und das System der allgemeinen Korruption mit rücksichtslosem Kalkül nutzte, um Konkurrenten auszuschalten. In Honolulu gründete er seine eigene Bank und mischte sich immer direkter in die politischen Angelegenheiten des Landes ein. Als er sich gegen die amerikanische Annexion und für die Königin *Liliuokalani* stark machte, musste er Hawaii verlassen. Aber auch nachher gab er von San Francisco aus Impulse, u.a. durch die Gründung der *Oceanic Steamship Company*, die mit zwei Passagierschiffen – damals die größten der Welt – den Personenverkehr zwischen Amerika und Hawaii sicherte und den Anfang des Hawaii-Tourismus markierte. *Spreckels* besuchte die Inseln 1905 zum letzten Mal und verkaufte anschließend seine gesamten Besitztümer. An ihn erinnert auf Maui u.a. der von ihm gegründete Ort Spreckelsville.

Der Pastorensohn und Agronom ***Heinrich D. F. Isenberg*** (1837-1903) kam 1858 zum ersten Mal nach Hawaii, wo er eine ähnliche Karriere wie *Spreckels* erlebte. In Lihue, der Hauptstadt Kauais, wurde er Leiter der Zuckerfabrik, später stieg er durch Einheirat zum Großgrundbesitzer auf. Auf seinen Plantagen fanden die meisten der mehr als 1.400 Deutschen Arbeit, die bis zur Jahrhundertwende nach Hawaii emigrierten, und Lihue wurde mit seiner lutherischen Kirche und der deutschen Schule zu einem Zentralpunkt dieser Einwandergruppe. *Isenberg* erfuhr 1872 durch König *Lunalilo* eine außerordentliche Ehrung, indem er zum Mitglied des hawaiischen Oberhauses geadelt wurde. 1878 zog er sich von der Landarbeit zurück und übernahm von 1886 bis zu seinem Tod im Jahre 1903 die Leitung einer Handelsfirma.

Isenbergs Grab in Lihue

Interessant ist auch die Geschichte von ***Heinrich Hackfeld***, der 1815 in Delmenhorst geboren wurde und als Schiffskapitän auf der China-Route 1848 nach Honolulu verschlagen wurde. Sein Laden für Schiffszubehör entwickelte sich prächtig, und bald war *Hackfeld* Besitzer des größten Unternehmens der Insel, mit eigener Reederei, regelmäßiger Seeverbindung nach Deutschland, Spezialbetrieben für Zuckerrohr-Maschinen und einem Honorarkonsulat für Deutschland, Norwegen und Schweden. 1863 ging er mit seiner Familie in die Heimat zurück, wo er 1887 starb. Vorher hatte er die Geschicke seiner Firma dem Deutschen *Isenberg (s.o.)* übertragen. Nach dessen Tod florierte das Unternehmen unter deutscher Leitung bis zum Ersten Weltkrieg, als es von den Amerikanern beschlagnahmt und zur Keimzelle der heute noch existierenden *American Factors Ltd. (AMFAC)* umgewandelt wurde. Zu dieser Firma gehören mehrere Hotels und die Kaufhauskette *Liberty House*.

Allgemein waren die Geschäftsleute, die 1858 – kurz vor der Gründung des Kaiserreichs – in Honolulu einen deutschen Verein gegründet hatten, auf Hawaii nicht nur gern gesehen, sondern auch überaus erfolgreich. Im Jahre 1878 waren unter den acht größten Handelsfirmen und Schiffsagenturen des Königreichs drei deutsch und eine amerikanisch-deutsch.

Außer Autoren, Großgrundbesitzern und Geschäftsleuten brachte die deutsche Gemeinde weitere Persönlichkeiten hervor, die sich auf verschiedene Weise um Hawaii verdient machten. So z.B. *Heinrich Berger* (1844-1929), der 'Vater der hawaiischen Musik' (s. S. 89f).

Hofkapellmeister Heinrich W. Berger in Honolulu

Oder der Hamburger Architekt ***Theodor C. Heuck*** (1830-1877), der nicht nur für einige der auffälligsten Gebäude in Honolulu verantwortlich war (u.a. Royal Mausoleum, Iolani Barracks, Queen's Hospital, Customs House), sondern als Mitglied des Parlamentes und preußischer Konsul auch politisch eine Rolle spielte.

Schließlich wurde das hawaiische Gesundheitswesen durch eine Reihe hervorragender deutscher Ärzte wesentlich beeinflusst. Erinnert sei hier an den Hamburger ***William Hillebrand*** (1821-1886), der 1851 nach Honolulu kam und dort eine Praxis leitete. 1860 wurde er zum Chefarzt des *Queen's Hospital* ernannt und war Vorreiter bei der Seuchenbekämpfung. Schließlich bestellte *Kamehameha V.* ihn zum Leiter der Einwanderungsbehörde, bei der er für die Anwerbung von tausend chinesischen Kulis verantwortlich war. Auf *Hillebrand* geht auch der Vorschlag zurück, Vorarbeiter für die Zuckerrohrplantagen aus Portugal (Madeira) ins Land zu holen. Genauso bekannt wurde *Hillebrands* Arbeit als Freizeitbotaniker. Sein Buch über die hawaiische Flora galt bis weit ins 20. Jh. hinein als Standardwerk. Daneben richtete er auf einem von Königin *Kalama* gekauften Grundstück einen Park mit Zier- und Nutzpflanzen aus aller Welt ein, der später als *'Foster Garden'* berühmt werden sollte.

Der Sachse ***Hugo Stangenwald*** (1829-1899), ein 1848er-Revolutionär aus dem Umfeld von *Carl Schurz*, kam auf dem Umweg über die USA zeitgleich mit *Hillebrand* nach Hawaii. Seine Praxis in Honolulu wurde bei den Einheimischen zu einer bekannten Institution, da er seine Patienten ohne Wartezeiten behandelte und dafür den Beinamen 'Sofort-Heiler' *(Kauka Minuke'ole* = 'Arzt ohne Minute') erhielt. Später baute er an der Merchant St. das *Stangenwald Building*, das mit sechs Etagen das höchste Gebäude der Stadt war und heute noch als Jugendstil-Baudenkmal zu sehen ist.

Georg F. Straub (1879-1966) schließlich gelangte 1906 nach Honolulu, wo er die nach ihm benannte *Straub Clinic* gründete, aus der sich später das renommierte *Straub Hospital* entwickelte. Als einer der ersten Fotografen hielt er die Landschaften und Bewohner Hawaiis in Bildern fest. Als begnadeter Cellist war er außerdem langjähriges Mitglied des Symphonie-Orchesters der Stadt.

scher Abstammung, deren Urahnen den Treck nach Utah mitgemacht hatten. Auch die heutigen Pizzabäcker besitzen zweifellos **italienisches** Temperament, stammen aber eher aus New Yorks 'Little Italy' als aus Rom.

Portugiesisches Erbe

Erstaunlicherweise stellten **Portugiesen** in der zweiten Hälfte des 19. Jh. den größten Anteil unter der weißen Bevölkerung. Den Anfang machten knapp 400 Personen, die vor dem Jahr 1872 als Matrosen auf Walfangschiffen nach Hawaii kamen und die Inseln zu ihrer neuen Heimat machten. Sechs Jahre später erreichte das erste Auswandererschiff mit portugiesischen Männern, Frauen und Kindern Honolulu. Sie waren auf Madeira und den Azoren angeworben worden, um auf den Zuckerrohrplantagen zu arbeiten. Die Großgrundbesitzer setzte diese Gruppe durchweg in besseren Positionen ein, vor allem als Vorarbeiter *(Lunas)*, so dass sie von Anfang an gute soziale Aufstiegschancen hatten und einen erheblichen Anteil des hawaiischen Mittelstandes bildeten.

Von den Arbeitsbedingungen und der Aussicht auf schnellen Erfolg angelockt, folgten bis 1890 rund 13.000 Menschen portugiesischer Abstammung den Anwerbern. Trotz vieler späterer Mischehen konnten sich portugiesische Familien, kleine Gemeinden und 'Sprachinseln' bis in die Gegenwart halten. Viel wichtiger waren aber die Impulse, die diese Auswanderergruppe der hawaiischen Kultur brachten. Auf sie geht die kleine *Ukulele*-Gitarre zurück, die aus der Volksmusik gar nicht mehr wegzudenken ist, ebenso wie manche Ausdrücke im Pidgin-Englisch, Feste, Eigenarten der Küche (z.B. die allgegenwärtige portugiesische Bohnensuppe) und eine stärkere Stellung des Katholizismus.

Kaum bekannt ist der auch der Umfang und die Bedeutung der **deutschen Einwanderer** nach Hawaii sowie die intensiven Beziehungen zwischen Deutschland und dem Archipel (s. S. 105ff). Die heutige deutsche Gemeinde fällt zwar zahlenmäßig kaum ins Gewicht, ist aber trotzdem präsent und vielfach noch mit der alten Heimat verbunden. Als lokale Zentren des 'Deutschtums' können der Urlaubsort Kailua auf Oahu, die Dörfer Spreckelsville und Paia auf Kauai und Lihue auf Maui bezeichnet werden.

Andere

Einwanderer aus den USA

Als US-amerikanischer Bundesstaat mit einer vergleichsweise starken Ökonomie übt Hawaii den gleichen Reiz auf potenzielle Einwanderer (z.B. Mexikaner) aus wie andere Regionen Nordamerikas. Aufgrund der Insellage gelangen diese jedoch seltener hierhin als etwa nach Kalifornien oder Florida. Anders sieht es mit jenen Immigranten aus, die aus den USA selbst oder ihrem unmittelbaren Umfeld kamen, die aber trotzdem zunächst ein 'fremdes Element' in der hawaiischen Gesellschaft darstellten. Die größte Gruppe war die der **Puertoricaner**, von denen die ersten bereits im Jahre 1900 eintrafen und bald mit mehr als 5.000 Personen vertreten waren. Heute leben etwa 23.000 Menschen puertoricanischer Abstammung auf Hawaii; sie arbeiten zumeist in der Landwirtschaft und im Dienstleistungsgewerbe. In der Statistik werden sie als *Haole*, also Weiße, geführt, obgleich sie weder von der Hautfarbe noch von der Sprache her dem amerikanischen Grundmuster entsprechen. Natürlich steht es auch jedem anderen Amerikaner frei, in den Bundesstaat überzusiedeln und hier zu arbeiten. Daher sieht man in den Straßen von Honolulu und anderswo auch **Schwarze** *(afro-americans)*, die aber im Vergleich zum US-Durchschnitt unterrepräsentiert sind und weniger als 2 % der Bevölkerung stellen.

Vom Erscheinungsbild den Hawaiianern ähnlich sind jene **Samoaner**, die in den letzten Jahren verstärkt nach Hawaii einwanderten und inzwischen mit rund 20.000 Personen vertreten sind. Diese Polynesier stammen mehrheitlich aus dem amerikanischen Territorium Samoa (also nicht vom gleichnamigen unabhängigen Inselstaat), dessen Einwohner seit 1951 als amerikanische Bürger das Recht zur Übersiedlung haben. Für das Territorium bedeutete die Emigration – hervorgerufen durch die dortigen schlechten Lebensbedingungen – einen Verlust von 6-8 % seiner Bevölkerung. Viele der Samoaner gehören den Mormonen an und siedeln nun im Mormonenzentrum Laie auf Oahu. Andere zog es in die Vororte von Honolulu oder an die Westküste Oahus.

Religion

Die Glaubensgemeinschaften Hawaiis, in dessen Verfassung seit 1840 die freie Religionsausübung festgeschrieben ist, decken ein ähnlich breites Spektrum ab wie seine ethnischen Gruppen. Allein die Verehrung der alten hawaiischen Götter ist durch die christliche Missionierung fast völlig verschwunden und lebt nur sporadisch in Geschichten, Aberglauben oder vereinzelten 'Opfergaben' fort. Zwar rechnen sich mehr als 300.000 Hawaiianer keinem Glaubensbekenntnis zu, dafür – so hat man manchmal den Eindruck – geht das religiöse Empfinden bei den anderen umso tiefer. Etwa 50 % der Gläubigen bekennen sich zu einer der zahlreichen christlichen Kirchen.

Christliche Kirchen

Die ersten Missionare, die 1820 aus Boston nach Hawaii kamen, gehörten der calvinistischen Richtung der so gen. Kongregationalisten an, die in den folgenden Jahren eine starke Stellung auf den Inseln bekamen. Aber schon 1827 erreichte die römisch-katholische Konkurrenz Hawaii und verbreitete ein lebensfroheres Christentum, das vielen Hawaiianern mehr zusagte. Vor allem aber durch die portugiesischen und philippinischen Einwanderer erhielt der Katholizismus großen Zulauf und stellt heute mit 240.000 Gläubigen die größte christliche Gemeinschaft dar. Eine etwa gleich große Anhängerschaft teilen sich diverse protestantische und andere Richtungen, von denen viele schon seit dem 19. Jh. auf Hawaii vertreten sind. Dazu zählen die Mormonen (seit 1850), die Methodisten (seit 1854), die 1862 von König Kamehameha IV. ins Land gerufene Anglikanische Kirche, die Lutheraner (seit 1883), die Adventisten (seit 1885) und die Heilsarmee (seit 1894). Im 20. Jh. kamen die Unitarier, Christian Scientists, Zeugen Jehovas, Baptisten, Quäker u.v.m. hinzu.

Eine ähnlich starke Anhängerschaft wie die abendländischen Kirchen haben die asiatischen Religionen, zu denen sich mehr als 150.000 Hawaiianer bekennen. Schon ab 1852 hatten die Chinesen ihre ersten konfuzianischen, taoistischen oder buddhistischen Tempel errichtet. Der Buddhismus ist mit insgesamt 100.000 Anhängern nach dem Katholizismus die zweitgrößte Glaubensgemeinschaft. Dazu zählen auch viele Einwohner japanischen Ursprungs. Japaner waren es auch, die die ersten Shinto-Schreine errichteten und dem Shintoimus zu großem Zulauf verhalfen.

Kosmopolitische Atmosphäre

Das problemlose Nebeneinander der vielen Religionen gehört heute zu den wesentlichen Erscheinungsformen der kosmopolitischen Atmosphäre Hawaiis. Jeder Tourist kann daran teilhaben, indem er die Gottesdienste und die einzelnen religiösen Feste besucht oder die vielfältigen Beispiele einer Sakralarchitektur besichtigt, bei der Tempel, Pagoden, Schreine, Kirchen, Moscheen, Synagogen und Überreste der alten *Heiaus* einträchtig versammelt sind.

Feste und Veranstaltungen

Januar

Chinesisches Neujahr und hawaiischer Karneval

- Mitte bis Ende des Monats (genauer: am zweiten Neumond nach der Wintersonnenwende) gibt es beim chinesischen Neujahrsfest (Chinese New Year Celebration) 15 Tage lang in den Straßen von Honolulus Chinatown Drachentänze, Trommelumzüge und Feuerwerk zu sehen. Gleichzeitig wird bis Anfang März (5 Wochen lang) in der Chinatown das Narzissenfestival (Narcissus Festival) gefeiert, den Höhepunkt bildet die Wahl der 'Narzissenkönigin'.

Februar

- Die japanische Gemeinde feiert in Honolulu ihr Kirschblütenfest (Cherry Blossom Festival), das oft schon im Januar beginnt und ebenfalls bis in den März geht – insgesamt 11 Wochen lang. Ein Höhepunkt findet Ende Februar mit der Wahl der 'Kirschblütenkönigin' und historischen Kriegsschauspielen statt.
- Am Anfang des Monats wird im Manoa Valley bei Honolulu der größte, farbenfroheste und bekannteste Karneval (Carnival) von Hawaii abgehalten.
- Beim Haleiwa Sea Spree wird in der Gegend von Haleiwa und Waialua (Oahu) ein buntes Programm zu Ehren von Königin Liliuokalani abgehalten, u.a. ein Markt, Surfwettbewerbe, Umzüge und Kanurennen.

März

- Am 3. März sieht man die meisten japanischen Geschäfte mit Puppen dekoriert. Der Grund: An diesem Tag feiert man in Japan den 'Tag des Mädchens' (Hinamatsuri), an dem man jungen Mädchen Puppen schenkt.
- Am 17. März hat die kleine, aber sehr aktive irische Gemeinde ihren großen Tag: Zu Ehren des Nationalheiligen St. Patrick gibt es auf der Kalakaua Avenue in Waikiki eine Parade mit grünen Fahnen und irischer Musik (St. Patrick's Day).
- Im Kapiolani Park von Honolulu wird der Drachensegel-Wettbewerb (Oahu Kite Festival) mit Teilnehmern aller Altersstufen ausgetragen. Prämiert werden die schönsten und die erfolgreichsten Drachen.
- In Hilo ist die Wahl zur Miss Aloha eine Attraktion, bei der einige der hübschesten Mädchen der Inseln zu sehen sind.

• Der Prince Kuhio Day, ein offizieller Feiertag am 26. März, wird überall auf den Inseln festlich begangen. Den wichtigsten Gedenkfeiern und Gottesdiensten kann man in Poipu (Kauai; mit Kanurennen und Tänzen), wo der letzte Spross der Königsdynastie geboren wurde, sowie auf Oahu in der Kawaiiahao-Kirche (Honolulu) und im Royal Mausoleum (Nuuanu Valley) beiwohnen.

Erinnerung an das Königshaus

April

• Das Merry Monarch Festival zum Gedenken an den letzten König Kalakaua wird an vielen Orten mit allen möglichen Veranstaltungen (Kostümfeste, Blumenschauen usw.) begangen. Am interessantesten ist sicherlich das einwöchige Festival in Hilo auf Big Island, das am Ostersonntag beginnt und bei dem sehr sehenswerte Hula-Wettbewerbe abgehalten werden.

• Das Osterfest wird von den katholischen Gemeinden mit Gottesdiensten und Osterfeuern begangen. Sehr eindrucksvoll ist am Ostersonntag die Christmette zum Sonnenaufgang auf dem Kraterrand des Punchbowl-Militärfriedhofs oberhalb von Honolulu. In mehreren Dörfern und Städten finden so gen. Osterhut-Paraden mit originellen, aus Palmblättern hergestellten Kopfbedeckungen statt.

Osterhut-Paraden

• Buddhas Geburtstag (Buddha Day) ist ein religiöser Festtag der (hauptsächlich japanischen) Buddhisten. Er wird von Teezeremonien, alten Gesängen und anderen Kulturveranstaltungen begleitet.

Mai

• Unser 'Tag der Arbeit' ist auf Hawaii der 'Lei Day', bei dem also das traditionelle Kunsthandwerk der Blumenkränze seinen Höhepunkt erlebt. Selbst der mürrischste Tourist wird heute mit einem kunstvoll geknüpften Gebinde bedacht, überall sieht man lächelnde Gesichter und Musikgruppen. Zentrum der Aktivitäten ist der Kapiolani-Park in Waikiki mit Lei-Knüpf-Wettbewerben, Hula-Shows und der Wahl der Lei-Königin zum Sonnenuntergang.

Blumengeschmückte Statue des Königs am Kamehameha Day im Juni

• Die 'Fiesta Filipina' dauert den ganzen Monat über und ist der Höhepunkt des Festjahres für die Filipinos.

• Ende Mai/Anfang Juni begehen in Honolulu und in anderen Orten die Einwanderer aus dem pazifischen Raum und die Hawaiianer gemeinsam das Festival of the Pacific mit Gesängen, Tänzen und Sportveranstaltungen.

Juni

• Der Kamehameha-Day wird überall im Bundesstaat am 11. Juni (sowie an den Tagen davor und danach) sehr feierlich begangen. Die Statue des großen Königs in Honolulus Downtown ist

Tag Kamehamehas des Großen

aber unbestreitbar der Mittelpunkt dieser Aktivitäten. Am gleichen Tag zieht eine farbenprächtige Parade über die Kalakaua Avenue.

- Am Ende des Monats kann man in Honolulu während der King Kamehameha Hula Competition die besten Tänzer der Inseln im Wettstreit bewundern.

Juli

- Der offizielle Feiertag am 4. Juli (Unabhängigkeitstag) wird auf allen Inseln mit unterschiedlichen Veranstaltungen verknüpft, z.B. Rodeos, Yacht- und Kanurennen, Feuerwerk, Paraden usw.
- In der Mitte des Monats findet auf dem Thomas Square in Honolulu die Kunsthandwerksmesse Pacific Handicrafts Fair statt.
- Das japanische O-Bon- oder Bon-Odori-Festival wird von den Buddhisten zu unterschiedlichen Zeiten z.T. bis in den August hinein gefeiert. Sie ehren ihre Ahnen durch Trommeltänze, Festtagskleidung und 'schwimmende Laternen'. Schauplätze sind u.a. die japanischen Jodo-Missionen von Haleiwa/Oahu und Lahaina/ Maui. In Waikiki gibt es eine Laternenparade auf dem Ala Wai Canal.

August

- Zu Anfang des Monats ist der Kapiolani-Park in Waikiki Schauplatz des Na-Hula-O-Hawaii-Festivals, bei dem traditioneller und moderner Hula vorgestellt wird.
- Mitte August findet an der restaurierten Tempelanlage in Kawaihae auf Big Island das Puukohola-Heiau-Cultural-Festival statt, bei dem die Demonstration von alten Tänzen, Liedern und Kunsthandwerk sowie traditionelle Speisen im Vordergrund stehen.

September

- Ganz dem Wassersport gewidmet ist das Hawaiian-Ocean-Fest, das etwa acht Tage lang in er ersten Monatshälfte in Waikiki stattfindet. Die besten Rettungsmannschaften (life guards) Amerikas kämpfen hier um Preise bei Kanu-, Surf- und Rettungsschwimm-Wettbewerben, daneben gibt es Windsurfing-Meisterschaften und Auslegerboot-Rennen.

Farbenfroh: Aloha-Festival

- Das einwöchige Aloha-Festival ist eines der größten Feste im Bundesstaat und wird auf allen Inseln mit Umzügen, Kanurennen, Tanzaufführungen etc. gefeiert. Den Anfang macht Oahu, wo zur Monatsmitte die be-

Königlicher Wagen beim Aloha-Festival

rühmte Blumenparade abgehalten wird. Anschließend 'wandert' die Aloha Week zum Big Island, nach Molokai, Lanai, Maui und Kaui, wo die Aloha-Festivals etwa Mitte Oktober zu Ende gehen.

Oktober

• Anfang Oktober finden die Aktivitäten im Waimea Falls Park (Nord-Oahu) während des Mukahiki-Festivals ihren Höhepunkt.
• Blumenfreunde kommen Mitte Oktober bei der Orchideenschau im Blaisdell Center von Honolulu auf ihre Kosten.

November

• Anfang November findet in Kailua-Kona und an anderen Orten auf Big Island das viertägige Kona-Coffee-Festival statt.
• Zur gleichen Zeit (manchmal aber auch schon im Oktober oder erst im Dezember) sind auf Maui Lahaina und Kaanapali die Schauplätze des Na-Mele-O'Maui-Festival, bei dem alt-hawaiische Lieder und Tänze im Vordergrund stehen.
• Ähnliches wird zur Mitte des Monats auf Big Island geboten, und zwar beim King-Kalakaua-Keiki-Kula-Festival in Kailua-Kona.
• Beim offiziellen Feiertag des Veterans Day zieht in Honolulu am 11. November eine Parade mit Kriegsveteranen vom Fort de Russy zum Kapiolani-Park.

Dezember

• Ende November/Anfang Dezember lockt das International Film Festival Cineasten aus aller Welt nach Honolulu, wo im East West Center und den Kinos der Stadt etwa 100 neue Produktionen aus Asien, Amerika und den Pazifikstaaten vorgestellt werden.
• Mitte Dezember werden am Bodhi-Tag alle buddhistischen Tempel geschmückt und besonders festliche Gottesdienste abgehalten.

Wirtschaft

Landwirtschaft und Viehzucht

Standbein Zuckerrohr-Anbau

Die **Landwirtschaft** ist der älteste und bis heute das Bild der Inseln prägende Wirtschaftszweig, obwohl die Bedeutung der einst übermächtigen Monokulturen mehr und mehr rückläufig ist. Das betrifft insbesondere den Anbau von **Zuckerrohr** (vgl. S. 72), lange Zeit der wichtigste Exportartikel der Inseln. Die Zuckerproduktion aus Zuckerrüben, weltweite Überkapazitäten und dadurch bedingt der Verfall der Preise, sowie die Konkurrenz aus Billiglohnländern haben die Zahl der hawaiischen Plantagen und Fabriken schrumpfen lassen. Dank modernerer Methoden für Anbau und Weiterverarbeitung haben sich zwar die Erträge der einzelnen Plantagen erhöht, aber auch hier ist der insgesamte Rückgang deutlich. Viele der so gen. 'Zuckerbarone' oder 'Big Five', also der fünf mächtigsten Großgrundbesitzer-Clans, haben deshalb bereits ihr Investitionsvolumen auf touristische Projekte ausgedehnt.

Ähnliches gilt für die **Ananas**-Zucht, die bis zum Weltkrieg das zweite Standbein der hawaiischen Wirtschaft war. Aus den gleichen Gründen wie beim Zuckerrohr-Anbau sank der Anteil der aus Hawaii stammenden Ananasprodukte am Weltmarkt von rund 50 % auf nurmehr 10 %. In den Vereinigten Staaten jedoch ist ihr Stellenwert unvermindert stabil: Dort kommen rund 90 % aller Ananas aus Hawaii. Die Palette der landwirtschaftlichen Exportgüter hat sich jedoch erfreulicherweise verbreitert. So ist der besonders auf Big Island und Molokai angebaute aromatische **Kaffee** *(Kona-Coffee)* inzwischen auf dem US-Markt als zwar teures, aber hochwertiges Produkt eingeführt, ebenso wie die wohlschmeckenden **Macadamianüsse**, deren Anbauzentren sich nahe von Hilo auf Big Island befinden. In zwei Fabriken werden die Nüsse dort zu vielfältigen Erzeugnissen weiterverarbeitet, die in steigendem Maße in den Export gehen.

Landwirtschaftliche Exportartikel

Hinzu kommt eine ganze Anzahl von **Früchten** und **Gemüse**, die bis vor kurzem allein für den Eigenbedarf produziert wurden, heute aber bereits ausgeführt und zukünftig in der Landwirtschaft von noch stärkerer Bedeutung sein werden. Avocados, Bananen, Guaven, Mangos, Orangen, Papayas, Passionsfrüchte, Wassermelonen u.v.m. werden schon jetzt z.T. großflächig angebaut, während traditionelle Waren wie Kokosnüsse, Yam, Brotfrucht und Taro nur dem Verbrauch auf den Inseln selbst dienen. Daneben haben sich jene **Blumen** (besonders Orchideen, Anthurien und Proteen) als Verkaufsschlager erwiesen, die als Schnitt- und Trockenblumen oder in verarbeiteter Form *(Leis,* Gebinde etc.) beliebte Souvenirs darstellen. In Großbetrieben aufgezüchtet, decken sie den steigenden einheimischen Bedarf und gelangen zusätzlich auf die überseeischen Märkte in den USA und Japan.

Schließlich sollte noch erwähnt werden, dass der Anbau von **Marihuana** *(Pakalolo)* ein zwar illegales, aber nichtsdestoweniger sehr lukratives Geschäft ist, dessen Erträge über denen aller anderen landwirtschaftlichen Produkte liegen dürften.

Auch die **Viehzucht** ist ein traditioneller Wirtschaftszweig. Obwohl der Bundesstaat über die Hälfte seines Fleischbedarfs einführen muss (mehrere Millionen Touristen jährlich wollen versorgt sein!), gehören weitläufige Rinderweiden zum gewohnten Landschaftsbild, vor allem auf Big Island *(Parker Ranch)*, auf Molokai *(Puu O Hoku Ranch)* und auf Maui (an den Hängen des *Haleakala*). Die Aufzucht von Pferden und Maultieren wird zwar auf allen Inseln betrieben, doch täuschen die vielen Koppeln über die geringe Bedeutung eines solchen Sektors hinweg. Ebenso spielt die Schweinezucht (z.B. auf Lanai) eine untergeordnete Rolle. Noch geringer ist der Stellenwert der Geflügelzucht.

Militär

Schon 1872 untersuchte eine Expertengruppe die mögliche Bedeutung von Pearl Harbor als Flottenstützpunkt der USA; kurze Zeit später musste die Bucht von König *Kalakaua* den Amerikanern überlassen werden. Der Ausbau dieser 'Keimzelle' zum größten Militärstützpunkt im Pazifik überhaupt war von eminenter wirtschaftlicher Bedeutung für Hawaii. Vor allem in den Zeiten des Zweiten Weltkrieges, des Koreakrieges und des Vietnamkrieges wurden ungeheure Summen auf den Archipel transferiert – hauptsächlich zur Finanzierung von Bauarbeiten und zur Bezahlung von Zivilangestellten, Matrosen und Soldaten samt ihren Familien. Diese wiederum ließen nicht nur viel Geld auf den Inseln, sondern gaben auch einer Menge von Dienstleistungsunternehmen eine Existenzgrundlage. Erst im Jahr 1976 lief der Tourismus dem Militär den Rang als wichtigster Arbeitgeber und größte Einnahmequelle des Bundesstaates ab.

Wirtschaftsfaktor Militär (Übung auf Oahu)

Aber immer noch sind die Finanzmittel, die vom Verteidigungsbudget in Washington nach Hawaii fließen, ein unverzichtbarer ökonomischer Faktor und werden das auch in absehbarer Zukunft bleiben. Die Truppenreduzierungen in Europa, die nach dem Ende der Ost-West-Konfrontation möglich geworden waren, hatten bislang keine Auswirkungen auf Hawaii. Im Gegenteil stieg dessen militärische Bedeutung in dem Maße, in dem der pazifische Raum wirtschaftlich und geostrategisch in den Vordergrund drängte. Das hier stationierte U.S. Pacific Command (USPACOM) kontrolliert immerhin die Hälfte der Erdoberfläche, vom Osten Afrikas bis zum Westen Amerikas, und von der Arktis bis zur Antarktis. Etwa 99.000 Militärangestellte samt Familienangehörigen sind vor allem auf Oahu stationiert, hinzu kommen etwa 20.000 hoch qualifizierte Zivilisten und etliche Dienstleistungs-Unternehmen, so dass die Gesamtzahl derer, die vom militärischen Sektor leben, allein auf Oahu ein knappes Fünftel der Bevölkerung ausmacht.

US-Army: Wichtiger Arbeitgeber

Trotz ihrer wirtschaftlichen Bedeutung ist die Präsenz des Militärs nicht unumstritten. Kritiker beanstanden vor allem die enorme Bodenfläche, die allein auf dem dicht besiedelten Oahu gut ein Viertel ausmacht und damit einen Hemmschuh für die weitere touristische oder sonstige Nutzung des Landes darstellt. Auch dem Fluglärm, der Umweltbelastung und der 'Besetzung' der Insel Kahoolawe als Bombenabwurfgelände stehen immer mehr Hawaiianer negativ gegenüber.

Tourismus

Dem Ende des Weltkrieges folgte ein turbulentes Jahrzehnt, in dem vor allem Honolulu mit dem Stadtteil Waikiki rapide sein Gesicht veränderte. Schon 1967 gelangten durch die Ausweitung des Flugverkehrs erstmalig mehr als 1 Million Besucher nach Hawaii, also mehr als die Inseln Einwohner hatten. Im Jahre 1976

Hotelanlage auf Kauai

wurde der Fremdenverkehr zum ersten Mal die wichtigste Geldquelle des Bundesstaates, indem dessen Einnahmen die Ausgaben des Militärs überstiegen. 1979 erreichte der Hawaii-Tourismus eine neue Rekordmarke mit 4 Millionen Besuchern. 2008 waren es 6,8 Millionen (2007: 7,6 Millionen) Gäste, die sich vom Reiz der Inseln verzaubern lassen wollten! Aufgrund der Wirtschaftskrise wird für das Jahr 2009 allerdings weiterhin mit sinkenden Besucherzahlen gerechnet, da die allermeisten Touristen aus den USA kommen.

Erfolgsstory Tourismus

2008 gaben die Touristen gut 11 Milliarden Dollar in Hawaii aus, das bedeutet einen Rückgang um 11 % zum Vorjahr, wobei die indirekten Einnahmen, die diese Entwicklung z.B. für das Transport- und Bauwesen bedeutete, noch nicht einmal mitgerechnet sind. In den letzten vier Jahrzehnten verzeichnete der Sektor eigentlich ständig Steigerungsraten, abgesehen von einem leichten Tief Mitte der 1990er, einem Rückgang von 9,3 % der Besucherzahlen in der Saison 2001/02 als Folge des terroristischen Angriffs auf das New Yorker World Trade Center und einem Minus von 11 % in den Jahren 2008/2009 aufgrund der Wirtschaftskrise. In der Zusammensetzung der Besucherströme kam die überwiegende Mehrheit der Touristen vom amerikanischen Festland, gefolgt von den Japanern, den Kanadiern, den Australiern und den Deutschen. Ihr Ziel war vor allem die Insel Oahu (70 %) und dort besonders Waikiki, wo fast dreimal so viele Gäste wohnten wie auf allen anderen Inseln zusammen.

Transport- und Bauwesen

Eine direkte Folge des Fremdenverkehrs ist die steigende Bedeutung des **Transportwesens**. Der internationale Flughafen von Honolulu ist einer der betriebsamsten der USA und eine der wichtigsten Drehscheiben des **Luftverkehrs** im Pazifik. Er wird von rund 30 ausländischen und amerikanischen Airlines regelmäßig angeflogen; hinzu kommen reguläre Linien für die innerinsularen Verbindungen sowie eine Vielzahl privater Firmen, die Sightseeing- und Charterflüge, Helikoptertouren und Lufttaxis betreiben. Die Flughäfen, allen voran natürlich der von Honolulu, bieten bei der Wartung, beim Bodenpersonal, der Abfertigung usw. wertvolle und sichere Arbeitsplätze.

Auch nach dem Ende der großen Trans-Pazifik-Dampfer, mit denen bis in die 1950er Jahre die Besucher auf die Inseln strömten, ist die **Seefahrt** ein wichtiger

Wirtschaftsfaktor. Einschließlich Pearl Harbor besitzt der Bundesstaat neun Tiefseehäfen, die für das Militär sowie für den Im- und Export von Waren größte Bedeutung haben. Hinzu kommen etliche Häfen für Yachten, Ausflugsschiffe und Fischerboote, die die Lebensgrundlage für eine Reihe mittelständischer Unternehmen sind (Kleinwerften, Bootsausrüstung, Tourismus etc.).

Auch der Stellenwert des **Autoverkehrs** darf nicht unterschätzt werden. Auf den rund 6.800 Kilometern asphaltierter Hauptstraßen rollen über eine Million Pkws und Nutzfahrzeuge, außerdem Mopeds, Motorräder und eine ansehnliche Flotte von Mietwagen jeder Kategorie. Es ist klar, dass damit der Autoverkehr einer Vielzahl von Menschen Arbeit und Lohn gibt, vom Straßenbauarbeiter über den Tankwart bis hin zum Angestellten einer Mietwagenfirma. Eine direkte Folge des Touristenbooms sind die übervollen Auftragsbücher der **Baubranche**. Immer mehr Highways auf den Inseln werden verbreitert, ausgebaut oder neu errichtet, neue Hotel- und Resort-Komplexe samt den notwendigen Erschließungen, Zufahrtsstraßen und Serviceeinrichtungen entstehen auf den sich besonders schnell entwickelnden Inseln Maui, Kauai und Hawaii.

Gebaut wird immer

Weitere Wirtschaftszweige

Um sich aus der Abhängigkeit von den Sektoren Landwirtschaft, Militär und Tourismus zu befreien, unternahm man in den letzten Jahrzehnten verstärkt Versuche, neue und zukunftsorientierte Erwerbszweige aufzubauen.

Am erfolgreichsten war dabei die Etablierung **neuer Industrien**, d.h. von Industrien, die nicht unmittelbar mit der Landwirtschaft zu tun haben. Von großer Bedeutung waren dabei die beiden Erdölraffinerien, daneben lockte der Industriestandort Oahu Zementwerke, eine Stahlkocherei und eine Betonröhrenfabrik an. Nicht zu unterschätzen sind auch viele mittelständische Industriebetriebe, etwa die Druckereien, die Produktionsstätten für Glas- und Steinwaren und zukunftsweisende Firmen, in denen Geräte der Nachrichtentechnik, Mikroelektronik und Computersoftware entwickelt werden. Das vielleicht beste und für Touristen interessanteste Beispiel der wirtschaftlichen Umorientierung ist jedoch die aufstrebende Textil- und Bekleidungsindustrie. Sie hat das Schlagwort von der 'Hawaiischen Mode' zu einem weltweit anerkannten Begriff werden lassen.

Zukunftsorientierte Industrie

Vom *Oceanic Institute* der Universität sowie von staatlicher und privater Seite stark unterstützt wurde in den letzten Jahren die **Meeresforschung**, für die die hawaiischen Gewässer ideale Bedingungen bieten. In- und ausländische Wissenschaftler untersuchen hierbei die Voraussetzungen des maritimen Lebens mit dem Endziel, dieses erstens in allen seinen Abhängigkeiten zu verstehen und es dadurch zweitens für die Zukunft besser schützen zu können. Daneben führte die Ozeanforschung auch zu handfesten Vorteilen für die Hawaiianer, u.a. durch die Vorgabe der Grundlagen für die **Aquakulturen**, also die Aufzucht von Fischen oder Seafood in geschlossenen Systemen.

Hawaii ist der wohl weltweit bedeutendste Standort für die **astronomische Forschung**. Deren wichtigste Einrichtungen sind eine Station auf Kauai zur Raum-

Gespielte Idylle: Hawaiianer und Touristen

fahrt- und Satellitenkommunikation, mehrere Observatorien auf dem Gipfel des *Haleakala* auf Maui und schließlich die berühmte Ansammlung astronomischer Einrichtungen auf dem *Mauna Kea* auf Big Island.

Da Hawaii seinen Energiebedarf lange Zeit ausschließlich aus Erdöl bezog, das nicht nur importiert werden muss, sondern auch den extremen Schwankungen des Weltmarktes unterworfen ist, wurden groß angelegte Versuche gestartet, neue **Energieträger** zu entwickeln.

Energiegewinnung

Am augenfälligsten wird das an den Windgeneratoren, die inzwischen hundertfach die kostenlose Energie in Strom umwandeln. Weithin durchgesetzt haben sich auch die in staatlich geförderten Projekten erprobten Solarzellen, die heutzutage bereits manches Hotel in der Warmwasserversorgung autark machen. Anderswo wird durch die Verbrennung von Rückständen aus der Zuckerrohrernte und von organischem Müll (Biomasse) Gas gewonnen. Viel verspricht man sich auch von den Versuchen, die Temperaturunterschiede im Meereswasser zu nutzen, um elektrische Energie zu erzeugen. Bei Puna auf Big Island wurde das *Hawaii Geothermal Project* aus der Taufe gehoben, bei dem das durch Erdwärme aufgeheizte Wasser aus dem Boden geholt und in elektrische Energie umgewandelt wird.

Aufgrund seiner natürlichen Lage im Pazifik, etwa gleich weit von den aufstrebenden amerikanischen, asiatischen und ozeanischen Wirtschaftsmetropolen entfernt, bietet sich Hawaii als **Handelszentrum** an. Waren aller Art werden im Hafen von Honolulu umgeschlagen, und die größten multinationalen Konzerne sind wie selbstverständlich in der Hauptstadt vertreten. Der pazifische Handel, der stetig Zuwachsraten verzeichnet, hat also auf Hawaii seinen natürlichen Mittelpunkt. Schon jetzt ist der Handel der zweitgrößte Arbeitgeber des Bundesstaates. Eine solche Rolle bedeutet gleichzeitig auch eine Konzentration von Banken, wie man an Honolulus Hochhauskulisse unschwer ablesen kann.

Beliebte Filmkulisse

Mit seiner Infrastruktur, dem sonnigen Klima und z.T. auch wegen seiner historischen Plätze bot sich Hawaii der Filmindustrie als kleiner 'Hollywood-Ableger' an. Inzwischen sind unzählige Zelluloid-Streifen auf dem Archipel gedreht worden (vor allem auf Kauai) und die **Filmindustrie** hat sich zu einem beachtlichen Wirtschaftsfaktor entwickelt. Bekannt sind natürlich Fernsehserien wie *Magnum* und *Hawaii 5-0,* aber auch große Kinofilme wie *Hawaii, South Pacific, Blue Hawaii,*

Indiana Jones, Dornenvögel, King Kong, Verdammt in alle Ewigkeit, Jäger des verlorenen Schatzes, Jurassic Park, Lost World oder *Honeymoon in Vegas* nutzten die natürliche Kulisse der Inseln. Unzählige Steifen, die den Überfall auf Pearl Harbor und den pazifischen Krieg zum Thema hatten, sind genauso auf Hawaii entstanden wie internationale Produktionen, etwa über James Cook, die Piraten oder den Walfang.

Soziale Lage

Auf den ersten Blick scheint das Schlagwort vom Inselparadies auch für die Einheimischen seine Berechtigung zu haben. Die Wirtschaft boomt, die Arbeitslosenrate ist mit 3,5 % niedrig, ebenso die Kriminalität (Hawaii gilt als der sicherste Bundesstaat der USA!). Und angesichts der schmucken Holzhäuschen und Villen, die man überall entlang der Straßen sieht, könnte man auch von einer idealen Wohnsituation ausgehen.

Doch natürlich kann nicht alles eitel Sonnenschein sein und auch Hawaii wird für seine Bewohner einige Schattenseiten bereithalten. Um mit der **Wohnsituation** anzufangen: Der durch den Tourismus entfachte Bauboom (der längst nicht mehr allein Oahu, sondern inzwischen alle großen Inseln betrifft) führte seit den 1980ern zu einer ungehemmten **Immobilienspekulation**, die eine Explosion der Boden-, Haus- und Mietpreise nach sich zog. In Erwartung ständig steigender Besucherzahlen waren es vor allem Investoren aus Japan, die in großem Stil Grundstücke und Hotels an sich rissen. Dem einfachen Hawaiianer, der mit den Aufkäufern der multinationalen Konzerne nicht mithalten kann, fällt es immer schwerer, sich ein Eigenheim zu leisten. Inzwischen muss er Preise bezahlen, die mehr als dreifach (!) über dem amerikanischen Durchschnitt liegen.

Ein solcher Unterschied kann auch nicht dadurch abgemildert werden, dass die Hawaiianer so gut wie keine Heizkosten haben und sich daneben auch das Geld für Winterkleidung sparen können. Es ist klar, dass auf diese Weise der Fremdenverkehr das Leben für die Einheimischen teurer macht.

Paradies mit Schattenseiten

Auch sonst hat der Tourismus nicht immer segensreiche Auswirkungen, sondern bringt auch Ungleichheit in die hawaiische Gesellschaft. Wer von ihm profitiert, sind in erster Linie wenige Investoren, die zudem häufig aus Japan, Australien oder Festland-Amerika stammen. Die weitaus meisten der im Fremdenverkehr Beschäftigten – also z.B. Hotelangestellte, Kellner oder Wäschereiarbeiter – sind hingegen in nicht gerade üppig bezahlten Stellen eingesetzt, gelten als ungelernte Hilfskräfte und sind als Empfänger eines Mindeststundenlohnes von derzeit US$ 6,25 oft auf die Trinkgelder angewiesen.

Nicht vergessen darf dabei der Europäer, dass in den USA die Arbeitszeiten länger sind als bei uns und die soziale Absicherung geringer ist. Insgesamt steht Hawaii mit einem **durchschnittl. Pro-Kopf-Einkommen** von US$ 39.200 (2007) verhältnismäßig gut da – auf dem Festland beläuft es sich auf ca. US$ 38.600. Auf der anderen Seite liegen die **Lebenshaltungskosten** deutlich höher als auf dem Festland – im Jahre 2005 für eine vierköpfige Familie um immerhin 25 %! 2007 landete Honolulu auf Platz 3 der amerikanischen Städte mit den höchsten Lebenshaltungskosten – nach den Metropolen New York und San Francisco. Der Grund: explodierende Preise für Immobilien oder Mieten sowie höhere Preise für Gebrauchsgüter, da diese i.d.R. importiert werden müssen. Mit anderen Worten: Der **Lebensstandard** ist auf Hawaii geringer ist als in den meisten anderen Bundesstaaten!

INFO

Hawaiische Wurzeln – Auf den Spuren *Barack Obamas*

Am 4. August 1961 wurde der spätere 44. Präsident der Vereinigten Staaten, *Barack Obama,* in Honolulu auf Oahu geboren. Seine Eltern, *Stanley Ann Dunham* aus Kansas und *Barack Hussein Obama Senior* aus Kenia hatten sich auf der Universität kennengelernt und heirateten zu einer Zeit, als in vielen Bundesstaaten der USA Ehen zwischen Schwarzen und Weißen noch nicht erlaubt waren. Nach der Trennung der Eltern lebte Obama einige Jahre mit seiner Mutter und seinem Stiefvater in Indonesien, bis er 1971 zu seinen Großeltern nach Hawaii zurückkehrte und auf einer der renommiertesten Schulen von Honolulu seinen Schulabschluss machte. Ende 2008 wurde er mit einer überwältigenden Mehrheit zum ersten Afroamerikanischen Präsidenten der USA gewählt.

Michelle Obama soll gesagt haben, dass man Barack erst verstehen könne, wenn man Hawaii verstanden hat. Die Reaktion der Tourismusindustrie ließ nicht lange auf sich warten: *Obama´s Oahu* wird als Straßenkarte mit Stationen seiner Kindheit angeboten, andere bieten geführte Touren „Auf den Spuren Barack Obamas“. Zudem entsteht derzeit ein Dokumentarfilm über seine Kindheit, unter anderem mit Interviews von Klassenkameraden und Nachbarn.

Weitere Infos unter www.gohawaii.com/Obama und www.obamatourhawaii.com.

Die Statue von König *Kamehameha I.*, direkt gegenüber dem Iolani-Palast in **Honolulu** auf **Oahu** gelegen, verweist auf die glanzvolle Vergangenheit der Inseln: außer Hawaii war kein Bundesstaat der USA jemals ein eigenes Königreich.

Der restaurierte Tempelbezirk von **Puuhonua-O-Honaunau** stellt das wohl eindrucksvollste Beispiel der polynesischen Baukunst dar. Es befindet sich an der Westküste von **Big Island**, nicht weit von jener Stelle entfernt, an der Captain Cook 1779 von Eingeborenen getötet wurde.

An einem der vielen Aussichtspunkte bewundern Touristen auf **Kauai** den Blick in den berühmten **Waimea Canyon**. Auf rund 19 km Länge hat hier der Waimea River eine bis zu 900 m tiefe Schlucht gegraben, der man den Beinamen „Grand Canyon des Pazifik" gegeben hat.

Der kleine Hafen von **Maalaea** auf **Maui** beherbergt stets eine ansehnliche Flotte von Yachten sowie Fischer- und Ausflugsbooten. „Whalewatching“ von Buckelwalen ist für die Einheimischen ein wichtiger Erwebszweig geworden und für die Touristen ein großes Erlebnis.

Im Gegensatz zur spektakulären Küstenszenerie ist das Innere der Insel **Oahu** weitgehend flach. Hier hat sich rund um die Ortschaft **Wahiawa** der Ananasanbau zum profitabelsten Sektor der Landwirtschaft entwickelt.

Seine Karriere als Metropole des gesamten Archipels verdankt das im Süden der Insel **Oahu** gelegene **Honolulu** seinem geschützten Hafen. Aus bescheidenen Anfängen entwickelte sich der Handelsort zu einem kommerziellen Zentrum.

Abgesehen von Honolulu sind die Siedlungen von Hawaii weitgehend ländlich-provinziell geprägt. So z. B. **Kapaau** im Norden von **Big Island**, wo es die Holzhäuser im „Wild-West-Stil" zu bewundern gibt.

Zwar haben die verschiedenen Besiedlungswellen von Polynesiern und Weißen die ursprüngliche Vegetation der Inseln schrittweise zurückgedrängt, doch gibt es immer noch einige Areale, in denen einheimische Baumarten wie Koa, Ohia oder Kukui wachsen. Zusammen mit den Importpflanzen sorgen sie wie hier in **Hanalei** auf **Kauai** für eine außerordentlich grüne Vielfalt.

Der 1916 eingerichtete und über 550 km² große **Volcanoes National Park** erstreckt sich von der Küste im Osten von **Big Island** bis hin zum zentral gelegenen Viertausender Mauna Loa.

Die gegensätzlichen Elemente Feuer und Wasser vereinen sich auf dramatische Weise am Rand des **Volcanoes National Park** auf **Big Island**. Seit Mitte der 1990er Jahre bewegen sich dort fast ununterbrochen neue Lavaströme auf das Meer zu.

Mit einer Höhe von über 3.000 Metern dominiert der **Haleakala** die Insel **Maui**. In der 12 km langen und 4 km breiten Caldera dieses ruhenden Vulkans breitet sich eine eindrucksvolle Mondlandschaft mit Sandflächen, Lavaformationen und Aschekegeln aus.

Der **Kilauea** auf **Big Island** ist der bekannteste und produktivste aller hawaiischen Vulkane. In seinem 122 m tiefen eingesunkenen Kessel dampft und rumort es immer, manchmal aber speit der Halemaumau-Krater auch glühende Feuerfontänen in den Himmel und bedeckt den Kessel mit einem brodelnden Lavasee.

Das touristische Zentrum von **Big Island** ist das sympathische 10.000-Einwohner-Städtchen **Kailua Kona**, das im Gegensatz zur Hauptstadt Hilo an der sonnenverwöhnten und trockenen Westseite der Insel liegt.

Eine kleine Holzkirche versteckt sich im Regenwald bei **Halawa** auf der Insel **Molokai**. Zu Anfang des 19. Jahrhunderts besuchten amerikanische Missionare den Archipel und bekehrten die Eingeborenen. Heute bekennt sich gut die Hälfte der Hawaiianer zu einer christlichen Kirche.

Japanische Touristen vergnügen sich in **Lahaina**. Der alte Walfängerort war nicht nur die größte Siedlung der Insel **Maui**, sondern bis 1845 sogar die Hauptstadt des ganzen Landes. Anders als die Nachfolgerin Honolulu konnte sich Lahaina sein Ortsbild weitgehend bewahren und ist deshalb ein beliebtes Ausflugsziel.

Der Strand von **Waikiki**, einem Vorort von Honolulu auf der Insel **Oahu**, ist ähnlich weltberühmt wie die Copacabana. Hier wurden Anfang des 20. Jahrhunderts die ersten Luxushotels wie z. B. das pinkfarbene Royal Hawaiian Hotel (im Hintergrund) eröffnet.

Anders als im überfüllten Waikiki verlieren sich die wenigen Besucher auf dem 24 km langen und enorm breiten Strand des im Westen der Insel **Kauai** gelegenen **Polihale State Park**. Allerdings ist hier oft die Brandung zu stark, um gefahrlos zu schwimmen.

Ein schwarzer Sandstrand säumt das ursprüngliche **Waipio Valley** im Nordosten von **Big Island**. Das nahezu menschenleere, von bewaldeten Berghängen flankierte Tal ist mit seinen Seerosen-Teichen, Wasserfällen, Obstbäumen und Tarofeldern ein Eldorado für naturverbundene Wanderer.

Das **Polynesian Cultural Center** auf **Oahu** ist bemüht, die polynesische Tradition lebendig zu halten. Jährlich über eine Million Besucher zeugen von dem Interesse an dieser Tradition.

Kinder üben sich an der Ostküste von **Oahu** in der uralten polynesischen Technik des Surfens. Im Hintergrund ragt der vulkanische Tuffberg **Chinaman's Hat** als auffällige Landmarke aus dem Pazifik.

In landschaftlicher Hinsicht gehört das kleine **Molokai** zu den interessantesten und abwechslungsreichsten Inseln von Hawaii. Besonders spektakulär ist seine **Pali-Küste**, deren Klippen als höchste Steilküste der Welt über tausend Meter aus dem Meer steigen.

Für einen reinen Strandurlaub ist der Hawaii-Archipel viel zu schade. Neben Wassersportarten wie Tauchen, Schnorcheln und Surfen sind die Inseln besonders zum Wandern ideal. Dazu oder zu anderen Outdoor-Aktivitäten laden abwechslungsreiche Landschaften wie hier der **Waimea Canyon** auf **Kauai** ein.

Lanai ist die kleinste der „eigentlichen" Hawaii-Inseln und wird relativ wenig besucht, da sie für den Massentourismus nicht erschlossen ist. Wer Lanai kennen lernen möchte, sollte den sog. **Garden of the Gods** im Nordwesten nicht verpassen.

Am Strand von **Puako** im Nordwesten von **Big Island** geben Lava- und Korallensteine einen fantastischen Schwarz-Weiß-Kontrast ab. Ganz in der Nähe befindet sich das größte aller hawaiischen Petroglyphenfelder, auf dem mehr als dreitausend vorhistorische Felsritzungen erhalten sind.

Zwischen Küste und Vulkanbergen erstreckt sich auf der Insel **Maui** das so genannte **Upcountry**, eine fruchtbare und von saftigen Rinderweiden durchsetzte Landschaft.

Die 30 Meter hohen **Wailua Falls** im Osten von **Kauai** sind nur einer der Wasserfälle, denen man überall auf den Hawaii-Inseln begegnen kann. Mit jährlich etwa 12.000 mm Niederschlag ist der zentrale Gipfel Mount Waialeale vermutlich der „feuchteste Ort der Welt“.

Ein dramatisch-schöner Sonnenuntergang am Palmenstrand – wie hier in **Wailea** auf **Maui** – gehört zu jenen touristischen Klischees, ohne die ein „Südsee-Paradies“ nicht auskommen kann. Auf Hawaii allerdings werden solche romantischen Sehnsüchte fast immer befriedigt.

3. HAWAII ALS REISELAND

Hinweis

Die Gelben Seiten werden regelmäßig aktualisiert, so dass sie auf dem neuesten Stand sind. In den ***Allgemeinen Reisetipps (ab S. 138)*** *finden Sie – alphabetisch geordnet – reisepraktische Hinweise für die Vorbereitung Ihrer Reise und Ihres Aufenthalts auf Hawaii. Die* ***Regionalen Reisetipps (ab S. 181)*** *geben Auskunft über Unterbringungsmöglichkeiten etc. auf den Inseln.*

News im Web: www.iwanowski.de

Allgemeine Reisetipps A–Z

A

Abkürzungen

Häufige Abkürzungen, die auf Hawaii (etwa auf Landkarten, Straßenschildern usw.) und in diesem Buch gebraucht werden, sind:

Ave.:	Avenue	*Bldg.:*	Building
Blvd.:	Boulevard	*Dept.:*	Department
Dr.:	Drive	*mph:*	miles per hour
Ln.:	Lane	*Mtn.:*	Mountain
Rd.:	Road	*Mts.:*	Mountains
St.:	Street	*Pk.:*	Peak
Hwy.:	Highway	*Rs.:*	Reservoir (Stausee)
Frw.:	Freeway	*NM:*	National Monument
S.:	South	*NP:*	National Park
N.:	North	*St.Rec.A.:*	State Recreation Area
W.:	West	*Nat'l.For.:*	National Forest
E.:	East	*I.:*	Interstate (oder Island)

Ärztliche Versorgung und Gesundheit

Das Niveau der ärztlichen Versorgung ist auf Hawaii – wie überall in den USA – sehr hoch. Jede Insel verfügt über mindestens ein **Krankenhaus** oder medizinisches Zentrum, wobei Patienten in schwierigen Fällen zu den beiden großen Kliniken in Honolulu transportiert werden. Größere Hotels haben i.d.R. eine eigene Krankenstation, ansonsten kann die ärztliche Versorgung schnell über die Rezeption gewährleistet werden. Da es in den Vereinigten Staaten kein System der gesetzlichen Krankenversicherung gibt, müssen alle **Kosten** vom Patienten sofort vor Ort bezahlt werden. Es ist sinnvoll, vor der Abreise eine **Auslandskranken- und Unfallschutzversicherung** abzuschließen und sich gegebenenfalls bei der Krankenversicherung über die Leistungen bei einem Krankheitsfall in den USA zu informieren.

Apotheken in unserem Sinn gibt es nicht, stattdessen bekommt man Medikamente in den *pharmacies* der *drugstores* (oft in Shopping Centers oder Kaufhäusern). Die Rezeptpflicht wird sehr streng gehandhabt. Rezeptpflichtige Medikamente sollten deshalb in ausreichender Anzahl von zu Hause mitgebracht werden, wobei für die Einfuhr allerdings eine ärztliche Verordnung (in englischer Sprache!) notwendig ist. Denken Sie daran, Medikamente stets im Handgepäck zu befördern und berücksichtigen Sie bei der Einnahme die Zeitverschiebung. Wer eine Brille trägt, sollte ein Zweitmodell mitnehmen.

Besondere **gesundheitliche Risiken** birgt das Reiseziel Hawaii kaum, irgendwelche **Impfungen** sind bei Einreise aus Europa nicht vorgeschrieben. Falls Sie aus einem oder über ein Seuchengebiet einreisen, ist ein Impfpass mit gültiger Pockenschutzimpfung vorzuweisen. Die häufigste Beeinträchtigung der Gesundheit ist ein Sonnenbrand. Denn die geografische Lage zwischen Nördlichem Wendekreis und Äquator bringt es mit sich, dass die Sonne – selbst im Winter – viel höher steht als etwa am Mittelmeer und die Strahlungsintensität auch bei bedecktem Himmel beträchtlich ist. Geben Sie deshalb Ihrem Körper Zeit, sich ganz langsam an die dortigen Verhältnisse zu gewöhnen, halten Sie sich vor allem an den ersten Tagen beim Sonnenbaden zurück (eine Stunde sollte das Äußerste sein), schützen Sie Ihre Haut durch Sonnenschutzmittel mit einem hohen Lichtschutzfaktor (mindestens 30) und tragen Sie beim Schnorcheln, Segeln etc. ein T-Shirt.

Decken Sie sich auch mit Salben und Insektenschutzmitteln ein oder besorgen Sie sich solche in Hawaii. In den letzten Jahren wurden unter bestimmten Windverhältnissen vor allem an der Nordküste von Oahu vereinzelt die so gen. Blue Bubbles angespült, eine Art 'Blase' mit äußerst giftigen, dünnen Fäden (ca. 20-30 cm lang). Die Berührung damit ruft schwere Hautreizungen und Atemstörungen hervor, die sogar Atemstillstand verursachen können. Die Gefahr, mit Blue Bubbles in Kontakt zu kommen, ist zwar sehr gering, aber immerhin existent. Warnhinweise dazu gibt es an den hawaiischen Stränden nicht.

▶ Auskunft

Auskünfte über das Reiseziel Hawaii erteilt die Repräsentanz *Hawaii Tourism Europe*, c/o Aviareps Mangum GmbH, Sonnenstr. 9, D-80331 München, Tel.: 089-23662177, Fax: 23662199, www.hawaii-tourism.de. Über die Website können Sie Broschüren bestellen, einen Reiseplaner aktivieren oder die Links zu englischsprachigen Seiten des Fremdenverkehrsamtes nutzen. Die Zentrale auf Hawaii ist das Hawaii Visitors Bureau, 2270 Kalakaua Ave., Suite 801, Honolulu, HI 96815, Tel.: (808) 923-1811, Fax: 922-8991, www.gohawaii.com. Vor Ort gibt es auf jeder Insel mindestens eine Zweigstelle des Fremdenverkehrsamtes, die bei den Regionalen Reisetipps genannt werden. Daneben sind Informationen am *Activity Desk* eines jeden größeren Hotels, in den Ankunftshallen der Flughäfen, bei den Auskunftbüros der touristischen Zentren sowie in der Vielzahl kostenloser Besucherzeitungen und der Tagespresse erhältlich.

▶ Ausreise

Bei der Ausreise aus Hawaii sind alle Fluggäste, die die Inselgruppe in Richtung amerikanisches Festland verlassen, gesetzlich verpflichtet, ihr gesamtes Gepäck einer Kontrolle der Landwirtschaftsbehörden *(agricultural inspection)* zu unterziehen. Außer Ananas dürfen keine Früchte ausgeführt werden, ebenfalls wird die Ausfuhr von Pflanzen streng kontrolliert. Mehr Infos unter http://hawaii.gov/hnl/.

▶ Auto fahren

Im Autoland USA pflegt man einen defensiven, gelassenen und langsamen Fahrstil, der sich wohltuend von der europäischen Hektik unterscheidet; Fußgänger, Schulkinder etc. genießen absoluten Vorrang. Die **Straßenverhältnisse** auf Hawaii sind i.d.R. gut, jedoch gibt es hier aufgrund der Landschaftsstruktur nicht die endlosen und schnurgeraden Asphaltbänder, die sonst für Amerika so typisch sind. Mehrspurige Freeways findet man nur im Großraum Honolulu, ansonsten sind die Highways oft kurvenreich, schmal und weisen z.T. beträchtliche Steigungen auf. Mehrere Seitenstraßen – vor allem auf Lanai, Molokai und Big Island – sind nicht asphaltiert und werden von den Autovermietern nur für Geländewagen freigegeben.

Die **Höchstgeschwindigkeit** liegt innerhalb geschlossener Ortschaften bei 30 mph (48 km/h) und bei 55 mph auf Freeways. In Wohnbereichen oder auf kurvigen und engen Straßen (z.B. dem Hana-Highway) liegt die zulässige Geschwindigkeit deutlich darunter. Auch wenn's anfänglich schwer fällt, sollte man sich an die langsame Fahrweise gewöhnen, wobei man nach einigen Tagen deren Vorzüge schätzen lernen wird. Allerdings bedeutet dies auch, dass man bei Inselrundfahrten die mögliche Meilenleistung recht niedrig ansetzen muss.

!!! Achtung

Die Einhaltung der Höchstgeschwindigkeit wird streng kontrolliert, bei Überschreitung ist ein sofort zahlbares 'Ticket' fällig, das vergleichsweise teurer ausfällt als in Deutschland.

Einige **besondere Verkehrsregeln** sollten Sie unbedingt beachten:

1) Generell gilt rechts vor links. Steht an Kreuzungen an jeder Ecke ein Stoppschild, gilt die Regel, dass der als Erster fahren kann, der zuerst an der Kreuzung gehalten hat. Im Zweifelsfall arrangiert man sich durch Blickkontakt und Handzeichen.

2) Im Schulbereich gelten stark herabgesetzte Höchstgeschwindigkeiten. Die gelben Schulbusse dürfen, solange sie die Warnblinkanlage eingeschaltet haben, nicht überholt werden. Auch der Gegenverkehr darf einen solchen Schulbus nicht passieren!

3) Bei rotem Ampellicht ist das Rechtsabbiegen generell erlaubt, es sei denn, es wird mit Hinweisen wie 'No right turn', 'No turn on red' oder 'Right turn only at green arrow' die Ausnahme von der Regel angezeigt.

4) Auf einer mehrspurigen Straße ist Rechts-Überholen erlaubt.

5) Die Polizei fordert einen zum Anhalten auf, indem sie mit Blaulicht und Sirene **hinter** und nicht vor einem fährt. Man sollte dann zur Seite fahren, den Motor abstellen, das Fenster herunterkurbeln und keine überhasteten Bewegungen machen.

6) Beachten Sie strikt die Einschränkungen fürs Parken. Nicht erlaubt ist das Parken neben einer roten Bordsteinkante, einer blauen Bordsteinkante (nur für Behinderte), vor Hydranten und Feuerwehrausfahrten sowie im Bereich eines 'No Parking'- oder 'No Stopping or Standing'-Schildes.

7) Wie bei uns herrscht in den USA Rechtsverkehr, es besteht Anschnallpflicht und Kindersitzpflicht für Kinder bis 20 kg Körpergewicht. Fahren unter Einfluss von Alkohol oder Drogen ist verboten und wird streng bestraft.

▸ Automobilclub

Der größte amerikanische Automobilclub ist die American Automobile Association (auch 'AAA' oder 'Triple A' genannt). Im Falle einer Panne hilft er auch jedem ausländischen Touristen, wenn dieser Mitglied in einem assoziierten Club (z.B. dem ADAC) ist. Der

ADAC stellt für Reisen in die USA AAA-Karten aus. Das ist wichtig bei Pannen, aber auch in manchen Hotels und bei Mietwagenfirmen, die mit der AAA-Karte Rabatte gewähren. Wichtig: ADAC- bzw. AAA-Karte immer dabei haben!

- Telefonische Hilfe/Auskunft erhalten Sie in deutscher Sprache unter 1-888-222-1373 (ADAC-Notruf)
- Der Hauptsitz in den USA ist: American Automobile Association (AAA): 1000 AAA Drive, Heathrow, FL 32746, Tel.: (407) 444-4240 od. 1-800-596-2228; AAA-Notruf: 1-800-222-4357
- Die Hauptniederlassung der AAA für Hawaii ist das Büro in Honolulu (Oahu), 1130 N. Nimitz Hwy A170, Honolulu, HI 96817, Tel.(808) 593-2221 (Oahu), oder (800) 736-2886 (von den anderen Inseln); Mo-Fr 9-17 Uhr, Sa 9-14 Uhr, www.aaa-hawaii.com. Hier gibt es zudem weitere Informationen über Verkehrswege, Aktivitäten, touristische Attraktionen, Rabatte für AAA-Mitglieder etc.

Bei allen größeren ADAC-Stellen in Deutschland (Touristikabteilung) erhalten Sie allgemeines Infomaterial für Autoreisen in den USA.

▶ Autoverleih

Da ein öffentliches Nahverkehrsnetz mit Ausnahme von Oahu nicht existiert, ist ein Mietwagen die beste Möglichkeit, die Inselgruppe kennen zu lernen. Bis zu 50 Anbieter kämpfen dabei um Marktanteile, wobei die großen internationalen Firmen wie *Alamo, Avis, Budget, Dollar, Hertz* usw. etwas teurer sind als die lokalen Mietstationen, dafür aber den Vorteil bieten, dass sie schnellstmöglich für Ersatzfahrzeuge sorgen und i.d.R. über eine gut gewartete und junge Flotte verfügen, bei der selbst in der kleinsten Kategorie Klimaanlage und Radio/CD eingeschlossen ist. Jeder größere Mietwagenanbieter hat seine Wagen in verschiedene Typenklassen unterteilt, deren Terminologie z.T. voneinander abweicht. Aufgrund der reich bebilderten Broschüren ist aber immer leicht feststellbar, um was für eine Wagenklasse es sich jeweils handelt.

Bei den erwähnten Anbieten ist die Wagenmiete in Hawaii teurer als beispielsweise in Florida, aber billiger als in Bundesstaaten wie z.B. Kalifornien, Oregon, Alaska und Louisiana und auch billiger als in den meisten europäischen Ländern. Wer unabhängig reist und sich vor Ort um einen Mietwagen kümmert (in der Presse auf Sonderangebote oder Paketangebote achten!), bekommt einen akzeptablen Wagen bereits für US$ 40 pro Tag. Sicherer ist es natürlich, wenn man den Wagen schon von zu Hause aus bucht, abgesehen davon, dass man dann das kundenfreundlichere deutsche Reiserecht auf seiner Seite hat.

Ein wichtiges Thema bei Mietwagen in den USA ist das der **Versicherung**. Allgemein gilt, dass es zwar eine gesetzlich vorgeschriebene Haftpflichtversicherung gibt, die auch meistens im Mietpreis enthalten ist, dass die Haftungshöhe jedoch im Vergleich zu Mitteleuropa äußerst gering und unzureichend ist. Die gesetzliche Haftpflicht deckt Sach- und Personenschäden bis zu einer Höhe von US$ 10.000-35.000 (je nach Staat, Änderungen sind an der Tagesordnung) ab, ist der tatsächliche Schaden höher, muss dies der Fahrer aus seinem Privatvermögen bezahlen!

Aus diesem Grund haben einige deutsche Reiseveranstalter eine Zusatzversicherung eingeschlossen, bei der die Haftungshöhe 1 Mio € beträgt. Sollte diese Zusatz-Haftpflichtversicherung nicht im Mietpreis enthalten sein, sollten Sie unbedingt vor Ort eine

Erweiterung des eingeschlossenen Versicherungsschutzes (**EP**= *Extended Protection)* abschließen. Diese kostet zzt. ca. US$ 11 pro Tag und erhöht die Haftpflichtsumme auf 1 Mio Dollar. Diese Versicherung hat zusätzlich den Vorteil, dass sie auch dann aufkommt, wenn der Unfallgegner unterversichert ist (also der Wagenmieter zusätzliche Ansprüche hat). Allerdings sind bei einem Unfall die weiteren Insassen im Mietwagen **nicht** mitversichert – unabhängig von der Schuldfrage! Sollte ein Dritter den Unfall verursacht haben und unterversichert sein oder Fahrerflucht begehen, gibt es also kaum einen versicherungstechnischen Schadensersatz, ebenso wenig, wenn der Mietwagenfahrer selbst den Unfall verursacht hat. Um solchen Schwierigkeiten aus dem Weg zu gehen, empfiehlt sich der Abschluss einer Zusatzversicherung. Wird das Mietfahrzeug bei einem Unfall des Fahrers beschädigt oder durch Diebstahl, Vandalismus, Brand etc. zerstört bzw. gestohlen, kommt die **CDW**-Versicherung *(= Collision Damage Waiver)* bzw. die **LDW**-Versicherung *(= Loss Damage Waiver)*, die im Mietpreis normalerweise eingeschlossen ist, bis zum maximalen Zeitwert des Wagens auf, je nach Anbieter mit einer Selbstbeteiligung von US$ 100.

Alle größeren Autovermieter haben ihre Schalter in der Flughafen-Ankunftshalle oder vis-a-vis vor dem Terminal. Von dort werden Sie normalerweise mit einem Shuttlebus zur Station an den Firmenparkplätzen gebracht (i.d.R. 3-5 Minuten Fahrzeit), wo Ihnen der Mietvertrag vorgelegt wird. Ihr Einverständnis damit erklären Sie, indem Sie auf dem Vertrag hinter die entsprechende Versicherung Ihre Initialen (Anfangsbuchstabe des Vor- und Zunamens) eintragen. In der Hauptreisezeit und nach Ankunft mehrerer Maschinen können sich hier längere Schlangen bilden; ein Umstand, der gerade nach einem Langstreckenflug ärgerlich ist, aber nur mit Geduld gemeistert werden kann. Bei der Unterzeichnung der Mietverträge sind noch folgende Dinge zu beachten:

- Bei Übernahme des Fahrzeugs ist eine **Kaution** zu leisten. Üblicherweise ist das der Abzug Ihrer Kreditkarte, alternativ kann man jedoch auch Barbeträge hinterlegen (mindestens US$ 100 pro Woche).
- Falls eine **zweite** (oder dritte) **Person** den Wagen **fahren** möchte, muss auch diese als *Driver* eingetragen sein; in diesem Fall muss eine Zusatzgebühr von ca. US$ 6 pro Tag oder US$ 30 pro Anmietung (je nach Firma) bezahlt werden. Achtung: Der Versicherungsschutz erlischt, wenn ein nicht eingetragener Fahrer den Wagen lenkt!
- Das **Mindestalter** aller Fahrer muss bei den meisten Firmen 21 Jahre betragen. Manche Anbieter verlangen eine zusätzliche Gebühr (ca. US$ 20 pro Tag), wenn der Fahrer 21-25 Jahre alt ist.
- Es genügt der nationale **Führerschein**, wenn er mindestens ein Jahr alt ist. Empfehlenswert ist die zusätzliche Mitnahme eines internationalen Führerscheins!
- Extra berechnet werden die **Mietwagensteuern**, die von Staat zu Staat unterschiedlich sind. In Hawaii liegen sie zzt. bei US$ 2 pro Tag. Weitere Gebühren fallen an, wenn ein **Kindersitz** angemietet wird (gesetzlich vorgeschrieben, ca. US$ 40 pro Woche) oder wenn Anmiet- und Abgabestation nicht identisch sind (**Einwegmiete**).
- In vielen Mietwagenstationen wird man Ihnen **'Sonderangebote'** unterbreiten, bei denen Sie gegen einen geringen Aufpreis in eine höhere Wagenklasse umgestuft werden. Ob Sie darauf eingehen oder nicht, liegt natürlich ganz bei Ihnen, man sollte jedoch bedenken, dass größere Wagen oft auch einen höheren Benzinverbrauch und damit weitere Folgekosten bedeuten.

- Reklamieren Sie sofort, wenn Ihnen beim Mietwagen ein **Schaden** auffällt oder wenn der Tank nicht voll ist. Und geben Sie den Wagen möglichst auch wieder voll getankt zurück, da Ihnen sonst Auftankkosten in Rechnung gestellt werden, die weit über den Tankstellenpreisen liegen.
- Die **Mietdauer** geschieht auf 24-Stunden-Basis (mit kleiner Kulanz). Halten Sie sich deshalb an den Abgabetermin, damit Ihnen bei geringer Verspätung nicht ein voller Tag berechnet wird.

Nachdem alle Geld- und Versicherungsfragen geklärt sind, könnten Sie eigentlich starten. Fast alle Mietwagen auf Hawaii haben ein **Automatikgetriebe**. Falls Sie mit solchen Wagen wenig Erfahrung haben, sollten Sie Folgendes beachten:

- Ihr linker Fuß hat während des Fahrens Urlaub; jeder Versuch zu kuppeln kann fatale Folgen haben, wenn Sie nämlich das Bremspedal erwischen.
- Den Wagen können Sie nur starten, wenn der Wahlhebel auf **P** (= Parken) steht. Beim Halten blockieren Sie mit dieser Stellung das Getriebe und können nur so den Zündschlüssel ziehen.
- Den Leerlaufgang **N** (= Neutral) wählt man, wenn der Wagen abgeschleppt werden muss.
- Der Gang **D** (= Drive) ist für den Fahrbetrieb unter normalen Bedingungen geeignet. Beim Überholen oder Beschleunigen drückt man das Gaspedal ganz hinunter *('kick down')*, damit das Getriebe in den nächstunteren Gang schaltet. Bei Steigungsstrecken oder Gefälle wählt man die Fahrstufe **2**, bei sehr steilen Strecken die Fahrstufe **1**, entsprechend dem zweiten oder ersten Gang. Bei steilen Abfahrten kann man dadurch die Bremsen schonen.
- Für den Rückwärtsgang stellen sie den Wahlhebel auf **R**.

B

Behinderte

Auf Hawaii wie überall in den USA gibt es besondere Einrichtungen für Behinderte *(disabled persons)*: Rollstühle an den Flughäfen, extra ausgewiesene Parkplätze, Toiletten, Auffahrrampen zu Gebäuden, Telefonzellen etc. Und überall tritt man den Behinderten freundlich und hilfsbereit gegenüber.

Benzin

Die amerikanischen Tankstellen bieten Treibstoff (= *gas, gasoline*) als Diesel (= *gasoil*), Normalbenzin (= *regular*) und Superbenzin (= *premium*) an, das Benzin überall auch in bleifreier Form (= *unleaded*). Tankstellen sind auf den großen Inseln flächendeckend vertreten, auf Molokai und Lanai hingegen gibt es jeweils nur eine oder zwei. Die Maßeinheit für Treibstoff ist die amerikanische Gallone, die 3,787 Litern entspricht. Die Amerikaner stöhnen zwar über die rasant gestiegenen Spritpreise, doch liegen diese immer noch deutlich unter mitteleuropäischem Niveau. Beim Tanken ist darauf zu achten, dass viele Benzinstationen Zapfsäulen mit Selbstbedienung und solche mit Service haben, letzterer kostet i.d.R. US$ 0,25 pro Gallone mehr. Die Preisunterschiede können mit etwa 20 % Abweichung beträchtlich sein. Unterschiedliche Kosten entstehen häufig auch durch die Art der Bezahlung, wobei Barzahlung natürlich billiger ist als solche per Kreditkarte. Bei manchen Tankstellen werden die Zapfsäulen erst freigegeben, wenn Sie an der Kasse die Kreditkarte oder einen Barbetrag hinterlegt haben.

Botschaften/Diplomatische Vertretungen

In Hawaii sind Österreich und die Schweiz jeweils durch Honorarkonsulate in Honolulu vertreten, eine deutsche Vertretung gibt es derzeit nicht. Aktuelle Infos unter www.auswaertiges-amt.de Im Notfall sollte man das Generalkonsulat in San Francisco kontaktieren. Die Adressen:

- Deutsches Generalkonsulat, 1960 Jackson Street, San Francisco, CA 94109, Tel.: (415) 7751061, www.san-francisco.diplo.de
- Österreichisches Honorarkonsulat, 1260 South King St., Honolulu, HI 96814, Tel.: 923-8585, Fax: 373-1234.
- Schweizer Honorarkonsulat, 4231 Papu Circle, Honolulu, HI 96816, Tel.: 737-5297, Fax: 734-3996.

Die **amerikanischen Botschaften** sind in

- **Deutschland**: Pariser Platz, D-10117 Berlin, Tel.: (030) 23 85 174, http://germany.usembassy.gov/. Aktuelle Visainformationen erhalten Sie unter den kostenpflichtigen Telefonnummern: 0900 1-850055 (EUR 1,86 pro Minute)
- **Österreich**: Boltzmanngasse 16, 1090 Wien, Tel.: (01) 31339-0, Fax: 512-5835; www.usembassy.at. Visainformation und Termine: Tel.: 0900-510300 (EUR 2,16/Min). Konsularabteilung: Parkring 12a, 1010 Wien
- **Schweiz**: Schweiz: Sulgeneckstrasse 19, 3007 Bern, Tel.: 0900 87 84 72 (CHF 2,50/min), Fax: 357-7398; http://bern.usembassy.gov

Adressen der **Botschaften deutschsprachiger Länder in den USA**

- Embassy of the Federal Republic of Germany, 4645 Reservoir Rd. NW, Washington, D.C. 20007-1998, Tel.: (202) 298-4000, www.germany.info
- Austrian Embassy, 3524 International Court NW, Washington, D.C. 20008, Tel.: (202) 895-6700, Fax: 895-6773; www.austria.org, im Internet finden Sie genauere Infos zu den österreichischen Vertretungen im Ausland unter www.bmeia.gv.at
- Swiss Embassy, 2900 Cathedral Ave. NW, Washington, D.C. 20008-3499, Tel.: (202) 745-7900, Fax: 387-2564; *www.swissemb.org*

Amerikanische Botschaften in anderen Ländern finden Sie im Internet unter: www.travel.state.gov.

C

Camping

Auf fast allen Inseln stehen Wanderern und Naturliebhabern Campingplätze zur Verfügung, die von den Nationalparks, den State Parks und den County Parks verwaltet werden. Wer auf Komfort weitgehend verzichten kann, sich gerne an abgelegenen Stränden aufhält oder das gebirgige Inselinnere intensiv erkunden möchte, ist hier genau richtig. Einige dieser Parks besitzen auch einfache Hütten, daneben gehören Toiletten und Duschen oder fließend Wasser zur Grundausstattung der Zeltgelände. Infos über Campingplätze innerhalb der State Parks der einzelnen Inseln gibt: State of Hawaii – Division of State Parks, Kalanimoku Building, 1151 Punchbowl St., Room 310, Honolulu, HI 96813, Tel.: (808) 587-0300, www.hawaiistateparks.org. Ein Zeltplatz kostet 5-10 US$/ Nacht. Für einige Campingplätze ist eine Vorreservierung weder erforderlich noch möglich, sie operieren auf der Basis 'first come first service'; für andere hingegen benötigt man ein Permit, das vom jeweiligen Betreiber ausgestellt wird.

E

▶ Einkaufen / Souvenirs

Produkte des alltäglichen Bedarfs, wie Lebensmittel etc., kauft man in Hawaii nicht in Kaufhäusern europäischen Zuschnitts, sondern in den z.T. riesig großen Shopping Centers, in denen die Filialen von Kaufhausketten, Spezialgeschäften, Souvenirshops, Apotheken, Restaurants und oft auch Banken, Buchläden und Kinos unter einem Dach versammelt sind. Kleinere Boutiquen, die zu einem angenehmen Einkaufsbummel reizen, findet man u.a. in Honolulu, Waikiki und Lahaina auf Maui. Im Erdgeschoss der größeren Hotels befinden sich i.d.R. ebenfalls mehrere Shops, in denen man Getränke, Lebensmittel, Mode, Schmuck und Souvenirs erstehen kann.

Bei der Frage, was sich außer dem Alltagsbedarf zu kaufen lohnt, hängt die Antwort u.a. vom aktuellen Wechselkurs ab. Wenn der Euro mehr als 1 Dollar Wert ist, muss man genauer rechnen. Doch selbst dann bekommen Sie auch in Hawaii, wo das Preisniveau ja über dem amerikanischen Durchschnitt liegt, z.B. Markenjeans, Parfums, Sportschuhe, Elektrogeräte, Fahrräder oder Surfbretter oft für weniger Geld als in Deutschland. Bei Elektrogeräten mit Netzanschluss ist natürlich darauf zu achten, dass diese auf die heimische Stromspannung und die entsprechenden Stecker/Steckdosen umgerüstet sein müssen (viele Firmen bieten ihre Geräte in einer Exportversion an).

Geht es um Mitbringsel, muss ein Wort der Warnung vorangestellt werden: Vieles, was in den Souvenirshops als 'typisch hawaiisch' daherkommt, entstammt einer Produktionsstätte in Taiwan, Thailand oder China. Aus dem Angebot des qualitätvollen, einheimischen Kunsthandwerks sind Holzschnitzereien aus Koa-Holz, Repliken von alt-hawaiischen Tiki-Figuren, Leis aus Blumen, Muscheln, Nüssen und anderen Materialien, aus Pandanus oder Kokos geflochtene Hüte, Matten und Taschen, Nachahmungen von Petroglyphen (u.a. in Silber oder Lavagestein) sowie hawaiische Steppdecken (Quilts) besonders hervorzuheben. Solche Gegenstände finden Sie in Spezialgeschäften und in den Souvenirabteilungen der Museen (z.B. dem Bishop Museum in Honolulu).

Beliebte Mitbringsel sind auch die Aloha-Hemden, bedruckte T-Shirts, Muumuus und Strandkleidung, wie sie etwa von Hilo Hatties angeboten werden. Empfehlenswert ist auch ein Besuch der Buchhandlungen (z.B. Waldenbrooks oder Honolulu Book Shop), in denen Sie eine umfangreiche Hawaii-Literatur mit historischen, kunsthistorischen, geologischen Fachbüchern, Bildbänden, Postkarten mit historischen Motiven sowie vorzüglichem Kartenmaterial vorfinden.

Einreise

Für den Neuankömmling gelten folgende Einreisebestimmungen:

• Bürger der Bundesrepublik Deutschland, Österreichs und der Schweiz benötigen einen Reisepass, der noch mindestens für die Dauer des Aufenthaltes gültig ist und außerdem maschinenlesbar sein muss – die alten, grünen Reisepässe werden nicht akzeptiert!

• Es ist unbedingt empfehlenswert, rechtzeitig vor der Reise für Kinder einen eigenen, regulären Reisepass (e-Pass) zu beantragen. **Kinderreisepässe** werden zur visumfreien Einreise nur dann anerkannt, wenn sie vor dem 26.10.2006 ausgestellt und ab diesem Datum nicht verlängert wurden und ein Foto enthalten.

• Ein Visum ist nicht erforderlich – solange der Aufenthalt drei Monate nicht überschreitet.

Hinweis

Informieren Sie sich in jedem Fall vor der Abreise bei der US-Botschaft über die aktuellen Bestimmungen.

!!! Wichtiger Hinweis

*Seit Januar 2009 müssen sich Bürger, die ohne Visum in die USA einreisen (auch Kinder), als Teil des Visa Waiver Programs (VWP) spätestens 72 Stunden vor Abflug online registrieren (Electronic System for Travel Authorization, **ESTA**). Das kann bereits im Reisebüro oder im Internet auf einer speziellen Homepage erfolgen (auf deutsch): **https://esta.cbp.dhs.gov**.*

Dabei werden dieselben Angaben eingefordert, die USA-Besucher bisher auf dem im Flugzeug ausgeteilten, grünen I-94 W-Formular zur Befreiung von der Visumspflicht machen mussten: Name, Geburtsdatum, Adresse, Passnummer, Aufenthaltsort, Zweck und Dauer der Reise etc. Wer einmal registriert ist, kann innerhalb von zwei Jahren mehrfach einreisen, sofern der Pass gültig ist. Nach der Registrierung erfolgt im Allgemeinen sofort eine Mitteilung (Authorization Approved). Bei Besitz eines Visums ist keine Registrierung nötig.

Zu beachten ist:

• Ob mit oder ohne Touristenvisum; niemand darf sich – ohne Sondererlaubnis – länger als sechs Monate in den USA aufhalten.

• Vor der Einreise sind folgende Formulare auszufüllen, die man am Abflugflughafen oder im Flugzeug erhält:

- A: Die Immigration Card, die für Touristen ohne Visum aus dem grünen Formular I-94 W Form besteht, soll es in Zukunft durch die ESTA-Genehmigung (s.o.) ersetzt werden. Auch wenn Sie die ESTA Genehmigung eingeholt haben, kann es sein, dass Sie das noch Formular I-94W im Flugzeug ausfüllen müssen, da bis jetzt nicht alle Fluggesellschaften die ESTA Genehmigung am Ort bestätigen können. Das Formular muss auf Englisch und in Großbuchstaben ausgefüllt werden.

- B: Die Zollerklärung (Customs Declaration), die bei der anschließenden Zollkontrolle eingesammelt wird. Auch diese muss auf Englisch und mit Großbuchstaben ausgefüllt, außerdem unterschrieben und mit dem Datum versehen werden.

• Wer aus einem Seuchengebiet kommt oder zuvor durch ein solches gereist ist, muss ein Gesundheitszeugnis vorlegen.

• Die Einfuhr von Obst, Gemüse, Fleisch- und Wurstwaren sowie Pflanzen, pflanzlichen Produkten (z.B. Samen), Erde und lebenden Tieren ist strengstens untersagt, daher Punkt 9 der Zollerklärung sorgfältig beantworten.

Bei der Einreise ist ein umfangreicher Sicherheitscheck zu überstehen, bei dem man Fragen nach Grund, Aufenthaltsdauer, Finanzierung, Weiterreise etc. beantworten muss. Beantworten Sie alle Fragen geduldig, höflich und gewissenhaft, und vermeiden Sie Witze dem *Immigration Officer* gegenüber. Als Adresse geben Sie am besten Ihre Hotelanschrift an. Anschließend wird ein digitales Porträtfoto von Ihnen angefertigt und Ihr Pass gescannt, zudem werden Fingerabdrücke genommen. Dieses Verfahren ist naturgemäß zeitaufwändig und es kann zu langen Schlangen vor den entsprechenden Einreiseschaltern kommen.

Entfernungen

Bei den Reisekapiteln der einzelnen Inseln sind jeweils Kilometerzahlen und ungefähre Fahrzeiten der wichtigsten Strecken angegeben. Die Entfernungen der Inseln untereinander sind (wichtigste Flugrouten; Luftlinie von Flughafen zu Flughafen):

von	nach	Entfernung
Honolulu (Oahu)	Molokai	85 km
Honolulu (Oahu)	Lanai	118 km
Honolulu (Oahu)	Kahului (Maui)	162 km
Honolulu (Oahu)	Lihue (Kauai)	163 km
Honolulu (Oahu)	Kona (Big Island)	270 km
Honolulu (Oahu)	Hilo (Big Island)	346 km
Kahului (Maui)	Hilo (Big Island)	194 km
Kahului (Maui)	Kona (Big Island)	144 km
Kahului (Maui)	Molokai	77 km
Kahului (Maui)	Lanai	53 km
Molokai	Lanai	45 km

Fähren

Eine Personenfähre verkehrt zwischen Maui, Molokai und Lanai. Ansonsten ist die Inselgruppe nicht durch eine regelmäßige Fähre verbunden (siehe in den 'Regionalen Reisetipps').

Feiertage und Feste

Auf Hawaii als Bundesstaat der USA gelten die offiziellen amerikanischen Feiertage; d.h. dass an solchen Tagen Banken, Schulen, Postämter, Behörden und viele Museen geschlossen sind. Fällt ein Feiertag auf ein Wochenende, wird dieser am Montag 'nachgeholt'. An diesen gesetzlichen Feiertagen sind viele Geschäfte sowie einige wenige Restaurants und Sehenswürdigkeiten geschlossen. Außer Karfreitag und Ostersonntag zählen zu den **amerikanischen Feiertagen**:

1. Januar:	Neujahr
Dritter Montag im Januar:	Martin Luther King Day
Dritter Montag im Februar:	Washington's Birthday
Letzter Montag im Mai:	Memorial Day (Heldengedenktag)
4. Juli:	Independence Day (Unabhängigkeitstag)
Erster Montag im September:	Labor Day (Tag der Arbeit)
Erster Dienstag im November:	Wahltag (nur jedes zweite Jahr)
11. November:	Veterans Day (Tag der Kriegsveteranen)
Vierter Donnerstag im November:	Thanksgiving Day (Erntedankfest)
25. Dezember:	Christmas Day (Erster Weihnachtstag)

Dazu kommen folgende Feiertage, die **nur für Hawaii** gelten:

26. März:	Prince Kuhio Day (Todestag des letzten Sprosses der Königsdynastie)
11. Juni:	Kamehameha Day (Gedenktag an den Begründer des Königreiches)
Dritter Freitag im August:	Admission Day (Tag, an dem Hawaii zum 50. amerikanischen Bundesstaat erklärt wurde)

Viele **Feste und Events** werden durch das warme Klima, gepaart mit pazifischer Lebensfreude, zu einem unvergesslichen Erlebnis. Jede einzelne der ethnischen Gruppen hat dabei ihre eigene Weise, nationale oder religiöse Feste zu begehen, und die Touristen sind zur Teilnahme herzlich eingeladen. Ob Sportwettkämpfe, offizielle Feiertage, religiöse oder kommerzielle Veranstaltungen, immer werden Sie nicht nur auf freundliche Menschen, sondern auch auf ein umfangreiches Begleitprogramm stoßen, in dem für Musik ebenso gesorgt wird wie für das leibliche Wohl der Besucher. Daneben gibt es aber noch eine große Anzahl von Sportveranstaltungen, Verkaufsausstellungen oder sonstiger lokaler Feierlichkeiten.

Selbst wenn man bei einigen Festivals Eintritt zahlen muss (1-5 US$), lohnt sich die Teilnahme immer; genießen Sie also die Atmosphäre und nehmen Sie Eindrücke und Schnappschüsse voller Lokalkolorit mit. Über den Ort und genauen Zeitpunkt der Veranstaltungen informiert Sie die Tagespresse, Ihre Hotelrezeption oder das örtliche Fremdenverkehrsamt, wo man einen aktuellen Calendar of Events bekommen kann. Oder Sie informieren sich vorab im Internet bei www.thisweek.com, www.spotlighthawaii.com oder www.gohawaii.com.

siehe auch unter Stichwort 'Veranstaltungen'

▸ Fernsehen

Fast alle Hotelzimmer verfügen über einen Farbfernseher, wobei die wenigsten alle 27 Programme empfangen können. Gezeigt werden vor allem die üblichen Werbespots, Sportveranstaltungen, alte Filmkonserven und Musikclips. Darüber hinaus ist auch der Nachrichtensender *CNN* zu empfangen sowie meist ein hoteleigener Kanal mit Sendungen über die Angebote des Hauses und Attraktionen der Insel. Ein erweitertes Fernsehprogramm mit aktuellen Spielfilmen bieten verschiedene Pay-TV-Sender oder Videokanäle, für die ein Zusatzgerät aktiviert werden muss oder für die bestimmte Kanäle reserviert sind. Die Gebühr beträgt hier i.d.R. US$ 6,50-8,50 pro Film; achten Sie also darauf, dass Sie nicht zufällig auf diese Sender umschalten oder Ihre Kosten durch häufiges 'Zappen' addieren. Manchmal hat man eine Frist von bis zu 3 Minuten, in der man sich eine Sequenz des Videos anschauen kann, bevor der Film berechnet wird.

▸ Flüge

Die Inselgruppe, die etwa 12.500 km von Mitteleuropa entfernt liegt, kann von keiner Fluggesellschaft im Non-Stop-Flug erreicht werden. Die übliche Route verläuft über Amerika, wo an der Ost- und Westküste oder nur an der Westküste zwischengelandet wird. So z.B. mit der Lufthansa, die von Deutschland aus direkt Los Angeles und San

Francisco anfliegt. Aus der Vielzahl der möglichen Fluggesellschaften hier eine kleine Auswahl jener Airlines, die auch für eine Weiterreise in den pazifischen Raum oder für mehrere Stopover in Amerika von besonderem Interesse sind:

- **Air New Zealand**: Die neuseeländische Fluggesellschaft bedient u.a. die Strecke Frankfurt – Los Angeles – Honolulu – Nadi (Fidschi) – Auckland. Auf dem Weg nach Honolulu ist eine kostenlose Flugunterbrechung in Los Angeles möglich. Für die Weiterreise in den pazifischen Raum ist Air New Zealand ein idealer Carrier mit vielen Querverbindungen ab den Drehscheiben Auckland und Honolulu (www.airnz.com).
- **Air Canada**: Für diejenigen, die ihren Hawaii-Urlaub mit einer Reise nach Kanada koppeln möchten, ist diese Gesellschaft die beste. Air Canada fliegt auf der Route Frankfurt oder München – (Calgary) – Vancouver – Honolulu oder über Toronto. Auf dem Weg nach Honolulu ist eine kostenlose Flugunterbrechung in Toronto oder Vancouver möglich. Die Flugzeit auf dem schnellsten Wege beträgt 21 Stunden (www.aircanada.com).
- **Delta Airlines**: Die amerikanische Gesellschaft bedient alle größeren Flughäfen in den USA und verfügt ab Deutschland über die meisten Nonstop- oder Direktflüge. Sie ist daher ideal für alle, die ihre Reise nach Hawaii mit irgendeiner anderen US-Destination (oder mehreren) koppeln möchten. Die üblichen Delta-Routen gehen von Frankfurt, München und Zürich entweder über New York oder Atlanta nach Los Angeles und weiter nach Honolulu. Bei einer Hawaii-Reise ist eine kostenlose Flugunterbrechung innerhalb der direkten Streckenführung erlaubt, weitere Stopps (maximal 2) gegen Aufpreis möglich. Die Flugzeit auf dem schnellsten Wege beträgt 23 Stunden. Delta kooperiert mit Air France, so dass man auch von diesen Verbindungen profitieren kann. Z.B. in knapp 25 Stunden tägl. von 9 deutschen Airports über Paris nach San Francisco und weiter nach Honolulu. Außer Honolulu fliegt Delta Airlines auch Maui direkt an (www.delta.com).
- **United Airlines**: Diese Gesellschaft verfügt über ein ähnlich ausgedehntes Netz an Zielflughäfen in den USA wie Delta und hat bezüglich Hawaiis den großen Vorteil, dass sie außer Honolulu auch Maui, Kauai und Big Island direkt anfliegt. Von Berlin, Düsseldorf, Frankfurt, Hamburg und München geht es (z.T. via London) nach Chicago, New York oder Washington, dann nach Los Angeles oder San Francisco, ab dort nach Hawaii. Auf dem Weg ist jeweils eine kostenlose Flugunterbrechung am ersten Abflugort in den USA sowie in Los Angeles oder San Francisco möglich, maximal zwei weitere Stopps gegen Gebühr. Die Flugzeit auf dem schnellsten Wege beträgt 19 Stunden (www.unitedairlines.de).
- **Lufthansa**: Durch ein Kooperationsabkommen mit United Airlines und Air Canada kann die Lufthansa innerhalb Nordamerikas auf deren weit gespanntes Netz an Zielflughäfen zurückgreifen; auf dem Weg nach Hawaii ist eine kostenlose Flugunterbrechung in Los Angeles oder San Francisco möglich; Gabelflüge sind erlaubt (www.lufthansa.de).

Die **Flugpreise** liegen je nach Airline und Termin zwischen € 900 und 1.050 für die Strecke Frankfurt/M. – Honolulu. Der billigste Tarif liegt normalerweise zwischen April und Juni sowie zwischen August und Anfang Dezember. In der Hochsaison, d.h. von

Weihnachten bis Ostern und in den Sommerferien, fallen z.T. deutlich höhere Kosten an. Achten Sie bei Ihrer Fluginformation auch darauf, ob die entsprechende Airline Wochenendzuschläge erhebt und ob evtl. Anschlussflüge in Deutschland im Preis enthalten sind oder nicht. Hinzurechnen muss man normalerweise auch die deutschen Sicherheitsgebühren und die Flughafengebühren in den USA. Die offiziellen Flugpreise sind immer recht hoch, bei der Buchung mehrerer touristischer Leistungen (Flug/Hotel/Mietwagen etc.) kommt man meist billiger davon. Außerdem haben Reiseveranstalter oder Last-Minute-Agenturen bisweilen auch Sonderangebote im Programm. Billigfluganbieter annoncieren z.B. in überregionalen Tageszeitungen oder sind im Internet vertreten, z.B. unter www.followme.de, www.expedia.de und www.flug.de. Hier gibt es manchmal Hin- und Rückflüge für unter € 800 p.P.

Wer völlig unabhängig ist, gern selbst organisiert und möglichst geldschonend reisen möchte, kann durch Preisvergleiche mitunter erstaunlich billige Flüge in den Osten oder Westen der Vereinigten Staaten ergattern. Dort besorgt man sich dann ein Ticket nach Hawaii (Flugtickets sind in den USA z.T. deutlich billiger als in Europa). Trotzdem gilt auch hier: Selbst wenn man den organisatorischen Mehraufwand nicht einrechnet, der notwendig ist, um die jeweils billigsten Angebote auszukundschaften, wird mancher Individualist bei der Addition seiner Kosten feststellen, dass es preisgünstiger gewesen wäre, auf ein Pauschalangebot ab/bis Deutschland zurückzugreifen. Die Reiseveranstalter können bei ihren Flug-, Übernachtungs- und Mietwagenpaketen mit Sondertarifen kalkulieren, auf die der Individualtourist keinen Zugriff hat.

Empfehlenswert ist es, in Hawaii für den Termin Ihres Weiter- oder Rückfluges möglichst 72 Stunden vor Abflug eine **Rückbestätigung** *(reconfirmation)* zu tätigen. Diese können Sie schon bei Ankunft direkt am Flughafenschalter der entsprechenden Linie vornehmen oder telefonisch, am besten über die gebührenfreien Telefonnummern der Gesellschaften. Fast alle haben natürlich auch ein Büro am Flughafen Honolulu sowie z.T. an weiteren Flughäfen und in den größeren Städten, wo eine Rückbestätigung ebenfalls telefonisch möglich ist. Weitere Telefonnummern von Airlines sind über die Hotelrezeptionen oder die Gelben Seiten erfragbar.

Flugrouten / Hawaii als Stopover

Jeder, der auf Hawaii war, wird bestätigen, dass es eigentlich viel zu schade ist, die Inselgruppe nur als kleinen Baustein einer größeren Reise zu besuchen. Trotzdem gibt es unter bestimmten Voraussetzungen viele gute Gründe, **Hawaii als Stopover** bzw. als Anhängsel an einen Urlaub mit anderem Thema zu nutzen. Am beliebtesten ist dabei, das Reiseziel mit einem Aufenthalt in den **USA oder Kanada** zu kombinieren. Denn wer z.B. einige Wochen mit dem Wohnmobil, dem Mietwagen oder dem Bus durch den amerikanischen Westen getourt ist, mag den berechtigten Wunsch verspüren, als krönenden Abschluss noch eine Woche Badeurlaub dranzuhängen. Selbst im Hochsommer ist nämlich das Pazifikwasser an der amerikanischen Westküste (von Südkalifornien abgesehen) i.d.R. zu kalt zum Schwimmen. Außerdem dauert der Flug nach Hawaii von den Metropolen im Westen aus 'nur' 5 Stunden. In diesem Fall ist es ratsam, sich auf Hawaii nicht allzu viel vorzunehmen und natürlich den Aufenthalt an das Ende und nicht an den Anfang der Reise zu stellen.

Da die meisten Fluggesellschaften ohnehin einen Zwischenstopp in den USA ohne Mehrkosten erlauben, kauft man sich zweckmäßigerweise ein Ticket bis Hawaii und gibt an, wo und wie lange man in den Vereinigten Staaten bzw. Kanada unterbrechen möchte – eigentlich ist dabei also das amerikanische Festland und nicht Hawaii der 'Stopover'.

Entsprechend der internationalen Flugrouten gehören Los Angeles, San Francisco, Vancouver, Seattle und San Diego zu den beliebtesten Unterbrechungen. Von den großen Reiseveranstaltern ist die Kombinationsmöglichkeit von Hawaii mit anderen Destinationen im amerikanischen Westen längst als Marktlücke entdeckt worden; daher wird man keine Schwierigkeiten haben, entsprechende Angebote von Pauschalreisen per Mietwagen bzw. Wohnmobil *(Fly and Drive)* oder Busrundreisen zu den Naturwundern des Westens in Verbindung mit einer Verlängerungswoche auf Hawaii in den Programmen zu finden oder eine Vielzahl von Arrangements, die man sich entsprechend eigener Vorstellungen im Baukastensystem selbst zusammenstellen kann. Wer eher auf Eigeninitiative und größtmögliche Unabhängigkeit schwört, hat ebenfalls alle Möglichkeiten, in den USA problemlos und schnell für die Inselgruppe ein Flugticket oder einen Hotelaufenthalt zu buchen. Hawaii ist als 50. Bundesstaat eben Inland und eine Reise dorthin leicht zu bewerkstelligen.

Natürlich kann man Hawaii auch zu einem kleinen Bestandteil einer **größeren Südsee-Reise** machen, die man entweder in Eigenregie durchführt oder als Pauschalangebot bucht. Der Vorteil – ähnlich einer Kreuzfahrt durch die Region – ist, dass man den pazifischen Raum komprimiert mit seinen landschaftlichen und kulturellen Gemeinsamkeiten oder Unterschieden erlebt. Dem steht der Nachteil gegenüber, dass bei einem normal bemessenen Urlaub die einzelnen Ziele nur oberflächlich gestreift werden können und dass bei einer Reise auf eigene Faust einige organisatorische Aufgaben zu bewältigen sind (von den Flugkosten einmal abgesehen).

Durch das Flugnetz u.a. von *Air New Zealand* und *Air France* (für Französisch-Polynesien) sind reizvolle Destinationen wie **Fidschi-Inseln, Tonga, Tahiti, Cook Islands** und **Samoa** fast beliebig kombinierbar. In den Programmen der Veranstalter tummeln sich etliche Routenvorschläge, Bausteine und Paketangebote zu Reisen in den Pazifik. Da die Reiseziele **Neuseeland und Australien** von Europa aus gesehen genau auf der anderen Seite des Globus' liegen, können sie ebenso gut über die Asienroute (z.B. via Bangkok, Singapur oder Hongkong) angeflogen werden wie über die Amerikaroute. Wer letztere wählt, hat die Möglichkeit, auf dem Weg vom amerikanischen Festland nach Neuseeland (oder auf dem Rückweg) einen Stopover auf Hawaii einzulegen.

Allerdings lohnt sich die Unterbrechung m.E. nur, wenn Sie über genügend Zeit für die Gesamtreise verfügen. Denn die Destinationen Neuseeland und Australien bergen so viele landschaftliche und kulturelle Höhepunkte, dass man es sich bei einem durchschnittlich bemessenen Urlaub (also ca. 3 Wochen) gut überlegen sollte, ob es sinnvoll ist, dem eigentlichen Reiseziel diese Tage auf Hawaii 'wegzunehmen'. Es wäre schade, wenn man nach den Ferien feststellen würde, dass man so weder Neuseeland/Australien noch Hawaii richtig kennen gelernt hat. Falls Sie jedoch über die entsprechende Zeit verfügen, dann sei Ihnen der Stopover auf Hawaii wärmstens empfohlen. Sie unterbrechen dabei auf angenehme Weise die lange Flugzeit und können die Badeferien nachholen, die in Neuseeland aufgrund der Wassertemperaturen nicht immer möglich sind. Besonders empfehlenswert ist dabei also – ähnlich wie bei der Kombination amerikanischer Westen/Hawaii – die Terminierung des Hawaii-Besuches auf die Heimreise.

Der Vollständigkeit halber sei auf die Möglichkeit hingewiesen, mit einem **Round-the-World-Ticket** zu operieren, so dass Sie die Asien- mit der Amerikaroute verknüpfen. Angebote dazu gibt es auf dem Touristikmarkt in großer Auswahl, wobei in diesem Zusammenhang u.a. die Kooperationsverträge der so gen. Star Alliance interessant sind, denen u.a. Air Canada, Air New Zealand, All Nippon Airlines, Lufthansa, SAS, Singapore Airlines, Thai Airways und United Airlines angehören. Der Star Alliance-Round-the-World-Pass gilt ein Jahr lang auf dem gesamten Streckennetz der Star Alliance und erlaubt maximal 15 beliebige Stopps auf dem gesamten Streckennetz, so dass außer Hawaii die attraktivsten Städte auf allen Kontinenten angeflogen werden können. Die Preise richten sich nach Anzahl der Stopps und Strecken.

▶ Fotografieren

Speicherkarten und **Akkus** für Digitalkameras sind in Fotoläden, Elektronikshops und mittlerweile auch in Fotoabteilungen von Drugstores und Supermärkten zu bekommen. Dort gibt es häufig auch digitale Druckservices, photo kiosks. Mitgebrachte Ladegeräte müssen „reisetauglich" sein, d.h. der anderen Spannung angepasst werden können, zudem ist ein Adapter für die anderen Steckdosen nötig, gleiches gilt für ein evtl. mitgebrachtes Kartenlesegerät.

Kleinbildfilme – vor allem der Firma Kodak – sind ebenso wie Wegwerfkameras einfach in jedem Supermarkt, Drugstore oder Souvenirladen erhältlich, und preiswerter Entwicklungs-Schnellservice steht zur Verfügung.

In Museen und manchen anderen Sehenswürdigkeiten sowie im Umkreis von militärischen Anlagen ist Fotografieren verboten bzw. nur zu Privatzwecken erlaubt, ohne Blitz und Stativ. Bei Personenaufnahmen ist Respekt oberstes Gebot (ggf. vorher Fotografiererlaubnis einholen).

Kameras und **Zubehör** sind in den USA preiswerter als hierzulande, beim Kauf ist allerdings zu prüfen, ob die Garantie weltweit gilt und ob die Stromspannung von Netzgerät und sonstigem Zubehör passen bzw. angepasst werden können. Zum annoncierten Preis addiert werden muss meistens noch die Steuer, außerdem u.U. Zoll am deutschen Einreiseflughafen.

G

▶ Geld/Geldwechsel/Zahlungsmittel

Am einfachsten zahlen Touristen in den USA mit Dollarnoten, Travellerschecks und Kreditkarten; und auch Ihre Reisekasse sollte aus einer ausgewogenen Mischung der genannten Zahlungsmittel bestehen. Es ist wichtig, dass Sie schon bei Ankunft einige (möglichst kleine) Dollarnoten bei sich haben, um u.a. den Taxifahrer, den Gepäckträger usw. bezahlen zu können. Der größte Teil Ihrer Geldreserven sollte jedoch in **Dollar-Reiseschecks** angelegt sein, mit denen man (zusammen mit dem Reisepass) fast überall wie mit Bargeld bezahlen kann.

Der Umtausch von Reiseschecks in Bargeld ist an den meisten Hotelrezeptionen möglich, allerdings oft mit einem Limit von US$ 100 pro Zimmer und Tag. Fast unverzichtbar ist heutzutage in den USA eine **Kreditkarte**, sei es, um einen Wagen zu mieten, sei es als Kaution für die Hotelrechnung. Oft ist es einfacher, mit Kreditkarte zu bezahlen als bar, da die Angst vor Falschgeld groß ist und Kellner, Taxifahrer etc. außerdem bei größeren Beträgen oft kein Wechselgeld haben. Unter Vorlage Ihres Reisepasses bekommen Sie über Ihre Kreditkarte u.a. bei der *Bank of Hawaii,* der *First Hawaiian Bank* oder der *First Interstate Bank* auch Bargeld. Die genannten Geldinstitute verfügen auch über einen Service bei gestohlenen oder verloren gegangenen Karten.

Mit Ihrer **EC-Karte** oder **Kreditkarte** können Sie Bargeld abheben, und zwar an den meisten Geldautomaten *(ATM = Automatic Teller Machine)*. Erkundigen Sie sich vorher bei Ihrer Bank über die Gebühren. Abzuraten ist von der Mitnahme größerer Summen in heimischer Währung, da abseits von Honolulu und Waikiki nicht alle Banken Geld umtauschen. Und beim **Umtausch von Euro** zu Dollar bekommen Sie an den Hotelrezeptionen einen äußerst ungünstigen Wechselkurs.

Folgende **Banknoten** sind zzt. in Umlauf: 1, 2, 5, 10, 20, 100, 500 und 1.000 US$.

!!! ***Achtung:***
Alle Banknoten haben die gleiche Größe und unterscheiden sich auch farblich nicht; es kann also leicht passieren, dass man eine Ein-Dollar-Note z.B. mit einer Zehn-Dollar-Note verwechselt. Neuerdings bekommen jedoch die Dollar-Noten ein neues und 'fälschungssicheres' Gesicht.

An **Münzen** gibt es: 1 Cent (= Penny), 5 Cent (= Nickel), 10 Cent (= Dime), 25 Cent (= Quarter), 50 Cent (= Half Dollar) und die relativ seltenen Dollar-Münzen.

Aktuelle Wechselkurse im Internet u.a. unter www.wechselkurse.de.

▶ Helikopter-Rundflüge

Eine der beliebtesten Möglichkeiten, die hawaiischen Inseln überblicksartig kennen zu lernen und auch die unzugänglichsten Stellen zu sehen, sind die Helikopter-Rundflüge, die auf jeder Insel von einer Vielzahl von Firmen angeboten werden. Zu den absoluten Highlights zählen die Na Pali Coast und der Waimea Canyon auf Kauai, die Steilküste von Molokai und der Volcanoes National Park auf Big Island. In den Programmen finden Sie sowohl kürzere Flightseeing-Touren von 20 Minuten als auch ein- oder mehrstündige Ausflüge, auf denen man eine oder gleich mehrere Inseln 'komplett' überfliegt.

Tipps für Helikopter-Touren

- *Bevor Sie sich zu einem Rundflug entschließen, achten Sie auf die Sonderangebote, die es in den Touristenzeitschriften zuhauf gibt. Die Konkurrenz ist groß, deshalb kann sich ein Preisvergleich deutlich lohnen. Einsparungen sind auch dadurch möglich, dass man einen Abflugort wählt, der näher zu der gewünschten Attraktion liegt. Wer auf Big Island z.B. den Volcanoes National Park aus der Vogelperspektive bewundern möchte, sollte bedenken, dass der Start ab Hilo sehr viel billiger ist als der von der Westküste aus – falls man auf einer Inselrundfahrt ohnehin durch Hilo kommt, legt man also den Helikopterflug zweckmäßigerweise auf diesen Tag. Einsparen kann man z.T. auch dadurch, dass man die Tour direkt bei der Hubschrauberfirma bucht.*
- *Nehmen Sie für den Ausflug ausreichend Filmmaterial mit. Alle Aufnahmen müssen natürlich durch die geschlossenen Kabinenfenster gemacht werden, deren Krümmung zu Verzerrungen führt. Tragen Sie während des Fluges keine allzu auffällige Kleidung, da sich diese oft im Fenster spiegelt und für unerwünschte Farbflecken auf dem Dia/Foto/Videofilm sorgt. Im Reisepreis ist bei vielen Firmen eine DVD eingeschlossen, die natürlich sehr viel bessere Naturaufnahmen bietet, als man sie selbst machen könnte.*
- *Als Faustregel gilt, dass die Sichtverhältnisse in den frühen Morgenstunden am besten sind.*

Auf dem Heliport von Lihue (Kauai)

Von den Firmen werden hauptsächlich folgende drei unterschiedliche Hubschraubertypen eingesetzt: Der Aero Star ist ein 6-Sitzer, bei dem alle Passagiere einen Fensterplatz haben; der Hughes 500 ist ein 4-Sitzer, ebenfalls ausschließlich mit Fensterplätzen, während beim Bell Jet Ranger vier Personen mitfliegen, wobei auf der Rückbank 3 Personen Platz finden.

Der Pilot ist gleichzeitig der Reiseleiter, dessen Kommentare über Kopfhörer empfangen werden; häufig werden die Landschaftseindrücke auch durch eingespielte Musik untermalt. Bei manchen Firmen ist es möglich, die Erläuterungen und Begleitmusik per Kabel in den Toneingang der Videokamera einzuspeisen.

Trotz aller in der jüngeren Vergangenheit erlassenen Beschränkungen (Einhaltung von Mindestflughöhen usw.) boomt das Geschäft. Empfehlenswerte Firmen sind u.a. Alexair (www.helitour.com) und Blue Hawaii (www.bluehawaiian.com).

▶ Hotels

siehe unter Stichwort 'Unterkunft'

I

Inselhüpfen

Anders als bei vielen Inselgruppen sind die hawaiischen Inseln nicht durch einen regelmäßigen Schiffsverkehr miteinander verbunden – von den Personenfähren zwischen Maui, Lanai und Molokai einmal abgesehen. An die Stelle der Fähren treten hier die Flugverbindungen, deren perfekt ausgebautes Netz von Einheimischen wie Touristen als selbstverständliches Nahverkehrsmittel genutzt wird. Auf diese Weise ist Inselhüpfen zu einer schnellen (durchschnittliche Flugdauer: 20-30 Min.), problemlosen und recht preisgünstigen Angelegenheit geworden, bei der es keine langen Wartezeiten oder Sitzplatzreservierungen, dafür aber jede Menge Starts und Landungen zwischen 5.30 und 21 Uhr gibt.

Der Check-In bei Inselflügen geschieht 30 Minuten vor dem Start, spätestens 15 Minuten vorher sollte man am Boarding Gate sein. Etwas mehr Zeit braucht man, wenn man von einem innerhawaiischen direkt auf einen Überseeflug umsteigen möchte, nämlich etwa 75 Minuten. Eine ähnliche Zeitreserve sollten Sie in Honolulu einplanen, wenn ein Anschlussflug von einer anderen Gesellschaft durchgeführt wird, da deren Terminal recht weit von der Ankunftshalle entfernt sein kann.

Flüge zwischen den Inseln werden fast schon wie Bustickets an den Traveldesks der großen Hotels oder in jedem Reisebüro vor Ort verkauft. Da die Flugunternehmen einen regelrechten Preiskrieg führen, kann man viel Geld sparen, wenn man auf Sonderangebote achtet oder auf Flugcoupons zurückgreift, wie sie etwa von Hawaiian Airlines angeboten werden. Häufig kann man auf diese Weise einen Interisland-Flug für rund US$ 35 ergattern. Interisland-Flüge, die über deutsche Reisebüros angeboten oder direkt auf der Homepage der jeweiligen Gesellschaft angeboten werden, kosten bei Hawaiian Airlines in der Saison 2009 ca. US$ 70 p.P. und Flugstrecke.

Die wichtigsten Carrier im innerhawaiischen Fluggeschäft sind:
- go! Airlines, Website: www.iflygo.com
- Hawaiian Airlines, Website: www.hawaiianair.com
- Island Air, Website: www.islandair.com
- Pacific Wings, Website: www.pacificwings.com, www.flypwx.com

Sie operieren z.T. mit mittelgroßen Düsenjets, z.T. aber auch mit kleinen Propellermaschinen, die das Erlebnis eines touristischen Erkundungsfluges sozusagen kostenlos mitliefern. Letztere haben natürlich den Vorteil, dass sie auch auf kleinen Pisten landen können, und sind für alle interessant, die sich z.B. die lange Autofahrt nach Hana oder den Maultierritt zur Kalaupapa-Halbinsel ersparen möchten.

Auf dem Honolulu International Airport sind die Gesellschaften Hawaiian Airlines und Aloha Airlines im Interisland-Terminal untergebracht. Dieser liegt etwa 15 Gehminuten vom internationalen Terminal entfernt und ist am besten mit einem kostenlosen Wiki-Wiki-Shuttlebus erreichbar (Infos unter http://hawaii.gov/hnl). Die kleineren 'Inselhüpfer' sind daneben in einem abgelegenen Seitenflügel untergebracht, dem so gen. Commuter Terminal (commuter = 'Pendler'). Die begrenzte Tragfähigkeit der Maschinen erfordert übrigens, dass Sie manchmal beim Einchecken Ihr Gewicht angeben müssen.

Die so gen. **Drei-Letter-Codes** der Inselflughäfen – enthalten auf Ihrem Flugschein und der Gepäckkarte – bedeuten:

HNL = Oahu, Honolulu Airport
ITO = Big Island, Hilo Airport
KOA = Big Island, Kona Airport
MUE = Big Island, Waimea (Kamuela)
LIH = Kauai, Lihue Airport
HPW = Kauai, Princeville Airport
LNY = Lanai Airport
MKK = Molokai, Hoolehua Airport
LUP = Molokai, Kalaupapa Airport
OGG = Maui, Kahului Airport
HNM = Maui, Hana Airport
JHM = Maui, Kapalua Airport

Internet

Die Hawaii-Inseln sind eindeutig online. Im Jahre 2009 hatten ca. 90 % aller hawaiischen Haushalte einen Computer und etwa 80 % einen Internetzugang. Touristen finden Internetcafés allerorten, besonders zahlreich natürlich in Honolulu/Waikiki. Im weltweiten Netz surft man hier für rund zwei Dollar pro Viertelstunde. Auch Hotels, Pensionen und andere Unterkünfte halten oft einen Internetzugang bereit, die Kosten liegen bei etwa US$15/Tag.

K

Kartenmaterial

Neben der diesem Buch beigefügten Karte gibt es in Hawaii Info- und Kartenmaterial reichhaltig und kostenlos. Die Hotels in Waikiki halten z.B. Stadtpläne bereit, die Mietwagenfirmen geben ihren Kunden praktische Kartenhefte mit, in denen auch Sehenswürdigkeiten, Meilenangaben etc. eingetragen sind, und die Touristenzeitungen bilden oft die jeweilige Insel mit ihren Straßenverbindungen überblicksartig ab.

Autofahrern seien jedoch zusätzlich die von der *University of Hawaii Press* herausgegebenen Inselkarten von *James A. Bier* empfohlen, mit denen man stets zuverlässig zu seinem Reiseziel geleitet wird. Sie werden in den meisten Souvenirshops und Buchläden verkauft (3-5 US$).

Kleidung

Überall in Amerika schätzt man bequeme, lockere Kleidung, vor allem natürlich in Hawaii mit seinen ganzjährig warmen Temperaturen. Bedenken Sie aber, dass häufig Regenschauer niedergehen können und dass es in den Höhenlagen empfindlich kühler sein kann als an der Küste. Wanderer sollten an festes und bequemes Schuhwerk denken. Es lohnt sich nicht, vor der Reise auf Einkaufstour zu gehen, da Kleidung und Schuhe je nach Wechselkurs beträchtlich billiger sind als in Mitteleuropa. Leichte Sommerkleidung wie die bunten Aloha-Hemden (bzw. Hawaii-Hemden) oder die weiten hawaiischen Kleider (Muumuus) bekommt man ebenso wie Badekleidung preisgünstig vor Ort. In einigen Restaurants der höheren Preisklasse werden zum Abendessen Jackett und Krawatte verlangt.

Kreditkarten

Ohne Kreditkarte geht es in den USA nicht! Mietwagenfirmen und teilweise Hotels nehmen kein Bargeld. Die fast überall akzeptierten Kreditkarten sind: Mastercard (ist in jeder Eurocard integriert), Visa, American Express und Diners, wobei die letzten beiden oft nicht genommen werden. Besonders American Express wird von einigen Ladenbesitzern aufgrund ihrer hohen Gebühren für das Geschäft boykottiert. Sie können sich Geld an fast allen Geldautomaten (ATMs) auch mit Ihrer heimischen Bankcard (ehem. Eurochequekarte) auszahlen lassen. Der Geldautomat muss dafür das Cirrus/Maestro-Zeichen anführen.

> **Tipps**
>
> • *Achten Sie darauf, dass Sie Ihre Geheimnummer kennen. Denn vielleicht benötigen Sie ja Geld über die Kreditkarte. Und dann benötigen Sie diese an den Automaten.*
> • *Einige Kreditkarten decken z.B. Krankenversicherungen u. Ä. ab. Ihre vielleicht auch? Versichern Sie sich nicht doppelt. Fragen Sie nach.*

Ratsam für eine Aufteilung Ihrer Reisekasse wäre es somit, etwas amerikanisches Bargeld für die ersten Tage mitzunehmen (ca. $ 100-200/Person), evtl. einen Teil in Reiseschecks, die Bankcard und zwei Kreditkarten dabeizuhaben. Europäische Währungen können Sie zwar als Notreserve auch noch mitnehmen, aber es kann Ihnen passieren, dass die Umtauschkurse in den USA schlechter bzw. die Gebühren hoch sind. Außerdem müssen Sie dann die Bankzeiten einhalten und nicht alle Banken sind auf Geldwechsel eingestellt.

Kreditkarten sind versichert und bei Verlust oder Diebstahl sorgt die Gesellschaft nach einem Anruf unter ihrer Notfallnummer (s. Kartenrückseite bzw. Merkblatt, Nummer vor der Reise notieren!) für Sperrung und raschen Ersatz (siehe auch: www.kartensicherheit.de). In Deutschland gibt es seit 2005 die **einheitliche Sperrnummer 0049-116116**, im Ausland zusätzlich **0049 (30) 4050-4050**. Sie gilt mit wenigen Ausnahmen (siehe www.sperr-ev.de) für alle Arten von Karten (auch Maestro/EC-Karten) bzw. Banken.

Kreuzfahrten

Die Urlaubsdestination Hawaii war vor dem Aufkommen des Massentourismus ab den 1960er Jahren in erster Linie ein Ziel für Kreuzfahrer, die auf einer einwöchigen Schiffspassage die Strecke San Francisco – Honolulu zurücklegten. Die bekannteste Schifffahrtsgesellschaft war damals die *Matson Company*, deren Luxusliner mit allem erdenklichen Komfort ausgestattet waren.

Eine Kreuzfahrt in der ersten Hälfte des 20. Jahrhunderts hatte allerdings eine andere Funktion als heutzutage: Zwar sollte man sich auch auf See erholen und das Schiff als schwimmendes Hotel nutzen, doch war die Reise als solche in erster Linie ein Personentransfer. Nachdem die Passagiere den extra für die Ozeandampfer erbauten *Aloha Tower* in Honolulu erreicht hatten, begannen die eigentlichen Ferien, nämlich der Aufenthalt in Waikiki.

Die Schiffsreise hatte also den Zweck, Touristen auf bequeme Art auf die Inseln zu bringen, und es ist kein Zufall, dass die beiden ersten Nobelherbergen in Waikiki, nämlich das 1901 eröffnete *Moana Hotel* und das 1927 hinzugekommene *Royal Hawaiian Hotel*, eng mit dem Kreuzfahrtgeschäft verknüpft waren und sich z.T. im Besitz der Reederei befanden.

Heute haben Flugreisende die Möglichkeit, in Honolulu an Bord eines komfortablen Schiffes zu gehen und die einzelnen Inseln auf unterschiedlichen Routen anzulaufen – eine Alternative zum 'Inselhüpfen' per Flugzeug. Der Vorteil dieser Reiseart liegt auf der Hand: Es gibt kein lästiges Kofferpacken, die Seestrecken werden in der 'unproduktiven' Nacht zurückgelegt, für die Inselerkundung kann man ohne organisatorischen Aufwand und je nach Interesse unter etlichen Landausflügen auswählen, die Vollpension an Bord lässt keine Wünsche offen, und das 'schwimmende Hotel' als Transportmittel bietet viele herrliche Perspektiven, für die man sonst an einem Schiffsausflug teilnehmen müsste. Natürlich hat solch eine Kreuzfahrt ihren hohen Preis, der sich im Vergleich zum herkömmlichen 'Inselhüpfen' allerdings schnell relativiert, wenn man nämlich die anfallenden Kosten für die Flüge, den Mietwagen, die Hotels und die Restaurantbesuche addiert.

Das Kreuzfahrtgeschäft innerhalb der hawaiischen Gewässer liegt heutzutage fast ausschließlich in den Händen der Norwegian Cruise Line America (NCL), deren Schiffe 'Pride of Aloha' (seit 2004 im Einsatz), 'Pride of America' (2005 in Bremerhaven gebaut) und 'Pride of Hawaii' (2005 in Papenburg fertig gestellt) ganzjährig zwischen den Inseln hin- und herfährt. Die wichtigsten Anlaufhäfen sind Honolulu auf Oahu, Kahului auf Maui, Nawiliwili Harbor auf Kauai sowie Kona und Hilo auf Big Island. Die Kreuzfahrt ist durchaus geeignet, den Archipel halbwegs kennen zu lernen, wenn man an den Landausflügen (zu buchen an Bord) teilnimmt. Diese beinhalten u.a. eine Stadtrundfahrt in Honolulu mit Pearl Harbor, Punchbowl, Waikiki etc., eine Fahrt entlang Oahus Ostküste mit Besuch des Polynesian Cultural Center; auf Maui eine Fahrt ins Iao Valley und nach Lahaina sowie hinauf zum Haleakala; auf Kauai eine Fahrt zum Waimea Canyon und einen Bootsausflug zur Fern Grotto; auf Big Island einen Besuch des Volcanoes National Park, eine Stadtbesichtigung von Wailua-Kona und einen Ausflug zum Place of Refuge.

Zwischen Januar und März hat man außerdem Gelegenheit, von Bord aus Whalewatching zu betreiben. Die Preise variieren je nach Saison und gewählter Kabinenkategorie, sie beginnen mit € 680 p.P. für eine 8-tägige und € 900 p.P. für eine 11-tägige Tour. Eine Übersicht aller Kreuzfahrten und der NCL-Gruppe finden Sie im Internet unter www.ncl.de, www.ncl.at, www.ncl.ch oder www.orient-lines.info. Man kann reine Kreuzfahrten ab/bis Honolulu (cruise only) buchen, oder An- und Abreisepakete (Flug, Transfer, Hotelübernachtung) sowie Verlängerungswochen auf Hawaii.

▶ Kriminalität

Bekanntermaßen besitzen die Vereinigten Staaten eine relativ hohe Kriminalitätsrate (insbesondere die Großstädte), doch im Vergleich dazu schneidet Hawaii erfreulicherweise besonders positiv ab. Trotzdem sollte man auch hier Langfinger oder Hotelpersonal nicht unnötig in Versuchung führen. Lassen Sie daher kein Gepäck, Filmkameras oder Wertsachen unbeaufsichtigt im Wagen liegen. Und empfehlenswert ist es allemal, im Hotel die Wertsachen (dazu gehören auch die Flugtickets und der Reisepass) einzuschließen. Fast alle Hotels haben Safes an der Rezeption, manche auch auf den Zimmern, wo die Benutzung häufig eine Gebühr von US$ 2-3 pro Tag kostet.

Maßeinheiten

Hohlmaße

1 fluid ounce ▸ 29,57 ml	
1 pint ▸ 16 fl. oz. = 0,47 l	
1 quart ▸ 2 pints = 0,95 l	
1 gallon ▸ 4 quarts = 3,79 l	
1 barrel ▸ 42 gallons = 158,97 l	

Flächen

1 square inch (sq.in.) ▸ 6,45 cm²	
1 sq.ft. ▸ 929 cm²	
1 sq.yd. ▸ 0,84 m²	
1 acre ▸ 4.840 squ.yd. ▸ 4.046,8 m² o. 0,405 ha	
1 sq.mi. ▸ 640 acres ▸ 2,59 km²	

Längen

1 inch (in.) ▸ 2,54 cm	
1 foot (ft.) ▸ 12 in. ▸ 30,48 cm	
1 yard (yd.) ▸ 3 ft. ▸ 0,91 m	
1 mile ▸ 1.760 yd. ▸ 1,61 km	

Gewichte

1 ounce ▸ 28,35 g	
1 pound (lb.) ▸ 16 oz. ▸ 453,59 g	
1 ton ▸ 2.000 lb ▸ 907 kg	

Temperaturen

Umrechnung: (Grad F - 32) x 0,56 = Grad C

23 °F ▸ -5 °C	32 °F ▸ 0 °C	41 °F ▸ 5 °C	50 °F ▸ 10 °C
59 °F ▸ 15 °C	68 °F ▸ 20 °C	77 °F ▸ 25 °C	86 °F ▸ 30 °C
95 °F ▸ 35 °C	104 °F ▸ 40 °C		

Herrenanzüge

Deutsche Größe (z. B. 50) minus 10 ergibt amerikanische Größe (40)

Herrenhemden

D	36	37	38	39	40/41	42	43
USA	14	14,5	15	15,5	16	16,5	17

Herrenschuhe

D	39	40	41	42	43	44	45
USA	6,5	7,5	8,5	9	10	10,5	11

Damenbekleidung

D	36	38	40	42	44	46
USA	6	8	10	12	14	16

Damenschuhe

D	36	37	38	39	40	41	42
USA	5,5	6	7	7,5	8,5	9	9,5

Kinderbekleidung

D	98	104	110	116	122
USA	3	4	5	6	6x

Filmempfindlichkeit

DIN	15	18	19	21	24	27	30	33
ASA	25	50	64	100	200	400	800	1.600

N

Notrufnummer (gebührenfrei)

Ambulanz, Polizei, Feuerwehr: 911

O

Öffnungszeiten

In den USA gibt es keine verbindlichen Ladenschlusszeiten wie bei uns. Manche Shops, vor allem in Waikiki, sind an sieben Tagen in der Woche und oft bis 22 Uhr oder später geöffnet. Auch die Einkaufszentren haben unterschiedliche Öffnungszeiten; das Ala Moana Shopping Center, das größte Einkaufszentrum des Staates, hat Mo-Sa 9.30-21 Uhr und So 9.30-17 Uhr geöffnet. Die Schalterstunden der Banken sind i.d.R. Mo-Do 8.30-15.30, Fr 8.30-18 Uhr.

P

Post/Briefmarken

Die Schalterstunden der Postämter sind i.d.R. Mo-Fr 9-16.30 und Sa 9-12 Uhr, mit Abweichungen zu beiden Seiten (z.B. in Waikiki und Honolulu oft ab 8 Uhr und bis 18 Uhr).

Das wichtigste Hauptpostamt (Main Post Office) ist das am Flughafen von Honolulu, an das man auch postlagernde Sendungen (mit dem Vermerk 'General Delivery') schicken kann; die Adresse:

Main Post Office, 3600 Aolele St., Honolulu, HI 96802, Tel.: 423-3990.

Über einen Telefonservice verfügen die Postämter i.d.R. nicht, da die Telekommunikation in den Händen privater Firmen liegt. Die Portogebühren nach Europa betragen 94 Cents für Postkarten, ebenso wie für Briefe, die leichter als eine halbe Unze (= 14 g) sind. Bei schwereren Briefen zahlt man 80 Cents pro halber Unze hinzu. Briefmarken erhält man in Postämtern (an den Schaltern oder in Automaten), Drugstores, an Zeitungsständen und bei vielen Hotelrezeptionen, dort allerdings manchmal zu einem höheren Preis. Die amerikanischen Briefkästen sind blau und tragen die Aufschrift 'U.S. Mail'.

Ein Brief von Hawaii nach Deutschland ist mindestens fünf Tage unterwegs.

Preise/Preisermäßigungen

Wie überall in den USA werden auf Hawaii Preise grundsätzlich ohne Steuern angegeben. Preisermäßigungen auf viele touristische Leistungen werden oft in der Nebensaison gegeben. Daneben lohnt es sich, vor Ort die Touristenzeitungen nach Rabattcoupons durchzublättern, die Preisnachlässe für Ausflüge, Restaurants, Eintritte etc. gewähren. In Restaurants kann man vor der eigentlichen Dinnerzeit ein Abendessen zu deutlich billigeren Preisen bekommen (= Early Bird Specials), auch kosten Cocktails und andere Getranke in der 'Happy Hour' weniger. Wer keine Pauschalarrangements vorab gebucht hat, kann seine Kosten durch Preisvergleiche und Zurückgreifen auf erstaunlich günstige Paketangebote (Inselflug, Mietwagen, Übernachtung) reduzieren.

Bei reinen Hotelbuchungen lohnt es sich, die Websites der Unterkünfte zu besuchen. Denn eine e-Buchung spart Geld – bis zu 30 % des normalen Zimmertarifes! Deshalb sind in diesem Buch nach Möglichkeit immer auch die www-Adressen angegeben.

Fluggesellschaften gewähren Kleinkindern bis 2 Jahre meistens 90 % Preisnachlass. Ältere Reisende sollten bei der Hotelsuche oder auch in Restaurants immer nach einer Senior Rate fragen, oft gibt es dabei deutliche Nachlässe.

R

Rauchen

Der Nikotingenießer oder -süchtige sieht sich seit einigen Jahren in den USA einer immer stärker werdenden Front von Nichtrauchern gegenüber. Es gehört längst nicht mehr zum guten Ton, in der Öffentlichkeit zu rauchen, im Gegenteil: Man läuft Gefahr, auf seine Genusssucht angesprochen zu werden. Das Rauchen in öffentlichen Gebäuden ist genauso untersagt wie in allen Büros. Restaurants müssen eine ausgewiesene non-smoking-section haben, wobei die Raucherplätze oft die deutlich schlechteren sind, manchmal aber auch die besseren (nämlich die auf der Terrasse).

Raucher sollten bei der Hotelrezeption auf ihr Laster hinweisen, damit sie nicht in einem Nichtraucherzimmer landen. Auf allen inneramerikanischen Flügen ist das Rauchen strengstens untersagt, ebenso bei den Transatlantikflügen. Erschwerend kommt für starke Raucher hinzu, dass viele Flughäfen auf den Zwischenstopps (z.B. Vancouver, San Francisco, Los Angeles) zur rauchfreien Zone erklärt wurden. Auch an einigen Stränden auf Hawaii ist das Rauchen untersagt.

Rundfunk

In Hawaii gibt es zzt. 87 private und staatliche Rundfunkstationen, die einen rund um die Uhr mit Musik und Reklame versorgen. Gute hawaiische Musik hört man am besten über den Sender *KCCN* auf der Frequenz 1420 KHz/AM. Die Deutsche Welle kann über Kurzwelle empfangen werden.

S

Sport

Sicher kann man alle Touristen verstehen, die in ihrem verdienten Winterurlaub dem mitteleuropäischen Schmuddelwetter entfliehen und auf Hawaii 'mal so richtig faulenzen' wollen. Und nicht wenige davon werden sich auch mit guten Worten nicht davon abbringen lassen, allein das warme Klima zu genießen und jeglicher sportlichen Aktivität eine Absage zu erteilen – vom Plantschen im hoteleigenen Swimmingpool einmal abgesehen. Trotzdem: Nachdrücklich sei allen Besuchern empfohlen, wenigstens ab und zu das umfangreiche Sportangebot der Inseln anzunehmen – nicht nur, weil es der Fitness dient und man mit Gleichgesinnten schneller in Kontakt tritt, sondern weil man durch die meisten Sportarten auch die natürliche Schönheit Hawaiis intensiver erleben und somit den Urlaubswert steigern kann.

Im Folgenden wird auf einige Möglichkeiten kurz eingegangen (in Klammern: Info-Telefonnummern). Weitere Adressen bzw. Telefonnummern von Sportstätten und Spezialanbietern finden Sie jeweils in den touristischen Hinweisen zu Beginn eines Reisekapitels.

Segel- und Bootstouren

Wegen der starken Passatwinde hat sich der Archipel als Mekka des Segelsports einen weithin berühmten Namen gemacht. Im Kewalo Basin von Honolulu und in vielen anderen Häfen kann man sich Segelboote jeder Größe mieten und zu kleineren oder längeren Törns auslaufen. Allerdings sollte man sich immer der Gefahr eines plötzlichen Wetterumschwungs bewusst sein und im Zweifelsfall bei der Coast Guard die zu erwartenden Seekonditionen erfragen.

Wem das Chartern eines eigenen Bootes zu gefährlich erscheint, der kann auf ein umfangreiches Angebot an organisierten Schiffsausflügen zurückgreifen; z.B. mit Großseglern zum Sonnenuntergang vor Waikiki, mit Schlauchbooten (zodiacs) zur spektakulären Na-Pali-Küste von Kauai oder auf Yachten zu den benachbarten Inseln – bis hin zum einwöchigen Törn, auf dem man alle Küsten der Inselkette zu Gesicht bekommt. Wer Booten lieber von Land aus zuschaut, hat dazu bei einigen Regatten und Windjammer-Paraden Gelegenheit.

Die bekannteste ist das Trans Pacific Yacht Race, das bereits im Jahre 1906 zum ersten Mal durchgeführt wurde und damit den ältesten Langstrecken-Segelwettbewerb der Welt darstellt. Die Pazifiküberquerung startet in ungeraden Jahren am Unabhängigkeitstag (4. Juli) im kalifornischen San Pedro (Los Angeles) und endet 9-25 Tage später am Diamond Head Lighthouse. Der Diamond Head ist deshalb auch der beste Standort, um die Flotte von Großyachten zu beobachten. In der Woche des 4. Juli wird außerdem eine Parade von großen und kleinen Segelschiffen im Hafen von Honolulu abgehalten, und ebenfalls Anfang Juli findet das traditionelle Segelbootrennen vom Ala Wai Yacht-Hafen (Honolulu) zur Insel Molokai statt.

Weitere transpazifische Segelwettbewerbe sind jeweils im Juli der Pacific Cup, der auf der Strecke San Francisco – Kaneohe Bay (Oahu) durchgeführt wird, und an geraden Jahreszahlen ein Trans Pac vom kanadischen Victoria (British Columbia) nach Lahaina auf Maui.

Kanu fahren (kayaking)

Bei den Polynesiern galt das Paddeln auf den Auslegerkanus als Sport der Adeligen. Heute steht es jedermann frei, sich ein Kunststoffkanu zu mieten und die küstennahen

Gewässer zu erkunden. Besonders geeignet sind dazu natürlich die ruhigen Buchten mit allenfalls mäßiger Brandung; dort findet man i.d.R. auch eine Vielzahl von Anbietern entsprechender Geräte. Auf Oahu sind Waikiki und die Hanauma Bay lokale Zentren dieses Sports, auf Maui die Perouse Bay und auf Kauai die Hanalei Bay. Dort kann man auch Flüsse wie den Hanalei River und den Wailua River per Kanu bereisen. Mitten in Waikiki ist der Ala-Wai-Kanal ein beliebter Tummelplatz für Kanuten. Jeden Freitag sieht man hier eine Vielzahl von ihnen im sportlichen Wettkampf, oft angefeuert von Zuschauern am Kanalufer.

Ein offizielles Wettrennen unter noch größerer Beteiligung findet regelmäßig im Februar statt. Der Kaiwi Channel zwischen Oahu und Molokai ist Schauplatz zweier weiterer, viel beachteter Kanuregatten. Den Anfang macht Ende September das Bankoh Na Wahine O Ke Kai, bei dem ausschließlich weibliche Teilnehmer die 65,6 km lange Strecke zurücklegen. Die Regatta startet um 7 Uhr in Molokai und endet am frühen Nachmittag am Fort de Russy Beach in Honolulu. 14 Tage später wird die gleiche Strecke von Männern zurückgelegt.

Windsurfen

Das Windsurfingzentrum von Oahu ist Kailua mit dem Lanikai Beach. Die stete, aber gemäßigte Brise, das glatte, türkisfarbene Wasser und die entsprechende Infrastruktur (Windsurfingschulen, Verleiher) machen Kailua auch für Anfänger in dieser Sportart zum idealen Standort. Sehr häufig sieht man Windsurfer auch vor den Stränden von Waikiki. Dort zeigen – im Zusammenhang mit dem Hawaiian Ocean Fest – weibliche Teilnehmer Anfang September ihre Künste beim Diamond Head Wahine Windsurfing Classic, das vor dem Diamond Head Beach stattfindet.

Eine zweite, mehr für Fortgeschrittene geeignete Windsurfinghochburg stellt der Hookipa Beach Park auf Maui dar. Hier drängen sich in der letzten Oktoberwoche die Zuschauer, um die Windsurfingmeisterschaften des Aloha Classic zu beobachten. Auf Big Island gibt es an der Westküste (z.B. Waikoloa u. Kailua-Kona) mehrere Windsurfingschulen und Geräteverleiher.

Surfen

Beim Surfen, das im Deutschen oft als 'Wellenreiten' übersetzt wird und also nicht mit Windsurfing *(s.u.)* gleichgesetzt werden darf, gibt es einige Abarten, wie z.B. das Body Boarding. Im Gegensatz zum 'richtigen Surfen' versucht man dabei nicht, stehend auf dem Surfbrett die Balance zu halten, sondern legt sich mit dem Oberkörper flach auf das breitere und kürze Body Board (oder Boogie Board). Nun geht es darum, auf dem Brett liegend mit Paddelbewegungen in Wellenrichtung Geschwindigkeit zu machen, bis man im Idealfall den Kamm einer Welle kurz vorm Überschlagen erreicht und auf dieser dann nach vorne schießt.

Während sich das Body Boarding in den 1970ern entwickelte, ist die Form des Body Surfing älter und geht bereits auf die Polynesier zurück. Dabei ist nun überhaupt kein Brett mehr notwendig, stattdessen ist der Körper selbst das 'Surfboard'. Wie beim Body Boarding geht es auch hier um den richtigen Zeitpunkt, also darum, sich schwimmend an die Wellengeschwindigkeit anzunähern und deren Kamm kurz vor dem Überschlagen zu erreichen. Beide Formen sind einfacher als das richtige Surfen zu erlernen, doch gehört auch hier eine gehörige Portion Erfahrung dazu, um ohne unfreiwillige Unterwassersaltos und ohne Meerwasserschlucken elegant das Ufer zu erreichen.

Duke Paoa Kahanamoku (ganz rechts) 1928 mit seinen Brüdern am Waikiki Beach

INFO Surfen heute

Ähnlich wie beim Skisport hat in den letzten Jahrzehnten eine Art 'technischer Revolution' die Surfgeräte verändert. Von den schweren und riesigen Brettern aus einheimischen Hölzern ging man bereits um die Jahrhundertwende zu kalifornischem Redwood über, in den 1950er Jahren dann zu kürzeren und leichteren Geräten aus Balsaholz. Heute halten nur noch Surfnostalgiker dem Holz die Treue und zeigen u.a. beim alljährlichen *Buffalo's Big Board Classic* auf Oahu, dass man auch mit bis zu 5 m langen Sportbrettern noch waghalsige Kunststücke vollbringen kann. Ansonsten aber greift der Surfer heutzutage zum Kunststoffbrett, das i.d.R. nicht länger als 2 m und nicht schwerer als 5 kg ist.

Moderner Surfer

Auch hier gibt es eine ganze Reihe von Variationen, die Namen wie *potato chip, stinger fins* usw. tragen und deren Vorzüge oder Nachteile Gegenstand endloser Gespräche unter den Surffreaks sein können.

Am Grad des Könnens und der Ernsthaftigkeit, mit der man diesen Sport ausübt, zerfällt die Surfgemeinde außerdem in eine Zwei-Klassen-Gesellschaft. Auf der einen Seite stehen die Urlauber, die aus lustigem Zeitvertreib und angespornt von den Künsten ihrer erfahreneren Kollegen das Wellenreiten einfach mal ausprobieren wollen. Die berühmten 'Beachboys' von Waikiki geben geduldig Nachhilfeunterricht, ebenso von Hotels angestellte Surflehrer auf allen Inseln.

Als Anfänger sollte man sich genau an die Ratschläge dieser erfahrenen Cracks halten, insbesondere auch, was die Wahl des Übungsgewässers angeht. Keine Schwierigkeiten hat man, sich entsprechendes Gerät auszuleihen: Überall, wo der Tourismus Fuß gefasst hat, werden auch Surfbretter vermietet, i.d.R. für einen Stundenpreis von ca. US$ 5. Auf der anderen Seite gibt es die Surfenthusiasten, die für ihren Sport jahrelanges Training und viel Geld investiert haben. Z.T. dreht sich ihr gesamtes Leben, einschließlich Musik, Kleidung, Reisen und Bekanntenkreis, nur um das Surfen. Die besten von ihnen kämpfen inzwischen als Profis um Preisgelder, die bis zu US$ 200.000 betragen können. Diese Meister pilgern alljährlich im Winter nach Hawaii, um an den berühmten Wettkämpfen teilzunehmen, die vor allem an der

Nordküste Oahus ausgetragen werden. Viele Hawaiianer sind darunter, daneben aber die gesamte Surfelite aus Kalifornien, Florida, Neuseeland, Australien, Südafrika und Europa. Ab November, wenn sich die Wellenberge bis zu 10 m hoch auftürmen, reisen die Wasserathleten und Touristen in Scharen zu Spots, wie dem Ehukai Beach (mit der berühmt-berüchtigten röhrenartigen Banzai Pipeline), dem Banzai Beach, dem Sunset Beach und dem Alii Beach. Das sind die Strandabschnitte von Nord-Oahu, die selbst erfahrensten Surfern allen Mut und ihr ganzes Können abverlangen, während die weniger Geübten sich tunlichst mit Zuschauen begnügen sollten.

Die beste Gelegenheit dazu ergibt sich bei einigen Wettbewerben, die allesamt Weltruf genießen. Den Anfang einer dreiteiligen internationalen Profitournee (Triple Crown) macht Mitte November das Hawaiian Pro Surfing Classic am Alii Beach Park in Haleiwa, Ende November folgt dann, ebenfalls an der Nordküste, das Hawaiian Surf Championship. Das Ende der Wettkampfsaison markieren an gleicher Stelle im Februar die so gen. Hang Ten American Professional Surf Championships. Der genaue Schauplatz wird erst kurz vorher bekannt gegeben und richtet sich nach den besten Wellenverhältnissen.

Tauchen und Schnorcheln

Mehr als 200 Unterwasserstellen in Hawaii gelten als besonders zum Tauchen *(scuba diving)* geeignete Plätze. Die Voraussetzung, um sich eine entsprechende Ausrüstung leihen zu können, ist ein Zertifikat, das man auf einem zwei- bis fünftägigen Kursus erwerben kann. Die schönsten Spots für Anfänger in dieser Sportart sind mit den bevorzugten Schnorchelplätzen *(s.u.)* identisch. Fortgeschrittene zieht es im Sommer eher an die Nordküste Oahus, wo man im relativ ruhigen Wasser eine bizarre Unterwasserwelt mit Grotten und Höhlen erkunden kann (z.B. shark's cove). Der Vulkankrater von Molokini vor der Südwestküste von Maui ist ein weiteres Highlight des Tauch- sowie des Schnorchelsports; Bootsexkursionen dorthin werden in einer Vielzahl angeboten. Von Tauchermagazinen zu einem der weltweit besten Tauchgründe gekürt wurden außerdem die so gen. Cathedrals, spitze, 20 m hohe Klippen, die sich vom Meeresboden bis kurz unter die Wasseroberfläche erheben.

Wer keine Lust für den Tauchkurs hat oder sich die höheren Gebühren sparen möchte, wird das Schnorcheln *(snorkeling)* vorziehen. Eine entsprechende Ausrüstung – einschließlich von Unterwasserkameras – kann an vielen Stellen gemietet werden, oft auch ein Transfer zu den schönsten Schnorchelplätzen. Dazu zählen der Unterwasser-Naturpark der Hanauma Bay auf Oahu, die Vulkaninsel von Molokini vor Maui, der Black Rock bei Kaanapali (Maui), die Hulupoe Bay auf Lanai und auf Big Island die Honaunau Bay, die Kealakekua Bay und ganz besonders die Kahuluu Bay. Selbst zu der 'verbotenen Insel' Niihau werden Schnorchelexkursionen angeboten.

Angeln und Hochseefischerei

Das Hochseeangeln (Big Game Fishing) ist inzwischen ein bedeutender Zweig des Fremdenverkehrs und kann von allen Inseln aus betrieben werden. Am Kewalo Basin in

Angelboot vor Kailua-Kona

Honolulu, in Lahaina und am Maalaea Harbor auf Maui, in Hilo auf Big Island und in vielen anderen Häfen werden professionelle Hochseeangeltörns mit entsprechender Ausstattung angeboten. Bevorzugt wird dabei Jagd auf Blaue Marline, Thunfische, Wahus, Mahimahis, Bonitos, Schwertfische, Barrakudas und Haie gemacht; nach erfolgreichem Fischzug gehören dann Präsentation und Abwiegen der Beute zum üblichen Ritus, bei dem sich regelmäßig eine größere Anzahl von Zuschauern einfindet.

Fänge von beachtlicher Größe sind ganzjährig möglich, als eigentliche Jagdsaison gilt jedoch die Zeit von Juni bis August. Die Aktivitäten konzentrieren sich dann besonders in Kailua-Kona auf Big Island, der unbestreitbaren Hochburg des Hochseeangelns *(= deep-sea fishing capital of the world)*. Hier findet Anfang August auch das Hawaiian International Billfish Tournament statt, eine Art inoffizieller Weltmeisterschaft im Marlin-Angeln.

Luftsportarten

Für die massenhaft angebotenen und besonders auf Maui und Big Island populären Helikopter- und sonstigen 'Flightseeing'-Ausflüge braucht man kaum Kondition, sondern allenfalls etwas Mut. Wer das luftige Erlebnis steigern und um eine sportliche Note bereichern möchte, kann an der Nordküste von Oahu aus gut 3,2 km Höhe mit dem Fallschirm abspringen; auch Tandemsprünge sind möglich, wobei die ersten 1.500 Höhenmeter im freien Fall bewältigt werden. Näher am Boden bleibt man beim Parasailing, wobei man etwa 10 Minuten lang am Fallschirm hängend von einem Speedboot durch die Luft gezogen wird. Entsprechende Angebote gibt es in den meisten touristischen Zentren, am häufigsten jedoch auf Oahu (Waikiki und vor der Hanauma Bay) und auf Maui.

Langlauf und Marathon

Da die Amerikaner ein laufbegeistertes Volk sind, ist die Vielzahl von Joggingstrecken kein Wunder, die entweder von Hotels ausgeschildert sind oder die sich einfach bei Einheimischen und Touristen eingebürgert haben. Wer diese Fitnessform auch im Urlaub betreiben möchte, wird problemlos eine geeignete Runde finden, wo er in den Morgen- und Abendstunden auf etliche Gleichgesinnte trifft.

Wer seinen Urlaub in Waikiki verbringt, kann z.B. den 8-km-Zirkel um den Diamond Head ablaufen oder den 3,2 km langen Rundweg im Kapiolani-Park. Liebt man es etwas gedrängter, sollte man in Honolulu Ende Februar am Volkslauf Great Aloha Run/Walk teilnehmen, bei dem die Strecke vom Aloha Tower zum Aloha-Stadion (ca. 13 km) laufend oder gehend zurückgelegt wird.

Bekannt ist der Bundesstaat wegen seiner Marathonläufe, an denen regelmäßig Profis und Amateure aus der ganzen Welt teilnehmen. Den Anfang macht die Insel Maui, wo im

März der Marathon von Wailuku nach Lahaina stattfindet, dann folgt Anfang Juli Big Island mit dem Kona-Marathon. Der mit Abstand berühmteste Wettbewerb ist jedoch der Honolulu-Marathon, der als einer der populärsten amerikanischen Langstreckenwettbewerbe (rund 30.000 Läufer) Mitte Dezember in der Hauptstadt stattfindet.

Wer den Start miterleben möchte, muss früh auf den Beinen sein: Bereits um 5 Uhr geht es am Aloha Tower los, dann über die Kalakaua Ave. um den Diamond Head bis zum Wendepunkt in Hawaii Kai. Der Zielpunkt ist der Kapiolani-Park in Waikiki.

Triathlon

Start zum 'Hawaii Triathlon'

Sportbegeisterte in aller Welt verbinden Hawaii natürlich besonders mit dem Ironman Triathlon World Championship, auch kurz 'Hawaii Triathlon' genannt. Zu diesem knochenharten Wettbewerb, bei dem innerhalb eines Tages zuerst eine 3,8 km lange Strecke geschwommen, dann 180 km auf dem Rennrad zurückgelegt und schließlich eine Marathonstrecke (= 42 km) gelaufen werden muss, treten die weltbesten Athleten in Kailua-Kona auf Big Island an (vgl. S. 381ff). Der Startschuss fällt um 7 Uhr, und erst am Abend sind die erschöpften Triathleten wieder am Ausgangspunkt zurück. Dann beginnt der zweite Teil der Veranstaltung, indem sich Wettkämpfer und die zahlreichen Zuschauer zu einer der legendären Feten in den Straßen des Städtchens einfinden.

Wandern

Am besten erschließt sich einem die Schönheit der hawaiischen Natur beim Wandern *(hiking)*, für das die Inseln ideale Voraussetzungen aufweisen. Ein Netz von markierten Pfaden *(trails)* deckt eine Bandbreite von halbstündigen Touren bis hin zu Mehrtages-Exkursionen ab, so dass sich Besucher je nach Kondition und Zeitplan auf jeder Insel ihr individuelles Wanderprogramm aussuchen können. Wegen der vielfach auftretenden Stechmücken sollte bei Wanderungen allerdings an ausreichenden Insektenschutz gedacht werden. Knappe Hinweise auf die schönsten Wandertouren finden Sie im Reiseteil.

Fahrrad fahren

Dem internationalen Trend folgend, bieten heutzutage auf jeder Insel wenigstens einige Hotels und Spezialfirmen Tourenräder oder Mountainbikes an, so dass der umständliche Flugtransport des eigenen Drahtesels eigentlich überflüssig ist. Zu den populärsten Strecken gehören auf Maui die rasante Abfahrt vom Dreitausender Haleakala bis auf Meeresniveau.

Aber auch Oahu, Big Island, Kauai und Molokai sind geeignet, um auf kleinen Nebenstrecken dem touristischen Hauptverkehr auszuweichen und mit Mountainbikes in Landschaften vorzustoßen, die für normale Mietwagen unpassierbar sind. Selbst auf der kleinen Insel Lanai kann man sich Räder ausleihen, um z.B. zum 'Garden of the Gods' zu radeln.

Jagd

Wer sich auf Hawaii als Waidmann betätigen möchte, braucht eine Jagdlizenz (US$ 95, ein Jahr gültig), die man auf einem zweitägigen Kurs oder aufgrund eines offiziellen Jagdscheins des Heimatlandes erwerben kann. Als bekanntestes Jagdgebiet des Bundesstaates gilt die Insel Lanai, wo in der Saison u.a. Wildziegen, verwilderte Schafe und Fasane geschossen werden; die Aktivitäten gehen hier vor allem von der noblen Lodge at Koele aus.

Ballspiele

In den letzten Jahren hat die Zahl der Tennisplätze sprunghaft zugenommen, darunter erfreulicherweise auch eine ganze Reihe von öffentlichen Plätzen, d.h. die im Besitz des Countys sind und deren Benutzung kostenlos ist (z.B. im Kapiolani-Park und Ala Moana Beach in Honolulu). Die anderen Tennisplätze sind entweder hoteleigene, wobei dort oft auch externe Gäste gegen Gebühr spielen dürfen, und solche, die zu privaten Tennisclubs gehören. Über die lokalen Visitor Bureaus sind Listen aller Tennisplätze erhältlich. Mannschaften für weitere populäre Ballspiele wie Volleyball, Strandball usw. werden oft spontan aus der Reihe der Interessenten gebildet.

Gleiches gilt für den Fußball, der auf Hawaii dank der vielen Zuwanderer nicht erst seit der 1994er-Weltmeisterschaft Anhänger hat. Fußballplätze sind besonders auf Oahu anzutreffen, viele davon in Strandnähe. Der amerikanische Football hingegen ist für Touristen wohl zum Zuschauen eher geeignet als zum Selbstspielen. Besucher können dabei kurz hintereinander Anschauungsunterricht in zwei sehr gut besetzten Turnieren genießen: zunächst beim Aloha Bowl Football Classic, der am ersten Weihnachtstag im Aloha Stadium von Honolulu ausgetragen wird, anschließend beim alljährlichen 'NFL Hula Bowl Football Game', das an gleicher Stelle jeweils am ersten Samstag im Januar stattfindet und bei dem College-Footballteams aus ganz Amerika beteiligt sind.

Pferdesport

Reitfreunde haben auf vielen Inseln Gelegenheit, ihren Sport auszuüben. Das Angebot reicht dabei von geführten Rundritten über die Dole-Ananasplantagen in Zentral-Oahu bis hin zu ausgedehnten Reitexkursionen am Strand oder durch Canyons. Die interessantesten Ausflüge sind folgende:

- Auf Oahu der Ritt in den Krater des Koko Head von den Koko Crater Stables aus und am Strand oder durch das Hinterland der Turtle Bay vom Turtle Bay Hilton aus.
- Auf Big Island – dem Zentrum des Pferdesports – bieten mehrere Farmen in den mittleren Höhenlagen des Inselinnern Reitausflüge an. Am bekanntesten ist dabei die Parker Ranch in Waimea.
- Auf Maui können Abenteuerlustige auf dem Maultier den Haleakala-Krater erkunden.
- Auf Molokai kann mit Maultieren an der Steilküste hinab zur Kalaupapa-Halbinsel (Lepra-Kolonie) reiten.

Für 'Normal-Touristen' wohl nur zum Zuschauen geeignet sind die Polo-Spiele, die im Sommer (März bis September) jeden Sonntag auf den Mokuleia Polo Grounds in Nord-Oahu stattfinden. Dabei kann man einige der weltbesten Polomannschaften der Welt erleben. Die Polosaison wird am ersten Sonntag im März um 14 Uhr eröffnet.

Der Pferdesport ist auf Hawaii nicht als Freizeitattraktion für Touristen ins Leben gerufen worden, sondern geht auf jene Zeit zurück, als Cowboys mit Geschick die großen Rinderherden (vor allem auf Big Island) hüten mussten. Diese hawaiischen Cowboys kamen ursprünglich aus Mittel- und Südamerika und werden Paniolos genannt. Wie ihre Kollegen auf dem Festland sind sie Meister in Disziplinen wie Lassowerfen oder Zureiten, und in vielen Rodeos zeigen die besten von ihnen einem größeren Publikum ihre Kunststücke.

Wer an dieser bodenständigen Westernatmosphäre mit Volksfestcharakter interessiert ist, sollte sich folgende Termine merken:
- Mitte März gibt es in der Honaunau-Arena bei Kailua-Kona auf Big Island die so gen. 'Kona-Stampede'.
- Zwei weitere Rodeos oder Pferdewettbewerbe finden im Mai und ebenfalls auf Big Island statt: zum einen das 'Honokaa-Rodeo', das der Hawaii Saddle Club in Honokaa organisiert, zum andern das Festival 'Old Hawaii on Horseback', das in ungeraden Jahreszahlen in Waimea stattfindet.
- Am 4. Juli gibt es im Zuge des Unabhängigkeitstages auf der Parker Ranch/Waimea auf Big Island das wohl sehenswerteste Rodeo mit Pferderennen. Ebenfalls an diesem Tag oder in der ersten Septemberwoche finden in Naalehu (Big Island) das 'Naalehu Rodeo', in Makawao (Maui) das 'Maui County Rodeo' und in Lihue (Kauai) das 'Kauai County Rodeo' statt.

Wintersport

Wer als Skibegeisterter einen Winterurlaub auf Hawaii ablehnt, weil er dann auf seinen geliebten Sport zu verzichten hätte, muss sich eines Besseren belehren lassen. Der Mauna Kea als höchster Berg des Staates zeigt sich i.d.R. von November bis Mai mit einer dicken Schneekappe, auf der Abfahrtslauf und Slalom möglich sind (8 km Pisten).

Die besten Bedingungen herrschen im Februar, wenn in der Monatsmitte die Ski Association of Hawaii auch ihr viertägiges Skirennen ausrichtet. Allerdings gibt es weder Skilifte noch Wintersporthotels (als Ersatz dafür jede Menge Unterkünfte am Strand). Wegen der besonderen Bedingungen sollten sich selbst erfahrene Skienthusiasten nur mit einem Führer auf die Piste trauen.

Golf

Seitdem 1898 der Moanalua Country Club auf Oahu als einer der ältesten Golfplätze westlich der Rocky Mountains eröffnet wurde, haben sich bei Freunden des weißen Sports die fantastischen Golfmöglichkeiten auf Hawaii weltweit herumgesprochen. Direkt am Strand oder oberhalb der Steilküste, in schattigen Tälern und auf vulkanischen Hochflächen, inmitten einer künstlichen Seenplatte oder als grüne Oasen in der schwarzen Lavawüste – kaum sonst wo findet man eine solch abwechslungsreiche Fülle von

Golflandschaften. Dutzende von 18-Loch-Anlagen, viele davon auf Weltmeisterschaftsniveau und von absoluten Könnern gestaltet, locken in- und ausländische Golfer in den Bundesstaat – Profis genauso wie Amateure. Entsprechend dem Golfboom der jüngeren Vergangenheit wurden viele Anlagen in den letzten Jahren renoviert und auf den modernsten Stand gebracht.

Ein gutes Beispiel dafür ist der Ala Wai Golf Course in Waikiki, der älteste öffentliche von Hawaii. Mit etwa 500 Runden täglich ist er der wohl meistfrequentierte Platz des Archipels – kein Wunder bei den vielen Hotels der Umgebung. Überhaupt führt Oahu, entsprechend den Einwohner- und Besucherzahlen, die Statistik mit 34 Plätzen an, es folgen Big Island mit 16, Maui mit 12, Kauai mit 7, Lanai mit 3 und Molokai mit 2 Anlagen.

Für Zuschauer interessant sind die vielen, erstklassig besetzten Golfturniere, bei denen Profis und Amateure um Preisgelder antreten. Einigen dieser Wettkämpfe kann man gegen Eintrittsgeld beiwohnen, andere sind kostenlos.

Die bekanntesten Golf-Turniere:

- Im Januar findet alljährlich das mit über 1 Mio US$ dotierte Sony Open Golf Tournament statt, das vier Tage lang im Waialae Country Club auf Oahu ausgetragen wird.
- Ende Januar ist auf Big Island das Senior Skins Pro-Am Tournament auf dem Platz des Mauna Lani Bay Hotel zu sehen.
- Anfang Februar spielen rund 140 weibliche Profis beim Noodles Hawaiian Ladies Open auf dem Ko-Olina-Golfplatz auf Oahu.
- Ende September/Anfang Oktober findet das erstklassig besetzte Lincoln Mercury Kapalua International PGA-Turnier auf dem Plantation Course in Maui statt.

▶ Strände

Das Bild von Hawaii als Urlaubsparadies wird vornehmlich durch seine herrlichen Strände bestimmt, die jedem gängigen Klischee von Südseeromantik nahe kommen. So stehen denn auch laut einer Umfrage unter amerikanischen Touristen die Strände Hawaiis im internationalen Vergleich glänzend dar. Auf einer Skala von 0-10 erzielten sie mit 8,7 die bei weitem beste Note. Auf den nächsten Plätzen folgten die Strände der Jungferninseln, von Florida, Tahiti und den Bahamas.

Kein Wunder also, dass der Normalurlauber auf Hawaii vor allem eins will: das Strandleben genießen, im warmen Ozean baden, Wassersport betreiben.

Angesichts einer Küstenlinie, die bei Big Island 266 km beträgt (ca. 100 Strände), bei Maui 193 km (ca. 50 Strände), bei Oahu 185 km (ca. 80 Strände) und bei Kauai 145 km (ca. 75 Strände), hat man als Erstbesucher natürlich die Qual der Wahl. Und bei der Entscheidung, welchem Strand auf welcher Insel man den Vorzug geben soll, spielt nicht nur die Qualität (d.h. Feinsandigkeit, Länge und Breite) eine Rolle, sondern natürlich auch das Umfeld und die Möglichkeiten, diesen Strand überhaupt zu nutzen – denn angelockt von Hochglanzfotos und einer überschwänglichen Beschreibung sieht mancher sich am Strand einer Vielzahl von Warnschildern gegenüber, die es ratsam erscheinen lassen, für ein erfrischendes Bad dann doch lieber den Hotelpool zu nutzen.

Um zunächst beim ersten Punkt zu bleiben, dem Umfeld der Strände. Welche Unterschiede es hier gibt, macht ein Vergleich des Strandabschnitts von Waikiki (Oahu) z.B. mit dem des Polihale State Parks auf Kauai deutlich: Ersterer ist der bekannteste Vertreter der 'touristisch voll erschlossenen' Sandstreifen, auf dem sich die Besucher dicht gedrängt vor der Hochhauskulisse von Honolulu in der Sonne aalen und der sich mit der Copacabana von Rio de Janeiro den Ruf des berühmtesten Strandes der Welt teilt.

Einsame Sandbucht auf Kauai

Am 3 km langen Waikiki Beach sind ganzjährig alle Formen von Wassersport möglich, es gibt auch außerhalb des Wassers viel zu sehen und zum nächsten Restaurant oder Shopping Center sind es nur ein paar Gehminuten. Im Gegensatz dazu macht es sehr viel mehr Mühe, den Polihale State Park zu erreichen, der weit von der nächsten Siedlung entfernt liegt. Dafür verlieren sich hier die wenigen Besucher auf einem 24 km langen und enorm breiten weißen Sandstrand, anstelle der Restaurants gibt es hier nur vereinzelte Picknickplätze, und anstelle der Hotelkomplexe grenzen nur respektable Dünen und am Horizont die hohen Klippen der Na Pali Coast an den Strand. Andererseits donnert die Brandung bisweilen so mächtig gegen die Küste, dass nur absolute Könner sich ins Wasser wagen dürfen, und meistens besteht die einzige Sportmöglichkeit hier in einem ausgedehnten Strandspaziergang.

Beach Parks

Die Tatsache, dass auf dem Archipel mehr als 100 so gen. County Beach Parks unter der Aufsicht der jeweiligen Bezirksverwaltung stehen, bedeutet weder, dass hier Baden und Wassersport jederzeit möglich wären, noch, dass sie allesamt bewacht wären – im Gegenteil ist dies bei nur wenigen Stränden der Fall (erkennbar am roten Aussichtsturm)! Dafür bieten die Beach Parks i.d.R. aber andere Annehmlichkeiten: Sie sind von der Straße aus gut zu finden (ausgeschildert), verfügen über sanitäre Einrichtungen und Duschen, Picknicktische und Grillplätze. In rund einem Drittel der County Parks kann man sogar sein Zelt aufschlagen, vorausgesetzt, man hat sich um ein entsprechendes Permit gekümmert.

Im Prinzip sind jedoch nicht nur die offiziellen Beach Parks, sondern alle Strände öffentlich, d.h. dass jeder sie benutzen kann – sofern er sie erreicht. Denn viele der namenlosen Sandabschnitte sind nur auf Wanderungen oder von der See aus zugänglich. Oder aber Privathäuser und ausgedehnte Hotel- und Condominium-Anlagen versperren den direkten Zugang; in diesem Fall achten Sie auf die weiß-blauen Hinweisschilder mit der Aufschrift 'Beach Access' oder 'Shoreline Access', die den nächsten öffentlichen Pfad zu dem Strand markieren.

Gefahren und Verhaltensregeln

Damit wären wir bei einem Thema, das aus gegebenem Anlass unbedingt angesprochen werden muss, nämlich den Gefahren, die viele hawaiische Strände bergen und denen in den letzten Jahren eine steigende Zahl gerade europäischer Touristen zum Opfer gefallen ist. Gefährlich sind an vielen Stellen Strömungen und hoher Wellengang, beides Phänomene, die verstärkt im Winter und an den nördlichen und östlichen Küsten auftreten. Mit einer starken Brandung muss man stets auch bei Flut rechnen, besonders auf Big Island, das am wenigsten Schutz durch Korallenriffe oder vorgelagerte Inseln genießt. Gerade Hawaii-Neulinge haben allen Grund, die an vielen Plätzen aufgestellten Warnschilder ernst zu nehmen. Selbst bei vermeintlich ruhigen Verhältnissen sollte man erst einmal das Meer und andere Badegäste beobachten, bevor man selbst ins Wasser geht; schwimmen Sie möglichst auch nie allein! Gehen die Wellen höher, ist besondere Vorsicht angebracht. Eine zwei Meter hohe Welle kann von Surfern spielerisch bezwungen werden, gerät man jedoch als unerfahrener Schwimmer unter die tonnenschweren Wassermassen, kann man durcheinander gewirbelt, auf den Sand gestoßen oder über Lavagestein und Korallen geschleift werden sowie nicht nur die Orientierung, sondern oft auch die Badekleidung verlieren.

Nun gibt es auf Hawaii durchaus Wellen, die deutlich höher als 4 m sind (an Oahus Nordküste im Winter bisweilen sogar 10-15 m!) und die manchmal unvermittelt auftreten können. Selbst wenn Sie im flachen Wasser stehen, ist es deshalb ratsam, dem Ozean niemals den Rücken zuzukehren.

Heimtückischer noch sind die nicht sichtbaren Unterströmungen. Geraten Sie in einen plötzlich auftretenden Sog, ist die wichtigste Regel, weder in Panik zu geraten noch mit aller Macht gegen die Strömung anzukämpfen; dadurch erschöpfen Sie nur vorzeitig Ihre Kräfte. Versuchen Sie stattdessen, die Sogwirkung in Schrägrichtung zu nutzen, bis Sie wieder in ruhigeres Wasser geraten und steuern Sie dort den nächsten Punkt der Küste an. Vorsicht sollte man auch dort walten lassen, wo geschützte Buchten mit vielen

Warnschilder an hawaiischen Beach Parks

Hohe Brandung — *Starke Strömung* — *Steilabfall unter Wasser* — *Korallen*

Rutschige Felsen im Wasser — *Gefährliche Wellen* — *Quallen*

Schnorchlern ungestörtes Badevergnügen versprechen. Die Schnorchler sind an Riff-Fischen und Korallen interessiert, und letztere wiederum können zu schmerzhaften Erlebnissen führen, wenn man nämlich barfuss auf sie tritt.

Beim Besuch eines hawaiischen Strandes sollte man nicht vergessen, dass man sich innerhalb der USA befindet, wo die (Bekleidungs-)Sitten nicht ganz so locker sind wie in Europa. Nacktbaden ist verpönt, selbst 'oben ohne' gilt als anstößig. Und dies betrifft nicht nur die dicht bevölkerten Strände in Waikiki oder in Nähe der Resorts, sondern auch völlig einsame Uferstrecken, wo manchmal ein Schild 'No Nudidity' daran erinnert, dass man das oft strapazierte Wort vom 'paradiesischen Hawaii' nicht zu wörtlich nehmen darf. Ein Verstoß gegen die 'guten Sitten' ist übrigens auch einer gegen das Gesetz und kann dementsprechend geahndet werden!

▶ Strom

In Hawaii herrscht wie überall in den USA die Wechselspannung 110 V/60 Hz. Üblich sind drei- oder zweipolige Flachstecker, für die ein Adapter notwendig ist. Dieser kann in einigen Hotels ausgeliehen werden, besser ist es aber, wenn Sie ihn von zu Hause mitbringen. Der Adapter hat nur Sinn, wenn Sie das entsprechende Gerät auf 110 V umschalten können. In allen besseren Hotels können Sie jedoch z.B. einen Fön ausleihen.

▶ Taxis

Auf allen Inseln gibt es mehrere Taxiunternehmen, bei denen man sich einen Wagen telefonisch bestellen kann (einige Rufnummern finden Sie in den Regionalen Reisetipps). Taxistände gibt es an den Flughäfen, vor den größeren Hotels, an einigen touristischen Attraktionen sowie auf Oahu an den Bushaltestellen nach Einstellung des Busverkehrs. Eine Taxifahrt ist in Hawaii eine recht teure Angelegenheit, und es lohnt sich nicht, längere Strecken auf diese Weise zurückzulegen. Oft liegt nämlich der 24-Stunden-Preis für einen Mietwagen unter dem Taxitarif für eine 20-km-Tour!

▶ Telekommunikation

Telefonnummern

Bei einem direkten Telefongespräch **von Hawaii** nach Mitteleuropa wählt man
- **nach Deutschland:** 011-49, dann die Ortskennzahl ohne 0 und die Rufnummer
- **nach Österreich:** 011-43, dann die Ortskennzahl ohne 0 und die Rufnummer
- **in die Schweiz:** 011-41, dann die Ortskennzahl ohne 0 und die Rufnummer.

Von Europa aus wählt man **001** (für USA), dann **808** (für Hawaii), dann die siebenstellige Rufnummer.

- Als **Ortsgespräche** gelten die, die man innerhalb einer Insel führt. Hier wählt man nur die siebenstellige Rufnummer.

• Bei **Telefonaten zwischen den hawaiischen Inseln** *(interisland calls)* muss man die Vorwahl für Hawaii eingeben, also: 1-808, dann die siebenstellige Rufnummer.
• Bei **Ferngesprächen** zum amerikanischen Festland *(long distance calls)* geht man genauso vor: man wählt die 1, dann die dreistellige Vorwahl, dann die siebenstellige Rufnummer.

Telefonieren

Die gesamte Telekommunikation wird in den USA von privaten Firmen organisiert, was Vor- und Nachteile hat. Ein Vorteil ist sicher der geringere Preis, wobei allerdings der Tarifdschungel mit seinen günstigen und weniger günstigen Zeiten für Ausländer schwer durchschaubar ist (Faustregel: Am billigsten sind Gespräche zwischen 17 und 5 Uhr). In Amerika unterscheidet man folgende **Arten von Telefongesprächen**:
• **station to station call:** Anruf von Ihrem Apparat zu dem gewünschten Anschluss
• **person to person call:** Sie sagen dem Operator, wen Sie sprechen möchten. Erst wenn er die gewünschte Person erreicht hat, zahlen Sie.
• **third number calls:** Sie telefonieren über den Operator, das Gespräch zahlen jedoch weder Sie, noch der Angerufene, sondern ein Dritter (beispielsweise ein Freund in den USA). Dessen Nummer teilen Sie dem Operator mit, der sich natürlich vorab das Einverständnis der *'third number'* einholt.
• **1-800-Nummern** (mittlerweile gibt es auch **1-877-, 1-888- und andere, ähnliche Nummern**, die kostenlos anzuwählen sind. Gebühren zahlt der Angerufene.
• **collect call (R-Gespräche):** Der Angerufene zahlt für Sie, nachdem er dem Operator dazu das Einverständnis gegeben hat. Wenn Sie ein R-Gespräch nach Deutschland wünschen, wählen Sie von Hawaii aus 1-800-865-0049 und nennen die gewünschte Rufnummer. Dieser Service ist deutschsprachig, allerdings auch etwas teurer (für den Angerufenen).

Bei der häufigsten und nach unserem Verständnis üblichen Telefonart, dem *station to station call*, gibt es verschiedene Möglichkeiten:
• Entweder Sie gehen zu einer **Telefonzelle** und wählen die entsprechende Nummer. Handelt es sich um ein Ortsgespräch (ein Telefonat innerhalb einer Insel), reichen 25 Cent. Handelt es sich um ein Ferngespräch (dazu zählen auch Telefonate zwischen den Inseln), schaltet sich zumeist ein Operator ein, der Ihnen sagt, wie viel Sie zu zahlen haben. Während man für ein Drei-Minuten-Gespräch z.B. zwischen Oahu und Kauai rund US$ 2,50 benötigt, kommt man nach Europa selten unter US$ 8 davon, was eine entsprechend große Anzahl an Münzen (10 Cents und 25 Cents) notwendig macht. Sobald Ihr Kredit verbraucht ist, schaltet sich der Operator in das Gespräch ein und verlangt nach weiteren Münzen – eine z.T. unbequeme und nervenaufreibende Angelegenheit, die durch die oft schnelle Sprechweise des Operators zusätzlich erschwert wird.
• Oder Sie besorgen sich an einem Kiosk oder in einem Supermarkt eine **Telefonkarte** (*calling card* oder *prepaid phone card*; $ 10, 20, 50). Auf dieser ist eine Nummer angegeben, unter der Sie von einer Telefonzelle aus Ferngespräche führen können. Auslandstelefonate kosten dabei unter 50 Cents pro Minute. Achten Sie aber darauf, für welche Gebiete die jeweilige Karte gilt.
• Günstiger telefonieren können Sie häufiger auch mit **Kreditkarten**, besonders mit denen, die gleichzeitig eine Telefonkarte beinhalten. Dabei müssen Sie z.B. nach dem normalen Wählen im Anschluss noch die Kreditkartennummer eingeben. Fragen Sie aber

noch in Europa bei Ihrer Kreditkartenfirma nach, ob Ihre Karte dafür geeignet ist. Viele öffentliche Fernsprecher akzeptieren auch ganz einfach Kreditkarten, die man dann nur einsteckt bzw. durch den Schlitz zieht.

• Die vierte und einfachste, allerdings auch teuerste Möglichkeit ist ein Telefongespräch aus ihrem **Hotelzimmer**. Normalerweise muss die Leitung vom Zimmer vorher freigeschaltet werden, indem Sie an der Rezeption ein Deposit in Form eines Kreditkartenabzuges oder in Bargeld hinterlegt haben. Um eine Freileitung zu bekommen, wählt man in den meisten Fällen eine 8 oder 9 vor. Durchschnittswerte für das Telefonieren vom Hotelzimmer aus sind 50 Cents für Ortsgespräche (= *local call*) und ungefähr US$ 12 für ein Drei-Minuten-Ferngespräch (= *long distance call*) nach Europa.

Handys

Diese funktionieren in der mittlerweile verbreiteten Triband-Version mit dem in den USA nötigen 1900-Mhz-Band gut. Auf Hawaii ist die Netzabdeckung vor allem in Umkreis der größeren Orte und den touristischen Küstenregionen gut. Die Kosten mit einem deutschen Vertrag können bei Anrufen in und aus den USA ins Geld gehen, die Roaminggebühren liegen oft bei 2–3 €/Min. Man sollte sich auf jeden Fall vor der Abreise bei seinem Anbieter über Handykosten in den USA erkundigen.

Passive Kosten entstehen bei Anrufen von zu Hause, da die Rufweiterleitung von Deutschland in die USA immer auf Kosten des Angerufenen geht. Zudem sollte dringend die Rufumleitung auf die Mailbox deaktiviert werden.

Telefax

Über ein Faxgerät verfügt jedes Hotel und die meisten Pensionen oder Bed-&-Breakfast-Häuser, die Benutzung ist i.d.R. über die Rezeption gegen Gebühr (handling fee, ca. US$ 5 für die erste Seite, zzgl. Telefongebühren) möglich. Ansonsten gibt es die Möglichkeit, in einem Hauptpostamt ein Fax zu versenden.

▶ Toiletten

Öffentliche Toiletten gibt es nur in den Flughäfen sowie an den meisten Beach Parks und an einigen Raststätten in den Nationalparks. Darüber hinaus besitzt jedes Shopping Center sanitäre Anlagen. Das Wort 'Toilette' oder 'WC' versucht man, nach Möglichkeit zu vermeiden; stattdessen sagt man 'Rest Room' bzw. 'Ladies' Room' für Damen und 'Men's Room' für Herren.

▶ Trinkgeld

Anders als in Mitteleuropa ist das Trinkgeld (= *Tip, gratuity*) in Restaurants und Bars nicht inbegriffen und für das Personal ein unverzichtbarer Bestandteil seines Verdienstes (der übrigens auch pauschal besteuert werden muss). Üblich ist ein Trinkgeld, das sich je nach Ihrer Zufriedenheit zwischen 15 % und 20 % des Rechnungsbetrages bewegt (dies betrifft nicht die Fast-Food-Ketten!). Diesen Betrag lässt man entweder auf dem Tisch liegen oder trägt ihn auf dem Kreditkartenbeleg ein. In Bars wird häufig sogar mehr gegeben, als Anhaltspunkt mag hier der Betrag von US$ 1 für zwei Bier dienen.

Ein Trinkgeld erwarten auch Zimmermädchen, Taxifahrer, Gepäckträger, Platzanweiser im Kino sowie bei begleiteten Ausflügen der Busfahrer und der Reiseleiter. Gepäckträgern gibt man pro Gepäckstück und je nach Größe US$ 0,50-1, einem Zimmermädchen etwa US$ 1 pro Übernachtungstag, einem Busfahrer US$ 1 pro Ausflug und einem Reiseleiter US$ 1-2; im Taxi rundet man ebenfalls mit ca. 15 % des angezeigten Betrages großzügig auf. Man sollte darauf achten, dass möglichst nicht das angehäuftes Kleingeld als 'Tip' hinterlegt wird – Münzen gelten in den USA nur als Wechselgeld und werden nicht umsonst als 'Change' bezeichnet.

▶ Trinkwasser

Das Leitungswasser in Hawaii kann ohne Bedenken getrunken werden. Süßwasser aus Bächen, Flüssen, Teichen und Seen muss unbedingt abgekocht werden. Auch Baden in Binnengewässern sollte man wegen der Gefahr, Krankheitserreger zu schlucken, tunlichst vermeiden.

U

▶ Unterkunft

Jugendherbergen / YMCA:

Auf Oahu gibt es 2 Häuser des American-Youth-Hostel-Verbandes (Infos und Reservierungen unter www.hiayh.org) in Honolulu bzw. Waikiki. Deutlich mehr Unterkünfte hält das YMCA (www.ymca.net) bereit, nämlich 9 auf Oahu, 3 auf Big Island und jeweils eine auf Kauai und Maui.

Bed & Breakfast / Ferienhäuser:

Immer beliebter wird vor allem bei ausländischen Gästen ein Aufenthalt in einer 'B&B'-Pension oder in einem Ferienhäuschen: Hier kann man abseits des Touristenrummels und der Hotelhochburgen seinen Urlaub erholsam und in der Relation auch preisgünstiger verbringen, hat bei einigen Häusern (und wenn man es möchte) Familienanschluss, in jedem Fall aber Insidertipps aus erster Hand. Inzwischen hat sich eine Reihe von Vermietern auf den wachsenden Markt spezialisiert, davon auch einige mit deutschem Background bzw. Sprachkenntnissen. Ihre Ferienhäuser liegen über alle Inseln verstreut (auf Oahu mit Schwerpunkt Kailua) und decken die gesamte Bandbreite von rustikalem und einfachem Holzhäuschen bis hin zum luxuriös ausgestatteten Studio mit eigenem Pool ab. Die freundlichen Besitzer sind alle sehr um ihre Gäste bemüht, geben Ratschläge und bieten auch günstige Mietwagen und/oder Flüge an.

Es empfiehlt sich, wegen einer Ferienwohnung einige Monate im Voraus Kontakt aufzunehmen. Beim Anruf, Fax oder Internetanfrage sollten Sie möglichst genau mitteilen, in welcher Zeit und mit wie vielen Personen Sie reisen, welche Insel(n) Sie besuchen, welchen Unterkunftstyp Sie wünschen und ob weitere touristische Leistungen gebucht oder andere Sonderwünsche erfüllt werden sollen. I.d.R. erhalten Sie sehr schnell eine komplette Liste aller Ferienwohnungen oder bereits ein auf Ihre Wünsche zugeschnittenes Angebot. Nach einer Anzahlung bekommen Sie später dann die Reservierungsbestätigung mit der genauen Adresse, evtl. auch Ihre Mietwagenreservierung und/oder Inlandflugtickets.

Diese beiden B&B-Organisationen haben einen deutschen Hintergrund, offerieren eine breite Auswahl an Objekten auf allen Inseln und arrangieren auch Komplettprogramme einschl. Flügen, Mietwagen etc.:

- **Affordable Paradise Bed & Breakfast**, Kailua, HI 96734, Tel.: 261-1693, www.affordable-paradise.com. Deutsche Kontaktadresse: Ursula Horender, Wiesenstr. 20, D-87700 Memmingen,. Tel.: 08331-924771, Fax: 08331-924772.
- **Beback Hawaii**, 3429 Kanaina Ave., Honolulu, HI 96815, Tel.: 732-6618, Fax: 732-6620, www.beback.com.

Condominiums:

Unter Condominium-Anlagen (Condos) versteht man Ferienapartments, deren Einheiten i.d.R. mit Küche und Schlaf-/Wohnzimmer ausgestattet sind und vorzugsweise wochen- oder monatsweise vermietet werden. Viele Einheiten sind von Langzeitmietern belegt, nicht selten auch als Eigentumswohnungen verkauft, wobei sich mehrere Besitzer eine Wohnung mit festgelegten Wohnrecht-Terminen *(timesharing)* teilen können. Häufig unterscheiden sich äußerlich die Condominiums nicht von Hotelbetrieben (parkähnliche Umgebung, Swimmingpool, Tennisplätze, Grillplätze) und werden auch ähnlich geführt (Rezeption, Zimmerservice).

Der große Vorteil von Condominiums ist ihr vergleichsweise günstiger Preis, besonders, wenn sich mehrere Personen eine Wohneinheit teilen und als Selbstversorger die Küche nutzen. Diese besteht mindestens aus einem Kühlschrank, Herd, Kaffeemaschine, Kochgeschirr etc., oft sind aber auch eine Spül- und eine Waschmaschine vorhanden. Die Mindestmietzeit liegt i.d.R. bei drei Nächten. In den regionalen Reisetipps werden einige wenige Condominiums genannt, weitere Hinweise geben der Accommodation Guide des Fremdenverkehrsamtes oder die Gelben Seiten der Telefonbücher.

Hotels:

Neben New York, Florida und Las Vegas weist Hawaii die dichteste Hotelkonzentration in den USA auf. Die Bandbreite der angebotenen Unterkünfte umfasst dabei Mega-Anlagen mit über 1.000 Zimmern genauso wie kleine, unverwechselbare Häuser mit persönlichem Service. Achten Sie bei der Buchung auf die Zimmerkategorie und die eingeschlossene Verpflegungsleistung. Zimmer werden eingeteilt in die Kategorien Standard, Superior, Deluxe und Suiten, die sich hinsichtlich ihrer Größe, Lage innerhalb des Hotels und Ausstattung unterscheiden. Selbst Standardzimmer bieten i.d.R. aber drei Personen Platz, und ein Zustellbett kostet meist nur einen geringen Aufpreis.

Zur Standardausstattung gehören bei den moderneren Hotels heutzutage ein Bad mit WC und Dusche, Farb-TV, Ventilator oder Klimaanlage und Balkon, sehr häufig sind aber auch Minibar, Safe, Internetzugang, Kaffeemaschine und Kühlschrank vorhanden. Unabhängig von der Kategorie macht oft auch der Ausblick vom Balkon einen Preisunterschied aus, wobei natürlich die Zimmer mit Ocean View (= Meerblick) teurer sind als die mit Garden View oder Mountain View. Je nach Lage des Hotels lohnt es sich, den Aufschlag zu zahlen, denn nichts ist schöner, als morgens vom Sonnenaufgang geweckt zu werden oder abends den Sonnenuntergang vom 'eigenen' Balkon aus zu beobachten. Hinsichtlich der Verpflegungsleistung werden am häufigsten in den Programmen Unterkünfte nach dem so gen. European Plan (EP) mit bloßer Übernachtung, also ohne Frühstück angeboten. Im Continental Plan (CP) ist das Frühstück eingeschlossen, beim Modified American Plan (MAP) Halbpension und beim American Plan (AP) Vollpension.

Trotz des großen Hotelangebots können viele Häuser in der Hochsaison ausgebucht sein, weswegen sich eine rechtzeitige Anmeldung empfiehlt. Ein weiterer Grund spricht für die Vorreservierung vom Heimatort aus: Zusammen mit einer Flugbuchung oder anderen touristischen Leistungen (Pauschalangebote) bekommen Sie das gewünschte Hotelzimmer zu erheblich günstigeren Preisen als vor Ort, haben außerdem keine lästige Sucherei nach einem langen Flug, können sich auf die Prospektbeschreibung berufen und haben im Fall von Reklamationen das kundenfreundliche deutsche Reiserecht auf Ihrer Seite.

Hinweis

Vom Hawaii Visitors Bureau wird ein alljährlich aktualisierter 'Accommodation Guide' herausgegeben. Diesen können Sie sich vorab im Internet bei der Adresse www.gohawaii.com unter der Rubrik 'Where to stay', geordnet nach Sparten wie Hotels & Resorts, Condominiums, Camping, Bed & Breakfast usw., mit Anschriften, Kurzbeschreibungen und Buchungs-/Reservierungsmöglichkeit anschauen.

Üblicherweise ist auf Hawaii der frühestmögliche Termin zum Einchecken 15 Uhr. Dabei wird von den meisten Hotels ein Abzug der Kreditkarte gemacht, der als Kaution für Telefongespräche, Zimmerservice, Minibar etc. dient. Wer keine Kreditkarte besitzt, muss ein Deposit mit Bargeld hinterlegen, welches bei der Abreise mit den Kosten verrechnet bzw. zurückerstattet wird. Der Check-out muss normalerweise bis 12 Uhr erfolgen; wessen Abflug erst am Abend ist, kann sein Gepäck dem 'Bell Captain' zur Aufbewahrung geben. Für Gruppen wird in diesem Fall oft ein Hotelzimmer (= *hospitality room*) zur Verfügung gestellt, dessen sanitäre Einrichtungen genutzt werden können. Oft ist es auch möglich, nach vorheriger Anmeldung das eigene Zimmer gegen Aufpreis bis zum Abend zu behalten. Falls für Sie im Hotel eine Nachricht abgegeben wurde, leuchtet in den größeren Hotels eine rote Lampe am Telefon auf. In diesem Fall wende man sich an die Rezeption.

Angesichts des enormen Hotelangebotes können in diesem Reisehandbuch nur einige wenige Adressen genannt werden; dabei wurde versucht, einen repräsentativen Querschnitt zu geben. Die Auswahl und die bewertenden Aussagen entstammen allein dem subjektiven Empfinden des Autors; Häuser, die in diese Auswahl nicht aufgenommen wurden, müssen deswegen nicht schlechter sein!

Preiskategorien

$	*unter US$ 35 (= einfacher Standard)*
$$	*unter US$ 50 (= Mittelklassehotel)*
$$$	*unter US$ 75 (= Hotel der gehobenen Mittelklasse)*
$$$$	*unter US$ 120 (= First-class-Hotel)*
$$$$$	*über US$ 120 (= Luxushotel)*

Die jeweilige **Preiskategorie der Unterkünfte** ist mit Dollarsymbolen gekennzeichnet. Da durch Saisonzeiten, Sondertarife, unterschiedliche Zimmerkategorien, allgemeine Preisentwicklung etc. gerade auf diesem Sektor verlässliche Angaben schwer zu machen sind, können die Symbole nicht mehr als eine vage Richtschnur sein. Die Kategorisierung versteht sich als Preis p.P. bei der Übernachtung im Doppelzimmer (Standard), ohne Frühstück.

V

Verkehrsregeln

siehe unter Stichwort 'Auto fahren'

Versicherung

Es ist sinnvoll, eine Reisegepäck-, eine Reisekranken- und eine Unfallversicherung (letztere mit Rücktransportversicherung) abzuschließen. Hinweise geben die Reisebüros.

W

Wäsche

Fast alle größeren Hotels auf Hawaii bieten einen 24-Stunden Wäscheservice an (*laundry service* bzw. *valet service*). In kleineren Häusern können die Gäste i.d.R. ebenfalls ihre Wäsche waschen lassen, da dies aber meist über eine Agentur außer Haus geschieht, dauert es dort etwas länger. Wer ein Ferienhaus oder ein Apartment einer Condominium-Anlage gemietet hat, kann zumeist auf einen Münzwaschautomaten *(coin laundry)* zurückgreifen. Außerdem stehen in der Innenstadt von Honolulu/Waikiki, in anderen größeren Orten und in den zahlreichen Shopping-Zentren Waschmaschinen und Trockner zur Verfügung, für die man sich einige 25-Cent-Stücke aufbewahren sollte. Waschmittel sind ebenfalls in solchen Salons zu bekommen.

Z

Zeit

Im Vergleich zur MEZ liegt Hawaii um 11 Stunden zurück (wenn es in Deutschland 12 Uhr mittags ist, ist es in Hawaii erst 1 Uhr morgens). Der Unterschied zur amerikanischen Ostküste (z.B. New York) beträgt 5 Stunden, der zur amerikanischen Westküste (z.B. Los Angeles) 2 Stunden. Anders als Europa und alle anderen US-Staaten hat Hawaii **keine Sommerzeit**! In dieser Periode beträgt der Zeitunterschied zu Europa also 12, zur amerikanischen Ostküste 6 und zur amerikanischen Westküste 3 Stunden.

Zeitungen

Europäische oder gar deutsche Tageszeitungen wird man auf Hawaii vergeblich suchen, deutsche Magazine bekommt man bisweilen am Flughafen Honolulu (dann aber meist mit großer Verspätung). Wer auf dem Laufenden bleiben möchte, sollte sich eine der amerikanischen Zeitungen besorgen. Weit verbreitet sind die bunte *USA Today* und die *New York Times* sowie Westküstenblätter wie der *San Francisco Chronicle* oder die *Los*

Angeles Times. Als politische Wochenzeitschriften empfehlen sich vor allem die *Newsweek* und die *Times*. Unter den sechs hawaiischen Blättern sind die Morgenzeitung *Honolulu Advertiser* und das nachmittags erscheinende *Honolulu Star Bulletin* – beide mit einer Auflage von ca. 100.000 Exemplaren – am renommiertesten. Sie berichten zuverlässig über die Weltpolitik und Lokales und können mit ihren Veranstaltungshinweisen und Kleinanzeigen auch für Touristen von Nutzen sein. Kleinere Lokalblätter gibt es auf allen Inseln, daneben Zeitungen in japanischer und chinesischer Sprache.

▶ Zoll

Bei der **Einreise** sind alle Gegenstände des persönlichen Bedarfs zollfrei. Außerdem dürfen **zollfrei eingeführt** werden: 200 Zigaretten, 2 kg Tabak oder 50 Zigarren, 1 Liter Alkoholika (p.P. ab 21 Jahre), Geschenke im Wert bis zu 100 US$. Zahlungsmittel im Wert von über 10.000 US$ müssen deklariert werden. Lebensmittel, besonders Frischwaren/Obst, sowie Pflanzen dürfen nicht eingeführt werden.

Bei der **Wiedereinreise nach Deutschland** oder ein anderes EU-Land sind **zollfrei**: 200 Zigaretten oder 50 Zigarren oder 100 Zigarillos oder 250 g Tabak, 1 l Spirituosen über 22 % Vol. oder 2 l Spirituosen unter 22 % Vol., 2 l Wein, 50 g Parfüm oder 250 ml Eau de Toilette, 500 g Kaffee, 100 g Tee, Geschenke bis zu einem Gesamtwert von 430 €. Tabakwaren und Alkohol dürfen nur von Personen ab 17 Jahren abgabenfrei eingeführt werden, Kaffee nur von Personen über 15 Jahren. Keinesfalls dürfen Sie nach Europa mitbringen: Raubtierfelle, Elfenbein, lebende/ausgestopfte Tiere, Produkte aus Schildpatt, Krokodil- und Schlangenhautprodukte, Korallen und Muscheln, aufgespießte Schmetterlinge, Kakteen und Orchideen. Außerdem beschlagnahmt der Zoll alle Souvenirs aus Tier- und Pflanzenprodukten ohne amtliche Begleitpapiere.

Bei der **Wiedereinreise in die Schweiz** sind zollfrei: 200 Zigaretten oder 100 Zigarren oder 500 g Tabak (Personen über 17 Jahre); 2 l alkoholische Getränke bis zu 15 % Alkoholgehalt (Personen über 17 Jahre); 1 l alkoholische Getränke über 15 % Alkoholgehalt (Personen über 17 Jahre); Geschenke bis zu einem Wert von 100 sfr sowie andere Waren im Wert bis zu 100 sfr. Personen unter 17 Jahren können Geschenke im Wert von bis zu 50 sfr zollfrei einführen.

Aktuelle Infos unter www.zoll.de, www.ezv.admim.ch.

Regionale Reisetipps

In den Regionalen Reisetipps geben die Dollarzeichen bei ausgewählten Unterkünften den Preis p.P. bei der Übernachtung im Doppelzimmer (Standard), ohne Frühstück, an:

Preiskategorien Übernachtung

$	*unter US$ 35 (= einfacher Standard)*
$$	*unter US$ 50 (= Mittelklassehotel)*
$$$	*unter US$ 75 (= Hotel der gehobenen Mittelklasse)*
$$$$	*unter US$ 120 (= First-class-Hotel)*
$$$$$	*über US$ 120 (= Luxushotel)*

Bei ausgewählten Restaurants geben die Dollarzeichen die ungefähre Preisspanne für ein durchschnittliches Abendessen mit Suppe oder Salat an (ohne Getränke und Trinkgeld):

Preiskategorien Restaurants

$	*unter US$ 15*
$$	*unter US$ 30*
$$$	*unter US$ 45*
$$$$	*unter US$ 60*
$$$$$	*über US$ 60*

Inhalt

Oahu

OAHU (S. 249ff)

Information

*Das **Oahu Visitors Bureau** (733 Bishop St., Suite 1872, Honolulu, HI 96813, Tel.: 523-8802, www.visit-oahu.com) ist ideal für die Internetrecherche. Für den persönlichen Besuch eignet sich besser das **Hawaii Visitors & Convention Bureau**, untergebracht im Waikiki Shopping Plaza (2270 Kalakaua Ave., Suite 801, Tel.: 923-1811, 7. Stock, Tel.: 924-0266, www.gohawaii.com). Dort finden Sie Gratisinselkarten und Stadtpläne, jede Menge Broschüren, Restaurant- und Shoppingführer, Rabattcoupons etc. sowie den kompletten Unterkunftsnachweis 'Where to stay'. Offizielle Touristeninformationen gibt es auch in der Ankunftshalle des Flughafens. Daneben hat jedes größere Hotel einen Activity Desk, an dem man Ausflüge und Aktivitäten buchen oder sich mit Prospektmaterial versorgen kann. Die Mitarbeiter sind i.d.R. freundlich und geben auch nicht-kommerzielle Hinweise. Gleiches gilt für die Hotelrezeptionen, an denen Sie meist brauchbare Stadtpläne bekommen. Weiter haben alle großen Einkaufszentren eine eigene, gut ausgeschilderte Informationsstelle, wo man sich über das Warenangebot und evtl. Veranstaltungen erkundigen kann sowie Lagepläne erhält. Überall wird man mit Broschüren, Gratistouristenzeitungen (z.B. 'Waikiki Beach Press', 'Best of Oahu', 'This Week Oahu', '101 Things to do' oder 'Souvenir Guide to Oahu'), Stadt- und Inselplänen etc. geradezu überschüttet. Tipp: Werfen Sie diese Papierberge nicht gleich fort, sondern sondieren Sie die vielfach enthaltenen Rabattcoupons. Dies lohnt sich, vor allem, wenn Sie genau wissen, auf welche Ausflüge, Restaurants, Besichtigungen oder Aktivitäten Sie Lust haben.*

Telefonnummern / Anschrift

Wie auf allen Inseln enthalten die ersten Seiten des Telefonbuchs eine ganze Reihe nützlicher Infonummern wie Wettervorhersage, kulturelle Veranstaltungen, Festivals, Sportereignisse etc. Für die Wettervorhersage für Oahu wählt man Tel. 973-5286 oder 973-4381, für die Wetterbedingungen auf See Tel. 973-4382 und die Polizei (keine Notfall-Nr.) erreicht man unter Tel.: 529-3111.

Die postalische Anschrift muss nach dem Namen des Adressaten und der Straße die Ortsbezeichnung Honolulu, HI 96815 enthalten, dies gilt auch für Adressen in Waikiki.

Hotels

... IN WAIKIKI

- ***Royal Hawaiian Hotel $$$$$**, 2259 Kalakaua Ave., Tel.: 923-7311, Fax: 924-7098; www.royal-hawaiian.com, berühmtestes Luxushotel des Staates mit historischem, sechsstöckigem Haus und modernem 17-Etagen Tower, 2 Restaurants, Bar, eleganter Monarch Room mit Tee, Pool, schöne Gartenanlagen, Shop, 526 Zimmer, davon die stilvollsten im historischen Flügel von 1927.*
- ***Moana Surfrider $$$$$**, 2365 Kalakaua Ave., Tel.: 922-3111, www.moana-surfrider.com; zusammen mit dem Royal Hawaiian die große alte Dame der Hotellerie, schön restauriertes Gebäude von 1901 mit 790 geschmackvollen Zimmern, 2 Restaurants, stimmungsvolle Cocktailveranda, Pool.*
- ***Halekulani $$$$$**, 2199 Kalia Rd., Tel.: 923-2311, www.halekulani.com; traditionsreiches, oft als 'das beste' der Inseln bezeichnetes Luxushotel mit 456 Zimmern direkt am Strand, gediegene Atmosphäre und erlesene Kundschaft, Gourmetrestaurants, Bars, Pool, Shops, alle Annehmlichkeiten.*

• ***Hilton Hawaiian Village $$$$$**, 2005 Kalia Rd., Tel.: 949-4321, www.hawaiianvillage.hilton.com; mit über 2.500 Zimmern ist das First-Class-Hotel das größte – und betriebsamste! – Hawaiis, bestehend aus 4 Gebäudekomplexen mit mehr als 20 Restaurants, Bars, Nightclubs, rund 90 Shops, 3 Pools, allen Wassersportmöglichkeiten, tägl. Entertainment, 3 riesigen Pools, am schonsten (eigenen) Strandabschnitt von Waikiki gelegen und von einer Lagunenlandschaft mit tropischen Gärten umgeben.*

• ***Renaissance Ilikai Waikiki $$$$$**, 1777 Ala Moana Blvd., Tel.: 948-3811, www.ilikaihotel.com; stilvolles First-Class-Hotel mit 783 großzügigen Zimmern, nahe am Ala Moana Shopping Center & Strand sowie am Yachthafen gelegen, 2 Pools, Tennisplätze, Fitnessräume, 2 Restaurants, Bars, Zimmer auch mit Kitchenette erhältlich.*

• ***Waikiki Parc Hotel $$$$**, 2233 Helumoa Rd., Tel.: 921-7272, www.waikikiparc.com; ansprechendes Haus mit 297 Zimmern, unter dem gleichen Management wie das renommierte Halekulani (s.o.), aber etwas weiter vom Strand entfernt und preislich günstiger. Gediegene, elegante Atmosphäre, Restaurant, Pool und Sonnenterrasse im 8. Stock mit tollem Blick.*

• ***Hyatt Regency Waikiki $$$$**, 2424 Kalakaua Ave., Tel.: 923-1234, www.waikiki.hyatt.com; strandnahes First-Class-Hotel mit 1.230 eleganten Zimmern in zwei 40-stöckigen Komplexen, mondäne Lobby mit künstlichen Wasserfällen, Pool, Diskothek, Shops, 6 Restaurants, Bars, tägl. Entertainment.*

• ***Sheraton Waikiki Hotel $$$$**, 2255 Kalakaua Ave., Tel.: 922-4422, www.sheraton-hawaii.com; modernes, 31stöckiges First-Class-Hotel mit 1.700 Zimmern sofort hinter dem 'Pink Palace', 2 Pools, 4 Restaurants, darunter eins im obersten Stock mit herrlichem Blick, Entertainment, Shops und Boutiquen.*

• ***Sheraton Princess Kaiulani $$$$**, 120 Kaiulani Ave., Tel.: 922-5811, www.sheraton-hawaii.com; älteres Hochhaus aus den 1950ern, aber renoviert, neben dem International Marketplace und dem Sheraton Moana sowie einen Block vom Strand entfernt gelegen. Die 1.150 Zimmer sind von Mittelklassestandard und haben ein gutes Preis-Leistungsverhältnis, es gibt u.a. 2 Restaurants, Food Court, Pool, Bars und abendliche Dinner Shows.*

• ***Pacific Beach Hotel $$$$**, 2490 Kalakaua Ave., Tel.: 922-1233, www.pacificbeachhotel.com; Gutes Hotel der gehobenen Mittelklasse mit 844 komfortablen Zimmern, einen Block vom Strand entfernt, große Lobby mit tropischer Vegetation und spektakulärem, drei Stockwerke hohen Aquarium (Oceanarium), in dem man Taucher beim Füttern der Fische beobachten kann. Es gibt u.a. 4 Restaurants, Bars, Pool, Spa und Business Center.*

• ***Hilton Prince Kuhio $$$**, 2500 Kuhio Ave., Tel.: 922-0811, www.princekuhiohotel.com; Hotelturm der gehobenen Mittelklasse mit 626 komfortablen Zimmern auf 37 Etagen, Restaurant mit sehr gutem abendlichen Seafood Buffet, Bar, Pool und Sonnendeck.*

• ***Aqua Bamboo $$$**, 2425 Kuhio Ave., Tel.: 922-7777, www.aquabamboo.com; kleineres Boutique-Hotel mit nur 91 Zimmern und Studios, z.T. mit Kitchenette, im Herzen von Waikiki gelegen, kleiner Pool und Sauna.*

• ***Outrigger Reef $$$**, 2169 Kalia Rd., Tel.: 923-3111, www.outrigger.com; Hotel der gehobenen Mittelklasse unmittelbar am Strand von Waikiki, 885 komfortable Zimmer, Boutiquen, 3 Restaurants, Coffeeshop, Pool, 4 Bars.*

• ***Waikiki International AYH-Hostel** (Hostelling International) **$**, Honolulu, Waikiki, 2417 Prince Edward St., Tel.: 926-8313, www.hostelsaloha.com, www.hiayh.org. 2 Blocks vom Strand entferntes, modernes Hostel für 63 Gäste, u.a. mit Küche, Waschsalon, Internetzugang, Garten, Familienzimmer. Ein weiteres AYH-Hostel befindet sich in Honolulu.*

... IM OSTEN:

- ***The Kahala Hotel & Resort $$$$$**, 5000 Kahala Ave., Tel.: 739-8888, www.kahalaresort.com; exklusive Nobelherberge mit 364 luxuriösen Zimmern auf 12 Etagen, erlesene Klientel mit viel blaublütiger und Hollywood-Prominenz, abseits des Waikiki-Trubels am Waialae Beach und inmitten einer tropischen Lagune gelegen, 6 Restaurants, Pools, großer Wellnessbereich, Tennisplätze, Shops, Gärten und Teiche, eigenes Delfinarium (Forschungszentrum Dolphin Quest, Delfin-Schwimmen buchbar), regelmäßiger Waikiki-Shuttle.*
- ***Turtle Bay Resort $$$$$**, 57-091 Kamehameha Hwy., Kahuku, HI 96731, Tel.: 293-6000, www.turtlebayresort.com; einsam gelegenes, modernes First-Class-Hotel mit 443 Zimmern im zentralen Hotelblock oder in exklusiven Designerbungalows am Strand ('Beach Cottages'), 4 Restaurants, sonntags sehr guter Brunch, 2 Pools, Shops, Fitnesscenter, umfangreiches Sportangebot (u.a. 10 Tennisplätze, zwei Golfplätze, Reitställe).*

... IM WESTEN:

- ***Ihilani Resort & Spa $$$$$**, 92-1001 Olani St., Kapolei, Tel.: 679-0079, www.ihilani.com; traumhaftes Luxus-Resort an einem der schönsten Strände von Oahu, mit 387 Zimmern, 3 Restaurants, Pools, Shops, sportliches Ambiente mit Fitness-Studio, 18-Loch-Golfplatz, Tennisplätzen.*
- ***Makaha Resort & Country Club $$$$$**, 84-626 Makaha Valley Rd., Waianae, Tel.: 695-9544, www.makaharesort.net; First-Class-Hotel mit sportlicher Note, wenige Minuten vom Makaha Beach entfernt (kostenloser Shuttle), 173 Zimmer und Suiten mit allen Annehmlichkeiten, 2 Restaurants, Pool, 18-Loch-Golfplatz, 4 Tennisplätze, Fitness- und Joggingpfade, Wanderwege, Reitmöglichkeit.*

Bed & Breakfast

Während außerhalb des Großraums Honolulu die luxuriösen Hotel- und großen Condo-Anlagen rar gesät sind, gibt es an der Ost-, Nord- und Westküste eine Vielzahl hübscher Ferienwohnungen und Bed-&-Breakfast-Häuser: eine ideale Voraussetzung für einen erholsamen Urlaub abseits des Waikiki-Trubels. Besonders am sehr schönen Strand von Kailua und Lanikai, an dem sich noch kaum Hotelanlagen etablierten, steht eine Vielzahl wunderschöner Apartments, Studios, Ferienhäuser und Pensionen jeglicher Kategorie zur Verfügung. Hier konzentrieren sich auch die B&B-Anbieter, von denen viele im Übrigen einen deutschen Hintergrund haben und Häuser außer in Kailua und Umgebung auch auf ganz Oahu und auf den anderen Inseln im Programm haben. Empfehlenswert ist ein Blick auf die Websites folgender Organisationen in Kailua:

- ***Affordable Paradise Bed & Breakfast**, Tel.: 261-1693, www.affordable-paradise.com*
- ***All Islands Bed & Breakfast**, Tel.: 263-2342, www.all-islands.com*
- ***Pacific Islands Reservation**, Tel.: 262-8133, www.oahu-hawaii-vacation.com.*

Camping

*Auf Oahu gibt es nur wenige Zeltmöglichkeiten in naturgeschützter Umgebung. Einige County Beach Parks, z.B. in Waimanalo Bay, sind oft ausgebucht. Über Konditionen und Permits informieren das DLNR, **Division of State Parks**, Kalanimoku Building, 1151 Punchbowl Street, Room 310, Honolulu, Hawaii, 96813, Tel. 587-0300, www.hawaiistateparks.org und das **Department of Parks & Recreation**, Honolulu, 650 S. King St., Tel.: 523-4525.*

Restaurants

Gaststätten außerhalb der Hotelanlagen findet man naturgemäß in Honolulu/Waikiki und in den Ortschaften der Ostküste. Entsprechend der Zusammensetzung der Bevölkerung sind fernöstliche Restaurants und Imbisse äußerst reichhaltig vertreten. Insbesondere fällt die Vielzahl von japanischen Restaurants auf – Sushibars und japanische Delikatessen findet man inzwischen in fast jedem Kaufhaus, u.a. im ***Shirokiya*** *(Ala Moana Center) und Waikiki Shopping Plaza. Chinesisches Essen findet man in etlichen 'Take Aways', die preiswert sind und satt machen. Daneben gibt es Dutzende guter chinesischer Restaurants, vor allem in Chinatown, aber auch in den modernen Hotels. Auf dem höchsten kulinarischen Niveau ist die Anzahl jener Köche beachtlich, die nouvelle cuisine nicht als Vorrecht der Franzosen verstehen, sondern mit Ideen und Kochkunst alle möglichen Vorbilder aufnehmen, um überraschende Kreationen einer 'neuen Küche des Pazifiks' zu schaffen. Osten und Westen, Süden und Norden treffen sich so zu einem kulinarischen Abenteuer.*

... IN HONOLULU

- ***La Mer $$$$***, *Halekulani Hotel, 2199 Kalia Rd., Tel.: 923-2311; romantisch am Ufer platziertes gastronomisches Flaggschiff des Nobelhotels, provenzalisch-französische Kochkunst mit hawaiischem Einfluss, tägl. wechselnde Speisekarte, sehr beliebte 9-Gänge-Menüs für ca. US$ 130; tägl. 18-22 Uhr geöffnet, Reservierung ratsam.*
- ***3660 On the Rise $$$***, *3660 Waialae Ave., Tel.: 737-1177, www.3660.com; eine der besten Gaststätten des Bundesstaates mit gar nicht abgehobenen Preisen, neue hawaiisch-amerikanische Küche vom Feinsten; Di-So 17.30-21 Uhr geöffnet, Reservierung ratsam.*
- ***Duc's Bistro $$$***, *1188 Maunakea St., Tel.: 531-6325, www.ducsbistro.com; kleines Bistro mitten in Chinatown mit interessanter, innovativer west-östlicher Küche, vor allem französisch und vietnamesisch inspiriert, oft Jazz-Livemusik am Abend; tägl. 17.30-22, Mo-Fr auch 11.30-13.30 Uhr geöffnet.*
- ***Gordon Biersch Brewery Restaurant $$***, *Aloha Tower Marketplace, Tel.: 599-4877; schönes Ambiente im ersten Stock des Aloha Marketplace mit gutem Blick auf Hafen und Honolulus Hochhauskulisse, kühle Drinks und Cocktails, leckeres, unkompliziertes Essen u.a. mit hawaiischen Vorspeisen und Pastagerichten; So-Do 11-23.30, Fr-Sa 11.30-01 Uhr geöffnet, Mi-Sa abends Livemusik.*
- ***Little Village Noodle House $-$$***, *1113 Smith St., Tel.: 545-3008, www.littlevillagehawaii.com; kleines, ruhiges Lokal in Chinatown mit authentischer chinesischer Küche (Szechuan) zu erstaunlich günstigen Preisen, freundlicher Service; So-Do 10.30-22.30, Fr-Sa bis 24 Uhr geöffnet.*
- ***Maunakea Marketplace $***, *N. Hotel St.; der in Chinatown gelegene Markt hat einen Food Court mit rund 20 fernöstlichen Imbiss-Ständen und Minirestaurants, wo man schon für US$ 5 satt wird – und lecker ist's auch!*

... IN WAIKIKI UND ALA MOANA

- ***Kincaid's Fish, Chop & Steak House $$$***, *1050 Ala Moana Blvd., Tel.: 591-2005; vor allem zur Mittagszeit populäres Businesslokal im Ward Warehouse mit schönem Blick auf den Hafen, kreatives Essen mit sehr leckerem Seafood und gut portionierten Fleischgerichten, am frühen Abend umfangreiches 'Early-bird-Menü'; tägl. 11-22 Uhr geöffnet.*
- ***Benihana of Tokio $$$***, *2005 Kalia Road Tel.: 955-5955; Filiale der bekannten japanischen Steak- und Seafood-Kette, mit sehenswerter Zubereitung am Tisch; tägl. zum Mittag- und Abendessen geöffnet.*

• ***Outback Steakhouse $$***, *1765 Ala Moana Blvd., Tel.: 951-6274; in der sog. 'Restaurant Row' nahe dem Ilikai Hotel gelegene Filiale der australischen Steakhouse-Kette. Hier gibt es in lockerer Atmosphäre saftige Steaks ab US$ 17 und wirklich gute Geflügel- und Seafoodgerichte, Suppen, Burger und Salate. So-Do 15.30-22, Fr-Sa bis 23 Uhr geöffnet. Weitere Outback-Steakhäuser findet man auf Oahu in Hawaii Kai (6650 Kalanianaole Hwy.), Kapolei (302 Kamohila Blvd.) und Waipio (94-810 Ukee St.).*

• ***Duke's Canoe Club $$***, *2335 Kalakaua Ave., Tel.: 922-2268, www.dukeswaikiki.com; relaxte und äußerst populäre Bar- und Restaurant-Institution am Strand, unmittelbar vor dem Outrigger Waikiki Hotel. Vom gehaltvollen Frühstück über einen leichten Lunch bis hin zum Dinner mit frischem Fisch oder Steak kann man den ganzen Tag hier verbringen, abends sind Cocktails zum Sonnenuntergang und Livemusik angesagt; tägl. 7-23.30 Uhr geöffnet.*

• ***Hard Rock Café $$***, *1837 Kapiolani Blvd./Ecke Kalakaua Ave., Tel.: 955-7383; weißer Kneipentempel als Filiale der weltweiten Londoner Pub-Kette, am nördlichen Anfang von Waikiki gegenüber dem Convention Center gelegen, viel Musik und Musikvideos sowie Erinnerungen an Rock'n'roll-Musiker; tägl. 11-23 Uhr geöffnet, die Bar bis 24 Uhr, deftiges und gutes Essen, prima Stimmung.*

• ***Bubba Gump $-$$***, *1450 Ala Moana Blvd., im Ala Moana Shopping Center befindliches Lokal der gleichnamigen Kette mit hervorragendem Preis-Leistungs-Verhältnis, mit Shrimps, Steaks, Ribs und leckeren Salaten, Bar; tägl. von morgens bis abends geöffnet (auch gut zum Frühstücken!).*

... AN DER OSTKÜSTE

KAILUA

• ***Roy's Restaurant $$$***, *6600 Kalanianaole Hwy., Tel.: 396-7697; vorzügliches Restaurant am Koko Head Regional Park, wo der Koch und Besitzer Roy Yamaguchi, ein Vertreter der nouvelle cuisine americaine, europäische, amerikanische und pazifische Kochkunst auf sehr fantasievolle Weise verknüpft. Fisch, Lamm, Seafood, Rind und Geflügel mit exotischen Beilagen und Saucen – ein kulinarisches Erlebnis! Der Weg lohnt sich auch für Touristen mit festem Standort in Waikiki (Reservierung empfohlen, vor allem, wenn man einen Tisch mit Blick auf den Sonnenuntergang möchte); tägl. 17.30-21.30 Uhr geöffnet.*

• ***Lucy's Grill & Bar $$***, *33 Aulike St., Tel.: 230-8188; Bistro mit leichter und recht preisgünstiger Weltküche, u.a. Tacos, Seafood, Steaks, BBQ, Pizza und Pasta, landschaftlich reizvoll am Ende des Pali Hwy. gelegen.*

• ***Assagio Italian Restaurant $$***, *354 Uluniu St., Tel.: 261-2772; vornehmeres italienisches Restaurant für Lunch, Dinner und Cocktails mit einer Unmenge an Pastagerichten; Di-Sa geöffnet.*

• ***Buzz's Steakhouse $$***, *413 Kawailoa St., Tel.: 261-4661; beliebtes Steakhouse hinter der Brücke zum Kailua Beach Park, Steaks, Fisch und Seafood zum Mittag- und Abendessen, auch Sandwiches und Salate, hübsche Terrasse.*

• ***Cinnamon's Restaurant $$***, *315 Uluniu St., Tel.: 261-8724, www.cinnamonsrestaurant.com; tägl. ab 7 Uhr gibt es hier das beste Frühstück in Kailua, So-Mi auch mittags und Do-Sa bis 20.30 Uhr geöffnet.*

KUALOA

• ***Crouching Lion Inn $$$***, *51-666 Kamehameha Hwy., Tel.: 237-8981, www.crouchinglionhawaii.com; seit über 60 Jahren gibt es dieses schön gelegene Restaurant, das für seine gute amerikanische Küche (Steaks, Seafood) ebenso bekannt ist wie für den* *schönen Ausblick von der Terrasse, preiswerte Gerichte zum Lunch und Early-bird-Dinner; tägl. 11-21 Uhr geöffnet.*

HALEIWA

- ***Haleiwa Joe's $$$**, 66-011 Kamehameha Hwy., Haleiwa, Tel.: 637-8005; sehr gutes Fisch-, Seafood- und Steakrestaurant, recht preisgünstig zum Mittagessen, herrlicher Blick auf die Bay und abendliche Sonnenuntergänge; tägl. 11.30-21.30 Uhr geöffnet.*

Luaus

Die größeren Hotels bieten fast alle abendliches Entertainment an, oft Hula-Tänze und gute Bands mit klassischer Popmusik oder hawaiischen Evergreens. Oft ist dabei auch ein hawaiisches Essen eingeschlossen, wobei die in Waikiki angebotenen Luaus jedoch allesamt sehr touristisch-verkitscht sind, selbst das beste davon, das man im Royal Hawaiian Hotel zu sich nehmen kann. Das wohl beste Luau der Insel hat Paradise Cove Luau an der Westküste (Aliinui Dr., Ko Olina, Tel.: 842-5911, www.paradisecoveluau.com, Shows und Luau ab US$ 80).

Flughafen

*Der Honolulu International Airport ist die wichtigste Luftverkehrsdrehscheibe im Pazifik und wird von allen größeren amerikanischen, asiatischen und pazifischen Linien angeflogen. Der moderne und großzügig angelegte Komplex verfügt über alle üblichen Einrichtungen, wie Gepäckaufbewahrung, Schließfächer, Restaurants, Snackbars, Duty-free-Shops, Banken. Zwischen Freeway und den Terminals befinden sich zwei gute Flughafenhotels sowie die Hauptpost der Insel. Für die internationalen Flüge bzw. die vom amerikanischen Festland sind der Main Terminal und der International Terminal zuständig. Wer von Übersee kommt und zu einer anderen Hawaii-Insel weiterfliegen will, muss sich mit dem kostenlosen Wiki-Wiki-Shuttle zum Inter-Island Terminal oder Commuter Terminal bemühen. Vor der Ankunftshalle des International Terminal und des Inter-Island Terminal stehen **Taxis** bereit. Für eine Fahrt nach Waikiki muss man mit ca. US$ 30 rechnen. Vor den Terminals halten auch im Pendelverkehr die **Flughafen-Shuttlebusse** wie Hawaii Super Transit (Tel.: 841-2928, www.hawaiisupertransit.com) und Reliable Shuttle (Tel.: 924-9292, www.reliableshuttle.com); eine Fahrt kostet ca. US$ 10 p.P. und dauert rund 45 Minuten. Für die Fahrt in die Stadt stehen immer einige Vans bereit, bei der Rückreise holt man Sie auf Vorbestellung an Ihrem Hotel ab, auf dem Weg werden aber meist noch weitere Adressen anfahren. Ein solcher Transfer wird von jeder Hotel-Rezeption vermittelt, oder Sie bestellen einen Wagen telefonisch (auf Anzeigen in Touristen-Prospekten achten!).*

*Im Flughafen finden sich die Schalter der verschiedenen Mietwagen-Firmen, mit eigenen Shuttlebussen wird man dann zu deren Parkplätzen gebracht. Einzelne Hotels haben ihre eigenen Transfervans. **Autofahrer** gelangen vom Parkplatz bzw. den Mietwagendepots direkt auf den Freeway H-1. Nach Honolulu fährt man auf dies m in östlicher Richtung. Die beste Abfahrt für Downtown Honolulu ist Exit 22 (Vineyard Blvd.), die beste für Waikiki ist Exit 23 (Punahou St.).*

Busse

Der öffentliche Personenverkehr mit dem Bus (TheBus) ist auf Oahu besser und billiger als in den meisten Gemeinden Amerikas. Mit US$ 2 kommt man nicht nur in Honolulu vorwärts, sondern gleich um die halbe Insel. Dabei ist einmal Umsteigen erlaubt,

wobei man aber beim ersten Einstieg den Fahrer um ein Transferticket bitten muss. Wichtig: Den Fahrpreis kann man nur in Münzen und passend in eine Glasbox werfen, Wechselgeld wird nicht herausgegeben. Die Busse sind modern, klimatisiert (sehr kalt!!) und auch für Rollstuhlfahrer geeignet. Aktuelle Fahr- und Routenpläne enthält die Broschüre 'The Bus Guide', die man u.a. in Souvenirshops, Buchläden und Supermärkten bekommt, oder man informiert sich beim Bus-Telefonservice unter Tel.: 848-5555 bzw. unter www.thebus.org.
Die wichtigste Drehscheibe für den insularen Busverkehr ist das **Ala Moana Center**, *das ab/bis Waikiki (Kuhio Ave.) mit den Linien 8, 19, 20, 47, 58 erreicht wird. Hier starten auch die beiden Linien, die um die Insel führen und auch an den bekanntesten Stränden halten: Nr. 55 an der Ostküste entlang, Nr. 52 durch das Inselinnere (wer also am schnellsten zum Sea Life Park oder Polynesian Cultural Center möchte, benutzt die Nr. 55, wer zum Waimea Falls Park möchte, nimmt die Nr. 52). Einige der rund 80 Linien von TheBus fahren auch zum* **Flughafen**, *allerdings werden keine größeren Gepäckstücke mitgenommen. Bei der An- und Abreise sollte man also auf die bequemen Waikiki-Shuttlebusse oder auf ein Taxi zurückgreifen.*

Für das Sightseeing in Waikiki und Honolulu Downtown ist der **Waikiki Trolley** *(Tel.: 593-2822, www.waikikitrolley.com) eine zwar teurere, aber sehr bequeme Alternative zum Stadtbus – das für Touristen vielleicht interessanteste Verkehrsmittel, ein nostalgischer Bus in der Art von San Franciscos Cable Car. Zu den Stopps gehören u.a.: Academy of Arts, Ala Moana Center, Aloha Tower, Asia Mall, Aquarium, Bishop Museum, Dole Cannery, Foster Botanic Gardens, Hard Rock Café, Hilo Hattie, Hilton Hawaiian Village, Iolani-Palast, Kamehameha-Statue, Kewalo Basin, Mission Houses, Restaurant Row, State Capitol, Ward Center. Kurz: alle Sehenswürdigkeiten und Attraktionen werden angefahren, die Passagiere können beliebig oft aus- und zusteigen. Das Trolleysystem bedient vier Linien, erkennbar an ihrer Farbe: Die roten Wagen fahren rund 30 Stationen zwischen Waikiki und dem Bishop Museum an, die 'gelbe Linie' bringt einen zur Shopping Mall am Ward Warehouse, und die 'blaue Linie' geht bis zum Sea Life Park. Pink ist der Ala Moana Shopping Shuttle Line. Ein Tagesticket ist überall in Waikiki, wo Ausflüge etc. gebucht werden, erhältlich, ebenso im Bus selbst; es kostet US$ 27 (Kinder 13). Der Waikiki Trolley startet am Royal Hawaiian Shopping Center von 8-16.30 Uhr alle 20 Minuten, eine komplette Rundfahrt dauert 2 Stunden.*

Das Haupt-Nahverkehrsmittel für Honolulu wie für die Insel ist **TheBus**. *In Waikiki stellt dabei die Kuhio Ave. die wichtigste Schiene dar, auf der in kurzen Abständen die Haltestellen (TheBus Stop) markiert sind. Zum Ala Moana Center, dem inoffiziellen Busbahnhof der Stadt, kommt man von hier mit den Linien 8, 19, 20, 47, 58. Ab dem Ala Moana Center starten die Linien Nr. 55 (entlang der Ostküste) und Nr. 52 (durch das Inselinnere) zum Norden. Weitere wichtige Buslinien ab/bis Waikiki sind: Nr. 20, 47 zum Aloha Stadium oder Pearl Harbor, Nr. 2 nach Downtown und zum Bishop Museum, Nr. 19, 20 nach Downtown Honolulu und zum Flughafen, Nr. 4 zur Universität/Manoa Valley, Nr. 22 zur Hanauma Bay, Nr. 51 nach Makaha und zu den Stränden der Westküste. Die Linie 52 (Circle Island) fährt in ca. 4 Stunden die gesamte Strecke um die Insel ab. Eine Besonderheit sind die* **Gratis-Shuttlebusse**, *die einen am Hotel abholen und zu verschiedenen Attraktionen bringen. Ob Sea Life Park, Aloha Marketplace, Polynesian Cultural Center oder Dole Plantation – wer nur dorthin kommen möchte, sollte durchaus auf diesen kostenlosen Service zurückgreifen.*

Mietwagen

Alle großen und eine Vielzahl lokaler Mietwagenanbieter sind auf Oahu vertreten. Wer gerne unabhängig ist, Landschaftsfahrten wie z.B. den Tantalus Drive unternehmen und viele unterschiedliche Strände kennen lernen möchte, sollte sich auch zu einem Mietwagen entschließen – selbst wenn das Busnetz auf der Insel vorbildlich ausgebaut ist. Wer allerdings sein Standquartier in Waikiki aufschlägt, hauptsächlich dort den Urlaub verbringen und nur sporadisch Ausflüge unternehmen möchte, sollte lieber auf den Bus umsteigen oder an organisierten Ausflügen teilnehmen. Bei vielen Pauschalangeboten ist der Mietwagen ab/bis Flughafen im Preis enthalten. Bedenken Sie hierbei aber, dass internationale Flüge oft spät abends in Honolulu ankommen und Sie nach dem langen Flug wahrscheinlich keine Lust haben werden, mit dem Shuttle zur Mietwagenstation zu fahren, um dann in Eigenregie und bei Dunkelheit Ihr Hotel in Waikiki suchen zu müssen. Daher der ***Tipp:*** *Verzichten Sie für den Ankunftstag auf den Mietwagen, erkunden Sie Waikiki und Honolulu am folgenden Tag zu Fuß oder per Bus/Trolley und mieten Sie den Wagen erst ab dem dritten Tag an einer Station in Waikiki.*

Alle großen Mietwagenanbieter haben einen Schalter in der Ankunftshalle des Flughafens, geöffnet meist 5-01 Uhr. Von dort werden Sie mit einem Shuttle zum Depot gebracht (ca. 5 Minuten), wo Sie Ihren Wagen bekommen. Achten Sie bei der Wagenrückgabe auf das Hinweisschild 'Rental Car Return'! Die wichtigsten Anbieter sind:

- ***Alamo**, www.alamo.com, Tel.: 833-4584;*
- ***Avis**, www.avis.com, Tel.: 834-5536;*
- ***Budget**, www.budget.com, Tel.: 836-1700;*
- ***Dollar**, www.dollar com, Tel.: 831-2331;*
- ***Hertz**, www.hertz,com, Tel.: 831-3500.*

Mopeds

Mopeds können für ca. US$ 35-45/Tag geliehen werden, u.a. bei ***Blue Sky Rentals**, 1920 Ala Moana Blvd., Tel.: 947-0101.*

Taxis

Taxis stehen in ausreichender Anzahl am Flughafen bereit, ansonsten kann man jedes der vielen Taxis in Downtown oder Waikiki mit der Hand anhalten. Sie können auch telefonisch einen Wagen ordern, z.B. bei:

- ***TheCab**, Tel.: 422-2222,*
- ***Charley's**, Tel.: 531-1333,*
- ***City Taxi**, Tel.: 524-2121.*

Ärztliche Versorgung

Apotheken (Drugstores) befinden sich u.a. in jedem größeren Einkaufszentrum; das umfangreichste Angebot hat die Kette Long's, die u.a. im Ala Moana Shopping Center vertreten ist (tägl. geöffnet). Die beiden wichtigsten Krankenhäuser mit Sitz in Honolulu und jeweils einem 24-Stunden-Notdienst sind:

- ***Queen's Medical Center**, 1301 Punchbowl St., Tel.: 538-9011, www.queensmedicalcenter.net.*
- ***Straub Clinic & Hospital**, 888 S King St., Tel.: 522-4000, www.straubhealth.org.*
- *Daneben haben die ganz großen Waikiki-Hotels jeweils eine eigene Krankenstation mit einem 'doctor on call', der auch externe Gäste betreut.*

Einkaufen

Auf der Insel hat natürlich Honolulu, die größte Stadt des Bundesstaates, auch das größte Einkaufsangebot, insbesondere in Waikiki entlang der Kalakaua Ave. und Kuhio Ave. Hier finden Sie eine endlose Kette von Boutiquen und Souvenirläden, Fachgeschäften und Einkaufszentren. Für den billigen Schnelleinkauf sind u.a. die Ladenketten **Wal Mart** *und die* **ABC Stores** *geeignet, die mit ihrem günstigen Angebot an Alkoholika, Lebensmitteln, Badesachen, Drogerieartikeln, Filmen etc. auf allen Inseln zu finden ist und allein in Waikiki über 30 Filialen unterhalten. Die meisten ABC Stores sind tägl. 7-24 h geöffnet. Geradezu gigantische Ausmaße haben einige Shopping Centers, in denen man verschiedene Geschäfte und Dienstleistungsunternehmen unter einem Dach vorfindet. Die meisten davon sind in Waikiki bzw. zwischen Honolulu Downtown und Waikiki konzentriert. Das älteste und größte darunter ist das* **Ala Moana Shopping Center** *(1450 Ala Moana Blvd., Tel.: 955-9517, www.alamoana.com; Mo-Sa 9.30-21, So 10-19 Uhr), in Waikiki jenseits des Yachthafens gelegen. Und nicht weit davon entfernt befinden sich gleich zwei weitere, ebenfalls sehr große Komplexe, nämlich* **The Ward Warehouse** *und* **The Victoria Ward Center** *(1050 Ala Moana Blvd., Tel.: 591-9084, www.victoriaward.com; Mo-Sa 10-21, So 10-17 Uhr). Im 'eigentlichen' Waikiki bündelt sich das Waren- und Showangebot in den drei mehrstöckigen Gebäuden des* **Royal Hawaiian Shopping Center** *(2201 Kalakaua Ave., Tel.: 922-0588; unterschiedl. Öffnungszeiten der einzelnen Geschäfte, www.royalhawaiiancenter.com). Ihm gegenüber bietet auch das* **Waikiki Shopping Plaza** *(2250 Kalakaua Ave., www.waikikishoppingplaza.com) den Kaufhungrigen genügend Anreize, mit sechs Stockwerken voller Restaurants, Souvenir-, Lebensmittel-, Mode- und Buchläden. Ebenfalls im Zentrum von Waikiki kann man im* **Waikiki Town Center** *(2301 Kuhio Ave.) und im* **King's Village** *(131 Kaiulani Ave., www.kings-village.com) auf Einkaufsbummel gehen. Wer lieber unter freiem Himmel Ausschau nach Lebensmitteln, Kunstgewerbe und Kitsch halten möchte, sollte sich in Waikiki an den* **International Market Place** *(2330 Kalakaua Ave.; tägl. 10-22 Uhr, besonders reizvoll abends, www.internationalmarketplacewaikiki.com) oder in Chinatown an den* **Maunakea Market Place** *(1120 Maunakea St.; tägl. 7-17 Uhr) und den* **Oahu Market** *(N King St.) halten. Auch der* **Aloha Tower Market Place** *(1 Aloha Tower Dr., www.aloha-tower.com; tägl. 9-21 Uhr) ist immer einen Besuch wert. Schließlich noch eine Adresse für alle Interessenten hawaiischer Textilien: Das* **Hilo Hattie Fashion Center** *in Honolulu (700 Nimitz Hwy., www.hilohattie.com; tägl. 8.30-18 Uhr) ist das größte, allein auf Textilien und Mode spezialisierte Shopping Center des Staates. Verkauft werden Waren, die an Ort und Stelle in der gleichnamigen Fabrik hergestellt wurden. Große Souvenirabteilung, Parkplatz, freier Hilo Hattie Trolley alle 20 Minuten ab/bis verschiedenen Waikiki-Hotels und dem Aloha Tower Market Place. Außerhalb dieser Region haben im Westen das* **Pearlridge Center** *in Aiea sowie im Süden das* **Hawaii Kai Shopping Centre** *an der Manaula Bay das größte Warenangebot.*

Nachtleben

Mit Hunderten von Bars, Kneipen, Nachtclubs und Showbühnen dürfte jeder in Waikiki auf seinen Geschmack kommen; Anregungen, wo wann welche Musik gespielt wird oder sonst etwas los ist, erhält man am Activity Desk oder in den kostenlosen Touristenzeitungen. Die in Waikiki angebotenen Luaus sind jedoch allesamt sehr touristisch-verkitscht, selbst das im Royal Hawaiian Hotel. Die größeren Hotels bieten fast alle abendliches Entertainment, oft Hula-Tänze und gute Bands mit klassischer Popmusik oder hawaiischen Evergreens. All das findet meist während des Dinners bzw. im Anschluss daran oder in einer Cocktail-Lounge statt.

Gute Darbietungen gibt es u.a. im

- ***Banyan Court*** *(Sheraton Moana Surfrider, 2365 Kalakaua Ave.) und im*
- ***House Without a Key*** *(Halekulani Hotel, 2199 Kalia Rd.). Ansonsten kann man hawaiische Musik und/oder Hula-Shows erleben im*
- ***Duke's Canoe Club*** *(2335 Kalakaua Ave.), auf dem*
- ***International Market Place*** *(2330 Kalakaua Ave.) und, besonders schön und außerdem gratis, bei der einstündigen*
- ***Kuhio Beach Torch Lighting & Hula Show****, die ab 18.30 Uhr im Kuhio Beach Park abgehalten wird. Internationale aktuelle Musik hört man in Nightclubs und Diskos wie z.B. dem*
- ***Moose McGillycuddy's*** *(310 Lewers St., Mo-Sa 21-1 Uhr), dem*
- ***Zanzabar Nightclub*** *im Waikiki Trade Center (2255 Kuhio Ave., tägl. 21-4 Uhr) oder in der Disko*
- ***Scruples*** *(2310 Kuhio Ave., tägl. 20-4 Uhr).*

Die letztgenannten Etablissements setzen ein Mindestalter von 20 bzw. 21 Jahren voraus, die Eintrittsgebühr bewegt sich je nach Lokalität zwischen US$ 3-15. Das

- ***Hawaii Convention Center*** *zwischen Honolulu Downtown und Waikiki (1801 Kalakaua Ave) beherbergt einige der größten Bühnen des Bundesstaates, das Programm umfasst Theaterstücke, Shows und Konzerte aller Art – Infos bei den Touristenbüros oder unter Tel.: 943-3500, bzw. www.hawaiiconvention.com.*

Wassersport

Es liegt auf der Hand, dass das Freizeitangebot auf Oahu vor allem den Wassersport betrifft. Für Taucher und Schnorchler ergeben sich auf der Insel fantastische Möglichkeiten, allerdings sind die Bedingungen jahreszeitlich bedingt sehr unterschiedlich. Im Sommer, wenn die Brandung dort moderat ist und wenig Sand aufwirbelt, empfiehlt sich die Nordküste, im Winter eher die Südküste. Das bekannteste (und deswegen auch oft überfüllte) Schnorchelrevier ist die Hanauma Bay im Südosten. Ruhiger geht es am Waimanalo Beach Park zu, gute Schnorchelbedingungen findet man ansonsten in Kailua, Lanikai und am Malaekahana Beach im Osten, am Makua, Yokohama und Makaha Beach im Westen sowie am Pupukea, Waimea, Kapaeloa, Chun's Reef und Papailoa Beach im Norden. Anbieter von Tauch- und Schnorcheltouren oder von entsprechendem Gerät findet man zuhauf, u.a. auch am Waikiki Beach. Informieren Sie sich in den Touristenzeitungen über die aktuellen Preise (auf Rabattcoupons achten!). Manche Geräteverleiher bieten u.a. vollständiges Schnorchelequipment, Verleih von Unterwasserkameras und sogar Abgabemöglichkeit der Geräte auch auf anderen Inseln.

Fischschwarm in der Hanauma Bay

Empfehlenswert sind die Unternehmen

- ***Breeze Hawaii Diving Adventure**, 3014 Kaimuki Ave., Honolulu, Tel.: 735-1857, www.breezehawaii.com*
- ***Aaron's Dive Shop**, 307 Hahani St., Kailua, Tel.: 262-2333, www.hawaii-scuba.com.*

Für Segelfreunde stehen Boote aller Klassen zur Verfügung, vom kleinen Hobbie Cat bis zur großen Yacht. Kleinere Boote können Sie stundenweise problemlos am Waikiki Beach mieten. Parasailing in der Hanauma Bay, Wasserski, Tauchlehrgänge und Jetbootfahrten offerieren viele Veranstalter, der freie Transfer ab/nach Waikiki ist meist eingeschlossen. Naturgemäß stellen Surfen und Windsurfen einen Schwerpunkt der Wassersportaktivitäten. Surfboards werden Ihnen in Waikiki und an vielen populären Stränden sowie durch Agenturen in der Stadt angeboten. Das Mekka der Windsurfer liegt in Kailua, wo auch die meisten Windsurfing-Schulen anzutreffen sind. Die wichtigste Adresse für passionierte Sportfischer ist das Kewalo Basin (Fisherman's Wharf) zwischen Downtown Honolulu und Waikiki, von wo aus die gut ausgerüsteten Boote zur Hochseejagd starten.

Fahrräder

Besonders in Waikiki gibt es eine Vielzahl von Fahrrad-, Mofa- und Motorradverleihern; Hotels und Pensionen außerhalb der Stadt bieten ihren Gästen oft ebenfalls Mietfahrräder an. Als Drahtesel bekommt man meist ein Mountainbike, was angesichts der z.T. steilen Strecken auch angemessen ist. Eine Bewährungsprobe, was Höhenunterschiede angeht, stellt der Tantalus Drive dar, eine sehr populäre Rundfahrt durchs Hinterland von Honolulu. Weitere schöne Mountainbikerouten starten z.B. im Waimea Falls Park, wo auch Geräte verliehen werden. Eine andere Bewährungsprobe für Fahrer und Material ist die arge Schotterstrecke um das Nordwestkap Oahus. Auf den Hauptrouten der Insel macht das Fahrradfahren wegen des starken Autoverkehrs keinen Spaß! Busse nehmen Fahrräder ohne Extragebühr mit. Von der Highways Division wird eine 'Bike Oahu Map' herausgegeben, die sehr hilfreich ist.

Fahrradtour im Waimea Falls Park

Fahrradtouren werden auch organisiert von: ***Hawaii Bicycling League*** *(Tel.: 735-5756, www.hbl.org) und Bike Hawaii (Tel.: 877/682-7433, www.bikehawaii.com).*

Wandern

Obwohl Oahu die am dichtesten besiedelte Insel des Archipels ist und immer mehr Natur neuen Wohnhäusern, Bürotürmen, Hotels und Highways zum Opfer fällt, gibt es hier doch die größte Anzahl an Wanderwegen (Trails) auf Hawaii. Die meisten davon sind von einfachem bis mittlerem Schwierigkeitsgrad, dauern selten länger als 2-4 Stunden und sind auch für Familien geeignet, die sich auf einem Inselausflug ein wenig sportlich betätigen möchten.

Die Anfahrtswege zu den einzelnen Trails führen bisweilen durch Militärgelände; in einem solchen Fall ist ein Permit notwendig, das man bei einer der folgenden Stellen erhält:

- ***Division of Forestry & Wildlife**, 1151 Punchbowl St., Honolulu, Tel.: 587-0166, www.hawaiistateparks.org.*
- ***Division of State Parks**, P.O. Box 621, Honolulu, Tel.: 587-0300, www.hawaii.gov/dlnr.*
- ***Department of Parks & Recreation**, 650 S. King St., Honolulu, Tel.: 523-452.*

Dies sind auch die Adressen, an die man sich wegen einer evtl. Zelt- oder Hüttenübernachtung zu wenden hat. Außerdem ist man Ihnen dort mit Kartenmaterial und weiteren Auskünften zu Wanderungen auf der Insel behilflich. Wer gerne in einer Gruppe wandert, kann sich einem Hiking Club oder professionellen Wanderführern anschließen, z.B. der Hawaii Audubon Society (Tel.: 528-1432, www.hawaiiaudubon.com), den Mauka-Makai Excursions (Tel.: (866) 896-0596, www.hawaiianecotours.net), dem Sierra Club (Tel.: 538-6616, www.hi.sierraclub.org) oder den Oahu Nature Tours (Tel.: 924-2473, www.oahunaturetours.com).

Reiten

Ausflüge auf dem Pferderücken werden u.a. angeboten vom Kualoa-Ranch & Activity Club (49-560 Kamehameha Hwy., Kualoa, Tel.: 237-8515 oder -7321, www.kualoa.com).

Golf

Kaum eine Gegend in den USA weist eine solche Konzentration an erstklassigen Golfplätzen auf wie Oahu. Über 30 sind es zzt., die meisten davon haben 18-Loch-Courses. Von diesen befinden sich manche auf militärischem Sperrgebiet und sind der Öffentlichkeit nicht zugänglich; gleiches gilt für einige Plätze, die Privatclubs gehören. Über drei Dutzend Anlagen sind aber öffentlich oder im Besitz von Country Clubs und Hotels, die auswärtige Gäste wenigstens an bestimmten Tagen akzeptieren. Die schönsten Golfplätze sind an der Südküste der Ewa Beach Golf Club, an der Ostküste der Koolau Golf Club, der Mid-Pacific Country Club an der Südostküste, der Royal Kunia Honolulu Country Club im Inselinneren, der Makaha Valley Country Club an der Westküste und der Turtle Bay Country Club an der Nordküste. Einige Adressen durchweg empfehlenswerter Courses:

***AIEA: Pearl Country Club** (98-535 Kaonohi St., Aiea, Tel.: 487-3802, www.pearlcc.com; 18-Loch, Par 72).*

HONOLULU:

- ***Ala Wai Golf Course** (404 Kapahulu Ave., Waikiki, Tel.: 733-7387; 18-Loch, Par 70, Green fees US$ 42)*
- ***Ewa Villages Golf Course** (91-1760 Park Row St., Ewa Beach, Tel.: 681-0220; 18-Loch, Par 72, Green fees US$ 42)*
- ***Ted Makalena Golf Course** (93-059 Waipio Pt. Access Rd., Waipahu, Tel.: 275-6052; 18-Loch, Par 71, Green fees US$ 42)*
- ***West Loch Golf Course** (91-1126 Okupe St., Ewa Beach, Tel.: 675-6976; 18-Loch, Par 72)*
- ***Hawaii Prince Golf Club** (91-1200 Ft. Weaver Rd., Ewa Beach, Tel.: 689-2213; 27-Loch, Par 72).*

KAHUKU / KANEOHE:

- ***Bay View Golf Links** (45-285 Kaneohe Bay Dr., Tel.: 247-0451; 18-Loch, Par 54)*
- ***Kahuku Golf Course** (56-501 Kamehameha Hwy, Tel.: 293-5842; 9-Loch, Par 35, Green fees US$ 21)*
- ***Koolau Golf Course** (45-550 Kionaole Rd., Kaneohe, Tel.: 236-4653, www.koolaugolfclub.com; 18-Loch, Par 72, Green fees US$ 80-125)*

- ***Pali Golf Course*** *(45-050 Kamehameha Hwy., Kaneohe, Tel.: 266-7612; 18-Loch, Par 72, Green fees US$ 42)*
- ***Turtle Bay Resort*** *(Kahuku, Tel.: 293-8574, www.turtlebayresort.com; zwei Plätze à 18-Loch, Par 72)*

KAILUA: ***Mid-Pacific Country Club*** *(266 Kaelepulu Dr., Tel.: 262-8161, www.mpcchi.org; 18-Loch, Par 72)*

KAPOLEI: ***Kapolei Golf Course*** *(91-701 Farrington Hwy., Tel.: 674-2227, www.kapoleigolfcourse.com; 18-Loch, Par 72)*

KO OLINA: ***Ko Olina Golf Club*** *(92-1220 Aliinui Dr., Tel.: 676-5300, www.koolinagolf.com; 18-Loch, Par 72)*

MAKAHA: ***Mahaka Valley Country Club*** *(84-627 Mahaka Valley Rd., Waianae, Tel.: 695-7111, www.makahavalleycc.com; zwei 18-Loch-Plätze, Par 71, Green fees US$ 85).*

MILILANI: ***Mililani Golf Club*** *(95-176 Kuahelani Ave., Mililani, Tel.: 623-2222, www.mililanigolf.com; 18-Loch, Par 72)*

WAIMANALO:

- ***Hawaii Kai Golf Courses*** *(8902 Kalanianaole Hwy., Tel.: 395-2358, www.hawaiikaigolf.com; Championship Course 18-Loch, Par 72, Green fees US$ 100; Executive Course 18-Loch, Par 55, Green fees US$ 37-42)*
- ***Olomana Golf Links*** *(41-1801 Kalanianaole Hwy., Tel.: 259-7926, www.olomanagolflinks.com; 18-Loch, Par 72, Green fees US$ 80-125).*

WAIPAHU:

- ***Royal Kunia Country Club*** *(94-1509 Anonui St., Tel.: 676-1116, www.royalkuniacc.com; 18-Loch, Par 72)*
- ***Waikele Golf Club*** *(Tel.: 676-9000, www.golfwaikele.com; 18-Loch, Par 72)*

Ausflüge

Eine ganze Reihe von Reiseagenturen bietet in Anzeigen und Flugblättern dem Oahu-Besucher ihre Dienste an. Dazu gehören geführte Stadtrundgänge in Chinatown, Besichtigungsfahrten nach Pearl Harbor, Kreuzfahrten, Halbtags- und Ganztagstouren über die Insel oder zu bestimmten Highlights, aber auch ein- bis mehrtägige Ausflüge zu den Nachbarinseln, auf Wunsch mit Übernachtungs-, Sightseeing- oder Mietwagenarrangement. Eine ***ganztägige Inselrundfahrt*** *per Bus verläuft im Regelfall von Waikiki aus am Diamond Head und Kahala vorbei zur Hanauma Bay, dann an der Ostküste entlang über Makapuu und Waimanalo nach Norden, dort an den berühmten Stränden wie Sunset Beach und Waimea Beach vorbei, schließlich durchs Inselinnere mit Stopp an der Dole Plantation zurück nach Pearl Harbor, Downtown Honolulu und Waikiki. Der Preis für eine solche Tour liegt – je nach Länge und Stopps – bei US$ 50-70 p.P. Ihr Activity Desk im Hotel oder das Touristenbüro wird Sie beraten, welcher Ausflug was enthält und in Ihren Reiseplan passt.*

Wenn Sie lieber direkt buchen möchten – hier einige empfehlenswerte Anbieter:

- ***Discover Hidden Hawaii Tours****, Tel.: 737-3700, www.discoverhawaiitours.com;*
- ***E Noa Tours****, Tel.: 591-2561, www.enoa.com;*
- ***Polynesian Adventure Tours****, Tel.: 833-3000, www.polyad.com;*
- ***Roberts Hawaii****, Tel.: 954-8652, www.robertshawaii.com.*

Beliebt sind ferner Ausflüge zu Wasser, wobei die ***Bootstouren*** *auf Oahu fast immer eine sehr touristische Angelegenheit sind, die weniger dem Sightseeing dienen als dem Zweck, vor romantischer Kulisse möglichst viel Spaß zu erleben. Die Touren starten i.d.R. am Kewalo Bassin oder am Aloha Tower Marketplace. Angeboten werden u.a. Super-Katamarane,* *große Segelyachten und U-Boote mit High-Tech-Ausstattung. Für eine der beliebten Sunset Dinner Cruises (2½ Stunden) mit Show und Tanz müssen Sie mit US$ 40-70 p.P. rechnen.*

Flugsport

Vom Dillingham Airfield/Gliderport in Mokuleia an der Nordküste starten vielfältige Aktivitäten. Fallschirmspringen wird dort u.a. angeboten von ***Skydive Hawaii*** *(Tel.: 637-9700, www.hawaiiskydiving.com), Segelfliegen von Soar* ***Hawaii Sailplanes*** *(Tel.: 637-3147, www.soarhawaii.com) und* ***Mr. Bill's Original Glider Rides*** *(Tel.: 637-0207, www.honolulusoaring.com).*

Strände

Die ganze Insel ist von schönen Sandstränden umringt, die – je nach Wetterlage und Jahreszeit – sehr gute Schwimm- und Wassersportmöglichkeiten bieten. Als Faustregel gilt, dass die Nord- und Westküste in den Wintermonaten (Oktober bis Februar) eine besonders hohe Brandung aufweist und dann zum Schwimmen zu gefährlich ist. Da in dieser Jahreszeit auch viel Sand weggespült wird, sind die Strände im Winter zudem schmaler, was die Surfer natürlich nicht weiter stört. Zu den populärsten Stränden gehören an der Südküste der Ala Moana Beach Park und die einzelnen Abschnitte des Waikiki Beach. Beide sind stark frequentiert, aber ganzjährig sicher. Im Südosten zählen zu den beliebtesten Stränden: die Hanauma Bay, eine perfekte Bucht mit perfekten Schwimm-, Schnorchel- und Tauchbedingungen (ganzjährig), allerdings oft sehr voll; der Waimanalo Beach Park, mit 5 km der längste Strand der Insel, gute Schwimmbedingungen, beliebt bei Surfing-Anfängern; der Kailua Beach Park, ein sicherer 3-km-Strand, ideal für Windsurfer. An der Nordküste hat der Sunset Beach als Austragungsort der Surfing-Weltmeisterschaft einen Namen, ebenso der Ehukai Beach Park mit der berühmten 'Banzai Pipeline' und die Waimea Bay. Alle Strände zeichnen sich durch sehr hohe Wellen (vor allem im Winter!) aus, die sie zum Schwimmen zu gefährlich, für trainierte Surfer in dieser Zeit aber ideal machen. Währenddessen ist das Wasser des Haleiwa Beach Park auch im Winter oft zum Schwimmen geeignet.

An der sonnenreichen Westküste sind der Makaha Beach Park und, weit im Norden, die Yokohama Bay die beliebtesten Plätze. Auch hier zieht die enorme Brandung der Wintermonate Surfer aus aller Welt an (internationale Meisterschaften). Im Sommer sind die Gewässer zumeist ruhig und gut zum Schwimmen, Schnorcheln und Tauchen geeignet.

Bis auf den Sunset Beach und die Yokohama Bay haben alle genannten Strände Picknickplätze, Sanitäranlagen und Telefonzellen, die meisten sind außerdem bewacht, und an einigen kann man sich an Imbiss-Ständen verpflegen.

Sehenswertes

HONULULU

- ***Iolani Palace****, King St./Richards St., Tel.: 522-0832, www.iolanipalace.org; geführte Rundgänge Di-Sa 9-11.15 Uhr (vorherige Reservierung erforderlich), Eintritt US$ 20, Audio-Tour 11.45-15.30 Uhr, US$ 13.*
- ***Hawaii State Art Museum****, 240 S Hotel St., Tel.: 586-0300, www.state.hi.us/sfca; Di-Sa 10-16 Uhr geöffnet, freier Eintritt.*
- ***Mission Houses Museum****, 553 S King St., Tel.: 447-3910, www.missionhouses.org; Di-Sa 10-16 Uhr geöffnet, Eintritt US$ 10.*
- ***Hawaii Maritime Center****, Pier 7, Honolulu Harbor, Tel.: 599-3810; tägl. 9-17 Uhr geöffnet, Eintritt US$ 8,50.*

Oahu

- ***Aloha Tower***, *Pier 9, Nimitz Hwy., Tel.: 528-5700, www.alohatower.com; tägl. 9 Uhr bis Sonnenuntergang geöffnet, freier Eintritt.*
- ***Bishop Museum & Planetarium***, *1525 Bernice St., Tel.: 847-3511, www.bishopmuseum.org; tägl. 9-17 Uhr geöffnet, Eintritt US$ 16 (Waikiki Trolley).*
- ***Foster Botanical Garden***, *180 N Vineyard Blvd., Tel.: 522-7060, Eintritt; tägl. 9-16 Uhr geöffnet, Eintritt US$ 5 (Buslinie 2 oder Waikiki Trolley).*
- ***Honolulu Academy of Arts***, *900 S Beretania St., Tel.: 532-8700, www.honoluluacademy.org; Di-Sa 10-16.30, So 13-17 Uhr geöffnet, Eintritt US$ 10 (Buslinie 2 oder Waikiki Trolley).*
- ***Royal Mausoleum***, *2261 Nuuanu Ave., Tel.: 587-0300; Mo-Fr 8-16.30 Uhr geöffnet, freier Eintritt (Buslinie 4).*
- ***Queen Emma Summer Palace***, *2913 Pali Hwy., Tel.: 595-6291, www.daughtersofhawaii.org; tägl. 9-16 Uhr geöffnet, Eintritt US$ 6 (Buslinie 4).*
- ***Punchbowl*** *(National Memorial Cemetery of the Pacific), 2177 Puowaina Dr., Tel.: 532-3720; tägl. 8-17.30/18.30 Uhr geöffnet, freier Eintritt.*

WAIKIKI

- ***US-Army Museum of Hawaii***, *Fort de Russy, Kalia Rd., Tel.: 955-9552, www.hiarmymuseumsoc.org; tägl. außer Mo 10-16.15 Uhr geöffnet, freier Eintritt.*
- ***Honolulu Zoo***, *Kapiolani Park, 151 Kapahula Ave., Tel.: 971-7171, www.honoluluzoo.org; tägl. 9-16.30 h geöffnet, Eintritt US$ 8.*
- ***Waikiki Aquarium***, *2777 Kalakaua Ave., Tel.: 923-9741, www.waquarium.org; tägl. 9-16.30 Uhr geöffnet, Eintritt US$ 9 (Waikiki Trolley oder Buslinie 2).*
- ***Diamond Head Crater Park***, *Tel.: 587-0285, www.hawaiistateparks.org; tägl. 6-18 Uhr geöffnet, Eintritt US$ 1 p.P. oder US$ 5 pro Auto.*

PEARL HARBOR

- ***Arizona Memorial and Visitor Center***, *U.S. Naval Reservation, Pearl Harbor, Tel.: 422-0561, www.nps.gov/usar; tägl. 7.45-17 Uhr geöffnet; Abfahrt der Boote zum Memorial alle 15 Minuten, letzte Überfahrt 15 h; freier Eintritt. Ab/bis Waikiki fahren die Busse 20 und 42 hierhin, aber die meisten Hotels bieten auch einen Shuttleservice nach Pearl Harbor an. Zwischen dem Visitor Center und Ford Island / USS Missouri fährt ein kostenloser Shuttle.*
- ***USS Bowfin Submarine Museum & Park***, *11 Arizona Memorial Dr., U.S. Naval Reservation, Pearl Harbor, Tel.: 423-1341, www.bowfin.org; tägl. 8-17 Uhr geöffnet, Eintritt US$ 10, Kombiticket mit M/S Missouri US$ 20.*
- ***Battleship Missouri Memorial***, *Ford Island, US. Naval Reservation, Pearl Harbor, Tel.: 973-2494 oder 1-877-644-4896, www.ussmissouri.com; tägl. 9-17 Uhr geöffnet, Eintritt US$ 16, Kombiticket mit USS Bowfin US$ 20.*

IM OSTEN VON OAHU

- ***Hanauma Bay Nature Preserve***, *Hanauma Bay, Tel.: Tel. 396-4229, www.hanaumabayhawaii.org; tägl. 8-18, im Sommer bis 19 Uhr geöffnet, Eintritt US$ 5. Mit Buslinie 22 stündl. Verbindungen ab/bis Waikiki.*
- ***Sea Life Park***, *Makapuu Point, Waimanalo, Tel.: 1-866-393-5158 www.sealifeparkhawaii.com; tägl. 10.30-17 Uhr geöffnet, Eintritt US$ 29. Ab/bis diversen Hotels in Waikiki freier Shuttlebus; ansonsten Buslinien 22, 57 und 58.*
- ***Byodo-In-Tempel***, *47-200 Kahekili Hwy., Tel.: 239-8811; tägl. 8-17 Uhr geöffnet, Eintritt US$ 2.*

• ***Polynesian Cultural Center**, Laie, 55-370 Kamehameha Hwy., Tel.: 293-3333, www.polynesia.com; Mo-Sa 12-21 Uhr geöffnet; Eintritt ab US$ 45 (Kinder US$ 35). Will man auch an den Shows und/oder am Büfett teilnehmen, sind bis zu US$ 109 zu berappen – hier sollte man unbedingt auf Paketangebote zurückgreifen, die billiger sind. Kritikern dieser Preispolitik hält das Unternehmen entgegen, dass eine Reise zu allen polynesischen Inseln mit mindestens zehntausend Dollar zu Buche schlagen würde …*

IM NORDEN UND IM INNEREN VON OAHU

• ***Waimea Valley Audubon Center**, 59-864 Kamehameha Hwy., Tel.: 638-9199, www.audubon.org; tägl. 9.30-17.30 Uhr geöffnet, Eintritt US$ 8.*

• ***Dole Pineapple Pavilion**, 64-1550 Kamehameha Hwy., Wahiawa, Tel.: 621-8408, www.dole-plantation.com; tägl. 9-18 Uhr geöffnet. Eintritt zu den Gärten US$ 4, Fahrt mit dem Pineapple Express US$ 7,75, Eintritt Labyrinth US$ 6.*

IM WESTEN VON OAHU

• ***Hawaiian Waters Adventure Park**, 400 Farrington Highway Kapolei, Tel.: 945-3928, www.hawaiianwaters.com; tägl. 10.30-18 Uhr geöffnet, Eintritt US$ 40 + Steuer.*

• ***Paradise Cove Luau**, Alii Nui Dr., Ko Olina, Tel.: 842-5911, www.paradisecoveluau.com, Shows und Luau ab US$ 80.*

• ***Hawaiian Railway Society**, Ewa Station, Ewa, Tel.: 681-5461, www.hawaiianrailway.com, sonntags 90-minütige Fahrten mit Oldtimer-Bahnen US$ 10.*

MAUI (S. 320ff)

Information

***Maui Visitors Bureau**, 1727 Wili Pa Loop, Wailuku, Tel.: 244-3530, www.visitmaui.com. Außer in diesem Hauptbüro des Fremdenverkehrsamtes ist touristisches Infomaterial (z.B. Unterkunftsnachweise, Restaurantlisten etc.) auch an einigen Info-Theken in Lahaina zu bekommen. Viele aktuelle Tipps, Veranstaltungshinweise und Rabattcoupons finden sich in den kostenlosen Touristenmagazinen (Maui Beach Press, Guide to Maui, Maui Gold, This Week Maui), die am Flughafen, in Shopping Centers und in den Hotels ausliegen. Infos über das Wetter der nächsten auf Maui erhält man per Bandansage unter Tel.: (866) 944-5025 oder 877-5111, die Bedingungen für Segel- und Surfsportler unter Tel.: 877-3477.*

Hotels

… ZWISCHEN WAILUKU UND MAKENEA

WAILUKU UND KAHULUI

• ***Maui Beach Hotel $$$**, 170 Kaahumanu Ave., Kahului, Tel.: 877-0051, www.elleairmaui.com; Mittelklassehotel mit 167komfortablen Zimmern, Pool, Restaurant, Bar, Shops, samstags Disko; an einer lebhaften Verkehrsstraße gelegen, für einen Badeaufenthalt nicht gut geeignet.*

• ***Northshore Hostel $**, 2080 Vineyard St., Wailuku, Tel.: 986-8095, www.northshorehostel.com; gemütliches und sauberes Billighotel, das sich an jugendliche Gäste ohne große Komfortansprüche wendet, Schlafsaal und Einzel-/Doppelzimmer ohne eigenes Bad, Gemeinschaftsküche.*

KIHEI

• ***Maui Hill $$$$$***, *2881 Kihei Rd., Kihei, Tel.: 879-6321, www.astonhotels.com; Condo-Anlage mit schönen, mediterran wirkenden, voll eingerichteten Villas und jeder Menge Platz, dem Strand gegenüber in Hügellage platziert.*

• ***Mana Kai Maui Resort $$$$***, *2960 S. Kihei Rd., Tel.: 879-2778, www.crhmaui.com; Hotel- und Condominium-Anlage der gehobenen Mittelklasse, 98 Zimmer (die Studios mit Küche), 2 Restaurants, Pool, Shops, in direkter Strandlage.*

• ***Best Western Maui Oceanfront Inn $$$***, *2980 S. Kihei Rd., Kihei, Tel.: 879-7744, www.mauioceanfrontinn.com; kleines Boutique-Hotel der Best-Western-Kette, direkt am Strand gelegen, 54 Zimmer und 16 Suiten, verteilt auf 6 zweistöckige Gebäude, zur Anlage gehört das Feinschmeckerrestaurant Sarento's, viele Shops, Restaurants und Bars in der Nähe.*

WAILEA

• ***Fairmont Kea Lani $$$$$***, *4100 Wailea Alanui Dr., Wailea, Tel.: 875-4100, www.kealani.com; absolute Luxusanlage am Strand mit 413 Suiten (Wohn- und Schlafraum), ansprechende Architektur mit edler Ausstattung, tropische Gartenanlage mit mehreren Pools und riesiger Wasserrutsche, 4 Gourmetrestaurants, umfangreiches Sportangebot, Tennisplätze und drei 18-Loch-Golfplätze in unmittelbarer Nähe. Zur Anlage gehören auch komfortable Villen, die etwas weiter vom Strand entfernt liegen.*

• ***Grand Wailea Resort & Spa $$$$$***, *3850 Wailea Alanui Dr., Tel.: 875-1234, www.grandwailea.com; luxuriöse und teuerste Resortanlage, direkt am Strand, 767 Zimmer mit allen Annehmlichkeiten, tropischer Garten, riesiger Pool mit Wasserlandschaft, 6 Restaurants, 12 Bars, Shops, Health Club, Kunstsammlung, 2 Golf- und mehrere Tennisplätze, familienfreundlich, viel Entertainment.*

• ***Wailea Marriott $$$$$***, *3700 Wailea Alanui Dr., Wailea, Tel.: 879-1922, www.waileamarriott.com; First-Class-Unterkunft am Strand mit vielen polynesischen Akzenten, 516 komfortable Zimmer in mehreren Gebäuden, großzügiger Palmengarten und Koi-Teich, 3 Pools, 5 Restaurants, Shops, 2 Golf- und 14 Tennisplätze.*

MAKENA

• ***Maui Prince Hotel $$$$$***, *5400 Makena Alanui Dr., Tel.: 874-1111, www.mauiprince.com; luxuriöse und schönste Herberge am Makena Beach mit deutlicher japanischer Note, 310 komfortable Zimmer, asiatischer Wassergarten mit Fischteichen, Minipagoden, Steinen und Wasserfällen, 4 Restaurants (darunter das japanische Gourmetrestaurant 'Hakone'), 2 Pools, 3 Restaurants, Shops, Tennisplätze und einer der schönsten Golfplätze des Archipels (36-Loch).*

... ENTLANG DEM HANA HIGHWAY

HANA

• ***Hotel Hana Maui $$$$$***, *5031 Hana Hwy., Hana, Tel.: 248-8211, www.hotelhanamaui.com; wunderschönes, luxuriöses Haus mit mehreren Bungalows, insgesamt nur 96 Zimmer mit allen Annehmlichkeiten, Pool, 2 Restaurants, Sportcenter, Shops, Reiten, Wandern, Tennis und sonstige Aktivitäten möglich, edle und moderne Ausstattung, herrlicher Garten.*

• ***Hana Kai $$$***, *1533 Uakea Rd., Hana, Tel.: 248-8426, www.hanakai.com; komfortable Condo-Anlage mit 18 Studios, alle mit Schlafzimmer und Küche, nahe zum Black Sand Beach und den Naturwundern Ost-Mauis gelegen.*

• *Joe's Place $, 4870 Uakea Rd., Hana, Tel.: 248-7033, www.joesrentals.com; saubere und gemütliche Budget-Unterkunft mit nur 12 Zimmern (mit oder ohne eigenem Bad), mitten in Hana gelegen, Gemeinschaftsküche, TV-Zimmer, BBQ-Plätze, sehr freundlicher und hilfsbereiter Besitzer.*

... IN WEST-MAUI

LAHAINA

• ***The Plantation Inn $$$$$**, 174 Lahainaluna Rd., Lahaina, Tel.: 667-9225, www.theplantationinn.com; wunderschönes, intimes Haus im Kolonialstil, 18 komfortable Zimmer, edle Ausstattung, Swimming Pool, Health Club, vorzügliches Restaurant, zentral, aber ruhig gelegen, mit Frühstück.*

• ***Lahaina Inn $$$$**, 127 Lahainaluna Rd., Lahaina, Tel.: 661-0577, www.lahainainn.com; hübsche Bed-&-Breakfast-Unterkunft in historischem Holzhaus, recht zentral gelegen, 12 individuelle und mit Antiquitäten ausgestattete Zimmer mit Veranda, kontinentales Frühstück.*

• ***Best Western Pioneer Inn $$$**, 658 Wharf St., Lahaina, Tel.: 661-3636, www.pioneerinnmaui.com; gute Unterkunft in einem historischen Gebäude, 48 kleine und modernisierte Motelzimmer, sehr zentral, viel Trubel in den Bars und Restaurants (daher nicht gerade ruhig), umlaufende Veranda, ideal für Nachtschwärmer.*

• ***Lahaina Roads $$$**, 1403 Front St., Lahaina, Tel.: 667-2712 oder (877) 877-5758, www.alohacondos.com; Condo-Anlage nördlich des Zentrums und am Wasser gelegen, 199 komplett ausgestattete Einheiten mit Platz für 4 Personen, Pool, BBQ Area.*

• ***House of Fountains $$$**, 1579 Lokia St., Lahaina, Tel.: 667-2121, www.alohahouse.com; 3 km südlich von Lahaina, im Hinterland und wenige Fahrminuten vom Strand entfernt gelegene, charmante B&B-Unterkunft (3 Tage Mindestaufenthalt) mit sehr netten deutschen Gastgebern, Zimmer, Studios und Suiten, europäisches Frühstück, Gemeinschaftsküche, Swimmingpool,*

• ***Patey's Place $**, 761 Wainee St., Lahaina, Tel.: 667-0999, www.alternative-hawaii.com; gemütliche, zentral gelegene Unterkunft in einem sauberen Holzhaus, wenige Gehminuten zu allen Attraktionen Lahainas und zum Strand, Schlafräume für Männer und Frauen sowie 5 einfache Zimmer, Küche, gemeinsame Sanitäranlagen, Aufenthaltsraum.*

KAANAPALI

• ***The Westin Maui $$$$$**, 2365 Kaanapali Parkway, Kaanapali, Tel.: 667-2525, www.westinmaui.org; luxuriöses Haus mit 761 Nichtraucher-Zimmern auf 11 Stockwerken, direkt am Strand, üppige Garten- und Poolanlage (5 Pools), 8 Restaurants, umfangreiches Wassersportangebot, Shuttleservice zu den nahen Tennis- und Golfplätzen, ebenfalls freier Shuttleservice nach Lahaina.*

• ***Hyatt Regency Maui Resort & Spa $$$$$**, 200 Nohea Kai Dr., Kaanapali, Tel.: 661-1234, www.maui.hyatt.com; das Luxushotel mit 806 Zimmern (in drei Gebäuden) ist das Flaggschiff der Hotellerie in Kaanapali, direkt am Strand gelegen, riesiger Pool mit Dutzenden größerer und kleinerer Wasserfälle, Kinderbecken mit Sandstrand, Schwimmlandschaft mit Grotten und riesiger Rutsche etc., herrlicher Garten mit exotischen Pflanzen und Tieren, Lobby mit schönem Banyan-Baum, 5 Restaurants, Diskothek, kostbare Kunstsammlung, umfangreiches Wassersportangebot, Golfplatz, Tennisplätze, Wellnessbereich, 5 Fahrminuten von Lahaina entfernt.*

• ***Royal Lahaina Resort $$$$**, 2780 Kekaa Dr., Kaanapali, Tel.: 214-5000, www.hawaiihotels.com; Haus der gehobenen Mittelklasse, 2007 renoviert, 592 Zimmer mit allen Annehmlich-*

keiten, tropischer Garten, 3 Pools, 10 Tennisplätze, 5 Golfplätze in der Nähe, 2 Restaurants, großes Luau-Spektakel, umfangreiches Wassersportangebot, am Nordteil des Kaanapali Beach und 5 Fahrminuten von Lahaina entfernt gelegen.

- ***Sheraton Maui Resort $$$$**, 2605 Kaanapali Parkway, Kaanapali, Tel.: 661-0031, www.sheraton-hawaii.com; sehr schön gelegenes First-class-Haus an einem tollen Strandabschnitt, 510 geschmackvolle Zimmer in sieben Gebäuden, eingebettet in eine üppige Parklandschaft, riesiger Pool mit Lavasteinen, Wasserfällen und Rutschen, 3 Restaurants, verschiedene Bars und Lounges, Tennisplätze, Fitnesscenter.*
- ***Kaanapali Beach Hotel $$$**, 2525 Kaanapali Parkway, Kaanapali, Tel.: 661-0011, www.kbhmaui.com; jetzt schon etwas älteres Mittelklassehotel mit 430 Zimmern, familiäre Atmosphäre, direkt am Strand, schöner Garten, Pool, Restaurant, nahe zum Whalers Village.*

KAPALUA

- ***The Ritz-Carlton $$$$$**, 1 Ritz-Carlton Dr., Kapalua, Tel.: 669-6200, www.ritzcarlton.com; luxuriöse Hotelanlage mit 550 Zimmern, alle Annehmlichkeiten, herrliche Gartenanlage, Restaurants, großzügige Pool-Landschaft mit Spa, Shops, Health Club, mehrere Tennisplätze, umgeben von einer alten Ananasplantage, drei Golfplätzen und drei Stränden.*
- ***Kapalua Villas $$$$$**, 500 Office Rd., Kapalua, Tel.: 665-5400 www.kapaluavillas.com; ein wirklich großzügiges Resort mit luxuriösen Zimmern, Studios und Suiten, die auf zahlreiche Villen verteilt sind, traumhaft am Hang gelegen mit weitem Blick übers Meer. Es gibt 10 Pools, 11 Restaurants, Boutiquen und Bars. Viele Inklusivangebote, u.a. auch Massage, und bestimmte Einrichtungen des benachbarten Ritz Carlton (s.o.) wie der Wellnessbereich können mitbenutzt werden.*

Bed & Breakfast

Sowohl in den touristischen Zentren als auch an den einsameren Küstenstreifen und im Upcountry stellen etliche Ferienwohnungen oder Bed-&-Breakfast-Häuser eine Alternative zu den Mega-Ferienanlagen dar. Einen Überblick gibt es unter www.bedbreakfastmaui.com.

Camping

Campingfreunden stehen auf Maui einige Zeltgelände und vereinzelt auch Hütten zur Verfügung. Die meisten davon befinden sich nahe zu den schönsten Wanderrouten unter der Verwaltung des Haleakala-Nationalparks, der

- ***Division of State Parks** (54 S. High St., Wailuku, Tel.: 984-8109, www.hawaii.gov/dlnr, www.hawaiistateparks.org) und des*
- ***Maui Department of Parks & Recreation** (700 Halia Nakoa St., Wailuku, Tel.: 270-7389, www.co.maui.hi.us). Dort müssen auch die erforderlichen Permits eingeholt werden. Wer auf diese Übernachtungsform zurückgreifen möchte, sollte frühzeitig (möglichst 2 Monate im Voraus) Reservierungen vornehmen, da die Anzahl der Plätze begrenzt ist.*

Restaurants

<u>... ZWISCHEN WAILUKU UND MAKENEA</u>

Angesichts der vielen Fünf-Sterne-Hotels verwundert weder die Vielzahl der guten bis exquisiten Restaurants noch deren hohes Preisniveau. Unter den über 200 Restaurants der Insel befinden sich jedoch auch viele kleine, gemütliche Lokale, die die Reisekasse nicht allzu sehr strapazieren. Selbstverständlich sind auch die bekannten Fast-Food-Ketten flächendeckend vertreten. Im Reisekapitel wird auf einige empfehlenswerte Restaurants gesondert hingewiesen.

WAILUKU

• ***Saeng's Thai Cuisine $$$***, *Vineyard St., Wailuku, Tel.: 244-1567; thailändische Küche mit Seafood-Spezialitäten, angenehme Atmosphäre (Garten); tägl. zum Dinner geöffnet.*

• ***Siam Thai $$***, *123 N. Market St., Wailuku, Tel.: 244-3817; authentische thailändische Küche zu günstigen Preisen; Mo-Fr mittags und tägl. abends geöffnet.*

KAHULUI

• ***Bangkok Cuisine***, *395 Dairy Rd Ste F, Kahului, Tel.: 893-0026; freundlicher Service und exzellente thailändische Küche*

KIHEI

• ***Shangri-La by the Sea $$***, *760 S. Kihei Road. Suite 109, Menehune Shores, Tel.: 875-4555, www.shangri-labythesea.com; gute indische Küche.*

• ***Aroma di Italia***, *1881 S Kihei Rd, Tel.: 879-0133, solides italienisches Essen, man kann auch draußen im Patio essen. Im Foodland Shopping Center gelegen.*

• ***Outback Steakhouse $$***, *281 Piikea Ave., Tel.: 879-8400; Filiale der empfehlenswerten australischen Kette mit Steaks, Shrimps, Geflügel, Burger, Salaten und Suppen. So-Do 15.30-22, Fr-Sa bis 23 Uhr geöffnet. Ein weiteres Outback-Steakhaus auf Maui befindet sich in Lahaina (325 Keawe St.).*

• ***Kihei Café***, *1945 South Kihei Road, Kihei, Maui, Tel.: 879 2230; schönes Café mit dabei günstigem Essen, gut zum Frühstücken oder Mittagessen geeignet.*

WAILEA

Die Restaurants in Wailea gehören fast alle zu den Resorts und stehen sämtlich auf einem hohen Niveau – was sowohl Service und Qualität als auch die Preise angeht. Das Flaggschiff des Four Seasons Resort *ist das Dinnerrestaurant* **'Spago'** *(hawaiianische und kalifornische Küche) sowie das* **DUO** *(Steaks und Seafood). Im Grand Wailea Resort kann man es sich im* **Humuhumunukunukuapua'a** *(der hawaiianische Nationalfisch) mit Blick auf's Meer gut gehen lassen, oder am Pool in der Volcano Bar Salat oder Sandwich bestellen.*

Außerhalb der Resorts ist das **Longhis $$** *im Wailea Shopping Village empfehlenswert (Seafood, Fisch, Steaks und Salate; tägl. von morgens bis abends geöffnet, Tel.: 891-8883). Bei großem Fleischhunger sei, ebenfalls im Shopping Center,* **Ruth's Chris Steak House** *(Tel.: 874-8880) empfohlen.*

MAKENA

Das **Café Kiowai $$$** *(Tel.: 875-5888) ist der Coffee Shop des* Maui Prince Hotel, *der aber mit wunderschönem Dekor und in prächtiger Lage mehr bietet als nur Frühstück. Suppen, Salate, Fisch und viele andere leichte Gerichte der innovativen amerikanischen* Nouvelle Cuisine *stehen auf der Speisekarte, und das alles durchaus bezahlbar. Im gleichen Haus ist das* **Hakone** *(japanisches Essen, Dinner) eine Gourmet-Adresse, dessen vorzügliche Qualität auch ihren hohen Preis hat. Der* **Prince Court** *ist bis auf weiteres wg. Renovierung geschlossen.*

... ENTLANG DEM HANA HIGHWAY

PAIA

• ***Picnics Restaurant $***, *Hana Hwy., Tel.: 579-8021; kleiner Laden gegenüber der Post, in dem man sich schnell ein Lunchpaket für den Trip nach Hana zurechtmachen lassen kann, gute Biokost; tägl. 7.30-15 Uhr geöffnet.*

• ***Paia General Store $***, *149 Hana Hwy., Tel.: 579-9514; auch in diesem Kaufladen am Ortsausgang bekommt man Sandwiches, Hühnchen, Getränke etc., außerdem kann man sich hier Kühlboxen leihen. Mo-Fr 6-21, Sa-So 7-21 Uhr geöffnet.*

• ***Mama's Fish House $$$$***, *Hana Hwy., Tel.: 579-8488, www.mamasfishhouse.com; schönes Restaurant, rund 2½ km hinter Paia direkt am Strand gelegen, frisch gefangener Fisch und Seafood sowie Steaks; tägl. zu Lunch (11-14.30 Uhr) und Dinner (17-21.30 Uhr) geöffnet.*

HANA

• ***Hana Ranch Restaurant $$$***, *Hana Hwy., Tel.: 270-5280; Steaks, Seafood und Pizzen, zum Abendessen Do-Sa geöffnet.*

• ***Tutu's Snack Bar $***, *Keawa Pl., Tel.: 248-8224; Imbissgaststätte am Hafen.*

... IM UPCOUNTRY

• ***Kula Lodge $$$-$$$$***, 15200 Haleakala Hwy. Route *377, Tel.: 878-1535, www.kulalodge.com; gutes Restaurant mit kontinentaler Küche; tägl. zum Frühstück, Lunch und Dinner geöffnet. Beliebter Platz für Esspausen bei Reisegruppen (per Bus oder Fahrrad). Wer das Upcountry von hier aus intensiver erkunden möchte, kann sich in einer der 5 komfortablen Wohneinheiten (mit Veranda) einquartieren.*

• ***Casanova Italian Restaurant $$$***, *Makawao Ave., Makawo, Tel.: 572-0220, www.casanovamaui.com; Pasta, Pizzen, Salate und Seafood zu moderaten Preisen; tägl. abends geöffnet, an Wochenenden Entertainment.*

• ***Makawao Steak House $$$***, *3612 Baldwin Ave., Tel.: 572-8711; traditionelles Steak- und Seafoodrestaurant; tägl. abends geöffnet, sonntags Brunch.*

... IN WEST-MAUI

MAALAEA

• ***Buzz's Wharf $$$***, *Maalaea Bay, Tel.: 244-5426, www.buzzswharf.com; tägl. 12-23 Uhr geöffnet; Steaks, frischer Fisch, Seafood und Salatbar, alles gut und zu fairen Preisen, schöner Ausblick auf den Hafen.*

OLOWALU

• ***Chez Paul $$$$***, *Hwy. 30, Olowalu, Tel.: 661-3843, www.chezpaul.net; ein sehr bekanntes, kleines Restaurant mit klassisch-französischer Küche, elegantes Dekor; tägl. zum Dinner (18.30-20.30 Uhr) geöffnet, Reservierungen unbedingt erforderlich.*

LAHAINA

• ***Gerard's Restaurant $$$$***, *174 Lahainaluna St., Tel.: 661-8939, www.gerardsmaui.com; romantisches Gourmetrestaurant mit Veranda, französische Küche mit Lamm- und Seafoodspezialitäten; Fr zum Lunch geöffnet, ansonsten zum Frühstück (Buffet) und Abendessen.*

• ***David Paul's Lahaina Grill $$$$***, *127 Lahainaluna Rd., Tel.: 667-5117, www.lahainagrill.com; intimes Restaurant mit amerikanischer Nouvelle Cuisine im Lahaina Hotel; mittags und abends geöffnet.*

• ***Kobe Japanese Steak House $$$$***, *136 Dickenson St., Tel.: 667-5555, www.kobemaui.com; elegantes japanisches Restaurant mit authentischer Küche, am Tisch zubereitet, Sushibar; tägl. zum Dinner geöffnet.*

• ***Longhi's $$$$***, *888 Front St., Tel.: 667-2288; elegantes Restaurant mit italienisch-europäischer Küche (ohne geschriebene Speisekarte, der Ober erklärt die Spezialitäten), schöne Lage direkt am Meer, ab 7.30 Uhr geöffnet, am Wochenende ab 22.30 Uhr Livemusik, gute Weinliste.*

• ***Chart House $$$$***, *1450 Front St., Tel.: 661-0937; schön gelegenes, elegantes Restaurant, in dem man vorzügliche Steaks oder frisches Seafood mit Blick auf Lanai, Molokai und den Sonnenuntergang genießen kann.*

• ***Old Lahaina Café $$$***, *505 Front St. (Whalers Market Place), Tel.: 661-3303; schönes Restaurant unter freiem Himmel direkt am Wasser, Frühstück, Brunch, Lunch und Dinner, Spezialitäten Seafood und Grillgerichte hawaiischer Art.*

• ***Kimo's $$$***, *845 Front St., Tel.: 661-4811, www.kimosmaui.com; sehr gutes Fischrestaurant direkt am Meer, im ersten Stock exquisite Cocktails zum Sonnenuntergang, Mittag- und Abendessen, im Erdgeschoss eine populäre Bar.*

• ***Lahaina Fish Company $$***, *831 Front St., Tel.: 661-3472, www.lahainafishcompany.com; frischer Fisch und Seafood, schönes Lokal direkt am Meer.*

• ***Thai Chef $$***, *Lahaina Shopping Center, Tel.: 667-2814, www.thaicheflahaina.com; bester Thailänder am Ort; Mo-Fr 11-14.30 Uhr und tägl. 17-22 Uhr geöffnet.*

• ***Lahaina Coolers $$***, *180 Dickenson St., Tel.: 661-7082, www.lahainacoolers.com; ein von früh (7 Uhr) bis spät (24 Uhr) geöffnetes Café-Bistro mit leichten Gerichten (Pizzen, Omelettes, Salate usw.) und Getränken, originelle Bar.*

• ***Hard Rock Café $***, *Lahaina Center, 900 Front St., Tel.: 667-7400; populäre Jugendkneipe der bekannten Hard-Rock-Café-Kette, wie üblich mit Rock'n'roll-Memorabilien dekoriert, gutes und reichhaltiges Mittagessen und Dinner.*

• ***The Bakery $***, *991 Limahana Pl., Tel.: 667-9062; kein Café, aber eine gute europäische Bäckerei, empfehlenswert für alle Selbstversorger ohne Frühstücksarrangement – geöffnet Mo-Fr 6-15, Sa bis 14.30 und So bis 12 Uhr.*

• ***Tony Romas, best for Ribs***, *736 Front Street, Tel.: 661-7600; gutes Lokal was Spareribs und Salate anbelangt. Ribs kosten um 18 $.*

KAANAPALI

• *Das* ***Tropica $$$$$*** *im 'Westin Maui' ist wohl das Spitzenrestaurant in Kaanapali: exotisches Dekor, herrliche Open-Air-Lage mit Meerblick, exquisite und international hoch gelobte 'best in Pacific Bistro Cuisine'; tägl. zum Dinner geöffnet, sonntags ab 10 Uhr Brunch, Reservierung empfehlenswert.*

• *Der* ***Swan Court $$$$$*** *im 'Hyatt Regency' bietet exquisite kontinentale Küche, schön an Schwanenteichen, Gärten und einem kleinen Wasserfall gelegen; tägl. zum Brunch und Dinner geöffnet.*

• *Verschiedene Restaurants direkt am Kaanapali Beach gibt es im* ***Whalers Village*** *(2435 Ka'anapali Pkwy, Bldg H-6, Lahaina, www.whalersvillage.com), z.B. den*

- ***Hula Grill***, *Tel.: 667-6636; hier gibt es gutes Seafood, Steinofenpizza und tropische Speisen, die man entweder draußen in der Barefoot Bar oder innen im Dining Room genießen kann.*
- ***Leilanis on the Beach***, *Tel. 661-4495, www.leilanis.com; im oberen Stockwerk wird frisches Seafood und eine ordentliche Auswahl an Fleischgerichten serviert, im Erdgeschoss kann man sich mit riesigen Burgern und Sandwiches satt essen.*

KAPALUA

- ***The Plantation House Restaurant $$$***, *2000 Plantation Club Dr. Kapalua, Tel.: 669.6299 www.theplantationhouse.com; hoch über dem Meer thront das Plantation House und lockt mit frischer, lokaler Küche mit einem mediterranen Touch sowie einem tollen Blick über die Insel.*
- ***Café Kapalua $$***, *Tel. 665-8220, im Kapalua Resort, serviert gesundes Essen aus ökologischem Anbau, wie z.B. Suppen, frische Salate, Wraps, Sandwiches sowie eine Auswahl selbstgebrauter Biere.*

Luaus

Viele der großen Hotels um Kaanapali (z.B. Royal Lahaina, Sheraton) *und um Wailea (z.B.* Maui Lu Resort) *bieten zu festen Terminen* Luaus *an. Dabei überwiegt auch hier die Massenabfertigung, obwohl man weitaus eher auf seine Kosten kommt als auf Oahu. Die besten Luaus mit polynesischer Show werden m.E. von den Hotels* Hyatt Regency *und* Maui Marriott *sowie vom* 'Old Lahaina Luau' *abgehalten:*

- ***Maui Marriott Luau*** *(Kaanapali Beach), Tel.: 661-5828; großes Festessen mit Imu-Zeremonie und polynesischer Show, jeden Abend.*
- ***Hyatt Regency Luau*** *(Kaanapali Beach), Tel.: 667-4420; Buffet am Strand, anschließend die Show 'Drums of the Pacific', bei der auch Tänze und Gesänge aus Samoa, Fidschi, Neuseeland und Tahiti vorgeführt werden; Mo, Mi, Fr und Sa ab 17.30 Uhr, Showbeginn 19 Uhr.*
- ***Old Lahaina Luau***, *505 Front St., Lahaina, Tel.: 879-4900, www.oldlahainaluau.com; großes Buffet am Strand mit Livemusik und Hula-Show, Mo-Sa 17.30-20.30 Uhr.*

Flüge

Maui verfügt über drei Flughäfen, von denen der meistfrequentierte der Kahului International Airport (OGG, Tel.: 872-3893) ist. Das moderne Gebäude besitzt alle üblichen Einrichtungen einschließlich der Serviceschalter aller größeren Mietwagen-Anbieter und einer Touristeninformation. Von einigen Gesellschaften wird Kahului sogar vom amerikanischen Festland aus direkt angeflogen, der übliche Flugweg zur Destination Maui führt jedoch über Honolulu. Von dort kommt man mindestens zwölfmal tägl. zur Insel mit **Hawaiian Airlines** *(Tel.: 800/367-5320, lokal: 877-5585, www.hawaiianair.com). Aloha Airlines meldete Mitte 2008 Insolvenz an. Von den anderen Inseln wird nur Kauai mehrmals tägl. direkt angeflogen. Die beiden anderen Flughäfen sind der Kapalua Airport im Norden des Westteils (JHM, Tel.: 669-0623) und der Hana Airport an der Ostküste (HNM, Tel.: 248-8208). Kleine Propellermaschinen bringen ab Kahului Touristen wie Einheimische zu diesen Destinationen, an denen man auch Mietwagen bekommt. Diese Flugstrecken lohnen sich für Gäste, die beispielsweise den Hana Highway mit etwas mehr Zeit und nur in einer Richtung befahren möchten oder die ein Hotel in Kapalua gebucht haben (die Taxifahrt dorthin kostet ungefähr das Gleiche).*

Busse / Zug

Das öffentliche Busnetz auf Maui ist nicht flächendeckend, sondern beschränkt sich auf vier Linien: Kahului – Wailuku, Kahului – Lahaina, Kahului – Wailea und Wailea – Maalaea. Die Linienbusse fahren tägl. außer So, Tickets kosten US$ 1-2,50. Infos bei: Maui Public Transit System, Robert's Hawaii, Tel.: 270-7511, www.co.maui.hi.us/bus. Ansonsten unterhält die Firma Akina West Maui Shuttle (Tel.: 879-2828, www.akinatours.com) einen stündlichen Shuttleservice, der von 9.25-20.45 Uhr einen großen Bogen mit folgenden

Stationen bedient: Royal Lahaina, Sheraton, Kaanapali Beach Hotel, Whalers Village, Marriott, Hyatt Regency, Wharf Cinema Center, Hilo Hattie, Lahaina Cannery Mall. Der Fahrpreis beträgt US$ 1). In Wailea und Kaanapali gibt es außerdem Bustransfers zwischen Hotels, Restaurants und Shoppingadressen der Umgebung als kostenlosen Service.

Ebenfalls auf der Etappe Lahaina – Kaanapali (Endstation ist in Puukoli, am nördlichen Ende von Kaanapali) verkehrt die touristisch interessante ***Lahaina-Kaanapali & Pacific Railroad*** *(Tel.: 667-6851, www.sugarcanetrain.com). Die Strecke durch die Zuckerplantagen wird fünfmal tägl. in rund 45 Minuten zurückgelegt; die Hin- und Rückfahrt kostet US$ 20. Zusätzlich gibt es Dinner- und Showfahrten.*

Mietwagen

Alle großen und einige lokale Mietwagenanbieter sind auf Maui vertreten. Wer seine Zeit nicht nur am Strand verbringen oder an organisierten Busrundreisen teilnehmen möchte (Letztere sind übrigens nicht billiger als der Tagespreis eines normalen Mietwagens!), sollte sich zu einem Mietwagen entschließen und dabei bedenken, dass pauschale Arrangements (Fly & Drive oder Hotelpakete) oft noch preisgünstiger sind. Zwei kürzere, unasphaltierte Küstenstrecken sind von den Mietwagenfirmen nur für 4x4-Wagen zugelassen, ansonsten ist das Straßennetz mit jedem normalen Pkw gut zu befahren. Die größeren Anbieter sind alle am Kahului Airport vertreten, viele auch an den wichtigsten Hotels und den anderen Inselflughäfen.

Einige Telefonnummern:

- ***Alamo**, Tel.: 872-1470, www.alamo.com*
- ***Avis**, Tel.: 871-7576, www.avis.com*
- ***Budget**, Tel.: 871-8811, www.budget.com*
- ***Dollar**, Tel.: 877-7232, www.dollar.com*
- ***Hertz**, Tel.: 877-5167, www.hertz.com*
- ***Kihei Rent A Car**, Tel.: 879-7257, www.kiheirentacar.com*
- ***Maui Cruisers**, Tel.: 249-2319, www.mauicruisers.net*
- ***National**, Tel.: 871-8851, www.nationalcar.com*

Taxis

Am Flughafen in Kahului und an touristischen Brennpunkten stehen Taxis in ausreichender Zahl zur Verfügung oder können auf der Straße angehalten werden. Billig ist das Vergnügen nicht: Für eine Fahrt vom Flughafen nach Kaanapali muss man mit ca. US$ 45 rechnen, nach Kihei mit ca. US$ 20! In Ihrem Hotel bestellt Ihnen die Rezeption oder der Bell Captain gern einen Wagen, ansonsten können Sie sich telefonisch u.a. an

- ***Islandwide Taxi**, Tel.: 874-8294, oder*
- ***Sunshine Cabs of Maui**, Tel.: 879-2220, wenden.*

Personenfähren

Die nahe gelegenen Inseln Lanai (Manele Bay) und Molokai (Kaunakakai) können von Lahaina aus per Personenfähre erreicht werden. Infos über die aktuellen Fahrpläne und Preise gibt es bei den üblichen Stellen, am Hafen oder bei Molokai Princess (2x tägl. nach Molokai; Tel.: 662-3355 und 866-307-6524 www.molokaiferry.com, Einzelticket ca. US$ 50) und Expeditions on Maui (5x tägl. nach Lanai; Tel.: 661-3756, www.go-lanai.com, Einzelticket ca. US$ 30).

Ärztliche Versorgung

*Ein kleines, modernes Inselkrankenhaus befindet sich in der Hauptstadt Wailuku (***Maui Memorial Hospital***, 221 Mahalani Street, Wailuku, HI 96793, Tel.: 244-9056), daneben gibt es auch in Lahaina einige private Kliniken (z.B. die* **Maui Medical Group** *Ecke Prison St./Front St., Tel.: 661-0051, www.mauimedical.com) sowie in Hana das* **Hana Medical Center** *(Hana Hwy., Tel.: 248-8294) und in Kula das* **Kula Hospital** *(Tel.: 878-1221, www.kula.hhsc.org). Wie in Amerika üblich, verfügen die größeren Einkaufszentren ebenfalls über Arztpraxen und Apotheken, so z.B. das* **West Maui Healthcare Center** *im Whalers Village (Kaanapali, Tel.: 667-9721). Bei akuten Krankheitsfällen verständige man die Hotelrezeption, die den nächsterreichbaren Arzt holen wird. Die Insel verfügt über mehrere Apotheken (Drugstores). Das größte Angebot hat die Kette Long's, die auf Maui u.a. im Lahaina Shopping Center vertreten ist (Tel.: 667-4384).*

Einkaufen

Maui verfügt zwar nicht über die riesigen Shoppingzentren, wie sie für Honolulu typisch sind, ist aber für einen Einkaufsbummel durchaus geeignet. In der hauptstädtischen Region Wailuku/Kahului sind in architektonisch einfallslosen Konsumtempeln alle Waren des alltäglichen Bedarfs zu bekommen. Dabei ist der Maui Marketplace in Kahului (270 Dairy Rd.) aus zwei Gründen eine empfehlenswerte Adresse für Touristen: Erstens kann man sich in der angenehmen Atmosphäre des Starbuck Café stärken, z.B. auf dem Weg zum Hana Hwy., zweitens bekommt man bei Borders Book & Music eine gute und halbwegs aktuelle Auswahl deutschsprachiger Zeitungen und Magazine. Ansonsten entstanden in der Nähe der großen Hotels kleine 'Einkaufsstädte', in denen man außer Geschäften aller Art auch Apotheken, Banken, Restaurants, Imbiss-Stände und kulturelle Darbietungen vorfindet. Beispielhaft dafür ist das Whalers Village Shopping Center von Kaanapali mit ca. 70 Geschäften, zwei Museen und einem polynesischen Kulturprogramm. Auf dem Ostteil der Insel entspricht dem das kleinere und elegante Wailea Shopping Village, das ebenfalls eine Reihe von Restaurants und Geschäften aufweist sowie an manchen Tagen kostenlose Hula-Vorführungen bietet. Am schönsten, weil am vielfältigsten, sind die Shoppingmöglichkeiten jedoch in Lahaina, wo man in den Gassen der historischen Altstadt auf jede Menge kleiner Boutiquen, Souvenirläden, Schmuckgeschäfte usw. stößt. Natürlich gibt es auch hier einige Einkaufszentren, die zumeist schön gestaltet und zum Bummeln mehr als geeignet sind. Mitten in der Stadt sind da z.B. 505 Front Street, The Wharf Cinema Center, Lahaina Market Place, Mariner's Alley, The Lahaina Shopping Center und das Lahaina Center, alle an der Front St. oder in unmittelbarer Nähe. Im Lahaina Center befindet sich übrigens eine Filiale von Hilo Hattie, dem größten Anbieter hawaiischer Mode. Weniger zentral, dafür aber mit einem noch umfangreicheren Warenangebot ausgestattet ist die vollklimatisierte Lahaina Cannery Mall am nördlichen Ortsausgang von Lahaina mit ihren 55 Modegeschäften, Restaurants und Souvenirläden. Die meisten dieser Einkaufszentren sind täglich von 9.30-21 Uhr geöffnet.

Nachtleben

Jedes größere Strandresort bietet seinen Gästen abends ein Unterhaltungsprogramm mit Tanzmusik einheimischer Bands, hawaiischer Folklore oder bisweilen sogar Konzerten berühmter amerikanischer Künstler. Jüngere und Junggebliebene können oft auch in der hoteleigenen Disko zu heißen Rhythmen tanzen. Wer es etwas bodenständiger mag, findet vor allem in **Lahaina** *originelle Kneipen, z.T. mit Livemusik, in denen man es bis in die frühen Morgenstunden gut aushalten kann. Am gemütlichsten ist es im schönen Old*

Whalers Saloon *des historischen Pioneer Inn, während das* Hard Rock Café *oft überfüllt ist. Der* Planet Hollywood *auf der Front St. ist ähnlich aufgemacht wie das Hard Rock Café, nur mit Requisiten aus dem Filmbusiness: schöne Räumlichkeiten, gute Stimmung, leckeres Essen und Musik. Ebenfalls Rockmusik bietet abends die populäre Bar* Moose McGillycuddy's *auf der Front St. (im Obergeschoss der Mariner's Alley), während sich die Szene auf der* 505 Front Street *etwas eleganter gibt. Einen quirligen Treffpunkt für Jugendliche findet man in* ***Kihei*** *in* Polli's on the Beach *(101 N. Kihei Rd.).*

Wassersport

Für **Taucher** *und* **Schnorchler** *ist Maui deshalb ein idealer Urlaubsort, weil sich gute Spots nicht nur an der Küste befinden, sondern das Vulkaninselchen Molokini mit seiner traumhaften Unterwasserwelt sozusagen vor der Haustür liegt. Es ist daher nicht verwunderlich, wie viele Spezialanbieter für Schnorchel- und Tauchausflüge sich auf Maui niedergelassen haben, die meisten davon in Kihei und Lahaina. Eine kleine Auswahl empfehlenswerter Unternehmen (vgl. auch weiter unten unter 'Ausflüge'):*

- ***Pride of Maui**, Tel.: 242-0955, Maalaea Harbor Main Loading Dock, Kihei HI 96753, Büro: Marine Charters Inc., 781 Kolu St. Suite E Wailuku HI 96793, www.prideofmaui.com; das Unternehmen bietet Schnorchel- und Whale Watching Touren*
- ***Molokini Adventures**, Maalaea Harbor, Tel.: 242-7683; halbtägige Schnorchelexkursion nach Molokini, mit Frühstück und Mittagsimbiss (ca. US$ 50).*
- ***Maui Classic Charters**, Kihei, 101 N. Kihei Rd., Tel.: 879-8188, www.mauicharters.com; breit gefächertes Angebot von Schnorchelexpeditionen nach Molokini (US$ 68), Whalewatching-Touren (US$ 40) und Sunset-Segeltrips (US$ 65).*
- ***Ocean Activity Center**, Kihei, 1325 S. Kihei Rd., Tel.: 879-4485; halbtägige Schnorchelexpeditionen entlang der Küste, nach Molokini und nach Lanai, z.T. mit Essen, sowie Dinnerkreuzfahrten (US$ 40-60).*

Kajakfahrer vor der Bucht von Wailea

Eine Alternative wäre die Fahrt mit einem Boot der **Pacific Whale Foundation**, *101 North Kihei Rd., Kealia Beach Plaza, Suite 21, Tel.: 879-8811,* www.pacificwhale.org.

Anbieter *von* **Tauch-** *und* **Schnorchelgeräten** *findet man zuhauf. Die nachfolgenden Unternehmen (Auswahl) bieten zudem auch Tauchgänge und Einführungskurse an. Letztere kosten ca. US$ 35-100, ebenso die Tauchgänge an der Küste oder vom Boot aus.*

- ***Captain Nemo's Ocean Emporium**, 150 Dickenson St., Lahaina, Tel.: 661-5555*
- ***Dive Maui**, Lahainaluna Rd., Lahaina, Tel.: 667-2080, www.divemaui.com*
- ***Lahaina Divers**, 710 Front St., Lahaina, Tel.: 667-7496, www.lahainadivers.com*
- ***Makena Coast** Charters, Kihei, Tel.: 874-1273, www.mauiunderwater.com*

PARASAILING

Vor allem vor der Küste von West-Maui werden Parasailingtouren angeboten, bei denen man bis an 210 m Höhe erreicht. Der Preis beträgt für ca. 10 Minuten ca. US$ 50. Oft fotografiert die Crew das Ereignis und bietet nachher das Bild für US$ 8 an. Neben dem 'normalen' Parasailing können Paare bei West Maui Parasail *auch mit speziell konstruierten, bequemen Doppelsitzern gemeinsam in die Luft aufsteigen.*

- ***UFO Parasail**, Whalers Village, Kaanapali, Tel.: 661-7836, www.ufoparasailing.com*
- ***West Maui Parasail**, Slip 15, Lahaina Harbor, Lahaina, Tel.: 661-4060, www.westmauiparasail.com*

HOCHSEEANGELN

Ein spannendes, aber nicht ganz billiges Vergnügen ist das 'Big Game Fishing'. Wer auf Ahi, Mahi-mahi *oder den blauen Marlin Jagd machen möchte, bezahlt beispielsweise auf der* 'Rhythm & Blues' *(Tel.: 879-7098) für eine 4-Stunden-Tour US$ 440 (bis zu 6 Passagiere) und für eine Ganztagestour (ca. 8 Stunden) US$ 640. Wer sich einer Gesellschaft anschließen möchte, zahlt als Einzelpassagier US$ 115 bzw. US$ 145, allerdings gibt es auch billigere Angebote (ab US$ 60 für 4 Stunden).*

Die meisten Hochseeangler starten von Lahaina oder Maalaea aus, vom Hafen in **Lahaina** *z.B.* Aerial Sportfishing Charters *(Tel.: 667-9089, www.aerialsportfishingcharters.com),* Finest Kind Inc., *(Tel.: 661-0338),* Hinatea Sportfishing *(Tel.: 667-7548),* Lucky Strike Charters *(Tel.: 661-4606, www.luckeystrike.com) und* West Maui Charters *(Tel.: 669-6193); vom Hafen in* **Maalaea** *aus z.B.:* Carol Ann Charters *(Tel.: 877-2181) und* Rascal Sportfishing Charters *(Tel.: 874-8633, www.rascalcharters.com).*

WINDSURFEN

Besonders der Küstenabschnitt bei Paia und bei Kihei ist gut für Windsurfer geeignet, weshalb sich auch ein gutes Dutzend von Geräteverleihern und Windsurfing-Schulen in Maui niedergelassen hat. Anfängerkurse kosten etwa US$ 50-60, eine komplette Windsurfing-Ausrüstung pro Woche etwa US$ 250. Einige Firmen haben sich in der Nähe des Flughafens Kahului niedergelassen, z.B. als eine der besten Adressen **Windsurfing West Maui** *(460 Dairy Rd., Tel.: 871-8733): Hier findet man ein riesiges Angebot an Sportgeräten oder Kursen und bekommt wertvolle Insidertipps für die besten Lokalitäten.*

BOOTSVERLEIH

Segel- und Schlauchboote, Kajaks und anderes Wassersportgerät wird an vielen Stellen vermietet. Hier nur zwei Anregungen:

- ***Maui Jetski Rentals Ka'anapali** (Tel.: 329-2754 www.mauiwatersports.com) vermieten Jet Skis an verschiedenen Punkten der Insel.*
- ***U-Drive Boat Rentals** (19790 S. Kihei Rd., Tel.: 879-3721) vermietet Motorboote, Schlauchboote, Wasserscooter und Kajaks ab US$ 25 pro Tag. Die Wasserfahrzeuge liegen am Bootshafen in Kihei bereit, von wo aus man zum nahen Molokini starten kann. Eine Schnorchelausrüstung wird mitgeliefert.*

DRACHENFLIEGEN

*Ein besonderes Abenteuer verspricht ein Drachenflug vom Haleakala-Kraterrand bis hinunter zur Küste. Flüge und Transfers organisiert Arnim Engert (**Hang Gliding Maui**, 32 Kuuhama St., Kahului, Tel.: 572-6557; www.hangglidingmaui.com; deutschsprachig), der Preis beträgt ca. US$ 115 für ½ Stunde und US$ 190 für 1 Stunde.*

Zweiräder

Glaubt man den Versprechungen in den Touristenzeitungen, dann ist die Radfahrt vom Haleakala hinab bis zum Ufer des Pazifiks ein unverzichtbares Highlight eines Maui-Aufenthaltes, möglichst nach dem Erleben des Sonnenaufgangs am Vulkangipfel. Für ein solches Erlebnis muss man mit rund US$ 100 p.P. rechnen, dabei werden außer dem Fahrrad (mit besonderen Sicherheitsbremsen) und den Transfers auch Helme, Regenkleidung, Begleitung und leichte Mahlzeiten gestellt. Dies wird von mehreren Veranstaltern angeboten, u.a. von

- ***Maui Downhill Bicycle Safaris*** *(Kahului, Tel.: 871-2155, www.mauidownhill.com; vom Krater bis nach Paia mit Essensstopp in Kula und Picknick auf der Sunrise Flower Farm, Morgen- und Abendtouren)*
- ***Maui Mountain Cruisers*** *(Makawao, Tel.: 871-6014, www.mauimountaincruisers.com; vom Krater bis nach Paia mit Essensstopp in Kula, Morgen- und Mittagstouren)*
- ***Mountain Riders Bike Tours*** *(Kahului, Tel.: 242-9739, www.mountainriders.com; mehrere Touren, u.a. vom Vulkan nach Paia oder ins Upcountry zur Tedeschi Winery, ebenfalls Touren an der Küste entlang bis zur La Perouse Bay mit Schnorchelaufenthalt am Big Beach). Wer vom Vulkan mit dem Fahrrad 'downhill' fahren möchte, muss aber nicht unbedingt auf die Angebote der Gruppenabfahrten zurückgreifen.*
- ***West Maui Cycles****, Tel.: 661-9005, www.westmauicycles.com*

Inzwischen bieten Firmen wie z.B.

- ***Haleakala*** *Bike Co (Tel.: 575-9575, www.bikemaui.com) oder*
- ***Maui Sunriders*** *(Tel.: 579-8970, www.mauibikeride.com)*

auch den Transport eines 'richtigen' Mountainbikes zum Krater an, mit dem man die Abfahrt individuell in Angriff nehmen kann – der Startpunkt ist allerdings etwas weiter unten, etwa auf Höhe des Park Headquarters, der Preis liegt bei US$ 60. Dabei hat die Insel nicht nur diese spektakuläre Route anzubieten, sondern im Upcountry und an der Küste eine ganze Reihe landschaftlich sehr reizvoller Strecken mit wenig Autoverkehr. An vielen Orten kann man sich dazu ein Tourenrad, Mountainbike, Moped oder Motorrad leihen.

Wandern

Die Insel Maui eignet sich mit ihrer vielseitigen Naturlandschaft ganz besonders für kürzere oder längere Wandertouren. Eine ganze Reihe von Trails ist in vorbildlicher Weise markiert, wobei drei völlig unterschiedliche Regionen besonders berücksichtigt wurden: erstens die 3.000 m hoch gelegene Mondlandschaft des Haleakala-Nationalparks, die von zwei langen und einer Menge kleinerer Trails durchzogen wird. Zweitens die Küstenregion des Ostteils, wo man an zerklüfteten Lavaformationen am Ufer entlang oder durch die überquellende Vegetation des Hinterlandes mit seinen herrlichen Wasserfällen wandern kann. Und drittens schließlich der Westen, wo von den Sandstränden aus Wanderwege durch Zuckerplantagen hinauf zu den talreichen Hängen des Puu Kukui führen. Natürlich verlangen die Mehrtagewanderungen im Haleakala-Nationalpark größere Vorbereitung, insbesondere was die Übernachtung anbelangt. Drei (oft überfüllte) Hütten und einige Zeltgelände, für die man jeweils ein Permit benötigt, sind dort eingerichtet, allerdings darf man nicht vergessen, dass nachts selbst im Sommer die Temperaturen bis unter den Gefrierpunkt absinken können. Übernachtungen in den Hütten sollten möglichst einige Wochen im Voraus bei der Nationalpark-Verwaltung reserviert werden. Infos und Reservierungen bei:

- ***Haleakala National Park, Headquarters**, Tel.: 572-4400, www.nps.gov/hale*
- ***Division of State Parks**, 54 S. High St., Wailuku, Tel.: 984-8109, www.hawaii.gov/dlnr/dsp*
- ***Maui Department of Parks & Recreation**, 700 Halia Nakoa St., Wailuku, Tel.: 270-7389, www.co.maui.hi.us*

Tennis

Öffentliche Tennisplätze befinden sich u.a. in Kihei, Lahaina, Makawao, Pukalani und Wailuku. Daneben gibt es mehrere Tennisclubs, die z.T. zu Hotelanlagen gehören. Der größte, in dem schon mehrfach internationale Wettkämpfe ausgetragen wurden, ist der

- ***Wailea Tennis Club** mit 11 Hart- und 3 Rasenplätzen (Tel.: 879-1958, www.waileatennis.com). Auch die*
- ***Royal Lahaina Tennis Ranch** verfügt über 11 Hartplätze und ein Tennisstadion, weitere vorzügliche Anlagen besitzen der*
- ***Kapalua Tennis Garden** (Tel.: 665-9112) und der*
- ***Makena Tennis Club**.*

Ansonsten verfügen die großen Resorts (Hyatt Regency, Marriott, Sheraton) meist über mehrere Plätze, z.T. mit Flutlicht, und bieten Tennisunterricht an. Die Tagesgebühr für Hartplätze beträgt ca. US$ 10-20 (Hotelgäste ca. US$ 5-10).

Reiten

Bei einer Reihe von Reitställen und Ranchs kann man geführte Ausritte buchen, wobei das Programm von einstündigen Erkundungsritten bis zu zweitägigen Abenteuertouren reicht. In Makawao und Kula kann man das Upcountry und den Haleakala-Nationalpark auf dem Pferderücken erkunden, ebenso wie von der 1902 gegründeten Thompson Ranch aus. Verschiedene Ausflüge entlang der Hana Coast, z.T. mit BBQ oder Luau, sind von der Hana Ranch aus möglich, während die Makena Stables (Makena, Tel.: 879-0244, www.makenastables.com) u.a. Strandritte zum Sonnenuntergang anbieten.

Golf

Bereits 1929 wurde auf Maui der erste private 9-Loch-Golfplatz eröffnet, inzwischen gibt es auf der Insel 16 erstklassige Anlagen, darunter nur ein 9-Loch-Course. Vier – allesamt hervorragende – Plätze sind öffentlich, wobei der Waiehu Golf Course *aus zwei zusammengelegten und sehr unterschiedlichen 9-Loch-Plätzen besteht, der* Sandalwood Golf Course *in den 1990er Jahren eröffnet wurde und der* Silversword Golf Club *1987. Der ebenfalls öffentliche* Pukalani Country Club *befindet sich in den mittleren Höhenlagen des Haleakala in waldreicher, kühlerer Umgebung. Der* Maui Country Club *und der* Waikapu Valley Country Club *(seit 1991) besitzen private Plätze, auf denen Nichtmitglieder mindestens an einem Tag in der Woche zugelassen sind. Die anderen Anlagen gehören zu den Strandresorts und befinden sich im Herzen der touristischen Zentren. Die drei 18-Loch-Plätze in Kapalua haben Weltmeisterschaftsniveau und wurden von verschiedenen Fachzeitschriften unter die 17 besten Anlagen der USA gerechnet. Auch die drei 18-Loch-Golfplätze in Wailea, von denen zwei 1994 eröffnet wurden, besitzen Championship-Format und sind Austragungsorte internationaler Wettkämpfe. Da sich die Anlagen von Kaanapali und Makena hinter den genannten nicht zu verstecken brauchen, kann das* **Fazit** *nur lauten, dass Maui eine ideale Destination für Freunde des Golfsports ist.*

Hier die Adressen der genannten Courses:

- *Westküste von West-Maui* (von Süden nach Norden):
- **Kaanapali Golf Courses**, *Kaanapali Beach, Lahaina, Tel.: 661-3691; zwei Plätze, jeweils 18-Loch, Par 71.*
- **The Bay Course**, *300 Kapalua Dr., Kapalua, Tel.: 669-8820; 18-Loch, Par 72.*
- **The Village Course**, *300 Kapalua Dr., Kapalua, Tel.: 669-8835; 18-Loch, Par 71.*
- **The Plantation Course**, *300 Kapalua Dr., Kapalua, Tel.: 669-8877; 18-Loch, Par 73.*
- *Großraum Wailuku/Kahului:*
- **Waiehu Golf Course**, *Wailuku, Tel.: 244-5934; (öffentlich) 18-Loch, Par 72.*
- **Maui Country Club**, *48 Nonohe Pl., Paia, Tel.: 877-7893; 9-Loch, Par 37.*
- **Sandalwood Golf Course**, *2500 Honoapiilani Hwy., Wailuku, Tel.: 242-7090; (öffentlich) 18-Loch, Par 72.*
- **Waikapu Valley Country Club**, *2500 Honoapiilani Hwy., Wailuku, Tel.: 244-7888; 18-Loch, Par 72.*
- **Pukalani Country Club**, *360 Pukalani St., Pukalani, Tel.: 572-1314; (öffentlich) 18-Loch, Par 72.*
- *Westküste von Ost-Maui* (von Norden nach Süden):
- **Silversword Golf Club**, *1345 Piilani Hwy., Kihei, Tel.: 874-0777; (öffentlich) 18-Loch, Par 71.*
- ***Wailea Golf Club***, *120 Kaukahi St./1 Wailea Golf Club Dr., Wailea, Tel.: 875-7450, www.waileagolf.com; drei Anlagen: Blue Course, Orange Course und Gold Course, jeweils 18-Loch, Par 72, Green fees US$ 105-160.*
- **Makena Golf Club**, *5415 Makena Alanui, Makena, Tel.: 879-3344; zwei Anlagen, jeweils 18-Loch, Par 72.*

Golfplatz in Wailea

Ausflüge

Mehrere Reiseagenturen, die man direkt oder über den Activity Desk im Hotel buchen kann, führen Inselrundfahrten und Besichtigungsfahrten nach Lahaina an. Zum Standardprogramm gehören der Hana Highway (Ganztagestour, ca. US$ 85), die Auffahrt zum Haleakala-Krater (ca. US$ 65), der Besuch des Iao Valley und von Lahaina. Von vielen Agenturen werden auch kombinierte Helikopter-Bustouren sowie Schiffs- oder Reitausflüge angeboten. Die meisten Tourenfirmen haben ihren Sitz in Kahului und Lahaina, holen ihre Gäste aber an den meisten größeren Hotels auf der ganzen Insel ab. Ein umfangreiches Programm haben:

- ***Ekahi Tours***, *Tel.: 877-9775, www.ekahi.com;*
- ***Valley Isle Excursions***, *Tel.: 661-8687, www.tourmaui.com;*
- ***Robert's Hawaii***, *Tel.: 539-9400, www.robertshawaii.com;*
- ***Polynesian Adventure Tours***, *Tel.: 833-3000, www.polyad.com.*

BOOTSTOUREN

Mit Segelschiffen, Power-Motorbooten, Yachten und anderen Wasserfahrzeugen werden von Maui aus vielfältige Minikreuzfahrten durchgeführt, auf denen man z.B. die spektakuläre Küste und die Nachbarinseln kennen lernen, den Sonnenuntergang genießen, Buckelwale beobachten und zum Schnorcheln ausfahren kann, oft verbunden mit einem Lunch bzw. Dinner an Bord. Die Touren starten i.d.R. im Hafen von Lahaina oder Maalaea. Wer den Ozean aus einer anderen Perspektive erleben möchte, kann mit einem U-Boot auf Entdeckungsfahrt gehen, während sportlichere Naturen vielleicht lieber an einer geführten Kajak-Tour teilnehmen. Aus dem fast schon unüberschaubaren Angebot hier eine kleine Auswahl:

- ***Trilogy Excursions**, 180 Lahainaluna Rd., Tel.: 661-4743, www.sailtrilogy.com. Die drei Katamarane des Unternehmens starten täglich von Lahaina zum Whalewatching, zu Schnorcheltrips nach Molokini oder zu einer **Ganztagsexkursion** nach **Lanai** (mit Essen und Programm, ca. US$ 150).*
- *Tagesexkursion mit der Fähre* 'Maui Princess' *von Lahaina nach **Molokai**, wo man an einer Inselrundfahrt mit dem Van teilnehmen kann. Dabei besucht man eine Mango- und eine Macadamianussplantage, sieht die wichtigsten landschaftlichen Sehenswürdigkeiten und nimmt ein gutes Mittagessen im Hotel Molokai ein (Paketangebot, ca. US$ 140, www.mauiprincess.com).*
- ***Kelii's Kayak Tours** (Tel.: 874-7652, www.keliiskayak.com) führt **Kayaktouren** in Kleingruppen durch, z.B. ab Makena Landing zur La Perouse Bay (2½ Stunden, US$ 55), ab der Honolua Bay entlang der Nordküste (4½ Stunden, US$ 85 inkl. Lunch) oder ab dem Ukumehame Beach zu einer Sunset-Tour (2½ Stunden, US$ 55).*

HELIKOPTERRUNDFLÜGE

Vom Heliport am Flughafen Kahului starten täglich die Hubschrauber mehrerer Firmen zu einem Flightseeing-Programm, das Rundflüge von 20 Minuten bis mehr als 2 Stunden umfasst. Sehr beliebt sind die Flüge zum Haleakala-Krater, für die die frühen Morgenstunden die beste Zeit sind. Auch die Hana Coast, die Täler von West-Maui oder Lanai (mit Landung an der Koele Lodge) und andere Ziele kann man vom Helikopter aus beobachten. Besonders empfehlenswert ist der Ausflug 'West Maui/Molokai', auf dem man die schönsten Landschaften der beiden Inseln einschließlich Molokais spektakulärer Steilküste sieht. Ein halbstündiges Helikopter-Flightseeing kostet rund US$ 125, eine ganze Stunde ca. US$ 230. Bewährte Anbieter sind:

- ***Alex Air**, Tel.: 871-0792, www.helitour.com,*
- ***Blue Hawaiian Helicopters**, Tel.: 871-8844, www.bluehawaiian.com und*
- ***Sunshine Helicopters**, Tel.: 270-3999, www.sunshinehelicopters.com.*

Helikopter im Inselinneren

Strände

*Mit über 67 Kilometern an herrlichen Stränden – einige davon werden zu den besten des Bundesstaates gezählt – hat Maui nicht nur den Wassersportlern eine Menge zu bieten. Während die Ostküste oft rau ist und – wo sandig – vor allem von Windsurfern und Surfern frequentiert wird, tummeln sich die Badegäste im trockenen Westen. Die **Westküste** von **West-Maui** hat ihre* *schönsten Strände bei Kaanapali (wo auch die meisten Hotels zu finden sind) und weiter nördlich im Napili Beach und Kapalua Beach – Letzterer mit seiner weißsandigen, sichelförmigen Bucht sicher ein Highlight! Noch weiter nördlich garantieren die Oneloa Bay und der D.T. Fleming Beach Park weitgehend ungestörte Urlaubsfreude.*

An der ***Westküste*** *von* ***Ost-Maui*** *führt die S. Kihei Road an einem kilometerlangen Sandstreifen entlang, der in verschiedene Strandabschnitte unterteilt ist. Trotz der vielen Hotels, Condominiums und Ferienwohnungen geht es hier nie gedrängt zu. Auch den Resorts von Wailea sind drei schöne Sandstrände vorgelagert, die aber alle nicht so beeindrucken können wie der südlichere Makena Beach. Seine zwei Buchten (Little Beach und Big Beach) sind in jedem Fall den Abstecher wert. An der* ***Ostküste*** *sind der H.A.Baldwin Beach Park diesseits von Paia und vor allem der Hookipa Beach jenseits davon hervorzuheben. Wegen der steten Passatwinde können hier fast immer die Kunststücke der Surfer beobachtet werden. Ganz im Osten lohnen der kurze schwarzsandige Strand von Waianapanapa und der Hamoa Beach bei Hana einen Besuch, obwohl hier Strömungen und hohe Wellen das Schwimmen zumeist unmöglich machen.*

Sehenswertes

... WAILUKU UND UMGEBUNG

- ***Maui Arts & Cultural Center****, 1 Cameron Way, Kahului, Tel.: 242-2787, www.mauiarts.org; freier Eintritt, Mi 11 Uhr Führung.*
- ***Bailey House Museum****, 2375 E Main St., Wailuku, Tel.: 244-3326, www.mauimuseum.org; Mo-Sa 10-16 Uhr geöffnet, Eintritt US$ 7.*
- ***Tropical Gardens of Maui****, 200 Iao Valley Rd., Iao Valley, Tel.: 244-3085, www.tropicalgardensofmaui.com; Mo-Sa 9-16.30 Uhr geöffnet, Eintritt US$ 3.*
- ***Alexander & Baldwin Sugar Museum****, Puunene Ave., Ecke Hansen Rd., Puunene, Tel.: 871-8058, www.sugarmuseum.com; tägl. 9.30-16.30 Uhr geöffnet, Eintritt US$ 7.*
- ***Hawaiian Islands Humpback Whale National Marine Sanctuary****, Headquarters, 726 S. Kihei Rd., Kihei, Tel.: 879-2818, www.hihwnms.nos.noaa.gov; Mo-Fr 10-15 Uhr geöffnet, freier Eintritt.*

... AM HANA-HIGHWAY

- ***Kahanu Gardens****, Wailua, Tel.: 248-8912, www.ntbg.org; Mo-Fr. 10-14 Uhr geöffnet, Eintritt US$ 10.*
- ***Hana Cultural Center****, 4974 Uakea Rd., Hana, Tel.: 248-8622, www.hookele.com/hccm, www.hanaculturalcenter.org; tägl. 10-16 Uhr geöffnet, Eintritt US$ 3.*

... HALEAKALA UND UPCOUNTRY

- ***Haleakala National Park****, Headquarters, Tel.: 572-4400, www.nps.gov/hale; Eintritt US$ 10 pro Auto bzw. US$ 5 pro Wanderer, Fahrradfahrer etc., das Ticket ist eine Woche lang gültig.*
- ***Kula Botanical Gardens****, 638 Kekaulike Ave., Kula, Tel.: 878-1715, www.kulabotanicalgarden.com; tägl. geöffnet 9-16 Uhr, Eintritt US$ 10.*
- ***Enchanting Floral Gardens****, 2505 Kula Hwy. 37, Kula, Tel.: 878-2531, www.flowersofmaui.com; tägl. geöffnet 9-17 Uhr, Eintritt US$ 5.*
- ***Tedeschi Vineyards****, Ulupalakua Ranch, Tel.: 878-6058, www.mauiwine.com; tägl. geöffnet 9-17 Uhr, Touren 10.30, 13.30 und 15 Uhr, freier Eintritt.*

... IN WEST-MAUI

• ***Maui Ocean Center**, 192 Maalaea Rd., Maalaea Tel.: 270-7000, www.mauioceancenter.com; tägl. 9-17, Juli-Aug. bis 18 Uhr geöffnet, Eintritt US$ 25.*

• ***Wo Hing Temple**, 858 Front St., Lahaina, Tel.: 661-3262, 661-5553, www.lahainarestoration.org; Sa-Do 10-16, Fr 13-20 Uhr geöffnet, Eintritt US$ 2.*

• ***Baldwin House**, 696 Front St., Lahaina, Tel.: 661-3262, www.lahainarestoration.org/baldwin.html; tägl. 10-16 Uhr geöffnet, Eintritt US$ 3.*

• ***Whaler's Village Museum**, 2345 Kaanapali Hwy., Kaanapali, Tel.: 661-5992, www.whalersvillage.com/museum.htm; tägl. 9-21.30 Uhr geöffnet, kein Eintritt.*

THE BIG ISLAND – Hawaii (S. 374ff)

Information

• ***Hawaii Visitors Bureau**, 250 Keawe St., Hilo, HI 96720, Tel.: 961-5797, www.bigisland.org.*

• ***Big Islands Visitors Bureau**, King's Shops, Suite B 15, 250 Waikoloa Beach Dr., Waikoloa, Tel.: 886-1655, www.gohawaii.com.*

Weitere Infostellen und Activity Information Centers findet man in Kailua-Kona, im Volcanoes Nationalpark und an den beiden Flughäfen. Viele aktuelle Tipps, Veranstaltungshinweise und Rabattcoupons finden sich in den kostenlosen Touristenmagazinen, die am Flughafen, in Shopping Centers und in den Hotels ausliegen.

Hotels

... IN KAILUA-KONA UND UMGEBUNG:

• ***Royal Kona Resort $$$$**, 78-6740 Alii Dr., Kailua-Kona, Tel.: 329-3111, www.royalkona.com; Haus der gehobenen Mittelklasse mit 452 Zimmern in 3 Gebäuden, 1 km südlich vom Ortszentrum direkt an einer Salzwasserlagune (schwarze Lavaklippen mit guter Schnorchelmöglichkeit) mit Blick über die Bay gelegen, Pool, Restaurants, Shops, 4 Tennisplätze, Entertainment.*

• ***King Kamehameha's Kona Beach $$$**, 5660 Palani Rd., Kailua-Kona, Tel.: 329-2911, www.konabeachhotel.com; ein inzwischen in die Jahre gekommenes, aber immer noch gutes Mittelklassehotel mit 455 Zimmern, in exponierter Lage direkt am Pier und Ahuena Heiau, Pool, Sauna, 4 Tennisplätze, 2 Restaurants, Shops, kleiner Sandstrand mit Bootsverleih. In der Lobby beachtliche Gemälde und Exponate aus der hawaiischen Geschichte.*

• ***The Sea Village $$$**, 75-6002 Alii Dr., Kailua-Kona, Tel.: 329-6438, Fax: 533-4621; gepflegte Condominium-Anlage der Mittelklasse, 131 Einheiten mit Küche, Pool, Tennisplatz, Jacuzzi, Grillplätze, etwa 3 km außerhalb des Trubels und zwischen Kailua-Kona und Keauhou gelegen.*

• ***Outrigger Royal Seacliff Resort $$$**, 75-6040 Alii Dr., Kailua-Kona, Tel.: 329-8021, www.outrigger.com; Condo-Anlage mit 154 Einheiten, alle mit voll eingerichteter Küche (Mikrowelle, Spülmaschine), Frischwasser- und Meerwasserpool, Restaurant, imponierende Lobby mit Palmen und künstlichem Wasserlauf, Coffeeshop, Sauna, Tennisplätze, Münzwaschsalon, zwischen Kailua-Kona und Keauhou gelegen.*

• ***Kona Seaside Hotel $$**, 75-5646 Palani Rd., Kailua-Kona, Tel.: 329-2455, www.konaseasidehotel.com; zentral gelegenes, einfaches Mittelklassehotel, 225 saubere, zweckmäßig eingerichtete Zimmer in 5 Gebäuden mit je 5 Etagen, Restaurant, 2 kleine Pools.*

• ***Kona Reef $$***, *75-5888 Alii Dr., Kailua-Kona, Tel.: 329-2959, www.castleresorts.com; moderne Condo- und Hotel-Anlage mit 130 Einheiten, alle mit Küche, weiterhin auf dem Gelände u.a. Pool und Grillplätze, zwischen Kailua-Kona und Keauhou gelegen.*

... IN KEAUHOU

• ***Outrigger Kanaloa at Kona $$$$***, *78-261 Manukai St., Keauhou, Tel.:322-9625, www.outrigger.com; erstklassige Condominium-Anlage mit 166 Einheiten, modern und ansprechend eingerichtet (u.a. Küche, einige Zimmer mit privaten Whirlpools), gutes Restaurant, Tennisplätze, 3 Pools, beste Surf-, Golf-, Schnorchel- und Tauchmöglichkeiten in unmittelbarer Nähe.*

• ***Ohana Keauhou Beach Resort $$$***, *78-6740 Alii Dr., Keauhou-Kona, Tel.: 322-3441, www.outrigger.com; erstklassiges Hotel mit 311 Zimmern, Restaurants, Pool, Shops, 6 Tennisplätzen, Fitnesscenter.*

... VOLCANOES NP

• ***Volcano House $$-$$$***, *P.O. Box 53, Hawaii National Park, Tel.: 967-7321, www.volcanohousehotel.com; das einzige Hotel innerhalb des Nationalparks, nach der Abfahrt der Bustouristen am Nachmittag sehr gemütlich (offener Kamin), 42 komfortable Zimmer ohne TV, unschlagbare Aussicht, Restaurant, oft Monate im Voraus ausgebucht.*

• ***Kilauea Lodge $$$***, *19-3948 Old Volcano Rd., Volcano, Tel.: 967-7366, www.kilauealodge.com; rustikaler Country Inn mit 12 geschmackvoll-altmodischen Zimmern, schöne Gartenanlage mit Jacuzzis, sehr gutes Restaurant.*

... IN HILO

• ***Hawaiian Hotel $$$***, *71 Banyan Dr., Hilo, Tel.: 935-9361, www.castleresorts.com; das achtstöckige Mittelklassehotel mit 286 geräumigen Zimmern ist die erste Adresse am Ort, die Zimmer sind komfortabel, fast alle haben einen Balkon mit schönem Blick auf die Bay. Das Haus verfügt über Pool, Shops und das gute Restaurant Queen's Court.*

• ***Hilo Seaside Hotel $$$***, *126 Banyan Dr., Hilo, Tel.: 935-0821, www.hiloseasidehotel.com; gutes Mittelklassehotel an der Bay, etwas außerhalb der Stadt gelegen, 150 zweckmäßig eingerichtete Zimmer in fünf zweistöckigen Gebäuden, umgeben von einem schönen Garten mit Pool, mehrere Restaurants und Bars. Tennis und Golf in der Nähe.*

• ***Uncle Billy's Hilo Bay Hotel $$***, *87 Banyan Dr., Hilo, Tel.: 935-0861, www.unclebilly.com; Mittelklassehotel mit 145 zweckmäßig eingerichteten Zimmern, Pool, Restaurant, Shops, abends Hula-Shows.*

• ***Hilo Bay Hostel $***, *101 Waianuenue Ave., Hilo, Tel.: 935-2771, www.hawaiihostel.net; mitten in der historischen Altstadt gelegene Jugendherberge mit Schlafsälen sowie einem Privatzimmer mit Bad, Gemeinschaftsküche, Internetzugang.*

... IN WAIMEA

• ***Waimea Country Lodge $$***, *65 1210 Lindsay Rd., Waimea, Tel.: 885-4100, www.castleresorts.com; Mittelklassemotel in einem zentral gelegenen Holzgebäude, die Zimmer sind komplett ausgestattet, können aber laut sein.*

• ***Kamuela Inn $***, *1600 Kawaihae Rd., Waimea, Tel.: 885-4243; einfache, schnörkellose und saubere Unterkunft mit gutem Preis-Leistungsverhältnis, Zimmer mit Bad, Studios auch mit Kitchenette, im Zentrum neben Merriman's gelegen.*

... NÖRDLICH VON KAILUA-KONA

- ***Mauna Kea Beach Hotel $$$$$***, *62-100 Mauna Kea Beach Dr., Kohala Coast, Tel.: 882-7222, www.maunakeabeachhotel.com; das älteste Strandhotel der Kohala-Küste, aber immer noch eine luxuriöse Anlage mit starkem sportlichen Akzent, 310 Zimmer mit allen Annehmlichkeiten, exquisite asiatisch-pazifische Kunstsammlung, Restaurants, Shops, Pool, Golfplatz, Tennisplätze, Sauna, Massagesalon, Joggingpfad, Schnorchel- und Tauchexpeditionen, Reitmöglichkeiten, kleiner Strand.*
- ***Hapuna Beach Prince Hotel $$$$$***, *62-100 Kauna'oa Drive., Kohala Coast, Tel.: 880-1111, www.princeresortshawaii.com; Luxushotel mit allem erdenklichen Komfort, 350 Zimmer, Pools, 4 Restaurants, Shops, Golf- und Tennisplätze, Fitnesscenter, Entertainment. Busshuttle zum 'Schwesterhotel' Mauna Kea Beach (s.o.)*
- ***Fairmont Orchid $$$$$***, *1 N Kaniku Dr., Kohala Coast, Tel.: 885-2000, www.fairmont.com/orchid; Haus der absoluten Luxusklasse mit 541 Zimmern in mehreren Gebäuden, europäisch-lockerer Stil mit schlichter Eleganz und vielen Kunstwerken, schöner weißer Sandstrand mit allen Wassersportmöglichkeiten, riesiger Pool, 6 Golfplätze (darunter ein 36-Loch-Championship-Course), 10 Tennisplätze (z.T. mit Flutlicht), Fitnesscenter, Sauna, kostenlose Angebote wie Yoga, Meditation, Wandertouren etc., 3 Restaurants, 2 Lounges.*
- ***Mauna Lani Bay Hotel & Bungalows $$$$$***, *68-1400 Mauna Lani Dr., Kohala Coast, Tel.: 885-6622, www.maunalani.com; inzwischen etwas ältere, aber immer noch elegant-luxuriöse Fünf-Sterne-Anlage mit 350 Zimmern, Pool, Tennis- und Golfplatz, Fitnesszentrum, Shops, Restaurants, aufwändige Innen- und Außenanlagen u.a. mit Meerwasserlagune (Haie) und tropischer Tier- und Pflanzenwelt in der Lobby, auf dem Hotelgelände befinden sich mehrere historische Relikte der Polynesier.*
- ***Hilton Waikoloa Village $$$$$***, *425 Waikoloa Beach Dr., Waikoloa, Tel.: 886-1234, www.hiltonwaikoloavillage.com; nicht nur das größte und aufwändigste Hotel auf Big Island, sondern ein wahres Mega-Resort mit 1.240 Zimmern, 9 Restaurants, 8 Lounges, Shops, eigenen Süß- und Salzwasserlagunen, eigenem Nahverkehrssystem, 18-Loch-Golfplatz und allen Sportangeboten. Möglich ist auch 'Schwimmen mit Delfinen' (buchbar unter www.dolphinquest.org).*
- ***Waikoloa Beach Marriott $$$$***, *69-275 Waikoloa Beach Dr., Waikoloa, Tel.: 886-6789, www.waikoloabeachmarriott.com; ältere, aber immer noch komfortable First-class-Hotelanlage am schönsten Strand der Insel mit gutem Preis-Leistungsverhältnis, 545 geräumige Zimmer mit Balkon, 3 Restaurants, Pool, Boutiquen, 6 Tennisplätze, 18-Loch-Golfplatz, Reitmöglichkeiten, tropischer Garten.*

Bed & Breakfast

Auf Big Island ist das Angebot an Bed-&-Breakfast-Unterkünften besonders reichhaltig, und zwar sowohl an der westlichen Sonnenseite der Insel, als auch im weniger erschlossenen Osten und im gebirgigen Inselinnern. Sehr viel besser als in den typischen Touristenhotels bieten diese die Möglichkeit, das 'unberührte Hawaii' kennen zu lernen. Die überregionalen B&B-Agenturen haben die Insel mit einer großen Anzahl an Objekten in ihrem Programm. Zu weiteren B&B-Unterkünfte führen Links auf dem Portal des Touristenbüros. Vielleicht finden Sie auch Geschmack an einer der folgenden B&B-Empfehlungen im Internet:

- *www.nancyshideaway.com oder www.holualoainn.com (Kailua-Kona);*
- *www.konabedandbreakfast.com (Kealakekuka);*
- *www.luckyfarm.com (Captain Cook);*
- *www.aaahtheviews.com (Waimea);*
- *www.waipiowayside.com oder www.waianuhea.com (Honokaa);*

- *www.palmscliffhouse.com (Honomu) und*
- *www.thebigislandvacation.com, www.hilo-hawaii.com, www.bayhousehawaii.com oder www.waterfallsinn.com (Hilo).*

Camping

Ein Zelt oder eine einfache Hütte ist bei den längeren Wanderrouten oft die einzige Übernachtungsmöglichkeit. Sehr populär sind die zwei Campingplätze im Volcanoes Nationalpark, die auf 'first-come-first-service'-Basis operieren. Beide sind mit Duschen, Sanitäranlagen, Picknicktischen und Grillplätzen ausgestattet. Zeltplätze kann man hier nicht reservieren lassen, d.h. dass Camper möglichst frühzeitig dort sein sollten. Es gibt auch einfache Cabins, die vom Volcano House (s.o.) verwaltet und dort reserviert werden können.
Weitere Infos und Permits bekommt man bei der Division of State Parks, Hilo, Tel.: 974-6200, www.hawaiistateparks.org, oder fürs Zelten in County Parks beim Department of Parks & Recreation, Suite 6, 101 Pauahi St., Hilo, Tel.: 961-8521, www.co.hawaii.hi.us.

Restaurants...

... IN KAILUA-KONA UND UMGEBUNG:

- ***La Bourgogne $$$**, Kuakini Plaza, 77-6400 Nalani St. (Hwy. 11), Kailua-Kona, Tel.: 329-6711; 3 km südlich der Stadt gelegenes, intimes Lokal mit französischer Küche, nicht überteuert, aber oft ausgebucht; Di-Sa 18-22 Uhr.*
- ***Jameson's by the Sea $$$**, 77-6452 Alii Dr., Kailua-Kona, Tel.: 329-3195; www.jamesonshawaii.com, romantisches Restaurant am Magic Sands Beach, das schon durch seine Aquarien auf seine sehr guten Fisch- und Seafoodgerichte aufmerksam macht, beliebt für Sunset-Cocktails; Mo-Fr 11-14.30 und 17-19 Uhr.*
- ***Huggo's $$$**, 75-5828 Kahakai Rd., Kailua-Kona, Tel.: 329-1493; gutes Restaurant mit Seafood, Steaks und Salatbar, schöne Lage oberhalb der Uferpromenade, beliebt für Sunset-Cocktails, Reservierung empfehlenswert, Sa abends Jazzmusik live.*
- ***Sibu Café $$**, Banyan Court Mall, Kailua-Kona, Tel.: 329-1112; kein Café, sondern ein Restaurant mit hawaiischer und indonesischer Küche, die Speisen nach Wunsch scharf gewürzt und auch zum Mitnehmen, im Herzen der Stadt gelegen und mit Innen- und Außenservierung; geöffnet tägl. 11.30-15 und 17-21 Uhr.*
- ***Reál $$**, Captain Cook, Hwy. 11 im Kealakekua Ranch Center (zu erkennen am blauen Dach), Kailua-Kona, Mo-Fr 11-20, Sa-So 11-17 Uhr geöffnet, gute mexikanische Küche.*
- ***Kona Brewing Company $$**, 75-5629 Kuakini Hwy., Kailua-Kona, Tel.: 329-2739; im Pubrestaurant der ersten Microbrewery des Staates bekommt man außer frisch gezapftem Bier auch preiswertes und gutes Essen, u.a. Salate und Pizzen.*
- ***Outback Steakhouse $$**, 75-5809 Alii Dr., Tel.: 326-2555; im Coconut Grove Market Place gelegenes Kettenrestaurant mit Steaks, Shrimps, Geflügel, Burger, Salaten und Suppen. So-Do 15.30-22, Fr-Sa bis 23 Uhr geöffnet.*
- ***Bubba Gump $-$$**, 75-5776 Alii Dr., Kailua-Kona, Tel.: 331-8442; jugendlich aufgemachtes Lokal der gleichnamigen Kette mit hervorragendem Preis-Leistungs-Verhältnis, mit Shrimps, Steaks, Ribs und leckeren Salaten, Bar; tägl. von morgens bis abends geöffnet (auch gut zum Frühstücken!), Fr-Sa oft Livemusik.*
- ***Manago Hotel Restaurant $**, Captain Cook, am Hwy. 11, Tel.: 323-2642; Di-So zum Frühstück, Mittagessen und Dinner geöffnet, bodenständige japanisch-amerikanische Küche mit Schweinekoteletts als Spezialität.*

... IN VOLCANO:

- ***Kilauea Lodge $$$**, Volcano, Tel.: 967-7366; www.kilaueaIodge.com, das Hotelrestaurant ist das beste in dieser Inselecke und bietet vorzügliche kontinentale Küche in Gebirgshüttenatmosphäre mit offenem Kamin; tägl. zum Dinner (17.30-21 Uhr) geöffnet, Reservierung ratsam.*
- *Der **Dining Room $$** im Volcano House verbindet solide kontinentale Küche mit einem atemberaubenden Blick. Tägl. zum Frühstück, Mittag- und Abendessen geöffnet, tagsüber oft mit Bustouristen überfüllt.*
- ***Lava Rock Café $**, Old Volcano Rd., Tel.: 967-8526; lokale Küche mit einfachen Gerichten, sehr beliebt für gehaltvolle Frühstücke; tägl. 7.30-21 Uhr geöffnet.*

... IN HILO:

- ***Pescatore $$$**, 235 Keawe St., Tel.: 969-9090; italienische Küche mit starkem hawaiischen Einschlag, stimmungsvolles Ambiente; tägl. zu Lunch und Dinner, am Wochenende auch zum Frühstück ab 7.30 Uhr geöffnet.*
- ***Café Pesto $$$**, 308 Kamehameha Ave., Tel.: 969-6640, www.cafepesto.com; sehr gutes Restaurant in der nostalgischen Atmosphäre des Hata Buildings, hawaiisch-italienische Küche mit Pizzen, Pasta, Steaks und Seafood; tägl. zum Lunch und Dinner geöffnet.*
- ***Ocean Sushi Deli $$**, 239 Keawe St., Tel.: 961-6625; japanisches Sushilokal mit starker hawaiischer Note und bestem Preis-Leistungsverhältnis, nicht nur Fisch- und Seafood, sondern auch Hamburger und vegetarische Gerichte.*
- ***Hilo Bay Café $**, Weaiakea Center, 315 Makaala, Tel.: 935-4939; trotz des wenig schönen Äußeren der Wal-Mart-Umgebung ein empfehlenswertes, preiswertes Lokal mit Biokost; tägl. 11-20.30 Uhr.*

... IM NORDEN VON BIG ISLAND:

- ***Merriman's $$-$$$$**, Hwy. 19/Opelo Rd., Waimea, Tel.: 885-6822; neue amerikanische Küche vom Feinsten, nun schon seit Jahrzehnten mit an der Spitze der Hawaii-Gastronomie. Verarbeitet werden nur frischeste Zutaten von den Wäldern, Weiden und Küsten Big Islands, meisterhaft arrangiert, angenehme Atmosphäre; Mo-Fr zum Lunch und tägl. zum Dinner geöffnet, Reservierung empfehlenswert.*
- ***Parker Ranch Grill $$**, Parker Ranch Shopping Center, Waimea, Tel.: 887-2624; rustikale Küche im Paniolo-Stil, u.a. mit Beef und Suppen, oft sehr voll wegen Lifemusik unterschiedlichster Stilarten; tägl. 8-15 und 16-22.30 Uhr geöffnet; Sa bis 1 Uhr.*
- ***Bamboo $$**, Hwy. 270. Hawi, Tel.: 889-5555; das bekannteste und beste Restaurant an der Nord-Kohalaküste, geboten werden üppig dekorierte hawaiische Gerichte mit frischesten Zutaten, Fr und Sa Livemusik, Di-Sa zum Lunch und Dinner, So nur zum Lunch geöffnet.*
- ***Aunty's Place $-$$**, Hwy. 270, Hawi, Tel.: 889-0899; gehaltvolle Pizzen, abends oft auch deutsche Küche, reichlich, gut und preiswert! Mo-Sa zum Lunch und Dinner, So 12-21 Uhr geöffnet, Fr abends populäre Karaoke-Veranstaltungen.*
- ***Roy's Waikoloa Bar & Grill $$$**, King's Shops, Waikoloa, Tel.: 886-4321; an gleicher Stelle eine weitere Gourmettempel-Filiale. Hier gibt es hawaiische Küche vom feinsten, mit u.a. exzellenten Rind-, Lamm- und Seafoodgerichten; tägl. 11.30-14 und 17.30-21.30 Uhr.*
- ***Merriman's Market Café $$**, King's Shops, Waikoloa, Tel.: 886-1700; Ableger des Waimea-Lokals (s.o.) im King's-Shop-Komplex, leichte, mediterran beeinflusste Gerichte, relaxte Atmosphäre; tägl. 11-21.30 Uhr.*

Luaus

Die Luaus der großen Hotels auf Big Island werden m.E. liebevoller angerichtet als auf den anderen Inseln, und wer bisher Angst vor einer zu großen amerikanisch-touristischen Verballhornung hatte, sollte sich vielleicht hier zum Besuch einer solchen Veranstaltung entschließen. Nach wie vor das beste Luau der Insel bietet das Kona Village Resort (Kailua-Kona, Tel.: 367-5290), dessen polynesische Architektur der Imu-Zeremonie und der anschließenden authentischen Hula-Show einen angemessenen Rahmen gibt. Ansonsten erlebt man ein empfehlenswertes Luaus auch im Hotel King Kamehameha's Kona Beach (Kailua-Kona, Tel.: 329-2911, www.islandbreezeluau.com).

Flüge

Big Island verfügt über vier Airports und einen zusätzlichen Heliport. Am wichtigsten sind natürlich die beiden **Flughäfen***, die von den Nachbarinseln und sogar auch vom amerikanischen Festland aus angeflogen werden, nämlich der Keahole-Kona Airport und der Hilo International Airport. Ersterer, der allgemein nur als* **Kona Airport** *(Tel.: 329-2484) bezeichnet wird, ist für die Mehrzahl der Touristen das Einfallstor auf die Insel, da er von den großen Resorts und Hotels der Westküste maximal nur eine halbe Stunde entfernt liegt. Täglich gibt es Direktverbindungen zwischen dem Kona Airport und Oahu (Honolulu), Maui (Kahului), Kauai (Lihue) und Molokai, sowie unregelmäßig auch zum amerikanischen Festland. Einige Resorts holen ihre Gäste mit Vans vom Flughafen ab, ansonsten gibt es Taxis und Mietwagen, aber keine Busverbindungen.*
Der **Hilo Airport** *(Tel.: 934-5800) am General Lyman Field liegt nur 1½ km vom Zentrum der Hauptstadt entfernt und ist ebenfalls durch mehrere Flüge mit Oahu (Honolulu), Maui (Kahului) und Kauai (Lihue) verbunden. Auch hier findet man alle üblichen Einrichtungen einschließlich einer Touristeninformation und den Schaltern der Autovermieter.*
Kleinere Flughäfen befinden sich in **Upolu** *im äußersten Norden und in* **Waimea***. Helikopterrundflüge starten außer von den genannten Airports auch vom* **Heliport** *in Waikoloa (Hwy. 19).*

Hier einige Rufnummern für Fluginformationen, Reservierungen und Rückbestätigungen (reconfirmations)*:*

- ***Island Air**, 800-652-6541*
- ***Hawaiian Airlines**, 326-5615*
- ***United Airlines**, 961-2811*

Busse

Ein öffentliches, die ganze Insel umfassendes Busnetz besteht nicht. Immerhin bedient ab der Hauptstadt Hilo die Firma **Hele-On Bus Company** *(Info-Tel.: 961-8744) die Hawaii Belt Rd., so dass eine Inselumrundung praktisch möglich, jedoch wegen der seltenen Fahrzeiten nicht zu empfehlen ist. Am interessantesten ist wohl die Verbindung zum Volcanoes National Park, bei der der Bus Mo-Fr drei mal täglich am* Hilo Downtown Terminal *startet und die Park Headquarters ca. 90 min. später erreicht.*

- *Der* **Alii Shuttle Bus** *(Info-Tel.: 938-1112) ist für alle interessant, die an der Westküste in der Nähe von Kailua-Kona wohnen. Vom* King Kamehameha Hotel *bis zum* Kona Surf Resort *besteht dieser Busservice tägl. von 7.45-22 Uhr mit Zwischenstopps am* Kona Inn Shopping Village, Kona Resort, Jameson's by the Sea, Keauhou Beach Hotel *und* Keauhou Shopping Village. *Die Fahrt dauert 45 Minuten und kostet US$ 2. Preiswertere Tages-, Wochen- und Monatspässe sind erhältlich.*

Hawaii

• *Der* **Keauhou Shuttle Bus** *(Info-Tel.: 322-3500) verbindet die einzelnen Hotels und Resorts in Keauhou.*

Mietwagen

Um die Insel wirklich kennen zu lernen, ist ein Mietwagen unerlässlich. Denken Sie aber an die großen Entfernungen und an die Tatsache, dass die meisten Autovermieter bestimmte Strecken (z.B. die Saddle Road einschl. der Zufahrten zum Mauna Kea und Mauna Loa) für normale Pkw nicht erlauben. Wer diese abgelegenen Gebiete erkunden möchte, sollte auf einen Geländewagen zurückgreifen. Alle großen Autovermieter sind sowohl am Kona Airport als auch am Hilo Airport vertreten; deren Schalter sind dort normalerweise von 6.30-20 Uhr geöffnet. Außerdem haben die internationalen Firmen mehrere Stationen in den diversen Touristen-Resorts. Daneben gibt es eine Vielzahl lokaler Anbieter von Mietwagen.

Die wichtigsten Autovermieter und ihre Telefonnummern sind:

	Flughafen Kona	Flughafen Hilo
• Alamo:	329-2662	961-3343
• Avis:	329-1745	935-1290
• Budget:	329-8511	961-0661
• Dollar:	329-2744	935-1497
• Hertz:	329-3566	935-2896

Taxis

An den beiden Flughäfen und in den Zentren wie Hilo, Kailua-Kona und Waimea stehen genügend Taxis bereit, die auf der Straße mit der Hand angehalten werden. Eine Fahrt vom Flughafen Kona nach Kailua-Kona kostet ungefähr US$ 35. Sollten Sie ein Taxi benötigen, ist man Ihnen im Restaurant oder an der Hotel-Rezeption gerne behilflich. Telefonisch können Sie an der Westküste über **Paradise Taxi** *(Tel.: 329-1234) und* **Kona Airport Taxi** *(Tel.: 329-7779) einen Wagen bestellen, in Hilo bei* **Percy's Taxi** *(Tel.: 969-7060) und* **Hilo Harry's** *(Tel.: 935-7091).*

Ferienhaus bei Kailua-Kona

Ärztliche Versorgung

Die Insel verfügt über mehrere **Apotheken** (Drugstores). *Das größte Angebot hat die Kette* Long's, *die auf Big Island u.a. im* Lanihau Center *in Kona (Tel.: 329-1380) und in Hilo im* Prince Kuhio Plaza *(Tel.: 959-5881) sowie auf der 555 Kilauea Ave. (Tel.: 935-3358) vertreten ist.*

Die beiden größten **Krankenhäuser** *sind:*

- **Hilo Hospital**, *1190 Waianuenue Ave., Hilo, Tel.: 974-4700*
- **Kona Hospital**, *Kailua-Kona, Tel.: 322-9311*

Wichtige Telefonnummern

- *Polizei, Ambulanz, Feuerwehr: 911*
- *Wettervorhersage für Hawaii: 961-5582*
- *Wettervorhersage für Hilo: 935-8555*
- *Volcano Eruption Information: 985-6000*
- *See- und Schifffahrtsbedingungen: 935-9883*
- *Coast Guard: 1-800-552-6458*
- *Zeitansage: 961-0212*

Einkaufen

Big Island kann nicht mit ähnlich riesigen Shopping Centers aufwarten wie Oahu (Honolulu), ist aber flächendeckend mit ausreichend Läden versorgt. Ohnehin besitzen die größeren Hotels und Resorts i.d.R. eine eigene Einkaufspassage, in der man von Badekleidung bis hin zu Lebensmitteln und Getränken alles Notwendige erstehen kann. Einkaufszentren, Boutiquen, Antiquitätenläden und Galerien findet man u.a. in Hilo, Kailua-Kona, Waikoloa Beach und Waimea.

Die größten und bekanntesten **Einkaufszentren** *sind: in Kailua-Kona das* Kona Inn Shopping Village *(75-5744 Alii Dr., tägl. 9-21 Uhr geöffnet), mit über 50 Geschäften und Restaurants; in Keauhou das* Keauhou Shopping Village *(78-6831 Alii Dr., geöffnet Mo-Sa 9-18, So 10-17 Uhr); in Hilo die* Prince Kuhio Plaza *(Hwy. 11); in Waimea das* Parker Ranch Shopping Center*; in Waikoloa das* Waikoloa Haina Tropic Center*; und am Waikoloa Beach Resort die* King's Shops *mit 30 Läden und Restaurants.*

Eine gute Adresse für hawaiische **Mode** *ist* Hilo Hattie's*, das in der* Prince Kuhio Plaza *in Hilo sowie mit einer Filiale in Kailua-Kona (75-5597 A Palani Rd.) vertreten ist.*

Wer sich preisgünstig mit Lebensmitteln versorgen will, sei an die vielen offenen **Märkte** *und die* **Supermärkte** *verwiesen, z.B. an die* ABC-Stores*, die im Ortszentrum von Kailua-Kona zweimal vertreten sind., oder an den* Wal Mart *auf der Palani Rd. (hinter Burger King) mit den inselweit günstigsten Lebensmittelpreisen.*

Nachtleben

*Allgemein spielt sich auf Big Island nach Sonnenuntergang nur noch wenig ab, wobei sich das Nachtleben auf die hoteleigenen Cocktail-Lounges und Diskotheken konzentriert. Immerhin bieten Kailua-Kona (***Waterfront Row** *und* **Eclipse** *am Kuakini Hwy.), Hilo (***Fiasco***) und Waimea (***Parker Ranch Broiler***) einige Lokale mit Tanz und Livemusik. Die aufwändigste Diskothek ist das* **Spats** *im Hilton Waikoloa Village.*

Wassersport

Da die besten Strände im Westen liegen und dort die Wellen- und Strömungsverhältnisse i.d.R. günstig sind, hat man hier auch die besten Wassersportmöglichkeiten. Für ***Taucher*** *und* ***Schnorchler*** *bietet vor allem die Kona Coast ideale Reviere, insbesondere an der* Honaunau Bay *und an der* Kealakekua Bay*.* ***Anbieter*** *von* ***Tauch-*** *und* ***Schnorcheltouren*** *oder von entsprechendem* ***Gerät*** *findet man konzentriert in Kailua-Kona, wobei* Snorkel Bob's *(76-5828 Alii Dr., am* Activities Information Center*, Kailua-Kona, Tel.: 329-0770) das größte Unternehmen ist, das Filialen auch auf anderen Inseln unterhält; es bietet u.a. vollständiges Schnorchelequipment, Verleih von Unterwasserkameras, Abgabemöglichkeit der Geräte auch auf anderen Inseln. Eine andere gute Adresse ist* Sea Paradise Scuba *(Keauhou Bay, Tel.: 322-2500), ein komplett ausgestatteter Dive Shop mit Geräteverleih, u.a. auch Unterwasserkameras und -videogeräte, sowie einem breiten Spektrum an Tauchfahr-*

ten (auch nachts). Ein guter Anbieter von Kajak- und Schnorcheltouren in der Bucht von Kealakekua ist die Firma Kayak Rentals *(am Hwy. 11, Höhe Meilenmarker 112; Tel.: 323-3329), die auch Boote bzw. Ausrüstungen vermietet.*

Wasserscooter *kann man sich u.a. in Kailua-Kona ausleihen, z.B. bei* **Kona Jet Ski** *(Tel.: 936-0043, Boottransfer ab Kailua Pier zur Jet-Ski-Plattform). Ebenfalls in Kailua-Kona werden luftige* **Parasailingtouren** *angeboten (z.B. von* **UFO Parasail**, *Kona Square, Tel.: 325-5836, www.ufoparasailing.com, tägl. von 9-16 Uhr ab Kailua Pier, 10 Minuten US$ 40, auch Tandemflüge möglich).*

Naturgemäß ist **Hochseefischen** *ein populärer Sport, rühmt sich doch Kailua-Kona des Beinamens* 'Hawaii's Sportfishing Capital'. *Aus der Vielzahl der Spezialboote, die am Kailua Pier oder im Honokohau Harbor auf Gäste warten, sei hier nur genannt:*

- **Kona Charter Skippers Assn.** *(Keilua-Kona, 74-857 Iwalani Pl., Tel.: 329-3600, www.konabiggamefishing.com); seit 1956 operierendes Unternehmen, dessen 'Pamela' schon bei vielen internationalen Wettbewerben das Siegerboot stellte, im Angebot sind geführte Hochseeangeltouren sowie Halbtags- oder Ganztagscharter.*

Zweiräder

Aufgrund der großen Entfernungen und des gebirgigen Inselcharakters kann **Fahrradfahren** *auf Big Island zu einer echten Herausforderung werden. Eine gute Adresse in Kailua-Kona sind die* **Kona Coast Cycling Tours** *(74-5588 Pawai Pl., Tel.: 327-0087,* www.cyclekona.com), *die geführte Halb- und Ganztagsexkursionen mit Tourenrädern oder Mountainbikes anbieten. Hingewiesen sei auch auf das Unternehmen* **Mauna Kea Mountain Bikes** *in Waimea (P.O. Box 44672, Hwy. 19, Tel.: 885-2091), das nicht nur Fahrräder samt Helmen und Kartenmaterial oder Fahrradträger für Autos vermietet, sondern auch ein ausgeklügeltes Programm für Fahrradtouren aller Schwierigkeitsgrade mit Begleitung anbietet. Außer den Touren im Nationalpark sind besonders die Abfahrten z.B. von den* Kohala Mountains *und sogar vom Viertausender* Mauna Kea *hinab zur Küste populär.*

Wer eher an **Motorrädern** *oder* **Mopeds** *interessiert ist, sollte sich an* **DJ's Rentals** (Motorcycle & Scooter Rentals, *Tel.: 329-1700) wenden, die in Kailua-Kona (am Alii Dr. gegenüber dem King Kamehameha Hotel) und im Waikoloa Resort (King's Shops) vertreten sind; dort bekommt man außer Mopeds u.a. auch schwere* Harley Davidsons *ab US$ 90/Tag.*

Wandern

Schon aufgrund seiner Größe, landschaftlichen Vielfalt und vulkanischen Aktivität bietet sich Big Island noch mehr als die anderen Inseln zu einem Wanderurlaub an. Das interessanteste und am besten erschlossene Gebiet ist dabei der Volcanoes National Park, der über Dutzende von markierten Wegen und gute Unterkünfte (Hotel, Pensionen, Hütten, Campingplätze) verfügt. Erfahrene Wanderfreunde finden ein zweites, riesiges Betätigungsfeld entlang der Saddle Road und im Mauna-Loa-Gebiet. Die Höhenlage, die lange Anfahrt und die Entfernungen machen die dortigen Trails aber zu einer Herausforderung, die man nur mit Vorbereitung, viel Zeit und ohne große Komfortansprüche hinsichtlich einer Übernachtung bestehen kann. Gleiches gilt für die Wanderer, die an der Nordküste die menschenleere Gegend zwischen dem Waipio Valley und dem Waimanu Valley erkunden möchten. Bei den Mehrtageswanderungen sind Übernachtungen auf einfachen Zeltplätzen oder in Hütten notwendig. Das dazu notwendige **Permit** *sowie Kartenmaterial oder weitere Informationen zu den Trails auf Big Island erhalten Sie bei der* **Division of State Parks** *(Hilo, Tel.: 974-6200, www.hawaiistateparks.org), beim* **Department of Parks**

& Recreation *(Suite 6, 101 Pauahi St., Hilo, Tel.: 961-8311, www.co.hawaii.hi.us) oder beim* ***Hawaii Volcanoes National Park*** *(P.O. Box 52, Hawaii HI 96718-0052). Organisierte Wanderungen werden u.a. von* ***Hawaiian Walkways*** *(Honokaa, Tel.: 775-0372, www2.hawaiianwalkways.com) und* ***Arnott's Hiking Adventures*** *(98 Apapane Rd., Hilo, Tel.: 969-7097, www.arnottslodge.com; Wanderungen u.a. auf den Gipfel des Mauna Kea und aktuellen Lavaflüssen; eigene Lodge für Low-Budget-Reisende) angeboten, die Preise liegen bei US$ 80-160 für eine Ganztagsexkursion.*

Golf

Nachdem in den 1960er Jahren die ersten Golfplätze auf Big Island angelegt wurden, sind in jüngster Vergangenheit viele erstklassige neue Anlagen hinzukommen, die den allerhöchsten Ansprüchen genügen. Gleichzeitig wurden die älteren Plätze erweitert und auf den modernsten Stand gebracht. Inzwischen verfügt die Insel über 17 Golfplätze, darunter allein fünfzehn 18-Loch-Anlagen. Vier der Plätze sind öffentlich, alle anderen gehören zu Clubs oder Hotelresorts, auf denen auch externe Gäste zugelassen sind. Eine Konzentration der Golfaktivitäten ist an der Westküste bei Waikoloa festzustellen, aber auch in allen anderen Regionen der großen Insel brauchen Golffreunde nicht auf ihren Sport zu verzichten – bis hinauf zum Volcanoes National Park.

Golfplatz in der Lavawüste

Die Plätze im Einzelnen:

- ***Kohala Coast, Küstennähe:***

\- ***Mauna Kea Beach Golf Club***, *62-100 Kaunaoa Dr., Kamuela,, Tel.: 882-5400; 18-Loch, Par 72.*

\- ***Hapuna Golf Course***, *62-100 Kaunaoa Dr., Kamuela, Tel.: 880-3000; 18-Loch, Par 72.*

\- ***Francis H. Brown Course Mauna Lani Resort***, *Kohala Coast, Tel.: 885-6677; zwei Plätze, jeweils 18-Loch, Par 72.*

\- ***Kings' Course***, *Waikoloa, Tel.: 886-7888; 18-Loch, Par 72.*

\- ***Beach Course***, *Waikoloa, Tel.: 885-6060; 18-Loch, Par 70.*

- ***Kohala Coast, Hinterland:***

\- ***Waikoloa Village Golf Club***, *Waikoloa, Tel.: 883-9621; 18-Loch, Par 72.*

\- ***Makalei Hawaii Country Club***, *72-3890 Hawaii Belt Rd., Kailua-Kona, Tel.: 325-6625; 18-Loch, Par 72.*

- ***Kona Coast:***

\- ***Kona Country Club***, *78-7000 Alii Dr., Keauhou, Tel.: 322-2595; 18-Loch, Par 72.*

- ***Süden/Südosten:***

\- ***Sea Mountain Golf Course***, *Pahala, Tel.: 928-6222; 18-Loch, Par 72.*

- ***Volcanoes National Park:***

\- ***Volcano Golf & Country Club***, *Volcanoes National Park, Tel.: 967-7331; (öffentlich) 18-Loch, Par 72.*

- *Hilo Coast:*
- ***Hilo Municipal Golf Course**, 340 Haihai St., Hilo, Tel.: 959-7711; (öffentlich) 18-Loch, Par 71.*
- ***Naniloa Country Club**, 120 Banyan Dr., Hilo, Tel.: 935-3000; 9-Loch, Par 70.*
- *Norden:*
- ***Hamakua Country Club**, Honokaa, Tel.: 775-7244; (öffentlich) 9-Loch, Par 33.*
- ***Waimea Country Club**, Kamuela, Tel.: 885-8777; 18-Loch, Par 72.*

Reiten

Aufgrund der Vielzahl von Ranchs und seiner langen Paniolo-Tradition ist es nicht verwunderlich, dass Big Island von allen Inseln das umfassendste Angebot an Gestüten und Reitausflügen besitzt. Die meisten Unternehmen sind in Waimea und entlang des Hwy. 250 angesiedelt.

Zur ersten Orientierung eine kleine Auswahl:

- ***Paniolo Riding Adventures** (Tel.: 889-5354, www.panioloadventures.com, US$ 62-130);*
- ***King's Trail Rides O'Kona** (Tel.: 323-2388, 81-6420 Mamalahoa Highway, Kealakekua, www.konacowboy.com, tägl. Ausritte um 10 und 13 Uhr, 2 Stunden US$ 95);*
- ***Naalapa Trail Rides** (Tel.: 889-0022, Kahua Ranch und Kohala Ranch, Hwy. 250, tägl. Ausritte um 9 und 13.30 Uhr, 2½ Stunden ca. US$ 80);*

Ausflüge

- **Bootstouren**

Fast alle Bootstouren starten auf Big Island entweder am Kailua-Pier oder am Honokohau Harbor, größere Unternehmen holen dabei ihre Gäste am Hotel ab. Die Bandbreite des Angebotes reicht von Exkursionen zur Walbeobachtung über Dinner-Kreuzfahrten und einfache Segeltörns bis hin zu Ausflügen mit einem U-Boot.

Nachfolgend einige Anregungen:

- ***Captain Beans' Cruises** (73-4800 Kanalani St., Kailua-Kona, Tel.: 329-2955), führt tägl. um 17.15 Uhr 'Dinner Cruises' ab Kailua-Pier durch, US$ 52-63 je nach Hoteltransfer, verkitschte, aber lustige Fahrt auf einem 'polynesischen' Doppelrumpfboot mit drei Segeln, mit Tänzen und Gesängen.*
- ***Body Glove Cruises** (Tel.: 326-7122, www.bodyglovehawaii.com) bietet ab dem Kailua-Pier eine Schnorchel-Kreuzfahrt von 4½ Stunden mit Frühstück und Lunch an, abends einen kurzen 'Sunset Sail', außerdem Whalewatching-Touren.*
- ***Kamanu Charters** (Tel.: 329-2021, www.kamanu.com), startet tägl. um 9 und 13.30 Uhr zu einem 3¼-Stunden-Segeltörn mit einem Katamaran ab Honokohau Harbor, maximal 24 Gäste, Schnorcheln und Snacks inklusive, US$ 39.*
- ***Fair Wind Snorkeling & Diving Adventures** (Keauhou Bay, Tel.: 322-2788, www.fair-wind.com) bietet Segelkreuzfahrten mit einem Trimaran an, einschl. Schnorcheln und Tauchen am Capt. Cook Monument sowie nach Möglichkeit Whalewatching, 2 Abfahrten täglich.*
- ***Captain Zodiac** (Kailua-Kona, Tel.: 329-3199, www.captainzodiac.com) startet 2x tägl. zu ra-*

Auf Tauchfahrt mit Atlantis Submarines

santen Schlauchbootexkursionen an der Kona-Küste entlang bis zur Kealakekua Bay, Schnorcheln und Lunch inkl., nach Möglichkeit auch Whalewatching, 4 Std. ab US$ 50.

*- **Captain Dan McSweeney's** (Kailua-Kona, Tel.: 322-0028, www.ilovewhales.com) nimmt Sie zum 3-Stunden-Whalewatching auf alle möglichen Walarten mit, tägl. ab Kailua-Pier um 9 und 13 Uhr, US$ 75 (falls kein Wal gesichtet wird, ist die zweite Tour umsonst).*

*- **Atlantis Submarines**, Kailua-Kona, Hotel King Kamehameha, Tel.: 329-6626, http://atlantisadventures.com; die Firma mit ihrer bekannten Freizeit-U-Boot-Flotte bringt tägl. ab 9 Uhr vom 'King Kamehameha Hotel' in Kailua-Kona Passagiere zu einem ihrer U-Boote, dann geht es hinab bis in 30-40 m Tiefe. Das Ziel ist ein 10 ha großes Korallenriff, wo man durch Gucklöcher die fantastische Unterwasserwelt betrachten und fotografieren kann. Abfahrten jede volle Stunde, Tauchzeit ca. 45 Minuten, Gesamtdauer ca. 2 Std., ca. US$ 80.*

- ***Big Island Sightseeing***

*An den Activity Desks der größeren Hotels sowie an den Flughäfen und von den Nachbarinseln aus kann man Exkursionen zu einzelnen Zielen oder Inselrundfahrten buchen, die aufgrund der Größe stets Ganztagesausflüge sind. Vans und Limousinen für kleinere Gruppen bietet dabei u.a. **Aloha Aina Limousine Tours** (Kailua-Kona, Tel.: 322-0668) an, eine Inselrundfahrt im klimatisierten Bus z.B. **Roberts Hawaii** (Tel.: 329-1688; 'Grand Circle Island' ab US$ 55).*

- ***Helikopterrundflüge***

Die beiden Bergriesen Mauna Kea und Mauna Loa, die vulkanischen Vorgänge rund um den Kilauea sowie die grüne Pali-Küste im Norden sind das Ziel von Hubschrauber-Touren zahlreicher Firmen. Diese starten außer von den Flughäfen in Keahole-Kona, Waimea und Hilo auch vom Waikoloa Heliport. Dies ist insofern wichtig, als der Startpunkt die Länge des Weges und damit auch den Preis bestimmt – anders ausgedrückt: Helikopterrundflüge zum Volcanoes Nationalpark sind bei Abflug in Hilo bis mehr als US$ 100 billiger als etwa von Kona aus! Zu empfehlen ist die so gen. Volcano Kohala Deluxe Tour, die praktisch die gesamte Insel zum Ziel hat mit dem Schwerpunkt auf dem Volcanoes Nationalpark (ca. US$ 295 ab Kona).

Nachfolgend die bekanntesten Helikopterfirmen mit Startpunkten und Telefonnummern auf einen Blick:

*- **Blue Hawaiian Helicopters** (www.bluehawaiian.com), ab Waikoloa und Hilo, Tel.: 961-5600; US$ 115-260.*

*- **Tropical Helicopters** (www.tropicalhelicopters.com), ab Kona, Tel.: 329-0551, US$ 99-158.*

*- **Safari Helicopters** (www.safariair.com), ab Kona (Tel.: 329-4655) und Hilo (Tel.: 969-1259), US$ 115-319.*

*- **Sunshine Helicopters** (www.sunshinehelicopters.com), ab Kona, Tel.: 270-3999; US$ 115-350.*

- ***Kleinflugzeuge***

Nicht nur mit Helikoptern, sondern auch mit Kleinflugzeugen kann man zum 'Flightseeing' über Big Island aufsteigen, oft sogar mit einem leichten Preisvorteil – je nach Länge und Route US$ 80-200. Zwei Anregungen:

*- **Big Island Air** (Tel.: 329-4868) startet täglich von Kona zu einem Rundflug über Maui und Big Island, auf dem man die Hana Coast und den Haleakala, den Mauna Kea, Mauna Loa und den Kilauea-Krater*

*- **Mokulele Flight Service** (Tel.: 426-7070, www.mokulele.com), ein hawaiisches Familienunternehmen, hat seinen Sitz am Flughafen Kona und bietet ein breites Flightseeing-Spektrum mit Fensterplatzgarantie.*

- *Flüge zu anderen Inseln*

Wer sein Urlaubsquartier ausschließlich auf Big Island bezogen hat, kann mit erstaunlich preisgünstigen Fly-&-Drive-Paketen jede der Nachbarinseln an einem Tag kennen lernen (Hin- und Rückflug, Mietwagen mit unlimitierten km und Steuern, ab ca. US$ 100). Wer länger auf einer Nachbarinsel bleiben möchte, kann genauso günstig beliebig viele Hotelübernachtungen hinzubuchen. Auch Flüge mit anschließender Busrundfahrt auf Oahu, Kauai, Maui oder Molokai sind möglich (ca. US$ 190), ebenso eine reine Flugbuchung (ca. US$ 50-60 pro Strecke) oder eine Helikoptertour zur Nachbarinsel Maui (ab US$ 120).

Strände

Obwohl Big Island die bei weitem längste Küstenlinie aller hawaiischen Inseln besitzt, muss es hinsichtlich der Anzahl und der Qualität seiner Badestrände hinter Maui, Kauai und Oahu zurückstehen. Die besten befinden sich an der Kohala Coast im Westen – dort, wo auch die Sonne fast immer scheint und wo deshalb die bevorzugten Hotelstandorte sind. Nördlich vom Flughafen kommt man entlang dem Hwy. 19, kurz vor dem Kona Village Resort, zu den etwas abgelegenen Buchten Kua Bay und Kukio Bay, die für viele auf der Liste der besten Badeplätze ganz oben stehen. Etwas weiter, am Royal Waikoloan Hotel, liegt die Anaehoomalu Bay, deren langer Sandstreifen mit Lagune und Kokosnusspalmen nicht nur den wohl schönsten Strand der Insel darstellt, sondern auch allerbeste Schwimm- und Wassersportverhältnisse bietet. Es folgen der Kalahaipuaa Beach, der Hapuna Beach, der Kaunaoa Beach und nahe dem Puukuhola Heiau der Samuel M. Spencer Beach, die allesamt feinsandig, lang gestreckt und zum Baden sowie für Wassersport geeignet sind. Südlich des Flughafens Kona werden die Strände kleiner und sind außerdem wegen der vielen Condos und Hotels von Kailua-Kona oft überlaufen. Das trifft auf die winzige und geschützte Kamakahonu Lagoon am King Kamehameha Hotel genauso zu wie auf den White Sands ('Magic Sand') Beach und den Kahaluu Beach in Keauhou, während der Keonelle Beach in der Honaunau Bay sich eher zum Schnorcheln eignet. Überhaupt sind die oft steinigen Strände an der Kona Coast (vor allem die Kealakekua Bay) ein Eldorado für Schnorchler und Taucher.

An der Ostküste gibt es nur einige wenige Sandstrände, die meistens grau- oder schwarzfarbig sind, z.T. aber auch einen grünlichen oder rötlichen Schimmer aufweisen. Zu den besten gehören im Südosten der Punaluu Beach und im Nordosten der Strand des Waipio Valley. In der Umgebung von Hilo gibt es kaum nennenswerte Strände, von dem kleinen Sandstreifen auf Coconut Island einmal abgesehen.

Sehenswertes

KAILU-KONA UND UMGEBUNG

- ***Hulihee Palace**, 75-5718 Alii Dr., Kailua-Kona, Tel.: 329-1877, www.daughtersofhawaii.com/huliheepalace; Mo-Fr 9-16, Sa-So 10-16 Uhr geöffnet, Eintritt US$ 6. Der Palast ist derzeit (März 2009) wegen Renovierungsarbeiten nur eingeschränkt zugänglich, soll aber bald wieder ganz geöffnet werden.*
- ***Puuhonua-o-Honaunau National Historical Park**, Honaunau, Kona, Tel.: 328-2288, www.nps.gov/puho; Mo-Do 6-20, Fr-So 6-23 Uhr geöffnet, Eintritt US$ 3 p.P. oder US$ 5 pro Auto.*
- ***St. Benedict's Painted Church**, Captain Cook, Painted Church Rd., Tel.: 328-2227, www.thepaintedchurch.org/; tägl. geöffnet, freier Eintritt.*

SÜDEN VON BIG ISLAND

• **Mauna Loa Macadamia Nut Visitor Center**, Macadamia Rd., Keaau, Tel.: 966-8618; tägl. 8.30-17.30 Uhr geöffnet, freier Eintritt.

• **Hawaii Volcanoes National Park**, P.O. Box 52, Hawaii HI 96718-0052, tägl. geöffnet. Eintritt US$ 10 pro Wagen oder US$ 5 für Fahrradfahrer, Wanderer, Buspassagiere etc., 7 Tage gültig. Für Inhaber des National Park Pass (US$ 50 – gilt ein Jahr lang für alle Nationalparks in den USA) ist der Eintritt frei. Im Nationalpark gibt es drei Infostellen: Das Kilauea Visitor Center am Crater Rim Dr. ist das größte und die erste Adresse für alle Besucher. Es ist tägl. 7.45-17 Uhr geöffnet. Eine Dependance des Visitor Center befindet sich im Jaggar Museum, ebenfalls am Crater Rim Dr. Am Ende der Chain of Craters Rd. gibt es schließlich ein mobiles Informationsbüro, das 10.30-17 Uhr geöffnet ist. Unter der NP-Hotline Tel.: 985-6000 können Sie tägl. Updates über eruptive oder vulkanische Tätigkeiten, Wetterprognosen etc. abhören.

HILO UND UMGEBUNG

• **Imiloa Astronomy Center of Hawaii**, 600 Imiloa Place, Hilo, Tel.: 969-9700, www.imiloahawaii.org; geöffnet Di-So 9-16 Uhr, Eintritt US$ 14,50.

• **Lyman Museum & Mission House**, 276 Haili St., Hilo, Tel.: 935-5021, www.lymanmuseum.org; geöffnet Mo-Sa 9.30-16.30 Uhr, Eintritt US$ 10; geführte Touren durch das alte Mission House.

• **Pacific Tsunami Museum**, 130 Kamehameha Ave., Hilo, Tel.: 935-0926, www.tsunami.org; geöffnet Mo-Sa 9-16 Uhr, Eintritt US$ 7.

• **Hawaii Tropical Botanical Garden**, Rural Route 143 A, Papaikou, Tel.: 964-5233, www.hawaiigarden.com; tägl. 9-16 Uhr geöffnet, Eintritt US$ 15.

• **World Botanical Gardens und Umauma Falls**, am Hwy. 19 bei Hakalau, Tel.: 963-5427, www.wbgi.com, geöffnet täglich 9-17.30 Uhr, Eintritt US$ 13.

NORDEN VON BIG ISLAND

• **Puukohola Heiau National Historic Site**, Kawaihae, Tel.: 882-7218; tägl. 7.30-16 Uhr geöffnet, freier Eintritt.

• **Parker Ranch Visitor Center & Museum**, Parker Ranch Center, Waimea, Tel.: 885-7311, www.parkerranch.com; tägl. 9-17 Uhr geöffnet, Eintritt US$ 6.50.

• **Kaloko-Honokohau National Historical Park**, 73-4786 Kanalani St., Kailua-Kona, Tel.: 329-6881, www.nps.gov/kaho; tägl. 7.30-15.30 Uhr geöffnet, freier Eintritt.

KAUAI (S. 446ff)

Information

Kauai Visitors Bureau, 4334 Rice St., Suite 101, Lihue, HI 96766, Tel.: 245-3971, Fax: 246-9235, www.kauaivisitorsbureau.com. Viele aktuelle Tipps, Veranstaltungshinweise und Rabattcoupons sind in den kostenlosen Touristenmagazinen (Kauai Beach Press, Kauai This Week etc.) enthalten, die am Flughafen, in Shopping Centers und in den Hotels ausliegen.

Hotels

... IN LIHUE UND UMGEBUNG:

• **Kauai Marriott Resort $$$$$**, Kalapaki Beach, Lihue, Tel.: 245-5050, www.marriotthotels.com; direkt am Strand gelegene First-Class-Hotel mit 356 Zimmern und Suiten, 4 Restau-

rants, riesigem Pool (dem größten Hawaiis), fantastischen Gärten, reichem Sportangebot (u.a. eigener Reitstall, zwei 18-Loch-Golfplätze, 8 Tennisplätze) und herrlicher Umgebung.

- ***Garden Island Inn $$**, 3445 Wilcox Rd., Lihue, Tel.: 245-7227, www.gardenislandinn.com; kleineres, sehr freundliches Mittelklassehaus mit 21 Zimmern, alle mit Kitchenette, in der Stadt nahe zu Restaurants und Shops sowie in bequemer Gehnähe zum Strand gelegen.*

... ZWISCHEN LIHUE UND HAENA:

WAILUA UND KAPAA

- ***Aloha Beach Resort $$$**, 3-5920 Kuhio Hwy., Wailua, Tel.: 823-6000, www.abrkauai.com; nettes Mittelklassehotel mit 216 Zimmern, Suiten und Cottages, Restaurant, Snackbar, schöne Gartenanlage und direkter Zugang zum Lydgate Beach Park, Pool, Sonnenterrasse, Tennisplätze, Golf- und Volleyballplatz in der Nähe. Die geschmackvollen Garden Cottages verfügen über separate Wohn- und Schlafräume und Balkon bzw. Terrasse.*
- ***Aston Kauai Beach Villas $$$**, 5920 Kuhio Hwy., Kapaa, Tel.: 245-7711, Fax: 922-8785; großzügige Condominium-Anlage nahe zu Hauptstadt und Flughafen, mehrere Häuser mit insgesamt 350 komfortablen Einheiten, alle mit Kitchenette und Balkon, um einen tropischen Garten gruppiert, 3 Pools, Grillplätze, Strandzugang, Tennisplatz, Fitnesscenter, Waschraum, Golfplatz in der Nähe.*
- ***Outrigger Lae Nani Resort $$$$**, 410 Papaloa Rd., Kapaa, Tel.: 822-4938, www.outrigger.com; gehobene Mittelklasseanlage mit geräumigen Apartments, direkt am Strand gelegen, schöne Gartenanlagen, Pool, ideal für Familien.*
- ***Resort Quest Islander on the Beach $$$**, 440 Aleka Place., Kapaa, Tel.: 822-7417, www.resortquesthawaii.com/hawaii/; Mittelklassehotel mit acht dreistöckigen Gebäuden, insgesamt 196 Zimmer, Restaurant, Coffeeshop, Bar, Pool, Tennisplatz, direkt am Strand gelegen.*
- ***Best Western Plantation Hale Suites $$$**, 484 Kuhio Hwy., Kapaa, Tel.: 822-4941, www.plantation-hale.com; nahe dem Coconut Marketplace gelegene Condo- und Apartment-Anlage mit geräumigen Wohneinheiten, alle mit Küche, untergebracht in 10 zweistöckigen Gebäuden, 3 Pools, viele Sportangebote. Die Zimmer zum belebten Highway hin können laut sein. Der Strandabschnitt ist nur 100 m entfernt, aber nicht zum Baden geeignet.*

PRINCEVILLE UND HANALEI

- ***Princeville Resort $$$$$**, 5520 Kahaku Rd., Princeville, Tel.: 826-9644, Fax: 826-1166, www.stregisprinceville.com/; elegantes Luxushotel mit 252 Zimmern, herrliche Lage oberhalb der Hanalei Bay mit fantastischem Blick zu den Nachbarinseln, mehrere Restaurants, Pool, Kino, Shops, vorbildlicher Service; für die Gesundheit sorgen u.a. Fitnesscenter, Reitställe, Tennisplätze und ausgedehnte Golfplätze.*
- ***Hanalei Bay Resort $$$$**, 5380 Honoiki Rd., P.O. Box 220, Princeville, Tel.: 826-6522; großzügige und weitläufige First-Class-Anlage mit 280 Hotelzimmern, Studios und Condominium-Wohneinheiten, Tennis- und Golfplatz, Restaurant, schöner Pool, Shops, beliebt bei Honeymoonern.*
- ***Hanalei Colony Resort $$-$$$**, 5-7130 Kuhio Hwy., Haena, Tel.: 826-6235, www.hcr.com; schöne Condominium-Anlage mit Holzhausarchitektur, recht einsam und direkt am Palmenstrand in herrlicher Umgebung gelegen, Pool, besonders günstige Langzeittarife.*

... ZWISCHEN LIHUE UND POLIHALE STATE PARK:

- ***Grand Hyatt Regency Kauai Resort $$$$$***, *1571 Poipu Rd., Koloa, Tel.: 742-1234, www.kauai.hyatt.com; geschmackvolles Luxushotel am Poipu Beach, im Stil der mondänen Plantagenhäuser und mit grünem Ziegeldach errichtet, 602 Zimmer mit allen Annehmlichkeiten, 'Anara-Spa' mit spektakulären Pools, Wasserfällen, Wasserrutschen und Brücken, 6 Restaurants, Poolbar, 4 Lounges, Diskothek, Golfplatz, 4 Tennisplätze, Fitness- und Wellnesscenter, Shops, abendliches Entertainment. Das Grand Hyatt ist Mauais größte Herberge, wirkt aber mit seinen anheimelnden, lichtdurchfluteten Architektur, der Salzwasserlagune und den tropischen Gärten eher wie ein kleines Dorf.*
- ***Outrigger Kiahuna Plantation $$$$***, *2253 Poipu Rd., Koloa, Tel.: 742-6411, www.outrigger.com; wunderschön gelegene Condominium-Anlage, 333 Wohneinheiten mit allen Annehmlichkeiten und Küche, gutes Dinnerrestaurant, Pool, Golf- und Tennisplatz.*
- ***Sheraton Kauai Resort $$$$***, *2440 Hoonani Rd., Koloa, Tel.: 742-1661, www.sheraton-kauai.com/; First-Class-Hotel inmitten einer fantastischen Lagunenlandschaft und direkt am Strand, 413 komfortable Zimmer, 3 Restaurants, Bar, 2 Pools, Shops, Tennis- und Golfplatz, Fitnesscenter, abendliches Entertainment, Kinderclub, 2 Kinderbecken.*

WAIMEA CANYON

- ***Kokee Lodge $***, *P.O. Box 819, Waimea, Kauai, HI 96796, Tel.: 335-6061; rustikale Unterkunft mit 12 Hütten unterschiedlicher Größe und Ausstattung, alle mit Dusche, Holzofen, Kühlschrank und Kochutensilien ausgestattet. Die Hütten werden bis maximal 5 Tage vermietet und sind für maximal 6 Personen geeignet, der Preis beträgt pro Hütte/Nacht US$ 35-50. Da diese Unterkünfte besonders im Sommer und an den Wochenenden sehr beliebt sind, ist eine Reservierung (möglichst schriftlich) ratsam.*

Bed & Breakfast

Sowohl an der Küste als auch im höher gelegenen Inselinnern gibt es mehrere hübsche Ferienwohnungen oder Bed-&-Breakfast-Häuser, die i.d.R. die preisgünstigste Möglichkeit eines komfortablen Urlaubs bieten. Die überregionalen B&B-Agenturen haben die Insel mit einer großen Anzahl an Objekten in ihrem Programm. Zu weiteren B&B-Unterkünfte führen Links auf dem Portal des Touristenbüros. Oder Sie schauen mal in die Websites www.rosewoodkauai.com, www.magicsunrisehawaii.com, www.historicbnb.com oder www.bestofhawaii.com/hanalei.

Camping/Hütten

Während es bislang auf Kauai keine ***Jugendherberge*** *gibt, stehen* ***Campingfreunden*** *einige Zeltgelände und vereinzelt auch Hütten zur Verfügung. Die meisten davon befinden sich in den Beach Parks der Nordküste oder an den Wanderrouten im Waimea Canyon-Gebiet bzw. des Kalalau Trail und stehen unter der Verwaltung der Division of Forestry & Wildlife oder der Division of State Parks, wo auch die erforderlichen Permits eingeholt werden müssen (Anschriften s. unter 'Wandern'). Im Inselinneren bietet außerdem die Kokee Lodge einige rustikale Hütten an, die möglichst frühzeitig reserviert werden sollten.*

Restaurants

... IN LIHUE UND UMGEBUNG:

LIHUE

• ***Java Kai $***, *4302 Rice St., Lihue, Tel.: 632-0801; einfaches, hauptsächlich von Locals frequentiertes Restaurant mit vielen Kaffee- und Eissorten sowie gehaltvollem Frühstück, das bis nach Mittag geordert werden kann; geöffnet Mo-Fr 6-19, Sa-So bis 13 Uhr.*

• ***Maria's $$***, *3142 Kuhio Hwy., Lihue, Tel.: 246-9122; nettes Lokal mit mexikanischem Essen, gut, reichlich und preiswert; Mo-Sa 11-21 Uhr geöffnet.*

• ***Duke's Canoe Club $$***, *Kauai Marriott, Lihue, Tel.: 246-9599; angenehmes Open-Air-Lokal am Kalapaki-Strand; tägl. zum Dinner geöffnet, ab und zu mit Livemusik. Es gibt guten Fisch, Seafood und saftige Steaks, dazu eine romantisch-rustikale Atmosphäre.*

• ***Cafe Portofino $$$***, *Pacific Ocean Plaza, 3501 Rice St., Tel.: 245-2121; der wohl beste Italiener der Insel; täglich zum Lunch und Dinner geöffnet. Man sitzt mit schönem Blick auf den Kalapaki Beach, genießt Köstlichkeiten der mediterranen Küche und jeden Abend stimmungsvolle Harfenmusik live.*

KILOHANA PLANTATION

Gaylord's at Kilohana $$$, *3-2087 Kaumualii Hwy., Tel.: 245-9593, www.gaylordskauai.com; angenehmes, großes Gartenrestaurant im Countrystil mit kontinentaler und amerikanischer Küche, sehr gute Steaks und Seafood, große Weinkarte; tägl. zum Abendessen ab 17, zum Mittagessen Mo-Fr 11-15 und zum Brunch Sa-So 9.30-15 Uhr geöffnet; auch wegen der Luaus berühmt.*

... ZWISCHEN LIHUE UND HAENA:

WAILUA UND KAPAA

• ***Coconut Marketplace***, *484 Kuhio Hwy., Kapaa, 11-21 Uhr geöffnet. Von den vielen Restaurants und Imbiss-Ständen sind u.a. empfehlenswert:* ***Aloha Pizza $*** *und* ***Fish Hut $$*** *für eine vollwertige Mahlzeit und Lappert's für eine sehr gute Eiscreme.*

• ***Bubba's $***, *4-1421 Kuhio Hwy., Kapaa, Tel.: 823-0069, www.bubbaburger.com. Zwar ein Fast-Food-Laden, aber sympathisch und mit guten, reichhaltigen Portionen.*

• ***Norberto's El Café $$***, *4-1373 Kuhio Hwy., Kapaa, Tel.: 822-3362, authentisches Lokal mit mexikanischer Küche; tägl. außer So 17-21 Uhr geöffnet.*

• ***A Pacific Café $$$***, *Kauai Village, Kapaa, Tel.: 822-0013; eines der besten Restaurants der Insel mit Pacific Rim Cuisine, Spezialitäten sind frischer Fisch, Lamm, Hühnchen oder Crème brulée; tägl. 17.30-22 Uhr geöffnet, Reservierung ratsam.*

KILAUEA POINT

• ***The Farmer's Market $***, *Kong Lung Center, Tel.: 828-1512; kein Restaurant, sondern ein altmodischer, kleiner Supermarkt, in dem man Ihnen aber auch sehr gute Sandwiches, Suppen, Salate und Snack-Delikatessen frisch zubereitet, die Sie draußen an den Picknicktischen verzehren können; 8.30-20.30 Uhr geöffnet.*

• ***Kilauea Bakery & Pau Hana Pizza $***, *Kong Lung Center, Tel.: 828-2020; am gleichen Platz liegt diese alte Inseleinrichtung, die für ein gehaltvolles Frühstück ebenso gut ist wie für Pizzen, Salate und Gebäck; 6.30-21 Uhr geöffnet.*

HANALEI

• ***Bali Hai $$***, *Hanalei Bay Resort, Princeville, Tel.: 826-6522; populäres Restaurant mit Lamm-, Rind- und Fischgerichten der Pacific Rim Cuisine, herrlicher Blick von der Terrasse über die Bucht; tägl. von morgens bis abends geöffnet.*

• ***Hanalei Dolphin Fish Market $$***, *Hwy. 56, Hanalei, Tel.: 826-6113; gemütliches und beliebtes Restaurant in einem Holzhaus am Hanalei River; Spezialitäten sind natürlich Sushi, Seafood und fangfrischer Fisch, auch zum Mitnehmen.*

• ***Tahiti Nui $$***, *Kuhio Hwy., Hanalei, Tel.: 826-6277; seit vielen Jahren bestehendes rustikales Lokal in einem Holzhäuschen, heute eher Barbetrieb mit Snacks, abends Livemusik, 11-2 Uhr geöffnet.*

• ***The Hanalei Gourmet $$***, *Hwy. 56 (Hanalei Center), Hanalei, Tel.: 826-2524, www.hanaleigourmet.com; ein lebhaftes Lokal mit Bar, angeboten werden hawaiische Spezialitäten (auch zum Mitnehmen), Snacks, Sandwiches, Suppen und Salate; tägl. 8-21.30 Uhr geöffnet.*

... ZWISCHEN LIHUE UND POLIHALE STATE PARK:

POIPU

• ***Brennecke's Beach Broiler $$$***, *2100 Hoone Rd., Tel.: 742-7588; beliebtes Lokal mit eigenem Souvenir-Shop, amerikanische (Seafood, Steaks), italienische (Pasta) und japanische (Sashimi) Küche, direkt am Strand mit schönem Blick gelegen; tägl. zum Lunch und Dinner geöffnet, So Brunch, die gute Bar ist abends oft betriebsamer Cocktail-Treffpunkt, 11-22 Uhr.*

• ***Plantation Gardens $$$***, *Kiahuna Plantation, 2253 Poipu Rd., Tel.: 742-2121; vorzügliches Restaurant der Pacific-Rim-Küche, mit Fisch- und Seafood-Spezialitäten, schöne Gartenlage; tägl. 16-22 Uhr geöffnet, Reservierung ratsam.*

• ***Keoki's Paradise $$$***, *Poipu Shopping Village, Tel.: 742-7534; modernes, aber gemütliches Restaurant mit hawaiischen Spezialitäten (Prime Rib, frischer Fisch und Seafood); tägl. ab 11 geöffnet, in der Lounge ist an der Seafood- und Tacobar bis Mitternacht Betrieb.*

HANAPEPE UND WAIMEA

• ***Hanapepe Café $***, *3830 Hanapepe Rd., Hanapepe, Tel.: 335-5011; sympathischer Laden mit Kunsthandwerk, Literatur, gutem Kaffee, Cappuccino usw. und Gesundheitskost; Di-Sa zum Lunch, Fr-Sa auch zum Candlelight-Dinner mit Gitarrenmusik geöffnet.*

• ***Waimea Brewing Company $***, *9600 Kaumualii Hwy., Waimea, Tel.: 338-9733; die 'westlichste Micro-Brauerei der USA' befindet sich in der ehemaligen Plantagenarbeitersiedlung Waimea Plantation Cottages (heute romantische Unterkünfte mit rustikalem Touch) und bietet außer verschiedenen Biersorten solides Pub-Essen, Snacks und Desserts. Abends oft Livemusik, geöffnet 11-21 Uhr).*

WAIMEA CANYON

• ***Kokee Lodge $***, *Tel.: 335-6061; gemütliches Restaurant mit Sandwiches sowie warmen Speisen zum Frühstück und Mittagessen (u.a. Quiche, Suppen, Salate); 9-15.30 Uhr geöffnet, Souvenirladen.*

Luaus

Große Hotels wie das Radisson Kauai Beach Resort in Lihue und das Princeville Hotel bieten einmal wöchentlich ein Luau mit Hula-Show an, das oft besser ist als ver-

gleichbare Veranstaltungen in Honolulu, sich gleichwohl aber am amerikanisch-touristischen Geschmack orientiert. Mit vielerlei neuzeitlichen Show-Elementen durchsetzt ist auch das Luau, das im Smith's Tropical Paradise bei Wailua Mo-Fr ab 17 Uhr stattfindet, doch entschädigt hier die zauberhafte Umgebung für die manchmal etwas kitschige Show. Das vielleicht beste Luau bietet das **Gaylord's at Kilohana** *(Tel.: 245-9593, www.luaukilohana.com) nahe der Hauptstadt.*

Flüge

Kaui besitzt drei Flughäfen, von denen der Princeville-Hanalei Airport im Norden und der Port Allen Airport im Süden nur für Kleinflugzeuge geeignet sind bzw. als Startpunkt für Helikopterrundflüge genutzt werden. Fast alle Touristen erreichen die Insel über den **Lihue Airport***, einem überschaubaren und modernen Flughafen, der über alle üblichen Einrichtungen verfügt, einschließlich der Serviceschalter aller größeren Mietwagenanbieter. Touristen aus Übersee erreichen ihn i.d.R. via Honolulu, wenn auch verschiedentlich Direktflüge vom amerikanischen Festland (Los Angeles, San Francisco) hier landen (United Airlines, Aloha Airlines, American Airlines, US Airways). Daneben bestehen Flugverbindungen zwischen Lihue und Big Island (Kona und Hilo), Maui (Kahului) und Molokai.*
Die wichtigsten Carrier sind:

- ***Island Air:*** *Tel.: 800-652-6541*
- ***Hawaiian Airlines:*** *Tel.: 838-1555*
- ***United Airlines:*** *Tel.: 800-241-6522*

Busse

Das öffentliche Busnetz von Kauai ist knapp und besteht nur aus zwei Routen: von Lihue nach Kekaha und von Lihue nach Hanalei. Außerdem gibt es eine Art Stadtbus innerhalb von Lihue. Die Frequenz ist gering, ebenso der Preis (US$ 2). Infos beim Touristenbüro oder bei Kauai Bus, Tel.: 241-6410. Besucher, die die Insel kennen lernen möchten, sollten sich unbedingt einen Mietwagen nehmen.

Mietwagen

Am Flughafen von Lihue sind alle bekannten Mietwagenanbieter (i.d.R. 6-21 Uhr geöffnet) vertreten, einige Stationen gibt es daneben in den großen Hotels und am Princeville Airport. Die Straßen sind bis hinauf zu den Waimea Canyon Lookouts in gutem Zustand; ein Geländewagen ist daher nicht notwendig. Die größten Anbieter sind:

- ***Alamo****, Tel.: 246-0646.*
- ***Avis****, Tel.: 245-3512.*
- ***Budget****, Tel.: 800-527-0700.*
- ***Dollar****, Tel.: 742-8351.*
- ***Hertz****, Tel.: 245-3356.*
- ***National****, Tel.: 245-5636.*
- ***Thrifty****, Tel.: 283-0898.*

Motorräder

Kauai kann man auch auf einer schweren Harley Davidson oder einer kleineren Maschine erkunden.
Anbieter sind u.a.:

- ***Hawaiian Riders****, 2320 Poipu Rd., Poipu, Tel.: 742-9888, www.hawaiianriders.com.*
- ***Two Wheels Rentals****, 3486 Rice St., Lihue, Tel.: 246-9457, www.2wheels.com.*

Taxis

Am Lihue Airport sowie im Zentrum von Lihue und in Kapaa stehen Taxis zur Verfügung oder können auf der Straße angehalten werden. Für eine Fahrt vom Flughafen nach Poipu muss man mit ca. US$ 35 rechnen. In Ihrem Hotel bestellt Ihnen die Rezeption oder der Bell Captain gern einen Wagen, ansonsten können Sie sich telefonisch an folgende Firmen wenden:

- ***Akiko's Taxi**, in Lihue, Tel.: 822-7588,*
- ***North Shore Cab**, in Princeville, Tel.: 826-4118,*
- ***Southshore Cab**, in Poipu, Tel.: 742-1525.*

Ärztliche Versorgung

Die Insel verfügt über mehrere Apotheken (Drugstores). Das größte Angebot hat die Kette Long's, die auf Kauai u.a. im Kukui Grove Shopping Center vertreten ist (Tel.: 245-7771). Ein Krankenhaus befindet sich in der Hauptstadt: **Wilcox Memorial Hospital**, *Lihue, 3420 Kuhio Hwy., Tel.: 245-1100.*

Einkaufen

Kauai hat weder riesige Shoppingzentren vorzuweisen, wie es sie in Honolulu gibt, noch ein gemütliches Einkaufsstädtchen wie Lahaina (Maui), doch bestehen auch hier genügend Möglichkeiten, sein Geld für Mode, Schmuck, Sportgeräte oder Dinge des alltäglichen Lebens auszugeben. Das größte Warenangebot besitzt Lihue mit einigen kleineren Geschäften und nicht weniger als sieben Shoppingzentren, unter denen das Kukui Grove S.C. das größte der Insel ist. Außerhalb der Hauptstadt hat nahezu jeder Ort seine eigene Einkaufszeile. Besondere Erwähnung verdienen dabei der Coconut Marketplace in Wailua mit seinen 70 Shops und Restaurants in lockerer Freiluftatmosphäre, das Kauai Village in Kapaa mit mehr als 40 Läden, einem künstlichen Wasserfall, einem Museum und einem sehr guten Restaurant, das edle Princeville S.C. in Princeville mit 33 Shops und Restaurants der gehobenen Preisklasse sowie das Ching Young Village in Hanalei mit mehr als 30 Shops, Restaurants und Dienstleistungsunternehmen. Selbstverständlich besitzen auch die größeren Hotels jeweils ihre eigenen Shopping Malls, insbesondere das riesige Marriott's in Lihue. Daneben findet man in oder bei touristischen Attraktionen wie z.B. dem Kilohana-Plantagenhaus Läden, in denen vorzugsweise Mode, Schmuck, Kunsthandwerk und Kunst angeboten werden. Auf kleinere Boutiquen trifft man u.a. in Kapaa, Poipu, Kilauea und Hanapepe, während die beste Adresse für einheimische Mode die Filiale von Hilo Hattie's in Lihue ist.

Wer sich preisgünstig mit Lebensmitteln o.ä. versorgen will, sei an die vielen Supermärkte verwiesen, wie z.B. die ABC Stores, die in Lihue, Waipouli und Kapaa vertreten sind.

Nachtleben

Außerhalb der Hotels findet man in Lihue einige Bars, Pubs und Nightclubs. Ansonsten bieten mehrere größere Strandresorts ihren Gästen abends ein Unterhaltungsprogramm mit Tanzmusik einheimischer Bands und hawaiischer Folklore (Hula-Shows). Die größeren Anlagen wie Marriott, Hyatt Regency, Sheraton und Outrigger Kauai Beach besitzen auch eine Diskothek, in der allerdings selten eine ausgelassene Stimmung herrscht. Abendliche Livemusik gibt es in einigen Lokalen in Hanalei und Kapaa, u.a. im Tahiti Nui.

Wassersport

Für Taucher und Schnorchler ist Kauai keine schlechtere Destination als die anderen Inseln, nur ist hier das Angebot entsprechender Veranstalter oder Geräteverleiher nicht so breit gefächert wie z.B. auf Big Island, Maui oder Oahu. Die besten Schnorchelspots sind der Mahaulepu und Poipu Beach im Süden sowie der Anini und Kee Beach im Norden – alle mit Korallen und relativ flachem Wasser. Taucher sollten sich mit einem Boot zu den besten Plätzen bringen lassen, die der Küste vorgelagert bzw. mit dem Wagen nicht zu erreichen sind. Weitere Auskünfte geben die Activity Desks der Hotels oder folgende Veranstalter, bei denen man sich auch Tauch- und Schnorchelgeräte ausleihen kann und die z.T. Tauchgänge und Einführungskurse anbieten (Auswahl):

- ***Seasport Divers**, 4-976 Kuhio Hwy., Kapaa, Tel.: 823-9222; Poipu Plaza, 2827 Poipu Rd., Tel.: 742-9303, www.seasportdivers.com*
- ***Snorkel Bob's**, 4-734 Kuhio Hwy., Kapaa, Tel.: 823-9433, www.snorkelbob.com*
- ***Mana Divers**, Bay 3, Port Allen Boat Harbor, Tel.: 335-0881, www.manadivers.com*

***Windsurfer** finden ein gutes Revier im Osten am Lydgate State Park und in der Nawiliwili Bay, im Süden am Salt Pond Beach sowie besonders im Norden am Anini Beach. **Surfer** bekommen in den Shopping Centers, vielen Hotels oder anderen Stellen Body Boards und andere Surfboards.*

Angeln

Die Fischgründe im Ozean mit ihren großen Marlin- und Thunfisch-Beständen sind das Ziel für Hochseeangeltouren, die von vielen privaten Skippern ab den Häfen Port Allen, Nawiliwili, Kikiaoloa und Anini Beach angeboten werden. Auch solche Touren können über die Hotelrezeption gebucht werden oder direkt u.a. bei:

- ***Anini Fishing Charters** (Anini Beach, Tel.: 828-1285, www.kauaifishing.com)*
- ***North Shore Charters** (Princeville, Tel.: 828-1379, www.kauainorthshorecharters.com)*

Fahrräder

*Die herrliche Küstenstraße und viele verkehrsarme Seitenwege machen Kauai zu einer idealen Radfahrerdestination. Wanderwege wie der Powerlinetrail können auch von Mountainbikern genutzt werden. Tourenräder und Mountain Bikes kann man bei vielen größeren Hotels mieten, daneben gibt es auch Unternehmen wie **Kauai Cycle** (1379 Kuhio Hwy., Kapaa, Tel.: 821-2115, www.kauaicycle.com), die Fahrräder aller Art vermieten und mit Touren-Tipps zur Seite stehen.*

Wandern

Die Na Pali Coast und der Waimea Canyon, der Alakai Swamp und der 'Sleeping Giant' – das sind einige der einzigartigen Naturlandschaften, die man am besten auf Wandertouren kennen lernen kann. Ein ausgezeichnetes System markierter Trails bietet dazu auf Kauai alle Möglichkeiten von erholsamen Spaziergängen bis hin zu Mehrtageswanderungen für Erfahrene. Permits für mehrtägige Wanderungen und das Campieren in den State Parks oder Naturschutzgebieten bekommen Sie bei einer der folgenden Stellen, wo man Ihnen auch mit Kartenmaterial und weiteren Auskünften behilflich ist:

- ***Division of Forestry & Wildlife**, 3060 Eiwa St., Suite 306, Lihue, HI 96766, Tel.: 274-3433, www.hawaiitrails.org; geöffnet Mo-Fr 8-16 Uhr.*
- ***Division of State Parks** (gleiche Anschrift), Tel.: 274-3444, www.hawaiistateparks.org; geöffnet Mo-Fr 8-15.30 Uhr.*

Reiten

Reitausflüge werden von einigen Hotels oder Reiseagenturen vermittelt. Von besonderem Interesse sind Ausritte am Strand, ins Hanalei Valley oder der 'Waterfall Ride' ins Inselinnere mit Schwimmen und Picknicklunch (3 Stunden, ca. US$ 120). Man kann individuelle oder geführte Ausritte auch direkt buchen, u.a. bei:

- *Silver Falls Ranch, Kamookoa Rd., Kalihiwei, Tel.: 828-6718, www.silverfallsranch.com.*
- *Princeville Ranch Stables, Hwy. 56, Princeville, Tel.: 826-6777, www.princevilleranch.com.*

Golf

Bereits 1928 wurde auf Kauai mit dem Kukuiolono Golf Course der erste öffentliche 9-Loch-Golfplatz eröffnet, um den Plantagenarbeitern ein Freizeitvergnügen zu verschaffen. Inzwischen kamen auf der Insel sieben weitere Plätze hinzu, unter denen die beiden spektakulären Anlagen von Princeville das Resort zu einem weltweit bekannten Mekka für Golffreunde machte. Jünger ist der von Jack Nicklaus designte Platz des Kauai Marriott, der sich wie alle Golfplätze der Insel direkt am Ufer erstreckt. Ebenfalls eine besondere Erwähnung wert ist der im Gemeindebesitz befindliche Platz des Wailua Golf Course, der zu einem der besten Municipal courses in den USA zählt.

... IM SÜDEN

- ***Poipu Bay Resort Golf Course**, 2250 Ainako St., Koloa, Tel.: 742-8711; 18-Loch, Par 72, Greenfee US$ 150.*
- ***Kiahuna Golf Club**, 2545 Kiahuna Plantation Dr., Koloa, Tel.: 742-9595, www.kiahunagolf.com; 18-Loch, Par 70, Greenfee US$ 75.*

... IM OSTEN

- ***Kauai Lagoons Golf Club**, Kauai Marriott, Kalapaki Beach, Lihue, Tel.: 241-6000; zwei Anlagen (Kiele Course und Lagoons Course) mit jeweils 18-Loch, Par 72, Greenfee US$ 140.*
- ***Puakea Golf Course**, Lihue (nahe Kukui Grove Center), Tel.: 245-8756, www.puakeagolf.com; Greenfee US$ 70.*
- ***Wailua County Golf Course**, Hwy. 56, Kapaa, Tel.: 241-6666; (öffentlich) 18-Loch, Par 72, Greenfee US$ 40.*

... IM NORDEN

- ***The Princeville Golf Club**, 5-3900 Kuhio Hwy., Princeville, Tel.: 826-5001, www.princeville.com; Prince Course: 18-Loch, Par 72, Makai Course: 27-Loch, Par 72; Greenfee ab US$ 120.*

Ausflüge

Mehrere Reiseagenturen führen Inselrundfahrten durch, die man direkt oder an der Hotelrezeption buchen kann. Vor allem Tagesgäste, die von Oahu aus herübergeflogen sind, oder Kreuzfahrttouristen nutzen diese Art der Inselerkundung, wobei die Bootstour zur Fern Grotto, der Besuch des Spouting

Tipp

Deutschsprachige Kauai-Touren in kleinen Gruppen kann man bei Max Deyerl (Kauai Paradise Tours, P.O. Box 3927, Lihue, Tel.: 246-3999, www.limopages.net/KauaiParadiseTours.html) buchen. In einem komfortablen Minibus mit maximal 6 Reiseteilnehmern werden jeweils ein 6-stündiger Ausflug in den Süden und Westen (mit Waimea Canyon) und in den Osten und Norden (mit Kilauea) durchgeführt – Preis ab/bis Hotel US$ 75. Beide Touren können durch eine Wailua-Bootsfahrt oder durch einen Helikopterrundflug ergänzt werden.

Horn und die Auffahrt zu den Lookouts auf den Waimea Canyon zum Standardprogramm gehören. Die bekanntesten Anbieter sind:

- ***Aloha Kauai Tours**, Tel.: 245-6400, www.alohakauaitours.com.*
- ***Polynesian Adventure Tours**, Tel.: 833-3000, www.polyad.com.*
- ***Roberts Hawaii**, Tel.: 954-8652, www.robertshawaii.com.*

- ***Bootstouren***

Mit Segelschiffen, Power-Motorbooten, Yachten und Schlauchbooten werden von Kauai aus vielfältige Minikreuzfahrten durchgeführt, bei denen zumeist die spektakuläre Na Pali Coast mit ihren Klippen, versteckten Sandstränden, Grotten und Naturbrücken das bevorzugte Ziel ist. Diese Touren finden vor allem im Sommer statt, wenn die Seeverhältnisse relativ ruhig sind. Im Winter machen die stürmischen Winde solche Bootsausflüge entweder unmöglich oder zu einer sehr rauen Angelegenheit. In dieser Zeit stellen die Törns in die ruhigen Gewässer der Süd- und Westküste einen guten Ersatz dar, weil man auf ihnen das Spiel der Buckelwale beobachten kann.

Bootsausflug auf dem Wailua River

- ***Helikopterrundflüge***

Von den Heliports an den Flughäfen Lihue, Princeville und Port Allen starten täglich die Hubschrauber mehrerer Firmen zu einem Flightseeing-Programm, das Rundflüge unterschiedlicher Länge umfasst. Diese machen auf Kauai besonders viel Sinn, da weite Teile der Insel, wie z.B. die Na-Pali-Küste, der Alakai-Sumpf und der Krater des Mt. Waialeale, entweder völlig unzugänglich oder nur auf längeren und schwierigen Wanderungen zu erreichen sind. Besonders empfehlenswert ist eine 'Circle Island'-Tour, auf der man ganz Kauai, einschließlich der Na Pali Coast, des Mt. Waialeale, des Waimea Canyon und anderer Inseltäler, aus der Vogelperspektive erlebt (Preis ca. US$ 200 p.P.). Hier die Telefonnummern und Websites der wichtigsten Hubschrauberunternehmen; ein vorheriger Anruf lohnt sich, da die Konkurrenz groß ist und z.T. Preisnachlässe bei Direktbuchung gewährt werden:

- ***Heli USA Airways**, Tel.: 826-6591, www.heliusahawaii.com*
- ***Inter-Island Helicopter Tours**, Tel.: 335-5009, www.interislandhelicopters.com*
- ***Safari Helicopter Tours**, Tel.: 246-0136, www.safariair.com*
- ***Sunshine Helicopters**, Tel.: 270-3999, www.helicopters-hawaii.com*
- ***Jack Harter Helicopters**, Tel.: 245-3774, www.helicopters-kauai.com*

Strände

An der 145 km langen Küste liegen etwa 75 Strände wie Perlen an einer Kette aneinander gereiht, manche davon zählen zu den schönsten Hawaiis. Jedoch sind sie sehr unterschiedlich hinsichtlich ihrer Sicherheit, Qualität und Zugänglichkeit. Die Strände im

Osten, vor allem die an der so gen. Coconut Coast, sind zwar sehr populär (weil hier das Wetter meistens sonnig ist und sich viele Hotels oder andere Unterkünfte befinden), oft aber nicht ungefährlich und außerdem recht schmal. Zu den sichersten und besten gehören die Abschnitte am Lydgate State Park und Anahola Beach Park.

Die Strände an der ***Südküste*** *sind i.d.R. lang gezogen und ganzjährig zum Schwimmen und für alle Arten von Wassersport geeignet. Sehr beliebt, aber selten überfüllt ist der Poipu Beach Park, von ähnlicher guter Qualität sind daneben auch der Salt Pond Beach, der Kukuiula Beach und der Mahaulepu Beach.*

Der ***Westen*** *hat m.E. mit die besten Strände überhaupt, und zwar der 24 km lange (!) Abschnitt des Polihale State Park und der angrenzende Kekaha Beach. Der Nachteil ist, dass hier selbst im Sommer die enorme Brandung Schwimmen nicht ratsam erscheinen lässt und touristische Einrichtungen kaum vorhanden sind. Für einsame Strand- und Dünenwanderungen (fantastische Sonnenuntergänge) ist die Küste jedoch allemal geeignet.*

Der ***Norden*** *schließlich hat mit dem filmerprobten Lumahai Beach einen der besten Spots des Archipels, dessen naturschöne Lage darüber hinwegtröstet, dass auch hier hohe Wellen und gefährliche Strömungen Schwimmen zu einem Risiko werden lässt. Wegen eines vorgelagerten Korallenriffs ist der Anini Beach sicherer, allerdings ist das Wasser ziemlich flach. Über schöne Badestrände verfügen der Hanalei Beach Park und der benachbarte Waioli Beach Park, und am Ende der Straße lockt der Haena Beach Park mit drei sehr guten Stränden, von denen der Kee Beach wegen seiner Ungefährlichkeit und der grandiosen Umgebung eine besondere Erwähnung verdient.*

Sehenswertes

- ***Kauai Museum***, *4428 Rice St., Lihue, Tel.: 245-6931, www.kauaimuseum.org; geöffnet Mo-Fr 9-16, Sa 10-16 Uhr, Eintritt US$ 10.*
- ***Grove Farm Homestead Museum***, *P.O. Box 1631, Nawiliwili Rd., Lihue, Tel.: 245-3202; geführte Besichtigungstouren Mo, Mi und Do 10 und 13 Uhr, Eintritt 12 US$.*
- ***Kilohana Plantation***, *P.O. Box 3121, Hwy. 50, Lihue, Tel.: 245-9593, www.luaukilohana.com; Mo-Sa 9.30-21.30 Uhr, So nur bis 17 Uhr geöffnet, freier Eintritt.*
- ***Smith's Tropical Paradise***, *174 Wailua Rd., Wailua, Tel.: 821-6895, www.smithskauai.com; tägl. 8.30-16 Uhr geöffnet; Luaus mit Show Mo, Mi und Fr ab 17 Uhr, Eintritt US$ 6.*
- ***Komokila Hawaiian Village***, *Wailua River, Wailua, Tel.: 823-0559; tägl. 9-17 Uhr, Eintritt US$ 5. Kanu-Touren auf dem Wailua River US$ 35.*
- ***Kauai Village Museum of Hawaiian Culture***, *4831 Kuhio Hwy., Lihue, Tel.: 822-4904; tägl. 9-17 Uhr geöffnet, Spenden werden erwartet.*
- ***Kilauea Lighthouse / Kilauea Wildlife Refuge***, *Kilauea, Tel.: 828-0383; tägl. geöffnet 10-16 Uhr, Eintritt US$ 4*
- ***Guava Kai Plantation***, *Kuawa Rd., Kilauea, Tel.: 828-6121; tägl. 9-17 Uhr geöffnet, freier Eintritt.*
- ***National Tropical Botanical Garden (NTBG)***, *4425 Lawai Rd., Lawai, Tel.: 742-2623, www.ntbg.org; tägl. 8.30-17 Uhr geöffnet, freier Eintritt. Eintritt zum McBryde Garden US$ 20.*
- ***Kokee Natural History Museum***, *Kokee Lodge, Tel.: 335-9975, www.kokee.org; tägl. 10-16 Uhr; eine 1-Dollar-Spende wird erwartet.*

MOLOKAI (S. 488ff)

Information

Molokai Visitors Association, P.O. Box 960, 4 Kamoi St., Kaunakakai, HI 96748; Tel.: 553-5221, www.molokai-hawaii.com.

Hotels/Condominiums

Bislang kennt Molokai kaum Luxustourismus, von der Lodge und dem Beach Village auf der Molokai Ranch einmal abgesehen. An der Südküste, vor allem in und bei Kaunakakai, gibt es einige Hotels und Pensionen der Mittelklasse, die relativ preisgünstig sind und den Vorteil eines zentralen Standortes für die Inselerkundung bieten. Auch hier und entlang der Küstenstraße nach Osten gibt es recht komfortable und vor allem überschaubare Condos.

... IM SÜDEN UND OSTEN VON MOLOKAI:

- ***Marc Molokai Shores Condominium $$$**, Kamehameha V. Hwy., Kaunakakai, Tel.: 553-5954, www.marcresorts.com; dreistöckige Condominium-Anlage mit 40 Einheiten, alle mit Küche ausgestattet, am östlichen Ortsrand und direkt am Meer gelegen, Pool, große Wiese mit Barbecueplätzen.*
- ***Pu'u o Hoku Ranch $$$**, Kamehameha V. Hwy., Tel.: 558-8109, www.puuohoku.com; große Rinder-Ranch im äußersten Osten, Lodge aus den 1930ern mit 11 Zimmern, daneben zwei großzügige und komfortabel ausgestattete Ferienhäuser für 2-4 Personen mit Küche, Wohn- und Schlafzimmern, herrlicher Blick aufs Meer, Swimmingpool, kleiner Kiosk. Das Gestüt der Ranch veranstaltet Pferdeausritte.*
- ***Hotel Molokai $$**, Kamehameha V. Hwy., Kaunakakai, Tel.: 553-5347, www.hotelmolokai.com; am östlichen Rand der Hauptstadt gelegenes Mittelklassehotel, bestehend aus mehreren zweistöckigen Bungalows im polynesischen Stil, 55 Zimmer ohne AC (die Zimmer im Erdgeschoss sind sehr dunkel), schönes Freiluftrestaurant direkt am Meer, Pool, Wassersportmöglichkeiten, am Wochenende Entertainment.*

... IM WESTEN VON MOLOKAI:

- ***Kaluakoi Villas $$**, 1121 Kaluakoi Rd., Maunaloa, Tel.: 552-2721, www.castleresorts.com; am sandigen Kepuhi Beach gelegene Anlage mit mehreren zweistöckigen Gebäuden, 72 Zimmer ohne AC, aber mit Kitchenette, sowie Balkon oder Terrasse und Meerblick. Trotz direkter Strandlage und schönem Swimmingpool ist man hier im äußersten Westen etwas verloren, also nur empfehlenswert für Urlauber, die Ruhe suchen, einen Mietwagen haben und Selbstversorger sind.*

Bed & Breakfast / Ferienhäuser

*Die ländliche Insel wird zu einer immer beliebteren Destination für Urlauber, die gerne eine Woche oder länger bleiben und in einem Ferienhaus wohnen möchten. Die überregionalen Bed-&-Breakfast-Anbieter haben einige hübsche Häuser (von 'basic' bis 'deluxe') im Programm. Vor Ort offerieren **Molokai Vacation Rental** (www.molokai-vacation-rental.com) und **Friendly Isle Realty** (www.molokairesorts.com) viele gemütliche Unterkünfte auf der ganzen Insel, ebenso die deutschsprachige Agentur **Beback Molokai** auf Oahu (3429 Kanaina Ave., Honolulu, www.beback.com).*

Schöne Studios, Cottages und Ferienwohnungen werden u.a. auf den Websites www.molokai-beachfront-cottages.com, www.molokai-aloha.com und www.molokai-bnb.com angeboten,

Ansonsten vermittelt auch die **Molokai Visitors Association** *(s.o.) entsprechende Unterkünfte.*

Camping

Zeltmöglichkeiten gibt es u.a. am Papohaku Beach Park im Westen, am Alii Beach Park nahe von Kaunakakai, im Palaau State Park an der Nordküste, am Wailoku Lookout im Inselinnern sowie im Halawa Bay Beach Park im äußersten Osten. Überall benötigt man hier ein Camping Permit, das bei der **Division of Forestry & Wildlife**, *der* **Division of State Parks** *oder dem* **Department of Parks & Recreation** *zu bekommen ist.*

Restaurants

Wie bei den Unterkünften ist auch das Angebot an Restaurants beschränkt, Gourmetlokale gibt es überhaupt nicht. Die meisten Möglichkeiten ergeben sich in Kaunakakai, daneben finden sich in Maunaloa und Kualapuu kleinere rustikale Gaststätten. Essen kann man selbstverständlich auch in den Hotelrestaurants.

... IN KAUNAKAKAI UND KUALAPUU:

- **Hula Shores $$$**, *Kamehameha V. Hwy., Kaunakakai, Tel.: 553-5347, schönes Freiluftrestaurant im Hotel Molokai mit Blick auf Lanai und den Sonnenuntergang, Seafood, Fisch, Fleischgerichte und Salatbar; tägl. von morgens bis abends geöffnet.*
- **Kanemitsu Bakery & Restaurant $**, *Ala Malama St., Kaunakakai, Tel.: 553-5855; gemütliche Backstube, in der das legendäre Molokai Bread produziert wird, auch Hamburger und andere leichte Gerichte; tägl. von morgens bis abends geöffnet.*
- **Molokai Pizza Café $**, *Wharf Rd., Kaunakakai, Tel.: 553-3288; modernes Cafe mit Pizzen, Sandwiches, Salaten und Lunchpaketen; tägl. ab 10 Uhr geöffnet.*
- **Kamuelas Cook House $**, *Farrington Hwy., Kualapuu, Tel.: 567-6185; schönes Holzgebäude mit amerikanisch-hawaiischer Küche, viele Einheimische, rustikale Atmosphäre; tägl. außer So von morgens bis abends geöffnet. Der Besitzer unterhält im Zentrum von Kaunakakai ein preiswertes Lokal gleichen Namens.*

... IM WESTEN VON MOLOKAI:

- **Maunaloa Room $$$$**, *100 Maunaloa Hwy., Maunaloa, Tel.: 660-2824; der herrliche Speisesaal der Molokai Ranch ist die mit Abstand beste kulinarische Adresse der Insel, geöffnet auch für auswärtige Gäste. Unschlagbar ist auch der Sonntagsbrunch am Kaupoa-Strand (US$ 20), eine Reservierung ist hier notwendig.*
- **Paniolo Café $**, *1 Maunaloa Hwy., Maunaloa, Tel.: 552-2625; rustikale Gaststätte mit Gerichten wie Fisch, Hühnchen, Hamburger, portugiesische Bohnensuppe; tägl. 11-19.30 Uhr geöffnet.*

Flüge

Der Inselflughafen Molokai Airport (Tel.: 567-6140), manchmal auch Hoolehua Airport genannt, befindet sich im Herzen der Insel, 13 km von Kaunakakai entfernt. Er wird tägl. mehrmals von Honolulu und Kahului (Maui) direkt angeflogen. Am Flughafen gibt es einen Infostand, eine Snackbar und die Schalter der beiden Mietwagenfirmen sowie eine Haltestelle für Taxis und die privaten Shuttlebusse. Ein zweiter, kleiner Airstrip befindet sich auf der Halbinsel Kalaupapa.
Den Flugverkehr zwischen Maui oder Oahu und Molokai organisieren:

- *Island Air, Tel.: 567-6115, www.islandair.com*
- *Hawaiian Airlines, Tel.: 567-6510, www.hawaiianair.com*

Andere Gesellschaften wie Pacific Wings (Tel.: 567-6814, www.pacificwings.com), Paragon Air (Tel.: 244-3356, www.paragon-air.com) und Molokai Air Shuttle (Tel.: 567-6847) fliegen ab Honolulu bzw. Maui auf Anforderung und für Kleingruppen. Sie bedienen auch den Airstrip auf Kalaupapa.

Busse

Es gibt auf Molokai kein öffentliches Busnetz, aber sporadisch eingesetzte Shuttlebusse vom Flughafen und der Fährstation nach Kaunakakai und zu vereinzelten Unterkünften.

Mietwagen

Wer Molokai wirklich erleben möchte, ist wegen der Entfernungen und des fehlenden Busnetzes auf einen Mietwagen angewiesen; die Straßen zu den wichtigsten Sehenswürdigkeiten sind gut, asphaltiert und nur auf dem Hwy. 450 East sehr schmal – hier ist ein normales Leihauto völlig ausreichend. Wer jedoch Ausflüge ins Inselinnere oder zu den schönen Strandabschnitten im Norden unternehmen möchte, sollte sich für einen Geländewagen entscheiden. Von den internationalen Mietwagenfirmen sind am Flughafen ***Budget*** *(Tel.: 567-6877) und* ***Dollar*** *(Tel.: 567-6156) vertreten, wobei sich die Schalter im Terminal und die Parkplätze vis-a-vis davon befinden. In Kaunakakai haben die lokalen Firmen* ***Island Kine*** *Auto Rental (Tel.: 553-5242, www.molokai-car-rental.com) und* ***Molokai Rent-a-Car*** *(tel.: 553-3929) ältere, dafür aber auch preiswertere Modelle im Angebot.*

Taxis

U.a. führen Molokai ***Off-Road Tours & Taxi*** *(Tel.: 553-3369) und* ***Hele Mai Taxi*** *(Tel.: 336-0967) Personentransporte und Inseltouren durch.*

Fähre

Die einzige Fährverbindung verbindet Kaunakakai mit Lahaina auf Maui. Die Personenfähre Maui Princess *verlässt die Wharf tägl. um 5.15 und 16 Uhr, die Überfahrt dauert 1½ Stunden – für Frühaufsteher also eine gute Möglichkeit, die alte Walfängermetropole zu erkunden. Das Einzelticket kostet US$ 40, 6 Tickets kosten US$ 185; es gibt auch Paketangebote, einschließlich Mietwagen oder geführte Touren auf Maui. Infos und Reservierungen unter Tel.: 667-2585, www-molokaiferry.com.*

Ärztliche Versorgung

*Eine Apotheke (***Molokai Drugs***, Ala Malama St., Tel.: 553-5790) befindet sich in Kaunakakai, ebenfalls ein kleines Hospital:* ***Molokai General Hospital****, 280 Puali St., Tel.: 553-5331.*

Einkaufen

Molokai ist wahrlich kein Einkaufsparadies. Immerhin gibt es in der Hauptstadt einige Geschäfte für Fotozubehör, Mode, Lebensmittel, Schnorchel-, Tauch- und Angelausrüstung (Molokai Fish & Dive) sowie Souvenirs, die alle auf der Ala Malama St. untergebracht sind.
Das Dorf Maunaloa im Westen hat mit der Big Wind Kite Factory & Plantation Gallery den für Touristen wohl interessantesten Laden der Insel. Ansonsten sorgen einige General Stores für das Notwendigste. Wer auf einen Einkaufsbummel aus ist, sollte die Fähre nach Lahaina nehmen.

Golf

Von allen hawaiischen Inseln hat Molokai die wenigsten Golfplätze, nämlich nur einen: Der ***Ironwood Hills Golf Club*** *in Kualapuu (Tel.: 567-6000, 9 Loch, Par 34; Green fees US$ 23) ist ein öffentlicher Platz. Er befindet sich nahe der Meyer Sugar Mill in erhöhter Lage und bietet einen schönen Panoramablick auf die Insel.*

Aktivitäten und Ausflüge

Für Wassersport sind die Verhältnisse ideal, doch hinkt die Infrastruktur noch hinter den Möglichkeiten zurück. Wer gerne tauchen, schnorcheln oder Bootsausflüge unternehmen möchte, findet z.B. in Lahaina auf Maui sehr viel mehr Anbieter, die Molokai in ihr Programm aufgenommen haben. Dies betrifft vor allem Inselumrundungen mit dem Speedboot, bei der man die spektakuläre Nordküste aus der Nähe betrachten kann.

- *Bei* ***Molokai Fish & Dive****, Ala Malama Ave., Kaunakakai, Tel.: 553-5926, www.molokaifishanddive.com. Das Unternehmen, das eng mit der Molokai Ranch zusammenarbeitet, veranstaltet Inseltouren und verleiht Sportgerät.*
- ***Molokai Outdoor Activities****, Kamehameha V. Hwy., Kaunakakai, Tel.: 553-4477, www.molokai-outdoors.com. Angeboten werden Inseltouren zu Wasser und zu Land, u.a. mit Mountainbike und Kayak, Buchungen von Unterkünften, Sightseeingfahrten, Flügen und Fährpassagen, Mietwagen, Sportgeräteverleih, geführte Wanderungen, Schnorcheltouren etc.*
- ***Molokai Bicycle****, 80 Mohala St., Kaunakakai, Tel.: 553-3931, www.bikehawaii.com, hat Tourenräder und Mountainbikes im Angebot.*
- ***Molokai Surf****, Kamehameha Hwy., Kaunakakai, Tel.: 553-5093, verleiht Surfbretter und gibt Surfunterricht.*
- *Bei* ***Molokai Charters****, Kaunakakai, Tel.: 553-5852, kann man Segelboote unterschiedlicher Größe chartern oder an organisierten Segeltörns teilnehmen (2-Stunden-, Halbtags- oder Ganztagestouren), z.T. mit Schnorchelmöglichkeit und Mittagessen.*
- *Anbieter von Bootsausflügen zum Angeln bzw. zur Hochseefischerei findet man an der Wharf in Kaunakakai.* ***The Alyce C.*** *(Tel.: 558-8377, www.alycecsportfishing.com/) und andere Boote nehmen Gäste mit. Für eine Halbtagstour muss man mit US$ 300 im Vollcharter rechnen.*
- ***Touren nach Kalaupapa***

Für den Besuch der ehemaligen Leprakolonie gelten besondere Bestimmungen, z.B. ist die Besichtigung nur Mo-Sa möglich. Die einzige Möglichkeit, die Sehenswürdigkeiten in Kalaupapa kennen zu lernen, besteht auf einer geführten Tour mit Damien Tours (P.O. Box 1, Kalaupapa, Tel.: 567-6171, US$ 30 p.P.), die mindestens einen Tag im Voraus angemeldet sein muss. Den Ritt zur Halbinsel auf einem Maultier (Ganztagesausflug einschl. Picknick und Führung, US$ 165 p.P.) organisiert Molokai Mule Ride (P.O. Box 200, Kualapuu, Tel.: 567-6088, www.muleride.com), ebenfalls den Besuch per Flugzeug oder eine kombinierte Maultier-/Flugzeugtour.

Strände

Die schönsten und am leichtesten zugänglichen Strände befinden sich an der Westküste, darunter der Kepuhi Beach, der Dixie Maru Beach und besonders der Papohaku Beach, mit knapp 5 km der längste Sandstrand der Insel. Wegen Strömungen und hoher Wellen ist das Schwimmen hier jedoch nicht immer möglich. Der schönste Strand des Nordens ist der Moomoni Beach mit dem Dünengebiet von Keonelele, er ist allerdings nur zu Fuß oder per Geländewagen zu erreichen. Im Süden gibt es eine ganze Reihe meist schmaler Sandstrände, von denen viele durch einen Beach Park erschlossen sind (One Alii

Beach, Twenty Mile Beach). Hier ist Schwimmen und Schnorcheln fast immer möglich, allerdings ist das Wasser recht flach (ideal für Familien!). Der einzig zugängliche Strand im Osten ist der an der Halawa Bay, wobei man die lange Reise dorthin nicht wegen der Bademöglichkeiten, sondern wegen der naturschönen Umgebung unternehmen sollte.

Am Kepuhi Beach

Sehenswertes

- ***Purdy's Natural Macadamia Nut Farm**, Lihi Pali Ave., Kualapuu, Tel.: 567-6601; Mo-Fr 9.30-15.30, Sa 10-14 Uhr geöffnet, freier Eintritt.*
- ***R.W. Meyer Sugar Mill**, Hwy. 470, Kualapuu, Tel.: 567-6436; tägl. außer So 10-14 Uhr geöffnet, Eintritt US$ 2.*

LANAI (S. 509ff)

Information

Informationen geben die beiden großen Hotels sowie die PR-Firma Destination Lanai, 730 Lanai Ave., Lanai City, HI 96763; Tel.: 565-7600, www.visitlanai.net.

Hotels

- ***Four Seasons Resort Lanai at Manele Bay $$$$$**, One Manele Bay Road, Lanai City, Tel.: 565-2000, www.fourseasons.com/manelebay. Herrlich gelegenes Luxushotel direkt oberhalb des Strandes, 236 geräumige Zimmer und Suiten, untergebracht in 8 Villen, die um das Hauptgebäude gruppiert sind. Zum Zimmerstandard gehören u.a. LCD-Fernseher und Internetzugang. Das Hotel verfügt über eine südpazifische Kunstsammlung, ein Konferenzzentrum, Gourmetrestaurants mit Koa-Möbeln, einen großen Swimmingpool und ein umfangreiches Sportangebot mit u.a. Tenniscenter (6 Plätze) und 18-Loch-Golfplatz. Auf dem Gelände findet man Gärten im japanischen, hawaiischen und philippinischen*

Die luxuriöse Koele Lodge

Stil. Die Tarife bewegen sich zwischen US$ 445 für ein Standardzimmer und US$ 5.000 für eine Suite mit Butlerservice.

• ***The Lodge at Koele $$$$$****, One Keomoku Highway, P.O. Box 631380, Lana'i City, Hawaii 96763, Tel.: 565-4000, www.fourseasons.com/koele. Wunderschöne Herberge im Landhausstil, 102 Zimmer mit Lanai (Veranda), geschmackvolle Möblierung, offener Kamin in der zentralen Lounge, beachtliche Kunstsammlung, Pool, riesiger Garten, Weltmeisterschaftsgolfplatz, Reitställe, 3 Tennisplätze, Fahrräder, exquisite Küche – schon Robert Wagner, Gene Hackman und andere illustre Gäste ließen es sich hier wohl sein. Zimmerpreise ab US$ 400 bis US$ 975 für eine Suite mit Privatkamin.*

• ***Hotel Lanai $$$****, 828 Lanai Ave., Lanai City, Tel.: 565-7211, www.hotellanai.com; schönes Holzhaus von 1923 mit Veranda, tropischem Garten und viel Atmosphäre. Es gibt nur 10 individuell eingerichtete, allerdings auch etwas hellhörige Zimmer sowie ein Ferienhäuschen im Garten. Nettes Restaurant und Bar.*

Bed & Breakfast

Einige wenige, aber schöne Häuser haben die überregionalen Bed-&-Breakfast-Anbieter im Programm. Auf der Insel selbst bietet u.a. **Dreams Come True** *(Tel.: 565-6961, www.dreamscometruelanai.com) Zimmer an.*

Camping

Nur an einer Stelle ist das Zelten erlaubt, nämlich am Hulupoe Beach, *der freilich einer der schönsten Strände von ganz Hawaii ist. Wer dort übernachten möchte (Sanitäranlagen, Duschen), braucht ein* **Permit** *der* **Lanai Company Inc.**, *P.O. Box L, Lanai HI 96763, Tel.: 565-2970.*

Restaurants

Das kulinarische Leben spielt sich in erster Linie in den beiden Luxushotels ab, die Gerichte aus eigenem biologischen Anbau anbieten:

• *Im Four Seasons Resort bieten die Poolbar und das* **Manele Clubhouse $$$** *leichtere Mahlzeiten und kontinentales Mittagessen, der* **Hulopo'e Court $$$$** *ein prima Frühstücksbuffet und das Gourmetrestaurant* **Ihilani $$$$$** *exquisite französische Küche zum Abendessen an.*

• *In der Lodge at Koele speist man morgens, mittags und abends in* **The Terrace $$$$$** *auf höchstem Niveau; zu Wild-, Rind- und Fischgerichten gibt es gratis einen herrlichen Blick auf den Garten und die Hügel des Hinterlandes. Eine nicht minder vorzügliche Alternative ist hier der Formal* **Dining Room $$$$$** *mit Abendessen im Stil der Pacific Rim Cuisine. Beide Restaurants wurden von verschiedenen Zeitschriften zu den 'besten von Hawaii' gekürt. Angemessene Kleidung wird vorausgesetzt.*

• *Als preiswertere Alternative empfiehlt sich das stimmungsvolle Restaurant* **Henry Clay's Rotisserie $$$** *des Hotel Lanai, das beste außerhalb der beiden Luxushotels.*

• ***The Blue Ginger Café $-$$****, 409 7th St., Lanai City, Tel.: 565-6363; tägl. 6-20/21 Uhr geöffnet. In diesem kleinen Café am Dole Park in Lanai City werden leichte Gerichte, Imbisse, Hamburger etc. angeboten, zum Abendessen gibt's leckeren Mahimahi.*

Flüge

Der kleine und moderne **Inselflughafen** *wird mehrmals täglich von Honolulu aus angeflogen, von anderen Inseln aus allerdings weniger oft – insgesamt rund 100 Flüge in der Woche. Das eingesetzte Fluggerät sind i.d.R. kleine Propellermaschinen, die Flugdauer* *beträgt ab Honolulu ca. 30 Minuten. Gäste, die ein Zimmer in einem der beiden Nobelhotels gebucht haben, werden vom Flughafen abgeholt und ihr Gepäck automatisch aufs Zimmer gebracht. Über das rote Pickup-Service-Telefon kann man am Flughafen ein Taxi oder einen Hotelabholer anfordern. Die Gesellschaft mit den meisten Flügen nach Lanai ist* **Island Air**, *Tel.: 565-6744, www.islandair.com.*

Busse

Es gibt auf Lanai kein öffentliches Busnetz. Allerdings betreiben die beiden Resorts im 60-Minuten-Rhythmus einen Shuttlebus-Service zwischen der Lodge at Koele, dem Four Seasons Resort sowie zum Manele Boat Harbor, Lanai City und dem Flughafen. Die Gebühr für diesen Service beträgt US$ 25/Tag.

Mietwagen

Auf Lanai stehen rund 50 km an Asphaltstraßen und rund 160 km an geschotterten und z.T. schwierigen Nebenstrecken zur Verfügung. Wer einen Wagen mieten möchte, sollte daher unbedingt auf ein geländegängiges Auto zurückgreifen.

- **Lanai City Service Inc.**, *1036 Lanai Ave., Lanai City, Tel.: 565-7227, Fax: 565-7087; diese Firma ist Vertragspartner von Dollar Rent-a-Car und verfügt über das größte Angebot.*

Taxis

Taxis sollten telefonisch bei **Rabaca's Limousine Service** *(Tel.: 565-6670) bestellt werden.*

Personenfähren

Die Firma **Expeditions on Maui** *(Tel.: 695-2624, www.go-lanai.com) betreibt einen regelmäßigen Bootsverkehr zwischen Lahaina auf Maui und dem Manele Boat Harbor. Es gibt fünf Abfahrten tägl., Tickets können in Lahaina am Kartenhäuschen oder direkt auf dem Schiff gekauft werden (ca. US$ 25 pro Strecke). Unterwegs hat man gute Chancen auf Wal-Sichtungen.*

Ärztliche Versorgung

Ein kleines Krankenhaus befindet sich in der Hauptstadt: **Lanai Community Hospital**, *Lanai City, Tel.: 565-6411.*

Einkaufen

Die 'private Insel' ist sicher kein Einkaufsparadies. In den beiden Hotels gibt es Shops mit Mode, Badeutensilien und Souvenirs, daneben kann man in der Boutique 'Gifts with Aloha' (Lanai City, 7th St., Tel.: 565-6589) Muscheln, Schmuck und Kunsthandwerk erstehen. Ebenfalls in Lanai City gibt es zwei kleine Supermärkte. Ideal für einen Einkaufsbummel ist hingegen die hübsche Stadt Lahaina auf Maui, die man per Personenfähre erreichen kann (s.o.).

Golf

Für Golfer ist die Insel ein wahres Paradies. Der von Greg Norman und Ted Robinson gestaltete 18-Loch-Championship-Course der **Lodge at Koele** *(Par 72), oft auch* **The Experience at Koele** *genannt, ist mit Sicherheit eine der schönsten Anlagen Hawaiis (Golfshop, alle modernen Einrichtungen; Green fees US$ 185; Tel.: 565-4653). Während der 500 m hoch gelegene Koele-Platz von seinen gestalteten Gärten, beträchtlichen Höhenun-*

terschieden und herrlicher Vegetation (Banyan-Wald) lebt, ist der Vorzug des von Jack Nicklaus gestalteten Platzes **The Challenge at Manele** *die Nähe zum Meer und der Blick über die Hulopoe-Bucht. Auch diese 18-Loch-Anlage (Par 72, Green fees US$ 185; Tel.: 565-2222) genügt höchsten Ansprüchen. Daneben gibt es in Lanai City an der Keomoku Rd. den kommunalen 9-Loch-Platz* **Cavendish Community Golf Course** *(Par 36, keine Green fees, keine Kleidervorschriften, Tel.: 565-7300).*

Golfcourse auf Lanai

Aktivitäten und Ausflüge

Für sportliche Naturen ist Lanai ideal. Die meisten Aktivitäten kann man in den beiden großen Hotels buchen, von denen die unterschiedlichen Ausflüge i.d.R. auch ausgehen. Für externe Gäste, die sich direkt an die Veranstalter wenden wollen, sind im Folgenden Info-Telefonnummern angegeben. Das **Wassersportangebot** *umfasst Segeltörns, Windsurfen, Tauchkurse und -expeditionen, Hochseeangeln, Schnorcheln, Whalewatching und Ausflüge zur Nachbarinsel Maui.* **Fahrräder** *kann man sich in der Lodge at Koele und im Four Seasons Resort leihen (für Gäste kostenlos). Für Freunde des* **Pferdesports** *ist ebenfalls die Lodge mit ihren Reitställen (Tel.: 565-4000) die beste Adresse. Passionierte* **Jäger** *können mit Hunting Guides auf Pirsch gehen. Weiter bestehen vorzügliche Möglichkeiten zum* **Tennisspielen** *in den beiden Hotels (auch für externe Gäste) und zum* **Golfen** *(s.o.).*

Wandern

Wegen der wenigen Asphaltstraßen, kaum Verkehr und einer Vielzahl von Viehpfaden, Wirtschaftswegen und markierten Trails böte sich eigentlich die gesamte Insel Wanderfreunden als wahres Paradies an. Da sich aber Lanai sozusagen in Privatbesitz befindet, sind Wanderungen (selbst nur für einen Tag) strengen Restriktionen unterworfen. Allein wer sein Quartier in einem der beiden Luxushotels oder auf dem Campinggelände hat, darf sich frei und nach Herzenslust bewegen, alle anderen müssen bei der **Lanai Company Inc.** *(P.O. Box L, Lanai HI 96763, Tel.: 565-8240) um Erlaubnis fragen. Ist diese Bedingung erfüllt, bieten sich vor allem jene Routen an, die im Reiseteil auch für Fahrer von Geländewagen empfohlen wurden, also z.B. die Strecke zum Garden of the Gods, oder eine 13 km lange Strandwanderung entlang dem Shipwreck Beach. Als schönster und auch (sparsam!) markierter Weg stellt jedoch der Munro Trail das absolute Highlight für Wanderfreunde dar.*

Außer ihm sind keine Trails markiert, und man muss sich auf gutes Kartenmaterial und sein Orientierungsvermögen verlassen.

Strände

Im Norden, Osten und Süden ist Lanai von etlichen, lang gezogenen Stränden umgeben. Die östlichen, jeweils über 12 km langen Strände Shipwreck Beach und Keomuku Beach bieten menschenleere Einsamkeit und eignen sich für Strandspaziergänge. Wellengang und Unterströmungen machen das Baden hier allerdings zu gefährlich. Gleiches gilt für den Polihua Beach im Norden, der mit seinen weißen Sanddünen zu den schönsten der Insel gehört. Am bekanntesten und populärsten ist der leicht erreichbare Strand der Hulupoe Bay, ein Eldorado für Badegäste, Schnorchler und Taucher.

IWANOWSKI'S Das kostet Sie Hawaii

- Stand: März 2009 -

Auf den 'Grünen Seiten' geben wir Ihnen Preisbeispiele für Ihren Hawaii-Urlaub, damit Sie sich ein ungefähres Bild über die Kosten Ihrer Reise machen können. Natürlich können die Angaben nur eine vage Richtschnur sein. Der Wechselkurs Dollar : Euro und Dollar : Schweizer Franken betrug im Frühling 2009:

1 US$ = 0,80 €, 1 € = 1,27 US$, 1 US$ = 1,16 CHF, 1 CHF = 0,86 US$

Beförderungskosten

• Hin- und Rückflug

Die Preise der **Transatlantik-Direktflüge** sind stark abhängig von der jeweiligen Saisonzeit, dem Image der Fluggesellschaft und der Art des Fluges (Charter oder Linie). Insgesamt sind Angebot und Preisgefüge nahezu unüberschaubar geworden – dank des Konkurrenzkampfes der einzelnen Airlines. Wer auf Sonderangebote achtet oder den Flug zusammen mit anderen touristischen Leistungen als Paket bucht, kann oft deutlich unter dem offiziellen Tarif fliegen. Verschiedentlich waren z.B. in der Nebensaison 2008/09 Flüge nach Honolulu bei Last-Minute-Angeboten schon für unter € 600 zu bekommen. Als Richtlinie für die Hochsaison kann eine Preisspanne von € 900-1.050 auf der Strecke Frankfurt/M. – Honolulu gelten. Bei **inneramerikanischen Flügen** nach Honolulu bieten sich u.a. *Hawaiian Airlines* oder *America West Airlines* ab/bis San Francisco, Los Angeles oder Seattle an, Tickets gibt es 2009 ab ca. € 350. Auch hier gilt, besondere Tarife zu beachten, die sich stündlich (!) ändern können. Wer z.B. spät bucht, kann z.T. zum halben Preis fliegen, geht aber das Risiko ein, keinen Platz mehr zu bekommen, wenn die Maschine bis zum Stichtag des günstigeren Tarifes voll sein sollte.

Während der Zwischensaison und besonders in der Nebensaison liegen die Preise um ca. € 100 niedriger. Empfehlenswert ist eine kombinierte Buchung Flug/Hotel/Mietwagen über einen Spezialveranstalter. Preisvergleiche in alle Richtungen machen sich immer bezahlt. Achten Sie dabei besonders auf die Zusatzleistungen. Z.T. gibt es mit einem bestimmten und etwas teureren Airline-Ticket nicht nur vergünstigte Mietwagen, sondern auch Rabatte in Hotelketten.

Noch ein Tipp: bei genügend Zeitreserven wäre vielleicht **Around-the-World-Flugticket** attraktiv. Den Flugpass Star Alliance Lite, der ein Jahr gültig ist, gibt es 2009 bereits für ca. € 2.200. Der genaue Preis ist u.a. abhängig von der Anzahl der Flugmeilen und dem Ort des Ticketkaufs (www.staralliance.com).

• Inlandsflüge (Inter-Island-Flüge)

Flüge zwischen den einzelnen hawaiischen Inseln bietet *Hawaiian Airlines* ab ca. € 70 pro Strecke an (www. hawaiianair.com). Ist eine Verbindung zwischen zwei Inseln nur über eine dritte möglich und ändert sich dabei die Flugnummer, muss bei Überschreitung einer vierstündigen Übergangszeit die zusätzliche Strecke voll bezahlt werden.

• Mietwagen

Die Preise beinhalten in der Regel alle gefahrenen Kilometer. Alle größeren Mietwagenfirmen liegen in etwa im gleichen Preisniveau und die Unterschiede sind minimal. Am besten ist es, Sie buchen Flug und Mietwagen als **Kombination**. Preisbeispiele für Sommer und Herbst 2009 für den sog. Super-Inklusiv-Preis (u.a. eingeschlossen: unbegrenzte km, Steuern und Flughafengebühren, CDW-Versicherung, 1-Mio-€-Haftpflichtversicherung; Insassen- und Gepäckversicherung, erste Tankfüllung, Reiseführer mit Straßenkarte, Navigationssystem), buchbar in Deutschland. Mitte Juli bis Mitte August fällt ein Hochsaison-Zuschlag von € 24/Woche bzw. € 5/Tag an.

		Preis	
Typ	*Kategorie*	*pro Woche*	*pro Tag*
Chevrolet Cavalier	Compact 4türig:	€ 329	€ 84
Pontiac GrandAm	Intermediate 4türig:	€ 339	€ 85
Chrysler LHS	Luxury 4türig:	€ 459	€ 109
Chevrolet Cavalier	Cabrio 2türig:	€ 453	€ 109
Pontiac Transport	Minivan 3türig:	€ 455	€ 111
Chevrolet Blazer	4-Wheel-Drive 4türig:	€ 489	€ 129

• Taxi

Für eine Taxifahrt muss man für 10 Meilen mit rund US$ 25 rechnen. Besonders in Honolulu ist es ratsam, auf einwandfreies Funktionieren und Einstellen der Taxameter zu achten. Die Preise sind im oder am Taxi angebracht.
Durchschnittspreise:

Honolulu Airport	Honolulu Downtown	US$ 23
Kahului Airport	Kaanapali	US$ 65
Lihue Airport	Poipu	US$ 32
Kona Airport	Kailua-Kona	US$ 32

• Busse

Oahu: Stadtbusse Honolulu	US$ 2
Tagesticket Waikiki Trolley	US$ 25
Big Island: Überlandbusse	US$ 0,75-6

• Personenfähre (one way)

Maui – Lanai	ab US$ 30 p.P.
Maui – Molokai	ab US$ 50 p.P.

Aufenthaltskosten

• Hotels/Lodges

Hawaii ist durchaus kein ausschließlich hochpreisiges Reiseziel. Vor allem auf Oahu und Maui findet man auch die US-üblichen Franchise-Motelketten, in denen man mit US$ 55-65 für eine Übernachtung rechnen muss. Mittelklassehotels (z.B. Holiday Inns und andere bessere Franchise-Motels) verlangen zwischen US$ 85-140 für ein Doppelzimmer, wobei es immer Sondertarife in der Nebensaison geben kann. Luxushotels, die ein besonderes Ambiente und/oder zusätzliche Einrichtungen wie 18-Loch-Golfplatz etc. bieten, liegen eher bei US$ 170-350 pro Tag/DZ. Frühstück ist im Hotelpreis meist nicht enthalten.

• Bed & Breakfast

Wegen des speziellen Service sind diese Unterkünfte etwas teurer und kosten ab $ 55 pro Person, beinhalten dafür aber auch ein gutes Frühstück und persönliches Flair. Gerade auf den Hawaii-Inseln sind sie eine gute Alternative zum internationalen Hotel-Einerlei!

• Eintritte / Attraktionen (p.P., Auswahl)

Oahu:

Foster Botanical Garden	US$ 5
USS Bowfin Submarine Museum	US$ 10
Bishop Museum	US$ 15,95
USS Missouri	US$ 16
Sea Life Park	US$ 29
Polynesian Cultural Center	ab US$ 45
Sunset Dinner Cruise Honolulu	US$ 60-80

Maui:

Alexander & Baldwin Sugar Museum	US$ 7
Haleakala NP	US$ 10/Auto
Maui Ocean Center	US$ 25
Ganztagesausflug per Bus Hana Highway	ca. US$ 95

Big Island:

Hulihee Palace	US$ 6
Pacific Tsunami Museum	US$ 7
Imilo Astronomy Center	US$ 17,50
Hawaii Volcanoes NP	US$ 10/Auto

Kauai:

Kilauea Lighthouse	US$ 3
Grove Farm Homestead Museum	US$ 10

• Lebensmittelpreise

Hier können Sie das eine oder andere Schnäppchen machen, wenn Sie den unzähligen Sonderangeboten folgen oder sich mit Lebensmitteln in den preisgünstigen Ketten (z.B. WalMart) eindecken. In der Regel liegen die Preise etwas über dem deutschen Niveau. Anfang 2009 zahlte man folgende durchschnittliche Lebensmittelpreise in einem Supermarkt auf Oahu:

1 Pfund Butter	2,65 US$
200 g Gouda	3,88 US$
1 l Milch	1,89 US$
1 kl. Becher Joghurt	1,19 US$
1 Pfund Garnelen (groß)	11,99 US$
1 Pfund Seezunge	7,99 US$
1 Pfund Haifisch	6,99 US$
1 Pfund Äpfel (Golden Delicious)	2,09 US$
1 Pfund Pflaumen	2,99 US$
1 Pfund Mangos	2,99 US$
1 Pfund Fleischtomaten	1,89 US$
1 Pfund Bananen	1,39 US$
1 Pfund Papayas	1,09 US$
1 Pfund Rindergehacktes	4,09 US$
1 Pfund Rindergulasch	3,98 US$
1 Pfund New York Strip Steak	8,19 US$
1 Pfund Schweineschnitzel	4,75 US$
1 Pfund frisches Hähnchen	1,69 US$
1 Pfund Weißbrot	1,79 US$
1 Brötchen	0,45 US$
1 Toastbrot	1,29 US$
1,9 l frisch gepresster Orangensaft	2,65 US$
1,9 l Orangensaft (aus Konzentrat)	1,39 US$
6er-Pack Sprite oder Cola	3,25 US$
1 Flasche importiertes Mineralwasser (0,75 l)	1,40 US$
1 Pfund Kaffee	7,99 US$
6er-Pack Busch Light Bier	2,99 US$

• Telefonate

Die konkurrierenden Telefongesellschaften bieten unzählige Sondertarife, die Sie als Reisender aber kaum überblicken werden. Daher kann man auch keine einheitlichen Angaben machen. Ein 3-Minuten-Ferngespräch Inland kostet zwischen US$ 1,50 und 4,50. Nach Deutschland kosten 3 Minuten US$ 5 (je länger, desto günstiger wird es). Günstiger wird es besonders mit Telefonkarten, die es in vielen Supermärkten, Lebensmittelgeschäften und Tankstellen an den Kassen gibt.

• Restaurants

Fastfood in entsprechenden Ketten ist um einiges billiger als in Europa, und einen einfachen Hamburger erhalten Sie hier für ca. US$ 1. Richtige Restaurants sind aber besonders abends teuer, vor allem, da Sie auf die ausgezeichneten Preise noch Steuer (5-10 %) und Trinkgeld (obligatorisch 10-20 %) hinzu rechnen müssen. Rechnen Sie für ein normales Hauptgericht (in der Regel inkl. Salat oder Suppe), inklusive einem Bier, Tax und Trinkgeld, etwa mit US$ 15-25 pro Person. Tipp: chinesische oder japanische Takeaways sind billiger. Fleischgerichte sind etwa so teuer in Dollar wie bei uns in Euro. Ein Rumpsteak kostet etwa US$ 16 plus Tax plus Trinkgeld.

Ausflugsangebote

Eine kleine Auswahl von Ausflügen unterschiedlichen Charakters, buchbar über deutsche Reisebüros (in € und pro Person):

▶ **Helikopterflüge:** * ***Big Island:*** Volcano NP ab/bis Hilo, 45 Min.: € 186; Kohala Coast ab/bis Waimea/Waikoloa, 45 Min., € 185. * ***Kauai:*** Golden Eagle Flight (ganze Insel), 60 Minuten, € 199, Waimea Canyon und Na-Pali-Coast, 75 Minuten, € 248. * ***Maui:*** Circle Island Special, 65 Minuten, € 268; Haleakala & Hana Rainforest, 45 Minuten, € 198. * ***Oahu:*** Rundflug Waikiki & Pearl Harbor, 20 Minuten, € 100; Inselflug Sacred Falls, Nordküste, Honolulu und Pearl Harbor, 60 Minuten, € 225.

▶ **Inselrundfahrten:** * ***Big Island:*** Vulkan-Tour, ab/bis Kailua-Kona, 10 Stunden: € 139; ab/bis Hilo, 8 Stunden, € 120. * ***Kauai:*** Süden und Westen bzw. Osten und Norden, jeweils ca. 6 Stunden, € 99. * ***Maui:*** Haleakala & Iao Valley bzw. Hana Highway, jeweils ca. 7 Stunden, € 117. * ***Oahu:*** Inselrundfahrt, 9 Stunden, € 79; Polynesisches Kulturzentrum einschl. Essen, 10½ Stunden, € 100.

▶ **Whale Watching:** * ***Maui:*** Whale Watching mit Sichtungsgarantie, ab/bis Maa-laea, 2 Stunden, € 55.

▶ **Sport-/Abenteuertouren:** * ***Kauai:*** Fahrradtour und kurze Wanderung, Picknick, 4 Stunden, € 109; Helikopterflug, Kajaktour, Wanderung, Bootsfahrt, 5 Stunden, € 283. * ***Maui:*** geführte Tageswanderung durch das Kipahulu Valley, Mittagessen, € 178. * ***Big Island:*** Per Allradwagen zum Sonnenuntergang auf den Mauna Kea, Sternbeobachtung, 8 Stunden, € 178; Minivan-Tour über die Saddle Road mit geführten Naturwanderungen, 10 Stunden, € 172.

4. REISEN AUF OAHU (ⓘ s. S. 181)

Überblick

Inselsteckbrief Oahu	
Beiname:	*The Gathering Place* (= 'Treffpunkt')
Inselfläche:	1.574 km² (Länge: 70,4 km; Breite: 48 km)
Küstenlinie:	220 km
Einwohner:	900.000
Hauptstadt:	Honolulu (380.000 Ew)
Verwaltungseinheit:	County Oahu
Höchste Erhebung:	Mount Kalaa, 1.227 m

Einige Entfernungen *von Waikiki nach:*	*Route*	*km/Meilen*	*ca. Fahrzeit*
Sea Life Park	*Hwy. 72*	*24 km/15 m*	*35 Min.*
Polynesian Cultural Center	*Hwys. 61/83*	*56 km/35 m*	*1¼ Std.*
Waimea Falls Park	*H-2/Hwy. 99*	*58 km/35 m*	*1 Std.*
Hanauma Bay	*Hwy. 72*	*18 km/11 m*	*30 Min.*
University of Hawaii	*University Ave.*	*5 km/3 m*	*10 Min.*
Pali Lookout	*Hwy. 61*	*18 km/11 m*	*30 Min.*
Downtown Honolulu	*Kalakaua Ave./ Beretania St.*	*6,5 km/4 m*	*15 Min.*
International Airport	*AlaMoana Blvd./ Nimitz Hwy.*	*14,5 km/9 m*	*30 Min.*
Arizona Visitor Center	*Nimitz Hwy./Hwy. 99*	*18 km/11 m*	*30 Min.*
Makaha	*H-1/Hwy. 93*	*58 km/36 m*	*1 Std.*
Makapuu Point	*Hwy. 72*	*19 km/12 m*	*30 Min.*
Rundreise Pali/Koko Head	*Hwys. 61/72*	*56 km/34,7 m*	*1¼ Std.*
Rundreise Pali/Laie/ Haleiwa/Wahiawa	*Hwys. 61/83/99*	*135 km/84 m*	*3 Std.*

Mit einer Fläche von 1.574 km² ist Oahu zwar nur die drittgrößte Insel des Archipels, dafür aber dessen wirtschaftliches, politisches und kulturelles Zentrum. Außerdem ist die Insel die mit Abstand am dichtesten besiedelte: Ihre rund 900.000 Einwohner entsprechen etwa 75 % der Gesamtbevölkerung Hawaiis.

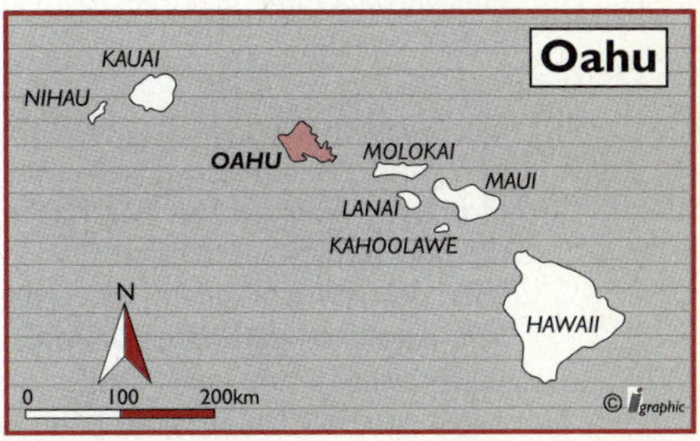

Topographisch wird Oahu, das zwischen Kauai im Westen und Molokai im Osten liegt, von den Gebirgszügen der Koolau Range und Waianae Mountains geprägt, die

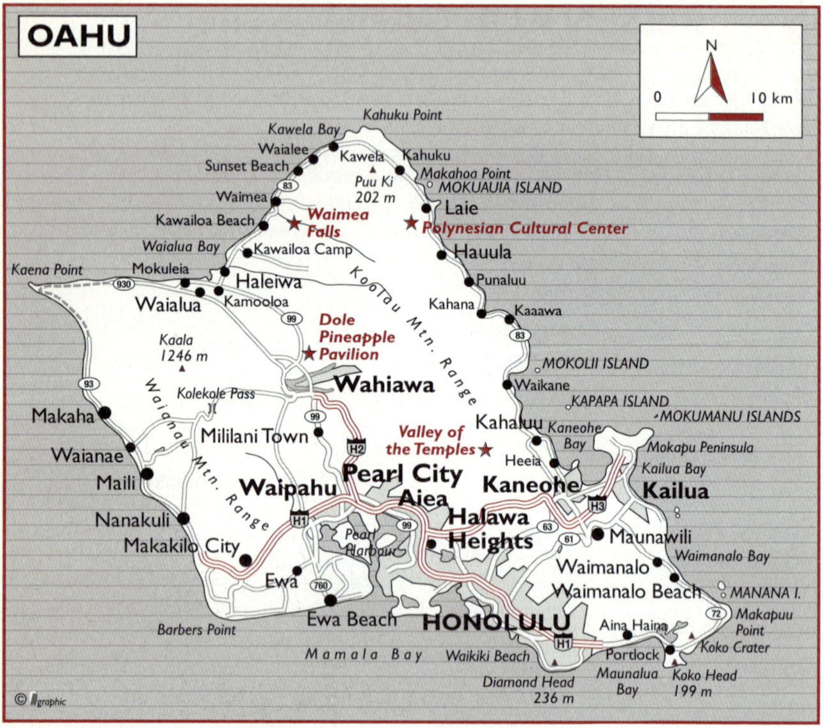

beide in Nordwest-Südost-Richtung verlaufen und die kompakte, einem schrägen Parallelogramm ähnliche Form der Insel bestimmen. Zwischen den Bergketten, die Relikte alter Schildvulkane sind, haben Lavaströme eine Hochebene aufgebaut (das Leilehua- bzw. Schofield Plateau), die heute Zentrum der Landwirtschaft ist, insbesondere des Ananas-Anbaus. Im Süden lassen die Berge einer weiteren, aus Korallenkalk gebildeten Ebene Platz. Auffällig sind einige nicht sehr hohe, aber steile und markante Tuffkegel, die in der letzten vulkanischen Phase Oahus – vor etwa 150.000 Jahren – entstanden sind: Der berühmte Diamond Head und der Punchbowl-Krater gehören dazu, aber auch die Inselberge Chinaman's Hat und Rabbit Island.

Die **klimatischen** Unterschiede sind wegen der nicht allzu hohen Gebirgsstöcke nur gering. Allerdings stauen sich die Wolken, die mit den Passatwinden aus Nordosten kommen, an der Flanke der Koolau Range und bringen dieser Seite die höchsten Niederschläge. Das Inselinnere und die Westküste sind demgegenüber deutlich trockener. Die Verteilung des Niederschlags ist dafür verantwortlich, dass man eine überquellende, tropische **Vegetation** am ehesten an der regenreichen Nord- und Ostküste erwarten darf. Allerdings muss hierzu kritisch angemerkt werden, dass die hohe Bevölkerungsdichte und die intensive landwirtschaftliche, militärische und touristische Nutzung Oahus die einheimische Tier- und Pflanzenwelt stärker in Mitleidenschaft zog, als dies auf den anderen Inseln der Fall war. Die Schönheit von Flora und Fauna erlebt man daher am ehesten in den herrlichen Park- und Gartenanlagen (z.B. Waimea Valley) oder in einigen unverbauten Tälern und an Berghängen (z.B. Nuuanu Valley, Tantalus Drive).

Die **historische** Bedeutung der Insel liegt in ihrer zentralen Lage und gut nutzbaren Topographie, die Oahu trotz der relativ geringen Größe zur 'Hauptinsel' werden ließ. Schon der Inselname wird von den Sprachforschern als 'Treffpunkt' bzw. 'Versammlungsplatz' gedeutet und als Hinweis dafür gesehen, dass sich hier die Insel-Häuptlinge bereits vor der Errichtung des Königreichs Hawaii versammelten. 1795 von Kamehameha I. als letzter Bestandteil dem Königreich einverleibt, wuchs Oahus Stellung durch die Verlegung der Residenz von Lahaina (Maui) nach Honolulu, das 1845 offiziell zur Hauptstadt Hawaiis erklärt wurde. Auch die ersten Weißen – Walfänger, Missionare und Händler – ließen sich bevorzugt hier nieder, nach der Annexion von 1898 gefolgt von der amerikanischen Administration, von Wirtschaftsunternehmen und von Banken.

Blick vom Diamond Head auf Waikiki und Honolulu

Der Zuckerrohranbau brachte Hunderttausende von chinesischen, japanischen und anderen asiatischen Vertragsarbeitern auf die Insel, die dadurch nicht nur einen erheblichen Bevölkerungsschub, sondern auch ihr bis heute wirksames multikulturelles Gepräge erhielt. Ein weiterer Motor der Entwicklung war das Militär, das im 20. Jh. die tiefe Bucht Pearl Harbor zum Hauptstützpunkt der Pazifikflotte ausbaute. Dieser wiederum war das Ziel des japanischen Angriffs vom 7. Dezember 1941, der Honolulu und Hawaii in das Schlaglicht der Weltöffentlichkeit brachte.

Vorher schon, vor allem aber nach Ende des Krieges und mit Anbruch des Düsenflug-Zeitalters, bekam die Insel ihren festen Platz als Destination sonnenhungriger Urlauber aus aller Welt. Der Tourismus ist es auch, der das insulare Erscheinungsbild in den letzten Jahrzehnten mehr veränderte als alle anderen Wirtschaftszweige.

Administrativ sind Oahu und Honolulu als Einheit anzusehen, da der Major des Countys gleichzeitig Bürgermeister der Stadt ist; eine eigene Verwaltung für Honolulu gibt es nicht.

Redaktions-Tipps

- In Honolulu Downtown sollte man einen Stadtrundgang zum historischen **Palast-Viertel** (S. 258ff), dem Hafen mit dem **Aloha Tower** (S. 262) und der **Chinatown** (S. 263) unternehmen, im Außenbezirk lädt das **Bishop Museum** (S. 282f) zu einer ausgiebigen Besichtigung ein.
- Nicht versäumen: ein Panorama-Blick auf Honolulu – entweder vom **Diamond Head** (morgens) (S. 275f) oder vom **Punchbowl Crater** (nachmittags) (S. 286f).
- Natürlich ist ein Besuch von **Waikiki** (S. 266ff), einem der berühmtesten Strände der Welt, ein Muss. Beste Bedingungen für Strandleben und Wassersport gibt es in Honolulu auch am **Ala Moana Beach Park** (S. 290). Ansonsten darf man nicht die Strände der **Hanauma Bay** (S. 293) und **Kailua Beach** (S. 296) im Osten oder den **Yokohama Beach** (S. 318f) im Westen versäumen.
- Geschichtsträchtiger Ort und häufige Filmkulisse: Pearl Harbor. Zumindest das **Visitor Center** und **Arizona Memorial** (S. 279f) sollte man gesehen haben.
- Honolulus grüne Umgebung auf einer Landschaftsfahrt erleben: auf dem **Nuuanu Pali Drive** (S. 285ff) und **Tantalus Drive** (S. 287f) mit ihren fantastischen Aussichtspunkten (besonders: **Nuuanu Pali Lookout**, S. 286).
- Im Osten der Insel: Ausflug zum 'Tal der Tempel' mit Besichtigung des **Byodo-In-Temple** (S. 298) und Besuch des **Polynesian Cultural Center** (S. 300f) an der Ostküste, trotz der hohen Eintrittspreise und der mitunter allzu touristischen Präsentation!

Wirtschaftlich besitzt Oahu – analog zur Bevölkerungsdichte – das größte Potenzial des gesamten Staates. Führend ist der Fremdenverkehr, der allein für 45 % aller Arbeitsplätze verantwortlich zeichnet. Da weitere Wirtschaftszweige direkt oder indirekt vom Tourismus abhängen (Bauwirtschaft, Transportwesen), kann seine Bedeutung für die Insel gar nicht hoch genug eingeschätzt werden.

Das zweite ökonomische Standbein ist das Militär, dem gut 25 % der Bodenfläche Oahus gehören. Dies ist angesichts der Bevölkerungsdichte und der landwirtschaftlichen Nutzbarkeit ein sehr hoher Prozentsatz, und trotz seiner Wichtigkeit stößt diese insulare Geldquelle nicht auf ungeteilte Zustimmung. Gleiches gilt übrigens für den Fremdenverkehr, der sich auf der Insel einer wachsenden Zahl von Kritikern gegenüber sieht. Die dritte Säule der Ökonomie stellt die Landwirtschaft, deren Zuckerrohr- und Ananasplantagen die zentrale Hochebene prägen.

Touristisch scheint das Bild der Insel für immer auf den schmalen Strand von Waikiki und Honolulus Hochhauskulisse festgelegt zu sein. Sicher mag das turbulente, z.T. auch mondäne Strandleben der Hauptstadt für viele eine faszinierende Erfahrung sein, und die Statistik gibt den Urlaubsmanagern Recht: Nach wie vor ist Oahu das Reiseziel für 80 % aller Hawaii-Urlauber und hier mehrheitlich Waikiki. Nachdrücklich sei an dieser Stelle aber auf jene Insel-Schönheit verwiesen, die neben dem Großraum Honolulu existiert. Oft nur wenige Fahrminuten davon entfernt können Sie überall dramatische Küstenabschnitte, Täler mit überwältigender Vegetation, steile Bergklippen, verschwiegene Buchten und relativ leere, lang gezogene Sandstrände entdecken.

Honolulu

Überblick

Die größte Stadt des Bundesstaates ist auf einer recht schmalen Ebene angesiedelt, die im Südwesten durch das Meer und im Nordosten durch die Koolau-Bergkette begrenzt wird. Jene weist zwar keine allzu großen Höhen auf, ist jedoch ziemlich steil und beschränkte von Anfang an die Ausdehnung Honolulus. Zum Meer hin ist die Küstenlinie durch die langen Strandabschnitte bei Waikiki und weiter nördlich durch Pearl Harbor, eine tief ins Hinterland eindringende und weit verzweigte Bucht, geprägt.

Eine 'geschützte Bucht' ist es auch, die der hawaiische Name 'Honolulu' in der Übersetzung bedeutet und die am Anfang der **historischen Entwicklung** der Stadt stand, allerdings war damit nicht Pearl Harbor, sondern die Hafenbucht des eigentlichen Honolulu (Honolulu Harbor) gemeint. Diese bot den seefahrenden Ureinwohnern von Oahu einen Unterschlupf bei Taifunen sowie die Möglichkeit zum Binnenhandel. Insofern war es folgerichtig, dass sich an der Bucht Siedlungen etablierten und der vorzügliche Naturhafen (der durch ein vorgelagertes Riff zusätzlich geschützt war) als wichtigster Warenumschlagplatz genutzt wurde.

Downtown Honolulu

Die ersten Europäer haben diesen Vorzug genauso gesehen, und es ist kein Zufall, dass 1792 der britische Seefahrer William Brown der Bucht den gleichen Namen gab wie die Polynesier: Fair Haven. Für ihn selbst bot der Hafen jedoch nur einen trügerischen 'Schutz', fand er doch am 1. Januar 1795 hier durch einen Überfall, den der damalige König von Oahu (Kalanikupule) inszenierte, den gewaltsamen Tod. Nachdem die Insel wenige Monate später unter die Kontrolle von König Kamehameha I. gelangt war, wuchs Honolulu im 19. Jh. schnell von einem örtlichen Handelszentrum zur wichtigsten Stadt des gesamten Archipels heran. Sowohl die Ureinwohner als auch die Weißen nutzten den Hafen als Lagerplatz und Umschlagsort: Hier wurden die Waffen und internationalen Güter angelandet, die Kamehameha zur Hofhaltung benötigte, hierhin kamen die Missionare, hier fanden die Walfänger Kneipen und Bordelle. Und als die Segelschiffe von den Dampfern abgelöst wurden, machten diese hier regelmäßig Zwischenstation auf ihrem Weg zwischen Amerika und Asien.

König Kamehameha III. trug der Entwicklung Rechnung, indem er am 30. August **1850** Honolulu offiziell zur **Hauptstadt des Königreiches** erklärte. Während sich im und um den Iolani-Palast die politische Macht konzentrierte und auch heute noch im State Capitol in nächster Nachbarschaft zu finden ist, errichteten auch die Hauptarbeitgeber der Insel ihre Büros in Honolulu. Banken und große Kaufhäuser folgten, so dass sich die Stadt schnell zum **kommerziellen Zentrum** entwickeln konnte.

Hauptstadt mit Geschichte

Im 20. Jh. stieg Honolulu durch die Erschließung und Schiffbarmachung von Pearl Harbor ab 1911 zusätzlich zu einem der bedeutendsten **militärischen Stützpunkte** im Pazifik auf. Zu diesem Zeitpunkt war durch die Entwässerung und Urbarmachung von Waikiki bereits der Grundstein für die stürmisch verlaufende touristische Entwicklung dieses Stadtteils gelegt worden. Fast gleichzeitig hatte auch die Gründung der Universität von Hawaii (1920) **Bildung, Wissenschaft** und **Forschung** in Honolulu eine Heimat gegeben. Nach dem Zweiten Weltkrieg wurde im Großraum Honolulu ein modernes Gemeinwesen amerikanischer Prägung geschaffen. Dazu gehören die ausufernden Viertel der Einfamilienhäuschen genauso wie den 'Manhattanisation' genannten 'Drang in die Höhe' von Hotel- und Bürohäusern, notwendig geworden durch die stark ansteigende Population im 20. Jh. und die eingezwängte Lage zwischen Meer und Bergen.

Eine wahre Metropole

Und auch die Entwicklung von Satellitenstädten (Pearl City im Norden; Kaneohe jenseits der Berge) folgt dem allgemein-amerikanischen Muster. Heute ist die Stadt mit rund ca. **380.000 Einwohnern** eine der größten im Pazifik. Und trotz des beschränkten Platzes, trotz der Nachteile einer modernen Metropole (wie Umweltbelastung, Parkplatzprobleme, steigende Kriminalität) scheint die Anziehungskraft von Honolulu auf viele Hawaiianer ungebrochen. Der Bau des Flughafens auf einer künstlichen Insel in der Bucht trug nicht nur der wachsenden Beliebtheit des Reisezieles Hawaii Rechnung, sondern machte Honolulu auch zu

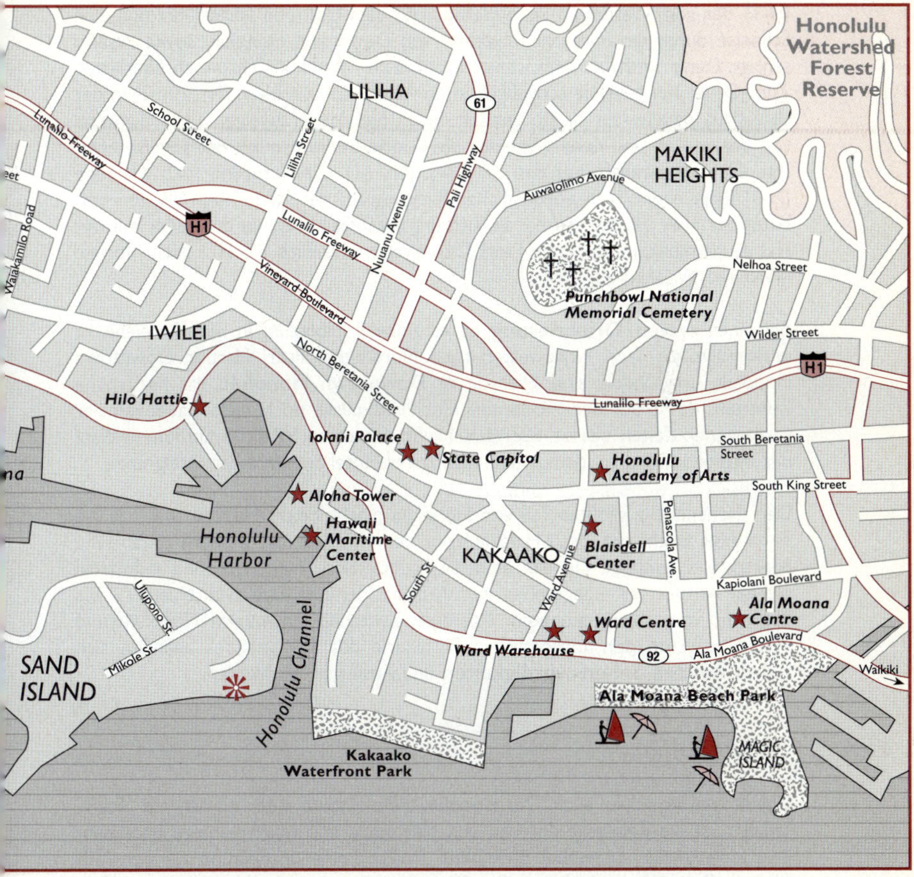

einer **Drehscheibe des internationalen Flugverkehrs** im gesamten Pazifik. Und außer seiner Rolle als politisches, administratives, Bildungs- und Wirtschaftszentrum sowie als Verkehrsknotenpunkt kann man die Stadt wegen ihrer vielen Museen, Galerien, Theater und Kinos auch als **Kulturzentrum**, wegen ihrer Einrichtungen des Breiten- und Leistungssport (u.a. Aloha Stadium, Honolulu-Marathon) schließlich auch als Heimstätte des **Sports** bezeichnen.

Verkehrstechnisch erschließt sich die Metropole – sonst eher selten in den USA – durch ein ausgezeichnetes System von städtischen und privaten Buslinien (eine U-Bahn existiert genauso wenig wie die Eisenbahn). Besucher sind also wenigstens für die Stadtbesichtigung nicht auf Taxis oder einen Mietwagen angewiesen. Daneben haben aber die Verkehrsplaner, wie in Amerika üblich, versucht, den Großraum Honolulu mit einem System von **Free-** und **Highways** autogerecht zu gestalten. Das Kernstück ist dabei der Nimiz Hwy. bzw. Lunalilo Frw.

(H-1), der vom Westen an Pearl Harbor und dem Flughafen vorbeiführt und eine Schneise durch die nördlichen Gebiete von Downtown Honolulu sowie Waikiki schlägt. Diese Stadtautobahn ist vor allem in der Rushhour chronisch überlastet. Zum Osten hin geht sie schließlich in den Kamehameha Hwy. (Nr. 72) über, der ab Kahala parallel zur Küste verläuft. Nach Nordosten zweigen zwei Highways von der H-1 ab und durchschneiden die Koolau-Berge, nämlich der Likelike Hwy. (Nr. 63) und parallel dazu der Pali Hwy. (Nr. 61). Die Autobahn nach Kaneohe (H-3) führt ebenfalls in nordöstlicher Richtung aus der Stadt. Nach Westen entlastet der Hwy. 78 den Verkehr in Richtung Aiea/Pearl City, wo er wieder mit der H-1 zusammenkommt; hinter Pearl City zweigt schließlich die H-2 nach Norden (Wahiawa, Waialua) ab.

Erste Orientierung

Bei einer **ersten Orientierung** ist es sinnvoll, Honolulu in drei Bereiche zu unterteilen, die (von Nordwesten nach Nordosten) Pearl Harbor, Downtown Honolulu und Waikiki sind. Hiervon ist **Downtown Honolulu** das historische Zentrum, das trotz der modernen Hochhauskulisse noch viele Baudenkmäler vergangener Zeiten besitzt. Südlich schließt sich daran **Waikiki** an, Tummelplatz des internationalen Tourismus und wichtigster Hotel-Standort der Inselgruppe.

Den flächenmäßig größten Teil von Honolulu macht **Pearl Harbor** aus, das die verzweigte Bucht mit ihren Hafenanlagen, den Flugplatz und größere militärische Sperrgebiete umfasst. Da der Stadtteil hauptsächlich militärisch und industriell genutzt wird, ist er – abgesehen vom Arizona Memorial und zwei Museen – für Besucher von untergeordnetem Interesse. Zwischen Downtown Honolulu und Waikiki bzw. an der nordöstlichen Peripherie des Stadtgebildes befinden sich zudem **weitere Sehenswürdigkeiten** und Ausflugsmöglichkeiten.

Downtown Honolulu

Keimzelle der Stadt

Downtown Honolulu, auch 'Old Honolulu', 'Downtown' oder einfach nur 'Town' genannt, ist die Keimzelle der heutigen Metropole und weist mehrere bedeutende Baudenkmäler auf, wobei 'bedeutend' freilich immer in Relation zur nur 150-jährigen Geschichte seit der weißen Besiedlung zu setzen ist. Und es wäre außerdem ein Fehler, hinter dem Begriff 'Old Honolulu' eine Altstadt im europäischen Sinn zu vermuten: Die Silhouette auch dieses Stadtteils wird viel eher durch verspiegelte Wolkenkratzer – Banken und Bürohäuser – geprägt, zwischen denen sich die historischen Sehenswürdigkeiten recht verloren ausnehmen.

Streckenhinweis

Von Waikiki aus ist man am günstigsten und schnell mit dem Waikiki Trolley am Iolani-Palast, oder man nimmt den Stadtbus. Wer trotzdem mit dem Wagen anreist (z.B. um den Besuch von Downtown Honolulu mit der Fahrt zum nahen Punchbowl Cemetery, dem Tantalus Drive oder dem Bishop Museum zu verbinden), sollte versuchen, einen Parkplatz nahe dem Palast (Merchant St.) *oder am Pier 7 zu ergattern.*

Trotzdem lohnt sich ein Besuch der Downtown unbedingt, und sei es nur als halbtägiger Ausflug zu den wichtigsten Attraktionen. Dazu zählt das Viertel um den Iolani-Palast (immerhin der einzige Königspalast Amerikas!) genauso wie die Chinatown und die Hafenatmosphäre um den Aloha Tower. Bei etwas mehr Zeit sollte man auch den Foster Botanical Garden und verschiedene Museen für den Besuch einplanen. Da die einzelnen Sehenswürdigkeiten nicht allzu weit auseinander liegen, Parkplätze rar gesät sind und man bei einem Rundgang immer wieder auf originelle Restaurants, Kneipen oder Geschäfte stoßen kann, erschließt sich einem der Stadtteil am besten zu Fuß. Der folgende **Rundgang** führt Besucher vom Palastviertel zum Hafen, dann am Oahu-Markt vorbei durch die Chinatown *Rundgang*

und zurück zum politischen Zentrum. Einzelne Abschnitte des Rundgangs kann man auch mit dem Waikiki Trolley zurücklegen.

Iolani Palace (I)

Einziger Königspalast in den USA

Inmitten eines sehr schönen, durch ein Gitter abgetrennten Parks liegt der Iolani Palast (Iolani = 'Himmelsadler'), die offizielle Residenz der beiden letzten Herrscher des hawaiischen Königreichs, König Kalakaua und Königin Liliuokalani. Zusammen mit anderen Gebäuden in nächster Nachbarschaft repräsentiert er einen Großteil der hawaiischen Geschichte: Mit ihm erlebte das Land die neun letzten Jahre seiner Unabhängigkeit (1882-1893), hier wurde der Staatsstreich inszeniert, mit dem die Monarchie abgeschafft wurde, und hier verlebte Königin Liliuokalani die demütigende Zeit ihres Hausarrestes. Später diente das Gebäude als Tagungsstätte von Parlament und Regierung, deren Sitz 1969 in das nördlich gegenüber liegende State Capitol verlegt wurde.

Der Iolani Palace

Der südlich gegenüber liegende Justizpalast schließlich war als Schloss für König Kamehameha V. geplant. Nach einer Zeit des Verfalls und aufwändigen Restaurierungsarbeiten konnte 1978 der Iolani-Palast wieder der Öffentlichkeit zugänglich gemacht werden. Von außen überzeugt der Bau, der nach dreijähriger Bauzeit 1882 eingeweiht wurde, durch eine historisierende Formensprache, die ihre Vorbilder in der viktorianischen und florentinischen Baukunst hat. Zu allen Seiten ist der vierstöckige Palast durch Loggien und zwei übereinander liegende Reihen korinthischer Säulen gegliedert. Im Inneren sind neben vielen Prunkstücken und königlichen Einrichtungsgegenständen u.a. der Thronsaal, der Große Speisesaal, der so gen. 'Blue Room' und der herrliche, aus Koa-Holz hergestellte Treppenaufgang zu besichtigen.

Schlosspark

Im **Park**, der von einem riesigen, doppelten Banyan-Baum dominiert wird, fällt linker Hand vom Palast ein **Pavillon** mit der Fahne von Hawaii auf. Dabei handelt es sich um den 1883 gebauten Coronation Stand, in dem der König die Krönungsfeierlichkeiten zelebrierte. Heute hält hier jeden Freitagmittag die Royal Hawaiian Band ihre beliebten Konzerte ab, ansonsten ist der Krönungspavillon Kapu, d.h. dass er nur von autorisierten Personen betreten werden darf. Die etwas weiter nördlich, aber ebenfalls im Schlosspark gelegenen **Iolani Barracks** wirken mit ihren Schießscharten und Zinnen etwas bizarr. Entworfen hat sie der aus Hamburg stammende *Theodor Heuck* (1830-77), der der erste wirkliche Architekt Honolulus war und auch dem hawaiischen Parlament angehörte. Die Iolani Barracks dienten der Leibgarde des Königs und wurden 1871 vollendet. Die

Straße, die vom Mittelteil des Palastes südlich zur King Street führt, entlässt die Besucher durch ein hübsches Tor, auf dem das Wappen des Bundesstaates (zwei Häuptlinge mit Speer und Federzepter, dazwischen das vierteilige Wappenschild) prangt. Von hier aus geht der Blick über die stark befahrene King St. zur Kamehameha-Statue und dem Justizpalast.

Kamehameha-Statue

Das wohl meistfotografierte Standbild von Hawaii zeigt ein idealisiertes Abbild von König Kamehameha dem Großen; bekleidet mit goldfarbenen Federumhang, Lendenschurz, Schärpe und dem prächtigen Federhelm *(Mahiole)*, blickt er zum Iolani-Palast, die Hand zum Aloha-Gruß ausgestreckt. Der königliche Speer *(Pololu)* liegt nicht in der Kampfhand, sondern in seiner Linken, was als Friedenssymbol interpretiert wird. Unterhalb des weißen Sockels sind auf Reliefs vier Szenen aus Kamehamehas Leben zu sehen, u.a. sein Besuch auf der 'Resolution' von Kapitän James Cook. Die Statue wurde 1878 vom hawaiischen Parlament in Europa in Auftrag gegeben, als Modell diente ein damals in Hofkreisen verkehrender Geschäftsmann namens Baker. Der Transport nach Honolulu stand jedoch unter keinem guten Stern (vgl. S. 439), so dass diese Kopie angefertigt werden musste. Zur Königskrönung von Kalakaua wurde sie der Öffentlichkeit vorgestellt. Die Kamehameha-Statue, heute ein Wahrzeichen der Stadt, wird zum Staatsfeiertag am 11. Juni feierlich mit Blumengirlanden geschmückt und bietet dann ein besonders prächtiges Bild.

Beliebtes Fotomotiv

Justizpalast/Aliiolani Hale (2)

Im Rücken der Statue befindet sich der so gen. Justizpalast (Aliiolani Hale), der ein würdiges Pendant zum Iolani-Palast darstellt. Das nach Plänen des australischen Architekten Rowe errichtete Haus war ursprünglich als Residenz des Königs Kamehameha V. geplant, nach dessen Tod jedoch in veränderter Ausführung 1874 als Justiz- und Parlamentsgebäude fertig gestellt worden. Heute beherbergt es den Obersten Gerichtshof. In der Lobby sind manchmal historische Ausstellungen zu sehen.

Der Justizpalast

State Archives and Library

Von dieser zentralen Stelle verläuft der Rundgang zunächst ein Stück in östlicher Richtung. An der King

St./Punchbowl St. sieht man linker Hand noch auf dem Gelände des Ioalani-Palastes ein etwas jüngeres Gebäude: die größte **öffentliche Bibliothek** des Staates **(3)**, 1911/12 errichtet. Man kann ihr umfangreiches Angebot nutzen oder aber auch nur eine kleine Ruhepause in ihrem schattigen Hof einlegen. Dahinter befinden sich ebenfalls an der Punchbowl St. die **Hawaii State Archives (4)**, die Fotos, Bücher und sonstige Dokumente aus der kolonialen Vergangenheit enthalten. Das in den 1950er Jahren gebaute Staatsarchiv ist öffentlich zugänglich und eine gute Adresse für alle, die ein tiefer gehendes Interesse an der Geschichte des Reisezieles haben.

Repräsentative Bauten

Rathaus / Honolulu Hale (5)

Karte S. 257

Das auffällige Gebäude an der Punchbowl St. gegenüber dem Staatsarchiv ist das im Jahre 1927 fertig gestellte Rathaus (City Hall). Mit seinem Ziegeldach, den Altanen und spanischen Fenstern ist es ein Werk des so gen. Mission Style, der damals besonders in Kalifornien populär war. Der offene Innenhof bildet einen hübschen Rahmen für Konzerte und andere Kulturaktivitäten, die hier bisweilen abgehalten werden.

Kawaiahao Church (6)

Wieder zurück an der King St., erreicht man an der Ecke zur Punchbowl St. und nahe zur Kamehameha-Statue das wohl bedeutendste Gotteshaus von Hawaii. Inmitten eines parkähnlichen Kirchhofs gelegen und inzwischen von Honolulus Hochhäusern überragt, wirkt die Kirche mit ihrem helmlosen Westturm gedrungen. Allein der Haupteingang, von vier weißen Säulen flankiert, unterstreicht die Würde der Kawaiahao Church. Der Name übrigens weist in vorchristliche Zeit zurück und bedeutet 'Wasser der Hao'. Gemeint ist damit eine heilige Quelle, deren Wasser nur von Adligen genutzt werden durfte, darunter – so will es die Legende – auch die Häuptlingsfrau Hao.

Die Kawaiahao Church

Die Missionare nutzten diese vornehme Stelle und bauten dort zunächst vier kleine, provisorische Strohkirchen. Der Reverend *Hiram Bingham* (vgl. S. 30) fasste dann den Beschluss, sie durch eine 'Große Steinkirche' zu ersetzen. Deren recht lange Bauzeit (1836-42) wird verständlich, wenn man weiß, dass ihre rund 14.000 hellgrauen Steine mühsam aus den der Stadt vorgelagerten Korallenriffen gehauen wurden. Bei ihrer feierlichen Eröffnung drängten sich Tausende von Gläubigen vor und in der Kirche, darunter auch König Kamehameha III.

Nicht nur daran ist die historische Bedeutung der Kirche abzulesen, sondern auch an der Tatsache, dass in ihr Kamehameha IV. und Königin Emma heirateten, dass König Lunalilo auf eigenen Wunsch auf ihrem Friedhof beigesetzt und dass drei Könige in der Kirche offiziell in ihr Amt eingesetzt wurden. Die Verbundenheit mit der Krone und der alt-hawaiischen Ständegesellschaft wird auch im

Innern der Kirche sichtbar: Die Porträts vornehmer Familienmitglieder, die für das Königshaus reservierten Sitzplätze und weitere Insignien sprechen eine deutliche Sprache.

Hawaiis wichtigste Kirche

Ein Besuch lohnt sich übrigens nicht nur aus historischen Gründen, sondern auch, um hawaiische Volksfrömmigkeit, Lieder und Sprache zu erleben, besonders beim Sonntagsgottesdienst *(8 und 10.30 Uhr)*. Neben dem königlichen neugotischen Mausoleum weist der **Friedhof** sehr interessante Grabstätten der ersten Missionare von Oahu und Angehöriger ihrer ersten Gemeinde auf. Auch der Deutsche Heinrich Berger, lange Zeit Dirigent der Royal Hawaiian Band, fand hier seine letzte Ruhestätte. Das **Lehmhaus** neben dem Friedhof schließlich stammt aus dem Jahr 1835 und diente ursprünglich als Schulgebäude.

Mission Houses (7)

Ein Stückchen weiter auf der King St. gelangt man nahe der Kawaiahao Church zu einem Komplex dreier historischer Gebäude, die zwischen 1821-1841 von den ersten amerikanischen Missionaren auf der Insel errichtet wurden und damit auch die früheste Phase der Weißen dokumentieren. Die Gebäude aus importiertem Holz umfassen das eigentliche **Missionshaus** oder Frame House von 1821, das so gen. **Chamberlain House** von 1831 und die **Druckerei** von 1841; diese hatten die provisorischen Hütten abgelöst, die der misstrauische König Kamehameha II. zunächst nur erlaubt hatte. Heute sind die Häuser unter Denkmalschutz gestellt und werden als Museum genutzt. Im Innern kann ein Teil der originalen Möblierung, Textilien, Bücher und Haushaltsgegenstände besichtigt werden. Unweit von den Mission Houses fällt an der King St. ein rotes Backsteingebäude mit weißen Säulen (1916) auf, das als Mission Memorial Building bezeichnet wird und das Hauptquartier der evangelischen Gesellschaft von Hawaii war. In der Parkanlage daneben ist eine schwarze, abstrakte Skulptur mit dem Titel 'Skygate' bemerkenswert. Dieses Werk des Künstlers *Isamu Noguchi* (1977) ist eines von vielen Beispielen, wie man Downtown Honolulu flächendeckend mit moderner Kunst ausgestattet hat.

Historische Substanz

Auf dem Weg zum Hafen hat man nun verschiedene Möglichkeiten: Wer der Punchbowl St. folgt, kann an der Ecke zur Pohukaina St./Ala Moana Blvd. in der **Restaurant Row** einkehren, wo mehrere Restaurants in einer Passage zusammengefasst sind. Oder man folgt zunächst der Queen St. wieder bis zur rückwärtigen Seite des Justizpalastes und biegt dann auf die Mililani St. nach links ein. An dieser Stelle verdient das hübsche **Hauptpostamt** (Federal Post Office Building) im Stil der Neorenaissance Beachtung. Am lang gestreckten, massigen Betonklotz des **Federal Building (8)** vorbei erreicht man den viel befahrenen Ala Moana Blvd., auf dessen anderer Seite man zu den einzelnen Piers des Hafens gelangt.

Hawaii Maritime Center (9)

Bei genügend Zeit lohnt sich ein Besuch des Museums unbedingt. Es verfügt über eine hervorragende Sammlung nautischer Gerätschaften der polynesischen Ureinwohner und interessante Ausstellungen zur Geschichte des Fischens, der Wet-

Die 'Falls of Clyde' vor dem Hawaii Maritime Center

terbeobachtung etc. Vom angeschlossenen Restaurant hat man einen schönen Blick auf die Hafenszenerie. Im Museum findet man das King Kalakaua Boathouse Museum, das eine maritime Reise durch die Geschichte der Seefahrt von Captain Cook bis zu König Kalakaua verspricht (audiovisuelle Vorführungen), die nachgestellte Wand eines Kreuzfahrtschiffes und die Whaling Exhibit mit u.a. einem kompletten Buckelwal-Skelett.

Museumsschiffe…

Einen ebenso großen Aufmerksamkeitswert haben die Schiffe, die in den Hafenbecken neben und am Museum festgemacht sind. So z.B. die **Falls of Clyde**, ein 1878 in Glasgow gebauter Viermaster, der als Passagierschiff und als Frachter von Honolulu aus im Pazifik Dienst tat. Eine Spendensammlung rettete das schöne Schiff vor dem Abwracken und brachte es von Alaska zurück nach Hawaii, wo es seit 1986 besichtigt werden kann. Eine weitere Attraktion ist das 20 m lange und knapp 3 m breite Segelkanu **Hokulea**, eine originalgetreue Replik der polynesischen Doppelrumpfboote. Ihre Seetüchtigkeit bewies die 'Hokulea' durch spektakuläre Reisen in den 1970/80ern (u.a. nach Tahiti), bei denen sich die Mannschaft ausschließlich der alten Navigationstechniken bediente.

Aloha Tower Marketplace (10)

Auch der viereckige und kuppelbekrönte Aloha Tower ist zu besichtigen, der bei seiner Fertigstellung im Jahre 1926 das alles überragende Wahrzeichen von Honolulu war. Hier wurden vor dem Zeitalter der Jumbo Jets die Touristen begrüßt und verabschiedet, die damals mit den großen Passagierschiffen nach Hawaii kamen.

…und Aussichtsturm

Obwohl längst schon Wolkenkratzer den Blick begrenzen, lohnt die Auffahrt auf die Aussichtsplattform im 10. Stock immer noch unbedingt. In einem 100-Millionen-Dollar-Projekt verwandelte man in den 1990er Jahren den Platz um den Aloha Tower in einen quirligen 'Marktplatz' mit nostalgischem Reiz. Mehrere geschickt arrangierte, zweistöckige Gebäude mit grün lasierten Dächern bieten Souvenirshops, Pubs und Restaurants Platz, auf den palmengesäumten Gassen

Der Aloha Tower

finden Hula-Shows statt und immer wieder ergeben sich schöne Ausblicke auf den Kai, wo Yachten, Kreuzfahrtschiffe und das restaurierte Feuerschiff Abner T. Longley anlegen. Ein Besuch des Marktplatzes lohnt sich besonders, wenn Kreuzfahrtschiffe ablegen und wie in der 'guten alten Zeit' verabschiedet werden.

Karte S. 257

Chinatown (11)

Zentrum der chinesischen Community

Vom Hafen aus kann man mit dem Waikiki Trolley oder zu Fuß das nördlich gelegene Stadtviertel erkunden, das von den Straßen Nimiz Hwy., Nuuanu St., River St. und Beretania St. begrenzt wird und allgemein unter dem Namen 'Chinatown' bekannt ist. Ähnlich wie in San Francisco – wenn auch viel kleiner! – hat sich hier das fernöstliche Leben erhalten können, das die chinesischen Landarbeiter ab den 1860er Jahren in dieses Viertel brachten.

Lange Zeit hindurch galt die Chinatown als gefährliches Pflaster, und die Wohnverhältnisse und hygienischen Zustände waren alles andere als gut. 1886 wurden große Teile der beengten Stadt durch eine Feuersbrunst vernichtet, ein zweites Feuer, das 1900 mutwillig gelegt wurde, um die Pestepidemie einzudämmen, geriet außer Kontrolle und verrichtete ebenfalls sein Werk der Zerstörung. Im 20. Jh. erwarb sich die Chinatown den zweifelhaften Ruf einer Spielhölle und Heimat der Prostitution.

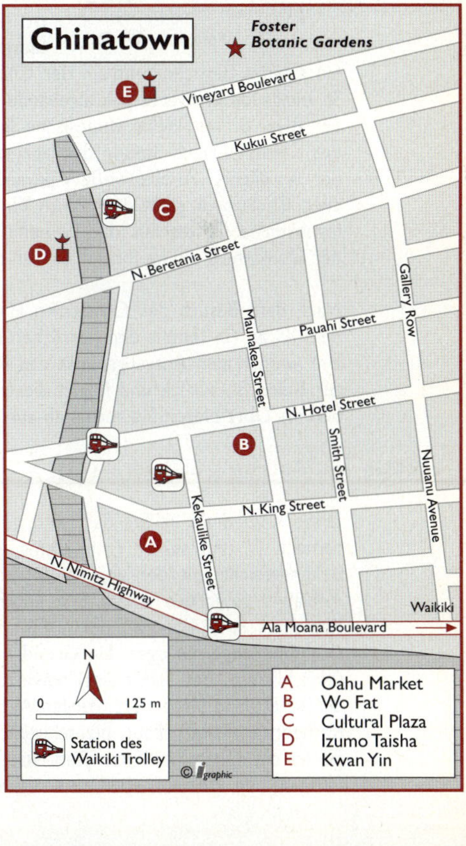

Tatsächlich sind immer noch nicht alle Etablissements dem Touristen guten Gewissens zu empfehlen, doch es überwiegt der Gesamteindruck eines lebenslustigen, ungefährlichen und z.T. pittoresken Viertels mit historischen Läden, Tempelanlagen, asiatischen Heilpraktikern und Akupunkteuren, Geschäftszentren mit exotischen Waren und Antiquitäten (Porzellan!), Märkten, Lei-Ständen, Nudelfabriken, Kunstgalerien sowie Restaurants mit fernöstlicher Küche. Es bleibt hinzuzufügen, dass die Einwohner der Chinatown längst nicht mehr ausschließlich von chinesischen Vorfahren abstammen. Inzwischen leben hier außer Chinesen genauso Hawaiianer, Filipinos, Japaner, Vietnamesen und Koreaner.

Bei einem **Rundgang** kann man vom Aloha Tower Marketplace zunächst den

Weg parallel zum Ala Moana Blvd., der in den Nimiz Hwy. übergeht, fortsetzen und stößt nach ca. 400 m auf den **Oahu Market (A)**, der sich im Block zwischen der Kekaulike St. und der River St. befindet. Dieser 1904 gegründete Lebensmittel-Markt kann noch am ehesten das quirlige Treiben einer wirklichen Chinatown vermitteln. Im Nordosten stößt man schließlich auf die Hotel St. mit einer Vielzahl von fernöstlichen Geschäften. Nach rechts kommt man dann an der Ecke zur Maunakea St. zum berühmten Restaurant **Wo Fat (B)**, das bereits 1882 gegründet wurde. 1906 an diesen Standort verlegt, war das pagodenartige Haus das erste in Hawaii, das nach der Aufhebung der Prohibition 1933 die Schanklizenz bekam.

Restaurant 'Wo Fat'

Karte S. 263

Auf der Maunakea St. geht es nach links, am Maunakea Marketplace mit seinen vielen Restaurants und Läden vorbei, zum Block der **Cultural Plaza (C)**, vor deren Eingang die lebensgroße Statue des *Dr. Sun Yat Sen* zu sehen ist. Hier befinden sich ebenfalls mehrere Restaurants, u.a. in der Asia Mall, Geschäfte, sowie ein eigenes Besucherzentrum der Chinatown. Nördlich davon sind an der Kukui St. einige sehenswerte Sakralgebäude versammelt. So z.B. an der Kreuzung mit der River St. der kleine chinesische Tempel Lam Sai Ho Tong und sofort jenseits des Kanals Nuuanu Stream der japanische Shinto-Schrein **Izumo Taisha (D)**. An der nördlichen Parallelstraße Vineyard Blvd., nun schon außerhalb der eigentlichen Chinatown, stellt der **Kwan Yin Temple (E)** das größte und bekannteste fernöstliche Gotteshaus dar. Geweiht ist der Tempel der buddhistischen Göttin der Dunkelheit, die im Innern als 3 m hohe Bronzefigur dargestellt ist.

Tempel und Schreine

Nach dem Besuch der Chinatown kann man sich bei genügend Zeit nun hinter dem Kwan Yin Temple den herrlichen Foster Botanic Garden anschauen (S. 283f). Um wieder zum Ausgangspunkt des Rundganges zu gelangen, kehren Sie jedoch zur Kukui St. zurück und folgen dieser geradewegs bis zur Queen Emma St. (ca. 500 m). Dort biegen Sie rechts ab zur nahen St. Andrew's Cathedral:

St. Andrew's Cathedral (12)

Diese Kathedrale im Stil der normannischen Neugotik wurde von König Kamehameha IV. und seiner Frau Emma geplant, die auf ihrer Reise nach England Bekanntschaft mit der anglikanischen Kirche gemacht hatten und bald deren Anhänger geworden waren. Erst unter dem Nachfolger und Bruder des Königs, Kamehameha V., konnte jedoch 1867 mit den Bauarbeiten begonnen werden, die sich sehr lange hinzogen. Ein Grund dafür war, dass ein Großteil der Materialien (einschließlich des Sandsteins) sowie der Glasfenster und Einrichtungsgegenstände aus England importiert wurden. Auch nach der Einweihung 1902 wurde an der Kathedrale weitergebaut, bis schließlich 1958 mit dem modernistischen Hauptportal das Gotteshaus komplett war. Ganz in der Nähe (Fort Street Mall) ist übrigens die kleinere, aber auch ältere katholische 'Konkurrenz' zu besichtigen.

Die von französischen Missionaren errichtete Cathedral of Our Lady of Peace wurde 1843 vollendet und ist aus Korallenkalk gebaut.

Washington Place (13)

Geht man nun auf der Beretania St. ein Stück nach links, fällt linker Hand ein schmuckes Gebäude auf. Dieser weiße, im neoklassizistischen Kolonialstil errichtete Bau (also kein 'Platz', wie der Name nahelegt) von 1846 war das Wohnhaus des amerikanischen Kapitäns *John Dominis*, der 1837 aus New York nach Oahu gekommen war. Sein Sohn *John Owen Dominis* heiratete später die zukünftige Königin *Liliuokalani* und war lange Zeit Gouverneur der Insel. Die Königin lebte nach dem Sturz der Monarchie bis zu ihrem Tod 1917 im Washington Place. Heute dient das Haus als privater Wohnsitz des Gouverneurs und ist der Öffentlichkeit nicht zugänglich. Rechts des Gebäudes ist ein 3 m hohes Monument auffällig, das **War Memorial**. Seine ewige Flamme erinnert an die Frauen und Männer Hawaiis, die ihr Leben im Zweiten Weltkrieg ließen.

Edles Kolonialhaus

Hawaii State Art Museum (14)

Ein kurzes Stück weiter nördlich, an der Ecke der Straßen Richards St. Beretania St., wurde 2002 dieses ambitionierte Kunstmuseum eröffnet. Dazu baute man das ehemalige YMCA von 1928 um, ein schöner Bau im spanischen 'Mission Style'. Alle Arten der bildenden Künste sind hier ausgestellt und geben den umfassendsten Überblick über das hohe Niveau traditioneller und zeitgenössischer Künstler im Bundesstaat.

Hawaii State Capitol (15)

Karte S. 257

Auf der anderen Seite der Beretania St. erhebt sich unübersehbar inmitten ausgedehnter Grünanlagen das State Capitol. Als Sitz der Regierung und des Parlaments hat das protzige, 24 Mio US$ teure Gebäude den ungleich schöneren Ioalni Palace beerbt. Es ist ein typischer Betonbau der 1960er, der nicht nur die beiden Kammern des Parlaments (Repräsentantenhaus und Senat) aufnehmen, sondern durch seine Architektur auch den gesamten Bundesstaat symbolisieren wollte. So sind z.B. die Säulen, die das weit vorstehende Dach tragen, als abstrahierte Königspalmen gestaltet, die Brunnen, Teiche und blauen Mosaiksteine des Innenhofes sind Sinnbilder des Meeres, das die Inseln umgibt, und die nach oben geschwungene Form des Inneren erinnert an den Vulkanismus, dem der Archipel seine Entstehung verdankt.

Regierung und Parlament des Bundesstaates

Die für alle offenen Sichtmöglichkeiten auf die Sitzungssäle schließlich sind ein Zeichen für das Demokratische des jungen Staates. Besucher des Geländes werden auf viele Skulpturen und Denkmäler stoßen. Beachtung verdient auf der meerzugewandten Seite z.B. die 1969 errichtete, große Bronzeskulptur für Father Damien (vgl. S. 503ff), ebenso das Standbild für die letzte Königin Liliuokalani, das auf der anderen Seite platziert ist. Auf dem Sockel ist u.a. der Text der 'Nationalhymne' Aloha Oe eingraviert. Und über den beiden Eingängen des Capitols prangen riesige Abgüsse des Staatswappens. Teile des Inneren sind frei zugänglich, und ein Fahrstuhl bringt Besucher in den fünften Stock, von wo man eine gute Aussicht auf die Stadt hat. Wer Sitzungssäle und den Sitz des Gouverneurs besichtigen möchte, kann an einer einstündigen Führung teilnehmen.

Waikiki

Waikiki – von Palmen gesäumte Hochhauskulisse, in Filmen und Fernsehserien hundertmal gesehen, auf ungezählten Hochglanzseiten immer wieder abgebildet. Waikiki ist hektische Betriebsamkeit, eine gut geölte und bestens organisierte Urlaubs-Maschinerie, das große Auffangbecken für den Jumbo-Jet-Tourismus aus aller Welt. Sicher: Die berühmten Sonnenuntergänge gibt es, Palmen ebenfalls, und selbst ein Erholungswert ist Waikiki nicht abzusprechen. Und der schmale, dazu noch künstlich aufgeschüttete Sandstrand wird in einem Atemzug mit der Copacabana von Rio genannt, in den örtlichen Publikationen natürlich immer als 'der berühmteste Strand der Welt' bezeichnet.

Hotelhochburgen in Waikiki

Dass die von geschickten Fotografen eingefangene Südseeidylle jedoch nicht mehr als ein schöner Traum ist, macht der Blick auf die Statistik deutlich: Drei Viertel der hawaiischen Bevölkerung lebt auf Oahu, davon die Hälfte in Honolulu, dessen Großteil an touristischen Einrichtungen aller Art wiederum in Waikiki konzentriert ist. Hier gibt es mehr Hotelbetten und Ferienapartments, mehr Restaurants, Bars, Einkaufspassagen und Souvenirläden als auf allen anderen Inseln zusammen. Insofern verwundert es doch ein wenig, dass viele Waikiki immer noch mit Oahu, ja sogar mit Hawaii insgesamt gleichsetzen und ihren gesamten Urlaub hier verbringen.

Ob man damit zufrieden sein kann, hängt von der Erwartungshaltung und der persönlichen Art ab, die Ferien zu gestalten. Immer häufiger trifft man jedoch Touristen, vornehmlich aus dem europäischen Ausland, die nach wenigen Tagen Waikiki den Rücken kehren, um sich auf die Suche nach dem 'wahren Hawaii' zu machen. Denn eines ist klar: Ebenso wenig, wie sich einem die Schönheit des Bundesstaates Florida durch einen Besuch von Miami Beach erschließen kann, kann man in Honolulu bzw. Waikiki das Paradiesische des hawaiischen Archipels entdecken. Die wörtliche Übersetzung des Namens 'Waikiki' lautet 'sprudelndes Wasser' und ist ein Indiz dafür, dass das recht kleine Terrain früher ein ganz anderes Gepräge hatte. Das 'sprudelnde Wasser' kam aus dem Hinterland in Form von drei Flüssen und mehreren Bächen in die Senke und machte aus

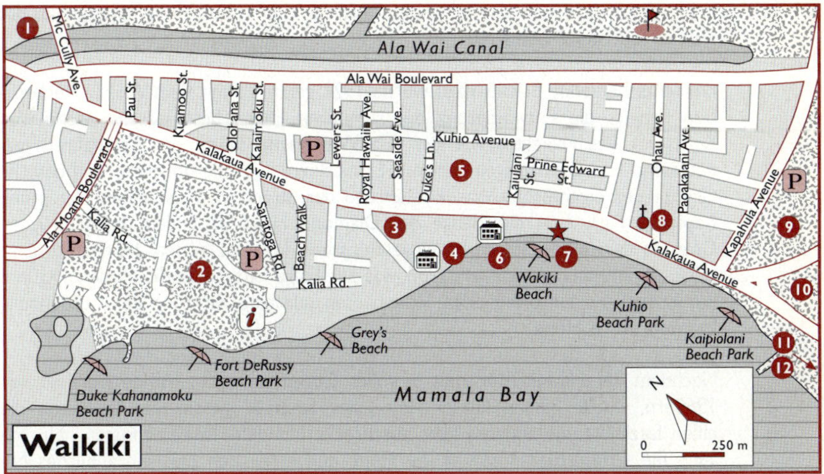

1 Hawaii Convention Center
2 US-Army Museum of Hawaii
3 Royal Hawaiian Shopping Center
4 Royal Hawaiian Hotel
5 International Market Place
6 Sheraton Moana Hotel
7 Waikiki Beach Center
8 St. Augustine's
9 Honolulu Zoo
10 Kapiolani Park
11 Waikiki Aquarium
12 Diamond Head

Waikiki ein sumpfiges Eldorado für Büffel und Wasservögel. Der Reiz dieser Landschaft wuchs in dem Maße, in dem Honolulu größer und staubiger wurde. Schon die Kamehameha-Könige hatten ab etwa 1800 ein Strandhaus in Waikiki, das wegen des morastigen Bodens allerdings nur vom Wasser aus zugänglich war.

1860 baute man die erste Straße von Honolulu hierhin, die 20 Jahre später bereits von einer Personenkutsche befahren wurde, ab 1888 schließlich von einer Straßenbahn. Sie wurde von den Städtern und von jenen Besuchern frequentiert, die in den Gästezimmern von Honolulu untergebracht waren, erst durch die 1884 eröffnete Pension 'Sans Souci' gab es auch eine Unterkunftsmöglichkeit in Waikiki selbst. Während der Schotte **Robert Louis Stevenson** (Die Schatzinsel) bei seinem Besuch von 'Sans Souci' im Jahre 1889 noch von der dortigen 'schönen Landschaft, reinen Luft, sauberem Meerwasser' schwärmte, sah sein Schriftstellerkollege **Jack London,** der 1916 den 'Outrigger Canoe Club' besuchte, die stürmische Entwicklung der nächsten Jahre prophetisch voraus: 'Ich bin froh, dass wir jetzt hier sind. Denn eines Tages wird Waikiki Beach ein einziges langes Hotel sein', schrieb er.

Anfänge des Hawaii-Tourismus

Zu diesem Zeitpunkt war mit dem fünfstöckigen, weißen Moana Hotel (1901) bereits die erste, repräsentative Touristenherberge entstanden. 1927 gesellte sich das pinkfarbene Royal Hawaiian dazu, und auf alten Ansichtskarten ist zu sehen, wie die beiden Luxushotels einsam inmitten eines riesigen Palmenhains platziert waren, verbunden durch die Kalakaua Avenue, die trotz der Straßenbahn einen rein ländlichen Charakter aufwies. Wer sich heute die restaurierten Gebäude des Moana-Hotels und des Royal Hawaiian anschaut, zwar nach wie vor imponierend, aber von den Hochhäusern der Nachbarschaft fast erdrückt, bekommt eine Ahnung, wie rasant sich das erholsame Waikiki zum turbulenten Mittelpunkt des Hawaii-Tourismus wandelte.

Waikikis natürliche Lage

Der entscheidende Schritt dazu wurde 1922 getan, als mit dem Waikiki Reclamation Project die Entwässerung der sumpfigen Ebene beschlossene Sache war. Kernstück des Projektes war der **Ala-Wai-Kanal**, heute von Kanufahrern genutzt und von Grünanlagen flankiert. Er markiert auch die nördliche und östliche Grenze des eigentlichen Waikiki, während der Strand im Westen und der grüne Kapiolani Park bzw. die Hänge des Diamond Head im Süden die natürlichen Grenzen darstellen. Das davon eingeschlossene Areal ist mit ca. 2 km^2 also überschaubar und nicht besonders groß, was zur Folge hatte, dass die ab den 1930ern flächendeckend aufsprießenden Hotelbauten nur eine Richtung der Ausdehnung kannten: in die Höhe.

Nachdem der Hawaii-Tourismus in vollen Zügen einsetzte, insbesondere ab den 1960ern, wurde binnen kurzer Zeit jenes Stadtbild geschaffen, das heute die einen fasziniert, die anderen aber abschreckt. Mit den Hotels schossen natürlich auch die Grundstückspreise in die Höhe und erreichten bald ein ähnliches Niveau wie in Manhattan. Die skizzierte Entwicklung von Waikiki zum Touristenmagnet macht verständlich, dass Besucher hier keine Sehenswürdigkeiten im herkömmlichen Sinn erwarten dürfen. Was u.a. den Reiz von Downtown Honolulu ausmacht, nämlich die Besichtigung historischer Gebäude, Plätze oder Museen, sucht man in Waikiki vergeblich. Stattdessen werden Strandleben, Restaurantbesuche und Shopping im Vordergrund stehen. Im Süden des Stadtteils jedoch kann man vom Strand aus über die Kalakaua Ave. in wenigen Minuten z.B. den vom Diamond Head überragten Kapiolani Park mit seinen vielen Highlights erreichen.

Straßenraster

Wenn auch Neuankömmlingen das **Einbahnstraßensystem** zu schaffen macht (besonders wenn sie nach einem langen Flug und nachts mit dem Mietwagen vom Honolulu Airport aus hierhin fahren), fällt es trotzdem leicht, sich in Waikiki zu orientieren. Der Strand, der Diamond Head und der Ala Wai Canal sind als begrenzende Fixpunkte schon genannt worden. Sie umschließen einen länglichen, in Nord-Süd-Richtung ausgedehnten Stadtteil, der von drei Straßenachsen durchzogen wird: im Osten der Ala Wai Blvd., der parallel zum Kanal verläuft, dann die aus dem Nordosten kommende und schräg nach Südwesten gehende Kalakaua Ave. und dazwischen die Kuhio Ave. Eine Vielzahl von Straßen durchschneidet diese Achsen in West-Ost-Richtung und schafft so das Rastersystem der einzelnen Blocks. Nur zum Meer hin verstellen häufig Shopping-Zentren und Hotelbauten sowohl die Sicht auf den als auch den ungehinderten Zugang zum Strand (mit Ausnahme jenes Abschnitts, an dem die Kalakaua Ave. direkt an der Uferpromenade entlangführt).

Hinweis

Die im Folgenden skizzierte kleine ***Wegstrecke*** *richtet sich an Besucher, die nicht in Waikiki wohnen und nur einen Eindruck von der Touristenhochburg erhalten möchten. Bei wenig Zeit kann man eine Richtung dieses Weges mit dem Waikiki Trolley oder dem Stadtbus zurücklegen. Der südlichste Punkt dieser Aufzählung, nämlich der Diamond Head, sollte ohnehin mit dem Bus oder dem Mietwagen* *angefahren werden. Dabei ist es sinnvoll, wegen der besseren Sicht die Besteigung des Diamond Head auf die Morgenstunden zu legen und sich erst anschließend Waikiki zu nähern.*

> **Hinweis**
>
> *Ein anderer guter Startpunkt für den Spaziergang wäre der **Ala Moana Beach** und das gleichnamige Shopping Center außerhalb des eigentlichen Waikiki, bequem per Bus, Trolley oder dem Mietwagen zu erreichen. Von dort aus gelangt man z.B. zum Royal Hawaiian in 10 Minuten zu Fuß, wobei der schöne Weg am Yachthafen, dem Hilton Hawaiian Village und dem US-Army Museum vorbeiführt.*

Hawaii Convention Center (1)

Noch vor dem eigentlichen Waikiki werden Besucher, die aus Honolulu Downtown anreisen, von dem auffälligen, modernen Hawaii Convention Center begrüßt, das sich in beherrschender Lage unmittelbar nördlich des Ala-Wai-Kanals an der Kalakaua Ave. befindet. Das vierstöckige Gebäude setzt mit einer palmenähnlichen Stahl- und Glasstruktur, segelartigen Aufbauten, viel Grün und Wasser ganz bewusst polynesische Akzente. Einheimische, Geschäftsleute und Touristen können das Wahrzeichen des Stadtteils u.a. bei Ausstellungen, Konferenzen, Konzerten, Shows und Theaterstücken nutzen.

Kalakaua Avenue

Hauptstädtischer Lebensnerv

Der Lebensnerv des Straßensystems von Hawaii ist die Kalakaua Avenue, die von Norden (Honolulu) kommend, den Ala-Wai-Kanal quert und kurz darauf als Einbahnstraße schräg durch Waikiki auf den gleichnamigen Strand zuläuft. Auf ihr wird man für eine kurze Strecke direkt am weißen Sandstrand und der Uferpromenade vorbeigeführt; ab dem Waikiki Zoo ist die Straße dann wieder in beiden Richtungen befahrbar. An der Kalakaua Ave. befinden sich neben Einkaufszentren, Restaurants, Souvenirläden, Kaufhäusern und Bars auch die ältesten und einige der renommiertesten Hotels des Archipels, u.a. das 'Royal Hawaiian' und das 'Sheraton Moana'. Es wäre falsch, die Avenue als 'Prachtstraße' zu bezeichnen, dazu hat sie zu wenig Historie. Aber als Laufsteg der Touristen und Honeymooner, als Bühne für Surfboys und Strandnixen, als idealer Beobachtungsposten für Voyeure, als Erlebnis der Quintessenz von Waikiki – dazu ist sie allemal geeignet! Der Namensgeber König Kalakaua, dem ein sehr lebenslustiger Zug nachgesagt wird, hätte an der Avenue jedenfalls seine Freude gehabt.

US-Army Museum of Hawaii (2)

Martialisches Museum

Wer vom Norden die Avenue herunterschlendert und in die düstere Welt des Kriegshandwerkes abschweifen möchte, könnte einen ersten Abstecher über die Saratoga Rd. nach rechts zum Armee-Museum (und evtl. weiter zum Strand) unternehmen. Es befindet sich an der Ecke zur Kalia Rd. rechter Hand auf dem Gelände des **Fort de Russy** – untergebracht ist es in einem massiven Bunker (Battery Randolph), der 1909 zur Verteidigung von Pearl Harbor bzw. Honolulu errichtet wurde und mit den Kanonen der Küstenwache bestückt war. Die Sammlung des Museums zeigt alle möglichen kriegerischen Erinnerungsstücke, von Uniformen aus dem Unabhängigkeitskrieg über japanische U-Boote oder Görings Marschallstab aus dem Zweiten Weltkrieg bis hin zu Waffen aus dem Korea- und

Vietnam-Krieg. Am interessantesten dürften jene Exponate sein, die das kriegerische Leben alt-hawaiischer Stämme dokumentieren.

Waikiki Beach

Falls Sie sich das Armee-Museum angeschaut haben und nicht wieder bis zur Kalakaua Ave. zurückwandern möchten, können Sie genauso gut bis zum Strand weitergehen und, vorbei an den Hotels Waikiki Shore, Outrigger Reef, Halekulani und Sheraton Waikiki, zum Royal Hawaiian Hotel spazieren, von dort aus dann entweder das nahe Royal Hawaiian Shopping Center besuchen oder den Weg bis zur Strandpromenade fortsetzen. Der gesamte, gut 3 km lange, aber nicht besonders breite Strandstreifen, dessen Sand übrigens vorwiegend von der Insel Molokai importiert wurde, trägt auf den üblichen Karten die Bezeichnung 'Waikiki Beach'.

Waikiki Beach, im Hintergrund das Royal Hawaiian Hotel

Tatsächlich besteht er jedoch aus mehreren Abschnitten, die jeweils eigene Namen haben. Von Norden nach Süden sind dies zunächst der Kahanamoku Beach (benannt nach dem so gen. Duke, dem 'Vater des Surf-Sports', s.u.), dann der Gray's Beach und der populärste Abschnitt, der Royal Hawaiian Beach. Ab der Strandpromenade folgen nach Süden hin der Kuhio Beach Park mit dem Queen's Surf Beach (der wegen der ins Meer gebauten Schutzmauer nicht zum Schwimmen geeignet ist), dann der Kapiolani Beach und als letzter der Sans Souci Beach.

Am bekanntesten Strand Hawaiis

Royal Hawaiian Shopping Center (3)

Karte S. 267

Ob Sie nun am Wasser entlang oder über die Kalakaua Ave. gehen, der lang gestreckte Komplex dieses modernen Shopping Centers ist kaum zu verfehlen. Es besteht aus drei Blocks (Ilima Court, Orchid Court, Hibiscus Court), die auf jeweils vier Etagen insgesamt rund 150 Geschäfte, Restaurants und Service-Unternehmen beherbergen. Die Betonbauten, die aber durch freundliche Farben sowie mit Springbrunnen und viel Grün sehr angenehm gestaltet sind, bieten neben der Einkaufsmöglichkeit ein kostenloses kulturelles Rahmenprogramm, bei der man Hula- und Ukulele-Stunden nehmen, die Herstellung von Blumenkränzen beobachten oder verschiedenen Shows beiwohnen kann. Lagepläne erhalten Sie in den Hotels oder an den Touristeninformationen im Shopping Center selbst, an dem sich übrigens auch die Haupthaltestelle des Waikiki Trolley befindet. Gegenüber dem Einkaufszentrum geht es auf der anderen Seite der Kalakaua Ave. nicht weniger kommerziell zu, wo gleich zwei Geschäfts- und Restaurantpassagen auf Besucher warten: die Waikiki Shopping Plaza und die Waikiki Business Plaza. Dazwischen verläuft die Seaside Ave., wo man sich einen Block weiter landeinwärts im IMAX-Theater eine Show über Hawaii anschauen kann.

Royal Hawaiian Hotel (4)

Weltberühmter 'Pink Palace'

Zum Meer hin verbirgt sich hinter dem Royal Hawaiian Shopping Center der prächtige Garten des wohl berühmtesten Hotels der Insel, das für sich eine Sehenswürdigkeit besonderer Güte darstellt. Schon die Eröffnung des Royal Hawaiian Hotels am 1. Februar 1927 war ein gesellschaftliches Ereignis ersten Ranges: 1.200 Festgäste aus dem In- und Ausland erlebten eine grandiose historische Show und feierten das Aufleuchten eines neuen Sterns der internationalen Hotellerie. 4 Millionen Dollar hatte die Nobelherberge die Schiffsgesellschaft Matson Company damals gekostet, die ihre Kunden nicht nur von den luxuriösen Kreuzfahrtschiffen bezog, die damals in Honolulu Halt machten, sondern immer häufiger auch aus der Szene der Hollywood-Stars, der Großindustriellen, der Politiker und der blaublütigen Gesellschaft Europas.

Das Royal Hawaiian Hotel kurz nach seiner Fertigstellung

Schon kurz nach seiner Eröffnung hatte das pinkfarbene, in seinem Stil an maurischen Palästen orientierte Haus dem 'Moana' den Rang abgelaufen. Es waren die Kriegswirren nach dem Angriff auf Pearl Harbor, die den Tourismus zum Erliegen brachten und beide Häuser in Existenznöte. Das Royal Hawaiian wurde an die US-Marine verpachtet und diente bis 1947 als feudaler Ruheort für Militärs. Ende der 1950er Jahre übernahm Sheraton das traditionsreiche Haus, später ein japanischer Geldgeber.

Als denkmalgeschützte Landmarke behauptet sich das luxuriöse Royal Hawaiian inzwischen selbst gegenüber dem benachbarten 31-stöckigen Sheraton Waikiki, und die Hotelgäste können sich nicht nur unter dem blauen Himmel am Swimmingpool sonnen, sondern auch in dem Gefühl, als Urlaubsdomizil eine der ganz großen Adressen im Pazifik gewählt zu haben. Wer es nicht vorzieht, vom Hotel aus am (meist überfüllten) Strand entlang zu schlendern, kommt auf der Kalakaua Ave. zur Rechten an weiteren Hotelbauten vorbei, während eine Freifläche zur Linken den International Market Place beherbergt.

International Market Place (5)

Der alte Marktplatz von Waikiki hat sich heutzutage zu einem richtigen Touristenbasar gewandelt. Hier finden Sie an etlichen Verkaufsständen unter freiem Himmel Kitsch und Kunsthandwerk, Imbissstände und Souvenirläden. Macadamia-Nüsse in jedweder Form werden genauso angeboten wie Austern, in denen Sie Perlen finden können. Obwohl gerade bei den Souvenirs die Qualität nicht immer die beste ist, die Preise relativ hoch sind (Handeln möglich!) und sich ab und zu auch Langfinger im Gedränge befinden, lohnt der Besuch: Die Atmosphäre rund um den riesigen Banyan-Baum mit seinem Baumhaus ist quirlig und interessant, und abends wird die Szenerie durch unzählige Glühbirnen stimmungsvoll erleuchtet. Dies ist auch die Tageszeit, wenn in einem eigenen Gebäude die Hula-Show 'Tavana's Polynesian Spectacular' gezeigt wird, die früher Bestandteil des Abendprogramms im renommierten Moana Hotel war.

Quirlige Atmosphäre

Sheraton Moana Hotel (6)

Dieses befindet sich nur wenige Meter entfernt auf der anderen Straßenseite der Kalakaua Ave. Vergangen sind die Zeiten, als das Moana allein auf weiter Flur die 'Skyline' von Waikiki bestimmte. 1901 erbaut, war es nicht nur das erste Haus am Platze, sondern richtete sich von Anfang an an eine erlesene Klientel. Schon die Architektur drückt dies aus: ein weißer, ausladender Bau, fünfstöckig und im klassizistischen 'Kolonialstil' errichtet, großzügig und elegant. Während das Moana früher die Umgebung überragte, wirkt es nun vor dem Hintergrund der umgebenden Hochhäuser fast niedrig, kann sich aber durchaus noch gegen die neuzeitliche Konkurrenz behaupten.

Das Sheraton Moana Hotel

Das unter Denkmalschutz stehende und vom Sheraton-Konzern übernommene Haus wurde gründlich renoviert und bietet heute alle Annehmlichkeiten des modernen Lebens, gepaart mit der Würde eines historischen Bauwerks. Und es gibt kaum eine stilvollere Art, den Sonnenuntergang von Waikiki zu erleben als bei einem Cocktail in der eleganten Atmosphäre der Veranda. Und nach Einbruch der Dunkelheit locken die Shows auf dem Hof unter dem hundertjährigen Banyan-Baum.

Elegante Hotellegende

Waikiki Beach Center (7)

Kurz hinter dem Moana Hotel verläuft die Avenue direkt am Strand entlang, von diesem nur durch eine kleine Promenade mit Bänken und Grünanlagen getrennt. Dies ist die Stelle, wo sich der Geruch von Autoabgasen mit dem von Sonnenöl vermischt, wo Kanus und Surfbretter vermietet werden, wo Vermittler von Schiffsausflügen auf Kunden warten, wo japanische Jungverheiratete das Erinnerungsfoto schießen und wo Sonnenanbeter geduldig auf einen handtuchgroßen freien Platz am Sandstrand warten. Ebenfalls am Waikiki Beach Center sind unter einer Schraubenpalme vier unscheinbare Steine aufgereiht, denen allerdings magische Kräfte zugesprochen werden. Ein Hinweisschild klärt Besucher über die Bewandtnis dieser **Wizzard Stones of Waikiki** auf: Demnach sollen im 16. Jahrhundert vier mächtige Magier *(Kahunas)* aus Tahiti hier hergekommen sein. Bevor sie Oahu wieder in Richtung Heimat verließen, übertrugen sie ihre geistigen Kräfte (Mana) auf diese Steine, die nunmehr als Relikt einer längst vergangenen Zeit inmitten des hektischen Badelebens überdauern. Ein weiterer Blickfang ist an diesem Strandabschnitt die **Statue** des Duke Kahanamoku, der durch seine internationalen Erfolge sportlich genauso viel erreicht hat wie für das Selbstbewusstsein der Hawaiianer.

Althawaiisches am Strand

St. Augustine's (8)

Möchten Sie vom Strand bzw. der Kalakaua Ave. wieder stadteinwärts und auf die Kuhio Ave. zurückgelangen, könnten Sie dies z.B. über die kleine Gasse an der St.-Augustine's-Kirche tun. Der zeltartige Betonbau mit grünem Kupferdach wurde 1961 eingeweiht und ist von außen nicht besonders imposant. Im Innern können Sie jedoch sehr interessante Glasmalereien entdecken, auf denen die biblische Geschichte innerhalb einer typisch hawaiischen Landschaft ausgebreitet wird. Links am Gotteshaus vorbei führt die Gasse außerdem zu einem kleinen **Museum**, das an das Wirken von Father Damien erinnert (vgl. S. 503ff). Setzt man den Spaziergang in südlicher Richtung fort, vorbei an den Hotels Hawaiian Regent, Waikiki Beach und Park Shore, erreicht man einen Grüngürtel, der nahtlos in die Hänge des hoch aufragenden Diamond Head übergeht. Der Großteil der Anlagen gehört zum Kapiolani Park, dessen erstes Stück, flankiert von den Straßen Kapahulu Ave. und Monsarrat Ave., den Zoologischen Garten von Honolulu beherbergt.

Honolulu Zoo (9)

Der Zoo von Honolulu gehört nicht unbedingt zu den spannendsten zoologischen Gärten Amerikas, weder was seine Größe noch was seinen Bestand an Tieren angeht. Die afrikanische Tierwelt ist u.a. mit Giraffen, Elefanten, Löwen und Affen vertreten, ebenso wird die Fauna Asiens und Amerikas mit den zooüblichen Exemplaren repräsentiert. Interessant jedoch wird es immer dann, wenn Hawaiisches zu sehen ist, insbesondere für Kurzbesucher, die hier Gelegenheit haben, die vielfältige Vogelwelt der Inseln zu bewundern. So besitzt der Zoo einige Exemplare des Staatsvogels Nene, jener Gans, die in der freien Natur sehr selten geworden ist. Auch die beiden endemischen (= einheimischen) Säugetierarten sind vertreten, nämlich die behaarte Fledermaus einerseits und die hawaiische Mönchsrobbe andererseits.

Nene-Gänse und andere Tiere

INFO Der Vater des Surf-Sports: Duke Paoa Kahanamoku

Wer die heutige Staffage von Kunststoff-Brettern sieht, die am Waikiki-Strand auf Surfer warten, mag glauben, dieser Sport sei eine Erfindung unserer Freizeitgesellschaft. Aber aus alten Berichten wissen wir, dass bereits seit dem 15./16. Jh. die polynesischen Ureinwohner das Wellenreiten – häufig den Häuptlingen vorbehalten

– kannten und liebten. Die guten Surfbedingungen in Waikiki nutzten daher auch die Könige der Kamehameha-Dynastie, die seit etwa 1800 dort ein Strandhaus besaßen. Ihnen standen damals 3-6 m lange Planken aus dem Holz der Wili- und Koa-Bäume für ihren Sport zur Verfügung. Im Zuge der Umwandlung der hawaiischen Gesellschaft drohte um die Jahrhundertwende jedoch das Surfen, seine Techniken und seine besten Plätze in Vergessenheit zu geraten. Nur einige Unentwegte ritten damals die Wellen vor dem Strand von Waikiki – unbeeindruckt von der 'modernen Welt', die von dieser Tradition nichts wissen wollte.

Der 'Duke' am Strand von Waikiki (ca. 1915)

Den wohl größten Schub für den weltweiten Siegeszug des Surfens brachte dann jedoch ein junger hawaiischer Adeliger, der 1890 auf der Insel Maui geboren worden war und bereits als Schüler der Kamehameha-Schule in Honolulu durch seine sportlichen Leistungen auf sich aufmerksam gemacht hatte. Paoa Kahanamoku, wegen seiner fürstlichen Herkunft schnell 'Duke' genannt, war nicht nur ein vorzüglicher Schwimmer, sondern seit frühester Jugend auch begeisterter Surfer: Tagtäglich konnte man den Duke auf seinem 5 m langen und 50 kg schweren Brett damals in Waikiki sehen.

Weltweite Bekanntheit erlangte er zunächst 1912 bei den Olympischen Sommerspielen in Stockholm, bei denen Kahanamoku über die Distanz von 100 m einen Weltrekord aufstellte, den er bald darauf in Hamburg brach. Auch 1920 in Antwerpen wurde er Weltmeister und verlor diesen Titel erst 1924 durch den neuen Schwimmstar (und Tarzan-Darsteller) Johnny Weissmüller. Vier Jahre später konnte er in Amsterdam erneut Medaillen gewinnen, und noch 1932, nun schon als 42-Jähriger, sahen die Olympischen Spiele von Los Angeles den Duke als aktiven Wasserball-Sportler. Zu diesem Zeitpunkt war er in seiner Heimat bereits ein seit langem gefeierter Nationalheld und eine lebende Legende.

Zu seinem Ruhm trug sein Engagement in einigen Hollywood-Streifen ebenso bei wie eine spektakuläre Rettungsaktion, bei der er in Kalifornien mit dem Surfbrett acht gekenterten Fischern zu Hilfe kam. Obwohl er später oft in untergeordneten Stellungen arbeitete (u.a. als Hausmeister und Tankwart), konnte er sich bis ins hohe Alter die Aura des frauenumschwärmten und sportlichen Beachboy erhalten. Bis 1961 trug er den Titel des Ehren-Sheriffs von Honolulu, und in seinen letzten Lebensjahren durfte er als Protokollchef von Hawaii alle prominenten Besucher des Archipels begrüßen.

Auch nach seinem Tod im Jahre 1967 wird der Surfer und Schwimmer verehrt, wie man u.a. an den Blumenkränzen an der Kahanamoku-Statue erkennen kann.

Kapiolani Park (10)

Der 'eigentliche' Kapiolani Park erstreckt sich in einem Dreieck zwischen den Straßen Monsarrat Ave., Paki Ave. und Kalakaua Ave. – ein 28 ha großes Gelände voller Sportplätze, Joggingpfade, Gärten, Musikstände und exotischer Botanik. Seinen Namen trägt der Park nach der Königin und Frau Kalakauas, jenem König, der die Grünanlagen 1877 seinen Untertanen zum Geschenk machte. Damit ist er der erste öffentliche Park von Hawaii und nebenbei bis heute der populärste. Längst schon haben sich ihn die Jogger, Drachenflieger, Fußballer und Picknick-Begeisterten der Stadt zu ihrem Lieblingsplatz erkoren, und auf einem Spaziergang durch das Gelände wird man daher auf sehr viel Lokalkolorit stoßen.

Waikikis grünes Ende

An bestimmten Tagen geht es nicht nur auf den Joggingpfaden gedrängt zu, z.B. im Dezember, wenn hier das internationale **Marathonrennen** seinen Zielpunkt hat. Besucher finden im Kapiolani-Park außer Erholung oder Sport mehrere lohnende Ziele. Sollten Sie sich z.B. am Sonntagnachmittag hier aufhalten, können Sie im **Musikpavillon** den Konzerten der renommierten Royal Hawaiian Band lauschen. Ebenfalls am Wochenende wird vormittags nahe der Monsarrat Ave. ein Kunstmarkt abgehalten, bei dem einheimische Künstler in einer Art Open-Air-Galerie ihre Werke ausstellen und verkaufen. Und in der **Waikiki Shell**, einer auffälligen Konzertmuschel nahe der Monsarrat Ave., finden immer mal wieder Konzerte oder Shows statt. Blumenfreunde seien schließlich auf den 1972 eingerichteten **Queen Kapiolani Rose Garden** hingewiesen, der sich an der Ecke Monsarrat Ave./Paki Ave. befindet und viele, z.T. auch seltene Rosenarten aufweist, so z.B. die einheimische lokelani.

Waikiki Aquarium (11)

Karte S. 267

Den Besuch des Kapiolani-Parks kann man verbinden mit einem Abstecher zum 1954 eröffneten und nicht sehr großen Waikiki Aquarium, in dessen Innen- und Außenbecken immerhin einige Hundert Spezies der Meeresfauna von Hawaii und dem Südpazifik versammelt sind. Es befindet sich jenseits der Kalakaua Ave. nahe dem Strand. Besonders interessant ist innen die Ausstellung 'Edge of the Reef', wo man die farbenprächtigen Bewohner am Rand der Korallenriffe bewundern kann, in den Außenbecken verdienen die seltenen hawaiischen Mönchsrobben besondere Beachtung. Und der Mahimahi, der einem auf den Speisekarten der Stadt so oft begegnet, kann hier in lebendem Zustand aus nächster Nähe betrachtet und angefasst werden.

Unterwasserwelt im Aquarium

Versäumen Sie anschließend nicht, dem unweit gelegenen, triumphbogenartigen **War Memorial Natatorium** einen Besuch abzustatten sowie die entspannte Atmosphäre an diesem Strandabschnitt kennen zu lernen.

Diamond Head (12)

Der markante Kraterrand des Diamond Head, dessen Silhouette noch von der Nachbarinsel Lanai wahrgenommen werden kann, kann als bekanntestes Wahrzeichen von Honolulu gelten. Dabei erhebt sich sein aus Tuffgestein aufgebauter

Gipfel Leahi nur 232 m ü.d.M. bzw. 171 m über dem Boden des Kraters, bietet aber eine fantastische Aussicht auf Waikiki und Honolulu.

Honolulus natürliches Wahrzeichen

Seinen Namen verdankt der Vulkan Funden von Kalkspat, die britische Matrosen der Vancouver-Expedition von 1825 für Diamanten gehalten hatten. Für die Ureinwohner war der Krater ein heiliger Platz, an dessen Westflanke ein bedeutendes *Heiau* existierte. König Kamehameha I. ließ dort nach 1795 Menschenopfer zur Besänftigung des Kriegsgottes Ku verrichten. Der alt-hawaiische Name *Leahi*, der früher für den gesamten Vulkan galt, wird als 'Platz des Feuers' oder als 'Braue des Laeahi-Fisches' gedeutet. Wegen seiner exponierten Lage wurde von den Weißen der Kraterrand später militärisch genutzt und mit Geschützstellungen versehen, die u.a. im Zweiten Weltkrieg verstärkt wurden.

Diamond Head, vom Punchbowl Crater aus gesehen

Heute ist der Diamond Head Crater Park unverzichtbarer Bestandteil einer geführten Sightseeing-Tour durch Honolulu. Individualtouristen, die nicht die 3,7 km ab dem Zoo zu Fuß zurücklegen wollen, erreichen ihn mit dem Bus (Linie 18, Ausstieg Diamond Head Rd./18th Ave., dann 1,1 km langer Fußweg) oder mit dem Mietwagen über die Monsarrat Ave. ab dem Honolulu Zoo bzw. der Kalakaua Ave., falls Sie den Krater zunächst südlich umrunden wollen. Auf beiden Straßen gelangt man zur Diamond Head Rd., die den Berg nördlich passiert, wobei man jeweils am Hinweisschild Diamond Head Crater abbiegt. Dieser Zufahrtsweg bringt einen durch einen Tunnel geradewegs in den Krater des erloschenen Vulkans, der mittlerweile in den Rang eines naturgeschützten State Monument erhoben wurde.

!!! Achtung

Wer über die Diamond Head Rd. an der Südflanke des Berges entlangfährt, wird verschiedentlich ausgetretene Pfade zum Gipfel entdecken, die jedoch keine offiziellen Wanderwege sind. In Honolulu weist man zu Recht darauf hin, dass man diese Wege ***nicht*** *wählen sollte: Erstens sind sie wegen des Lockergesteins gefährlich, zweitens zerstört die 'wilde Besteigung' die sensible Natur des Berges. Der einzige Zugang führt daher durch den Krater, wie oben beschrieben.*

Aufstieg zum Krater

Am Parkplatz (Sanitäranlagen, Picknicktische) gegenüber einer Militärkaserne ist schließlich das Ende der bequemen Anfahrt erreicht, ab hier geht's nur noch zu Fuß weiter. Der Wanderweg, für den man bergauf etwa 45 Minuten benötigt, ist 1,13 km lang und am Anfang plattiert, dann unbefestigt und teilweise recht steil. Er folgt im Wesentlichen jenem Pfad, den man 1908-10 baute, um einen Komplex der US-Küstenartillerie zu bedienen. Nach einigen Zick-Zack-Windungen gelangt man in seinem oberen Bereich zu einer Betontreppe mit 99 Stufen, dann zu zwei Tunnels, in deren letzterem eine sehr enge Wendeltreppe bezwungen werden muss. Nachdem man sich schließlich durch den engen Durchgang einer alten Artilleriestellung gezwängt hat, wartet als Lohn der Mühe auf einen die prächtige Aussicht auf das Meer und die tief zu Füßen liegende Hochhauskulisse von Waikiki. Der Blick ist übrigens in den Morgenstunden am schönsten, wenn Waikiki von der Sonne beleuchtet wird.

Am schönsten morgens

Pearl Harbor

In alt-hawaiischer Zeit war Pearl Harbor eine seichte Lagune, die ihren Namen wohl wegen der reichen Bestände an Perlenaustern erhielt (haw.: *Wai momi*). Nach der weißen Besiedlung des Archipels und im Zeichen des Welthandels stieg die Bedeutung der weit ins Landesinnere hineinreichenden Buchten. Schließlich liegt Hawaii mitten im Pazifik und bietet sich daher als Bunker- und Zwischenstation für die Schifffahrt an. Außerdem konnten die geostrategischen Überlegungen der erwachenden Weltmacht USA fast zwangsläufig den Archipel nicht übersehen. Und von allen Häfen Hawaiis war Pearl Harbor nun einmal der größte und einer der am meisten geschützten.

Vorzüglicher Naturhafen …

Schon 1872 traf daher eine Expertengruppe ein und untersuchte, ob die Buchten als Flottenstützpunkt geeignet seien. Kurze Zeit später musste König Kalakaua widerstrebend und unter Druck den Amerikanern die Nutzung des Areals erlauben. Für eine Zeit, in der die Schlachtschiffe immer größer wurden und viel Tiefgang hatten, waren die Gewässer freilich zu flach. 1908 begann man deshalb mit umfangreichen Ausbaggerungsmaßnahmen, bis Ende 1911 schließlich der neue Flottenstützpunkt im Beisein von Königin Liliuokalani feierlich eingeweiht werden konnte.

Schritt für Schritt wurde dieser Stützpunkt zur wichtigsten Militärbasis der Vereinigten Staaten im Pazifik ausgebaut, trotz solcher Rückschläge wie dem Untergang des U-Bootes Skate, das 1915 nur 100 m vor dem Hafen von Honolulu sank. Bei diesem ersten U-Boot-Unglück in der Geschichte der US-Marine kamen alle 21 Mann der Besatzung ums Leben. Die Bedeutung des Flottenstützpunktes wuchs natürlich enorm, als sich im Vorfeld des Zweiten Weltkrieges der Ferne Osten zur Krisenregion entwickelte. Der japanische Angriff von 1941, durch den Pearl Harbor schlagartig und weltweit traurige Berühmtheit erlangte, kam also nicht von ungefähr.

… und wichtigste Flottenbasis

Nach dem Zweiten Weltkrieg und dem Erstarken der beiden Machtblöcke behielt Pearl Harbor zwangsläufig seine militärische Bedeutung. Die See- und Luftoperationen sowohl des Korea- als auch des Vietnamkrieges wurden hier koordiniert. Auch heute noch befinden sich um den gesamten Hafen militärische Einrichtungen, deren Betreten Zivilisten untersagt ist. Schlagzeilen machte die Hickam Air Force Base neben Ford Island, wo im Juli 1969 die Astronauten der Apollo-11-

INFO Der 7. Dezember 1941: Angriff auf Pearl Harbor

▶ **06.00 Uhr**: Die erste Angriffswelle der Japaner startet. Aus ihrer Angriffsposition 370 km nördlich von Oahu steigen Jagdflugzeuge, Bomber und Torpedoflieger von den Flugzeugträgern auf und fliegen auf Honolulu zu.

▶ **06.40 Uhr**: Die Mannschaft des Zerstörers USS Ward sichtet ein U-Boot, das sich auf den Hafen von Honolulu zubewegt, versenkt es mit Unterwasserbomben und meldet den Zwischenfall.

▶ **07.00 Uhr**: Die Radarstation von Opana Point empfängt ein Signal eines größeren Fluggeschwaders, das sich von Norden her nähert. Man hält dies für Maschinen des eigenen Flugzeugträgers Enterprise und gibt keinen Alarm.

▶ **07.55 Uhr**: Die erste japanische Angriffswelle trifft am Ziel ein. Durch das berühmte 'Tora, Tora, Tora' des Kommandanten Mitsuo Fuchida wird den Flugzeugträgern der Beginn des Angriffs mitgeteilt.

Explosionswellen der USS Arizona über Pearl Harbor

▶ **08.00-10.00 Uhr**: Von Bomben und Torpedos getroffen, sinken Schiffe, explodieren Munitionslager und Flugzeuge. Pearl Harbor ist ein einziges flammendes Inferno, in dem Rettungsmannschaften versuchen, die Brände zu löschen und Verletzte zu bergen, während Soldaten in dem Chaos ihren Einsatzort suchen. Die Stadt Honolulu, in der die meisten Einwohner noch im Sonntagsschlaf sind, wird erstmals um 08.05 Uhr von Bomben getroffen. Neben Pearl Harbor werden auch andere militärische Einrichtungen auf Oahu Ziel der feindlichen Flieger. Hunderte von am Boden zerstörten Maschinen und Hunderte von Toten und Schwerverletzten fordern die Angriffe auf die Flugplätze von Hickam, Wheeler und Bellows sowie auf Kaneohoe und Ewa. Nur wenige Piloten des Army Air Corps können ihre eigenen Maschinen starten und wahrscheinlich 12 japanische Maschinen vernichten.

▶ **08.10 Uhr**: Die USS Arizona wird von einer Panzerbombe getroffen, die das Deck durchschlägt und im Munitionsdepot explodiert. Das Schiff mit 1.177 Mann Besatzung sinkt in weniger als 9 Minuten. Ebenfalls ein Totalverlust ist die von mehreren Torpedos getroffene USS Oklahoma mit über 400 Mann Besatzung. Auch die Schlachtschiffe California, West Virginia und Utah sinken, die Maryland, Pennsylvania und Tennessee werden schwer beschädigt.

▶ **08.40 Uhr**: Die zweite Welle des japanischen Angriffs setzt ein und konzentriert sich auf den inneren Hafenbereich. Ihr fallen die Schiffe USS Shaw, Sotoyomo und die Nevada zum Opfer, ebenfalls Dockanlagen. Auch an anderen Stellen der Insel Oahu fallen Bomben, so z.B. auf den Flughäfen Hickam und Kaneohe. Eine wirkungsvolle amerikanische Gegenwehr wird dadurch unmöglich gemacht.

▶ **10.00 Uhr**: Die Maschinen der zweiten Angriffswelle drehen nach Norden ab.

Insgesamt forderte der Angriff auf Oahu am 7. Dezember 1941 auf amerikanischer Seite 2.341 Tote innerhalb des Militärs und 54 Tote in der Zivilbevölkerung, 1.168 Personen wurden z.T. schwer verwundet. Von der Pazifikflotte wurden 9 Schiffe beschädigt und 12 versenkt, die jedoch später mit Ausnahme der Arizona, Oklahoma und Utah alle geborgen und repariert werden konnten. 164 Flugzeuge wurden zerstört und 159 beschädigt. Die japanischen Verluste beliefen sich auf 5 versenkte Schiffe oder U-Boote, 29 abgeschossene und 74 beschädigte Flugzeuge. Die Zahl der Toten wird mit 64 angegeben.

So schlimm der japanische Überfall und die Verluste an Menschenleben und Maschinen auch waren, so erstaunlich schnell konnte Pearl Harbor wieder zu einem funktionierenden Hafen und zur amerikanischen Schaltstelle des Pazifik-Krieges ausgebaut werden. Die Treibstofflager und Werften waren kaum beschädigt, ebenso wenig waren die Flugzeugträger (die sich beim Angriff nicht im Hafen befunden hatten) und der U-Boot-Stützpunkt durch den Schlag in Mitleidenschaft gezogen worden.

Mission nach ihrem Mondflug wieder die Erde betraten. Das einzige touristische Ziel in Pearl Harbor ist das Arizona Visitor Center und Memorial, das USS Bowfin Park & Museum in unmittelbarer Nachbarschaft und das Schlachtschiff USS Missouri auf Ford Island. Mit dem eigenen Wagen erreicht man Pearl Harbor von Waikiki aus in ca. 40 Minuten über die H-1, von der man hinter dem Flughafen auf den Hwy. 99 (Kamehameha Hwy.) abbiegt. Kurz anschließend achte man auf das grüne Hinweisschild zum Arizona Memorial and Visitor Center.

Wer über Moanaula Frw. (Hwy. 78) oder über die H-1/H-2 aus nördlicher Richtung anreist, zweigt am ovalen Riesenbau des **Aloha Stadium** auf den Kamehameha Hwy. ab, Exit 15A. Dieses ist übrigens mit 50.000 Sitzplätzen die größte Sportstätte Hawaiis und wird für Football-Spiele, Konzerte sowie andere Massenveranstaltungen genutzt.

USS Arizona Memorial and Visitor Center

Hauptsehenswürdigkeit

Auf militärischem Boden gelegen, hat die US Navy das Gelände an die Nationalpark-Verwaltung übergeben und unter die Kontrolle des Innenministeriums gestellt. Vom Parkplatz aus erreicht man das Besucherzentrum, wo man sich am Eingang sofort eine Nummer und den Termin der Überfahrt zum Memorial geben lassen sollte. Als eines der meistfrequentierten Ausflugsziele (tägl. rund 4.000 Besucher, darunter viele amerikanische und japanische Veteranen) führt die begrenzte Kapazität des Arizona Memorial dazu, dass häufig nicht alle die Fährpassage unternehmen können.

Selbst wer sich frühzeitig sein Ticket gesichert hat, muss längere Wartezeiten einkalkulieren, eine Vorab-Reservierung ist nicht möglich. Daher der Tipp: möglichst früh am Besucherzentrum sein und evtl. Wartezeiten für die Besichtigung der Ausstellungen und/oder des Bowfin Park and Museums nutzen. Das 1980 errichtete Visitor Center beherbergt ein Museum mit historischen Fotografien, Zeitungsausschnitten und anderen Erinnerungsstücken an den japanischen Fliegerangriff, zwei Kinos, in denen der 20-minütige Dokumentarfilm gezeigt wird, einen gut sortierten Buchladen sowie einen Erfrischungsstand. Es lohnt sich, einen Spaziergang durch die Grünanlagen am Ufer zu unternehmen, wo man anhand von Karten und alten Aufnahmen die Geschehnisse des Überfalls lokalisieren kann sowie einen guten Blick auf das Memorial, die modernen Schiffe der Pazifikflotte und auf Ford Island hat.

Eigenwillige Architektur

Das ca. 60 m lange, strahlend weiße Arizona Memorial befindet sich als künstliche Insel quer über dem Schlachtschiff USS Arizona, das am 7. Dezember 1941 um 8.10 Uhr sank und etwa 1.100 Besatzungsmitglieder (deren Leichen nie geborgen wurden) mit in die Tiefe nahm. Bereits 1943 wurden Vorschläge unterbreitet, die Toten durch ein würdiges Mahnmal an Ort und Stelle zu ehren. 1958 bewilligte Präsident Eisenhower den Bau. Gewinner des Wettbewerbs war der Architekt Alfred Preis, der zur Form des Denkmals sagte: 'Das Bauwerk hängt in seiner Mitte durch, steht aber stark und kraftvoll gegen Außen hin, was die anfängliche Niederlage und den endgültigen Sieg ausdrückt (...). Elemente der Traurigkeit wurden weggelassen, um jedem einzelnen genügend Raum für seine persönlichen Gedanken (...) und innersten Gefühle einzuräumen'.

Das USS Arizona Memorial

Das Memorial wurde sowohl durch öffentliche als auch durch private Spendengelder finanziert. U.a. hielt 1961 Elvis Presley in Pearl Harbor ein Benefiz-Konzert ab, das 60.000 US$ für den Bau einbrachte. 1962 konnte die Gedenkstätte eingeweiht werden: ein offener, von Betonstreben überdachter Raum, von dem man wie von einer Schiffsbrücke auf die verrosteten Konturen der USS Arizona hinunterblickt; auf einer Marmortafel sind die Namen ihrer Opfer eingraviert.

USS Bowfin Park and Museum

Nahe am Arizona Visitor Center gelegen (gleicher Parkplatz), wirft auch das 1.500-Tonnen-U-Boot USS Bowfin ein Schlaglicht auf die Geschehnisse des Zweiten Weltkrieges. An zwei U-Boot-Raketen (die in den späten 1950ern gebaute Polaris A 1 und die Polaris A 3) und etlichen Torpedos vorbei führt der Weg zum Eingang des Museums, von dem aus man die engen Gänge, Brücke und Mannschaftsräume des U-Bootes erkunden kann.

Historisches U-Boot

Die USS Bowfin versenkte im Zweiten Weltkrieg 44 japanische Schiffe und wurde noch zur Zeit des Korea-Krieges eingesetzt. Wer nicht unbedingt in und auf das U-Boot gehen oder den Eintritt sparen möchte, hat von der Gedenkstätte links am Eingang vorbei einen guten Blick auf das Schiff. Die weißen Steine des Mahnmals erinnern an die 52 während des Krieges untergegangenen amerikanischen U-Boote und ihre 3.505 gefallenen Offiziere und Matrosen. Das großzügig angelegte Bowfin Museum enthält Ausstellungen über die Geschichte des Unterwasser-Krieges, von den Anfängen im 18. Jh. bis zu den atomgetriebenen U-Booten des 20. Jh. Einen Großteil der Sammlung machen Teile japanischer und deutscher Unterseeboote aus.

Die USS Bowfin

Schlachtschiff USS Missouri

Als letzte militärische Sehenswürdigkeit wurde 1999 auf Ford Island das Schlachtschiff USS Missouri der Öffentlichkeit zur Besichtigung freigegeben. Es war das letzte große Schlachtschiff, das die USA bauen ließen und beeindruckte Feind und Freund schon durch seine schiere Größe. Das 'Mighty Mo' genannte Ungetüm lief in der Anfangsphase des Krieges vom Stapel, auf ihm wurde am 2. September 1945 die formale Kapitulation der Japaner vor General Douglas McArthur unterzeichnet. Nach dem Weltkrieg kreuzte die Missouri an vielen anderen Stellen internationaler Konflikte auf, u.a. vor Korea und Vietnam und zuletzt 1991 in der Golfregion. 1998 wurde sie nach Pearl Harbor gebracht, wo sie jetzt als drittes Element einer einzigartigen Sammlung den gesamten Kriegsverlauf dokumentiert: Der Untergang der USS Arizona beim Angriff auf Pearl Harbor markiert den Beginn, die USS Bowfin den siegreich geführten Seekrieg im Pazifik und die USS Missouri mit der japanischen Kapitulationsurkunde das Ende des Weltkrieges.

Schlachtschiff als Museum

Das Schlachtschiff befindet sich auf militärischem Sperrgebiet, daher kann man es nicht direkt mit dem Auto erreichen. Stattdessen nimmt man den Shuttle ab dem USS Bowfin Park, wo auch die Tickets verkauft werden. Für die Besichtigung, auf der man u.a. die Brücke sowie die Mannschafts- und Offiziersquartiere sehen kann, sollte man gut 2 Stunden einkalkulieren.

Sehenswürdigkeiten in der Umgebung

Überblick

Bei der Einteilung der Stadt in Downtown Honolulu, Waikiki und Pearl Harbor konnten einige Sehenswürdigkeiten nicht erwähnt werden, weil sie außerhalb liegen oder die Zuordnung schwierig ist. Dabei handelt es sich auch um solch wichtige Attraktionen wie das Bishop Museum, den Punchbowl National Cemetery und den Foster Botanical Garden, die mit Fug und Recht zu Honolulus Highlights gezählt werden dürfen. Es hängt jeweils vom persönlichen Zeitplan, der evtl. Insel-Route und dem gewählten Transportmittel ab, wie man diese in das Besichtigungsprogramm einbaut. Die folgende Übersicht nennt die wichtigsten Sehenswürdigkeiten und zwar von Nordwesten nach Südosten.

Bishop Museum (Bernice Pauahi Bishop Museum)

Das bekannteste Museum von Hawaii wartet nicht nur mit einer der größten völkerkundlichen und naturwissenschaftlichen Sammlungen der Vereinigten Staaten auf, sondern ist mit seiner schönen Architektur, den Hula-Darbietungen und Kunstausstellungen, seiner Bibliothek, dem Planetarium und den Gartenanlagen weit mehr als ein bloßer 'Lückenbüßer' bei schlechtem Wetter. Die Geschichte des Museums geht auf Charles Reed Bishop zurück, der 1846 aus Oregon einwanderte und sehr bald zu einem der reichsten und mächtigsten Männer der Inseln aufstieg. Er gründete das erste Handelshaus und die erste Bank des Archipels, wurde Ratgeber von vier Königen und der letzten Königin sowie lebenslanges Mitglied des Oberhauses.

Bernice Pauahi Bishop

Das Museum gründete er 1889 als Erinnerung an seine verstorbene Frau, Bernice Pauahi, Enkelin von Kamehameha I. und damals größte Großgrundbesitzerin. Durch ihre Familie hatte Bishop direkten Zugriff auf einige der wichtigsten Kleinode der hawaiischen Kultur. Kernstück des 1892 der Öffentlichkeit zugänglich gemachten und kurz darauf erweiterten Museums ist die dreistöckige, mit edlem Holz ausgelegte **Hawaiian Hall**, die allerdings derzeit umfangreichen **Renovierungsarbeiten** unterzogen wird und im **August 2009 wiedereröffnet** werden soll. Hier werden auf drei Etagen Kunst, Möbel, Waffen, Schmuck und Bekleidung aus allen Phasen der hawaiischen Kultur ausgestellt. Im Erdgeschoss begegnet man u.a. geschnitzten Idolen, den kostbaren Federhelmen und -umhängen der Könige, Koa-Holzgefäßen, Thronen, Kronen und Mobiliar aus dem Iolani-Palast. Darüber werden Gegenstände aus der Zeit nach dem Sturz der Monarchie präsentiert, auf der dritten Etage die Kunst verschiedener Einwanderergruppen. Von den hölzernen und durch weiße Doppelsäulen getragenen Galerien der Stockwerke richtet sich der Blick immer wieder auf den Boden des Innenraums mit einem strohgedeckten alt-hawaiischen *Hale* (Haus), während darüber an der Decke ein ausgestopfter, gut 15 m langer Pottwal hängt.

Hawaiis wichtigstes Museum

In der Hawaiian Hall

Im Hauptgebäude, in den historischen Nebengebäuden und im modernen Anbau 'Castle Building' sind weiter ausgewählte Bestände zur hawaiischen Naturgeschichte zu sehen, die u.a. über 250.000 Pflanzen, 6 Mio Muscheln, 12 Mio Insekten, 300.000 Fische und andere Meerestiere, 15.000 Säugetiere und 20.000 Vögel umfassen. In der völkerkundlichen Abteilung werden dem Betrachter Kunst, Kultur, Religion und Alltag der südpazifischen Inselbewohner anhand von kostbaren Exponaten und Dokumenten nahe gebracht.

Bücherei und Planetarium

Außer der polynesischen Welt ist auch die Mikronesiens und Melanesiens vertreten. Daneben stehen Besuchern und Forschern in der Bibliothek (Library & Archives) etwa 100.000 Bücher sowie Zeitschriften und Zeitungen, die über den pazifischen Raum berichten, zur Verfügung. In einer eigenen Abteilung werden z.T. sehr alte Landkarten, Fotos und Filme über Hawaii und die Nachbarinseln gezeigt.

Im angeschlossenen Planetarium ist der Himmel über Hawaii das Thema einer audiovisuellen, computergestützten Vorstellung. Die Museumsgebäude sind von schönen Parkanlagen mit einer Reihe von interessanten Objekten umgeben. Eine besondere Kostbarkeit im Garten ist eine Steinskulptur von der Osterinsel. Weiterhin gibt es zwei gut sortierte Buch- und Souvenirläden sowie ein luftiges Restaurant.

Tipp

*Genau oberhalb des Museums befindet sich die **Kamehameha-Schule**, die ihre Gründung ebenfalls auf Bernice Pauahi Bishop zurückführt. Das größte und bekannteste Ausbildungszentrum der Inseln besteht aus einer Reihe unterschiedlicher Privatschulen, die um einen Campus gruppiert sind. Wer auf der Suche nach Fotos hawaiischer Kinder und Jugendlicher ist – hier findet er genügend Motive! Gleichzeitig bietet die Schule einen der besten Panoramablicke auf Honolulu.*

Foster Botanical Garden

Unter den vielen sehenswerten Gärten Oahus ist der Foster Botanical Garden mit Sicherheit einer der schönsten und interessantesten. Gegründet wurde er bereits 1850 von dem aus Hamburg stammendem Arzt und Botaniker William Hillebrandt (vgl. S. 107), der den Garten vor seiner Rückkehr nach Deutschland an Thomas Foster verkaufte, der ihn wiederum 1930 der Stadt Honolulu vermachte. Das in einzelne Abteilungen unterteilte, gut 8 ha große Gelände besitzt heute die **größte Sammlung** an seltenen tropischen Pflanzen **in den USA**.

Herrliche Parkanlage

Sehenswert sind u.a. die noch von Hillebrandt gepflanzten **Bäume**, darunter besonders prächtige Banyans, eine australische Kauri-Fichte, ein afrikanischer Baobab, ein indonesischer Kapok-Baum und die größte 'Gingerbread'-Palme der Welt. Weiter ist die äußerst reichhaltige Sammlung wilder **Orchideen** bemerkenswert, ebenso die Gärten mit exotischen **Nutzpflanzen** (Kräuter, Gewürze, Kaffee-, Kakao- und andere Sträucher). Geführte Touren durch den Park, bei denen man auch an der großen japanischen Buddhafigur aus dem 13. Jh. vorbeikommt, finden werktags um 13.00 Uhr statt.

Der Botanische Garten, der über sanitäre Einrichtungen und einen Souvenirladen verfügt, befindet sich am N Vineyard Blvd. in unmittelbarer Nähe zum Kwan Yin Temple am Rand der Chinatown *(s.o.)* und könnte im Rahmen eines Spaziergangs durch Downtown Honolulu erkundet werden.

Academy of Arts

Wechselausstellungen, Filme, Konzerte und Lehrprogramme machen die Academy of Arts zum wichtigsten und vielseitigsten Kunstzentrum von Hawaii. Das Museum, das 1928 von der 'Zuckerbaronin' M. Cook gegründet wurde, ist in einem abgewandelten spanischen Stil (Mission Style) errichtet. Es verfügt über 28 Galerien, die um ein großen und vier kleinere Innenhöfe gruppiert sind. Im östlichen Teil (rechts vom Eingang) sind um den 'Spanish Court' europäische Meisterwerke ab der Antike und bis zur Moderne (u.a. Matisse, Gauguin und Picasso) sowie ausgewählte Beispiele amerikanischer Kunst zu sehen.

Vielseitiges Kunstzentrum

Links vom Eingang findet man um den 'Oriental Court' japanische, koreanische und chinesische Exponate. Der hintere Bereich, rund um den 'Kinau Court', ist der pazifischen und hier besonders der hawaiischen Kunst vorbehalten (Saal 24). Ein schöner Skulpturengarten, ein wechselndes Kulturprogramm, der ausgezeichnete Souvenirladen und ein Restaurant runden das Angebot der Academy ab.

Ausflug ins Nuuanu Valley

Das dicht bewaldete Nuuanu-Tal stellt sich als steiler Einschnitt in die Koolau-Bergkette dar und verläuft vom Punchbowl-Krater aus in nordöstliche Richtung. Erschlossen ist es durch den Pali Hwy. (Nr. 61), der nach einigen Tunneln und dem Pass am Nuuanu Pali Lookout wieder in die Ebene hinabführt und vor Kailua auf den Hwy. 72 trifft. Deshalb kann man diesen Ausflug in mehrfacher Hinsicht ausweiten:

- **Erstens** zu einer Rundfahrt ab/bis Waikiki über den Punchbowl-Krater, den Pali Hwy. (61) und um das Südostkap zurück (Hwy. 72) zum Diamond Head.
- **Zweitens** zu einer Rundfahrt über den Pali Hwy. (61), den Kamehameha Hwy. (83) und den Likelike Hwy. (63).
- **Drittens** zu einer 'großen Inselrundfahrt', wobei man vom Pali Hwy. auf den Kamehameha Hwy. abbiegt und diesem bis zum Nordteil Oahus folgt, von dort durchs Inselinnere zurück.

Honolulus grüne Umgebung

Von Downtown Honolulu gelangen Sie leicht auf den Pali Hwy., z.B. über die Beretania St., oder Sie biegen von der Stadtautobahn H-1 nahe dem Punchbowl-Krater auf den Highway ab. Für den ersteren Streckenabschnitt ist es aber sinnvoller, dass man stattdessen die westlich und parallel geführte Nuuanu Avenue nimmt. Auf dieser passiert man zunächst einige Grünanlagen mit sehenswerten Friedhöfen, wie dem **Oahu Cemetery** (links) und besonders den **Kyoto Gardens**. Letztgenannter Friedhof besitzt u.a. schöne Nachbildungen des japanischen Tempels Kyoto Kinka-Ji und der dreistöckigen Pagode Nara Sanju. Kurz dahinter sollte man am Royal Mausoleum (auf der rechten Seite) unbedingt aussteigen.

Royal Mausoleum

Das 2,4 ha große und von dichter Vegetation (Ingwer, Palmen Plumeria etc.) in einen tropischen Garten verwandelte Gelände hat im Zentrum eine neugotische Kapelle auf kreuzförmigem Grundriss. Diese wurde 1865 auf Befehl König Kamehamehas V. errichtet, weil seinerzeit die Grabstelle am Iolani-Palast nicht mehr ausreichte. Die dort beigesetzten Könige wurden umgebettet, so dass das Königliche Mausoleum zur letzten Ruhestätte von sechs der acht hawaiischen Monarchen (die Könige Kamehameha II., III., IV., V. und Kalakaua sowie Königin Liliuokalani) wurde.

Königl. Grabstätten

Die Kapelle, die der Architekt Theodor Heuck (vgl. die Iolani Barracks) entworfen hatte, stellt damit einen der wichtigsten historischen Orte Hawaiis dar, auch wenn die Sarkophage nicht mehr in ihr, sondern in Gruften auf dem Gelände ruhen. Nur König Kamehameha I., dessen Grabstätte bis heute nicht bekannt ist, und König Lunalilo, der auf eigenen Wunsch bei der Kawaiahao Church beerdigt wurde, sind hier nicht vertreten.

Queen Emma Summer Palace

Queen Emma Summer Palace

Kurz hinter dem Mausoleum geht die Nuuanu Ave. in den Pali Hwy. über, auf dem man in wenigen Minuten die nächste Sehenswürdigkeit erreicht: den ehemaligen Sommerpalast von Königin Emma, der Gattin Kamehamehas IV. Von dem rechteckigen, großen Holzgebäude ist freilich allein die Vorderfront mit sechs Säulen im Kolonialstil repräsentativ gestaltet.

Der vorzüglich restaurierte 'Palast' wird seit 1915 als Museum genutzt und enthält außer der Möblierung viele interessante und wertvolle Erinnerungsstücke aus dem Besitz des Königspaares und des Prinzen Albert. An den Sommerpalast schließt sich der **Nuuanu Valley Park** an, der sich gut für eine Ruhepause oder ein Picknick eignet.

Nuuanu Pali Drive

Etwa 500 m hinter dem Sommerpalast zweigt rechts vom Highway der Nuuanu Pali Dr. ab, eine enge, kurvenreiche Straße, die einem das Gefühl gibt, wirklich durch den Regenwald zu fahren. Nur vereinzelt sieht man kleine Landhäuser, seltene Zeichen der Zivilisation zwischen Bambuswäldern und wildem Jasmin, Banyan- und Mahagonibäumen, Palmen, Bananenstauden und Wasserfällen. In der Gegend kann man auf ausgeschilderten Trails kürzere und längere Wanderungen unternehmen. Die Straße bringt einen automa-

Kurven und Panoramablicke

tisch auf den Highway zurück, der durch zwei Tunnels auf die Windseite Oahus führt. Hier sollte man auf einer weiteren Abfahrt (ausgeschildert) zum berühmten Aussichtspunkt abbiegen.

> **Wandern**
>
> *Am Nuuanu Pali Dr. ist sofort hinter dem Poli Hiwa Place der* ***Judd Memorial Trail*** *ausgeschildert, ein einfacher, auch für Familien geeigneter Trail. Seinen Namen bekam er nach Charles J. Judd, einem Förster, der sich von 1914-39 als einer der ersten um die Wiederaufforstung bemühte. Deshalb begleitet, von einigen Hau-Bäumen abgesehen, ausschließlich importierte Flora den Weg, besonders Bambus, Norfolk-Kiefern und verschiedene Eukalyptusarten, die z.T. noch von Judd gepflanzt wurden.*
>
> *Der Trail ist 2,1 km lang und erfordert eine knappe Stunde an Zeit. Die Mitnahme eines Mückenschutzmittels ist ratsam.*

Nuuanu Pali Lookout

Der Nuuanu Pali Lookout lohnt den Besuch aus **zwei Gründen**. Einmal ist hier, auf einer Höhe von rund 300 m, die **Aussicht** auf das südöstliche Oahu einfach fantastisch. Schon im 19. Jh. wurde sie von Reisenden gerühmt, und man baute, um die Stelle bequemer erreichen zu können, bereits 1898 mühsam einen Weg hierhin. Oberhalb einer steilen 'Klippe' (= *Pali*) geht der Blick weit über die Ebene mit ihren Feldern, Wäldern und den Ortschaften Kaneohe und Kailua bis zum Pazifik.

Schlachtfeld und Aussichtspunkt

Freilich ist die Sicht nicht immer ungetrübt, häufig verdecken Wolken und Regenschauer den Horizont. Außerdem kann es deutlich kühler (*Nuuanu* = 'kühle Höhe') als in Waikiki sein, weshalb sich die Mitnahme einer Regenjacke empfiehlt. Der zweite Grund für einen Besuch ist **historischer** Natur. Denn an dieser Stelle fand die letzte kriegerische Auseinandersetzung innerhalb der hawaiischen Stämme ihr tragisches Ende. Es war König Kamehameha I., der 1795 seine Kriegsflotte von Molokai aus in See stechen ließ. Sein Ziel: Die Insel Oahu, die als letzte seinem Reich noch nicht einverleibt war. Von Waikiki aus trieb er z.T. mit Musketen die Verteidiger der Insel, die noch herkömmlich bewaffnet waren, am Punchbowl-Krater vorbei ins Nuuanu Valley.

Die Entscheidungsschlacht nahe dem heutigen Queen Emma Summer Palace gewann Kamehameha, die Unterlegenen flüchteten daraufhin das Tal hinauf und stürzten sich verzweifelt von den Klippen. Man schätzt, dass mindestens 400 auf diese Weise den Tod fanden. Der König von Oahu, Kalanikupule, konnte zunächst noch fliehen, wurde später aber gefasst und von Kamehameha nach einigen Monaten dem Kriegsgott Ku geopfert. Auch daran sollte man denken, wenn man auf der Aussichtsplattform den Panoramablick genießt.

Punchbowl National Cemetery

Der zwischen Waikiki und Downtown Honolulu jenseits der Autobahn H-1 gelegene Tuffkegel ist schon von weitem sichtbar und eine der auffälligsten Landmarken der Stadt. Wie der Diamond Head oder Koko Head entstand er durch eine Eruption vor etwa 150.000 Jahren und hinterließ einen etwa 47 ha großen Krater. Die Ureinwohner nutzten diesen rituell, worauf der Name Puovaina (= 'Hügel der Menschenopfer') hinweist. Die Kamehameha-Könige bauten die steilen Kraterwände zu einer Festung um, die dann nach dem Fall der Monarchie verfiel.

Eindrucksvoller Militärfriedhof

Nach dem Zweiten Weltkrieg beschloss man, die große Freifläche mit ihrer natürlichen Begrenzung in einen nationalen Militärfriedhof umzuwandeln, der 1949 eingeweiht wurde; aber auch nachher wurden hier Männer und Frauen beigesetzt, die im Korea- oder im Vietnam-Krieg dienten. Die rund 30.000 Gräber sind durch flach in den Rasen eingelassene Steine gekennzeichnet, häufig mit Blumen geschmückt. Dominiert wird die eindrucksvolle Anlage durch ein monumentales Kriegerdenkmal mit großer Freitreppe.

Man erreicht den Punchbowl Krater von Downtown aus über die Queen Emma St., von der man nach der Autobahnbrücke auf die Auwaiolimu St. und den Puowaina Dr. abbiegt. Vom Freeway H-1 zweigt man auf den Pali Hwy. (61) ab und nimmt dann den Exit 21 B. Nach einer Fahrt am Nordhang des Kraters hinauf kommt man zum Portal, von wo ab man die Anlage mit dem Wagen oder zu Fuß erkunden kann. Wenn man den ersten Kreisverkehr sofort nach links verlässt, passiert man jene Terrasse, von der aus sich der schönste Blick auf Honolulu, Waikiki und den Diamond Head ergibt – vor allem am Nachmittag, wenn man die Sonne im Rücken hat. Dieser Aussichtspunkt ist auch zu Fuß in wenigen Minuten vom zentralen Kriegerdenkmal aus zu erreichen.

Tantalus Drive

Der 14 km lange Tantalus Drive, die schönste stadtnahe Möglichkeit für eine Rundfahrt durch die bewaldete Umgebung, startet direkt an der Auffahrt zum Punchbowl-Krater und sollte deshalb am besten nach dessen Besuch abgefahren werden. Bei der Abfahrt vom Krater sehen Sie am Stoppschild schon den Hinweis 'Tantalus Drive', überqueren die Brücke über die Auwaiolimu St. und fahren von nun an stetig bergan. Mehrere Parkbuchten (besonders die zweite auf der rechten Seite) geben immer wieder einen herrlichen Blick auf die Stadt und das Meer frei.

Bergstraße oberhalb der Metropole

Durch dichten Regenwald mit Eukalyptus-, Bambus-, Banyan- und Ingwerbaumbestand, immer wieder aber auch an Villen und kleinen Häuschen vorbei, windet sich der Weg die Makiki Heights hinauf, bis man die Passhöhe am 650 m hohen Tantalus-Berg erreicht hat. Ab hier kann man auf markierten Wanderwegen vielfältige Abstecher in die Natur unternehmen; es ist natürlich auch möglich, den gesamten Tantalus Drive auf einer Ganztagswanderung zu bezwingen oder als Bergstrecke mit dem Mountainbike abzufahren.

Auf der Straße bergab, die nun Round Top Drive heißt, lohnt es sich, den kurzen Weg nach rechts in den Puu Ualakaa State Park zu nehmen, der nochmals (und besonders schön!) einen Panoramablick aus 320 m Höhe auf die Stadt ermöglicht. Zwei Parkplätze (der linke direkt an der Aussichtsplattform, der rechte mit einem kurzen Fußweg zu ihr) deuten auf die Beliebtheit dieses Punktes hin – vor allem beim Sonnenuntergang. Anschließend geht es auf kurvenreicher Strecke weiter bergab. Am Fuß der Serpentinen setzt man den Weg über die Makiki St. bis zur Beretania St. fort, von der man zur Downtown kommt, oder bis zur S. King St. und Kalakaua Ave., die einen nach Waikiki zurückbringt.

Wandern

Entlang dem 14 km langen Tantalus und Round Top Drive sind mehrere herrliche Wanderwege ausgeschildert. Zu den schönsten gehören folgende drei:

❶ *Der 9,7 km lange Trail zu den* ***Manoa Cliffs****. Er beginnt nahe dem höchsten Punkt des Tantalus Dr., auf einer Höhe von 427 m ü.d.M. und führt zunächst durch Plantagen mit Ingwer, Guaven und Bananen. Später geht es höher hinauf in die Regionen des ursprünglichen Regenwaldes, wo man weißen Hibiskus, Koa, Ohia Lehua, Bergäpfel und Baumfarne sieht. Der Pfad erreicht seinen höchsten Punkt bei 579 m ü.d.M. und gibt einen weiten Blick auf das gesamte Manoa Valley frei.*

❷ *Der 6,4 km lange, ebenfalls recht einfache* ***Puu Ohia Trail*** *ist dem zu den Manoa Cliffs unmittelbar benachbart. Sein Startpunkt ist nur unwesentlich weiter westlich, auf einer Höhe von 482 m. Nachdem man Wälder mit Bambus, Banyan, Norfolk-Kiefern und Eukalyptus-Bäumen durchwandert hat, kommt man nach ca. 800 m zu einer Kreuzung, wo man auf einem Seitenweg nach rechts zum kleinen Tantalus-Krater (Puu Ohia) hinabsteigen kann. Das eigentliche Ziel ist aber der 610 m hohe Lookout, gut 1 km dahinter gelegen. Dort hat man einen schönen Blick in das Nuuanu Valley.*

❸ *Sehr viel niedriger befindet sich der* ***Makiki Valley Loop****, der am nächsten zu Waikiki und Downtown Honolulu gelegene Rundweg durch tropisches naturbelassenes Gelände. Er beginnt auf 98 m Höhe am Ende des Makiki Heights Dr. und ist insgesamt 3,2 km lang. Dabei durchwandert man das Makiki Valley mit seinen Gebirgsbächen, Quellen, unzähligen Vögeln, vereinzelten Wildschweinen und einer überquellenden Vegetation.*

University of Hawaii / Paradise Park

Heimat von Forschung und Lehre

Die hawaiische Universität (University Ave.) im Manoa Valley ist Honolulus Zentrum für Forschung und Lehre und hat einen weit über die Insel hinausreichenden guten Namen. Insbesondere auf den Gebieten Astronomie, Geophysik und Meeresbiologie sind international bedeutsame Forschungsergebnisse erzielt worden. Auch die Studiengänge zur Geschichte, Wirtschaft und Völkerkunde des Pazifiks sind weithin berühmt.

Der Ursprung der Lehranstalt war das 1907 gegründete 'College of Agriculture & Mechanic Arts', das 1911 von Honolulu ins Manoa Valley verlegt und in 'College of Hawaii' umbenannt wurde. Als 'University of Hawaii' 1920 gegründet, machte die Hochschule in den folgenden Jahrzehnten große Fortschritte und hat heute rund 25.000 Studenten. Ein zweiter Campus der Universität befindet sich in Hilo, der Hauptstadt von Big Island. Gäste finden auf dem ca. 115 ha großen Gelände eine Vielzahl interessanter Einrichtungen. Im Informationszentrum des 'Student Center' sind Programme der öffentlich zugänglichen Vorlesungen zu bekommen, im

Stockwerk darüber lohnt die Kunstgalerie einen Besuch. Außerordentlich gut ist das Angebot der Buchhandlung, die über fast alle Titel über hawaiische und pazifische Themen verfügt.

Eine besondere Institution auf dem Campus der Universität ist das seit 1960 operierende **East West Center** *(1777 East-West Rd.)*, das sich der 'Verständigung der asiatischen Völker, des Pazifik und der USA durch gemeinsame Ausbildung und Forschung' verschrieben hat. Neben der multikulturellen Atmosphäre des Centers sind die Architektur und Inneneinrichtung verschiedener Gebäude und die Gartenanlagen von Interesse. So z.B. die John A. Burns Hall mit Arbeiten jener Künstler, die vom East West Center gefördert wurden, der Japanische Garten mit Teehaus und thailändischem Pavillon und das moderne Imin Conference Center des Architekten I.M. Pei, dessen Treppenhaus zwei großformatige Wandmalereien aufweist.

Kulturzentrum in schöner Natur

Der Besuch der Universität kann verbunden werden mit einem Ausflug ins **Manoa Valley**, einer bevorzugten Wohngegend oberhalb der Stadt. Hierzu fährt man vom Campus in westliche Richtung bis zur Kreuzung mit der Manoa Rd., auf die man rechts einbiegt. Am Manoa Valley District Park vorbei gelangt man schließlich zum **Paradise Park** am nördlichen Ende des bebauten Geländes. Auf diesem Privatgelände sind noch Reste des ursprünglichen Regenwaldes bewahrt, in dem sich unzählige tropische Vögel tummeln. Trotz aller touristischen Vermarktung (Shows, 'Jungle Safaris') öffnet einem der Park die Augen für die hawaiische Natur und lohnt den Aufenthalt unbedingt.

Nur wenige Gehminuten entfernt kann man außerdem im Garten des von der Universität unterhaltenen **Lyon Arboretum** einen Überblick über einheimische und fremde Baumarten gewinnen. Eine Steigerung dieser Naturerlebnisse ist möglich, wenn man vom Lyon Arboretum aus eine Wanderung zu den Manoa Falls unternimmt.

Zwischen Honolulu Downtown und Waikiki

Der Küstenstreifen zwischen dem Honolulu Harbour und dem Strand von Waikiki ist von großzügigen Grünanlagen und guten Sandstränden geprägt. Insbesondere der Ala Moana Park (Ala Moana = 'Fluss am Wasser') ist dabei einen Besuch wert, der von zwei Hafenbecken eingerahmt wird: im Nordwesten vom Kewalo Basin und im Südosten vom Ala Wai Yacht Harbor. Jenseits der Uferstraße Ala Moana Blvd. laden einige bekannte Kaufhäuser zum Einkaufsbummel ein.

Kewalo Basin und Ward Warehouse

Das Kewalo Basin, auch 'Fisherman's Wharf' genannt, blickt auf eine grausame Geschichte zurück: Hier wurden Verbrecher bzw. Ausgestoßene durch Ertränken hingerichtet. Heute ist das Erscheinungsbild mit seinen Fischerbooten, Yachten und Ausflugsschiffen ungleich friedlicher. Immer noch wird das Hafenbecken von Fischern genutzt, daneben ist es aber als Startpunkt der Ausflugsboote nach Pearl Harbor und verschiedener Minikreuzfahrten von touristischer Bedeutung. Auf der anderen Seite des Ala Moana Blvds, der das Basin nordöstlich begrenzt, bieten sich die beiden miteinander verbundenen Gebäude des Victoria Ward Center & Ward Warehouse zum Shopping an. Gut 120 Geschäfte, Galerien und Restaurants sind hier versammelt, meist ruhiger, kleiner, intimer und auf eine gehobenere Kundschaft abzielend als im nahen Ala Moana Shopping Center. Geboten wird hochwertige Mode, Kunst und Kunsthandwerk sowie Schmuck und Literatur. Von beiden Gebäuden ist das Warehouse durch seine anheimelnde Architektur das interessantere.

Hafen, Strand…

Ala Moana Beach Park und Shopping Center

Wer am Strand von Waikiki keinen Platz mehr für seine Badematte bekam oder wer ganz einfach dem allzu gedrängten Trubel dort aus dem Weg gehen möchte, kann dies in nur 10 Minuten Fußweg am **Ala Moana Beach** tun. Zwischen Honolulu Downtown und Waikiki gelegen, kann man hier natürlich keine abgeschiedene Idylle erwarten, aber man trifft dort auf weitaus weniger Touristen, dafür auf mehr Einheimische und echtes Lokalkolorit. Durch einen breiten, baumbestandenen Grünstreifen vom belebten Ala Moana Blvd. getrennt, bietet der etwa eine Meile lange Sandstrand gute Schwimm- und Wassersportbedingungen sowie die üblichen Einrichtungen eines Beach Parks. Und Autofahrern steht, sonst eine Seltenheit in der Metropole, ein großer, kostenloser Parkplatz zur Verfügung. Genauso gut ist es möglich, mit dem Bus zum Beach Park zu gelangen oder hierhin einen Spaziergang vom nahen Waikiki aus zu unternehmen. Der schöne Weg führt dabei am US-Army-Museum, am Hilton Hawaiian Village und am Yachthafen vorbei.

Am Ala Moana Beach

Südlich vom Strand und direkt nordwestlich des Ala Wai Yacht Harbour (von den Straßen Atkinson Dr., Ala Moana Blvd., Piikoi St. und Kapiolani Blvd. umschlossen) bietet sich überdies das **Ala Moana Shopping Center** für einen Einkaufsbummel in gepflegter Umgebung an. Das älteste Einkaufszentrum des Staates wurde in den letzten Jahren modernisiert und bietet nun auf zwei Etagen eine unübertroffene Auswahl an Dienstleistungsunternehmen und Läden unterschiedlichster Art. Wer Kleidung, Bademode, Bücher, CDs, Landkarten, Lebensmittel, Schmuck oder Souvenirs sucht – hier ist er an der richtigen Adresse. Bevor Sie sich ins Getümmel stürzen, sollten Sie sich allerdings einen Lageplan besorgen, damit Sie sich in dem Konsumtempel nicht verlaufen. Dort sind u.a. das Postamt (auch Sa geöffnet), die zwei Banken und die vier großen Kaufhäuser (darunter das japanische Shirokaya, das nur fernöstliche Waren führt) eingezeichnet.

…und Einkaufszentren

Fahrt entlang der Ostküste

Die Fahrt entlang der Ostküste gehört zu den landschaftlichen Höhepunkten Oahus. In schnellem Wechselspiel erlebt man hier eine grandiose Szenerie mit schroffen Klippen, Buchten mit vorzüglichen Sandstränden und überquellende Vegetation. Für die Fahrt bis Kahuku im Nordosten benötigt der Autofahrer etwa 2 Stunden, da der Verkehr ziemlich dicht ist und am Hwy. 72 stets einige Baustellen zu erwarten sind.

Die meisten Touristen werden diese Strecke als Teilstück einer Inselumrundung nutzen, was dem Programmplan enge Grenzen setzt: Eine Besichtigung von Attraktionen, wie dem Sea Life Park und dem Polynesian Cultural Center, wird schwerlich zu schaffen sein, wenn man die ganze Runde abfahren und auch ab und zu einen der schönen Strände aufsuchen möchte. Gäste mit einer Zwischenübernachtung im Turtle Bay Resort im äußersten Nordosten haben hier einen erheblichen Vorteil. Wer die Rundfahrt mit dem Mietwagen von Waikiki aus unternimmt, sollte in jedem Fall früh aufbrechen. Vor 8 Uhr ist die Verkehrssituation noch entspannt, man fährt sozusagen vor der Karawane der Ausflugsbusse und hat u.a. die Chance, die Hanauma Bay relativ leer zu erleben.

Ein- oder Zwei-Tage-Programm

Eine **Alternative** wäre, die Rundfahrt in zwei Zirkeln zu bewältigen: am **ersten Tag** um den Diamond Head auf dem Hwy. 72 nach Kailua mit Besuch der Hanauma Bay und des Sea Life Parks, nach der Mittagspause am Kailua Beach über den Pali Hwy. und seinen Sehenswürdigkeiten zurück nach Honolulu/Waikiki. Am **zweiten Tag** über den Likelike Hwy. direkt in den Osten, wobei bei frühem Aufbruch sogar noch Zeit für das Polynesian Cultural Center wäre. Wer hauptsächlich an den Stränden zwischen Waikiki und Kailua interessiert ist, braucht keinen Mietwagen, sondern kann mit dem Bus fahren. Dazu nimmt man in Waikiki die Linie 58 (Richtung Hawaii Kai/Sea Life Park) oder ab dem Ala Moana Center die Linien 56/57 (Richtung Kaneohe/Kailua). Zum schönen Kailua Beach muss man im Zentrum von Kailua in die Linie 70 (Richtung Lanikai) umsteigen, oder man nimmt von dort einen etwa 15-minütigen Fußweg auf sich.

Der Südosten: Honolulu – Kailua

Die Rundfahrt beginnt in **Waikiki**, das man über die Kalakaua Ave. verlässt. Am Kapiolani Park hält man sich rechts und passiert den Grüngürtel zur Rechten mit dem Waikiki Aquarium und dem War Memorial. Nun geht es auf der Diamond Head Rd. weiter, an der linker Hand der Tuffkegel des Kraters steil emporsteigt. Rechter Hand liegt unterhalb der Straße der Diamond Head Beach Park, der wegen der Korallen, scharfkantiger Steine und des flachen Wassers sicher kein guter Badestrand ist, aber zum Spazierengehen in schöner Umgebung animiert. Dabei kann man die Künste der Surfer und Windsurfer bewundern, die sich hier zahlreich tummeln. Am Leuchtturm und einem Aussichtspunkt vorbei erreicht man anschließend die Kahala Ave., die einen durch hübsche Vororte mit Blumengärten bringt. Besonders **Kahala** hat als Wohnort der Reichen von Honolulu

Unterhalb des Diamond Head

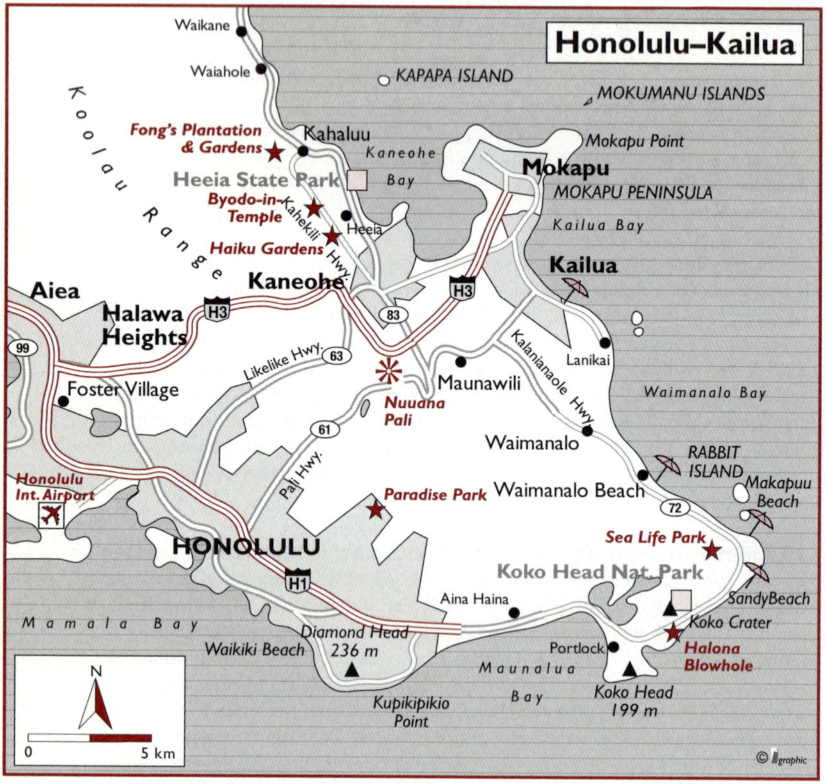

einen guten Namen, wobei man von der stark befahrenen Straße aus nur selten einen Blick auf die Villen der Prominenz erhält. Will man nicht dem schönen Waialae Beach und dem Kahala Hilton Hotel einen Besuch abstatten, muss man am Ortsausgang auf der Kealaolu Ave. nach links abbiegen und nach ca. 1 km rechts auf den Hwy. 72 einbiegen.

Der **Hwy. 72** (Kalanianaole Hwy.) führt zunächst noch durch dichte Wohngebiete und ab dem **Wailupe Beach Park** wieder parallel zum Meer. Danach lichtet sich die Bebauung etwas, und immer häufiger schiebt sich das Grün der Felder zwischen Häuser und Shopping Centers. Die große Bucht, die sich zur Rechten erstreckt, ist die **Manaula Bay**, in die nach einigen Kilometern die schmale Paiko-Halbinsel (Naturschutzgebiet) ragt.

Riesiger Freizeit-Hafen

Kurz danach überquert man auf einer Brücke den ersten Kanal des weit verzweigten Wassersystems von **Hawaii Kai**, das eine der größten Freizeitflotten des Archipels beherbergt. Hawaii Kai ist heute eine prosperierende Vorstadt für die Besserverdienenden, eine fast eintönige Aneinanderreihung von Villen, Swimmingpools und Garagen. Gut 35.000 Menschen wohnen bereits hier, etwa 15.000

sollen noch hinzukommen. Initiator dieser Siedlung war der Industrielle Henry J. Kaiser, der in den 1960ern das Gelände aufkaufte und erschließen ließ. Er selbst baute sich ein pinkfarbenes Anwesen *(an der Portlock Rd.)*, das mit Fug und Recht als 'Schloss' bezeichnet werden kann und Gäste wie Präsident Johnson oder Jackie Kennedy gesehen hat, heute aber nicht mehr im Besitz der Familie ist.

Nachdem man die zweite Brücke von Hawaii Kai passiert hat, geht es auf dem Hwy. 72 nun deutlich bergan, auf die Anhöhe des **Koko Head** hinauf.

Hanauma Bay

Ideale Schnorchler-Bucht

Hinter der Bergkuppe zweigt nach rechts eine Stichstraße zur berühmten **Hanauma Bay** ab, eine fast kreisrunde Bucht, die von den steilen Wänden eines ehemaligen Kraters begrenzt wird. Den besten Überblick erhält man vom Parkplatz am Kraterrand, doch man sollte es sich nicht nehmen lassen, zum palmengesäumten Sandstrand hinab- und in das warme, kristallklare Wasser hineinzugehen. Seit 1967 als Naturreservat (Hanauma Bay Nature Preserve) etabliert, ist das flache Wasser heute von farbenprächtigen Korallen und unzähligen, fast zahmen Fischen bevölkert. Ein türkisfarbenes Eldorado für Taucher und Schnorchler also, das zusammen mit der herrlichen Umgebung inzwischen so viele Touristen anzieht, dass die Zufahrtsstraße oft wegen Überfüllung geschlossen werden muss.

Traumstrand: Hanauma

Wer rechtzeitig dort ist, kann das Paradies noch genießen, doch schon am Vormittag treffen die Sightseeing-Busse ein, füllen sich die Snackbar und die Stände der Schnorchel-Verleiher und drängen sich die Badegäste z.T. schlimmer als am Waikiki Beach. Am Abend, kurz vor Schließung der Tore, werden die Verhältnisse besser, dann ist das Wasser jedoch wegen der vielen Tagesbesucher aufgewühlt und die Sichtweite deutlich geringer. Die Hanauma Bay ist dienstags der Öffentlichkeit nicht zugänglich, an anderen Tagen nur bis 18 bzw. 19 Uhr geöffnet. Falls die Kapazität von maximal 2.000 Besuchern im Nature Park erreicht ist, wird Neuankömmlingen nur dann Einlass gewährt, wenn andere den Park verlassen. Da auch der Parkplatz oft überfüllt ist, bietet sich die Anreise per Bus an (stündliche Verbindungen ab/bis Waikiki) an.

Koko Head

Alter Krater

Auf der anderen Seite des Highways führt eine Stichstraße (Koko Head Park Rd.) auf den Krater des Tuffvulkans zu, der seine Entstehung genau wie der Diamond Head der letzten vulkanisch aktiven Phase der Inselgeschichte verdankt. Der Legende nach bildete sich der Krater, als die Göttin Pele ein Heim auf Oahu suchte. Ein ausgeschilderter Fußweg bringt Sie in knapp einer Stunde zum Krater selbst, der mit dem Wagen nicht erreicht werden kann. Näher an ihn heran führt die Kealahou St., die hinter dem Sandy Beach *(s.u.)* links vom Highway abzweigt. Ein großer Teil des Geländes ist als Koko Crater Botanic Garden naturgeschützt. Außerdem ist der gesamte Streifen am Meer zwischen dem Koko Head oberhalb der Hanauma Bay und dem Krater unter der Aufsicht des Koko Head Regional Park.

Durch diesen führt also auch der Highway, an dem im weiteren Verlauf einige Aussichtspunkte zum Halten reizen. Rechter Hand sieht man am Molokai Lookout und kurz darauf am Lanai Lookout gut die benachbarten Inseln, etwas später stellt das **Halona Blowhole** eine viel besuchte Attraktion dar: Am Blowhole Lookout drängen sich die Touristen, um die fauchenden Gischteruptionen zu beobachten. Dabei presst das Meer Wasser durch einen unterirdischen Lavagang nach oben – ein Vorgang, der in den Prospekten nicht ganz korrekt als 'Meerwasser-Geysir' bezeichnet wird.

Szenerie an der Südostküste

Kurz hinter dem Halona Blowhole stellt der schöne **Sandy Beach**, der seinen Namen zu Recht trägt, ein ebenfalls beliebtes, aber nie überfülltes Ausflugsziel des Koko Head Regional Parks dar. Die Gewässer sind wegen der hohen Brandung und starken Strömung allerdings zum Schwimmen zu gefährlich. Auch unerfahrene Surfer sollten hier sehr vorsichtig sein.

Nach dem Sandy Beach und dem anschließenden Wawamalu Beach verlässt der Hwy. 72 zunächst die Küste und bringt einen bergan zum **Makapuu Point**, wo wiederum ein Lookout einen schönen Blick freigibt. Von hier aus sieht man die geschwungene Bucht des Makapuu Beach sowie die vorgelagerten Inseln: Dem Betrachter am nächsten liegt das kleine Kaohikaipu Island, dahinter das größere **Manana Island**, das wegen einer früheren Hasenzucht dort auch Rabbit Island genannt wird. Heute ist das Eiland ein Seevögel-Naturschutzgebiet. Vom Parkplatz aus kann man zu kurzen Wanderungen aufbrechen, z.B. zum knapp 200 m hohen Makapuu Head, der den östlichsten Punkt Oahus markiert, oder zum weißen Leuchtturm Makapuu Lighthouse.

Vorgelagertes Inselchen

Hinter dem Parkplatz geht es bergab zum **Makapuu Beach**, der einen Aufenthalt lohnt, wobei wiederum Sonnenbaden oder Surfen empfehlenswerter ist als Schwimmen. Oder Sie machen einen Spaziergang am Wasser entlang und genießen den schönen Blick auf die Inseln oder beobachten die Drachenflieger, die häufig von den 400-Meter-Felsen des Hinterlandes bis zum Strand hinuntersegeln. Schräg gegenüber dem Strand führt auf der anderen Straßenseite eine kurze Stichstraße zum Sea Life Park, einer der größten Touristenattraktionen der Insel.

Sea Life Park

In naturschöner Lage oberhalb des Pazifik lockt dieser 'Marine Park' mit seiner umfangreichen zoologischen Sammlung (ca. 4.000 Tiere), die – wie in Amerika üblich – in ihrer Präsentation von Showelementen durchsetzt ist. Zu den unzweifelhaften Highlights gehört das Hauptaquarium Hawaiian Reef Tank, in dessen rund 1,1 Mio Litern Seewasser sich Haie, Rochen, Schildkröten und andere lokale Meeresbewohner tummeln. Durch den tiefgelegten Wandelgang hat man Gelegenheit, die Tiere auch unter Wasser zu beobachten. In anderen Becken mit Zuschauertribünen zeigen Seelöwen, Delfine und Pinguine ihre antrainierten Kunststücke. In der Whaler's Cove, einer künstlichen Lagune mit Südsee-Romantik, wartet die 'Essex' auf Besucher, die Replik eines Walfangschiffes im Maßstab 5:8. Touch Pools, in denen man verschiedene Fische und Schalentiere berühren darf, gehören ebenso zu den zusätzlichen Attraktionen wie das Pacific Whaling Museum (mit u.a. einem 12 m langen Buckelwal-Skelett) sowie Spaziergänge an der felsigen Küste mit maritimem Leben und Vogelkolonien. Natürlich fehlt es auch nicht an Restaurants, Läden und Souvenirständen.

Aquarium mit Show-programm

Waimanalo Bay

Hinter dem Sea Life Park passiert man den 200 m ins Meer hinaus gebauten Pier der Makai Undersea Test Range und fährt auf gerader Strecke ein Stück an der Waimanalo Bay entlang. Diese geschwungene Sandbucht stellt mit 5 km Länge den längsten zusammenhängenden Strand der Insel dar, der in verschiedene Beach Parks aufgeteilt ist. Darunter befindet sich der nördliche Bellows Field Beach Park auf Militärgelände und ist deshalb der Öffentlichkeit nur am Wochenende zugänglich. Die Schwimm- und Wassersportbedingungen (Schnorcheln) sind gut, das Wasser zumeist ruhig, die Beach Parks selbst wenig überlaufen und mit allen üblichen Einrichtungen versehen.

Langer Sandstrand

Wegen der Bellows Air Force Base macht der Highway einen Knick nach links und bringt einen zum verschlafenen **Waimanalo Town Center**, dessen sympathisch-ländliches Ambiente von einigen Kaufläden und Fast-Food-Restaurants ergänzt wird. Am Olomana-Golfplatz vorbei, benannt nach dem spitzen Doppelgipfel, der im Hintergrund das grüne Maunawili-Tal überragt, kommt man zur Abzweigung des Keolu Dr., auf dem man nach rechts zum hübschen Kailua abbiegen kann. Oder man wartet noch ein wenig bis zur Kreuzung mit dem Hwy. 61, wo einen die Kailua Rd. ebenfalls nach rechts zur Ortschaft bringt.

Kailua

Das etwa 38.000 Einwohner zählende Kailua ist die letzte größere Stadt an der Ostküste und war bereits in alt-hawaiischer Zeit die bevölkerungsreichste Region

Urlaub ohne Hochhaus-kulisse

von Oahu. Hier besaß der lokale König Kakuhihewa seinen legendären Graspalast, und der Tempel Ulo Po Heiau war der bedeutendste der Insel. Von den historischen Stätten sind nur noch spärliche Überreste erhalten, während die alten Fischteiche des Kaelepulu Pond noch gut als kleine Seenplatte im Stadtbild zu erkennen sind.

Den Reiz des Städtchens macht heutzutage seine lockere Urlaubsatmosphäre ohne Hochhauskulisse aus. Blühende Vorgärten, der idyllische Kalepuulu Stream, hübsche Ferienhäuschen und Bungalows, Grünanlagen und der mächtige Banyan-Baum an der Straßenkreuzung Oneawa St./Kuulei Rd./Kailua Rd. bestimmen die Ortschaft. Hauptanziehungspunkt für Gäste ist der **Kailua Beach Park**, der jenseits der Brücke über den Fluss (im Ortszentrum nach rechts) liegt.

Kailua: Mekka der Windsurfer

Hier beginnt der etwa 3 km lange Kailua Beach, der sich über den adretten Vorort **Lanikai** weit nach Süden hinzieht. Er ist mit Sicherheit einer der schönsten der Insel, zudem wegen eines vorgelagerten Riffs zum Baden geeignet. Der pulverweiße Sand, der in kleinen Dünen ausläuft, das kristallklare und türkisfarbene Wasser, die gepflegte Umgebung mit Villen, Pensionen und Picknickplätzen – das ist Kailuas Antwort auf Waikiki. Der stetige Passat sorgt hier außerdem für ideale Segel- und Windsurfing-Verhältnisse, weshalb Fans dieses Sports aus aller Welt nach Kailua kommen und sich am Ort mehrere Geräteverleiher und Windsurf-Schulen niedergelassen haben.

Der Osten: Kailua – Kahuku

Ländliche Umgebung

Die Fahrt entlang der windzugewandten Seite der Insel (Windward Oahu) führt aus dem Ballungsgebiet der Ortschaften Kailua, Kaneohe, Heeia und Kahaluu in eine dünn besiedelte und ländlich geprägte Umgebung, in der keine Städte oder größere Dörfer mehr zu sehen sind, dafür um so mehr Felder mit Bananenstauden, Zuckerrohr, Papayas und Zitrusfrüchten, kleine Bauernhäuschen und waldreiche Abschnitte.

Die Hauptstraße der Etappe ist der ab Kahaluu parallel zur Küste verlaufende Hwy. 83, zu dem man automatisch gelangt, wenn man von Waikiki bzw. Honolulu über den Hwy. 61 bzw. 63 anreist. Er beginnt in den genannten Ortschaften, die – mit Ausnahme des Fremdenverkehrsortes Kailua – allesamt 'Schlafstädte' für in Honolulu Beschäftigte und für Touristen kaum von Interesse sind. Gleiches gilt auch für die große Halbinsel Mokapu Peninsula, die gänzlich vom Militär besetzt ist (Kaneohe Marine Corps Air Station).

Ab Kailua kann man auf mehreren Wegen die Rundfahrt fortsetzen. Wenn man die Kailua Rd. wieder zurück- und auf dem Hwy. 61 auf die Steilwände der Nuuanu Pali zufährt, gelangt man zum Abzweig des Hwy. 83, der einen nach Kaneohe bringt. Genauso gut kann man das Ortszentrum über die Kalahewo Ave. nach Norden verlassen und entweder auf dem Hwy. 65 oder über die H-3 bis zum Hwy. 83 fahren. In Kaneohe muss man an den Kreuzungen der Hwys. 83/65 aufpassen, denn ab hier gibt es nun zwei Varianten für die Fahrt in den Norden:

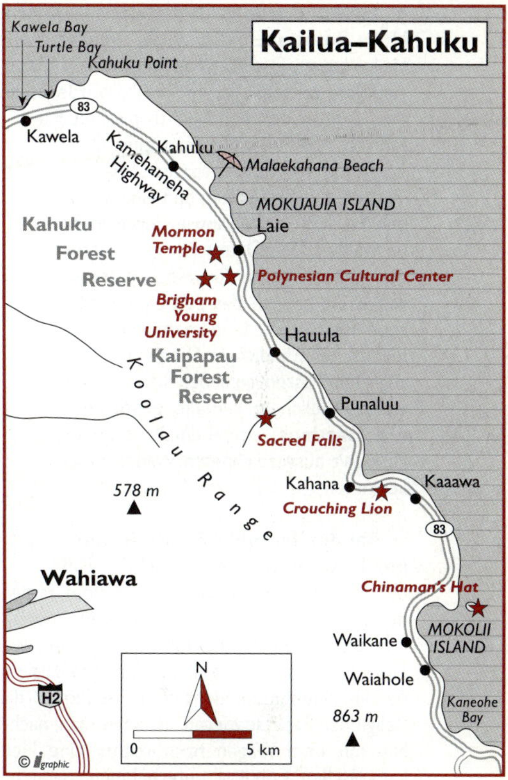

Über den Hwy. 836 nach Kahaluu

Der **Hwy. 836** (Kamehameha Hwy.) führt aus dem Ortszentrum von Kaneohe auf die **Kaneohe Bay** zu, vorbei an Einkaufszentren, Fast-Food-Läden und wenig attraktiven Wohnhäusern. Die Bucht, die recht verschmutzt und zum Baden wenig einladend wirkt, erreicht man auf Höhe des **Heeia State Park**. Zu ihm gehört jene kleine Halbinsel zur Rechten, die zu einem grünen – zuletzt leider etwas verwahrlosten Park – umgestaltet wurde und vom Kealohi Point einen schönen Blick auf die Bucht sowie die Mokapu-Halbinsel bietet. Zum Süden hin sind hier deutlich die Steinwälle im Wasser zu sehen, die einen der größten, vor allem aber den am besten erhaltenen alt-hawaiischen Fischteich umschließen.

Direkt nördlich der Halbinsel befindet sich ein Pier mit Fischer- und Ausflugsbooten (Heeia Kea Boat Harbour). Vom Heeia State Park verläuft der Hwy. 836 durch eine Wohngegend, immer dicht an der Küste entlang, bis er sich hinter dem Kahaluu Pond (einem weiteren alten Fischteich) mit dem Hwy. 83 vereinigt, der ab nun ebenfalls den Namen Kamehameha Hwy. trägt.

Über den Hwy. 83 nach Kahaluu

Die kurze Route über den Hwy. 83, der bis Kahaluu Kahekili Hwy. heißt, hält keine landschaftlichen Sensationen bereit, ist aber wegen zweier Ziele die interessantere:

- **Haiku Gardens:** Nach wenigen Kilometern geht links vom Highway die Haiku Rd. ab, die einen zu der wunderschönen, 6,5 ha großen Gartenanlage von Haiku bringt. Das Gelände befand sich früher im Besitz der Krone und war nur Adeligen vorbehalten, im 19. Jh. wurde es an einen Engländer verkauft, der mit dem Aufbau des heutigen tropischen Parks begann. In dem von Klippen eingerahmten Garten sieht man eine überquellende Vegetation, spaziert man an Teichen mit Wasserlilien und einem kleinen Pavillon vorbei sowie durch Bambuswälder. Die Ortsansässigen nutzen den Garten gerne für Hochzeitsfeierlichkeiten, ebenso das gute, luftig gelegene Restaurant, in dem man ein romantisches Candlelight-Dinner mit vorzüglichem Essen genießen kann. Etwas weiter südlich locken die **Hoomaluhia Gardens**, ein ebenfalls schöner Park mit ausgezeichneten Wandermöglichkeiten.

Tropischer Park

Wandern

Der in den 1980er Jahren angelegte Park ist ein ideales Gelände für Wanderungen und Spaziergänge mit Kindern. In dem flachen Terrain findet man einen großen See, Teiche mit Enten und Fischen sowie eine eindrucksvolle Natur am Fuße steiler Klippen. Neben einheimischer Vegetation hat man in dem Park auch Blumen, Palmen und andere tropische Bäume aus Afrika, Indien, Malaysia, Melanesien und Polynesien angepflanzt. Im Hoomaluhia Garden's Visitor Center kann man sich botanische Ausstellungen anschauen und Wanderkarten, Broschüren etc. bekommen.

- **Tal der Tempel / Byodo-In Tempel:** Etwas weiter befindet sich am Fuß der Koolau-Berge, ebenfalls links vom Highway, das ausgeschilderte so gen. 'Tal der Tempel' (Valley of the Temples Me-morial Park), das von der Straße schon an der zeltartigen Kirche mit dem großen weißen Betonkreuz zu erkennen ist. Eigentlich handelt es sich bei dem großzügig (und autogerecht) angelegten Gelände um eine Ansammlung von Friedhöfen, die die großen auf Hawaii ansässigen Religionen repräsentieren. So kann man, nachdem man die Eintrittspforte passiert hat, mit dem Wagen nach rechts eine kleine Rundfahrt durch den römisch-katholischen Friedhof unternehmen, dann bringt einen das Einbahnstraßen-System, am japanischen Friedhof vorbei, zum Parkplatz, von dem man über eine hübsche Fußgängerbrücke zum buddhistischen Tempel **Byodo-In** (= 'Tempel der Gleichheit') gelangt.

Asiatische Tempelarchitektur

Der Byodo-In-Tempel

Das Hauptgebäude vor der Brücke ist eine Nachbildung des 900-jährigen Tempels von Uji (Japan) und wurde 1968 zum 100-jährigen Jubiläum der Ankunft der ersten japanischen

Einwanderer eingeweiht. In seinem Zentrum kann man eine 3 m hohe, mit Gold und Lack überzogene Buddha-Statue bewundern. Im Pavillon zur Linken befindet sich eine mächtige, 3 t schwere und in Japan gegossene Messing-Glocke, dahinter ein Meditationshaus. Es lohnt sich, einmal um den Tempel herumzugehen und die Ruhe der Gartenanlagen in sich aufzunehmen. Dabei sieht man viele Pfauen und Teiche voller Karpfen, Goldfische und schwarzer Schwäne. In dem kleinen Laden (Teahouse) rechts vom Tempel erhalten Sie Souvenirs und Erfrischungen.

Kualoa

Nach einem landwirtschaftlich intensiv genutzten Gebiet erreicht man den **Kualoa County Regional Park** (Hinweisschild), an dem man rechts abbiegen und eine Pause einlegen sollte. Der Sandstrand ist schmal, aber sehr schön und meistens zum Baden geeignet. Auf einer großen Rasenfläche, auf der Gäste häufig ihre Drachen steigen lassen, findet man Picknickplätze und Schatten spendende Palmen.

Markanter Inselberg

Während landeinwärts die mächtigen Klippen der Koolau Range eine beeindruckende Kulisse abgeben, ist zum Meer hin der 450 m entfernte **Chinaman's Hat** ein markanter Blickfang; der wie ein Chinesenhut geformte Inselberg heißt auf Hawaiisch Mokolii, was soviel wie 'kleiner Drachen' bedeutet. Er ist, genau wie Diamond Head oder Koko Head, aus vulkanischem Tuffgestein aufgebaut. Bei Ebbe kann man zum Chinaman's Hat hinüberwaten (mit Schuhen: scharfe Korallen!) und an seiner Küste schön schnorcheln.

Blick auf den 'Chinaman's Hat'

Landeinwärts liegt dem Kualoa County Regional Park die 1.620 ha große **Kualoa Ranch** gegenüber, auf der es Pferde, Rinderherden und viele Ziegen, wilde Obstbäume, einen alten Fischteich sowie Bäche mit Steingarnelen gibt. Auf dieser letzten großen Ranch in Küstennähe sind Besucher willkommen, und unter der Woche werden morgens begleitete Reittouren über das Gelände angeboten.

Auch auf den folgenden Kilometern verläuft der Hwy. 83 immer nahe zum Ufer, an den Ruinen einer alten Zuckermühle von 1863-71 und an verschiedenen Beach Parks vorbei. In der kleinen Ortschaft **Kaawa**, vor einer scharfen Linkskurve, sieht man die Felsformation **Crouching Lion**, die vage an einen ruhenden Löwen erinnert. Unterhalb des Felsens befindet sich eine traditionsreiche Gaststätte, ein gemütlicher Platz für einen Zwischenstopp. Hinter **Punaluu** gibt linker Hand die alte **Holzkirche** Kamalamalama O Keao ein hübsches Fotomotiv ab, anschließend kommt man zum nächsten Ziel, dem durch große Schilder schon lange angekündigten Polynesian Cultural Center (ebenfalls links des Highway).

Polynesian Cultural Center

Das Polynesian Cultural Center ist die nach dem Arizona Memorial meistbesuchte Touristenattraktion auf Hawaii, die alljährlich von mehr als 1 Mio Menschen aufgesucht wird. Verwaltet wird das Kulturzentrum von den Mormonen, deren nahe Brigham Young University *(s.u.)* genügend polynesische Studenten beherbergt, die sich hier als Tänzer, Sänger, Akrobaten oder Fremdenführer ein Zubrot verdienen. Solche mormonischen Studenten waren es auch, die ab den späten 1940ern in Laie ein Fischereifestival mit Luau abhielten und damit den Grundstein für das spätere Zentrum legten. Daraus entwickelte sich die Idee, die Heimat und das Kulturerbe der Studenten einer breiten Öffentlichkeit nahe zu bringen.

Großes Finale der Show 'Mana!'

Nachdem seit 1962 Künstler und originale Baumaterialien aus Polynesien herbeigeholt worden waren, konnte das Zentrum im Oktober 1963 eröffnet werden. Im Zuge des Hawaii-Tourismus wurde dieses immer wieder erweitert und um Attraktionen bereichert – bis hin zu der perfekten Show und dem Bau des IMAX-Kinos in den 1990ern.

Kultur der polynesischen Inselwelt

Nachdem man in der Halle hinter den Parkplätzen und dem Springbrunnen den Eintritt gelöst hat, betritt man das ca. 14 ha große Gelände. Dessen größten Teil füllen die sieben 'Dörfer', die mit charakteristischen Bauwerken und Kanus sowie Vorführungen von Tänzen, Gesängen und Kulturtechniken die polynesische Inselwelt von **Hawaii, Fidschi,** den **Marquesas, Neuseeland, Samoa, Tahiti** und **Tonga** repräsentieren. Die Dörfer sind in großzügige Grünanlagen eingebettet und durch Kanäle voneinander getrennt. Einen Überblick erhält man auf geführten Kanutouren *(Abfahrten alle 15 Minuten)* oder mit einer Art Straßenbahn, sinnvoller aber ist es, wenn man anschließend die einzelnen Dörfer noch einmal zu Fuß 'entdeckt' und an den verschiedenen Vorführungen teilnimmt. Wer dies intensiv tun will, sollte gut 4-5 Stunden an Zeit mitbringen.

Den kommerziellen Teil der Anlage machen die üblichen Snack-Bars, Verkaufsstände, ein Marktplatz und ein Kunsthandwerkszentrum aus. Auch eine Modenshow für Kinder und Jazz-Konzerte werden täglich veranstaltet. Für das leibliche Wohl sorgen das Gateway Restaurant mit ca. 1.000 Plätzen und das Alii Luau, in dem das Abendessen der Show eingenommen wird. Weitere Attraktionen sind ein nachgebautes Missionshaus aus den 1850ern, das 2.000-Sitze-Amphitheater Hale Aloha, auf dessen Wasserbühne tägl. das Spektakel 'Rainbows of Paradise' aufgeführt wird, und das IMAX-Kino mit der Vorführung 'Polynesian Odyssey'. Die größte überdachte Bühne stellt der riesige Pacific Pavillon (2.770 Sitzplätze) dar, in dem die abendliche Show 'Horizons' aufgeführt wird – bei dieser 90-minütigen, weltweit größten polynesischen Revue stehen über 100 Darsteller auf der Bühne. Mit ihren Hollywood-Effekten und artistischen Einlagen ist sie vom Unterhaltungswert her sicher sehr sehenswert, allerdings kaum geeignet, einen tieferen Eindruck von der polynesischen Kultur zu erhalten.

Ambitionierte Show

Natürlich kosten die Attraktionen des Polynesian Cultural Center einen gesalzenen Eintritt. Kritikern dieser Preispolitik hält das Unternehmen entgegen, dass eine Reise zu allen polynesischen Inseln mit mindestens US$ 10.000 zu Buche schlagen würde. Da die Anlage von Mormonen verwaltet wird, macht alles einen sehr sauberen, aufgeräumten Eindruck. Alkoholische Getränke sind streng verboten, Trinkgelder werden von den Angestellten nicht angenommen.

Laie

Wenige Fahrminuten hinter dem Polynesian Cultural Center erreicht man auf dem Kamehameha Hwy. den übersichtlichen Ort Laie, dem Zentrum der Mormonen in Hawaii. Von der Hauptstraße sollte man hier hinter dem Laie Shopping Center nach rechts auf die schmale Halbinsel abbiegen (Anemoku St./Napaka St.), die am **Laie Point** eine herrliche Aussicht bietet: Weit geht hier der Blick über die Laie Bay mit den vorgelagerten Inselchen **Kukuihoolua** und **Mokuauia** (Goat Island) sowie an der Windward-Küste mit ihren Steilwänden und Wasserfällen entlang.

Auf der anderen Seite des Highways kann man einen Abstecher zu den beiden wichtigsten Institutionen der Mormonen unternehmen. Das ist zum einen die **Brigham Young University** mit ihrem großen Campus, die aus dem früheren Church College of Hawaii hervorgegangen ist und an der zzt. etwas mehr als 2.000 Studenten lernen. Sie stammen von den polynesischen Inseln und wurden von Missionaren der Mormonen für ihr Studium ausgesucht. Rund 400 von ihnen sind zeitweise am Polynesian Cultural Center beschäftigt. Zum andern ist da der große **Mormonentempel** von 1919, ein strahlend weißer Bau inmitten herrlicher Grünanlagen, der den (weit übertriebenen!) Beinamen 'Taj Mahal des Pazifik' trägt. Das Tempelinnere ist nur für Mormonen zugänglich, Besucher aber haben zum Visitor Center (rechts vom Eingang) und zu den Außenanlagen Eintritt.

Zentrum der Mormonen

INFO Die Mormonen und Hawaii

Der Gründer der Mormonen (= 'Heilige der letzten Tage') war der amerikanische Farmerssohn Joseph Smith (1805-44). Er berichtete von einer Vision, in der ihm mitgeteilt worden war, Jehova habe bereits in alter Zeit in Amerika gewirkt und dort die Ankunft des Messias verkündet. Einer der Stämme Israels soll dabei um 600 v. Chr. nach Amerika ausgewandert und mit den Indianern zu einer Glaubensgemeinschaft verschmolzen sein. Später 'belegen' angeblich gefundene Goldtafeln mit hebräischer Inschrift diese Offenbarung. 1830 gründete Smith in Fayette (Bundesstaat New York) seine 'Kirche Jesu Christi der Heiligen der letzten Tage', deren schriftliche Grundlage das 'Buch Mormon' und weitere Quellen, an erster Stelle aber die Bibel, sind.

Smith verstand sich als Prophet, der Jesus Christus repräsentierte und die Ideen der Urkirche erneuern wollte. Die neu gegründete Glaubensgemeinschaft erfuhr sehr bald ungeheuren Zulauf, vor allem durch europäische Emigranten, die vom moralischen Verfall und den misslichen Lebensbedingungen in der Neuen Welt enttäuscht waren. Die Konfrontation mit der herrschenden religiösen Auffassung brachte später jedoch nicht die Lehre als solche, sondern die Vielweiberei. Joseph Smith hatte durch göttliche Eingebung erfahren, dass die Vielehe von Gott wieder gewünscht sei, wie ja schon Abraham, David und Salomon laut Bibel mehrere Frauen hatten.

Wegen seiner Anschauungen wurde der Kirchengründer zusammen mit seinem Bruder Hyrum 1844 in einer Gefängniszelle in Carthage (Illinois) gelyncht und damit zum ersten Märtyrer der Mormonen. Sein Nachfolger Brigham Young (1801-77) kann als der eigentliche Organisator und größte Lehrer der Kirche bezeichnet werden. Er war es, der seine Glaubensgenossen aus der feindlichen Umwelt des Ostens führte und ihnen das neue Gelobte Land, den Garten Eden zeigen wollte. In einer viermonatigen Wanderung zog er an der Spitze eines großen Trecks durch die Wüste nach Westen, wo er nach vielen Entbehrungen 1847 am Rande des Großen Salzsees den berühmten Satz 'This is the Place!' aussprach. Die dort gegründete Siedlung Salt Lake City (Utah) wurde das Zentrum der Gemeinschaft, dort entstand der berühmte Temple Square, von dort aus wurden Missionare in alle Welt entsandt.

Das alltägliche Leben der Mormonen zeichnet sich durch einen starken moralischen Rigorismus aus. Genüsse, wie etwa Tabak, Tee, Kaffee und Alkohol, sind für die Mitglieder der Kirche verboten. Fleiß, wirtschaftlicher Erfolg, Familienleben, Gesundheit und Sauberkeit sind Kennzeichen ihrer Gemeinschaft.

Von Beginn an versuchten die Mormonen, ihre Ideen durch Missionare in alle Welt zu tragen; mehr als 11.000 von ihnen arbeiten zzt. in etwa 100 Ländern. In den pazifischen Raum gelangten sie bereits im Jahre 1844, als die Missionare Tahiti und die benachbarten Inseln erreichten. 1850 kamen sie nach Oahu, wo sie ein Jahr später die erste Gemeinde gründeten. 1865 kauften sie in Laie ein Grundstück von 2.400 ha, das fortan zum Mittelpunkt ihres Wirkens ausgebaut wurde.

Ihr sprichwörtlicher Fleiß machte aus Laie eine blühende Kolonie, die König Kalakaua 1874 als mustergültig rühmte. Der 250.000-Dollar-Bau des Mormonentempels begann im Jahre 1914, und bei seiner Einweihung 1919 war er das erste Gotteshaus dieser Kirche außerhalb des Bundesstaates Utah. Die Kirche selbst hat im Bundesstaat rund 30.000 Anhänger, womit sie die zweitgrößte christliche Glaubensgemeinschaft darstellt (nach den Katholiken).

Auf der Weiterfahrt bringt einen der Highway hinter Laie zur weit geschwungenen **Malaekahana Bay**, die für die letzte gute Bademöglichkeit vor der Nordküste sorgt. Von der Straße durch eine State Recreational Area zugänglich, findet man am Ufer einen langen Abschnitt mit weißem Sand. Das Wasser ist meist ruhig und ungefährlich, ideal also für Schwimmer und Schnorchler. Bei Ebbe zieht sich das Meer so weit zurück, dass man zum vorgelagerten Eiland **Mokuauia** (Goat Island) hinüberwaten kann.

Kahuku

Zur 'Schildkröten-Bucht'

Die nächste Ortschaft auf dem Weg ist Kahuku, ein ehemaliges Plantagendorf aus jener Zeit, als der Zuckerrohranbau noch ein lohnendes Geschäft war. Es lohnt sich, hier von der Hauptstraße abzuzweigen und eine kleine Rundfahrt (oder einen Rundgang) durch das verschlafene Dorf zu unternehmen, in dem man zwischen kleinen, pittoresken Häuschen und blühenden Vorgärten unvermittelt auf ein gutes Restaurant stößt.

Strand an der Turtle Bay

Hinter Kahuku nähert sich der Hwy. 83 mit der Nordostspitze dem Ende der Etappe, verläuft allerdings in gehörigem Abstand zum Meer. Vorbei an Zuckerrohrfeldern und einer Zuchtfarm für Garnelen und Shrimps (an einem Stand werden die Köstlichkeiten frisch angeboten), anschließend an ausgedehnten Golfplätzen zur Rechten, fährt man parallel zu einer Anhöhe, auf der moderne Windmühlen Strom erzeugen. Rechts geht eine breite, fast schon mondäne Zufahrtsstraße zum Turtle Bay Resort ab, dem einzigen großen Hotelbau an dieser Küste. Davor dehnt sich in weitem Schwung ein herrlicher, von Kasuarinen gesäumter Sandstrand aus, der wegen der Klippen und Korallen im Wasser allerdings zum Baden kaum geeignet ist.

Entlang der Nordküste und durch Zentral-Oahu

Überblick

Die Etappe entlang der Nordküste bringt den Besucher auf dem Hwy. 83 durch eine nur dünn besiedelte Gegend, in der die Koolau-Berge sich zurückgezogen und einer weiten, trockenen Landschaft Platz gemacht haben.

Schöne Strände

Höhepunkte sind einmal die vielen Sandstrände, deren unglaublich hohe Brandung im Winter sie zur Hochburg der Surfer hat werden lassen. Zum andern reichen bisweilen enge, grüne Täler bis nahe an den Highway und werden insbesondere in Waimea zum Schauplatz vielfältiger Attraktionen. Der erste Teilabschnitt bis Haleiwa, der größten Ortschaft an der Nordküste, kann vom Autofahrer in etwa ½ Stunde zurückgelegt werden – Strandwanderungen, Badepausen und Besichtigungen natürlich nicht eingerechnet. Wer im engen Korsett einer eintägigen Inselumrundung steckt, wird hier auch die Küste verlassen und durch das Inselinnere wieder auf Honolulu zufahren. Wer etwas mehr Zeit mitbringt, kann auf dem Hwy. 930 noch ein gutes Stück weiter in den Westen vordringen, dem landschaftlich eigentlich schönsten Teil des Nordens. Hinter dem Dillingham Airfield hört allerdings der asphaltierte Weg auf, und wer mit dem Geländewagen oder Mountainbike unterwegs ist, kann das Nordwestkap erreichen, den Kaena Point (oder auf einer einstündigen, strammen Wanderung). Eine Rundfahrt entlang der Küste ist für den normalen Mietwagen-Touristen also nicht möglich.

Während man hin und wieder auf Imbissbuden und in Haleiwa auch auf gute Restaurants stößt, sind Unterkünfte rar gesät. Die wenigen Pensionen und 'Beach Houses' finden ihre Kundschaft in den jüngeren Surfern mit kleinem Budget oder in Weltenbummlern mit niedrig angesetzten Komfort-Ansprüchen. Nach der beeindruckenden Szenerie der Ost- und Nordküste hält das Inselinnere keine landschaftlichen Sensationen mehr bereit, so dass die Rückfahrt nach Honolulu zügig vonstatten gehen kann. Ab Haleiwa benutzt man dazu den Hwy. 99 (Kamehameha Hwy.), wer weiter an der Nordküste vorgedrungen ist, kann auch über den parallelen Hwy. 803 (Kaukanahua Rd.) fahren. Beide Routen führen auf die Hochebene, die sich zwischen den beiden vulkanischen Gebirgsstöcken der Koolau Range und Waiane Mountains ausbreitet und die fast ausschließlich landwirtschaftlich genutzt wird. Auffällig ist überall die rote Erde, deren Farbe durch vulkanische Asche mit oxidiertem Eisen zustande kommt – ein idealer Boden für den Anbau von Zuckerrohr und Ananas.

Felder und Plantagen

In Wahiawa, das von ausgedehnten Militäranlagen umgeben ist, kommen die Highways zusammen, und die Fahrt in den Süden kann man nun wahlweise auf dem Hwy. 99 oder der Autobahn H-2 fortsetzen. Eine landschaftlich reizvollere Alternative wäre der Hwy. 750, der nahe an der westlichen Bergkette entlanggeht und im Süden hinter Waipahu auf den Freeway H-1 stößt. Die Gesamtstrecke von der Nordküste nach Pearl Harbor, an der keine besonderen Unterkünfte oder Restaurants zu nennen sind, dauert maximal ½ Stunde.

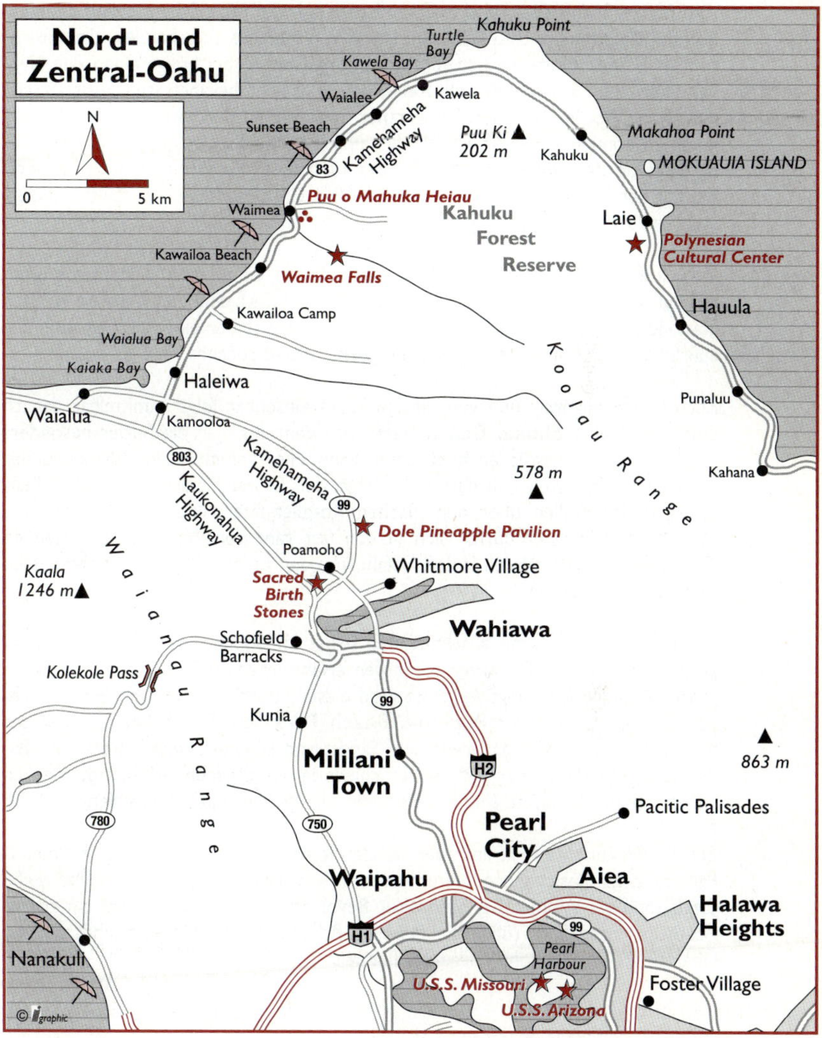

Von Kahuku nach Haleiwa

Hinter der Zufahrt zum Turtle Bay Resort verläuft der Kamehameha Hwy. auf die **Kawela Bay**. Hier trifft man auf den ersten einer fast ununterbrochenen Reihe schöner und z.T. lang gezogener Sandstrände, die allerdings aus genannten Gründen oft gefährlich und im Winter ohnehin den Surfern vorbehalten sind. Dies gilt auch für den folgenden **Waialee Beach Park**, der bei ruhigem Seegang jedoch zum Baden, Schnorcheln und zu Strandspaziergängen reizt. Sehr gut sind die Mini-Eilande Papapamui und Kukaimanini Island von hier aus zu sehen. An charakteristischen kleinen Holzhäuschen mit ihren Vorgärten vorbei bringt einen der Hwy. daraufhin zum **Sunset Beach Park**, dem vielleicht bekanntesten Surfer-Strand der Welt. Wo im Sommer Schwimmer und Surfer durchaus auf ihre Kosten kommen können, rollen im Winter bis zu 9 m hohe Brecher an den Strand. Das ist dann die Zeit, wenn sich die Surfboys aus Hawaii, Kalifornien und von anderswo auf den Weg machen, um bei den Surfing Championships gut abzuschneiden, stets beobachtet von einer großen Menge Touristen.

Eldorado für Surfer

Vor diesen Naturgewalten des Meeres verblassen die wenigen Sehenswürdigkeiten auf der anderen Seite des Highways, z.B. COMSAT, eine der weltweit größten Stationen zur Satelliten-Kommunikation, und wenig später eine Felsformation, die aufgrund vager Ähnlichkeiten **Washington's Head** genannt wird.

Rechts dem Highway und von diesem kaum einsehbar, folgt unmittelbar danach der recht kleine **Ehukai Beach Park**, von dem aus man die Surfer besonders gut bei ihren Kunststücken beobachten kann. Hier kommt es im Winter zu der berühmt-berüchtigten röhrenartigen Woge der Banzai Pipeline, die beim Überschlagen der Wellen über dem flachen Korallenuntergrund entsteht. Nur die absoluten Surfmeister dürfen sich in den fast ganz von Wasser umschlossenen Tunnel wagen, alle anderen laufen Gefahr, von den tonnenschweren Wellenmassen erschlagen zu werden!

Auch der nächste Strandabschnitt des selbst im Sommer gefährlichen **Banzai Beach** ist solch ein Platz, der sogar den erfahrensten Surfern allen Mut und ihr ganzes Können abverlangt. Abgelöst wird dieser Strand von einer größeren Bucht zur Rechten, an der der **Pupukea Beach Park** liegt. Durch Lavariffe vor der hohen Brandung geschützt, reizt sein Sandstrand sommers wie winters zum Baden, und die durch das Riff in verschiedene, an Lagunen erinnernde Becken abgetrennten Abschnitte sind ein Eldorado für Taucher und Schnorchler.

Bei der Weiterfahrt reizt links der Straße die alte katholische **Kirche** St. Peter & Paul zu einer Besichtigung, hinter der sich anschließend der wunderbare, weiße Sandstrand der Waimea Bay ausbreitet. Bevor Sie dorthin fahren, lohnt ein kurzer Abstecher nach links (über die Pupukea Rd. am Supermarkt Foodland) zu den Überresten eines erhöht gelegenen Tempels:

Puu O Mahuka Heiau

Nach gut 1 km auf der Pupukea Rd. und einem weiteren Kilometer auf einer ungepflasterten Straße (Hinweisschild) erreicht man die Grundmauern des größten erhaltenen Tempels von Oahu. Ein doppelter, enorm großer Steinwall rahmt eine rechteckige Fläche von 150 x 45 m ein, in der einstmals die Grastempel und Plattformen für kultische Handlungen gestanden haben. Dazu gehörten wohl auch die blutigen Menschenopfer, zu denen der Überlieferung nach 1794 auch drei Seeleute aus der Mannschaft des Kapitäns Vancouver gehörten. Der **Heiau** wurde mehrfach vergrößert, zuletzt 1819 durch König Kamehameha II. Doch auch

Historischer Tempel

nach Abschaffung der Menschenopfer und der Durchsetzung des Christentums scheint die Heiligkeit des Ortes bis in die heutige Zeit fortzudauern, denn immer noch sieht man Votivgaben (Obst, Blumen), die Hawaiianer auf dem Mauerring niederlegen. Der Besuch der Kultstätte ist jedoch nicht nur für historisch oder archäologisch Interessierte zu empfehlen, denn sie bietet jedermann einen wunderbaren Ausblick über die Waimea Bay und an der Küste entlang bis hin zum Kaena Point.

Bucht mit Parkanlage

Wieder auf dem Highway, gelangt man in wenigen Minuten zum Waimea River, der hier in die **Waimea Bay** mündet. In dieser Bucht landeten 1779 die ersten Weißen auf Oahu, in einem Gebiet, das damals zu den dichtest besiedelten der Insel gehörte. Sofort vor der Brücke (mit eigener Fußgängerspur) über den Fluss lohnt sich der Abstecher in das grüne Waimea Valley, zu dem eine gut ausgeschilderte Straße nach links abzweigt. Nach einer kurzen Fahrt parallel zum mangrovenbestandenen Flussufer endet der Weg am Waimea Falls Park.

Waimea Falls Park

Direkt am Parkplatz des Privatparks begrüßt einen der **Tempel Hale O Lono Heiau**. Er war früher dem Wetter- und Ackerbaugott Lono geweiht, wurde später von den Archäologen ausgegraben und komplett wiederhergestellt. Hier erstreckt sich auch das **Waimea Valley Audubon Center**, das von zahlreichen Wander- und asphaltierten Wegen durchzogen ist.

Die Attraktionen des Geländes sind hauptsächlich botanischer Natur und umfassen mehr als 6.000 tropische Pflanzenarten. Insgesamt ist das Waimea Valley, das natürlich nicht gänzlich vom Waimea Falls Park ausgefüllt wird, 7,3 km² groß. Gegen Ende des 11. Jh. wurde es als heiliges Tal 'Hewa Hewa' unter die Schutzherrschaft von Priestern gestellt, später dem Hohepriester *(Kahuna Nui)* von Kamehameha I. übergeben. Heute ist bei genügend Zeit in dem grünen Tal eine ganze Reihe von Freizeitaktivitäten möglich. So bietet die Parkverwaltung Jeeptouren bis auf den Bergkamm an, von dem aus das gesamte Tal zu überblicken ist. Auch werden Mountainbikes verliehen und Kajaks, auf denen man den Waimea Stream bis hinab zum Waimea Beach paddeln kann.

Rekonstruiertes Grashaus

Zurück auf dem Highway, überquert man den Fluss auf einer

Doppelbrücke und passiert sofort dahinter den **Waimea Bay Beach Park**. Der schöne Sandstrand lädt zum Sonnenbaden und zu Strandwanderungen ein, und oft ist das Wasser so spiegelglatt, dass man gefahrlos schwimmen, schnorcheln oder tauchen kann. Im Winter jedoch brausen hier die mächtigsten Wellenkämme an die Nordküste, Wassergebirge von der Höhe und Zerstörungskraft eines Tsunami. 18 m hoch soll die Brandung gewesen sein, die 1969 mit unvorstellbarer Wucht über die Waimea Bay hereinbrach und mit einem Schlag 30 Wohnhäuser vernichtete…

Hohe Brandung

Einen guten Überblick über Bucht und Strand erhalten Sie von einem Hügel links des Highways, den man leicht mit dem Wagen erreicht. Nun sind es noch 7 km bis Haleiwa, eine kurze Strecke, die von den spärlichen Resten der alt-hawaiischen Kultstätte Kupupolo Heiau zur Linken und dem **Kawailoa Beach** zur Rechten begleitet wird.

Haleiwa

Am Ortseingang, noch vor der ersten historischen Brücke (1921), passiert man den **Puaena Point**, an dem eine weiße kleine Säule an die ortsansässigen Gefallenen im Zweiten Weltkrieg erinnert. Dahinter kann man seinen Wagen auf dem großen Parkplatz abstellen und dem schönen Sandstrand des Haleiwa Regional Park einen Besuch abstatten sowie den Blick auf die gebirgige Küstenlinie bis zum Kaena Point genießen. Sofort an der rustikalen Brücke begrüßt einen der kleine Bootshafen, an den sich ein weiterer Strand (Haleiwa Alii Beach Park) anschließt. Die Ortschaft selbst diente im 19. Jh. Königin Liliuokalani als Sommerfrische, hier hatte sie ihre Residenz und ließ Fischteiche bauen, die immer noch existieren (vor der Brücke). Ihr zu Ehren wurde die **Queen Liliuokalani Church** als erste Kirche an der Nordküste gebaut, die man nach ihrer Zerstörung wiedererrichtete und die heute das wichtigste Besichtigungsziel des Ortes darstellt. Später wurde Haleiwa (= 'Heimat des Fregattvogels') nicht nur als Mekka der Surfsportler, sondern auch als Heimat von Künstlern, Hippies und Alternativen bekannt, die hier einige Billigunterkünfte, Naturkostläden und Cafés betreiben.

Alternativer Fremdenverkehr

Nachdem viele der alten Holzhäuser mit ihren Veranden abgerissen worden sind, hat der Ort jedoch viel von seinem ursprünglichen Charme eingebüßt.

Von Haleiwa zum Kaena Point

Wer das Ortszentrum von Haleiwa verlässt, gelangt auf dem Kamehameha Hwy. über eine Doppelbrücke zum Kreisverkehr, auf den auch die Waialuia Beach Rd. stößt. Während vom Kreisel der Kamehameha Hwy. (Hwy. 99) durchs Inselinnere wieder in Richtung Honolulu führt, kann man den Weg an der Nordküste über die Waialuia Beach Rd. fortsetzen, die nach einigen Meilen auf den **Hwy. 930** (Farrington Hwy.) stößt. Es ist auch möglich, am Kreisverkehr geradeaus zu fahren (Kaukonahua Hwy.), um etwas später auf diese Hauptstraße rechts abzubiegen. Dabei würde man jedoch die schöne Szenerie der **Kaiaka Bay** mit dem gleichnamigen **Beach Park** verpassen. Vor dem Hintergrund des höchsten Berges der Insel, dem Mount Kalaa (1.227 m), breitet sich dort ein schöner Sandstrand aus, der im Winter die gewohnt hohe Brandung der Nordküste aufweist. Aber auch im Sommer kann die Dünung beträchtlich sein, und es ist ratsam, den Wellengang und andere Badegäste zu beobachten, bevor man sich selbst ins Wasser wagt.

Oahus höchster Gipfel

Gleiches gilt auch für den 10 km langen **Mokuleia Beach**, dem nächsten Sandstrand an der Kaiahulu Bay. Am Ende der Bucht und nahe zum Mokuleia Beach Park erstrecken sich rechts des Farrington Hwy. die **Mokuleia Polo Grounds**, die vielleicht exklusivste Sportstätte des Bundesstaates. Von März bis Juli kann man hier sonntags einige der weltbesten Polomannschaften der Welt spielen sehen.

Sollten Sie in dieser Zeit an einem Sonntag hier unterwegs sein, machen Sie es wie die Einheimischen: Decken Sie sich mit Lebensmitteln ein und beobachten Sie das Spektakel in Verbindung mit einem Picknick. Eine kurze Wegstrecke weiter erstreckt sich links der Straße das **Dillingham Airfield**, von dem vielfältige Freizeitaktivitäten ausgehen. Flugzeuge steigen auf, um Fallschirmspringer zu ihren Startpunkten zu bringen, Segelflugzeuge nutzen den warmen Aufwind an den 600 m hohen Flanken der Waiane Mountains, historische Doppeldecker beginnen am Dillingham Airfield ihre Tour in Richtung Pearl Harbor auf den Spuren des japanischen Angriffs.

Hinter dem Flughafen dauert es nicht lange, bis ein Stopp- und Warnschild das Ende der asphaltierten Straße ankündigt. Wer die nächsten 2 km bis zum Nordwestkap bezwingen möchte, ist auf einen Geländewagen, ein stabiles Mountainbike oder auf Kondition angewiesen. Wanderer können ein Stück des Weges anstelle auf der extrem holprigen Sandpiste auch am Strand des lang gezogenen **Kaena Point State Park** zurücklegen. Das Ziel der wenigen Besucher ist dabei in jedem Fall die westlichste Spitze der Insel Oahu, der **Kaena Point**. Der Name (*Kaena* = 'Hitze') wurde der spitz zulaufenden Landzunge aus gutem Grund gegeben: Die fast ständig scheinende Sonne sorgt für Höchsttemperaturen, und die ausgedörrte Natur trägt einen wüstenhaften Charakter.

Klippenkap mit Wüstencharakter

Von diesem Kap aus treten nach alt-hawaiischem Glauben die Seelen der Verstorbenen ihre Reise zur Urheimat Hawaiki an. Auch ohne diesen spirituellen Hintergrund lohnt sich die Mühe der Anreise: Vor sich der Blick auf zwei Küsten und den Dreiviertelkreis des Meeres, im Hintergrund die steil aufragenden Klippen der Waiane Mountains mit dem alles überragenden Mount Kalaa, dazu eine fast menschenleere Einsamkeit – wie weit entfernt scheint da die übrige Welt und die Hektik der Metropole Honolulu?!

Von der Nordküste nach Pearl Harbor

Auf der bestausgebauten und am häufigsten benutzten Route verlässt man die Nordküste am Ortsausgang von **Haleiwa**, wo der Kamehameha Hwy. – ab jetzt der **Hwy. 99** – vom Hwy. 83 abzweigt. Die breite und gut ausgebaute Straße führt stetig, aber ohne große Steigungen, bergan, wobei zunächst Zuckerrohrfelder, dann Ananasplantagen den roten Untergrund bedecken. Ein beliebter Stopp auf dem Weg ist nach ca. 10 Minuten der von hohen Eukalyptusbäumen flankierte **Dole Pineapple Pavilion** auf der linken Seite *(großer Parkplatz, ausgeschildert).*

Dole Pineapple Pavilion

Zentrum des Ananasanbaus

Der von Individualtouristen und Reisebusgästen stets gut gefüllte Bau ist nichts anderes als ein großer Souvenirshop, in dem alles, was man aus und mit Ananas herstellen kann, verkauft wird. Hier findet man neben viel Kitsch Ananaswein oder -likör, Ananasfrüchte im Korb, mit Schokolade überzogene Ananas, alte Dole-Reklameschilder, T-Shirts usw. Zu den weiteren Attraktionen auf dem Gelände gehören Blumengärten, ein großes Labyrinth (*Maze*, angeblich das größte der Welt) und eine Schmalspur-Lok, die einen über das gesamte Gelände bringt.

All das kostet allerdings jeweils separat Eintritt und ist außerdem zeitintensiv. Die Ananasfelder sieht man schließlich bei der Weiterfahrt ohnehin und kostenlos links und rechts des Weges.

Die Ananas

INFO Die Dole Company und der Ananasanbau auf Oahu

Die Ananas ist eine vitaminreiche und für den menschlichen Stoffwechsel und Verdauungsapparat sehr gesunde Frucht. Außer ihrem Fruchtfleisch bzw. dem daraus gewonnenen Saft liefert sie den Grundstoff für alle möglichen alkoholischen Getränke sowie pharmazeutische Artikel. Daneben können auch die Schalen und Blätter der Pflanze als Viehfutter genutzt werden, weswegen man oft Rinderherden in der Nähe der Ananasplantagen sieht.

Ursprünglich stammt die Ananaspflanze aus Brasilien und wurde um 1820 in Hawaii eingeführt, allerdings in sehr geringen Mengen. Wegen der langen Transportwege und der schlechten Konservierungsmöglichkeit schien der Profit im Vergleich zum Zuckerrohr einfach zu gering. Es war dem Agronomen James Drummond Dole aus Boston vorbehalten, als erster die mögliche Bedeutung dieses

Wirtschaftszweiges für Hawaii zu sehen. 1899 nach Oahu gekommen, fand er in dem roten Boden der Insel ideale Wachstumsbedingungen vor und ließ bei Wahiawa auf einem 24 ha großen Gelände die erste Plantage anlegen. Dazu benutzte er nicht die brasilianische Ananas, sondern die aus Jamaica stammende Cayenne-Frucht, die 1886 in Hawaii eingeführt worden war. Diese mit bis zu 3 kg besonders schwere und sehr süße Ananas wird auch heute noch bevorzugt angebaut.

Die Früchte der von ihm gegründeten 'Hawaiian Pineapple Company' (1901) wurden in Honolulu in der 1906 errichteten Konservenfabrik, damals die größte der Welt, zu Dosenananas verarbeitet und zu den Weltmärkten verschifft. Das später in Dole Company umbenannte Unternehmen wurde zum wichtigsten Exporteur von Ananas in die USA und in die gesamte Welt. 1922 konnte die Firma fast die gesamte Insel Lanai aufkaufen und dort die größte Ananasplantage der Welt errichten. Bis nach dem Zweiten Weltkrieg dominierten die Dole Company und die Konkurrenzgesellschaft 'Del Monte' von Hawaii aus den internationalen Ananasexport. Danach fiel dessen Bedeutung wegen der asiatischen und südamerikanischen Konkurrenz, die billiger produzieren konnte, zurück, und viele Felder mussten stillgelegt werden.

Beim Ananasanbau benutzt man vorzugsweise die Krone der Frucht als neues Pflanzmaterial. Daraus entsteht dann innerhalb von etwa 15 Monaten eine scharfblättrige, bis zu 1 m hohe Pflanze, deren Knospe in der Mitte die erste Frucht darstellt. Nach weiteren 13-14 Monaten wächst eine zweite Frucht heran. Um die ganzjährige Nachfrage nach Ananas zu befriedigen, wird auch das ganze Jahr über gepflanzt, und zwar ausschließlich in Handarbeit. Bei der Dole Plantation werden auf einem Acre (= 0,405 ha) durchschnittlich 27.000-33.000 Früchte gepflanzt. Die Trockenheit der zentralen Ebene bringt es mit sich, dass die Felder bewässert werden müssen, wobei mit einer speziellen Methode die Leitungen innerhalb der Ananaslinien verlaufen. Außerdem werden die Ananas mit Nitrogen und Eisen, die in flüssiger Form auf den Boden gesprayt werden, künstlich gedüngt. 18-22 Monate nach dem Pflanzen kann geerntet werden, eine Arbeit, die ebenfalls manuell vor sich geht.

Auf der Dole Plantation erntet man innerhalb von vier Jahren zwei Felder ab oder drei Felder in fünf Jahren. Nachdem das letzte Feld abgeerntet ist, wird es 'stillgelegt', und ein neuer Zyklus beginnt mit der Präparierung des Landes. Nach der Ernte werden die Früchte in speziellen Behältern zur Fabrik gebracht, wo man sie zu Ananassaft oder Dosenananas verarbeitet. Die Ananasfrüchte von Wahiawa werden zu 60-70 % als frische Früchte vermarktet, der Rest wird weiterverarbeitet.

Auffällig sind die schwarzen Plastikstücke, die man auf den Plantagen sieht und deren Fetzen wie Asche überall in der zentralen Ebene herumfliegen. Das Plastik hat mehrere Aufgaben: Erstens soll es Schädlinge und Unkraut von den Pflanzen abhalten, zweitens die Feuchtigkeit konservieren, drittens die Hitze in der Erde halten, um das Wachstum der Wurzeln anzuregen, viertens schließlich die Pflanzung markieren.

Bleiben Sie nun auf dem Hwy. 80, kommen Sie bald zu einer Ampel, an der die Whitmore Ave. nach links zur Ortschaft Whitmore Village abgeht, während nach rechts ein unasphaltierter Feldweg zu einem von großen Steinen eingefassten Parkplatz führt, hinter dem sich ein schon von weitem sichtbarer Hain mit hohen Bäumen befindet.

Althawaiische 'Geburtssteine'

Hierbei handelt es sich um das Areal der **Kukaniloko Birth Stones**, zu dem früher die Frauen der Alii, also der Häuptlinge und Adligen, zur Geburt ihrer Nachkommen pilgerten. Jedes Kind, das in dem etwa 800 Jahre alten heiligen Platz Kukaniloko auf die Welt kam, besaß von vornherein einen hohen gesellschaftlichen Status. Man sieht deutlich, dass mehrere dieser 'Geburtssteine' bearbeitet worden sind, die oft abgebildeten Felszeichnungen aber sind nur schwer zu erkennen (werden jedoch in gewissen Abständen immer wieder nachgezeichnet).

An den Kukaniloko Birth Stones

Wahiawa

Kurze Zeit später wird es auf dem **Hwy. 80** idyllisch, wenn man auf einer engen Stahlbrücke einen Seitenarm des Wahiawa Reservoir überquert. Das aufgestaute Gewässer markiert die nördliche Grenze von Wahiawa – Oahus einzige Binnenstadt – und zieht sich in weitem Bogen westlich und südlich des Ortes herum. Wahiawa ist gleichzeitig das landwirtschaftliche Zentrum der Insel und mit der Wheeler Air Force Base und den Schofield-Kasernen ein wichtiger Stützpunkt der Armee. Während der Ort an sich uninteressant ist, lohnen die **Wahiawa Botanic Gardens** an der California Ave., die nach links vom Hwy. 80 abzweigt, einen Besuch. Hier wurden seit den 1950er Jahren Gewürzbäume, Orchideen und andere Pflanzen aus tropischen Gebirgsregionen angepflanzt.

Am südlichen Ortsausgang gelangt man hinter der zweiten Brücke (Wilson Bridge) erneut zu einer Kreuzung, an der die **Hwys. 99** und **80** sowie der Freeway **H-2** zusammenkommen. Ab hier ergeben sich nun drei Möglichkeiten der Weiterfahrt:

❶ Bei wenig Zeit stellt die Autobahn **H-2** die beste Route dar, die einen zügig nach **Pearl City**, **Aiea** und **Pearl Harbor** bringt. Kurz vor der Bucht kreuzt sie den sechsspurigen Freeway **H-1**, auf dem man die Fahrt wahlweise nach Honolulu oder an die Westküste fortsetzt. Sollte auf Ihrem Programm noch ein Abstecher zum **Arizona Memorial** stehen, dann nehmen Sie auf Höhe des Aloa Stadium den Exit 13 A, auf dem Sie wieder den Hwy. 99 erreichen.

❷ Genauso gut kann man in Wahiawa auf dem **Hwy. 99** bleiben, der vom Hwy. 80 den Namen Kamehameha Hwy. übernimmt. Er verläuft auf einer westlichen Route parallel zum Freeway und erfordert wegen vieler Ampeln einen größeren Zeitaufwand. Dafür wird man jedoch am Golfplatz und durch das Ortszentrum von **Mililani** geführt, anschließend geht es durch Ananasplantagen auf die Bucht von Pearl Harbor zu und unter den Freeways hindurch. Wer noch das **Arizona Memorial** besuchen möchte, ist auf dem Highway genau richtig. Sollten Sie vorher Lust auf einen ausgiebigen Einkaufsbummel haben, könnten Sie vom Hwy. 99 nach links über die Pali Momi St. zum nahen **Pearlridge Center** abbiegen. Das Einkaufszentrum mit seinen drei Komplexen ist eins der modernsten und größten des Staates und besitzt nicht weniger als 170 Läden (Mode, Lebensmittel, Kaufhäuser, Spielzeug etc.), 16 Kinos, 45 Restaurants und mehrere Plätze mit regelmäßigem Entertainment. Als besondere Attraktion werden die Gebäude durch eine Monorail miteinander verbunden.

Rückfahrt nach Honolulu

❸ Bei dieser längeren Alternative fahren Sie hinter Wahiawa nach rechts auf den **Hwy. 99** *(Wilikina Dr.)* und kommen nach wenigen Minuten zum Militärgelände der **Schofield Barracks** und zur Kreuzung mit dem **Hwy. 750** *(Kunia Rd.)*. Auf diesen biegen Sie links ab und begeben sich nun auf eine landschaftlich sehr reizvolle Strecke am Fuß der Bergkette. Ein erster möglicher Abstecher ergibt sich nach wenigen Hundert Metern an der Foote Gate, durch die Sie an Kasernen vorbei und über die Lyman Rd. und die Kolekole Pass Rd. auf den **Kolekole Pass** im Osten zufahren können. Dieser deutlich sichtbare Einschnitt in die Waianae Mountains war das natürliche Tor, durch das die japanischen Piloten im Dezember 1941 ihren Überraschungsangriff auf Pearl Harbor flogen. Gleichzeitig bestimmte ihn die Legende zur Heimat von Kolekole, der Schutzgöttin der Insel Oahu. Die asphaltierte Straße windet sich bis auf die Passhöhe von 525 m nahe dem weißen Betonkreuz hinauf, von der aus man eine weite Aussicht auf beide Seiten der Insel hat. Unmittelbar am Parkplatz kann man auf Fußwegen zu weiteren Aussichtspunkten gelangen, u.a. zu einem heiligen Stein aus alt-hawaiischer Zeit, der bei Kulthandlungen und Hinrichtungen eine Rolle spielte.

Die Straße hinunter zur Westküste ist dann allerdings dem Militär vorbehalten, d.h. man muss wieder die gleiche Strecke bis zum Hwy. 750. Auf diesem geht es am Golfplatz des Hawaii Country Club und durch Ananas- und Zuckerrohrplantagen in den Süden, wo man vor der Ortschaft Waipahu auf die Autobahn **H-1** stößt. Auf dieser kommen Sie entweder zur Westküste oder über **Waipahu** und **Pearl City** zum Pearl Harbor bzw. weiter nach **Honolulu**.

Fahrt entlang der Westküste

Überblick

Die ca. 32 km lange Westküste (Waianae Coast) lag lange Zeit außerhalb des touristischen Horizontes, und obwohl sie viele gute Sandstrände, eine Schönwetter-Garantie und inzwischen auch einige Hotels und Golfplätze besitzt, wird sie von Urlaubern immer noch wenig besucht und taucht nur selten im Sightseeing-Programm der Reiseveranstalter auf. Durch die Waianae Mountains vor den Passatwinden geschützt und damit vom Regen abgeschnitten, ist an den trockenen Berghängen Landwirtschaft kaum möglich, weshalb die zerklüftete Küste auch nur spärlich besiedelt ist: Weniger als 30.000 Menschen leben hier, die meisten davon

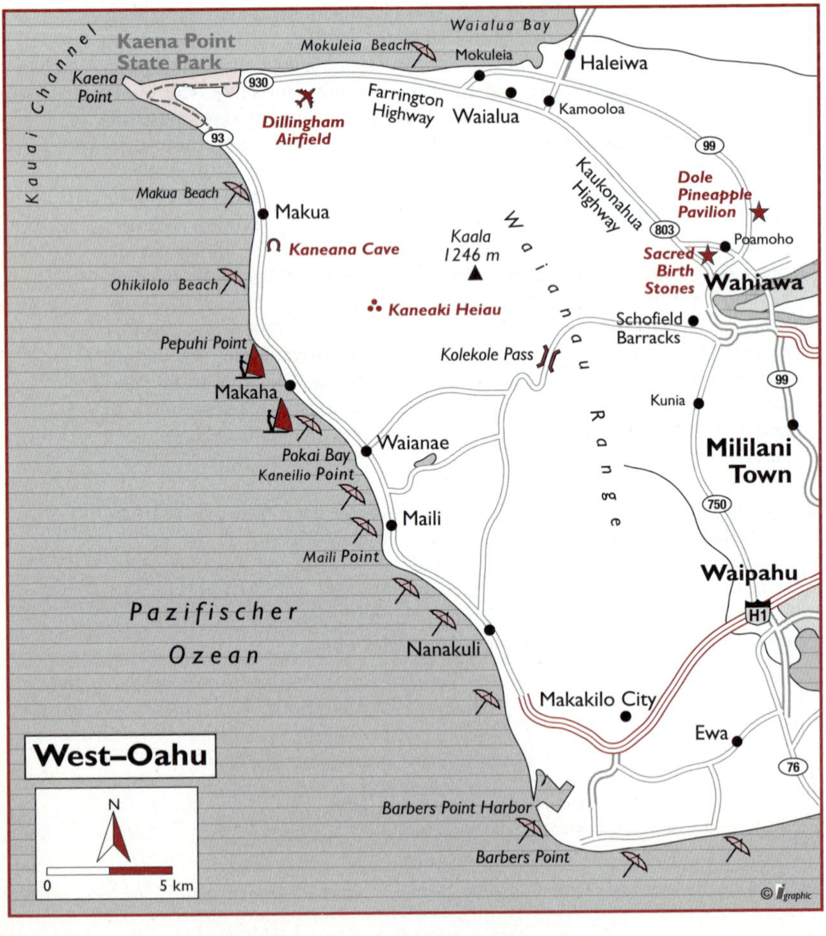

sind hawaiischen Ursprungs und als Fischer tätig. Viele von ihnen sind dem Fremdenverkehr nicht unbedingt aufgeschlossen, und man hat manchmal den Eindruck, dass sie am liebsten unter sich bleiben möchten. Trotzdem lohnt sich der Abstecher zur Westküste auch wegen ihrer Bewohner, denn ursprüngliches polynesisches Leben, sofern es sich überhaupt auf Oahu erhalten konnte, ist hier noch am ehesten zu finden.

Oahus ursprüngliche Seite

Hinsichtlich der **Unterkünfte** gibt es Pläne, im Südwesten zwischen Ewa Beach und Barbers Point – also noch im Großraum Honolulu – eine ganze Reihe neuer Hotelanlagen aus dem Boden zu stampfen. Bislang aber stehen nur in Waipahu einige Pensionen, vereinzelte Ferienhäuser sowie First-Class-Herbergen in Kapolei und Makaha zur Verfügung. **Restaurants** sind an der Westküste rar gesät. Wer nicht in den Hotels oder in einem der beiden McDonald's essen möchte, sollte sich in den rustikalen Siedlungen mit Lebensmitteln für ein zünftiges Strand-Picknick eindecken. Die die gesamte Westküste erschließende Straße ist der **Hwy. 93** (Farrington Hwy.), der in Pearl Harbor am Hwy. 99 bzw. am Autobahndreieck der H-1/H-2 seinen Ausgang nimmt. Alle Wege jedoch enden an der Yokohama Bay, danach geht es nur noch zu Fuß, mit dem Pferd oder auf einer Extremtour mit Jeep oder Mountainbike weiter.

Von Pearl Harbor bis zur Yokohama Bay

Streckenhinweis

*Die Anreise zu dieser Etappe erfolgt von **Waikiki/Honolulu** am besten über den Freeway **H-1**, der einen weiten Bogen um die einzelnen Buchten von **Pearl Harbor** schlägt (East Loch, Middle Loch und West Loch). Nördlich vom Middle Loch gabelt sich die Autobahn: Die H-2 geht durch's Inselinnere über Wahiawa nach Norden, die H-1 verläuft weiter in westlicher Richtung. Wer zügig vorankommen möchte, sollte auf der H-1 bleiben, wer Lust auf eine kleine Rundfahrt in Waipahu und/oder einen ersten Abstecher zur Südküste verspürt, sollte am Autobahndreieck auf den **Hwy. 93** (Farrington Hwy.) abzweigen; beide Straßen verlaufen parallel und vereinen sich ca. 15 km weiter westlich.*

Waipahu

In Waipahu (= 'stürzendes Wasser') kann man weder Reichtum noch architektonische Schönheiten entdecken: Immer noch bestimmen Zuckerrohranbau und -verarbeitung das Bild der letzten wirklichen Stadt vor der Westküste. Um die letzte Zuckermühle gruppieren sich einfache Arbeiterhäuser, einfallslose Shopping Centers und primitive Imbissbuden. Der langjährige Preisverfall für Rohrzucker hat den Ort schwer getroffen, und seine Einwohner – darunter auffällig viele Filipinos – können nicht gerade als wohlhabend bezeichnet werden. Trotzdem oder gerade deswegen sollte man sich Waipahu ruhig einmal ansehen, besonders jene Touristen, die nicht nur die Sonnenseite Hawaiis erleben möchten, sondern auch an der Alltagsrealität interessiert sind.

Zuckerrohrplantage

Während die H-1 die Stadt nördlich umgeht, fährt man auf dem Hwy. 93 geradewegs durch sie hindurch. An der Kreuzung mit der Waipahu St., kurz vor der grünen Oase des Waipahu Cultural Garden Park, lohnt es sich, zum **Hawaii's Plantation Village** abzubiegen, in dem versucht wurde, die Kulisse einer alten Zuckerrohr-Siedlung nachzustellen. Bei der Besichtigung sieht man neben einer Zuckermühle auch die Quartiere der Arbeiter, einschließlich der harten Lebensumstände früherer Zeiten, die auch in Ausstellungen und Fotos dokumentiert sind.

Zurück auf dem Farrington Hwy., passiert man am Ortsausgang das kommerzielle Zentrum Waipahus mit seiner 'Shopping Plaza' und dem benachbarten 'Shopping Village', danach kommt man zur Kreuzung mit dem Hwy. 76 *(Fort Weaver Rd.)*. Hier kann man den oben erwähnten Abstecher zur Südküste anschließen, indem man auf den Highway nach links abbiegt. Dabei bringt einen die Fort Weaver Rd. mitten durch das große Gelände des West Loch Golf Course und an Querstraßen vorbei, die zum hübschen West Loch Shoreline Park führen.

Auf schnurgerader Strecke, auf der man linker Hand einen weiteren Golfplatz passiert, geht es anschließend auf **Ewa Beach** zu. Wo der Hwy. 76 kurz vor dem Ufer in einer Linkskurve endet, hat man die Wahl zwischen zwei gleichwertigen Stränden: Folgt man der Fort Weaver Rd. nach links, gelangt man zum Ewa Beach Park, hinter dem sich der dritte große Golfplatz erstreckt, fährt man hingegen nach rechts, kommt man zum Oneula Beach Park. Beide sind ganzjährig sichere Badestrände, obwohl nicht so schön wie die an der Westküste.

Die Dampflok 'Ewa I.'

Oldtimer-Bahn und Golfplätze

Ansonsten gibt es in Ewa Beach eine besondere Attraktion für Fans von historischen Eisenbahnen: das Depot der Hawaiian Railway Society, in dem mehrere alte Lokomotiven und Zugwaggons ausgestellt sind, u.a. die Dampflok 'Ewa I.' aus den 1890ern.

Da im Westen von Ewa Beach das Militärgelände der Barbers Point Naval Air Station bis ans Ufer reicht, muss man nach diesem Abstecher die gleiche Strecke bis zum Farrington Hwy. bzw. zur H-1 zurückfahren. Beide Routen bringen einen zur Siedlung **Kapolei**, die über ein großzügiges Shopping Center und über einen 18-Loch-Golfplatz nebst dem luxuriösen Resort Marriott Ihilani verfügt.

Die größte Attraktion des Ortes ist der **Hawaiian Waters Adventure Park**, ein Themenpark mit unzähligen Rutschbahnen (einige davon 7 Stockwerke hoch!), Wasserfällen, Pipelines, Kinderbecken mit Spielzeug, Pools, Fontänen und einem künstlichen Endlos-Fluss, auf dem man sich in Schlauchringen treiben lassen kann. Die Anlage ist eine der meistbesuchten Attraktionen des Bundesstaates.

Hinter Kapolei endet der Freeway H-1 und geht in den Farrington Hwy. über, dem man nun an der ganzen Westküste entlang folgt. An dieser Stelle könnte man über den **Hwy. 95** (Kalaeloa Blvd.) einen weiteren Abstecher in den Süden unternehmen, der einen zum Südwestkap der Insel, **Barbers Point**, bringt. Zwar gibt es auch dort einen Beach Park mit Sandstrand, dessen Umgebung jedoch nicht gerade idyllisch ist (Campbell-Industriepark) und den Zeitaufwand nicht lohnt.

Da ist gut 2 km weiter die Abfahrt nach **Ko Olina** schon interessanter. Erstens ist hier die Wegstrecke bis zum Meer kürzer, zweitens zählt der Golfplatz des Ko Olina Resort zu den schönsten Anlagen der Insel, drittens kann man an den Becken der Ko Olina Marina und des Barbers Point Harbour Hafenatmosphäre schnuppern und viertens schließlich haben die Tourismus-Manager dort das **Paradise Cove Luau** ins Leben gerufen. Auf einem 5-ha-Privatgelände mit Grotte und Sandstrand werden hier tägliche *Imu*-Zeremonien abgehalten, *Luaus* zubereitet sowie Spiele, Tänze und Gesänge aus Hawaii, Samoa, Tahiti und Neuseeland präsentiert: ein geschickter Versuch, den Erfolg des Polynesian Cultural Center zu kopieren.

Hafen und Luau-Zeremonie

Hinter Ko Olina erreicht der Hwy. 93 zum ersten Mal am **Kahe Point** die Küste und bietet sofort eine schöne Aussicht auf das Meer (da stört auch das nahe Kraftwerk nicht). Ab nun geht es stets direkt am Ufer oder in dessen nächster Nähe weiter, und die schönen Westküsten-Strände lassen nicht lange auf sich warten. Den Anfang macht der Kahe Point Beach Park, gefolgt vom Tracks Beach Park, beide vor allem bei Surfern beliebt. Kurze Zeit später passiert man die Ortschaft **Nanakuli**, die vom Nanakuli Beach Park im Süden und dem Ulehawa Beach Park im Norden eingerahmt wird. Mit wenig Wellengang und ohne gefährliche Strömungen sind beide Strände zum Baden geeignet, und wie bei allen Beach Parks sind Parkplätze und sanitäre Einrichtungen vorhanden.

Sofort hinter dem letztgenannten Strand sollte man an dem Felsvorsprung des **Maili Point** erneut die schöne Aussicht genießen, bevor es durch das Dorf **Maili** und am gleichnamigen Beach Park vorbei geht. Vor einem liegt nun die schmale Landzunge **Kaneilo Point**, auf der noch die schwachen Überreste eines althawaiischen Tempels zu sehen sind und die die südliche Begrenzung der kurzen **Pokai Bay** darstellt. Hier bietet sich der Pokai Bay Beach Park für eine Badepause an, dessen Gewässer zum Schwimmen, Schnorcheln und Tauchen ganzjährig geeignet sind. Der Strand gehört schon zu **Waianae**, der nächsten Ortschaft, die am anderen Ende der Bucht einen Fischerboot- und Yachthafen unterhält.

Schöne Beachparks

Wenige Fahrminuten weiter ragt die kleine Halbinsel des **Lahilali Point** (Beach Park) in den Pazifik, anschließend findet man in Makaha wieder eine etwas breitere touristische Infrastruktur.

Makaha und Makaha Valley

Das Städtchen Makaha ist eine der größeren Ansiedlung an der Westküste und hat sich mit seinem herrlichen Golfplatz und einigen Condominium-Anlagen inzwischen zu einer festen Größe im Oahu-Tourismus entwickelt. Der schöne Sandstrand des Makaha Beach (am **Kepuhi Point** im Norden des Ortes) wurde lange Zeit als Geheimtipp gehandelt, bis 1952 die Internationalen Surf-Meisterschaften das Augenmerk der Sportinteressierten hierhin richteten. Wie an der Nordküste (wo die Bedingungen allerdings spektakulärer sind) finden die Wettbewerbe im Winter statt, deren Teilnehmer noch überwiegend aus Hawaii kommen – im Gegensatz zum kalifornischen Übergewicht im Norden.

Golfplatz des 'Sheraton Makaha Resort'

Ein landschaftliches Highlight ist neben der Küste das **Makaha Valley**, ein trichterförmiger Einschnitt in die Waianae Mountains. Mit dem Wagen kann man am Ortseingang vom Highway über die Makaha Valley Rd., die parallel zum Flusslauf Makaha Stream verläuft, in das Tal hineinfahren. Die Straße endet kurz vor dem **Kaneaki Heiau**, einer der schönsten Tempelanlagen des 17. Jh. Das Heiau wurde unter Mithilfe des Bishop Museum originalgetreu restauriert, einschließlich der Grashäuser, Gebetstürme und eines Opferaltars.

Auf halbem Weg zum Heiau passiert man einige gut in die Landschaft integrierte Unterkünfte. Dies kann man von den Condos der Makaha Valley Towers, die eher nach Waikiki passen würden, leider nicht behaupten. Wer vorhat, die Fahrt von Makaha aus über den Farrington Hwy. fortzusetzen, sollte dies guten Gewissens tun, denn der schönste aller Strände kommt erst noch.

Mythenumwobene Grotte

Hinter dem **Kepuhi Point** geht es dabei zunächst am Keaau Beach Park vorbei und geradewegs nach Norden. Felszeichnungen und die Relikte eines *Heiau* legen Zeugnis von der polynesischen Kultur ab, ebenso wie die **Kaneana Cave**, die sich nach ca. 5 km rechts vom Highway befindet. Die Legende sieht in dieser gut 150 m tiefen und vor langer Zeit durch die Brandung ausgewaschenen Höhle das Heim des Gottes Kane und der Seelen verstorbener Häuptlinge. Außerdem soll hier, so will es die Volkssage, ein Zwitterwesen aus Mensch und Haifisch gehaust haben, der die Bewohner der Küste verschleppte und auffraß.

Eine Meile hinter der Höhle erreicht man den **Makua Beach**, an dem 1965 Teile des Films 'Hawaii' gedreht wurden. Da die Vorlage, der Roman von James Mitchener, auch Lahaina zum Schauplatz hat, baute man hier umfangreiche Kulissen der alten Hauptstadt und Walfängermetropole auf Maui auf, wie sie zu Beginn des 19. Jh. ausgesehen haben mag.

Yokohama Bay

Kurz darauf setzt am Ende der asphaltierten Straße, wo sich die Hänge der Waianae Range bis zum Pazifik hinabziehen, der Sandstrand der Yokohama Bay (bzw. des Keawaula Beach) den schönsten Schlusspunkt, den man sich denken kann. Obwohl das Wasser wegen des hohen Wellengangs und starker Strömungen oft zum Baden zu gefährlich ist, lohnt die paradiesische Einsamkeit an dieser lang gezogenen Bucht die Anfahrt unbedingt. An der stets sonnenreichen Küste lässt sich gut und gerne ein Tag verbringen, und wem bloßes Sonnenbaden und Picknicken zu wenig erscheint, der kann sich ja zu einer Wanderung bis zum ca. 4 km entfernten **Kaena Point** aufmachen.

Paradiesischer Strand

Ohia Lehua: eine Charakterpflanze auf Hawaii

Der Weg über scharfe Lavasteine und durch Dornengestrüpp ist mühsam; festes Schuhwerk, Sonnenschutz und Trinkwasser sollte man unbedingt dabeihaben. Manche Touristen versuchen auch, die holprige Piste bis zum Kap mit dem Geländewagen oder dem Mountainbike zu bezwingen.

5. REISEN AUF MAUI (ⓘ s. S. 181)

Überblick

Inselsteckbrief Maui	
Beiname:	*The Valley Isle* (= 'Tal-Insel')
Inselfläche:	1.888 km² (Länge: 77,3 km; Breite: 42 km)
Küstenlinie:	193 km
Einwohner:	142.000
Hauptstadt:	Wailuku (10.700 Ew.)
Verwaltungseinheit:	County Maui
Höchste Erhebung:	Haleakala, 3.055 m

Einige Entfernungen *(und ungefähre Zeitangaben)*

Kahului Airport – Wailuku	*10 km*	*10 Minuten*
Kahului Airport – Kihei	*14 km*	*20 Minuten*
Kahului Airport – Wailea	*29 km*	*35 Minuten*
Kahului Airport – Kula	*29 km*	*23 Minuten*
Kahului Airport – Lahaina	*35 km*	*45 Minuten*
Kahului Airport – Kaanapali	*48 km*	*50 Minuten*
Kahului Airport – Kapalua	*58 km*	*1 Stunde*
Kahului Airport – Haleakala	*60 km*	*1 Stunde, 45 Minuten*
Kahului Airport – Hana	*84 km*	*2 Stunden, 30 Minuten*

Mit einer Fläche von 1.888 km² ist Maui die zweitgrößte Insel des Archipels und liegt zwischen Big Island im Südosten und den kleineren Eilanden Kahoolawe, Lanai und Molokai im Westen. **Topographisch** wird sie von den beiden Schildvulkanen Haleakala (3.055 m) in Ost-Maui und Puu Kukui (1.764 m) in West-Maui geprägt. Zuerst hatte sich dabei als Inselberg der ältere Puu Kukui gebildet, den später die Lavamassen seines jüngeren Kollegen erreichten, womit aus zwei getrennten Inseln eine zusammenhängende Landmasse wurde. An der Schnittstelle der beiden Inselteile erstreckt sich das flache Central Valley, dessen verwitterte Lavaböden gute Voraussetzung für die landwirtschaftliche Nutzung schufen; daneben befindet sich auch der Haupt- und Doppelort Wailuku/Kahului und der Flughafen in diesem so gen. Tal.

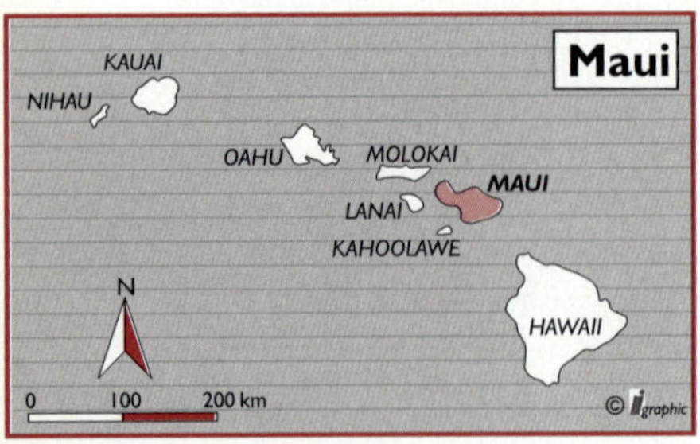

Landschaftlich tragen die beiden Inselhälften ein unterschiedliches Gepräge. Der ältere **Westteil** war länger der Erosion ausgesetzt und ist deshalb nicht nur niedriger, sondern auch zerfurchter und von vielen engen Tälern durchsetzt (diese mögen zusammen mit dem Central Valley für

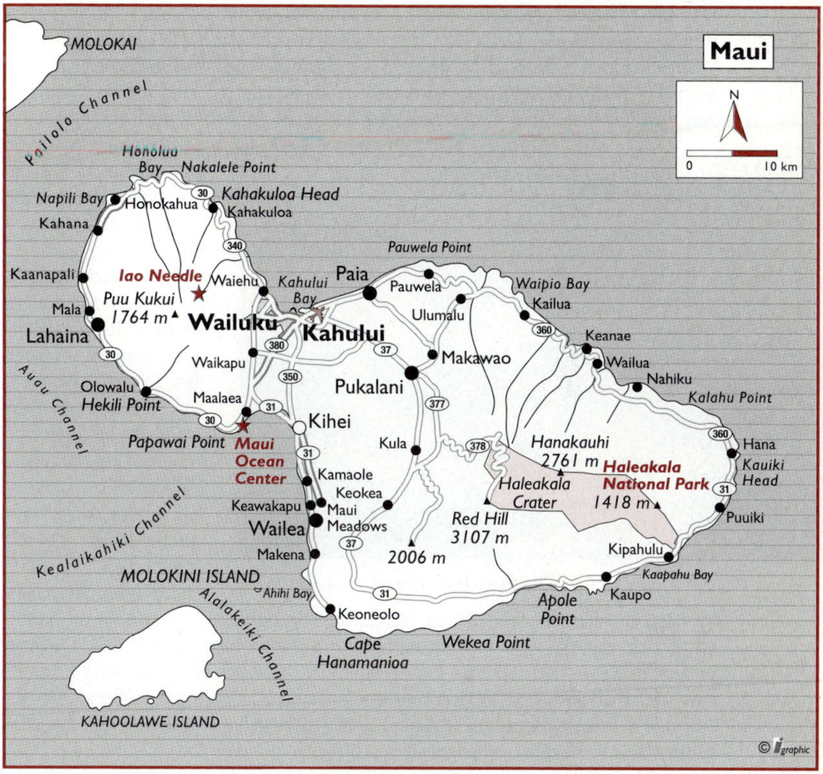

Mauis Beinamen The Valley Isle verantwortlich sein). Der Großteil des Westens ist unzugänglich und von dichter Vegetation überzogen. Hier wurden auch die höchsten Niederschlagsmengen gemessen, die mit durchschnittlich 11.200 mm nur knapp unter den Rekordwerten von Kauai liegen. Die wenige Kilometer entfernte Westküste ist hingegen äußerst trocken (z.B. Lahaina mit durchschnittlich 500 mm Niederschlag), so dass sie sich als Hotelstandort schon aus diesem Grund empfahl. Der zweite Grund sind die vielen schönen Sandstrände, die sich hier vor allem entlang des Streifens von der Maalaea Bay bis nördlich von Kaanapali erstrecken.

Der jüngere **Ostteil** ist zum größten Teil von dem hoch aufragenden, blockhaften Haleakala besetzt, der mit seiner Caldera zu den ganz großen Naturwundern Hawaiis gehört. Er fungiert auch als Wetterscheide, indem sich die Wolken an seinen Nord- und Osthängen stauen und den entsprechenden Küsten hohe Niederschläge bescheren. Demgegenüber liegt der Südwesten im Windschatten und konnte deshalb als zweites touristisches Zentrum ausgebaut werden, zumal auch hier schöne Sandstrände anzutreffen sind.

Das unzugängliche, gebirgige Inselinnere brachte es mit sich, dass Mauis Vegetation weniger als auf Oahu von der Plantagenwirtschaft zurückgedrängt wurde. Während diese (Zuckerrohr, Ananas) im Central Valley und z.T. auch auf dem schmalen Küstenstreifen des Nordwestens angesiedelt ist, sind die feuchten Höhen des Puu Kukui und die karge Vulkanlandschaft des Haleakala Rückzugsgebiete der endemischen Flora und Fauna, die hier einige besonders rare Arten überleben ließ.

Blick vom Haleakala auf das Central Valley

Im **historischen** Rückblick muss auf die besondere Bedeutung der Insel hingewiesen werden. Schon ihr Name ist eng mit der polynesischen Mythologie verknüpft. Der populäre Halbgott Maui soll sie mit einem Angelhaken aus dem Meer gefischt und an die Wasseroberfläche gebracht haben, so dass er selbstverständlich als Namenspatron herhalten musste. In alt-hawaiischer Zeit war die Insel Heimat eines sehr dicht bevölkerten und selbstbewussten Kleinkönigreiches, und die Einverleibung in das Reich Kamehamehas I. konnte erst nach hartnäckigem Widerstand und in einem langjährigen, äußerst blutigen Akt der Eroberung vonstatten gehen. Zweimal, im Jahre 1790 und 1802, wurden dabei Mauis Verteidiger empfindlich geschlagen.

Einst ein eigenes Königreich

Die mit so viel Mühe eingenommene Insel ehrte Kamehameha I. dann dadurch, dass er in der Ortschaft Lahaina seine wichtigste Residenz erbaute. Bis 1845 war Lahaina die offizielle Hauptstadt von ganz Hawaii, bis diese Funktion auf Honolulu überging. Gleichzeitig entwickelte sich der Ort zu einem Zentrum des Walfangs. Nach dessen langsamem Niedergang nahm der Zuckerrohranbau die wirtschaftliche Schlüsselposition ein, bis er auch hier in den 1960ern vom prosperierenden Fremdenverkehr als wichtigste Geldquelle abgelöst wurde.

Mit 142.000 Einwohnern nimmt Maui den dritten Platz in der Bevölkerungs-Rangfolge ein (nach Oahu und Big Island). Mit rund 15 % haben dabei die Einwohner alt-hawaiischen Ursprungs einen höheren Prozentsatz als auf den anderen großen Inseln. Auch der hohe Anteil an Weißen (36 %) und der relativ niedrige an Japanern (23 %) ist untypisch für Hawaii. Administrativ ist das County Maui auch für die kleineren Inseln Lanai, Molokai und Kahoolawe zuständig. Wirtschaftlich ist Mauis Ökonomie überwiegend vom Tourismus abhängig. Etwa 2½ Millionen Gäste kommen mittlerweile alljährlich auf die Insel, womit Maui nach Oahu Hawaiis wichtigste Urlaubsdestination darstellt. Weitere Vergleiche etwa mit Waikiki sind jedoch fehl am Platze. Zwar konzentriert sich die Hotellerie an den beiden oben genannten Küstenabschnitten, wo man Resorts jeder Größenordnung antreffen kann, doch hat man auf Maui von Anfang an versucht, jede Form von 'Manhattanisierung' zu vermeiden und durch strenge Baugesetze ein ausgewogenes Verhältnis von touristischer Bebauung und Naturschutz herzustellen.

Vorzügliche touristische Infrastruktur

Ein ausgewogenes Verhältnis finden Besucher auch hinsichtlich möglicher Aktivitäten und Urlaubsfreuden vor: Auf der einen Seite bietet Maui einen großartigen landschaftlichen Rahmen mit unvergesslichen Natureindrücken einschließlich fantastischer Strände und aller Wasser- und Landsportarten. Auf der anderen Seite gibt es jede Menge historischer und kultureller Sehenswürdigkeiten, kleine Städtchen, lebhafte Häfen, spektakuläre Golfplätze, gute Shopping-Möglichkeiten und gemütliche Kneipen. Immer mehr Besucher stimmen daher dem selbstbewussten Slogan der Einheimischen zu, der da lautet: 'Maui no ka oi' = 'Maui ist die beste Insel'!

Nach Oahu besitzt die Insel die meisten Übernachtungsmöglichkeiten. Bei den Hotels fällt auf, dass erstens gut 70 % aller Häuser auf zwei Küstenabschnitte konzentriert sind (nämlich zwischen Lahaina und Kapalua im Nordwesten sowie zwischen Kihei und Makena im Südwesten), und dass zweitens der Anteil der First-Class- und Luxus-Kategorie besonders hoch ist. Von Makena im Süden bis Kapalua im Norden trifft man auf Resorts, die einander mit tropischen Gärten, künstlichen Wasserlandschaften, riesigen Golfplätzen und Spitzenrestaurants zu übertrumpfen suchen.

Bei diesen Fünf-Sterne-Häusern stimmt vom Komfort der Zimmer über die Qualität des Essens und die Bandbreite des Sportangebotes bis hin zum freundlichen Service alles – trotzdem würde so mancher europäische Besucher bei seinem Urlaubsdomizil lieber etwas weniger Protz und dafür etwas mehr individuelle Atmosphäre sehen. Wer darauf Wert legt, hat – anders als auf Oahu – die Möglichkeit, in kleinen Hotels Quartier zu beziehen, von denen einige als historische Baudenkmäler gelten und mit ihrer Privatheit einen unverwechselbaren Charme besitzen.

Überschaubarer als die 600-Zimmer-Hotels sind i.d.R. auch

Redaktions-Tipps

- Unternehmen Sie einen ausgiebigen Rundgang in der historischen Walfängerstadt **Lahaina** (S. 360ff).
- Unvergesslich: das Erlebnis des Sonnenaufgangs auf dem **Haleakala-Krater** (S. 347ff) und anschließend Wanderungen in der Vulkanlandschaft.
- Trotz zeitweiliger Überfüllung: Nirgendwo kann man so herrlich schnorcheln wie im Kraterkessel des Inselchens **Molokini** (S. 334f).
- Wirklich die 'kurvenreichste Landstraße der Welt'? Der berüchtigte **Hana Highway** (S. 336ff) bietet noch viel mehr als Kurven und Brücken, nämlich eine wunderbare Landschaft zwischen Meer, Vulkan, grüner Vegetation und tosenden Wasserfällen.
- Kaum sonst wo sind die Bedingungen fürs Whalewatching so gut wie an **Mauis Westküste** (S. 331, 358) – ob auf Bootstouren oder mit dem bloßen Auge vom Ufer aus.
- Genießen Sie auch auf Maui Strandleben und Wassersport an einem der vielen **Strände** der Westküste.

die Condominiums, von denen es auf Maui eine ganze Menge gibt. Die Standortfrage des bestmöglichen Urlaubsquartieres kann natürlich nur an den individuellen Erwartungen festgemacht werden. Wer es gerne großzügig bis luxuriös möchte und zudem ein Golffreund ist, sollte eines der Wailea Resorts buchen.

Für jeden etwas

Wer gerne Wassersport betreibt und ab und zu mal die quirlige Atmosphäre eines Hafenstädtchens genießen möchte, sollte Kaanapali mit dem nahen Lahaina vorziehen. Das nördliche Kapalua garantiert Ruhe und Erholung in komfortabler Hotelumgebung, hat jedoch das Manko des weitesten Anfahrtweges zur Hauptstadt und den wichtigsten Ausflugszielen. Kihei hat im Gegensatz zu Wailea eher bescheidenere und preisgünstigere Hotels zu bieten. Paia ist etwas für Surffreaks mit kleinerem Geldbeutel und Hana schließlich für Naturliebhaber, die auf ständigen Sonnenschein verzichten können.

Die Inselhauptstadt Wailuku und Umgebung

Dort, wo sich zwischen den Hängen der beiden großen Schildvulkane im Osten und Westen das breite, flache und grüne 'Central Valley' ausbreitet, befindet sich im Norden das größte Ballungszentrum der Insel. Es wird gebildet von den inzwischen zusammengewachsenen Gemeinden Wailuku und Kahului, in denen insgesamt mehr als 35.000 Menschen wohnen. Während Kahului mit Airport, Seehafen, kleineren Industriebetrieben und Kaufhäusern gleichermaßen ökonomisches Zentrum und größter Verkehrsknotenpunkt ist, befindet sich in Wailuku der Sitz der County-Administration.

Doppelort in der Inselmitte

Das landschaftliche Umfeld der beiden Gemeinden wird in erster Linie von den ausgedehnten Zuckerrohrfeldern dominiert, hinter denen sich im Westen die Hänge der West Maui Mountains mit dem Puu Kukui hinaufziehen. Dort befindet sich auch die hübsche Villensiedlung **Waikapu**, von der man einen weiten Blick über das Central Valley und Waikapu Valley mit seinen Obstplantagen genießen kann. Nördlich davon stellt das tief eingeschnittene Iao Valley mit seiner berühmten Felsnadel ein spektakuläres Ausflugsziel dar. Zum Südosten hin wird das Central Valley von den Hängen des Haleakala begrenzt, während sich südlich der Zuckerrohrfelder der Uferstreifen von Kihei und Wailea mit seinen schönen Sandstränden hinzieht.

Das Gros der Besucher betritt am **Flughafen** von Kahului zum ersten Mal den Boden der Insel Maui. Hier sind alle großen Mietwagenfirmen vertreten, deren Kunden mit ständig verkehrenden Shuttle-Bussen in etwa 3 Minuten zu den Stellplätzen gebracht werden. Autofahrer gelangen vom Airport automatisch auf die Straße Keolani Pl. (Hwy. 380), die einen zu den großen Überlandstraßen bringt. Wer in Richtung **Hana** fahren möchte, biegt sofort hinter dem Flughafen links auf die Aalele St. ab, die auf den Haleakala Hwy. stößt. Von diesem geht es an der zweiten Kreuzung (Ampel) erneut nach links auf den Hana Hwy. (Hwy. 36). Wer an der Kreuzung geradeaus fährt, befindet sich auf dem Hwy. 37 in Richtung **Haleakala/Upcountry**. Touristen auf dem Weg nach **Lahaina/Kaanapali** bleiben auf der Keolani Pl., die in die Dairy Rd. und nach der zweiten Ampel in den Kuihelani Hwy. (Hwy. 380) übergeht. Wer nach **Kihei/Wailea** muss, biegt an dieser Stelle nach links auf die Puunene Ave. ab, die später als Hwy. 350 weiterführt. Möchte man hingegen vom Flughafen aus zunächst die Hauptstadt **Wailuku** besichtigen oder den Kurztrip ins **Iao Valley** unternehmen, fährt man an der ersten Möglichkeit hinter dem Flughafen nach rechts und kommt über den Hana Hwy., vorbei am Kanaha Pond, geradewegs zur Kaahumanu Ave. Sie ist die Hauptstraße von Kahului und verläuft parallel zum großen Hafen sowie an Shoppingzentren und Grünanlagen vorbei zum Nachbarort Wailuku, wo sie zur Main St. wird. Noch etwas weiter zweigt von ihr gut ausgeschildert die schmale Straße zum Iao Valley State Park ab. Als Hotelstandort sind **Kahului** und **Wailuku** wenig geeignet. Meistens sind es Geschäftsleute oder Low-Budget-Touristen, die entweder aus Berufsgründen in Mauis wirtschaftlich-politischem Zentrum Quartier beziehen wollen oder von hier aus zu den nahen Surfstränden bei Paia fahren. Die meisten Urlauber zieht es dagegen zu der trockenen Westküste mit ihren vielen Hotel- und Condominium-Anlagen.

Hafen und Shoppingadresse

Wailuku / Kahului

Wailuku

Das Court House

Im Gegensatz zu Kahului kann das 10.700-Einwohner-Städtchen Wailuku dem Besucher etwas mehr bieten. Vor allem das **historische Zentrum**, das im Bereich der Straßen High St., Market St. und Vineyard St. liegt, weist noch einige recht hübsche Holzhäuser und Kirchen auf.

Sein markanter Mittelpunkt ist auf der High St. das achtstöckige **County Office Building (1)** (Kalana O Maui), in dessen unmittelbarer Nähe sich die wichtigsten Baudenkmäler befinden (und außerdem auch Parkplätze zur Verfügung stehen). Direkt neben dem County Building stellt z.B. das **Court House** aus der Zeit um die Jahrhundertwende einen hübschen Blickfang dar. Ihm gegenüber ist auf der anderen Straßenseite die **Kaaumanu Church (2)** eine Sehenswürdigkeit. Das weiße Holzgebäude mit seinem spitzen Turm wurde auf Veranlassung des Missionars Bailey *(s.u.)* im Jahre 1837 errichtet und nach der Lieblingsfrau König Kamehamehas I. benannt. Beim

Wailukus Zentrum

Sonntagsgottesdienst kann man in dem schönen Gotteshaus noch Kirchenlieder in hawaiischer Sprache hören. Spaziert man auf der High St. stadtauswärts (oder fährt später auf dieser Strecke in Richtung Waikapu), kommt man nach wenigen Hundert Metern an der Bibliothek, an der mit dunklen Lavasteinen erbauten Wailuku Public School, sofort daneben an einer weiteren Kirche im Stil der englischen Neugotik und später noch an einigen anderen Gotteshäusern vorbei.

Erbe der Missionare

Zur anderen Seite sind es etwa 100 m von der Kaaumanu Church bis zur Straßenkreuzung mit der Main St. (Hwy. 320). Auf dieser ist das 1927 gebaute **Iao Theater** sehenswert, das sich rechts auf der Ecke zur Market St. befindet. Zur anderen Seite (nach links) führt die Main St. auf das Iao Valley zu. Folgt man der Straße ca. 150 m hinauf, kommt man linker Hand zum **Bailey House Museum (3)**, einem sehr schönen, aus weißen Feldsteinen errichteten Gebäude. Das zweistöckige Haus wurde 1833 erbaut und 1837-82 von der Missionarsfamilie Edward Bailey bewohnt. Diesem Puritaner aus Boston war nicht nur daran gelegen, möglichst viele Einheimische zum Christentum zu bekehren – als Übersetzer, Schriftsteller und Maler hat er auch viel zur Dokumentation ihrer Kultur beigetragen. Während seine Frau der hiesigen Mädchenschule vorstand, trug der botanisch

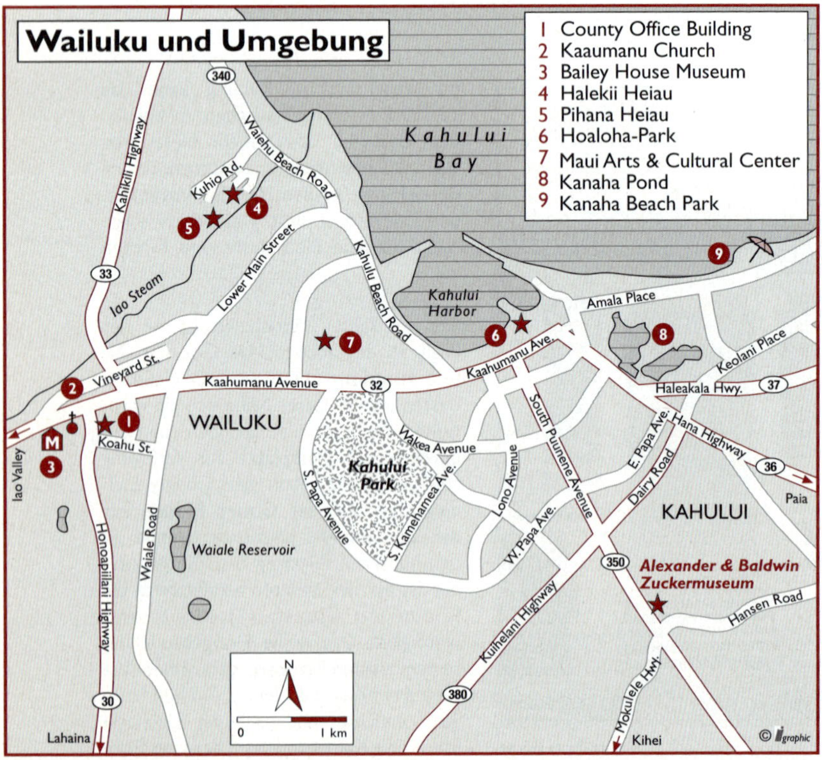

interessierte Bailey zudem viele Pflanzen zusammen, die z.T. in dem sehr interessanten Garten immer noch zu sehen sind. Das restaurierte und in ein historisches Museum umgewandelte Haus besitzt eine beachtliche Sammlung hawaiischer Kunst und Alltagsgegenstände (u.a. ein Surfbrett des berühmten Duke Kahanamoku), außerdem Mobiliar, Kleidung und Einrichtung aus der Missionarszeit. Im gut sortierten Museumsladen kann man sich mit Literatur zum Thema eindecken.

Hawaiische Tempel

Ebenfalls in die Geschichte, und zwar in die alt-hawaiische, weisen zwei Tempelrelikte, die man im Nordosten von Wailuku besuchen kann. Man erreicht sie am besten über die Waiehu Beach Rd. (Hwy. 340), die parallel zum Ufer den Kahikili Hwy. (Hwy. 33) mit der Kaahumanu Ave. (Hwy. 32) verbindet. Nahe der Brücke über den Iao Stream geht von ihr die Kuhio Pl. ab, der man etwa 200 m folgt. Linker Hand kommt man von dort zum **Halekii Heiau (4)**, das aus dem 18. Jh. stammt und das 1790 König Kamehameha I. zum Schauplatz seines Dankfestes anlässlich der Eroberung von Maui wählte.

Ein kleiner Pfad führt ab hier flussaufwärts, wo man die Überreste des **Pihana Heiau (5)** entdeckt, das ungefähr zur gleichen Zeit errichtet wurde. Der kurze Abstecher lohnt sich auch wegen des Blickes, den man vom alten Opferplatz auf den Kahului Harbor hat.

Kahului

Über die breite Kaahumanu Ave., die nahe am Wailuku War Memorial Park und am Zoo vorbeiführt, kommt man in wenigen Minuten geradewegs in das 'Zentrum' von Kahului, dem mit etwa 20.000 Einwohnern größten Ort der Insel. Früher lebten hier hauptsächlich die Plantagenarbeiter, und vom großen Hafen aus wurden die Zuckerprodukte nach Honolulu verschifft.

Heute ist Kahului ein ziemlich gesichtsloses Dienstleistungszentrum mit einer eintönigen, von flachen Zweckbauten bestimmten Architektur. Bedeutung für den Fremdenverkehr hat der Ort in erster Linie wegen des Flughafens, auf dem seit den 1980er Jahren auch große Maschinen landen können, wegen einiger Shopping-Zentren (am größten das Kaahumanu Shopping Center an der gleichnamigen Avenue), mehrerer Hotels sowie wegen einer Vielzahl von Mietwagen-, Windsurfing-, Fahrradverleih- und sonstiger touristisch orientierter Firmen.

Kulturzentrum

Wer hier Einkaufsmöglichkeiten, Schnellimbisse oder auch bessere Restaurants sucht, wird leicht fündig werden, nicht aber, wer auf der Suche nach Sehenswürdigkeiten ist. Immerhin kann man im **Hoaloha-Park (6)** das betriebsame Treiben im Hafen beobachten und von dort aus zum nahen Kahului Harbor Park spazieren. Westlich des Hafens stellt das **Maui Arts & Cultural Center (7)** einen interessanten Blickfang dar. Das 32-Millionen-Dollar-Projekt vereinigt vier Theater-, Show- und Open-Air-Bühnen, eine Kunstgalerie und weitere Institutionen. Es lohnt sich, sich hier eine der vielen Veranstaltungen anzuschauen, deren Bandbreite auch Rock-und Pop-Konzerte oder Hula Shows umfasst. Und sollten Sie den Jahreswechsel auf Maui verbringen, wird die Teilnahme an der Silvesterparty 'New

Year's Eve Celebration' unvergesslich sein – bei diesem nicht-alkoholischen Fest wird neben dem obligatorischen Feuerwerk auch jede Menge Musik und Entertainment geboten.

Für ornithologisch Interessierte

Nach Osten hin, zwischen dem Stadtzentrum und dem Flughafen, lohnt sich der Besuch des **Kanaha Pond (8)** in Ufernähe, wo sich ein Feuchtbiotop erstreckt, das als State Wildlife Sanctuary unter Naturschutz steht. Die vielen und z.T. seltenen Wasservögel kann man von einer Besucherplattform beobachten. Noch etwas weiter östlich und über die Uferstraße Amala Pl. zu erreichen, liegt der **Kanaha Beach Park (9)**, der jedoch absolut kein 'Muss' darstellt.

Das Iao Valley

Das Iao Valley ist ein enges und tiefes Tal, das der Iao Stream in Jahrtausenden in West-Mauis Bergwelt gegraben hat. Hinter einer Schmalstelle, an der sich die berühmte Felsnadel (Iao Needle) erhebt, öffnet sich das Tal wie ein riesiges, immergrünes Amphitheater, begrenzt von den Hängen des 1.764 m hohen alten Schildvulkans Puu Kukui. In diesem natürlichen Kessel werden die heranziehenden Wolken quasi gefangen, stauen sich und regnen ab, daher ist gutes Wetter in dieser Region eher die Ausnahme. Historisch wurde das Tal durch den Kriegszug Kamehamehas I. bekannt, der hier im Jahre 1790 die bedrängten Verteidiger der Insel mit Kanonen beschießen ließ und ein Massaker anrichtete.

Enges Tal

Streckenhinweis

Eine schmale, asphaltierte Straße folgt dem Tal flussaufwärts und endet am Iao Valley State Park. Sie erreicht man, wenn man in Wailuku der Verlängerung der Main Street (Hwy. 32) folgt und kurz hinter dem Bailey House Museum (s.o.) *rechts abbiegt (Hinweisschild). Wer hier geradeaus fährt, gelangt zu den* ***Wailuku Heights****, einem hoch gelegenen Villenviertel, das fantastische Ausblicke auf das Central Valley und hinüber nach Ost-Maui eröffnet.*

Etwa 200 m hinter dem Abzweig auf der rechten Seite lohnen die **Tropical Gardens of Maui** einen Besuch, die kleiner, aber auch weniger touristisch als die Maui Tropical Plantation (S. 330) sind. Fußwege führen hier durch schön angelegte Plantagen und Gärten; insbesondere die vorzügliche Orchideen-Kollektion wird botanisch Interessierte entzücken.

Bei der Weiterfahrt passiert man linker Hand die schwarze Klippe Pali Ele'ele (Black Gorge), die mit viel Fantasie an das Profil von John F. Kennedy erinnert. Kurz bevor die Straße ihren Endpunkt erreicht, liegen in einer Kurve dann linker Hand die **Kepaniwai County Park & Heritage Gardens** mit großem Parkplatz. Hier sind einige Pavillons und Gebäude jener Nationen errichtet worden, die einen Großteil der hawaiischen Bevölkerung stellen, u.a. sieht man einen chinesischen Tempel, Skulpturen, ein japanisches Teehaus, eine portugiesische Villa und den Nachbau eines polynesischen Grashauses. Das Gelände ist bei den

Einheimischen sehr populär, daher fällt es schwer, hier einen freien Picknickplatz zu ergattern. Angrenzend befindet sich das **Hawaii Nature Center**, das u.a. Programme für Schulklassen erarbeitet und geführte Wanderungen in Areale anbietet, für die eine spezielle Genehmigung notwendig ist.

Die Iao Needle

Die Straße, die ab hier nachts geschlossen ist, endet kurz darauf am 290 m hoch gelegenen Parkplatz des **Iao Valley State Park** (mit sanitären Einrichtungen), der trotz seiner Größe bisweilen überfüllt sein kann. Denn die **Iao Needle**, eine markante Felsenklippe, gehört zum Standardprogramm einer Inselrundfahrt. Es handelt sich dabei um einen Basalt-Monolithen, dessen hartes Material der Gebirgsbach nicht abtragen konnte. Im alt-hawaiischen Legendenschatz taucht die Iao Needle – wie das gesamte Tal – mehrfach auf. Das Iao Valley soll demnach ein Tummelplatz der Ahnen-Geister gewesen sein, und die Felsnadel galt immer als heiliger Ort. Es war die Vulkangöttin Pele, die hier den Wassermann Puukamoua in eine Steinsäule verwandelt haben soll; damit kam sie dem Halbgott Maui zuvor, der diesen als ungeliebten Brautwerber für seine schöne Tochter gefangen genommen hatte und umbringen wollte.

Markanter Basalt-Monolith

Vom Parkplatz aus führt ein plattierter und mit Treppen versehener Weg zu einem kleinen Pavillon hinauf, von dem man den besten Ausblick auf die Iao Needle hat. Von dort aus und auch am Flussufer entlang gehen schmale Pfade weiter auf das Tal zu, die allerdings alle über privaten Grund und Boden verlaufen. Zur anderen Richtung, nämlich zum Flussufer hinab, gibt es auf beiden Seiten der Fußgängerbrücke ebenfalls hübsch angelegte Pfade, die jeweils einen kleinen Rundweg beschreiben und durch eine Art botanischen Garten am Iao Stream entlang führen.

Waikapu (Maui Tropical Plantation)

Streckenhinweis

Wer von Wailuku bzw. dem Iao Valley zur nördlichen Westküste fährt (z.B. nach Lahaina), benutzt zweckmäßigerweise den ***Hwy. 30****, der nahe den Südhängen des Puu Kukui entlangführt. Auf dem schnurgeraden Weg sind keine touristischen Sehenswürdigkeiten zu erwarten, mit Ausnahme der gut ausgeschilderten* ***Maui Tropical Plantation****, zu der eine kurze Stichstraße abgeht.*

In der Maui Tropical Plantation

Der große Parkplatz und eine Vielzahl hier wartender Busse geben schon einen Hinweis auf die Popularität des Gartens, besonders bei organisierten Inselrundfahrten. Das Terrain betritt man durch das Visitor Center mit seiner großen Souvenir-Abteilung. Dahinter liegt das große und oft von Gruppen frequentierte Tropical Restaurant, wo an einigen Tagen ein abendliches Barbecue abgehalten wird. In unmittelbarer Nähe befinden sich zwei kleine Museen, in denen mit alten Fotos, Gerätschaften und Videovorführungen über den Anbau und die Verarbeitung von Kaffee bzw. von Zuckerrohr informiert wird. Auf einem kurzen Rundgang kann man diesen, von einem hohen Windrad überragten Teil der Tropical Plantation in einer guten halben Stunde kennen lernen.

Tropischer Garten

Die etwa 20 ha große Anlage bietet darüber hinaus aber noch wunderschöne Blumenfelder und Pflanzungen mit Zuckerrohr, Papayas, Kaffee, Ananas, Bananen, Guaven, Proteen, Anthurien etc. sowie ein Gebäude zur Kultivierung der Macadamia-Nüsse. Der Zugang zu den Gärten ist frei, man kann aber auch an einer empfehlenswerten 45-minütigen 'Tram-Tour' teilnehmen, auf der man mit kleinen, offenen Elektrowägelchen durch den ganzen Garten gebracht wird und Erläuterungen bekommt.

Von Wailuku/Kahului nach Kihei, Wailea und Makena

Streckenhinweis

An der sonnigen Südwestküste liegen die bedeutendsten Strandresorts der Insel, zu denen es zwei Anfahrtswege gibt:

❶ *Von **Wailuku** oder **Lahaina** über den Hwy. 30 südwärts, dann auf dem Hwy. 31 (North Kihei Rd.) um die Maalaea Bay mit ihrer Lagune. Diese Verbindung nutzt man zweckmäßigerweise auch umgekehrt, wenn man also z.B. von Wailea/Kihei einen Ausflug nach Lahaina unternehmen möchte.*

❷ *Von **Kahului** (Flughafen) über den Hwy. 350 (Mokulele Hwy.). Diese Strecke benutzt man auch, wenn man von Wailea/Kihei in umgekehrter Richtung, also nach Kahului, nach Hana oder zum Haleakala fährt. Unasphaltierte Nebenstrecken und Querverbindungen, die in einigen Landkarten eingezeichnet sind, dürfen nur vom 'Local traffic', d.h. von Zuckerrohrtransportern und landwirtschaftlichen Maschinen befahren werden. Eine Abkürzung zum Hwy. 31 gibt es nicht!*

Wer den Weg von Kahului über den Hwy. 350 wählt, passiert zunächst den südlichen Vorort **Puunene**, dessen Zuckerfabrik – die größte der Insel – schon von weitem zu sehen ist. Sofort daneben befindet sich in einem alten Haus das **Alexander & Baldwyn Sugar Museum**, das interessierten Gästen mit Fotodokumenten, Exponaten, Filmen und Modellen die Geschichte der Plantage und der Zuckerproduktion nahe bringt.

Alexander & Baldwyn ist eine der traditionellen fünf großen Firmen des Landes ('Big Five'), deren wirtschaftlicher Einfluss bis heute enorm ist. Hier auf Maui standen ihre Plantagen im direkten Konkurrenzkampf zu denen des Deutschen Claus Spreckels. Von der Zuckerfabrik aus, wo der Highway eine Rechtskurve beschreibt, geht es über eine schöne Allee und an ausgedehnten Zuckerrohrfeldern vorbei schnurgerade auf Kihei zu.

Ehemaliger Hauptwirtschaftszweig

Den Ortsanfang erreicht man kurz vor dem Ufer der Maalaea Bay, wo die beiden oben genannten Straßen (Hwy. 31 und Hwy. 350) zusammenkommen. Genau an dieser Stelle teilt sich der Weg aber erneut auf, und man kann zwischen der Kihei Rd., die mitten durch den Fremdenverkehrsort und nur wenige Hundert Meter vom Meer entfernt verläuft, und der einige Kilometer weiter landeinwärts führenden Schnellstraße des Piilani Hwy. wählen. Letzteres empfiehlt sich für alle, die auf schnellstmöglicher Route nach Wailea gelangen möchten.

Kihei

Kihei ist nicht nur ein sehr lang gestreckter, sondern auch ein äußerst zersiedelter Fremdenverkehrsort, der in der Vergangenheit schnell (Kritiker sagen: zu schnell) gewachsen ist und heute mit knapp 20.000 Einwohnern die drittgrößte Gemeinde der Insel darstellt. Auf etwa 5 km Länge wechseln sich Ferienwohnungen, Condominiums und Hotels mit Restaurants, Einkaufszentren und Tankstellen ab.

Diese touristische Infrastruktur ist es, die das Stadtbild prägt, nicht etwa irgendwelche Sehenswürdigkeiten. Trotzdem verläuft das Leben hier weitgehend noch in gemütlichen Bahnen, das Preisniveau ist relativ niedrig und der Strand nach wie vor lohnend und erstaunlicherweise nicht überfüllt. Zwischen der S. Kihei Rd. und den Sandstränden, die in einzeln benannte Abschnitte unterteilt sind, wird die Bebauung oft durch Grünanlagen, Parkplätze mit Picknicktischen und Sportanlagen aufgelockert.

Betriebsames Strandbad

Den besten Zugang zu den Stränden hat man über die Beach Parks, die alle über die üblichen Einrichtungen verfügen. Von Norden nach Süden sind dies der Maipoeina Oe lau Beach Park, der Kaonoulu Beach Park, der Kalepolepo Beach Park, der Waimahaihai Beach Park, dann der in drei Abschnitte unterteilte Kamaole Beach sowie schließlich der Iliiliholo Beach Park. Wer den Kalepolepo Beach Park besucht, sollte eine Stippvisite im Visitors Center des **Hawaiian Islands Humpback Whale National Marine Sanctuary** nicht versäumen. Von der Plattform über dem Meer hat man nämlich die allerbesten Möglichkeiten, in der Wintersaison die Buckelwale zu beobachten.

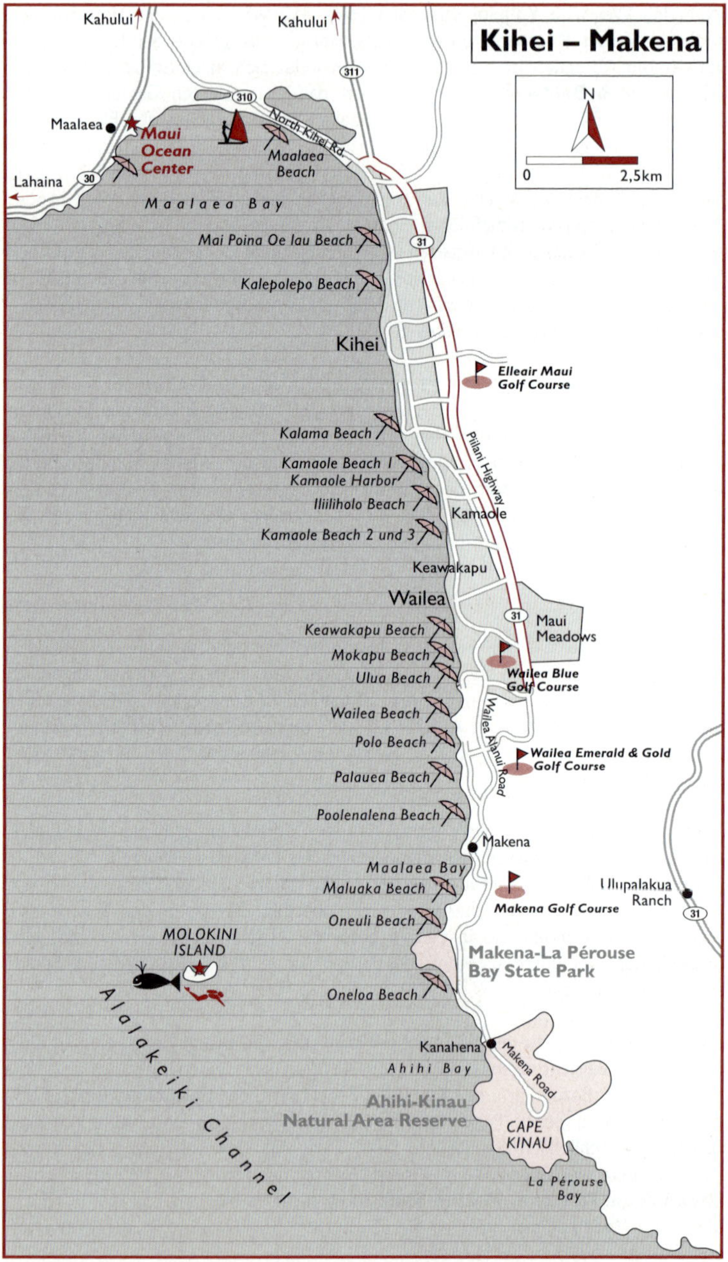
Kihei – Makena
N
0
2,5km
Kahului
Kahului
311
310
North Kihei Rd
Maalaea
Maui Ocean Center
Maalaea Beach
Lahaina
30
Maalaea Bay
Mai Poina Oe Iau Beach
31
Kalepolepo Beach
Kihei
Elleair Maui Golf Course
Kalama Beach
Piilani Highway
Kamaole Beach 1
Kamaole Harbor
Iliiliholo Beach
Kamaole
Kamaole Beach 2 und 3
Keawakapu
Wailea
31
Maui Meadows
Keawakapu Beach
Mokapu Beach
Ulua Beach
Wailea Blue Golf Course
Wailea Beach
Wailea Alanui Road
Polo Beach
Wailea Emerald & Gold Golf Course
Palauea Beach
Poolenalena Beach
Makena
Maalaea Bay
Maluaka Beach
Makena Golf Course
Ulupalakua Ranch
31
Oneuli Beach
MOLOKINI ISLAND
Makena-La Pérouse Bay State Park
Oneloa Beach
Alalakeiki Channel
Kanahena
Makena Road
Ahihi Bay
Ahihi-Kinau Natural Area Reserve
CAPE KINAU
La Pérouse Bay

Am südlichen Ortsausgang kommt die Straße in ein spürbar mondäneres Viertel. Golfplätze, Joggingpfade und hohe Bäume in parkähnlicher Umgebung kündigen die Ortschaft Wailea an, deren weitläufige Resorts gut ausgeschildert sind.

Wailea

Streckenhinweis

Auf dem schnellsten Weg gelangt man über den Piilani Hwy. nach Wailea, der oberhalb von Kihei verläuft. Biegt man vom Highway nach rechts auf die Verbindungsstraßen Keonekai Rd. oder Kilohana Dr. ab, stößt man nach etwa 1 Meile auf Höhe der Bootsanlegestelle in Kihei auf die Kihei Rd., von wo es nur wenige Fahrminuten nach Wailea sind.

Exklusives Resort

Genauso gut kann man auf dem Piilani Hwy. bleiben und die Villensiedlung **Maui Meadows**, die sich linker Hand den Hang hinaufzieht, hinter sich lassen, bis die Schnellstraße abrupt in einer Rechtskurve endet. Ab hier bringt einen der Wailea Ike Dr. auf das elegante **Wailea Shopping Village** am Wailea Alanui Dr. zu, an dem sich zu beiden Seiten die exklusiven Golfplätze und Resortanlagen von Wailea ausbreiten.

Es lohnt sich, diese aufgeräumte Atmosphäre eines Urlaubsrefugiums für Besserbetuchte zu erleben, selbst wenn man sein Quartier nicht hier hat. Außerdem sind die Strandbuchten zwar nicht so lang, dafür aber breiter und schöner als der Strand von Kihei, auf schmalen Wegen zwischen den großen Hotels sind sie jedermann zugänglich.

Am Strand von Wailea

In Wailea kann man das Angebot an Land- und Wassersportarten wahrnehmen, in einem der Hotelrestaurants vorzüglich essen oder sich zu einem abendlichen Luau oder einer sonstigen Veranstaltung einfinden. Wer auf eine kleine Besichtigungstour aus ist, sollte sich das **Grand Wailea Resort Hotel & Spa** nicht entgehen lassen. Allein schon wegen seiner 600 Mio Dollar Baukosten gilt es bei vielen als Nonplusultra der hawaiischen Hotellerie, aber man sollte mit eigenen Augen gesehen haben, wie dieses Geld angelegt wurde. Allein der 700 m lange Pool mit seinen Grotten, Wasserfällen und Rutschbahnen ist phänomenal, ebenso der 'Wasserlift' und die enorme Lobby, in der man Kunstwerken von unschätzbarem Wert begegnet – darunter allein 18 Reliefs des Franzosen Fernand Léger!

Makena

Fantastische Sandstrände

Südlich von Wailea kommt man über die Straße Wailea Alanui, die schließlich die Bezeichnung Makena Alanui trägt, in das etwa 3 km entfernte Makena. Der 'Ort' besteht aus kaum mehr als den zwei Hotels und den Reitställen von Makena Stables. Der gut 800 m lange Oneloa Beach, auch als Makena Beach oder 'Big Beach' bekannt, gehört mit Sicherheit zu den schönsten Hawaiis. Seitdem auch dorthin eine Asphaltstraße führt sowie mehrere Parkplätze am Strand eingerichtet worden sind, leiden die Strände, die in den frühen 1970ern übrigens von einer großen Hippie-Gemeinde bevölkert wurden, unter der recht starken Frequentierung. Trotzdem ist die weißsandige Bucht mit ihrem türkisfarbenen Wasser unbestritten ein Highlight!

Leerer geht es am folgenden Strandabschnitt zu, dem so gen. 'Little Beach' – zu dieser hübschen Badebucht gelangt man über einen steinigen Pfad, der vom Big Beach am Felsenkap des 110 m hohen Puu Olai vorbei südwärts führt.

Die Straße bleibt noch bis knapp 5 km hinter dem Big Beach asphaltiert, ist allerdings schmal und kurvenreich. Sie endet am wunderschönen, 1979 eingerichteten Ahihi-Kinau-Naturschutzgebiet. Durch das Terrain, das der letzte Lavafluss von Maui im Jahre 1790 geschaffen hat, führt sogar ein asphaltierter Loop! Wer trotzdem einen kleinen Fußweg nicht scheut, wird am Strand mit schwarzem Sand, Korallen und kristallklarem Wasser belohnt – ein Eldorado auch für Schnorchler und Taucher!

Südlich der harten Lavakruste, rund 2½ km hinter dem Naturschutzgebiet, endet die Piste an der **La Perouse Bay**, die nach dem französischen Adeligen und Entdecker Comte Jean-François Galaup de la Perouse benannt ist. Er war es, der hier im Jahre 1786 als erster Europäer seinen Fuß auf die Insel setzte. Die Einsamkeit der Bucht wird nur sporadisch von Fischern und Tauchern unterbrochen. Wer von der La Perouse Bay noch weiter in den Süden vorstoßen möchte, muss das per Bootsausflug oder auf einer Wanderung tun. Ein markierter Trail beginnt etwa 1.200 m hinter dem Ende der Asphaltstraße (weißes Hinweisschild: Hoapili Trail) und geht quer durch das Lavafeld. An den Ruinen eines alten Fischerdorfes vorbei kommt man schließlich zum **Kanaio Beach**, dessen ausgewaschene, große Grotte ein beliebtes Ausflugsziel für Bootsexkursionen ist.

Grotte am Kanaio Beach

Molokini

Den Felsen Puu Olai verbindet die Legende mit dem Inselchen Molokini, das von Wailea und Makena aus gut zu sehen ist. Die in einen gewissen Lohiau verliebte Vulkangöttin Pele war eifersüchtig auf eine hawaiische Adelige, die sich Lohiau zur Frau genommen hatte, und ermordete sie auf brutale Weise. Ihren Rumpf ließ sie zum Felsen Puu Olai versteinern, während sie deren Haupt weit ins Meer schleuderte, wo es zum Eiland Molokini wurde.

Ideal zum Schnorcheln

Dass dieses hufeisenförmige Inselchen mit Pele in Verbindung gebracht wird, hat seinen guten Grund. Denn tatsächlich handelt es sich um einen Krater, dessen größter Teil unter der Meeresoberfläche verschwunden ist. Nur ein Teilstück des alten Kraterrandes ragt als etwa 45 m hohe Sichel aus dem Ozean (wer vom Helikopter oder Flugzeug aus Molokini aus der Vogelperspektive sieht, kann die untergegangen Teile noch klar erkennen). Wie ein Atoll ist nun das blaue Wasser vor der Brandung geschützt, weswegen eine Vielzahl von Unternehmen Tauch- und Schnorchelausflüge hierhin anbieten.

Molokini aus der Vogelperspektive

Die Bedingungen sind ideal: Die Riffische stehen in dichten Schwärmen, und unterseeische Felsformationen geben dem Ganzen einen Rahmen von bizarrer Schönheit. Seit 1977 steht das Inselchen mit seiner artenreichen Fisch- und Seevögelpopulation als Molokini Marine Reserve unter Naturschutz. Man muss aber kritisch anmerken, dass die Anzahl der Schnorchler in der hufeisenförmigen Bucht mit der Zeit so anwuchs, dass der Spot zur Hochsaison tatsächlich überfüllt und keine Freude für Schnorchler mehr ist.

Der Hana Highway

Der **1927** angelegte so gen. Hana Highway, auch als 'Highway to Heaven' oder 'The Road to Hana' bekannt, ist mit Sicherheit eine der schönsten Landschaftsstrecken, die man auf Hawaii befahren kann. Von Kahului geht sie als breiter Hwy. 36 über Spreckelsville und Paia, danach als Hwy. 360 an der kaum bewohnten Küste entlang in **84 km** zum kleinen Ort Hana im äußersten Osten, vorbei an Wasserfällen und grünen Tälern, durch die überquellende Vegetation des Regenwaldes, zu Lavaküsten und kleinen natürlichen Wasserpools. Bei idealen Bedingen muss man für die Gesamtstrecke mit **2½ Stunden** Fahrtzeit rechnen, allerdings sorgen ständige Bau- oder Aufräumungsarbeiten sowie eine relativ starke Frequentierung der Strecke (vor allem an Wochenenden) i.d.R. für eine längere Fahrtdauer.

Lavaklippen entlang dem Hana Highway

Genau **617** z.T. scharfe **Kurven** haben die Statistiker gezählt und **56** zumeist einspurige **Brücken**. Nicht nur dort, sondern eigentlich auf der gesamten Strecke ist das Überholen unmöglich – es sei denn, die langsameren Fahrer lassen an den vereinzelten Parkbuchten den schnelleren Verkehr vorbei. Diese Form der Höflichkeit den einheimischen Automobilisten gegenüber sollten auch Touristen beherzigen! Für die amerikanischen Besucher vom Festland, die selten andere Strecken als die breiten und schnurgeraden Freeways ihrer Heimat befahren, ist der Weg eine echte Herausforderung, was sich bisweilen in einer sehr zögerlichen Fahrweise bemerkbar macht (die natürlich lange Autoschlangen zur Folge hat). An und für sich werden aber versierte Autofahrer, die schmale europäische Landstraßen gewohnt sind, keine Schwierigkeiten haben, die Etappe nach Hana und zurück an einem Tag zu bewältigen.

Legendäre Panoramastraße

Von Wailuku/Kahului nach Hana

Der Hana Highway, der zunächst identisch mit dem Hwy. 36 ist, nimmt in **Kahului** seinen Ausgang und ist, wenn man vom Flughafen oder den Fremdenverkehrsorten im Westen anfährt, gut ausgeschildert. Auf einer breiten, zügig zu befahrenden Strecke geht es hinter dem Flughafen und am Abzweig des Hwy. 37 (zum Haleakala) vorbei durch landwirtschaftlich genutztes Gebiet auf die Küste zu. Vorher passiert man zur Rechten die Ortschaft **Spreckelsville**, eine Gründung

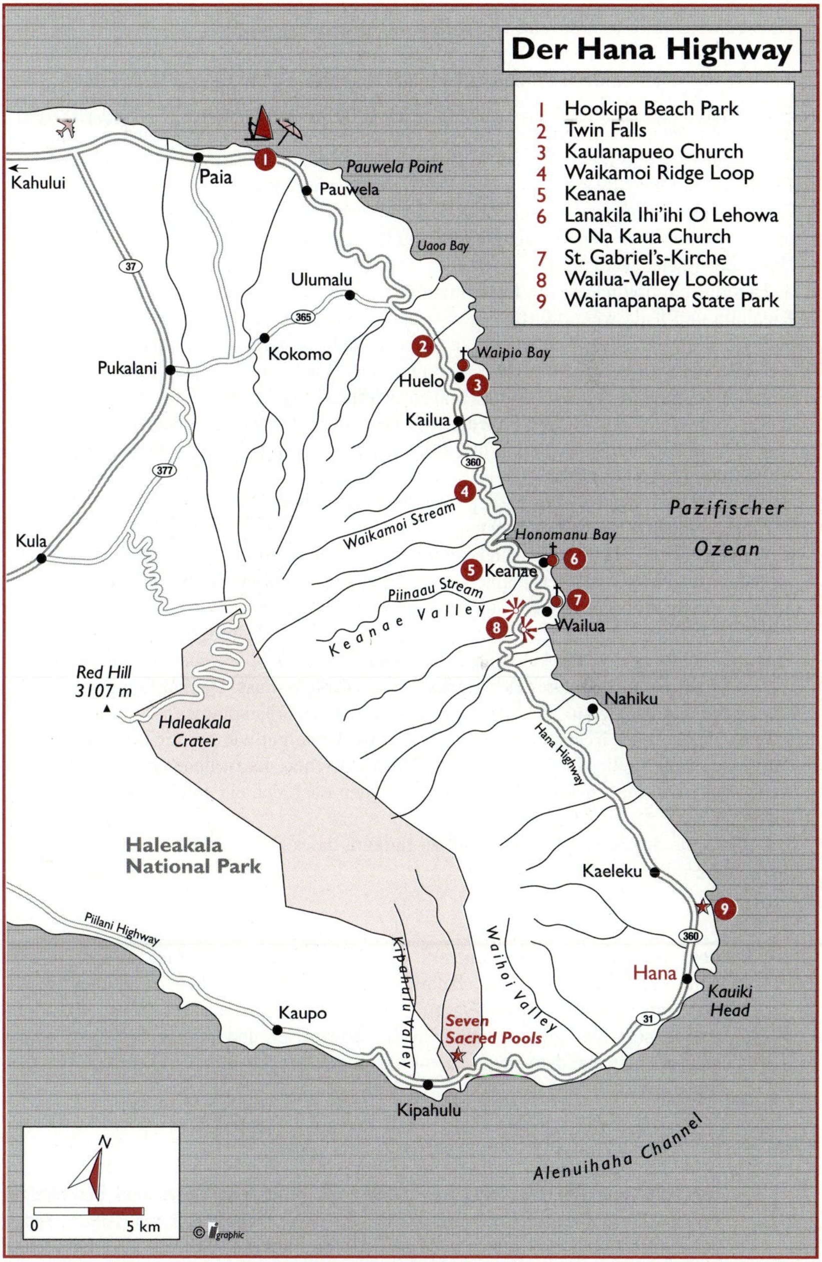
Der Hana Highway
1 Hookipa Beach Park
2 Twin Falls
3 Kaulanapueo Church
4 Waikamoi Ridge Loop
5 Keanae
6 Lanakila Ihi'ihi O Lehowa O Na Kaua Church
7 St. Gabriel's-Kirche
8 Wailua-Valley Lookout
9 Waianapanapa State Park
Kahului
Paia
Pauwela Point
Pauwela
Uaoa Bay
37
Ulumalu
365
Kokomo
Pukalani
Waipio Bay
Huelo
Kailua
360
377
Waikamoi Stream
Pazifischer Ozean
Honomanu Bay
Kula
Keanae
Piinaau Stream
Keanae Valley
Wailua
Red Hill 3107 m
Haleakala Crater
Nahiku
Hana Highway
Haleakala National Park
Kaeleku
Piilani Highway
Waihoi Valley
Kipahulu Valley
Hana
Kauiki Head
Kaupo
Seven Sacred Pools
31
Kipahulu
N
0
5 km
Alenuihaha Channel
© graphic

Hinweise für die Planung und Durchführung dieses Ausfluges:

▶ Trotz der relativ kurzen Etappe sollte man sich **einen guten Tag** für den Hana Highway freihalten. Wer bei der Rückfahrt die kurvenreiche (dann aber leere) Strecke nicht in der Dunkelheit zurücklegen will, sollte möglichst frühzeitig starten.
▶ Wer für den Trip mehr Zeit zur Verfügung haben möchte, hat zwei Möglichkeiten: Entweder kümmert man sich um eine **Zwischenübernachtung** in Hana (begrenztes Zimmerangebot, oft ausgebucht) bzw. auf dem Zeltgelände von Waianapanapa oder man legt einen Weg per **Flugzeug** zurück. Leihwagen können auch am Flughafen in Hana angemietet werden.
▶ Theoretisch möglich ist die **Inselumrundung**, indem man hinter Hana nach Kipahulu und Kula weiterfährt. Diese Strecke ist allerdings nicht kürzer als der Hana Highway, ihre Befahrbarkeit außerdem je nach Wetterlage schwierig und wird z.T. von Mietwagenfirmen nicht erlaubt. Die in einigen Landkarten eingetragene Straßenverbindung hinunter zur Westküste (Makena, Wailea) existiert nicht!
▶ Regenreich ist die Ostküste ohnehin. Bei besonders starken Niederschlägen werden aber regelmäßig Steine, Schlamm und Pflanzen auf den Highway geschwemmt. Die Aufräumungsarbeiten nehmen viel Zeit in Anspruch, manchmal kann die Strecke auch stunden- oder tagelang völlig gesperrt werden. Erkundigen Sie sich vor Ihrer Abfahrt also nach den **Straßenbedingungen**.
▶ Wählen Sie aus den nachfolgend beschriebenen Sehenswürdigkeiten jene aus, die Ihnen am interessantesten erscheinen. Alle genannten **Wanderungen** oder **Besichtigungen** durchzuführen, ist i.d.R. nicht möglich.
▶ Vor besonders schönen Stellen (z.B. Wasserfällen) gibt es häufig nur begrenzte **Parkmöglichkeiten**. Viele Autofahrer warten dann auf der Straße, bis ein Stellplatz frei wird und behindern durch den Rückstau den Verkehrsfluss. Denken Sie in solchen Fällen daran, dass Sie auf der Rückfahrt hier ja erneut vorbeikommen.
▶ Imbissbuden oder Restaurants sind auf der Strecke so gut wie gar nicht vorhanden, dafür aber viele idyllische Rastplätze mit Picknicktischen. Es ist daher empfehlenswert, vom Hotel aus ein **Lunchpaket** mitzunehmen oder sich ein solches in Paia zu besorgen.
▶ Denken Sie daran, vor der Fahrt **voll zu tanken**, da es zwischen Paia und Hana keine Tankstelle gibt.

des deutschen Plantagenbesitzers Claus Spreckels. Kurz darauf geht nach links eine Stichstraße zum H.A. Baldwin Beach Park mit einem ca. 800 m langen, sandigen Strandabschnitt. Wegen der steten Winde und oft hohen Brandung treffen sich hier gleichermaßen Surfer, Bodysurfer und Windsurfer. Kurz darauf gelangt man auf dem Hwy. 36 mitten durch das Ortszentrum der kleinen Gemeinde Paia.

Paia

Paia entstand aus einer Barackensiedlung für Plantagenarbeiter und Beschäftigte der Zuckermühle der Insel. Das historische Städtchen strahlt mit seinen niedrigen Holzhäusern und seiner Wildwest-Atmosphäre viel Charme aus, der in den

1960er und 1970ern eine Reihe von Hippies und Aussteigern hierhin lockte. Die heutigen Besucher machen wegen einiger uriger Kneipen und kleiner Boutiquen gerne Halt in Paia – sei es auf dem Weg nach oder von Hana oder sei es als Abschluss einer Fahrradtour den Haleakala hinunter. Im Ort selbst oder in seiner Umgebung bieten einige Hausbesitzer – darunter übrigens auffällig viele Europäer – billige Unterkünfte an, die hauptsächlich von jugendlichen (Wind-)Surfern genutzt werden.

Boutique in Paia

Man verlässt Paia auf dem nach wie vor guten Hwy. 36 und passiert auf der linken Seite den sehenswerten buddhistischen Tempel Mantokuji mit Friedhof und hübschen Gartenanlagen. Danach gelangt man zum **Hookipa Beach Park (1)**, zu dessen kleinem Sandstrand links eine Stichstraße abgeht. Berühmt ist er wegen seiner idealen Surf- und Windsurfing-Bedingungen, die regelmäßig Profis und Amateure dieser Sportarten hierhin lockt. Einige nationale und internationale Windsurfing-Meisterschaften – die bekannteste die Maui/O'Neill Invitational im April – werden hier alljährlich abgehalten. Während die Windsurfer meistens erst am Nachmittag eintreffen, wenn der Nordostpassat kräftiger bläst, führen die Wellenreiter ihre Kunststücke den ganzen Tag lang vor. Die beste Möglichkeit, dieses Schauspiel zu beobachten, ergibt sich etwas weiter auf dem Hwy. vom Aussichtpunkt kurz vor dem Meilenmarker 9.

Treffpunkt der Surfer-Gemeinde

Windsurfer bei Hookipa

Hinter der nächsten Bucht (Maliko Bay) verlässt die Straße das Ufer und führt durch eine Gegend mit Ananasplantagen. Am Meilenpunkt 13 passiert man auf der linken Seite den großen Friedhof Valley Isle Cemetery, kurz danach zweigt der Hwy. 365 rechts nach Makawao (= Upcountry) ab, während der Hana Highway nun die Nr. 360 trägt und die Meilenzählung wieder bei Null beginnt. Nun sind Sie also auf der eigentlichen 'Road to Hana', die sich bald schon durch eine dichter werdende Vegetation (u.a. mit Guaven, Ingwer-Sträuchern, Bambus und Kukui-Bäumen) sowie den ersten Wasserfällen vorstellt.

Nach etwa 3,3 km gelangt man zur Hoolawa Bridge, der ersten in einer ganzen Reihe von schmalen Flussüberquerungen, von wo man auf einem Trail am Fluss entlang in ca. 1½ km zu den **Twin Falls (2)** wandern kann – aber keine Angst: Eindrucksvolle Wasserfälle sieht man auf der folgenden Etappe noch genug!

Karte S. 337

Von hier aus geht nach weiteren 1½ km links die Huelo Rd. zum kleinen Weiler **Huelo** ab. Das 'Königszeichen' mit der Aufschrift **Kaulanapueo Church (3)** weist den Weg auf der kleinen, unasphaltierten Straße zu einer Kirche, die zwar völlig schmucklos ist, aber immerhin aus dem Jahre 1853 stammt. Es handelt sich dabei um die zweite Kirche entlang der Piste – man kann sie an dem kleinen hölzernen Dachreiter erkennen. Neben ihr befindet sich rechts die Dorfschule und auf der linken Seite ein hübscher Friedhof.

Der Hana Hwy., dessen Beschaffenheit durch das Warnschild 'winding road next 30 miles' schon hinreichend charakterisiert wurde, bringt einen von hier nach knapp 10 km zu einem Abzweig, auf den Wanderer des kurzen **Waikamoi Ridge Loop (4)** abbiegen müssen.

Wandern

*Die mit 1,6 km kurze und leichte Wanderung auf dem **Waikamoi Ridge Loop** beschreibt einen Rundweg, der an Eukalyptusbäumen und Philodendren, Ti-Pflanzen und Baumfarnen vorbei und auf einen Hügel mit sehr schöner Aussicht führt. Der Zeitaufwand beträgt maximal 1 Stunde.*

Wasserfälle…

Unweit davon, kurz vor dem Meilenmarker 10, sind die **Waikamoi Falls** eine Attraktion ganz nahe dem Highway, und gut 1½ km dahinter wiederum überquert man den Puohokamoa Stream, an dem Pfade in wenigen Minuten zu den pittoresken Puohokamoa Falls führen. Nicht weit dahinter kann man rechts zum Kaumahina State Park abbiegen, der sich mit sanitären Anlagen, Stühlen, Tischen und einer schönen Aussicht auf die Küste für eine kleine Pause anbietet.

Keanae

Auf halber Strecke nach Hana (etwa 6½ km hinter dem Kaumahina State Park) ragt die flache Halbinsel **Keanae (5)** in den Ozean. Während der Highway an den waldreichen Berghängen oberhalb verläuft, kann man dieses landwirtschaftlich genutzte Gebiet auf einer Stichstraße kennen lernen. Kurz vor dem Abzweig geht allerdings nach rechts ein Weg zum Keanae Arboretum ab, in dem importierte und einheimische Pflanzen aufgezogen werden und das man auf einer kurzen 'Dschungel-Wanderung' (knapp 5 km) kennen lernen kann.

Kirchlein auf der Keanae-Halbinsel

Etwa 150 m dahinter lohnt es sich, der Ausschilderung nach Keanae zu folgen. Diese Halbinsel ist das Produkt eines Lavastromes, der vom Haleakala-Krater durch ein Tal nach Osten floss und sich in das Meer hinausschob. Die Polynesier nutzten den verwitterten Boden und legten hier ihre Taro-Felder an. Auf der asphaltierten Straße wird man durch die gesamte kleine Siedlung geführt, an deren Ende rechter Hand eine kleine Kirche auftaucht. Sie wurde 1860 aus Lava- und Korallensteinen erbaut und trägt den hübschen Namen **Lanakila Ihi'ihi O Lehowa O Na Kaua Church (6)**! Unweit der Kirche endet die Straße an einem sehr schönen Aussichtspunkt direkt vor den schwarzen Lavaklippen, gegen die das Meer gischtsprühend anbrandet.

...und hübsche Kirchlein

Wailua

Zurück auf dem Highway passiert man zunächst eine Stelle mit dem Hinweis 'Half Way to Hana' und in dessen Nähe einige Stände, an denen frisches Obst angeboten wird. Anschließend kann man erneut links abbiegen (Wailua Rd.; hinter dem Meilenmarker 18) und kommt dabei auf einer geraden, asphaltierten Straße in die Siedlung Wailua.

Wie Keanae lebt dieses Dorf (beide haben zusammen etwa 250 Einwohner) von der Landwirtschaft. Für Touristen sind in erster Linie die beiden Kirchen interessant, die sich am Ortseingang und einen Steinwurf weit auseinander links der Straße befinden. Die erste ist die kunsthistorisch unbedeutende **St.-Gabriel's-Kirche (7)** (mit einem kitschig-schönen Taufstein). Die zweite, etwas zurückgesetzt, ist die hübsche **Miracle Church**, die 1860 aus Korallengestein erbaut wurde. Zwischen den Gotteshäusern befindet sich der Schrein 'Our Lady of Fatima'. Fahren Sie von den Kirchen noch ein kurzes Stück die Straße entlang, dann werden Sie durch einen schönen Blick auf den hohen Waikani-Wasserfall in der Ferne belohnt.

Die Miracle Church

Wieder auf dem Highway, kann man zunächst das zurückliegende Wailua-Tal mit der St. Gabriel's Church vom **Aussichtspunkt** auf der linken Seite **(8)** betrachten. Kurze Zeit später kommt man vor einer Brücke an einem mächtigen Wasserfall vorbei, dessen schmutzig-braunes Wasser aus den Bergen herunterstürzt. Der Puaa Kaa State Park, etwa in der Mitte zwischen den Meilenmarkern 22 und 23 gelegen, bietet sich zum Picknick unter Eukalyptusbäumen oder für eine kurze Pause an, bei der man auf Pfaden zu weiteren kleinen Wasserfällen und natürlichen Pools spazieren kann.

Karte S. 337

Ein erneuter Halt ist kurz vor dem Meilenmarker 31 möglich, und zwar im Hana Garden Land rechts des Highways. Exotische Vögel, tropische Bäume und farbenprächtige Blumen können hier betracht werden, außerdem gehört ein Coffee Shop zu der Anlage. Kurz dahinter, am Meilenmarker 31, geht die Ulaino Rd. links ab, die einen zu den **Kahanu Gardens** bringt. Auf diesem 51 ha großen Gelände, das zum National Tropical Botanical Garden gehört, sind endemische und importierte Blumen und Bäume zu sehen, darunter auch die wichtigsten polynesischen Kulturpflanzen. Innerhalb des Gartens befinden sich außerdem die Ruinen des Piilanihale Heiau, der größten alt-hawaiischen Kultstätte des Landes, die von Archäologen in das 13. Jh. datiert wird.

Wandern

*Wanderer können von hier auf dem **Hana-Waianapanapa Coastal Trail** immer an der Küste entlang zum etwa 4½ km entfernten Hana gehen – sicher eine der schönsten Küstenwanderungen, die man auf Hawaii unternehmen kann. Auch aus historischen Gründen ist der Trail interessant, folgt er doch einem alt-hawaiischen befestigten 'Königsweg'. Vom Campingplatz in Waianapanapa ist der Trail gut ausgeschildert und bringt einen an einem alten Friedhof vorbei und direkt am Meer entlang durch eine bizarre Szenerie mit scharfkantigen Lavafetzen und markanten Felsformationen. An einigen Stellen wird das Meerwasser durch Lavakanäle gepresst und schießt als hohe Fontäne wie ein Geysir aus dem Boden. Rechter Hand passiert man die Überbleibsel eines alten Heiau, nahebei weitere Fundamente einer polynesischen Siedlung. Die Wanderung empfiehlt sich vor allem in den Morgen- oder Abendstunden, wenn das schräge Licht die Lavaküste noch gespenstischer erscheinen lässt.*

Waianapanapa State Park (9)

Nach der Stichstraße zum Hana Airport und etwa in Höhe des Meilenmarkers 32 ist nach links der Waianapanapa State Park ausgeschildert, dessen Besuch kein Tourist versäumen sollte. Zunächst fährt man hier ein gutes Stück auf einer sehr schmalen, aber asphaltierten Straße bis zum Parkplatz. Vor einem liegt nun eine tiefe Bucht, in die sich das Meer oft mit gewaltiger Brandung hineindrängt. Vom Parkplatz aus nach links geht (oder fährt) man zu einem Trail, der einen unter dichtem Zweigwerk hindurch auf Treppen und Stufen zu zwei legendenumwobenen Lavahöhlen bringt.

Außer diesem kurzen Rundgang kann man in wenigen Minuten zum Strand (Black Sand Beach) wandern, dessen pechschwarzer Sand jeden Fotografen begeistern wird (Schwimmen ist allerdings zu gefährlich). Zur anderen Seite kann man die schroffen Lavaklippen besteigen und dem Spiel der mit lautem Getöse anbrandenden Wellen zuschauen. Der State Park, in dem es ein Zeltgelände gibt und einige Hütten vermietet werden, eignet sich auch vorzüglich für ein Picknick.

Hana

Knapp 5 km hinter dem Abzweig zum Waianapanapa State Park hat man das Ziel des Ausfluges erreicht: den 1.800-Seelen-Ort **Hana**, wegen seiner himmlischen Abgeschiedenheit oft auch 'Heavenly Hana' genannt. Am Ortseingang gabelt sich die Straße auf: Der Hwy. 360 führt weiter geradeaus, der Hwy. 31 *(Uakea Rd.)* biegt links ab. Aber auf beiden Wegen kommt man durch das kleine Städtchen, und am Ortsende sind die zwei Straßen wieder vereint und gehen dann als

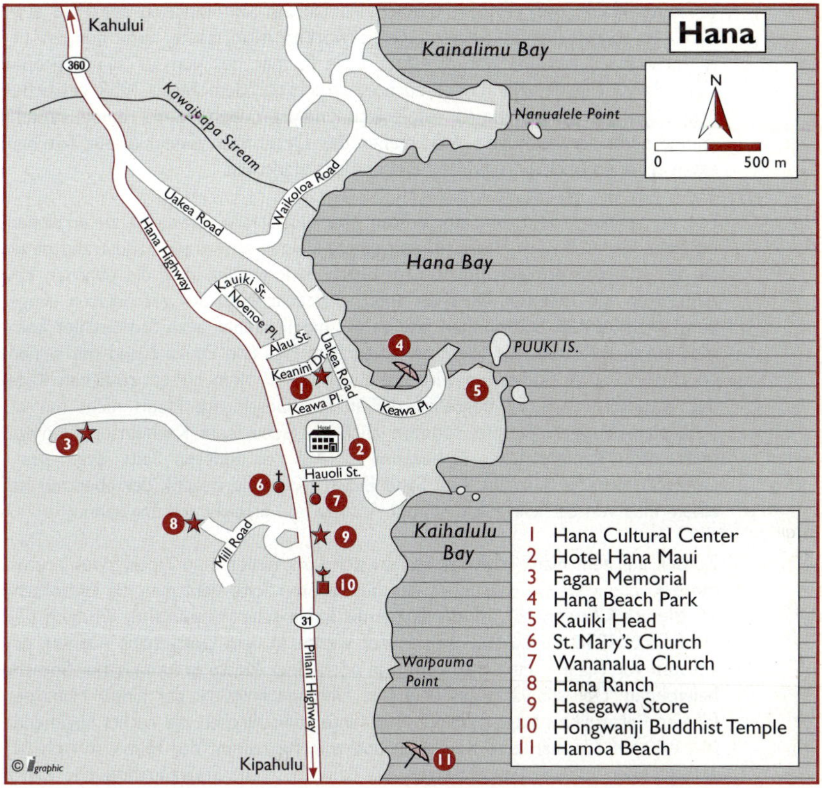

Hwy. 31 *(Piilani Hwy.)* weiter an der Küste entlang. Unter den wenigen Sehenswürdigkeiten ist das **Hana Cultural Center (1)** an erster Stelle zu nennen, ein zwar kleines, aber interessantes Museum, das mit alten Fotos und verschiedenen Exponaten die Vergangenheit des Ortes dokumentiert. Auch die Muschelsammlung des Centers ist beachtenswert. Hinter dem Cultural Center liegt jenseits der Straße Keawa Pl. das **Hotel Hana Maui (2)**, das sich hinter einer unscheinbaren Fassade versteckt. Gebaut wurde es 1947 von dem kalifornischen Großindustriellen Paul Fagan, der für seine Freunde ein weitgehend ungestörtes Refugium errichten wollte. Persönlichkeiten wie der Bestseller-Autor James A. Michener und der Beatle George Harrison haben hier bereits übernachtet, das Hotel selbst (eigentlich eine Bungalowanlage inmitten eines herrlichen Gartens) wurde zwischenzeitlich renoviert und auf den modernsten Stand gebracht. Wer hier kein Quartier bezogen hat, kann in einem der beiden exquisiten Restaurants speisen und sich dabei die Gesamtanlage etwas näher anschauen.

Berühmte Nobelherberge

Gegenüber dem Hotel geht vom Hana Hwy. ein kleiner Fahrweg zum Lyon's Hill ab, dessen weithin sichtbares Kreuz als **Fagan Memorial (3)** an den oben genannten Paul Fagan erinnert. Dieser Millionär aus San Francisco, der 1943 etwa 5.670 ha stillgelegter Zuckerplantagen erworben hatte, baute nicht nur das berühmte Hotel, sondern war in erster Linie Farmer, der nun auf seiner großen Hana Ranch Pferde und Rinder züchtete. Auch nachdem Fagan 1959 gestorben war, blieb das Unternehmen erfolgreich und ist neben dem Fremdenverkehr immer noch der wichtigste Arbeitgeber des Ortes. Vom Gedenkkreuz hat man einen schönen Blick auf die Hana Bay und das Städtchen.

Schwarzer Sandstrand

Auf der anderen Seite und am besten über die Straße Keawa Pl. zu erreichen, liegt der **Hana Beach Park (4)** mit einem kleinen schwarzen Sandstrand direkt an der halbkreisförmigen Bucht. Der Beach Park verfügt über die üblichen Einrichtungen wie Toiletten, Duschen und Picknicktische. In der geschützten Umgebung der Bucht ist Schwimmen fast immer möglich, aber auch Schnorchler kommen auf ihre Kosten, vor allem zwischen dem Pier und Puukii Island mit seinem Leuchtturm. Zum Süden hin wird die Bucht vom 118 m hohen, rötlichen Kegel des **Kauiki Head (5)** begrenzt, der in der Geschichte Mauis nicht nur als Schauplatz blutiger Kämpfe, sondern auch als Geburtsort Kaahumanus, Königin und Gattin Kamehamehas I., bekannt ist. Auf der anderen Seite des Felsens erstreckt sich der hübsche Red Sand Beach (Kaihalulu Beach), der aber nur auf einem Pfad von der Old Hana School *(Wakea Rd.)* erreicht werden kann.

Kirchen, Läden und Tempel

Zurück auf dem Hana Highway, stehen sich kurz hinter dem Hotel zwei interessante Kirchengebäude gegenüber: Auf der rechten Seite sieht man die katholische **St. Mary's Church (6)**, auf der linken die lutherische **Wananalua Church (7)**, die bereits 1838 aus Lavablöcken erbaut wurde. In dem Gotteshaus – einem der ältesten von Maui – kann man sonntags noch einer Messe in hawaiischer Sprache beiwohnen! Der südwärts aus dem Ort führende Hwy. 31, der hinter Hana den Namen Piilani Hwy. trägt, passiert kurz hinter den Kirchen die rechts abgehende Mill Rd., auf der man zum Kaufladen und zum Restaurant der **Hana Ranch (8)** gelangt, aber auch zu Einrichtungen wie Bank, Post und Souvenirshop. Die Ranch steht übrigens nicht für Besichtigungen zur Verfügung, bietet Touristen aber Reitausflüge oder Kutschenfahrten an. Etwas weiter, kurz vor der Tankstelle, lohnt sich ein Halt am **Hasegawa Store (9)** auf der linken Seite, der zwar 1990 abbrannte und neu errichtet werden musste, aber wenigstens seinen klangvollen Namen behalten hat. In diesem historischen Kramladen konnten sich früher Reisende und Einheimische mit fast allen erdenklichen Waren eindecken, was ihn zu einem Gegenstand amerikanischer Songs, einer lokalen Berühmtheit und Touristenattraktion machte. Immerhin hatten hier bereits illustre Gäste wie Kris Kristofferson, Burt Reynolds und George Harrison Einkäufe getätigt.

Bei der Weiterfahrt entdeckt man auf der linken Seite ein sehr edles, weißes Holzgebäude, das als **Hongwanji Buddhist Temple (10)** Mittelpunkt der kleinen buddhistischen Gemeinde von Hana ist. Ab 1864 hatte die Zuckerindustrie, die bis in die 1930er in Hana florierte, für den Zuzug einiger Hundert Japaner und Chinesen gesorgt, deren Nachfahren immer noch im Ort leben. Wer zum **Hamoa Beach (11)**, dem schönsten Strand von Hana gelangen will, muss etwa 4 km weiter in südlicher Richtung fahren (auch mit dem Fahrrad möglich, Mietfahrräder sind an der Tankstelle und im Hotel zu bekommen!).

Von Hana nach Kipahulu und weiter auf der Westroute

Ob Sie dem Hamoa Beach einen Besuch abstatten oder sogar noch weiter fahren möchten, hängt von Ihrem individuellen Zeitplan ab. Die Gesamtstrecke nach Kahului beträgt auf dieser Route 113 km, wegen einiger unasphaltierter Abschnitte benötigt man dafür rund 2½ Stunden. Hinter Hana führen die ersten möglichen Abstecher auf dem Piilani Hwy. zum Meer, also nach links. Nach gut 1½ km zweigt z.B. die Haneoo Rd. ab, die einen zum **Koki Beach Park** bringt, der bei Surfern und Bodysurfern beliebt ist.

Die Kaskaden der Oheo Gulch

Der von Ironwood-Bäumen flankierten und sehr schmalen Straße kann man noch weiter folgen, immer mit einem schönen Blick auf das vorgelagerte Inselchen **Alau Island**, bis man schließlich zum oben erwähnten **Hamoa Beach** gelangt, der fast ausschließlich von den Gästen des Hana Maui Hotels genutzt wird. Während der Koki Beach mit seinen gefährlichen Strömungen Schwimmen zu gefährlich macht, ist dies am Hamoa Beach bei ruhiger See schon möglich. Ansonsten kann man surfen, sonnenbaden oder die nahe Höhle Mokae Cove erkunden.

Die Haneoo Rd. bringt einen zum Highway zurück, der nun zusehends schmaler wird und in vielen Windungen z.T. hoch über der Küste verläuft. In Wailua, etwa 11 km hinter Hana, wird man auf einer Brücke direkt an den knapp 30 m hohen **Wailua Falls** vorbeigeleitet, und 5 km danach kommt man über viele weitere Brücken und an der Skulpturengruppe der Jungfrau Maria vorbei, zum **Oheo Gulch** – bekannter unter dem Namen Seven Sacred Pools. Dieses Tal, das den südöstlichen Zipfel des **Haleakala-Nationalparks** markiert, wird vom Paukea Stream durchflossen, der auf seinem Weg zum Ozean viele natürliche Pools bildet – da deren Anzahl deutlich mehr als sieben, nämlich rund 20 beträgt, die außerdem nie 'heilig' waren, ist der Beiname etwas irreführend. Einen schönen Blick auf die Schlucht und einige ihrer Wasserfälle und Teiche hat man von der Brücke des Highways aus, allerdings ist hier das Anhalten nicht erlaubt. Man fahre deshalb noch 300 m weiter und stelle den Wagen auf dem Parkplatz auf der linken Seite ab. Von dort aus kann man auf Pfaden zum Fluss zurückgehen und hier zu den dramatisch schönen unteren Wasserfällen (Lower Falls) oder auf einem ausgedehnten Netz von Trails fluss-

Wandern

Während die größte Touristenattraktion der Region, die so gen. Seven Sacred Pools, ziemlich überlaufen ist, ist der 16½ km lange ***Waimoku Falls Trail*** *noch relativ 'unentdeckt', jedenfalls in seinem weiteren Verlauf. Der Startpunkt ist der Parklatz hinter der Brücke über die Pools. Man wandert am Flussufer und an Klippen entlang, vorbei an Guaven, Bambus und Taro-Feldern, kommt an Pools vorbei und an Wasserfällen. Gut 5 Stunden sollte man für diesen Trail einkalkulieren!*

aufwärts wandern. Letzteres ist vor allem empfehlenswert, wenn sich an und in den Pools in Straßennähe zu viele Touristen aufhalten.

Gut 1½ km hinter dem Parkplatz bringt einen der schmale Piilani Hwy. auf einen Hügel, wo Sie auf den Meilenmarker 41 achten sollten. Kurz darauf geht nach links ein Privatweg ab, der einen zur kleinen **Palapala Hoomau Church** aus dem Jahre 1857 bringt. Sie wurde vom Ehepaar Taylor in den frühen 1960ern restauriert; gleichzeitig lud die Familie das befreundete Ehepaar Anne Morrow und Charles Lindbergh ein, ihren Lebensabend bei Kipahulu zu verbringen. Der berühmte Atlantikflieger starb hier im Jahre 1974 und wurde auf dem Friedhof des Kirchleins beigesetzt. Außerhalb des Friedhofes und nahe zur Kirche sieht man die beiden Gräber der Taylors und kleinere Grabstätten, in denen ihre Haustiere, nämlich fünf Gibbon-Affen beigesetzt wurden.

Schwierige Straßenverhältnisse

Nahe der Kirche bietet eine Grasfläche im **Kipahulu Point Park** eine schöne Aussicht auf den Ozean und eine gute Picknickmöglichkeit. Danach beginnt eine 12 km lange, ziemlich raue und zum Teil auch unasphaltierte Etappe, und Steinschlag oder Schlammlawinen machen nach Regenfällen die Passage selbst für robuste Fahrzeuge zum Wagnis. Wer Glück hat, trifft auf gute Bedingungen und kann die herrlichen Ausblicke genießen, die sich immer wieder von der kurvenreiche Piste aus ergeben. Sie bringt einen an der Lelekea Bay entlang und um den Mokuia Point auf die Waiuha Bay zu.

Hier lohnt sich der Abstecher über eine noch kleinere Piste zu der in völliger Einsamkeit und auf einem windzerzausten Kap stehenden **Huialoha Church** (1859). Der Abstecher ist nur mit dem Geländewagen möglich.

Zurück auf dem so gen. 'Highway', kommt man kurz darauf zur Minisiedlung **Kaupo**, in der nur eine Handvoll hawaiischer Cowboys (= *Paniolos*) leben; ihren Lebensunterhalt verdienen sie auf der Kaupo Ranch, deren Viehzäune ein Stück des Weges begleiten. Ansonsten hat das Dorf die verlassene St. Joseph's Church, einen interessanten Kramladen (Kaupo Store) und in der Nähe die Überreste einiger alt-hawaiischer Tempel zu bieten, u.a. den Loaloa Heiau aus dem 16. Jh.

Durch Lavafelder

Nach Kaupo ändert sich die Szenerie in dramatischer Weise: Ein Lavastrom, der 1790 durch den Bergeinschnitt des Kaupo Gap vom Haleakala herunterfloss, ist bis zum Meer hin als breites, grau-schwarzes und nur spärlich bewachsenes Feld erstarrt und gibt der Landschaft ein drohendes, düsteres Aussehen. Nahe der Ansiedlung **Nuu** zeugen die Relikte des Tempels Koa Heiau links der Straße von der frühen Besiedlung dieses Gebietes; ab hier wird die Straße auch wieder besser. Gleichzeitig verlässt der Piilani Hwy. nun das Ufer und verläuft nun etwas oberhalb an den Hängen des Vulkans entlang, nach wie vor durch gespenstische Lavafelder.

Nach einer Richtungsänderung gen Norden begleitet schlagartig wieder saftiges Grün den Weg – nun befindet man sich bereits im **Upcountry**, wo einen der gut ausgebaute Kula Hwy. *(Hwy. 37)* an der Tedeschi Winery und **Kula** vorbei auf **Kahului** zuführt.

Der Haleakala-Krater und das Hochland

Der Haleakala ist als größter ruhender Vulkan der Erde natürlich ein absolutes Highlight und sollte auch bei einem kurzen Inselaufenthalt nicht verpasst werden. Wer zu seinem Krater hinauffährt, kommt automatisch durch das Hochland (= Upcountry), unter dem man auf Maui die mittleren Höhenlagen seiner Westhänge versteht. Beide Regionen – also Krater und Upcountry – sind durch asphaltierte Straßen gut erschlossen und laden zu einer näheren Erkundung förmlich ein. Dieser Einladung folgen tagtäglich Tausende von Besuchern, und selbst in der Dunkelheit der frühen Morgenstunden quält sich eine ganze Karawane von Autofahrern den Berg hinauf. Den (zu Recht!) viel gepriesenen **Sonnenaufgang** wird man also nie in völliger Einsamkeit erleben können.

Bevor man sich auf die Reise macht, sollte man an die **klimatischen Bedingungen** im Hochland denken. Schon in einer Höhe von 1.500 m ü.d.M. ist es meistens 5-10 °C kühler als an den Stränden, und auf der Spitze des Haleakala muss man in den Morgenstunden mit Temperaturen um den Gefrierpunkt rechnen – immerhin wurde hier mit minus 11 °C die tiefste Temperatur auf Hawaii überhaupt gemessen! Dies kann übrigens zur Folge haben, dass der Highway nach Niederschlägen oder Nebel eisglatt ist. Bedenken Sie auch, dass auf dem Gipfel die **Luft** sehr dünn ist, und nehmen Sie sich deshalb nicht zuviel an Aktivitäten vor. Fast immer ziehen im Laufe des Vormittags **Wolken** auf, so dass Regenkleidung ins Reisegepäck gehört.

Streckenhinweis

Den Haleakala erreicht man über den Haleakala Hwy. (Hwy. 378), der vom Hwy. 37 abgeht. Ab Wailea beträgt die ***Fahrtzeit*** *etwa 2 Stunden, ab Kahului etwa 1½ Stunden.*

Nun ist aber die **Mondlandschaft** des riesigen Kraters nicht die einzige Attraktion, sondern auch das Upcountry hält manche Überraschung bereit und steht mit seinen **Weiden** und kühlen **Wäldern** in starkem Kontrast zu Mauis tropischer Vegetation. Deshalb ist unverständlich, warum so viele Touristen nach einem kurzen Besuch des Haleakala oft schnellstmöglich wieder zu den Sandstränden zurückkehren. Mein Tipp: Nehmen Sie sich einen ganzen Tag Zeit!

Fahrt zum Haleakala-Krater

Das ‚Haus der Sonne'

'Haleakala' heißt in der deutschen Übersetzung 'Haus der Sonne', ein Name, der auf die Legende vom Halbgott Maui zurückgeht: Um seiner Mutter das Trocknen des Rindenstoffes *Kapa* zu erleichtern, versteckte sich Maui im Krater und wartete ab, bis sich die Sonne über der Öffnung zeigte. Als dies geschah, fing er sie mit einem riesigen Lasso ein, zog sie in den Krater hinab und ließ die Sonne erst wieder frei, als sie versprach, zukünftig langsamer über das Firmament zu ziehen. Seit diesem Tag hatten die Götter und die Menschen mehr Zeit zur

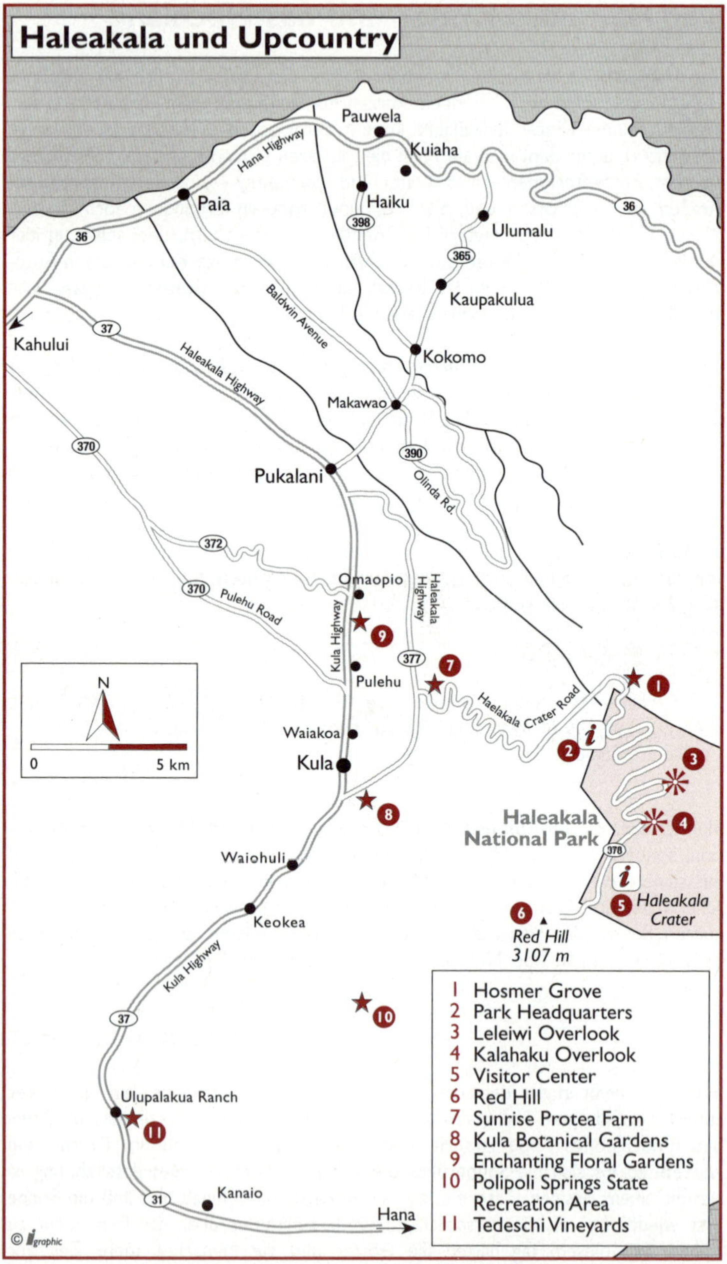

Haleakala und Upcountry
Pauwela
Hana Highway
Kuiaha
Paia
Haiku
398
36
Ulumalu
365
Kaupakulua
Baldwin Avenue
37
Kahului
Haleakala Highway
Kokomo
Makawao
370
390
Olinda Rd.
Pukalani
372
Omaopio
370
Pulehu Road
Haleakala Highway
Kula Highway
377
Pulehu
Haelakala Crater Road
N
0
5 km
Waiakoa
Kula
Haleakala National Park
378
Haleakala Crater
Waiohuli
Keokea
Red Hill 3107 m
Kula Highway
37
Ulupalakua Ranch
31
Kanaio
Hana
© igraphic
1 Hosmer Grove
2 Park Headquarters
3 Leleiwi Overlook
4 Kalahaku Overlook
5 Visitor Center
6 Red Hill
7 Sunrise Protea Farm
8 Kula Botanical Gardens
9 Enchanting Floral Gardens
10 Polipoli Springs State Recreation Area
11 Tedeschi Vineyards

Verrichtung ihres Tagwerks. Nicht nur aufgrund dieser Geschichte war der Vulkan für die alten Hawaiianer ein heiliger Berg. Hier bestatteten sie Häuptlinge und warfen die Nabelschnüre von Neugeborenen in den Krater, damit diese stark und tugendhaft würden. Viele Relikte von *Heiaus* samt Opferaltären sind erhalten, und auch ein uralter Steinpfad wird auf das Wirken polynesischer Priester zurückgeführt.

Weitaus nüchterner, aber gleichwohl beeindruckend lesen sich die Angaben der Geographen über diesen Berg: 3.055 m ü.d.M. beträgt seine heutige Spitze, wobei aber mindestens 600 m hinzugerechnet werden müssen, die die Erosion inzwischen abgetragen hat. Und da sich die Basis des Haleakala mehr als 6.000 m unter der Wasseroberfläche auf dem Meeresboden befindet, haben wir es hier mit einem Bergriesen zu tun, der einmal knapp 10.000 m und heute immerhin noch über 9.000 m hoch ist. Die letzte vulkanische Tätigkeit liegt zwei Jahrhunderte zurück, was nach geologischen Maßstäben eine sehr kurze Zeitspanne bedeutet. Und da es in dieser Zeit häufiger Erdbeben gegeben hat, ist ein erneuter Ausbruch möglich, wenn auch nicht wahrscheinlich – mit anderen Worten: Der Vulkan ist nicht 'tot', sondern 'ruht' nur.

Radfahrer auf dem Haleakala

Fahrrad fahren

Zunehmend populärer wird es, sowohl den Krater als auch das Upcountry auf einer begleiteten Fahrradtour kennen zu lernen. Wo sonst in der Welt hat man schon Gelegenheit, von mehr als 3.000 m ü.d.M. ohne viel Anstrengung bis auf Meeresniveau herunterzuradeln?! Eine Vielzahl von Unternehmen hat sich in den vergangenen Jahren darauf spezialisiert, Touristen in den frühen Morgenstunden an ihrem Hotel abzuholen, sie zum Sonnenaufgang auf den Haleakala zu bringen, dort mit Fahrrädern, Regenzeug, Helmen usw. auszurüsten und dann, nach einem kleinen Einführungskurs, die rasante Serpentinen-Abfahrt bis nach Paia in Angriff zu nehmen. Eingeschlossen sind zumeist ein oder zwei Führer, ein Begleitbus sowie ein Mittagessen bzw. Picknick. Solche Touren dauern insgesamt etwa 8 Stunden – wer allerdings dabei einen rundum interessanten Tag unter rein abenteuerlichen Vorzeichen erwartet, wird vielleicht enttäuscht sein. Oft wird am Krater sofort zum Aufbruch gedrängt, nachdem sich die ersten Sonnenstrahlen gezeigt haben. Die Abfahrt geht dann auch nicht gar so schnell vonstatten, da in jeder Gruppe einige vorsichtigere, ältere Fahrer dabei sind, auf die Rücksicht genommen werden muss (ein Überholen des an der Spitze radelnden Führers ist nicht gestattet). Und die angekündigten Fotostopps entpuppen sich als kurzer Halt auf halber Wegstrecke, bei dem die Kleidung gewechselt wird. Erkundigen Sie sich deshalb nicht nur nach dem Preis, sondern auch danach, wie viel Zeit man am Krater hat, wie viele Fotostopps eingelegt werden und wo die Mittagspause stattfinden soll.

Die **Fahrtroute** zum Haleakala verläuft durch das Upcountry und ist im folgenden Kapitel etwas näher beschrieben. Von **Kaanapali** her kommend, benutzt man dabei den Hwy. 36 *(Hana Hwy.)*, der einen direkt auf den Hwy. 37 *(Haleakala Hwy.)* bringt. Nach etwa 12,8 km biegt der Haleakala Hwy. an einer Ampelanlage

Immer höher

nach links ab und wird zum Hwy. 377, von dem es nach ungefähr 9,6 km wiederum nach links auf den Hwy. 378 geht. In vielen Kehren windet sich die Straße am Westhang hinauf und geht dann in einer großen Schleife auf den Haleakala-Nationalpark zu. Hier hat man bereits die grünen Weiden und Wälder des Upcountry hinter sich gelassen; die Landschaft trägt nun mit spärlicher Vegetation und großen Steinbrocken wüstenhaften Charakter.

Nach einer Rechtskurve klettert die Straße wieder in Serpentinen hinauf, die aber viel länger sind als die Kehren im unteren Streckenabschnitt. Kurz vor der Parkeinfahrt, auf einer Höhe von knapp 2.000 m ü.d.M., liegt **Hosmer Grove (1)**, ein Picknick- und Campingplatz in einem wunderschönen Hain. 1910 hatte hier Ralph Hosmer, auch als 'Hawaii's Father of Forestry' bekannt, u.a. australische Eukalyptusbäume, japanische Cryptomerien, indische Himalaya-Zedern, nordamerikanischen Fichten, Redwoods und Wacholder angepflanzt. Das Gelände kann man auf einem 800 m langen Rundweg bequem inspizieren.

Der Haleakala – 'House of the Sun'

Etwas weiter, direkt hinter der Parkgrenze, liegen rechts der Straße die **Park Headquarters (2)** mit einem Besucherzentrum, in dem man Karten, Wanderpläne und Informationen aller Art bekommt. Häufig sieht man hier und auf dem folgenden Wegstück auch einige Nene-Gänse, die seltenen hawaiischen 'Staatsvögel'.

Vom Parkeingang bis zum Kratergipfel sind es noch rund 16 km, wobei sich lohnt, an einigen Stellen mit besonders schöner Aussicht anzuhalten. Zuerst ist da der **Leleiwi Overlook (3)** auf einer Höhe von etwa 2.440 m ü.d.M., dann der **Kalahaku Overlook (4)** auf einer Höhe von etwa 2.740 m ü.d.M., beide mit erklärenden Schaukästen und Tafeln ausgestattet. Zu Letzterem führt eine kleine Stichstraße, in deren Nähe stets einige Exemplare der seltenen Silversword-Pflanze zu entdecken sind.

Aussichtspunkte

Die nächste Station ist das direkt am Kraterrand gelegene **Visitor Center (5)** mit einem großen Parkplatz und sanitären Anlagen. Auch hier bekommt man nützliche Infos, Postkarten und Broschüren, außerdem verfügt das Gebäude über eine kleine naturwissenschaftliche Ausstellung. An der Brüstung zum Krater hin drängen sich in den Morgenstunden die Touristen, die das Naturschauspiel des Sonnenaufganges beobachten wollen; andere gehen auf einem steinigen Pfad zum nahen Magnetic Peak, der in 3.050 m Höhe eine noch bessere Aussicht bietet. Die höchste Stelle (= 3.055 m), durch eine windgeschützte Aussichtsplattform markiert, liegt einige Hundert Meter weiter auf dem **Red Hill** *(Puu Ulaula)* **(6)**, zu dem ebenfalls eine Autostraße hinführt. Wer mit dem Wagen bis nach dort gelangt ist, hat einen kleinen Rekord erreicht: Nirgendwo sonst auf der Welt kann man in nur rund 50 km vom Meeresspiegelniveau bis auf über 3.000 m hinauffahren. Hier oben liegt einem nun wirklich ganz Maui zu Füßen, aber der Blick geht auch zu den Nachbarinseln Molokai, Lanai, Kahoolawe und selbst bis nach Big Island. Selbst wenn eine Wolkendecke die tiefer gelegenen Regionen bedeckt, ragen im Süden fast immer die Gipfel des Mauna Kea und Mauna Loa aus dieser heraus.

Himmelsforschung auf dem Dach der Insel

Sehr viel näher, nämlich auf dem Nachbarhügel, recken sich die weißen Observatorien von **Science City** in den Himmel. Hier wird im Auftrag der Universität von Hawaii und der NASA Himmelsforschung betrieben, wobei Touristen allerdings nicht zugelassen sind. Auch die Armee ist hier mit Einrichtungen aller Art

Wandern

Es gibt entlang der Autostraße zum Gipfel des Haleakala sowie in der Nähe des Visitors Center eine ganze Reihe kürzerer Trails, die man auch untrainiert bewältigen kann – vorausgesetzt, man verkraftet problemlos die große Höhe.

Ein Beispiel dafür ist die Hosmer Grove, kurz vor dem Nationalpark-Hauptquartier und rund 16 km vom Gipfel entfernt. Hier findet man einen im Jahre 1910 angepflanzten Hain, durch den ein botanischer Lehrpfad führt. An der Hosmer Grove gibt es auch einen Rastplatz mit sanitären Anlagen und Picknicktischen sowie ein Zeltgelände.

Die längeren Trails sind für gut trainierte Wanderer geeignet, denen es nichts ausmacht, eine Nacht in eisiger Kälte zu verbringen, und die sich vorher die Mühe machten, die Unterkunft sowie die Hin- und Rückfahrt zu organisieren. Neben der Hüttenreservierung muss an folgende Dinge gedacht werden: Wanderschuhe, warme Wollkleidung, regen- und winddichte Jacke, Trinkwasser, Proviant, Sonnenschutz (Cremes, Hut), warmer Schlafsack und evtl. ein wasserdichtes Zelt. Das Entzünden von offenen Feuern ist im Kraterkessel ebenso wenig erlaubt wie ein Verlassen der Trails (etwa um die Serpentinen 'abzukürzen').

Unbedingt ratsam ist es, sich vorher über die Touristenbüros oder spätestens im Visitors Center über die Bedingungen der Trails zu informieren und sich mit Kartenmaterial einzudecken.

Der bekannteste Wanderweg ist der 18 km lange ***Halemauu Trail,*** *für den man mindestens einen Tag benötigt. Er beginnt am Visitors Center nahe dem Gipfel des Haleakala und führt hinab zur Hosmer Grove. Unterwegs wandert man vom Kraterrand in einer Zickzack-Linie östlich in den Vulkankessel hinab, passiert den Schlackenkegel Puu o Pele und umrundet (= 'Hügel der Pele') den Aschenkegel des Ka Moa o Pele. An schönen Silversword-Exemplaren vorbei und über aufgerissene pahoehoe-Lava geht es zum Minivulkan Halalii, dann durch eine trostlose Schlacken-, Sand-, Aschen- und Lavafläche und über Serpentinen wieder hinauf zum Kraterrand.*

vertreten, nicht umsonst spielte der Vulkan in den 'Sternenkrieg'-Plänen des Pentagon eine wichtige Rolle. Das größte militärisch genutzte Teleskop überhaupt dient u.a. der Satellitenüberwachung und -steuerung. Das Faulkes Teleskop steht dagegen per Internet Schülern und Studenten in den USA und Großbritannien zur Verfügung.

Science City

Größere Aufmerksamkeit verdient jedoch der **Krater** selbst, dessen Inneres 12 km lang, 4 km breit und 915 m tief ist. Er weist eine außerordentliche Farbenvielfalt auf, wobei Rot, Gelb, Grau und Schwarz überwiegen. Steine, Sandflächen und vereinzelte Kegel aus Lava, Asche und Schlacken, die wie Minivulkane aussehen, bilden eine Mondlandschaft, die schon die Astronauten des Apollo-Programms für Trainingsausflüge nutzten. Diese grandiose, gleichzeitig erschreckende und faszinierende Naturlandschaft, die von Jack London in seinem Reisebericht 'The House of the Sun' als 'Botschaft von Schönheit und Wunder für die menschliche Seele' charakterisiert wurde, kann nicht beschrieben werden – man muss sie erlebt haben!

Karte
S. 348

Das Upcountry

Streckenhinweis

Für die Fahrt ins Hochland bzw. durchs Hochland zum Haleakala gibt es, wenn man von den Strandhotels um Kihei oder Kaanapali aus anreist, zwei Möglichkeiten:

Fahrt durchs Hochland

❶ *Die erste und einfachere führt über den Hwy. 37 und die Ortschaft* ***Pukalani****, die über einen guten Golfplatz, Restaurant, Imbiss, Supermarkt sowie einige Ferienhäuser verfügt, ansonsten aber dem Touristen nicht viel zu bieten hat.*

❷ *Der zweite Weg zweigt in* ***Paia*** *vom Hana Hwy. (Hwy. 36) ab und führt über die Baldwin Ave. (Hwy. 390) zur Ortschaft* ***Makawao****, von der man wiederum auf dem Hwy. 365 zum Haleakala Hwy. zurückfindet – eine interessante Strecke mit einigen Attraktionen. Sie soll im Folgenden etwas näher beschrieben werden, und zwar dem obigen Vorschlag eines Tagesausfluges folgend. D.h. dass man auf dem Weg*

Pukalani heißt übrigens in der Übersetzung 'Loch in den Wolken', was darauf anspielt, dass die Ortschaft fast immer von der Sonne beschienen wird, während die Umgebung wolkenverhangen ist.

zum Haleakala zunächst über Pukalani fährt, dann einen Abstecher in den Osten macht und die Rückreise schließlich über Makawao und Paia antritt.

Der Vollständigkeit halber sei erwähnt, dass es zwischen Makawao und der Nordküste eine weitere Verbindung gibt, nämlich die Makawao Ave. (Hwy. 365), die jedoch nur für diejenigen interessant ist, die vom Hana Hwy. ins Upcountry gelangen wollen (oder umgekehrt).

Nachdem man über **Pukalani** zum Haleakala gelangt ist (und evtl. wegen des frühen Starts von der Umgebung nichts gesehen hat), fällt bei der Abfahrt vom Krater der Gegensatz zwischen der vulkanischen Wüste und einer fruchtbaren, ans Allgäu erinnernden Alm-Landschaft ins Auge. Hügelige Weiden, auf denen Hereford- und andere Rinder grasen, vereinzelte *Paniolos* (= Cowboys), Viehgatter und großzügige Ranches bestimmen das Bild.

Blütenpracht

Je tiefer man kommt, desto häufiger setzen auch Blumen farbenprächtige Akzente, und schließlich erreicht man kleine Siedlungen, in denen die Blumenzucht zu einem wichtigen Erwerbszweig ausgebaut wurde. Links des Hwy. 378, kurz bevor dieser auf den Hwy. 377 stößt, kann man in der **Sunrise Protea Farm (7)** eine solche Blumenzucht besuchen und sich gleichzeitig hier zu einem Imbiss niederlassen. Wie deren Namen schon ausdrücken, hat man sich hier vor allem auf die erfolgreiche Aufzucht und den Export der Protea-Pflanze spezialisiert.

INFO Die Protea-Pflanze

Unter den vielen farbenprächtigen Blumen der Insel Maui gebührt der Protea ein Ehrenplatz, obwohl sie nicht, wie die Silversword *(s.o.)* endemisch ist, sondern in den 1950er Jahren eingeführt wurde.

Ihre Heimat ist Südafrika, wo in den Höhenregionen ähnliche klimatische Verhältnisse herrschen wie auf den Hängen des Haleakala. Denn die Protea braucht ganzjährig Kühle in der Nacht und tagsüber Wärme – Bedingungen, die auf Maui in Höhen von 650-1.300 m ü.d.M. gegeben sind; hinzu kommt hier der ideale vulkanische Boden. Die Protea zeichnet sich durch einen großen Variantenreichtum aus, weswegen sie der schwedische Botaniker Carl von Linné nach dem griechischen Gott Proteus benannte, der in der Lage war, seine Gestalt nach Belieben zu verändern. Insgesamt soll es rund 1.400 Abarten dieser Blume geben, wovon 75 auf Maui heimisch geworden sind. Besonders prächtig und bekannt sind jene beiden Sorten, die die Bezeichnung 'King Protea' und 'Queen Protea' tragen. Sie zeichnen sich wie alle Proteen durch einen kräftigen Wuchs und die Fähigkeit aus, mehrere Tage ohne Wasser auszukommen. In den Protea-Farmen des Upcountry werden die Pflanzen gezüchtet, wobei sie später vor allem als Trockenblumen Verwendung finden.

Am Ende des Hwy. 378, also der eigentlichen Haleakala-Strecke, kommt man wieder auf den Hwy. 377 zurück, wobei man hier nach links abbiegen sollte. Dieses Wegstück heißt Kekaulike Ave. und bringt einen durch eine schöne Hügellandschaft südlich der Ortschaft **Kula** zum Hwy. 37.

Kula

Karte S. 348

Die Kleinstadt stellt das landwirtschaftliche Zentrum des Upcountry dar. Außer Blumenfarmen werden hier auf etwa 900 m Höhe Kartoffeln, Tomaten, Zwiebeln, Gurken u.v.m. angebaut. Im 19. Jh. wurden von Kula zur Zeit des Goldrausches sogar Kartoffeln und Gemüse nach Kalifornien exportiert. Besonders lohnt ein Aufenthalt in den **Kula Botanical Gardens (8)**. Über 1.700 tropische Pflanzen – darunter eine Vielzahl von Proteen, Orchideen und wildem Ingwer – sind der Stolz dieses Parks, dem eine landwirtschaftliche Versuchsanstalt der Universität von Hawaii angeschlossen ist. Auch die endemischen Kukui- und Koa-Bäume sind vertreten.

Botanische Gärten

Wer den hübschen Rundgang durch das Gelände in voller Länge auskosten möchte, sollte etwa eine Stunde einkalkulieren (also nicht später als 15 Uhr hier sein). Und nördlich der Ortschaft, auf dem Weg nach Pukalani, liegen am Wegrand die **Enchanting Floral Gardens (9)**, in denen über 400 verschiedene einheimische und importierte exotische Pflanzenarten vereint sind und ein ungemein farbenreiches Schauspiel abgeben. Fotografen können die Blütenpracht von zwei 3 m hohen Ausgucksplattformen aufnehmen. Wer allerdings vorher schon die Kula Botanical Gardens *(s.o.)* besucht hat, kann sich den Eintritt für diesen Park sparen. Bei der Weiterfahrt passiert man etwa 600 m vor der Einmündung auf den Hwy. 37 die links abzweigende und z.T. unasphaltierte Waipoli Rd., die zur **Polipoli Springs State Recreation Area (10)** führt, einem hochgelegenen, waldreichen Naturschutzgebiet, in dem es herrliche Wanderwege gibt.

Ulupalakua Ranch

Bei genügend Zeit empfiehlt es sich anschließend, dem Hwy. 37 *(Kula Hwy.)* einige Meilen nach Süden zu folgen. Dabei kommt man zunächst durch das rustikale Dörfchen **Keokea** mit einem Kramladen und einer Imbissbude und knapp 10 km danach schließlich zur **Ulupalakua Ranch**. Dieses etwa 8.000 ha große Gelände wurde Ende des 19. Jh. vom Pionier James Makee erschlossen, der hier eine funktionierende Zuckerplantage errichtete. Die Ruinen der dazugehörigen Zuckermühle können noch besichtigt werden. Nach dem Tod des Plantagenbesitzers wechselten die neuen Eigner zur Viehzucht über und besitzen heute rund 500 Rinder, 1.000 Schafe und einige Stücke Rotwild. Von besonderem Interesse für Besucher ist die Winzerei **Tedeschi Vineyards (11)**, die sich ebenfalls auf der Ranch befindet, und zwar in unmittelbarer Nähe zur alten Zuckermühle. Sie wurde 1973 von dem Ehepaar Emil und Jo Ann Tedeschi eingerichtet, die aus dem Napa Valley in Kalifornien stammen. Von dort brachten sie ihre Kenntnisse des Weinanbaus mit und bauten das hundertjährige Gemäuer eines ehemaligen Gefängnisses zum Zentrum und zur Probierstube ihrer Weinkellerei um – der einzigen des Bundesstaates! Nachdem hier zunächst nur Ananaswein produziert wurde, hat man seit

Farmen und Winzereien

1983 erfolgreich Weinstöcke kultiviert und bietet nun zwei Sekt- und mehrere Weinsorten an. Die Restaurants der Insel sind die Hauptabnehmer solcher Tischweine wie 'Maui Blanc' oder 'Ulupalakua Red'. Auf einem geführten Rundgang erklart man Ihnen die Geschichte der Ulupalakua Ranch, zeigt Ihnen die Weinproduktion und lädt Sie selbstverständlich zu einer Kostprobe ein.

Die Weinkellerei sollte der südlichste Punkt eines Tagesausflugs sein – aus zeitlichen Gründen und nicht etwa, weil sich die Weiterfahrt landschaftlich nicht lohnen würde. Im Gegenteil: Der Kula Hwy. führt durch einen Naturraum von bizarrer Schönheit, bei der das Grün der Weiden einem drohend-schwarzen Lavafeld Platz macht. Nach 30 km hört die Asphaltstraße auf, und auf einer Schlagloch-Piste geht es dann weiter zum Dörfchen **Kaupo**, bis man schließlich auf dem Highway nach **Hana** wieder Asphalt unter die Räder bekommt. Wie gesagt, sprengt diese Etappe den Rahmen eines Tagesprogramms und lohnt sich außerdem nur, wenn man einen Geländewagen zur Verfügung und möglichst auch eine Unterkunft in Hana besorgt hat.

Rustikale Ortschaften

Makawao

Sollten Sie in Pukalani noch Lust und Zeit haben, ist es allemal lohnender, über Makawao und Paia zur Küste zurückzukehren, anstatt den schnellen und breiten Hwy. 37 zu bevorzugen. Über den Hwy. 365 ist die knapp 3½ km lange Strecke nach Makawao schnell zurückgelegt, wo Sie ein kleines, aber ungemein idyllisches Städtchen mit Wildwest-Atmosphäre erwartet. Der 6.000-Seelen-Ort führt seine Gründung auf jene portugiesischen Einwanderer zurück, die hier als hawaiische Cowboys Rinderzucht betrieben. Immer noch ist dieser Erwerbszweig wichtig, und die Rodeos (das bekannteste am 4. Juli) sind mehr als nur eine nostalgische Tourismus-Einrichtung. Am besten geht man zu Fuß die beiden Hauptstraßen *(Baldwin Ave. und Makawao Ave.)* ab, genießt das altertümliche Stadtbild mit seinen hölzernen Veranden, schaut sich die Boutiquen und originellen Geschäfte an und kehrt vielleicht in eines der vielen Restaurants ein (spätestens hier sollten Sie einmal eine portugiesische Bohnensuppe versuchen!).

Restaurant in Makawao

Wer noch viel Zeit zur Verfügung hat (vielleicht bei einem zweiten Besuch), sollte sich die schöne Landschaftsfahrt nach **Olinda** nicht entgehen lassen, die man über die Olinda Rd. (Hwy. 390) und die Piiholo Rd. (Hwy. 394) als 15 km langer Rundweg ab/bis Makawao gestalten kann. Von Makawao bringt einen die Baldwin Ave. (Hwy. 390) in etwa 8 km zum ebenfalls hübschen Ort Paia (S. 338f). Ihren Namen trägt die Straße nach Henry Baldwin, der um die Jahrhundertwende mehrere Zuckerplantagen in dieser Region etablierte. Etwas weiter in Richtung Paia sind die Makawao Union Church von 1869 und vor allem die Holy Rosary Church sehenswert, eine rote Ziegelstein-Kirche mit einem Standbild von Father Damien, dem Lepra-Priester von Molokai.

Inselrundfahrt im Westen

Zu Mauis Sonnenseite

Mit der alten Landeshauptstadt Lahaina, ihren herrlichen Stränden, bewaldeten Höhen, kleinen Häfen und einer Vielzahl an Hotels, Condominiums und Restaurants ist der Westteil der Insel ein bevorzugtes Reiseziel. Erschlossen wird die Westküste von Kahului/Wailuku aus durch den Hwy. 30, der dicht am Ufer entlangführt und die Hauptverkehrsroute für Einheimische und Touristen darstellt.

Zu einer wirklichen 'Rundfahrt' wird der Ausflug in den Westen freilich nur, wenn man um das Nordkap der Insel und auf dem Hwy. 340 zurück zur Hauptstadt fährt, was sich wegen eines unasphaltierten Abschnittes jedoch schwierig gestaltet und von den Mietwagenfirmen nur für Geländewagen erlaubt wird. Aber auch die Strecke bis zur *Honokohau Bay* ist allemal lohnend und nimmt einen ganzen Tag in Anspruch – sofern man nicht ohnehin an der Westküste sein Urlaubsquartier aufgeschlagen hat.

Wer in Kihei/Wailea wohnt und über genügend Zeit verfügt, könnte für den Nordwesten mindestens zwei Tage veranschlagen, indem er die Besichtigungsziele mit denen in Zentral-Maui verknüpft. Ein solches Programm könnte folgendermaßen aussehen:

1. ***Tag:*** *Von Wailea/Kihei über den* Hwy. 350 *nach Kahului, am Hafen vorbei über den* Hwy. 32 *nach Wailuku (Stadtbesichtigung), Abstecher ins Iao Valley, Fahrt über den* Hwy. 30 *südwärts (Besuch der Maui Tropical Plantation), dann bis nach Lahaina mit abendlichem Stadtbummel und Essen. Zurück über die* Hwys. 30 *und* 31.
2. ***Tag:*** *Auf gleichem Weg wieder in Richtung Lahaina mit Zwischenstopp in Maalaea und evtl. Wanderung auf dem* Lahaina Pali Trail, *Stadtbesichtigung in Lahaina, Weiterfahrt bis zum Nakalee Point mit Badepausen, Abendessen in Kapalua oder Kaanapali.*

Als touristisch voll erschlossene Küste ist der Nordwesten mit **Restaurants** und **Hotels** jeder Kategorie reich gesegnet; die Mitnahme eines Lunchpakets ist also nicht erforderlich – es sei denn, Sie möchten an einem der einsameren Strände im Norden ein idyllisches Picknick veranstalten.

Von Wailuku/Kahului nach Lahaina

Streckenhinweis

Die Anfahrt von Wailea/Kihei, von Kahului oder von Wailuku erfolgt auf unterschiedlichen Routen, die sich allesamt im Norden der Maalaea Bay treffen. Während man von den südlichen Stränden Ost-Mauis über die Kihei Rd. (Hwy. 31) *anreist, nimmt man vom Flughafen und **Kahului** aus am besten den Kuihelani* Hwy. (Hwy. 380), *der über 10 km schnurgerade durch das landwirtschaftlich genutzte Central Valley auf den Hwy. 30 zuläuft. Dieser* (Honoapiilani Hwy.) *wiederum ist der beste Anfahrtsweg ab **Wailuku** und bietet Touristen außerdem die Möglichkeit zu einem Besuch der Maui Tropical Plantation. Wenige Kilometer vor der **Maalaea Bay** treffen sich beide Highways und nehmen kurz darauf auch den Hwy. 31 auf.*

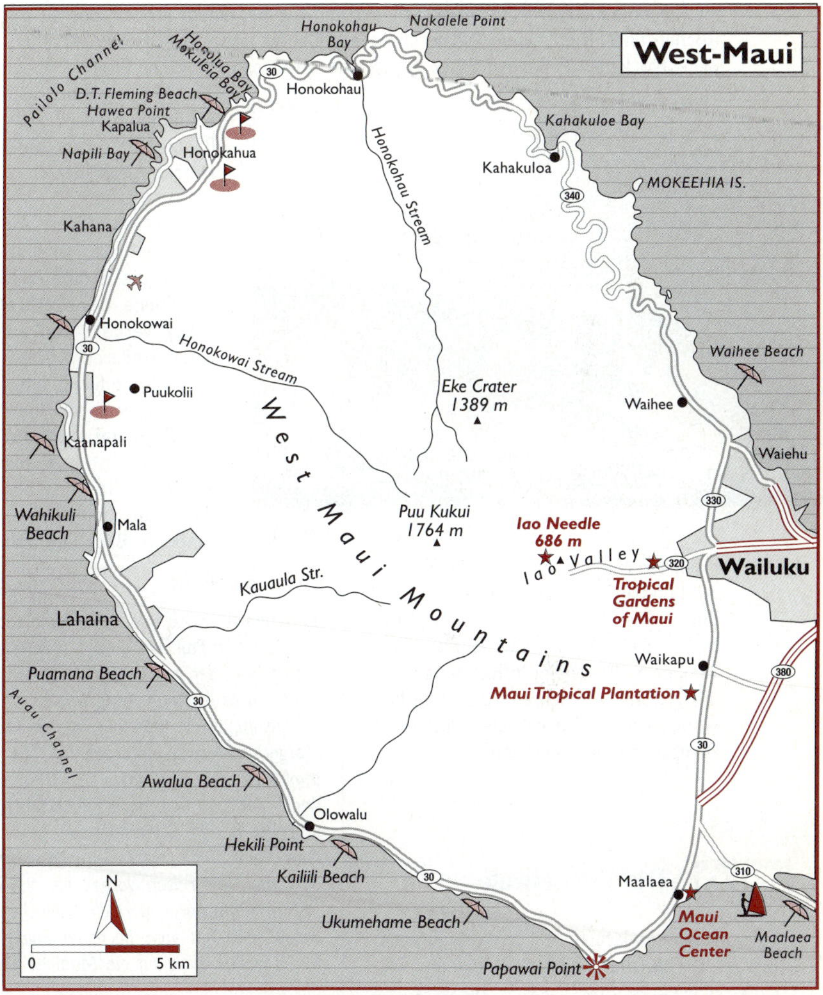

Maalaea

Der kurze Abstecher in diesen netten Hafenort ist überaus lohnend. Hier sind stets eine Anzahl von Fischer- und Ausflugsbooten sowie von Yachten jeder Größe versammelt, man kann an der Hafenmole entlangschlendern, Anglern zuschauen oder auch in einem der Restaurants einkehren. Die meisten Besucher aber kommen wegen des **Maui Ocean Center** hierhin, das sich zu einer der bedeutendsten Touristenattraktionen Mauis entwickelte. Eine Tour durch die großzügigen Anlagen des Aquariums bringt einen u.a. zu Pools, die das artenreiche Leben

Interessanter Hafenort

im Riff dokumentieren, zu einer Schildkröten-Lagune, einem großen Becken mit Rochen und Haien, einem Whale Discovery Center und – durch einen Acryltunnel – trockenen Fußes ein Stück in den offenen Ozean mit vielen Fischen hinein. Zur Anlage gehört auch ein Shop und ein 'Lunch-Restaurant', das ohne Eintritt zugänglich ist.

Yachthafen in Maalaea

Etwa 24 km sind es von Maalaea nach Lahaina, wobei die Straße bald die Ebene des Central Valley verlässt und auf einen steileren Küstenabschnitt zuführt. Links des Highways markiert der **Papawai Lookout** den südlichsten Punkt von West-Maui und bietet außerdem einen schönen Blick auf das Inselchen Molokini, das größere Kahoolawe und auf den Haleakala jenseits der Bucht. Dies ist auch einer jener Punkte, an denen man in der Saison (November bis Mai) beim **Whalewatching** die größten Aussichten auf Erfolg hat, wobei man die Buckelwale selbst ohne Fernglas beobachten kann.

Wandern

*Zwischen Maalaea und Lanai kann man auf dem **Lahaina Pali Trail** einem alt-hawaiischen Pfad folgen, der von der Küste bergaufwärts führt. Da es hier nur wenig Schatten gibt, ist es ratsam, die Wanderung in den kühleren Morgenstunden zu unternehmen. Der Startpunkt ist der Parkplatz des Ukumehame Beach Park, wo man nach Rückkehr ein erfrischendes Bad im Ozean nehmen kann.*
Durch eine heiße, trockene Landschaft wandert man, an Felsen vorbei, bis auf knapp 400 m Höhe, durchquert die Schlucht Manawainui, und hat vom höchsten Punkt einen fantastischen Blick auf die Maalaea Bay und die Inseln Lanai und Kahoolawe. Zwischen November und April kann man von hier aus auch sehr gut die Buckelwale in der Meerenge beobachten.

INFO Die Buckelwale

Die bevorzugten Beutetiere der Walfänger waren im 19. Jh. die Buckelwale, bis ihre Bestände soweit dezimiert waren, dass die Art kurz vor der Ausrottung stand. Nachdem sie 1966 unter weltweiten Schutz gestellt wurden, ist die Population der riesigen Meeressäuger wieder auf über 1.000 Exemplare angestiegen; auf Hawaii wurde der Buckelwal (engl.: humpback whale) zum offiziellen 'Staatstier' erklärt. Wie der Blauwal gehört der Buckelwal zur Familie der Bartenwale, d.h. dass er anstelle von Zähnen einen 'Vorhang' hornartiger Barten hat. Nachdem die Säugetiere mit geöffnetem Maul eine Menge Meerwasser aufgenommen haben, pressen sie dieses durch die Barten zurück und filtern so ihre Nahrung heraus. Die

Buckelwale ernähren sich also von äußerst kleinen Lebewesen (Plankton, Krill, Kleinfische und -krebse), obwohl sie zu den größten Lebewesen der Welt gehören: Bis zu 18 m Länge und 25-30 t Gewicht erreicht ein ausgewachsenes Tier!

Ihre Jungen zeugen die Buckelwale in den tropischen Gewässern wie eben um Hawaii, bevor sie zu ihren Sommerrevieren in der Arktis zurückkehren. Während des Winters verlassen die Buckelwale, darunter die trächtigen Muttertiere, die eisigen und planktonreichen Gewässer um Alaska und machen sich erneut zu ihrer langen Reise nach Hawaii auf. Auf dieser fressen sie übrigens so gut wie gar nichts, und auch am Zielort ist ihre Nahrungsaufnahme äußerst gering; stattdessen leben sie von dem Fett, das sie sich in der Arktis angefressen haben.

Man schätzt, dass von den mehr als 1.000 Buckelwalen, die es zzt. gibt, jährlich bis zu 600 die Reise nach Hawaii antreten. Dort verbringen sie die Zeit von Dezember bis April, um sich zu paaren bzw. um ihre Jungen zur Welt zu bringen. Bei der Geburt ist das Kalb, das mit dem Schwanz zuerst den Mutterleib verlässt, bereits mehr als 4 m lang und wiegt etwa 1 Tonne. Es muss dann sofort an die Wasseroberfläche gebracht werden, wo es zu atmen und zu schwimmen lernt. Die Kälber werden 11 Monate lang gesäugt, also auch noch während der langen Heimreise in die Arktis, die etwa 4 Monate nach der Geburt stattfindet. Zu diesem Zeitpunkt hat die nahrhafte Muttermilch den kleinen Buckelwal bereits 7½ m lang werden lassen.

Ihren Namen tragen die Säugetiere wegen ihres Schwimmverhaltens, bei dem sie ihren Rumpf als 'Buckel' über der Wasseroberfläche zeigen. Langsam rollt dieser gekrümmte Rücken nach hinten, bis nur noch die Schwanzflosse aus dem Meer ragt. Nach einem kurzen Moment, in dem die Flosse fast senkrecht steht, verschwindet der Wal in der Tiefe der See. Nirgendwo sonst auf der Welt ist dieser majestätische Anblick aus solch kurzer Distanz zu beobachten wie auf Hawaii. Schon seit langem ist daher das 'Whalewatching' zu einer touristischen Attraktion geworden; allerdings weisen Biologen und Tierschützer darauf hin, dass Boote, Wasserskifahrer oder Helikopter den Tieren nicht zu nahe kommen dürfen. Denn wenn sie erschreckt werden, flüchten sie in tieferes Gewässer, wo sie von Haien angegriffen werden können. Außer in der Region zwischen Molokai, Lanai und Maui, ihrem bevorzugten Paarungsgebiet, sind die Buckelwale auch von Kauai (z.B. am Kilauea Point), von Big Island (Kona Coast und South Point) und von Oahu (nahe der Hanauma Bay) aus zu beobachten.

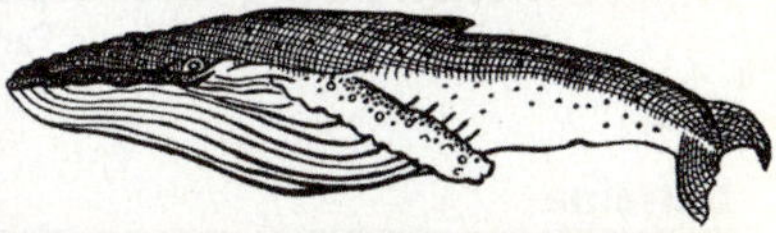

Auf dem stark befahrenen Highway geht es nun an hohen Klippen vorbei, die mit Eisennetzen gegen Steinschlag gesichert sind, und man kommt zu weiteren Aussichtspunkten (natürlich immer auf der anderen Straßenseite, was einen Besuch bei der Rückfahrt nahe legt) sowie schließlich zu einer ganze Reihe von schmalen Sandstränden. Den ersten, nämlich den **Papalaua Beach Park**, erreicht man knapp 5 km hinter dem Papawai Lookout, kurz nachdem man den 1951 gebauten

Tunnel durchfahren hat. Unter schattigen Kiawe-Bäumen gelegen, wäre er ein idealer Picknick-Platz, wenn nicht der Straßenlärm so nahe wäre. 800 m weiter folgt der **Ukumehame Beach Park**, der allerdings relativ steinig ist. Wer hier nicht schwimmen, surfen oder picknicken möchte, kann auf der anderen Straßenseite zu einer wunderschönen Wanderung auf dem Lahaina Pali Trail starten. Gut 3 km weiter nördlich kommt man zum **Punahoa Beach**, der ebenfalls unter Kiawe-Bäumen versteckt und vom Straßenlärm beeinträchtigt, aber manchmal gut zum Schnorcheln oder Surfen geeignet ist.

Olowalu

Blutige Vergangenheit

Nach weiteren 1½ km passiert man die kleine Siedlung Olowalu, die eigentlich nur aus ein paar Häusern besteht, gleichwohl aber zu historischer Berühmtheit gelangte. Hier nämlich spielte sich 1790 das berüchtigte 'Olowalu-Massaker' ab, ein brutaler Rachefeldzug des Kapitäns Simon Metcalf (vgl. S. 27). Außer einem Kramladen mit Tankstelle und einem populären Restaurant hat der Weiler nichts zu bieten, interessant jedoch sind die alt-hawaiischen Petroglyphen (Menschen, Tiere, Symbole), die über einen Wirtschaftsweg in etwa 800 m Entfernung zu entdecken sind. Bevor man sich auf den Weg macht, erkundige man sich an der Tankstelle nach ihrer genauen Lage.

Auf den letzten 8 km bis Lahaina passiert man noch zwei schmale Sandstrände: zuerst den Launiopoko Beach Park, der über sanitäre Anlagen, Picknicktische etc. verfügt, dann den Puamana Beach Park, dessen Sandstreifen hinter einem Rasenstück verborgen liegt und der recht gut zum Schwimmen und z.T. auch zum Surfen geeignet ist. Gut 1½ km danach hat man Lahaina erreicht, das der Honoapiilani Hwy. umfährt, während einige Querstraßen nach links abzweigen. Für eine Stadtbesichtigung ist es empfehlenswert, gleich die erste *(Shaw St.)* zu nehmen und sich in Ufernähe einen Parkplatz zu suchen.

Lahaina

Historischer Überblick

Vergangen sind die Zeiten, als Lahaina die Hauptstadt von ganz Hawaii und darüber hinaus mit seinen Bordellen und Spelunken für die Walfänger einen der turbulentesten Punkte im gesamten Pazifik darstellte. Heutzutage ist das 18.000-Einwohner-Städtchen nicht einmal mehr die Hauptstadt von Maui und zehrt nur noch von seiner Geschichte, die allerdings vorzüglich konserviert wurde.

Hawaiis erste Hauptstadt

Die historische Bedeutung des Ortes ergibt sich aus der Tatsache, dass sich innerhalb weniger Generationen die Fäden der geschichtlichen Entwicklung in Lahaina bündelten: Hier hielt König Kahekili von Maui Hof und forderte den Eroberungsdrang Kamehamehas I. heraus, hier errichtete jener seine Residenz, die Lahaina zum Mittelpunkt des gesamten Archipels machte, hierhin kamen deswegen auch die ersten Missionare und versuchten erfolgreich, die Christianisierung bei den Adeligen (insbesondere bei Königin Kaahumanu) durchzusetzen.

Metropole des Walfangs

Der günstige Hafen und die Funktion einer Kapitale machten Lahaina schließlich für die Ausländer interessant. Händler, Reeder und Walfänger kamen hierhin, teils als gern gesehene Gäste, teils in heftige Fehden mit der einheimischen Bevölkerung verstrickt. Von hier aus eroberten sich westliche Waren und neue Agrartechniken das Land, hier wurden aber auch die schrecklichen Krankheiten eingeschleppt, die die Hawaiianer bald an den Rand der Vernichtung führen sollten.

Als 1845 die Funktion der Hauptstadt offiziell auf das aufstrebende Honolulu überging, stand Lahaina im Zenit seiner Entwicklung. Über 400 Walfangschiffe legten in jenem Jahr hier an, und mehr als 100 Europäer und Amerikaner hatten sich dauerhaft in der Stadt niedergelassen. Erst in den 1870er Jahren, mit dem Ende der Walfang-Ära, sank Lahaina in die Bedeutungslosigkeit zurück und verfiel schließlich in einen Dornröschenschlaf, der nur sporadisch durch die Aktivität der Zuckerindustrie unterbrochen wurde. Da in dieser Zeit kaum bauliche Veränderungen durchgeführt wurden, ist die Epoche von Lahainas Stagnation letztlich verantwortlich für die heutige Bedeutung der Stadt: In den 1960ern wurde die Ferienindustrie auf die Atmosphäre und das geschlossene Ortsbild aufmerksam, schnell restaurierte man die Baudenkmäler, erfüllte sie mit neuem Leben und schuf damit jenen Touristenmagneten, der Jahr für Jahr ganze Heerscharen von Urlaubern nach Lahaina ziehen lässt.

Straßenszene in Lahaina

Ortsbesichtigung/Stadtrundgang

Das geschlossene Ortsbild mit seinen vielen historischen Gebäuden, die Hotels, Kneipen, Restaurants und Einkaufszentren, der hübsche Hafen und die stets turbulente, 1½ km lange Front Street machen einen Aufenthalt am Tage wie am Abend zu einem Erlebnis. Im Folgenden ist ein kleiner **Rundgang** beschrieben, der in Süd-Nord-Richtung zu den wichtigsten Sehenswürdigkeiten der Stadt führt und bequem in wenigen Stunden absolviert werden kann. Ein intensiveres Kennenlernen der alten Walfänger-Metropole verlangt jedoch mehr Zeit. Für Autofahrer empfiehlt es sich, möglichst frühzeitig einen der Parkplätze entlang der Front Street aufzusuchen (z.B. in der Nähe des Lahaina Shores Hotel).

Aus Richtung Wailuku kommend, gehen einige Straßen mit dem Hinweis 'Lahaina' vom Honoapiilani Hwy. (Hwy. 30) nach links ab, wobei in diesem Fall gleich die erste Straße *(Shaw St.)* genommen werden sollte. Vorbei an der großen Grünfläche des **Maluuluolele Park (1)** mit dem Gebäude der Heilsarmee zur Linken bringt sie einen auf die Hauptstraße des historischen Ortes, die **Front Street**. Sofort an der Einmündung, schräg gegenüber vom auffälligen Lahaina Shores Hotel, gibt es die erste Parkmöglichkeit, weitere folgen im Verlauf der Straße, sind aber stärker frequentiert.

Gegenüber dem Parkplatz erhebt sich zur Meerseite hin ein hellblauer Komplex verschiedener Gebäude im historischen Kostüm, der verschiedene Restaurants, Cafés, Galerien und touristische Dienstleistungsunternehmen beherbergt. Dieser

Komplex firmiert unter dem Namen **Whalers Market Place (2)** oder einfach als **'505 Front Street'**. Auf der Rückseite, wo Windsurfing-Geräte verliehen werden, erstreckt sich ein kleiner Sandstrand, wo man bei Rückkunft evtl. eine Badepause einlegen kann.

Wieder auf der Front St., schlendert man stadteinwärts und passiert dabei zur Linken das Gelände, auf dem sich früher der Palast Kamehamehas III., das so gen. **Hale Piula (3)**, befand. Das in den 1830ern errichtete Gebäude wurde 1858 durch einen Orkan zerstört. Anschließend sieht man in parkähnlicher Umgebung links die **Episcopal Church (4)**, eine kleine, mit schönen Malereien versehene Holzkirche aus dem Jahre 1909. Wenn man nicht den Weg am Ufer vorzieht, gelangt man auf der Front St. an der 1957 gebauten **Kamehameha School (5)** vorbei zur Canal Street, die über einem zugeschütteten, ehemaligen Kanal verläuft.

Geschlossenes Ortsbild

Biegen Sie hier nach links ab und achten Sie auf die Mauerreste rechts der Canal St.: Es handelt sich dabei um die Überbleibsel des alten **Forts (6)**, das von den Missionaren 1831-32 errichtet wurde. Der Grund für dieses seltsam-kriegerische Auftreten der Missionare ist in James Micheners Roman 'Hawaii' nachzulesen: Die Geistlichen hatten den hawaiischen Mädchen verboten, nackt zu den Walfängerschiffen zu schwimmen, worauf diese erbost die Mission von ihren Schiffen mit Kanonen beschossen. Um zukünftig vor solchen Übergriffen geschützt zu sein, ließen die Puritaner Wallmauern aus Korallenkalk errichten und nun ihrerseits mit einer Kanone bestücken.

Von der Canal St. biegt man nach rechts auf die Wharf St. ein, die parallel zum Yachthafen verläuft, und kommt nun zur schönsten Ansammlung historischer Gebäude. Das **Courthouse (7)** auf der Wharf St./Ecke Hotel St. ist ein zwar schmuckloser, aber dennoch markanter Blickfang. Es wurde 1859 aus den Steinen des alten Palastes von Kamehameha III. errichtet, der ein Jahr zuvor von einem Sturm zerstört worden war. Nachdem das Courthouse lange als Verwaltungs- und Gerichtsgebäude Dienst getan hatte, beherbergt es heute eine Kunstgalerie und die Polizeiwache.

Zur Front St. hin wird es vom besonders schönen **Court Square** *(zwischen Canal St. und Hotel St.)* begrenzt, der fast gänzlich von einem riesigen **Banyan-Baum** dominiert wird. Als er 1873 aus Indien importiert und vom Sheriff des Ortes gepflanzt wurde, war er 2½ m hoch, heute hat er eine Höhe von 16 m erreicht und erstreckt sich, von mehre-

Der Banyan Tree von Lahaina

Lahainas Wahrzeichen: der Pioneer Inn

ren Luftwurzeln abgestützt, über eine Fläche von etwa 60 Metern – damit ist er der ausladendste der Vereinigten Staaten! Seinen schattigen Schutz nutzen Einheimische wie Touristen als einen der beliebtesten Treffpunkte von Lahaina.

Unmittelbar nördlich des Platzes, zwischen der Hotel St. und der Wharf St., nimmt der grün-weiße Holzbau des **Pioneer Inn (8)** einen ganzen Häuserblock, einschließlich Innenhof, in Beschlag. Vom Kanadier George Freeland im Jahre 1901 eröffnet (im gleichen Jahr wie das berühmte Moana Hotel in Waikiki), konnte der Inn bis zum heutigen Tag als Hotel genutzt werden, das heute dem Best-Western-Konzern angeschlossen ist. Die Gästezimmer liegen im ersten Stock, der auf ganzer Länge sowohl zur Straße als auch zum Innenhof von einer herrlichen Holzveranda umgeben ist. In den unteren Räumen des mehrfach restaurierten Hauses haben Reiseagenturen, Souvenirshops, ein Restaurant und der besonders schöne Old Whalers Saloon Platz gefunden. Mit seiner liebevollen, historischen Dekoration erinnert er an die wilde Zeit des Walfanges und ist einer der populärsten Treffs des Städtchens.

Saloons und Hafen

Vom Pioneer Inn sind es nur wenige Schritte bis zum stimmungsvollen **Hafen**, in dem immer Yachten jeder Größe zu bewundern sind. Außerdem ist er als Anlegestelle der Fähren nach Lanai und anderer Ausflugsboote eine wichtige Drehscheibe touristischer Aktivitäten. Zum Norden hin wird er von einer Rasenfläche mit schattigen Bäumen, alten Kanonen und einem kleinen weißen Leuchtturm begrenzt. Als größter und oft fotografierter Blickfang liegt hier der Nachbau einer 140-Tonnen-Brigg

Die Carthaginian II.

vor Anker: die **Carthaginian II. (9)**. Sie ist kein originales Walfängerschiff, sondern eine Rekonstruktion jener wendigen Boote, die in der damaligen Zeit den Warenverkehr innerhalb des Archipels besorgten. Nachdem die Carthaginian I. 1972 auf der Fahrt nach Honolulu gekentert war, benutzte man für den Nachbau den Rumpf der aus Norwegen stammenden Brigg Marie Sophie (1872) und fertigte die Takelage und Aufbauten in zweijähriger Handarbeit nach alten Vorbildern an.

Geht man über die Market St. wieder zur Front St. zurück, stößt man noch innerhalb des Parks auf einige historisch interessante Überbleibsel. Da ist zunächst nahe dem Ufer der so gen. **Hauola Stone**, ein heiliger Stein in Form eines Stuhles. Hier nahmen die *Kahunas* (= Priester) Platz und führten Heil bringende Handlungen durch, auch als Geburtsstein fand der Fels Verwendung. Dahinter erblickt man die Ruinen des so gen. **Brick Palace (10)** von 1802 – einem ehemaligen Lagerhaus und Empfangsgebäude, in dem König Kamehameha I. ausländische Kapitäne zur Audienz empfing.

Historische Relikte

Rechts der Market St. erhebt sich die **Bücherei** (Library), die auf dem Grund alt-hawaiischer Taro-Felder errichtet wurde. An der Einmündung zur Front St. sieht man sich dann zwei historischen Gebäuden auf der anderen Straßenseite gegenüber. Zur Rechten erkennt man das 1835 aus Lavasteinen und Korallenkalk erbaute **Baldwin Home (11)**, das zu den ältesten Gebäuden Mauis zählt. Von 1837-71 lebte hier der Missionar Dwight Baldwin mit seiner neunköpfigen Familie. Baldwin war nicht nur um das Seelenheil der Hawaiianer in der schwierigen Zeit der Walfänger bemüht, sondern kümmerte sich auch als Allgemein- und Zahnarzt um deren Gesundheit. Das schöne Gebäude mit seiner Möblierung einschließlich der alten Arztpraxis kann man auf einem geführten Rundgang kennen lernen.

Links davon, an der Ecke zur Dickinson St., wurde vom gleichen Geistlichen Baldwin 1847 der zweistöckige **Master's Reading Room (12)** errichtet, der einerseits der Mission diente, andererseits als Lese- und Aufenthaltszimmer der Kapitäne und ihrer Familien, die von hier aus das Ent- und Beladen ihrer Schiffe im Hafen beobachten konnten. Das völlig erhaltene Gebäude aus Korallenkalk und Feldsteinen ist heute der Sitz der Lahaina Restauration Foundation und kann nach Absprache besichtigt werden.

Der Rundgang folgt weiter der Front St., die nun ein kleines Stück als hübsche Seepromenade direkt am Ufer entlangführt. Auf der anderen Seite nimmt der **Lahaina Market Place (13)** einen ganzen Block ein, gefolgt vom historischen 'Lahaina Hotel'. In dem lang gestreckten Gebäude zur Seeseite *(865 Front St.)* befinden sich Fischgeschäfte, Restaurants und das **Lahaina Whaling Museum (14)**, in dem Harpunen und andere seltene Exponate aus der Zeit des Walfangs zu sehen sind.

Hotel und Museum

Gegenüber lohnt an der Front St. der **Wo Hing Temple (15)** einen Besuch. Dieses Gebäude diente zunächst als Wohnheim chinesischer Plantagenarbeiter, bevor es 1984 als Tempel restauriert wurde. Mit seinem buddhistischen Schrein und Götterfiguren ist das Bauwerk einerseits ein Gotteshaus, will andererseits aber als Museum dazu beitragen, Besuchern durch Ausstellungen (Fotos, Exponate, historische Filme von Thomas Edison) den Alltag der chinesischen Bevölkerung im Hawaii des 19. Jh. nahe zu bringen.

Gute Shopping-Adresse

Von hier aus kann man noch die wenigen Meter bis zur Papalaua St. weiterbummeln, an der sich zur Linken der große Komplex des **Lahaina Center (16)** ausbreitet, in dem man Modegeschäfte (z.B. Hilo Hattie), Restaurants, Kneipen (z.B. das Hard Rock Café), Kinos und eine 4½ m hohe Holzstatue von Kamehameha I. finden kann. An dieser Stelle kann man den Rückweg antreten, indem man auf der Papalaua St. hinter dem Postgebäude zum **Lahaina Shopping Center (17)** abzweigt und von diesem zur parallel zur Front St. verlaufenden Luakini St. gelangt.

☞ **Karte** S. 362

Wer jedoch als unentwegter Spaziergänger auf der Front St. weiterwandert (oder die Straße später mit dem Wagen abfährt), stößt dort nach etwa 300 m rechter Hand auf das historische **U.S. Seamen's Hospital (18)**. Es hat seinen Ursprung in den 1850er Jahren, als Kamehameha III. auf Ersuchen der amerikanischen Botschaft ein Krankenhaus für jene Matrosen und Walfänger einrichtete, die während der langen Passage erkrankten oder sich in Lahaina mit Geschlechtskrankheiten infizierten. Das Gebäude wurde 1974 von der Lahaina Restauration Foundation erworben und steht interessierten Besuchern offen.

☞ **Tipp**

Wer in der Zeit des japanischen O-Bon-Festivals (August) in Lahaina weilt, darf sich die Trommeltänze und 'schwimmenden Laternen' an dieser Stelle nicht entgehen lassen.

Noch etwas weiter, nahe der **Mala Wharf** *(auf der Ala Moana St. nach rechts)*, lohnt die **Jodo Mission (19)** einen Besuch. In einem hübsch angelegten Park thront hier ein riesiger Bronzebuddha, den man 1968 anlässlich des hundertsten Jahrestages der Einwanderung der ersten japanischen Plantagenarbeiter aufstellte. Ein buddhistischer Schrein und ein Versammlungsplatz, der von Japanern gerne zu Hochzeitsfeierlichkeiten aufgesucht wird, komplettieren das Missionsgelände.

Unweit davon, jenseits der Front St. und kurz vor deren Einmündung in den Highway, stellt das **Lahaina Cannery Shopping Center (20)** die letzte große Einkaufsmöglichkeit vor Kaanapali dar. Wieder zurück auf der Luakini St., geht man parallel zur Front St. in südliche Richtung. Hinter der Kreuzung mit der Dickenson St. setzen ein weiterer **buddhistischer Tempel** auf der linken und das historische **Richards House (21)** auf der rechten Seite kulturelle Akzente. Letzteres ist wie das Baldwin Home ein Baudenkmal aus der Pionierzeit der Missionare und wurde in den 1830ern von William Richards errichtet, der später auch als wichtige politische Persönlichkeit in Erscheinung trat. U.a. diente er Kamehameha III. als Lehrer, Übersetzer und Kaplan sowie als erster Bildungsminister des Königreiches.

Wer der Dickenson St. nach oben folgt, stößt jenseits der Wainee St. und gegenüber dem Maui Islander Hotel auf die römisch-katholische **Maria Lanakila Church**

(22), eine Rekonstruktion des 1858 von Franzosen errichteten Gotteshauses. Auf der Luakini St. hingegen lockt rechts hinter der nächsten Querstraße *(Hale St.)* das moderne **Wharf Cinema Center (23)** mit mehreren Restaurants und natürlich auch Kinos, während man links über die Hale St. zur Wainee St. gelangt, auf der man wieder an einigen wichtigen historischen Bauten vorbeikommt. Zunächst passiert man dabei den **Friedhof** (Episcopal Cemetery) mit Grabstätten der ersten anglikanischen Familien von Maui. Dahinter erhebt sich die 1858 gebaute und 1974 restaurierte **Hale Aloha (24)**, ein Schul- und Gotteshaus, das dankbare Protestanten errichtet hatten, weil die Pest Lahaina (im Gegensatz zu Honolulu) verschont hatte.

Kirchen, Tempel...

Als nächstes sieht man in parkähnlicher Umgebung auf der Ecke zur Prison St. jenes **Old Prison** *(Hale Paahao)* **(25)**, das ab 1852 den Walfängern als zeitweilige Unterkunft diente, die wegen Vergehen, wie Trunkenheit, Vergewaltigung, Sonntagsarbeit, rücksichtslosem Reiten oder Desertion von ihren Schiffen überführt waren. Delinquenten, die mehr als ein Jahr einsitzen mussten, wurden zum Gefängnis von Honolulu geschickt. Das schmucklose Gebäude wird heute für Veranstaltungen aller Art zur Verfügung gestellt und kann ansonsten besichtigt werden.

Folgt man der Wainee St. geradeaus, gelangt man bald zu jenem großen Park **Maluuluolele (1)**, der von Einheimischen und Touristen für Picknicks und sportliche Aktivitäten genutzt wird. Er verfügt u.a. über Fußballfelder und Tennisplätze. An kulturellen Sehenswürdigkeiten fällt zunächst rechter Hand die **Hongwanji Mission (26)** ins Auge, die von chinesischen Buddhisten seit 1910 als Gemeindesaal, Sprachschule und Tempel genutzt wird. Das heutige farbenprächtige Gebäude stammt aus dem Jahr 1927 und ist Mittelpunkt der Feiern zum chinesischen Neujahrsfest, zu Buddhas Geburtstag (April) und zum O-Bon-Fest (August).

Am anderen Ende des Parks, kurz vor der Shaw St., stellt die **Waiola Church (27)** (auch Wainee Church genannt) einen würdigen Abschluss des Rundganges dar. Obwohl der jetzige Kirchenbau auf das Jahr 1951 zurückgeht, ist das Gotteshaus als solches ein Kristallisationspunkt der hawaiischen Geschichte. Als die puritanischen Missionare aus Boston sie 1828-32 erbauten, war sie die erste Steinkirche des Archipels überhaupt und damit ein Symbol für die Christianisierung der Einheimischen. Sie ist das Vorbild für jene Kirche, die James A. Michener in seinem Roman 'Hawaii' als Werk des fanatischen Missionars Abner darstellt. Sowohl im Roman wie in der Wirklichkeit klafften bei dem Gotteshaus missionarischer Anspruch und bauliche Realität auseinander: Schon 1858 fiel das Kirchlein einem Wirbelsturm zum Opfer. Der Nachfolgebau wurde 1894 von Royalisten aus Protest gegen die Amerikaner abgebrannt. Die wiedererrichtete Kirche brannte 1947 abermals ab, und deren Nachfolgebau wurde 1951 von einem erneuten Wirbelsturm zerstört.

Fast noch bedeutender als die Kirche selbst ist ihr angrenzender **Friedhof** Waiola Cemetery (oder Wainee Cemetery) – die wohl interessanteste historische Begräbnisstätte des Bundesstaates. Hier sind Mitglieder der ersten Missionarsfamilien beigesetzt, ebenso wie hochrangige Mitglieder des Königshauses, die zu den ersten einheimischen Christen gehörten, und andere Persönlichkeiten. Von

...und Friedhöfe

Kirche und Friedhof sind es anschließend entlang der Shaw St. nur wenige Minuten zurück zur Front St. und zum Ausgangspunkt des Rundgangs.

Schmalspurbahn durch Zuckerrohrfelder

Fährt man auf dem Honoapiilani Hwy. weiter in Richtung Kaanapali, passiert man rechter Hand die **Pioneer Sugar Mill (28)**, einst der ökonomische Dreh- und Angelpunkt des Städtchens, und dahinter das neuzeitliche West Maui Center. Biegt man an der folgenden Ampel nach rechts auf die Hinau St. und kurze Zeit später auf die Limahana Pl. ab, gelangt man zum **Sugar Cane Train Railroad Depot (29)**, wo die Replik einer historischen Schmalspur-Eisenbahn Touristen nach Kaanapali bringt.

Von Lahaina rund um die westliche Halbinsel

Streckenhinweis

Auf der etwa 6½ km langen Strecke zwischen Lahaina und Kaanapali führt der Honoapiilani Hwy. (Hwy. 30) direkt an der Küste entlang, wobei man die Strände des Wahikuli Beach Park und Hanakaoo Beach Park passiert, die beide gute Schwimm- und Schnorchelmöglichkeiten bieten. Kurz vor dem Fremdenverkehrsort verlässt der Highway das Ufer und verläuft zwischen den großzügigen Hotelanlagen und dem Royal Kaanapali Golf Course, während die drei miteinander verbundenen Straßen Nohea Kai Dr., Kaanapali Pkwy. und Kekaa Dr. nach links zu den (ausgeschilderten) Resorts abgehen.

Eine Alternative zu der Autofahrt ist der so gen. **Sugarcane Train**, der den Highway rechter Hand begleitet. Er erinnert an jene Zeit, als auf der ca. 6 km langen Schmalspurbahn das Zuckerrohr aus den Plantagen von Kanaapali zur Zuckerfabrik von Lahaina transportiert wurde. Heutzutage werden hier mit authentisch rekonstruierten Dampfloks und Waggons aus den 1890ern Touristen befördert; eine sehr angenehme, rund 50-minütige Reise, auf der man über die Geschichte der hawaiischen Zuckerindustrie informiert wird. Am Endpunkt in Lahaina bringen kostenlose offene Shuttle-Busse die Passagiere zum Hafen. Gleiches gilt auch für die Haltestelle in Kaanapali, die einen Zubringerdienst zu den einzelnen Resorts unterhält. Die Endstation des Zuges liegt in **Puukoli**, am nördlichen Ende von Kaanapali.

Kaanapali

Außer seinen Resorts, den Golf- und Sportplätzen und den Stränden hat Kaanapali keine 'Sehenswürdigkeiten' zu bieten: Es ist ein ganz und gar auf den Fremdenverkehr fixiertes und von ihm lebendes künstliches Dorf, dessen Standort freilich gut gewählt ist. Der Kaanapali Beach zieht sich als leicht geschwungener, knapp 5 km langer Sandstreifen dahin, vom Hyatt Regency im Süden bis zum Sheraton im Norden, wo der vulkanische 'Black Rock' einen natürlichen Schlusspunkt bildet. In den Sommermonaten ist das Wasser zumeist ruhig und eignet sich zum Schwimmen und allen anderen Wassersportarten; Schnorchler haben am 'Black Rock' geradezu ideale Bedingungen. Vom Highway, der ohne zu stören weiter landeinwärts verläuft, führen drei Straßen zu den Golfplätzen und Resorts, die alle zwischen 1962 und 1987 errichtet wurden. Das elegante Einkaufszentrum Whalers Village markiert dabei etwa die Mitte der Hotelanlagen.

Walskelett im Whalers Village

• Whalers Village

Ein Besuch des Komplexes ist vor allem deswegen lohnend, weil sich im Obergeschoss ein großes, aus zwei Trakten bestehendes **Wal-Museum** befindet. Auf der einen Seite gibt es das Whale Museum, das anhand von Modellen, Skeletten und audiovisuellen Vorführungen die Lebensbedingungen der Wale (Größe, Ernährung, Wanderung, Evolution etc.) behandelt. Im dazugehörigen großen Shop findet man neben kitschigen Souvenirs auch einige hübsche Dinge und eine gute Literaturauswahl zum Thema. Dem Whale Museum gegenüber befindet sich das Whalers Village Museum mit gut 100 originalen Exponaten aus der Zeit des Walfangs, Schiffsmodellen und einem interessanten halbstündigen Film.

Zwischen Kaanapali und Kapalua

Kleinere Fremdenverkehrsorte

In den nördlichen Nachbarorten von Kaanapali, **Honokowai** und **Kahana**, weicht die konzentrierte touristische Bebauung mehreren Condominium-Komplexen, die selten höher als drei Stockwerke aufragen. Die meisten davon befinden sich an der Lower Honoapiilani Rd., die näher zur Küste und parallel zum Hwy. 30 verläuft. Das Verhältnis von Honokawai zu Kaanapali ist ähnlich wie das von Kihei zu Wailea: Trotz einer guten Infrastruktur (mit einer Vielzahl an Restaurants, Tankstellen, Fast-Food-Ketten usw.) haben sich bislang keine großen Hotelanlagen angesiedelt. Der Grund dafür liegt wohl darin, dass die Strände weniger breit und schön sind. Dafür können sich alle, die hier ihr Quartier haben, am schönen Ausblick auf Lanai und Molokai erfreuen und über die Tatsache, dass das Preisniveau deutlich niedriger ist als in Kaanapali oder Kapalua.

Gut 3 km nördlich von Honokawai kommt man zum Fremdenverkehrsort **Napili**, und wer bisher den Highway der Lower Honoapiilani Rd. vorzog, sollte spätestens hier die küstennahe Straßenvariante wählen. Denn die palmengesäumte Napili Bay mit ihrem weißen Sandstrand braucht keinen Vergleich mit irgendeinem anderen Beach Park auf Maui zu scheuen: Badegäste und Schnorchler finden hier exzellente Bedingungen vor, der Blick über den Pailolo Channel zum 14 km entfernten Molokai ist herrlich und mit einigen Boutiquen und Restaurants entspricht auch das Ambiente einem modernen Seebad. Durch den Hawea Point ist die Napili Bay von der Oneloa Bay getrennt, wo bereits die Bebauung durch die Resorts von Kapalua beginnt.

Kapalua

Luxusresorts und Golfplätze

Kapalua ist ein Paradebeispiel dafür, wie der Fremdenverkehr die einstmals dominierende Landwirtschaft als Einnahmequelle ablöste. Der gesamte Grund und Boden gehört der Maui Land & Pineapple Company, die außer Viehzucht vor allem die Kultivierung von Ananas betrieb. Als sich in den 1970ern abzeichnete, dass mit Tourismus mehr Geld zu verdienen sei, erinnerte sich die Gesellschaft an den herrlichen, weißsandigen Kapalua Beach und entschloss sich, hier ein Ferienresort für gehobene Ansprüche einzurichten. Das Kernstück wurde das luxuriöse Kapalua Bay Hotel, zu dem sich bald andere Nobelunterkünfte, Restaurants, Shops sowie Golf- und Tennisplätze gesellten.

Vor allem Festland-Amerikaner, die dem turbulenten Treiben von Kaanapali und Lahaina entfliehen, keinesfalls aber auf Komfort verzichten wollen, machen hier Urlaub. Schattige Haine und Ananasfelder in der Umgebung tun ein Übriges, um den Ruf von Kapalua als erholsame Feriendestination zu festigen.

Nordöstlich von Kapalua beginnt die wunderschöne **Honokohau Bay**. Ihren populärsten Strand, den D.T. Fleming Beach Park, erreicht man über den Highway hinter dem Meilenmarker 31, wo sich die beiden Küstenstraßen wieder vereinigen. Benannt ist der Strand nach jenem David T. Fleming, der sich kurz nach der Jahrhundertwende um die Einführung der Ananaskulturen in dieser Region verdient gemacht hat und Manager der nahe gelegenen Honolua Ranch war. Der Beach Park verfügt über die üblichen Einrichtungen einschließlich BBQ-Plätze und eignet sich mit seinen Dünen zum Sonnenbaden und zu Strandspaziergängen. Während Surfen manchmal möglich ist, machen Unterwasser-Strömungen das Schwimmen leider sehr gefährlich.

Herrliche Buchten

Knapp 2 km hinter der Honokahua Bay, sofort hinter dem Meilenmarker 32, geht ein kleiner Pfad von der Landstraße zum Ozean ab, auf dem man den Mokuleia Beach erreicht, der den wenig vorteilhaften Beinamen 'Slaughterhouse Beach' (= Schlachthaus-Strand) trägt. Der Strand markiert den südlichen Beginn der weit geschwungenen **Mokuleia Bay**, die zusammen mit der folgenden **Honolua Bay** unter strengem Naturschutz steht. Die Wunderwelt der Muscheln, Korallen und Riff-Fische machen bei ruhiger See die beiden Buchten zu einem Eldorado für Schnorchler und Taucher, wobei es möglich ist, von der einen Bay um das Kap **Kalaepiha Point** herum in die nächste zu schwimmen. In den Wintermonaten ist Schwimmen wegen der mächtig heranrollenden Brecher nicht ratsam, während die (trainierten) Bodysurfer und Surfer ihre helle Freude haben. Erstere bevorzugen den Mokuleia Beach für ihre Kunststücke, Surfer hingegen sieht man häufiger in der Honolua Bay, wo sie ein Revier haben, das oft mit der Nordküste von Oahu verglichen wird. Zuschauer, die die Sportler (oder einfach nur die Bucht) von einer höheren Warte aus erleben wollen, sollten vom Highway etwa 800 m hinter dem Meilenmarker 33 abbiegen und auf der holprigen Piste dem Verlauf der Bay bis zu ihrem Ende am **Lipoa Point** folgen.

Knapp 5 km danach endet an der **Honokohau Bay** der Honoapiilani Hwy. (Hwy. 30) und geht in den Kahekili Hwy. (Hwy. 340) über. Er ist inzwischen durchgängig asphaltiert, doch garantiert das noch kein schnelles Vorwärtskommen: Der Highway ist extrem eng, kurvenreich und tempobegrenzt (meist 15 mph)!

Über die Nordküste zurück nach Wailuku/Kahului

Der Küstenstreifen von der Honokohau Bay zur Hononana Bay und ab dort in südöstlicher Richtung weiter nach Wailuku/Kahului ist geprägt von einer unberührten Natur mit schroffen Klippen, dicht begrünten Tälern und menschenleeren Buchten. Auf der ersten Etappe reizen immer wieder Abstecher an die Küste, wo man sich zum Picknick niederlassen oder den Sonnenuntergang beobachten kann. Das Kap Kanounou Point ist solch ein Punkt, ein weiterer und schöner noch der Leuchtturm von **Nakalele**, gut 3 km hinter Honokohau gelegen. Ein schmaler, nur für Fußgänger geeigneter Pfad führt vom Highway dorthin – ein kurzer Spaziergang, der mit einem wunderbaren Blick belohnt wird: Unterhalb des grasigen Platzes sieht man das Meer, das in mühevoller Arbeit einige natürliche Felsentore und Becken in die Küste der Poelua Bay modelliert hat.

Einsamer Leuchtturm

Knapp 4 km hinter dem Leuchtturm kommt man zu einem Lookout, von dem man zur geschwungenen **Hononana Bay** und auf ein so gen. Blowhole schauen kann, eine Art 'Meerwasser-Geysir', der oft mit hoher Fontäne aufspritzt. Auf dem folgenden Wegstück wird man von einem Hinweisschild auf den so gen. Bellstone oder Pohaku Kani aufmerksam gemacht: einen knapp 2 m hohen Steinblock, der wie eine Glocke klingen soll, wenn man ihn in einer bestimmten Weise schlägt. Auf dem nach wie vor engen Kahekili Hwy. kommt man anschließend durch das ursprüngliche Fischerdorf **Kahakuloa** mit zwei kleinen Landkirchen und vereinzelten Tarofeldern. Anschließend folgt die Straße der Küstenlinie einer kleinen Halbinsel, die am Hakunee Point eine weite Aussicht bis hinüber nach Paia bietet.

Gut 3 km hinter dem Wander-Abzweig kann man linker Hand am **Waihee Point** nochmals einen herrlichen Panoramablick genießen, bevor es zu den beiden Dörfern **Waihee** und **Waiehu** geht. Beide verfügen über einen Beach Park und sind

Wandern

Gut 11 km hinter Kahakuloa passiert man eine nach rechts abgehende Straße zum Maluhia Camp (Hinweisschild). In dessen Nähe lädt der schöne, 7,3 km lange ***Waihee Ridge Trail*** *zu einer ausgedehnten Wanderung ein. Dabei geht man über einen Berggrat oberhalb des Waihee Valley, der immer wieder schöne Ausblicke auf das Tal mit seinen Wasserfällen, den Mount Eke im Südwesten und über Zentral-Maui bis hinüber zum Haleakala freigibt. Der Zeitaufwand beträgt etwa 3½ Stunden.*

durch einen großen Golfplatz voneinander getrennt.

Szenerie an Mauis Nordküste

Nachdem man das Golfgelände passiert hat, teilt sich der Highway an einem Stopp-Schild auf: Fährt man auf dem Hwy. 340 weiterhin geradeaus, gelangt man auf den Kahului Beach Dr., der einen kurz darauf zum Hafen von **Kahului** bringt. Stattdessen biegt in Waiehu der Kahekili Hwy. als Hwy. 330 rechts ab und geht nach einer Weile in die Market St. der Hauptstadt **Wailuku** über. Dort stößt man auf die Main St., auf der man nach rechts ins **Iao Valley** gelangt, oder aber, nachdem man von dieser links abgebogen ist, über den Hwy. 30 zurück nach **Lahaina/Kaanapali**.

Die Insel Kahoolawe

Die südwestlich vor der Küste von Maui gelegene Insel Kahoolawe ist **für Touristen nicht zugänglich** und soll an dieser Stelle nur deshalb erwähnt werden, weil man sie von den beliebtesten Stränden Mauis recht gut sehen kann: Die geringste Entfernung beträgt nur 11 km.

Kahoolawes Sonderrolle

Das 116 km² große Eiland (17 km lang, 10 km breit) steigt kahl und unwirtlich aus dem Meer und hat seinen höchsten Punkt im Lua Makika (452 m ü.d.M.). Für das baumlose Erscheinungsbild ist einerseits die Trockenheit verantwortlich (Kahoolawe liegt im Windschatten des Vulkanberges Haleakala und bekommt deshalb nur wenig Niederschlag ab), andererseits der Viehverbiss durch verwilderte Ziegen. Immer schon spielte die Insel – auch bedingt durch ihre Wasserarmut – eine **Sonderrolle**. Nicht umsonst soll sie die Heimat des Gottes Kanaloa gewesen sein, dem Gott der Toten und aller giftigen Dinge. Als solche war Kahoolawe den Alt-Hawaiianern heilig, die hier mehrere Tempel und andere Kultstätten errichteten. Dicht bevölkert jedoch war die Insel nie.

Bei der Ankunft der Weißen gab es keine ständigen Einwohner auf Kahoolawe. Das war auch der Grund, warum man in den 1830ern hier eine Strafkolonie einrichtete, die sich aus Wassermangel aber nicht lange halten konnte. Der Einwanderer Angus MacPhee pachtete sie daraufhin für jährlich US$ 200 und versuchte mit einigem Erfolg, sie wieder aufzuforsten und eine Rinderfarm einzurichten. 1939 übergab er der Regierung einen kleinen Küstenstreifen als Schießplatz für die US-Armee. Nach dem japanischen Angriff auf Pearl Harbor weitete die Armee ihr Übungsgelände auf die gesamte Insel aus und enteignete MacPhee.

Während und nach dem Krieg flogen die Bomber der Luftwaffe Trainingsflüge gegen Kahoolawe, während die US-Marine ihre neuen Waffen und Munition auf dem Eiland ausprobierte. 50 Jahre lang explodierten Bomben, detonierte Munition und lag die Insel quasi unter Dauerbeschuss, was ihr den zweifelhaften Ruhm eingebracht hat, der am **häufigsten bombardierte Ort auf der Erde** zu sein.

Von der hawaiischen Bevölkerung ist die Besetzung durch die Armee nie akzeptiert worden. Für sie war es ein besonders krasses Beispiel für die kulturelle Arroganz der Weißen gegenüber einem ihrer heiligen Plätze. Aus diesem Grund besetzten **1976** einige Widerständler in einer viel beachteten Aktion die Insel, worauf Verhandlungen zwischen der Regierung und der Organisation 'Protect Kahoolawe Ohana' (www.kahoolawe.org) geführt wurden. Erst **1994** aber wurde vereinbart, dass sich die Marine von der Insel zurückziehen und alle Schäden, die die Bombardierungen und Munitionsdepots hinterlassen hatten, beheben solle. Nach einer Investition von über US$ 400 Mio konnte dieses Ziel halbwegs erreicht werden und seit **2004** ist nicht mehr das Militär, sondern der Bundesstaat Hawaii Eigentümer von Kahoolawe. Ob die Insel irgendwann einmal öffentlich zugänglich sein wird oder vielleicht komplett in ein Naturschutzgebiet umgewandelt wird, muss die Zukunft zeigen.

Hohe Brandungswellen vor Maui

Ungewisse Zukunft

6. REISEN AUF HAWAII – THE BIG ISLAND (ⓘ s. S. 181)

Überblick

Inselsteckbrief Hawaii	
Beiname:	*Orchid Island* (= 'Orchideen-Insel')
Inselfläche:	10.448 km² (Länge: 149 km; Breite: 122 km)
Küstenlinie:	428 km
Einwohner:	173.000
Hauptstadt:	Hilo (44.000 Ew)
Verwaltungseinheit:	County Big Island
Höchste Erhebung:	Mauna Kea, 4.205 m

Einige Entfernungen

Von	*nach*	*Route*	*Kilometer*	*ca. Fahrzeit*
Hilo	*Kailua-Kona*	*Hwy. 19*	*155*	*2¼ Stunden*
Hilo	*Kailua-Kona*	*Hwy. 11*	*203*	*3¼ Stunden*
Hilo	*Kailua-Kona*	*Saddle Rd.*	*143*	*2¼ Stunden*
Hilo	*National Park*	*Hwy. 11*	*48*	*45 Minuten*
Hilo	*Kalapana*	*Hwy. 130*	*39*	*45 Minuten*
Hilo	*Waimea*	*Hwy. 19*	*89*	*1¼ Stunden*
Kailua-Kona	*National Park*	*Hwy. 11*	*155*	*2½ Stunden*
Kailua-Kona	*Waimea*	*Hwy. 190*	*63*	*50 Minuten*

Die Insel Hawaii, am südöstlichen Rand des Archipels gelegen und durch den 48 km breiten Alenuihaha Channel von der Nachbarinsel Maui getrennt, trägt den gleichen Namen wie der gesamte Bundesstaat, was eine Unterscheidung manchmal schwierig macht. Deshalb hat sich neben dem touristischen Beinamen 'Orchideen-Insel' auch die Bezeichnung 'Big Island' eingebürgert, die angesichts einer Landmasse von 10.458 km² mehr als berechtigt ist: Mit 63 % der gesamten Bodenfläche des Bundesstaates würden alle anderen Inseln zusammengenommen bequem in Big Island hineinpassen. Nicht nur hinsichtlich seiner Größe (die von Touristen oft unterschätzt wird) spielt Big Island eine Sonderrolle, sondern auch aus topographischen, geologischen und historischen Gründen.

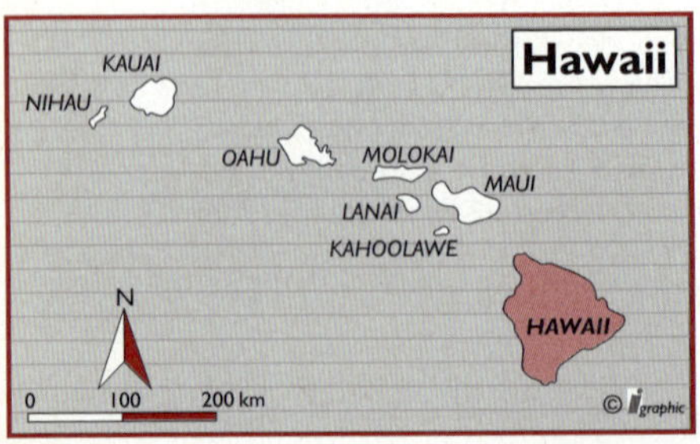

Geologisch ist die Insel die jüngste des Archipels und die einzige, deren vulkanische Genese noch nicht abgeschlossen ist. Nicht weniger als fünf Schildvulkane waren an ihrer Entstehung beteiligt, nämlich außer den übermächtigen Mauna Kea und

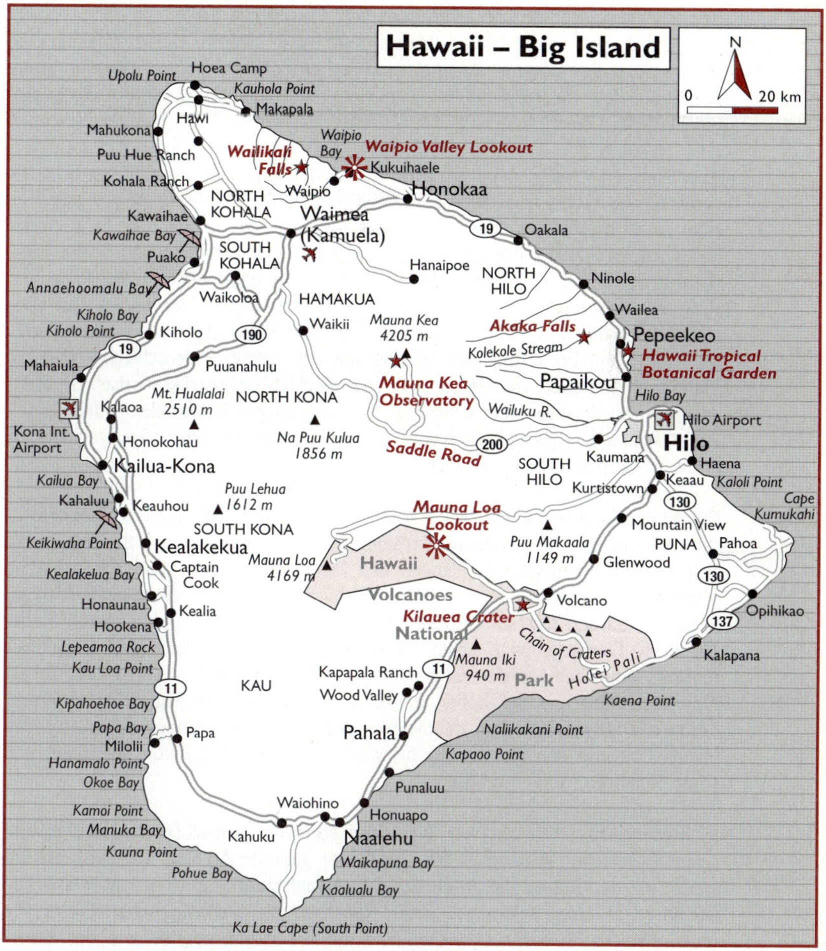

Mauna Loa, die zusammen etwa 73 % der Landmasse ausmachen, der Hualalai im Westen, die Kohala Mountains im Norden und der Kilauea, ein unabhängiger Nebenvulkan des Mauna Loa. Zwar gilt der Mauna Kea als 'ruhend', doch dafür zählt der 1.243 m hohe Kilauea zu den tätigsten Vulkanen der Welt. Nach wie vor schickt er seine Lavaströme in Richtung Küste und vergrößert stetig die Landmasse von Big Island (während alle anderen hawaiischen Inseln langsam kleiner werden). Aufgrund dieser Aktivität hat Hawaii neben den Bezeichnungen Orchid Island und Big Island auch den Beinamen Volcano Island erhalten.

Die **Topographie** ist natürlich in höchstem Maße von der jungen geologischen Geschichte Big Islands bestimmt: Die Erosionskräfte hatten noch nicht genügend

Die höchsten Berge der Welt

Zeit, die Bergriesen abzuschleifen oder tiefe Canyons in die Hänge der Schildvulkane zu graben. Mit 4.205 m (Mauna Kea) bzw. 4.104 m ü.d.M. (Mauna Loa) stellen diese die höchsten Gipfel des pazifischen Beckens dar und sind, von ihrem Sockel auf dem Meeresgrund aus gemessen, mit 9.000-10.000 Metern die höchsten Berge der Welt!

Aber auch im Westen der Insel erreicht z.B. der Hualalai mit 2.521 m noch eine beträchtliche Höhe. Das Profil der Gebirgsstöcke ist abgeflacht und erinnert an einen wuchtigen Rücken, der sich behäbig aus dem Meer erhebt. Das Landschaftsbild wird im Süden, Südwesten und Südosten durch erstarrte und breite Lavaströme bestimmt, die nur spärlich von Vegetation überwuchert sind. Im geologisch älteren Norden ist das Gebirge stärker verwittert; hier finden sich auch einige tiefe Täler mit dichter Vegetation und eine Küste, die steil aus dem Pazifik ragt. Rings um Big Island gibt es aufgrund der jungen Erdgeschichte nicht die Vielzahl an Stränden, wie sie sonst für den Archipel so charakteristisch ist. Stattdessen wird die Insel hauptsächlich von scharfkantigen Lavablöcken oder Geröll- und Kieselküsten gesäumt und dort, wo sich in Buchten Sand abgelagert hat, ist dieser oft von schwarzer oder grau-grünlicher Farbe.

Die **klimatischen** Unterschiede sind wegen der hoch aufragenden Gebirgsstöcke beträchtlich. Die Passatwinde treiben ganzjährig Wolken über den Pazifik, die sich an den nordöstlichen Hängen des Mauna Kea stauen und abregnen. Sie bringen der Hilo Coast enorme Niederschlagsmengen mit feucht-heißem, tropischem Klima und machen die Inselhauptstadt zu einer der regenreichsten Städte der USA. Demgegenüber ist es im Windschatten des Vulkans fast wüstenhaft trocken, vor allem in der Gegend um Kailua-Kona und westlich der Kohala Mountains. Aufgrund der hohen Berge ist daneben die 'vertikale Klimadifferenz' besonders ausgeprägt – am deutlichsten sichtbar an den Schneekuppen, die den Mauna Loa und den Mauna Kea bis weit in den Frühling hinein bekrönen und sogar Skifahren möglich machen.

Geschichtsträchtige Insel

In **historischer** Hinsicht war Big Island stets ein Kristallisationspunkt hawaiischer Geschichte. Wahrscheinlich wurde der gesamte Archipel von hier aus besiedelt, da das Südkap der Insel die erste Anlaufstation der frühen polynesischen Seefahrer gewesen sein muss. Dafür sprechen die archäologischen Funde, die nirgendwo so weit zurückreichen wie auf Big Island, ebenso wie der Name 'Hawaii', der aus dem gesamten polynesischen Sprachraum bekannt ist und den die Emigranten oft auf ihre neue Heimat übertrugen. Big Island schließlich war Geburts- und Sterbeort des großen Kamehameha I., der hier seine Eroberungsfeldzüge startete, die in der Errichtung des gesamt-hawaiischen Königreiches mündeten.

Auch wichtige Momente der Entdeckung und Besiedlung der Inselkette durch Weiße nahmen auf Big Island ihren Anfang. Der Kapitän James Cook z.B. hatte hier den intensivsten Kontakt mit den Einheimischen und fand dort 1779 auch seinen Tod. Und 1820 trafen aus Boston kommend in Kailua-Kona die ersten christlichen Missionare ein, die die neue Religion schnell auf allen Inseln verbreiten konnten. Aus unterschiedlichen Gründen (z.B. bessere Häfen und bessere

Voraussetzungen für die Landwirtschaft) übernahmen später andere Inseln und Orte die Vormachtstellung Big Islands. Die politische und wirtschaftliche Elite bevorzugte Lahaina auf Maui und schließlich Honolulu auf Oahu, wodurch Hawaii in eine ungünstige Randlage geriet.

Noch in den 1970er Jahren lebten hier nicht mehr als 63.000 Einwohner, was einer **Bevölkerungsdichte** von nur 6 Ew/km² entsprach. Der Zuzug von anderen Inseln und eine hohe Geburtenrate ließ die Bevölkerung in den letzten Dekaden auf nunmehr 173.000 Einwohner ansteigen, ein Trend, der sich den Prognosen zufolge fortsetzen wird. In der ethnischen Zusammensetzung sind die Weißen mit über 35 % stärker und die Chinesen mit nur 2 % schwächer repräsentiert als sonst im Bundesstaat.

Obwohl die Topographie und der Lavauntergrund zwei Drittel der Insel als 'Ödland' ausweisen, haben bis in die heutige Zeit **Landwirtschaft** und **Viehzucht** das ökonomische Leben auf Big Island bestimmt. Rund 40 % der Zuckerrohrerträge des Bundesstaates entfallen auf die Insel, daneben sind der Anbau von Kaffee und Macadamia-Nüssen sowie die Blumenzucht weitere Aktivposten. Etwa zwei Drittel des Rindfleischbedarfs des Bundesstaates werden allein durch die Parker Ranch – die größte private Ranch der USA – gedeckt.

Redaktions-Tipps

- Falls der **Kilauea-Krater** (S. 402) eruptiv tätig ist, lohnt unbedingt ein Helikopterflug über den **Nationalpark**.
- Die historischen Orte **Hilo** (S. 414ff) und **Kailua-Kona** (S. 378ff) bieten sich für Stadtrundgänge, Besichtigungen, Shopping und Restaurantbesuche an.
- Am besten geeignet fürs Schnorcheln und für Tauchgänge: die **Kealakekua Bay** (S. 388f). Und Baden oder Wassersport betreibt man am besten in der **Anaehoomalu Bay** (S. 443).
- Unbedingt einplanen: einen ausgiebiger Besuch des **Volcanoes National Park** (S. 401ff) mit Wanderungen und Fahrten entlang der Crater Rim Drive und auf der Chain of the Craters Road hinab zum Meer.
- Bei einem Hilo-Besuch den Abstecher zu den **Rainbow Falls** (S. 422) sowie die kurze Fahrt durch den Regenwald auf dem **Pepeekeo Scenic Drive** (S. 423f) einplanen – und mit genügend Zeit auch des hawaiischen Astronomie-Centers **Imiloa** (S. 421f).
- Besichtigung der wichtigsten Kulturdenkmäler aus alt-hawaiischer Zeit: die restaurierte Kultstätte **Puuhonua-o-Honaunau** (S. 390ff), der **Puukohola Heiau** (S. 435f) und die **Petroglyphenfelder** von Puako (S. 442f).
- Falls Sie im Oktober in Kailua-Kona sind: Verfolgen Sie live den weltberühmten **Ironman-Triathlon-Wettbewerb** und nehmen Sie an der anschließenden Fete teil.

Das wirtschaftliche Standbein der Zukunft ist jedoch der **Fremdenverkehr**, der das insulare Erscheinungsbild (vor allem an der Kona Coast im Westen) in den letzten Jahrzehnten so stark veränderte, dass sich inzwischen schon Widerstand gegen ihn regt. Zzt. ist fraglich, ob alle der ca. 30 geplanten Hotelneubauten realisiert werden können.

Streckenhinweis

In den folgenden Kapiteln wird zunächst das touristische Zentrum Kailua-Kona und seine Umgebung vorgestellt, dann eine Inselrundfahrt entgegen dem Uhrzeigersinn, die über die so gen. Hawaii Belt Road (Hwy. 11 und Hwy. 19) möglich ist. Auf dieser Straße kommt man zum Volcanoes National Park, der sicherlich größten Attraktion der Insel, und zur Hauptstadt Hilo. Von dort fährt man nach Waimea im Inselinnern (Zentrum der Rinderzucht) und wieder zurück zur Westküste.
Eine Alternative wäre die Pass-Strecke Saddle Road, die jedoch manchmal gesperrt und außerdem für normale Mietwagen nicht zugelassen ist. Angesichts der Entfernungen verbietet sich eine Inselumrundung in nur einem Tag, für eine Zwischenübernachtung bietet sich Hilo an. Eilige können stattdessen auch von Hilo aus zurückfliegen.

Kailua-Kona und Umgebung

Das touristische Zentrum

Überblick

Nettes Touristen-Städtchen

Kailua-Kona ist ganzjährig von der Sonne verwöhnt, aber nicht zu trocken, so dass die Ortschaft immer mit hohen Palmen und einer unglaublichen Blütenpracht aufwarten kann, dazu noch mit einigen hübschen Stränden und fantastischen Schnorchel-Revieren gesegnet ist – kein Wunder, dass dieser Küstenstreifen zu den beliebtesten des Bundesstaates gehört. Das Doppelwort war übrigens notwendig geworden, weil man nicht mit den gleichnamigen Orten auf Oahu, Kauai oder Molokai verwechselt werden wollte und deshalb ein 'Kona' (= 'windabgewandt') hinzufügte.

Seitdem der Flughafen von Keahole-Kona (12 km entfernt) fertig gestellt wurde, ist das 10.000-Einwohner-Städtchen als Urlaubsziel noch populärer geworden und stellt sich heute mit Boutiquen, Einkaufszentren, einem Wassersport-Angebot, das keine Wünsche offen lässt, mit Restaurants, Condominium-Anlagen, Bed-&-Breakfast-Häusern und Hotels für jeden Geldbeutel als quirliges Zentrum an der Sonnenküste von Big Island dar. Inzwischen sind die kleinen Dörfer bis hinunter zur Keauhou Bay fast schon zu einem Gemeinwesen zusammengewachsen, das mit insgesamt rund 30.000 Einwohnern dabei ist, der regenreichen Hauptstadt Hilo an der Ostküste den Rang abzulaufen.

Historische Bauten

Wer aufgrund der skizzierten Entwicklung nur ein modernes Dienstleistungszentrum erwartet, wird von Kailua-Kona angenehm überrascht sein. Entpuppt sich doch der Ort als äußerst geschichtsträchtig und kann mit wichtigen Baudenkmälern aus alt-hawaiischer Zeit und der ältesten Kirche des Landes aufwarten, mit prächtigen restaurierten Heiaus und mit Felsritzungen, mit schmucken Holzpalästen und mit historischen Monumenten. Solcherart lohnt er eine Besichtigung auch für Urlaubsgäste, deren Quartier sich weiter nördlich in Waikoloa befindet. Auswärtige Besucher sollten auf dem Hwy. 19 bzw. Hwy. 11 bis zum Abzweig der Palani Rd. fahren, auf der man geradewegs zum nördlichen Ortsanfang am King Kamehameha Kona Beach Hotel geleitet wird. Dort oder vorher am Lanihau Center kann man den Wagen parken und das nette Städtchen am besten zu Fuß erkunden.

Stadtrundgang

Entlang der Hauptstraße

Im Folgenden werden die wichtigsten Sehenswürdigkeiten genannt, die auf einer Länge von rund 500 m von Nord nach Süd entlang der Hauptstraße Alii Drive aufgereiht sind. Historische Gebäude, stimmungsvolle Cafés und Restaurants sowie moderne Shopping Centers machen den Stadtrundgang zu einer kurzweiligen Angelegenheit, bei der man immer wieder zu Erfrischungspausen einkehren oder auf der Uferpromenade Seeluft schnuppern kann.

• King Kamehameha Hotel (1) und Ahuena Heiau (2)

Eindrucksvolle Kultstätte

Ein guter und markanter Ort, um den Rundgang zu beginnen, ist das King Kamehameha Kona Beach Hotel am Nordende der Kailua Bay, das sich auf historischem Gelände befindet: Hier verlebte König Kamehameha I. seine letzten Lebensjahre, und hier wuchs sein Sohn und Nachfolger Kamehameha II. auf. Viele Relikte der damaligen Residenz (1812-19) sind wahrscheinlich von dem Hotelklotz für immer bedeckt worden, dafür erhebt sich aber in Sichtweite auf einer kleinen Halbinsel die restaurierte und eindrucksvolle Kultstätte des **Ahuena Heiau**. Sie wurde von Kamehameha I. dem Gott Lono geweiht und war wahrscheinlich Schauplatz blutiger Menschenopfer. Nach einer Epoche des Zerfalls ist das Heiau unter Aufsicht des Bishop Museums wiederhergestellt worden und stellt nunmehr eines der besten Beispiele polynesischer Sakralarchitektur dar.

Restaurierte Kultstätte Ahuena Heiau

Zu sehen sind zwei grasgedeckte Tempelbauten mit Orakeltürmen auf einer steinernen Plattform, umgeben von Palisaden und mächtigen Holzfiguren. Allerdings will die neuzeitliche Umgebung mit dem Badeleben des Kamakahonu Beach und dem weißen Betonbau des Royal Kona Resort jenseits der Bucht nicht recht zu diesem Ambiente passen.

Kleine Sandbucht

Das **Kamehameha Hotel** lohnt in diesem Zusammenhang übrigens auch einen Besuch. In der Lobby sind viele alt-hawaiische Gegenstände von beachtlicher Qualität ausgestellt, außerdem veranstaltet man hier manchmal historische Führungen zum Heiau und zur ehemaligen königlichen Residenz Kama Kahonu. Direkt vor dem Hotel erstreckt sich der kleine, aber feinsandige **Kamakahonu Beach**, der durch seine geschützte Lage und das flache Gewässer auch für Kinder geeignet ist. Das Badeleben ist mit Tretboot- und Kanuverleih jedoch ziemlich betriebsam.

• Kailua Pier (3)

Zum Osten hin wird die Bucht durch den Kailua Pier begrenzt, wo früher die Rinder der großen Farmen zu den Frachtschiffen gebracht wurden, die das Schlachtvieh nach Honolulu brachten. Heute liegen am Pier Yachten jeglicher Größe sowie viele Ausflugs- und Fischerboote. Von hier aus nehmen alltäglich lokale Fischer oder die Kapitäne von Charterbooten Touristen mit, die kurz vor der

Küste ideale Bedingungen für die Hochseefischerei vorfinden. Nicht umsonst wird Kailua-Kona auch Hawaii's Sportfishing Capital genannt und ist jedes Jahr im August Schauplatz des weltweit bekannten Hawaiian International Billfish Tournament. Anglerclubs aus aller Herren Länder machen sich hier auf Rekordjagd vor allem auf den Blauen Marlin und den Thunfisch.

Treffpunkt der Hochsee-angler

Welche Ausmaße die dicksten Brocken haben können, ist in der Lobby des benachbarten King Kamehameha Hotel zu bewundern, wo z.B. der Rekord-Marlin von 1986 (482 kg) und der aus dem Jahr 1993 (529 kg) ausgestellt sind. Wer dieses Turnier verpasst, hat täglich die Chance, sich auf der Pier das Fischewiegen anzuschauen, wenn die Ausflugsboote von ihren Halbtages- oder Ganztagesausflügen zurückkehren. Bei besonders großen Fängen wird dabei regelmäßig ein Erinnerungsfoto geschossen.

Nicht nur für Hobbyfischerei und Bootstouren ist der Pier ein wichtiger Platz, sondern auch für den weltberühmten **Triathlon-Wettkampf**, der hier seinen Start- und Zielpunkt hat. Ein entsprechendes Hinweisschild findet man am Banyan Tree Market Place, der so etwas wie die gute Stube des Städtchens und Treffpunkt von Einheimischen wie Touristen darstellt.

INFO Ironman – der Hawaii-Triathlon

Der Triathlon hat seinen Ursprung auf Oahu, wo 1978 der Navy Commander John Collins mit 15 Freunden drei populäre Sportarten miteinander kombinierte: das 'Waikiki-Roughwater'-Schwimmen, das 'Around Oahu Bike Race' und den berühmten Honolulu-Marathon. Von Sportjournalisten zunächst als 'Verrücktheit' abgetan, wurde die Disziplin in den Folgejahren jedoch immer populärer und gewann begeisterte Anhänger in aller Welt. 1981 wurde zum ersten Mal die Ironman Championship von Kailua-Kona ausgetragen.

Triathleten auf der 180-km-Radstrecke

Sie entwickelte sich schnell zum bekanntesten Triathlon und gilt als alljährliche Weltmeisterschaft in dieser Disziplin. Bis heute ist die Zahl der Teilnehmer genauso stetig gestiegen wie die der Zuschauer vor Ort und an den Fernsehschirmen der sportinteressierten Welt. Die Athleten haben sich zuvor in mehreren internationalen und nationalen Wettkämpfen qualifiziert. Das Preisgeld kann nur sehr wenigen die professionelle Ausübung der Sportart erlauben, aber allen Teilnehmern gemeinsam ist die gewissenhafte Vorbereitung auf dieses Ereignis, bei dem es für viele hauptsächlich darauf ankommt, das Ziel innerhalb der erlaubten 17 Stunden zu erreichen. In den Monaten zuvor haben sie durchschnittlich 18-25 Stunden in der Woche trainiert, und viele reisen frühzeitig nach Hawaii, um sich

Hawaii-Triathlon: Start- und Zielpunkt

besser auf die lokalen Bedingungen einzustellen.

Der Kreis der Anwärter auf den Titel ist naturgemäß recht klein. Fünfmaliger Gewinner ist der Amerikaner Mark Allen. Als ungekrönter König des Hawaii-Triathlon gilt der legendäre Dave Scott, der sechsmal diese Championship gewann und als 40-Jähriger 1994 immerhin noch Zweiter wurde. In den letzten Jahren spielten aber auch die Deutschen eine immer stärkere Rolle beim legendären Ironman-Triathlon.

Besonders im Jahre 1997, als die Plätze eins bis drei an Thomas Hellriegel, Jürgen Zäck und Lothar Leder gingen. 1998 erreichte der Darmstädter Lothar Leder erneut einen dritten Platz. 2001 wurde Thomas Hellriegel Dritter, Normann Stadler Vierter und Lothar Leder Fünfter. 2004 siegte Normann Stadler als zweiter Deutscher mit 8:33:30. Und 2005 gewann der aus Bayern stammende Faris Al-Sultan mit deutlichem Vorsprung; er absolvierte den Wettbewerb in 8 Stunden, 14 Minuten und 17 Sekunden. 2006 erkämpfte sich Normann Stadler mit 8:11:56 erneut den Sieg. Der Streckenrekord wird seit 1996 von dem Belgier Luc van Lierde mit 8:04:01 gehalten. Bei den Frauen konnte Paula Newby-Fraser (USA) achtmal den Hawaii-Triathlon gewinnen. Sie hält auch seit 1992 den Streckenrekord mit 8:55:28. Und Natascha Badmann aus der Schweiz siegte 2005 auch immerhin schon zum sechsten Mal, und zwar mit einer Zeit von 9:09:30 h.

Der Wettbewerb findet jedes Jahr Mitte Oktober in Kailua-Kona statt und wird von einem großen Medienspektakel und ausgelassenen Feiern begleitet. In der Nacht vor dem Großereignis werden wichtige Straßen (z.B. der Alii Dr.) abgesperrt, Tribünen errichtet usw. Während des Rennens versorgen 5.000 Helfer die Athleten mit Getränken, während unzählige Fernsehtechniker und Journalisten ihrer Arbeit nachgehen.

Wie ist nun die zeitliche Abfolge der einzelnen Disziplinen und was sind die besten Zuschauerplätze? **Start- und Zielpunkt** des ersten Wettkampfes, die **3,8 km lange Schwimmstrecke**, ist der **Pier von Kailua.** Die Sportler schwimmen parallel zur Küste in südlicher Richtung und können deshalb am besten von der Uferpromenade am Alii Dr. aus beobachtet werden. Der Wettkampf beginnt um 7 Uhr, aber bereits um 5 Uhr sind die besten Plätze von Fotografen, Fernsehteams und sportbegeisterten

Zuschauern belegt. Eine Alternative sind die Restaurants mit Blick aufs Meer, in denen man an diesem Tag sein Frühstück einnehmen könnte – doch lassen Sie sich dazu unbedingt Plätze reservieren. Die Gesamtstrecke muss von den Athleten innerhalb von 2 Stunden und 15 Minuten zurückgelegt sein. Anschließend beginnt am Pier die **180 km lange Radrenn-Strecke**, die über die Palani Rd. und den Hwy. 19 (Queen Kaahumanu Hwy.) nach Norden bis zur Ortschaft Hawi führt, dann zurück nach Kailua-Kona und über den Alii Dr. bis zum Kona Surf Resort in Keauhou. Dort geht es ohne Pause auf die **42 km lange Laufstrecke,** die wiederum am Pier in Kailua zu Ende ist.

Gute Beobachtungsmöglichkeiten gibt es entlang der genannten Straßen, am interessantesten ist dabei aber der Wechsel der Disziplin in Keauhou. Die Athleten müssen das Radrennen bis spätestens 17.30 Uhr absolviert haben, den Marathonlauf bis spätestens um Mitternacht. Der Triathlon-Sieger wird zwischen 15-15.30 Uhr in Kailua erwartet. Noch während sich ein Großteil der Läufer auf der Strecke befindet, beginnt der zweite und inzwischen genauso legendäre Teil der Veranstaltung, nämlich die Open-Air-Fete in den zahlreichen Kneipen und Restaurants der Stadt.

Informationen
über den Tourverlauf, Fotos, Videos etc. erhält man im Internet unter der Adresse: http://ironman.com/.

Vom Banyan Tree Market Place schlendert man am Hafenkai entlang, auf dessen Mauer regelmäßig viele Angler zu sehen sind. Nach wenigen Minuten erreicht man dann ein auffälliges, grau-blau gestrichenes Gebäude:

- **Hulihee Palace (4)**

Ursprünglich für den Inselgouverneur John Adams im Jahre 1838 gebaut, wurde der Holzpalast von der königlichen Familie zur Sommerfrische bevorzugt. Vor allem die beliebte (und beleibte) Prinzessin Ruth schätzte das Haus; sie war als Alii nui und Großgrundbesitzerin schwerreich – wobei sich das 'schwer' auch auf ihre 3 Zentner Körpergewicht beziehen lässt. Von König Kalakaua wurde der Hulihee-Palast in seiner jetzigen Form verändert. Heute dient das zweistöckige und von großen Banyan-Bäumen flankierte Gebäude als Museum, in dem Porträts, originales Mobiliar und Erinnerungsstücke an seine königlichen Bewohner gezeigt werden, daneben aber auch eine Speersammlung aus der Zeit Kamehamehas I. Der Palast ist der-

Kailua-Kona, von der Seeseite gesehen

zeit (März 2009) wegen **Renovierungsarbeiten** nur eingeschränkt zugänglich, soll aber bald wieder komplett geöffnet werden.

• Mokuaikaua Church (5)

Gegenüber dem Hulihee-Palast befindet sich auf der anderen Seite des Alii Dr., inmitten eines hübschen Gartens und hinter einem mächtigen Torbogen aus Korallengestein, die älteste Kirche des Bundesstaates. Das Gelände wurde den protestantischen Missionaren sofort nach ihrer Ankunft im Jahre 1820 von König Kamehameha III. geschenkt. Nach Vorläufer-Bauten aus Holzgeflecht und Gras entstand dieses Gotteshaus nach Plänen des Missionars Thurston im Jahre 1837. Der 36 m lange und 14 m breite Bau ist aus Lavabrocken und Korallenmörtel errichtet, der 33 m hohen Turmhelm aus Holz. Das Innere ist weitgehend schmucklos, strahlt aber durch die reichliche Verwendung einheimischer Hölzer eine warme Atmosphäre aus. Interessant ist unter der hinteren Empore das Modell des Dreimasters 'Thaddeus', mit dem die Missionare ihre entbehrungsreiche und vielmonatige Reise nach Hawaii angetreten hatten.

Hawaiis älteste Kirche

Die Mokuaikaua Church

• Kona Inn Shopping Village (6)

Folgt man dem Alii Dr., passiert man zunächst linker Hand die Touristeninformation und das Gelände des Kona Market Place und erreicht dann zur Rechten das ausgedehnte Shopping Village. Dieses 'Freiluft-Dorf' unterscheidet sich durch seine anheimelnde Holzarchitektur von den üblichen Einkaufszentren. Tatsächlich bekam es seine Form bereits in den 1920ern, wenn es auch später vielfach funktionell verändert und umgebaut wurde. Heute beherbergt das Shopping Village rund 50 Restaurants, Galerien, Boutiquen, Souvenirshops und andere Läden, daneben ein Postamt und den Kona Inn General Store. Die schönsten Restaurants sind diejenigen, die sich mit Terrassen und Freiluft-Tischen zur Seeseite öffnen.

Für den Einkaufsbummel

• Waterfront Row (7)

Karte S. 379

Ein weiteres Shopping Center folgt kurz darauf ebenfalls auf der rechten Seite. Die Waterfront Row, schon von weitem an ihrem auffälligen blauen Dach erkennbar, ist moderner als das Kona Inn Shopping Village, bietet aber auch mehrere hübsche Galerien, Boutiquen und gute Restaurants sowie einen kleinen Ausguck mit Blick auf die Stadt.

- **St. Michael's Church (8)**

Dahinter gibt links der Straße die katholische Kirche ein fotogenes Bild ab; hier könnte der Rundgang enden. Der Alii Drive verläuft anschließend nahe am Ufer der Oneo Bay, die südlich von einer Halbinsel mit dem markanten Royal Kona Resort begrenzt wird. Dort gibt es unter Kokosnusspalmen den unregelmäßig abgehaltenen Coconut Grove Market, auf dem Kunsthandwerk, Secondhand-Waren, Lebensmittel etc. feilgeboten werden. Es folgt eine kilometerlange Strecke mit Pensionen, Hotels und Condominium-Anlagen, die man auf dem Weg nach Keauhou und zum Puuhonua-o-Honaunau *(s.u.)* passiert.

Von Kailua-Kona zum Puuhonua-o-Honaunau

Hier wird eine kleine Rundfahrt in den Süden vorgestellt, die bis zur Kealakekua Bay führt und an einem halben Tag absolviert werden kann. Sie ist deswegen als eigener Ausflug zu empfehlen, weil ihre Attraktionen auf dem Weg zum Volcanoes National Park oder nach Hilo aus Zeitgründen nicht besucht werden können.

Alii Drive

Auf der Hauptstraße Richtung Süden

Man verlässt Kailua-Kona über die Hauptstraße, den Alii Drive. Hinter dem auffälligen weißen Betonbau des Royal Kona Resort wird die Straße enger, bleibt aber stark befahren und führt durch ein touristisch voll erschlossenes Gebiet. Man passiert eine fast ununterbrochene Reihe von Restaurants, Condominium-Anlagen und Hotels – die meisten davon mit bescheidenen Ausmaßen und von hübscher Architektur – u.a. Kona Reef, The Sea Village und das Royal Sea Cliff Resort. Hinter der letztgenannten Herberge sind noch die Überreste des **Kaukaiakaola Heiau** zu sehen, dann bestimmen wieder Unterkünfte das Bild, bevor die Straße die **Holualoa Bay** erreicht, die bei den polynesischen Häuptlingen als Surfgebiet beliebt war.

Es folgt der felsige Pahoehoe Beach und sofort dahinter der **Magic Sands Beach** (auch White Sands Beach oder Disappearing Sands Beach genannt). Das 'Magische' dieses Strandes liegt weder in seiner Größe noch in den Wassersportmöglichkeiten – beide sind eher von bescheidener Qualität. Stattdessen taucht hier bisweilen das Phänomen auf, dass der schmale Sandstreifen im Winter von der Flut mitgenommen wird, so dass der Strand völlig verschwunden ist – um kurze Zeit später wieder angeschwemmt zu werden.

Die nächste Bucht, die man auf dem Alii Dr. erreicht, ist die **Kahuluu Bay**, die immer schon besiedelt war, mit einem weiteren kleinen Sandstrand. Einträchtig und nahe beieinander befinden sich hier die verlassene Kultstätte Kuemanu Heiau und die katholische St. Peter's Church. Wo früher die Alii die ihnen vorbehaltene Surf-Kunst ausübten, schnorcheln heute Gäste des Ohana Keauhou Beach Re-

Hotels und Heiaus

sorts. An der Rezeption kann man sich ein Faltblatt besorgen, das Hinweise zu weiteren Kultstätten (die Überreste von drei Heiaus) und Felszeichnungen auf dem Hotelgelände enthält.

Hinter dem Abzweig zum Kona Coast Resort kommt man in **Keauhou** zu einer großen Kreuzung, wo linker Hand der breite Kamehameha III. Hwy. in einigen Kehren zum Hwy. 11 hinaufsteigt. Der Alii Dr. hingegen führt noch ein kleines Stück weiter an der Küste entlang bis zum südlichen Ende der **Keauhou Bay**. Unterwegs, kurz vor dem 5-Meilen-Marker, kommt man an der kleinen, blauen **St. Peter's Church** vorbei, die mit ihrer Lage direkt am Wasser zu den beliebtesten

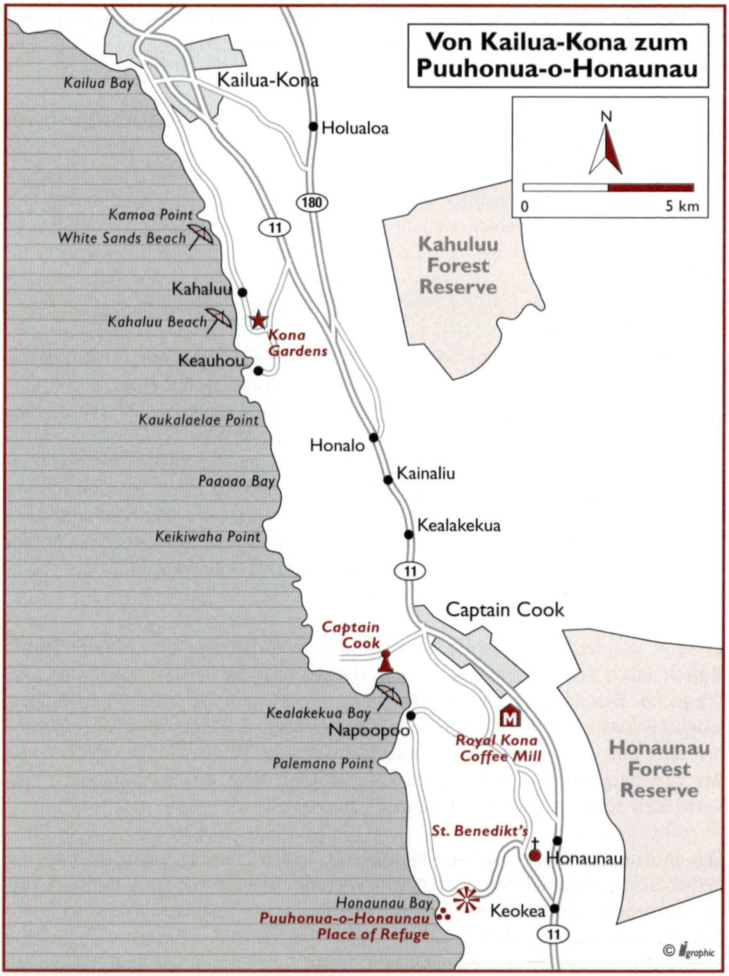

Fotomotiven der Insel zählt. Das Gotteshaus stammt aus den 1880ern, wurde 1912 an diese Stelle verlegt und ist heute vor allem bei Hochzeitspaaren populär. Im weiteren Verlauf des Alii Dr. passiert man einige Condominium-Anlagen, ein großes Resort und zwei 18-Loch-Golfplätze, deren ausgedehnte Grünflächen den Küstenstreifen bestimmen. Als Geburtsort von Kamehameha III. und als Schauplatz einer blutigen Schlacht im Jahre 1819 hat Keauhou daneben auch historische Bedeutung.

Schöner Ausblick

Über den Kamehameha III. Hwy. verlässt man nun die unmittelbare Küste und fährt am Keauhou Shopping Village vorbei hinauf zum Hwy. 11, einem Teilstück der inselumrundenden Hawaii Belt Road. Hier setzt man die Fahrt auf hochgelegener Strecke und immer mit einer weiten Aussicht auf den Ozean in südliche Richtung fort, passiert in der Ortschaft **Honalo** die Einmündung des Hwy. 180 und kann rechts von einem 'Scenic Lookout' nochmals den Blick auf die Küste und die Keauhou Bay genießen. Die kleinen Siedlungen und Häuser am Wegrand bekommen nun eindeutig ländlicheren Charakter, Kaffee- und Nussfarmer, Künstler und Alternative leben hier. Um so mehr überrascht in **Kainaliu** das repräsentative Aloha Theater, ein Holzbau mit Art-déco-Elementen aus dem Jahre 1932. Hinter dem Aloha Theater laden einige rustikale oder alternative Restaurants und Bars zum Einkehren ein, wobei man natürlich überall den Kona-Kaffee *(s.u.)* angeboten bekommt.

Wildes Durcheinander

Vor dem Städtchen Captain Cook und vor der Abfahrt zur Kealakekua Bay lohnt rechter Hand das **Kona Historical Museum** einen Besuch. Dabei handelt es sich um ein kleines Häuschen aus dem Jahre 1875, in dem in wildem Durcheinander und anscheinend ohne System die verschiedensten 'Antiquitäten' gesammelt sind. Hinter dem sympathischen Haus stößt man auf Ruinen einer alten Kaffeemühle.

Die nächste Ortschaft ist das lang gestreckte Städtchen **Captain Cook**, das seinen Namen natürlich nach jenem großen Seefahrer erhalten hat, der in der Kealakekua Bay ermordet wurde *(s.u.)*. Es gibt in Captain Cook einige nette Gaststätten, das Kealakekua Ranch Center mit mehreren Geschäften, Restaurants und Supermarkt, einen Park und mehrere hübsche Gebäude. Südlich der Stadt am Hwy 11 findet sich zudem die Royal Kona Coffee Mill, in der man alles Wissenswerte über den Kaffeeanbau in dieser Region erfährt. Aber die Attraktionen im Küstenbereich sind allemal sehenswerter. Fahren Sie deshalb **vor** dem Ortsanfang auf der asphaltierten Napoopoo Rd. rechts ab, die über einige Meilen in vielen Kehren bergab verläuft.

Bald stößt man auf die Middle Keei Rd., an der man sich rechts hält und weiter bergab fährt. An der schönen **Kahikolo Church** von 1852 vorbei gelangt man zu einem Stoppschild, dort fährt man auf der einspurigen Straße nach rechts und gelangt kurz darauf zum Parkplatz an der Kealakekua Bay.

INFO Der Kona-Kaffee

Die ersten Arabica-Kaffeepflanzen erreichten Hawaii vom brasilianischen Rio de Janeiro aus im Jahre 1825. Sie befanden sich an Bord des britischen Kriegsschiffes 'HMS Blonde', das die traurige Aufgabe hatte, die Leichname von König Kamehameha II. und seiner Frau, die in London gestorben waren, zurück nach Honolulu zu bringen (vgl. S. 34). Die ersten Setzlinge wurden im Manoa Valley auf Oahu eingepflanzt, allerdings nur mit bescheidenem Erfolg. Auf der Suche nach besseren Wachstumsbedingungen exportierte man 1828 Ableger der ersten Pflanzen in andere Regionen Oahus und auf die Nachbarinseln.

Dem Missionar Samuel Ruggles ist es zu verdanken, dass bei dieser Gelegenheit Kaffeesetzlinge auch die Kona Coast erreichten, wo er sie nahe der heutigen Ortschaft Captain Cook kultivierte. Es stellte sich heraus, dass diese Umgebung mit ihrem Lavaboden und der spezifischen Mischung von Feuchtigkeit, Sonnenschein und Schatten ideal war und den Kaffee erst richtig aufblühen ließ. Heutzutage sind die landwirtschaftlichen Kleinbetriebe von Big Island (zusammen mit denen auf Molokai) die einzigen in den Vereinigten Staaten, die kommerziell Kaffee anbauen.

Die roten Bohnen werden im September geerntet und dann zu den lokalen Röstereien gebracht, von wo sie inzwischen nicht nur nach ganz Hawaii gebracht, sondern zunehmend auch in die USA exportiert werden. Der Kona-Kaffee ist zwar nicht gerade billig, hat sich aber aufgrund seines vollaromatischen Geschmacks einen festen Liebhaberkreis erworben. Schon der Schriftsteller Mark Twain war des Lobes voll, als er 1866 die Kona-Küste besuchte. Damals schrieb er: 'The ride through the district of Kona to Keakakekua Bay took us to the famous coffee section. I think Kona Coffee is richer flavoured than any other, be it grown where it may and call it by what name you please'.

Kealakekua Bay State Historical & Underwater Parks

Lavaklippen und Korallen

Die tiefe, von schwarzen Lavaklippen eingeschlossene und Korallenbänken gesäumte Bucht von Kealakekua besitzt nicht nur großen landschaftlichen Reiz, sondern ist auch von historischem Interesse. Als naturgeschützter Underwater Park bietet das flache Gewässer mit die besten Schnorchel- und Tauchbedingungen von Big Island; entsprechendes Gerät, aber auch Kanus, kann man sich am Parkplatz ausleihen. Die Chancen stehen nicht schlecht, dass man hier das muntere Spiel der Spinner-Dolphins (= *Mahias*) beobachtet, denn die Bucht ist einer der wenigen Plätze auf der Erde, wo diese Tiere der Küste sehr nahe kommen. Wer mit den Delfinen schwimmen möchte, sollte früh auf den Beinen sein – sie halten sich in der Bucht nur bis ca. 8 Uhr auf! Seeschildkröten hingegen können ganztägig beobachtet werden.

Die historische Bedeutung der Kealakekua Bay wird durch einige polynesische Kultstätten dokumentiert, wovon sich der **Hikiau Heiau** direkt am Parkplatz

Das Hikiau Heiau

befindet. Das Betreten der Anlage ist verboten, aber auch so beeindruckt die mächtige Plattform aus Lava- und Korallensteinen allein durch ihre Dimension. Eine kleine Tafel erinnert daran, dass hier am 28. Januar 1779 von Kapitän James Cook die Totenmesse für ein Besatzungsmitglied gelesen wurde: der erste christliche Gottesdienst auf den hawaiischen Inseln! Der Weltumsegler selbst starb zwei Wochen später auf der gegenüberliegenden Seite der Bucht. Dort erinnert ein weißes, 8 m hohes Granitmonument an den großen Entdecker. Die historische Stätte kann man nur über einen nicht markierten und beschwerlichen Pfad von der Ortschaft James Cook aus oder auf dem Seeweg erreichen (z.B. auf Bootsausflügen ab Kailua-Kona), ist aber vom Parkplatz aus mit bloßem Auge gut zu erkennen.

Historische Stätte

INFO Captain Cooks Tod

Die Ermordung des großen Weltumseglers in der Bucht von Kealakekua war Anlass für vielerlei Spekulationen und z.T. voneinander abweichende Darstellungen. Der Grund für die Bluttat scheint jedoch klar zu sein: Bei seiner Ankunft am **18. Januar 1779** hatten die Polynesier dem Kapitän einen fürstlichen Empfang bereitet (weil sie ihn für den Gott Lono hielten; vgl. S. 22f) und ihn samt der Besatzung der beiden Schiffe 'Discovery' und 'Resolution' drei Wochen lang bewirtet und beschenkt. Dabei verausgabten sie ihre Vorräte bis zur Erschöpfung und sie mögen froh gewesen sein, als die Weißen die Insel am **4. Februar** endlich verließen. Um so größer war ihr Erstaunen, als die Schiffe nur neun Tage später erneut die Kealakekua Bay anliefen, weil sie durch einen Sturm beschädigt waren und repariert werden mussten. Da Cook-Lono offensichtlich den Naturgewalten unterworfen war, konnte er für die Einheimischen kein Gott mehr sein, und man begegnete ihm nun mit Misstrauen und unverhohlener

Captain Cooks Tod – Radierung des Zeugen John Webber

Feindschaft. Durch Diebstähle und Übergriffe eskalierte die Situation so, dass James Cook am **13. Februar** mit zehn Leuten zu einer Strafaktion an Land ruderte. Dort hatten sich mehrere Hundert aufgebrachte Krieger versammelt; es kam zu Kampfhandlungen, in deren Verlauf der Kapitän von den Einheimischen umringt und angegriffen wurde.

Die genauen Todesumstände sind umstritten. Nach einer Version erhielt Cook einen Schlag, durch den er verletzt ins Wasser fiel und ertrank. Nach einer anderen Version wurde er von den Hawaiianern am Strand erdolcht, oder – wie es auch in einigen Filmen dargestellt wurde – mit Lanzen und Keulen erschlagen und zerstückelt. Fest steht, dass die Einheimischen den Leichnam mit sich nahmen und ihn in traditioneller Weise 'behandelten', d.h. den Körper aufteilten und einzelne Stücke den Priestern und Häuptlingen übergaben.

Einige im Erdofen gebratene und von den Knochen gelöste Leichenteile sandte man auch zu den Schiffen der Weißen, die über das grausige Ende ihres Kapitäns so entsetzt waren, dass sie gnadenlos die Dörfer und Tempel der Einheimischen mit Kanonen beschossen. Nachdem daraufhin Cooks Gebeine den Briten übergeben worden waren, lichteten sie am **22. Februar** die Anker und verließen den Archipel in Richtung Heimat. Die sterblichen Überreste des Kapitäns wurden auf hoher See beigesetzt.

Der Höhepunkt des Ausfluges liegt 6,4 km weiter südlich und ist vom Parkplatz aus auf einer ausgeschilderten und asphaltierten, aber sehr engen Straße (z.T. einspurig) zu erreichen. Dabei fährt man parallel zur Küste durch eindrucksvolle Lavafelder, die spärlich mit Gestrüpp überwachsen sind. Schließlich erreicht man den breiten Hwy. 160, von dem es nach rechts zum Visitor Center des Puuhonua-o-Honaunau geht.

Holzidole am Puuhonua-o-Honaunau

Puuhonua-o-Honaunau National Historic Park (Place of Refuge)

Hawaiis größte Tempelanlage

Trotz der starken Restaurierungsarbeit stellt das Puuhonua-o-Honaunau – wörtlich übersetzt: 'der Zufluchtsort von Honaunau' – das wohl eindrucksvollste Zeugnis der polynesischen Kultur dar, das im gesamten Bundesstaat zu bewundern ist. Ein solcher 'Zufluchtsort' war für alle, die sich dem Vergehen eines großen *Kapu* schuldig gemacht hatten, die letzte Möglichkeit, ihrer Bestrafung (d.h. der Opferung) zu entgehen.

Solche Stätten waren naturgemäß nicht einfach zu erreichen und außerdem dünn gesät – nur sechs davon gab es auf Big Island.

Dadurch, dass das Ahnenhaus der hawaiischen Könige in unmittelbarer Nachbarschaft liegt und seit dem 16. Jh. hier die Gebeine von Königen und Priestern bestattet wurden, wuchs die heilige Ausstrahlung *(Mana)* des Ortes stetig an und war dadurch in der Lage, die Taten der Verbrecher aufzuwiegen. Nachdem sich ein 'Sünder' bis zum Zufluchtsort durchschlagen konnte, wurde er durch einen Priester vom Makel der *Kapu*-Verletzung befreit und wieder der Gesellschaft zugeführt.

Schnorcheln

Innerhalb des Nationalparks oder unmittelbar davor gibt es perfekte Stellen zum Schnorcheln. Z.B. die Keoneele Cove, wobei wegen der Heiligen Stätte hier keine Badehandtücher hingelegt werden dürfen. Besser ist die Bucht Two-Step sofort nördlich des Parks. Es gibt eine schmale Zufahrtsstraße zu einem gebührenpflichtigen Parkplatz, aber wenn Sie ohnehin Ihren Wagen am Parkplatz des Place of Refuge abgestellt haben, gehen Sie am besten zu Fuß dorthin.

Da die Funktion einer solchen Stätte von allen Stämmen akzeptiert wurde, konnten hier auch all jene Zuflucht suchen, die bei den häufigen Schlachten nicht mitkämpfen konnten: Frauen, Alte und Kinder. In ihren Dörfern waren sie den Siegern ausgeliefert und wurden oft genug abgeschlachtet, aber hier waren sie geschützt – egal, wie der Kampf ausging.

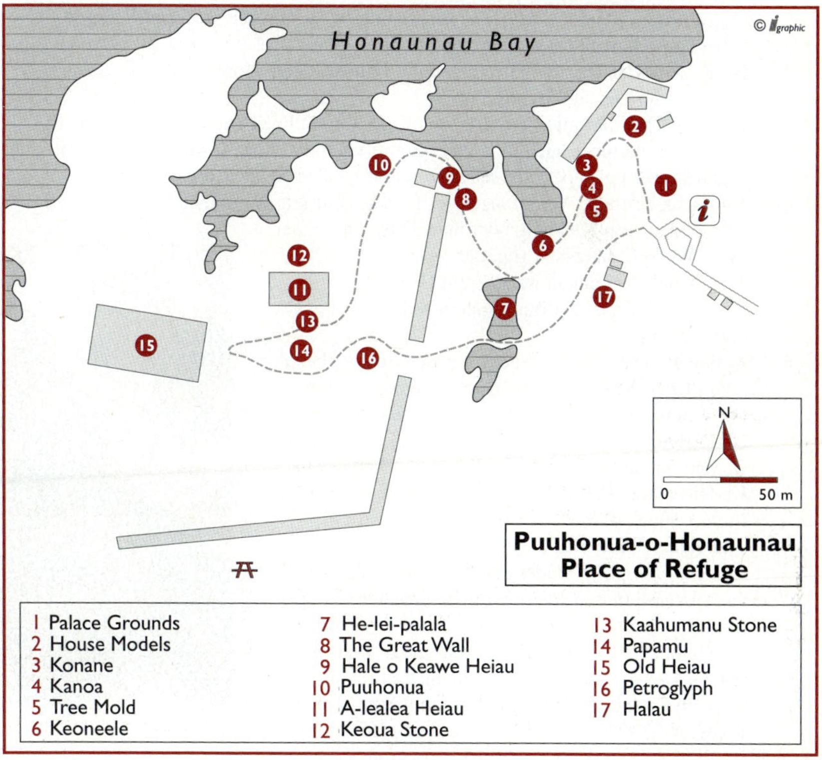

Nach dem Ende des *Kapu*-Systems und dem Absterben der alt-hawaiischen Religion wurde Puuhonua-o-Honaunau schließlich zerstört, wobei aber die massiven Steinmauern (The Great Wall und die Tempelfundamente) erhalten blieben. Sie ermöglichten zusammen mit alten Darstellungen der Anlage zu Anfang des 20. Jh., vor allem aber in den 1960er Jahren, die Zufluchtsstätte zu rekonstruieren. Heute vermittelt sie mit ihrem Tempel- und Zufluchtsbereich, mit Grashäusern und hölzernen Tempelgöttern das Aussehen des heiligen Ortes, wie er im 18. Jh. bestanden hat.

Der erste Weg führt vom Parkplatz zum Visitor Center, wo man einen Lageplan mit Erläuterungen bekommt. Dann geht es an Wandmosaiken vorbei, die hawaiische Mythen symbolisieren und per Knopfdruck zum 'Sprechen' gebracht werden können, in das große Freiluft-Gelände.

Die wichtigsten Sehenswürdigkeiten sind in der Reihenfolge eines empfohlenen Spaziergangs nummeriert. Im Einzelnen sind dies:

1) **Palace Grounds:** Dieser von Kokosnusspalmen umringte Platz trug den Graspalast des jeweiligen Königs bzw. Häuptlings. Er war vor allen anderen Plätzen *Kapu*, d.h. er durfte von den gemeinen Sterblichen weder mit dessen Schatten berührt noch gar betreten werden.
2) **House Models:** Die Modelle zeigen die Bauweise der Wohn- und Vorratshäuser der *Alii* oder der einfachen Leute.
3) **Konane:** Das 'hawaiische Schachspiel' (in Wirklichkeit eher ein Mühle-Spiel, bei dem es darum ging, den letzten Zug machen zu können) wurde auf diesem zugehauenen Felsblock mit schwarzen und weißen Steinchen gespielt.
4) **Kanoa:** Künstliche Vertiefungen im Lavagestein mit unbekanntem Zweck (evtl. zum Färben von Kleidung oder zum Zerstampfen der *'Awa*-Wurzeln für einen rituellen Trunk).
5) **Tree Mold:** Bei einem lange zurückliegenden Lavafluss hat hier ein Baumstamm seinen Abdruck hinterlassen.
6) **Keoneele:** Diese kleine Bucht war der Anlegeplatz der königlichen Kanus und für Normalsterbliche *Kapu*. Die Grenze des *Kapu*-Gebietes mag die kleine Götterfigur im Wasser markiert haben. Landeinwärts werden Kanus nach traditioneller Weise hergestellt.
7) **He-lei-palala:** Ein königlicher Fischteich, ebenfalls *Kapu* (vgl. S. 494).
8) **The Great Wall:** Das beeindruckendste Bauwerk der Anlage! Die große Mauer aus kunstvoll aufgeschichteten Lavasteinen wurde im 16. Jh. errichtet, ist 300 m lang, 5 m breit und 3 m hoch. Sie hatte die Aufgabe, den Tempelbereich vom Palastgelände zu trennen.
9) **Hale o Keawe Heiau:** Der originalgetreu rekonstruierte Tempel geht auf den zum Gott erhobenen König Keawe-ku-i-ke-kaai zurück, der gegen 1550 starb und

Haus-Modell

dessen Gebeine hier beigesetzt wurden. Während der folgenden 2½ Jahrhunderte wurden weitere 22 Könige hier bestattet, zuletzt ein Sohn Kamehamehas I. im Jahre 1818.

10) **Puuhonua:** Die eigentliche Zufluchtsstätte war nur schwimmend zu erreichen (da sie zur Landseite hin durch das bewachte Palastgelände und die Große Mauer abgeschirmt war). Von dieser Stelle hat man einen guten Blick über die Bucht und auf die Meerwasserteiche, deren Krebse und anderes Getier den Flüchtlingen als Nahrung dienten.

Holzfigur vor der Großen Mauer

11) **A-lealea Heiau:** Steinplattform, die früher mehrere Grashäuser des Tempels getragen hat. Nach dem Bau des Hale o Keawe Heiau wurde sie für andere Zwecke benutzt.

12) **Keoua Stone:** Angeblich war dieser Stein der Lieblingsplatz des Kona-Königs Keoua. In den Löchern im Boden können Pfosten gesteckt haben, die einen Baldachin trugen.

13) **Kaahumanu Stone:** Der Legende nach jener Stein, unter dem sich Kaahumanu vor den Häschern König Kamehamehas I. nach einem Ehestreit versteckte. Das Gebell ihres Hundes verriet sie jedoch, und das Ehepaar lebte anschließend in Frieden miteinander.

14) **Papamu:** Wie in Nr. 3 ein Stein für das Kanone-Spiel. Die Spielregeln sind übrigens im Visitor Center erhältlich.

15) **Old Heiau:** Die Fundamente des ältesten Tempels und Vorghänger-Baus des A-lealea Heiaus.

16) **Petroglyph:** Felsritzung einer menschlichen Figur (Datierung unsicher; schwer zu erkennen).

17) **Halau:** Zeltartige Holzgebäude, die als Lagerschuppen und Arbeitsstätten genutzt wurden.

Wandern

Wer nach dem Besichtigungsprogramm noch Zeit und Lust auf eine interessante, rund einstündige (= 2½ km) Wanderung hat, sollte das südliche Terrain des Nationalparks erkunden. Dort beschreibt die Alahaka Bay einen tiefen Bogen landeinwärts, im Süden begrenzt durch die Keanae'e-Klippen, einem 'versteinerten Wasserfall' aus Lava. Dieses Naturphänomen wurde schon in vergangenen Zeiten gerne von Reisenden aufgesucht, die aber wegen des Tempelgeländes, das ja Kapu war, einen recht schwierigen Pfad direkt am Meeresufer nehmen mussten. Man erreicht ihn vom Visitor Center über den Picknick-Platz an der Küste. Nach dem Fall des Kapu-Systems baute man 1868 einen schnurgeraden Maultierpfad, der mittels einer Steinrampe auf die Klippen führt. Heutige Besucher können also beide Wege zu einer kleinen Rundwanderung verbinden.

Nach dem Besuch dieser historischen Stätte bleibt man auf dem Hwy. 160 und hat kurze Zeit später Gelegenheit, nach links auf eine kleine Straße abzubiegen, die einen nach wenigen Minuten zur so gen. 'Painted Church' bringt.

St. Benedict's Church (Painted Church)

Nahe dem Parkplatz der Kirche sind einige sakrale Gebäude und Skulpturen versammelt, so z.B. eine Golgatha-Darstellung. Am oberen Ende des Platzes liegt das katholische Gotteshaus Our Lady of Hawaii.

Ausgemalte Kirche

Die eigentliche Sehenswürdigkeit ist aber jenes weiße Holzkirchlein, das mit seinem filigranen, neugotischen Turmhelm jenseits eines kleinen und im Sommer ausgetrockneten Baches zu sehen ist. Es wurde um die Jahrhundertwende errichtet und ist dem St. Benedict geweiht. Bekannter ist das Gebäude jedoch unter dem Namen 'Painted Church', der sich auf die komplette Ausmalung des Interieurs durch den Belgier Jean Berchman Velghe bezieht.

In der 'Painted Church'

Velghe, der mehrere Kirchen im pazifischen Raum ausschmückte, war 1899-1904 Geistlicher an der St. Benedict's Church. Sein Bildprogramm ist an der Bibel ausgerichtet, wobei er einzelne Szenen jedoch in eine typisch hawaiische Landschaft stellte. Interessant, wie er die 6 Holzsäulen, durch die das Innere in drei Schiffe unterteilt wird, am Holzdach als Palmenkronen auslaufen lässt oder wie er dem Chorbereich durch eine perspektivische Wandmalerei die Illusion einer gotischen Kathedrale verpasste. Auch der blumengeschmückte Friedhof inmitten eines Lavafeldes, die süßlichen Muttergottes-Statuen und das Standbild von Father Damien verdienen Beachtung.

Bei der Weiterfahrt auf der schmalen Straße, vorbei an Kaffeeplantagen und Obstgärten, gelangt man nach 2½ km zur Middle Keei Rd., der man nach links wieder bis zur Napoopoo Rd. oder auf kürzerer Strecke rechter Hand zum Hwy. 11 folgt. Um die Rundfahrt zu vollenden, fährt man auf diesem wieder nach Norden, wo man hinter der Ortschaft **Captain Cook** auf die bereits bekannte Strecke stößt. Sollten Sie noch Zeit übrig haben, lohnt sich vor Captain Cook links des Highways ein Besuch der **Kona Coast Macadamia Nut & Candy Factory**, in der man einiges über die Veredelung der 'Königin der Nüsse' erfährt und selbstverständlich Kostproben erstehen kann *(tägl. geöffnet, freier Eintritt)*.

Holualoa

Eine Alternative sowohl zum Alii Dr. als auch zum Hwy. 11 ist der Mamalahoa Hwy. (Hwy. 180), der in Honalo vom Hwy. 11 abzweigt und durch landwirtschaftlich genutztes Gebiet zum Dörfchen Holualoa führt. Dieser Weg kann für alle, die auf der Hawaii Belt Rd. weiter nordwärts reisen möchten, gleichzeitig als Umgehung von Kailua-Kona genutzt werden. Holualoa ist ein verschlafenes, kleines Nest, das sich allerdings einige Künstler als Heimat gewählt haben und wo der Tourismus Fuß zu fassen beginnt, u.a mit komfortablen Bed & Breakfast-Unterkünften.

Kona-Kaffee und Macadamia-Nüsse

Das in einer alten Kaffeemühle untergebrachte Kona Arts Center, das Studio des Galeristen und Künstlers Hiroki Morinoue, eine Ukulele-Manufaktur, die hübsche Holualoa Chapel von der Jahrhundertwende und der 1915 gegründete Kimura Lauhala Shop sind einige der Adressen, die man bei genügend Zeit aufsuchen könnte. Und nahe der Ortschaft lädt die Kona Blue Sky Coffee Company Besucher in ihr Visitors Center und zu Kostproben ein. Vom Ortszentrum führt die Hualalai Rd. bergab und direkt ins Zentrum von Kailua-Kona.

Der Süden von Big Island

Die Fahrt um die Südspitze von Big Island herum ist landschaftlich in erster Linie von den breiten Lavaströmen geprägt, die aus Seitenspalten des Mauna Loa im 19. und 20. Jh. dem Meer zuflossen und eine karge Szenerie von gleichzeitig erschreckender Monumentalität und bizarrer Schönheit schufen. Grüne Vegetationsinseln dazwischen geben Raum für Rinderfarmen sowie Kaffee- und Macadamianuss-Plantagen.

Nur die erste Teilstrecke bis zur Ortschaft Captain Cook ist mit Restaurants, Hotels und Supermärkten touristisch erschlossen; hier befinden sich meerseitig auch die größten kulturellen Sehenswürdigkeiten, deren Besichtigung jedoch viel Zeit in Anspruch nimmt und die bereits im vorigen Kapitel ausführlicher dargestellt worden sind.

Die Gesamtstrecke von Kailua-Kona bis zum Nationalpark beträgt auf der gut ausgebauten Hawaii Belt Rd. (Hwy. 11) 155 km und ist bei normalen Verkehrsverhältnissen und ohne Abstecher in etwa 2½ Stunden zu bewältigen. Die erste

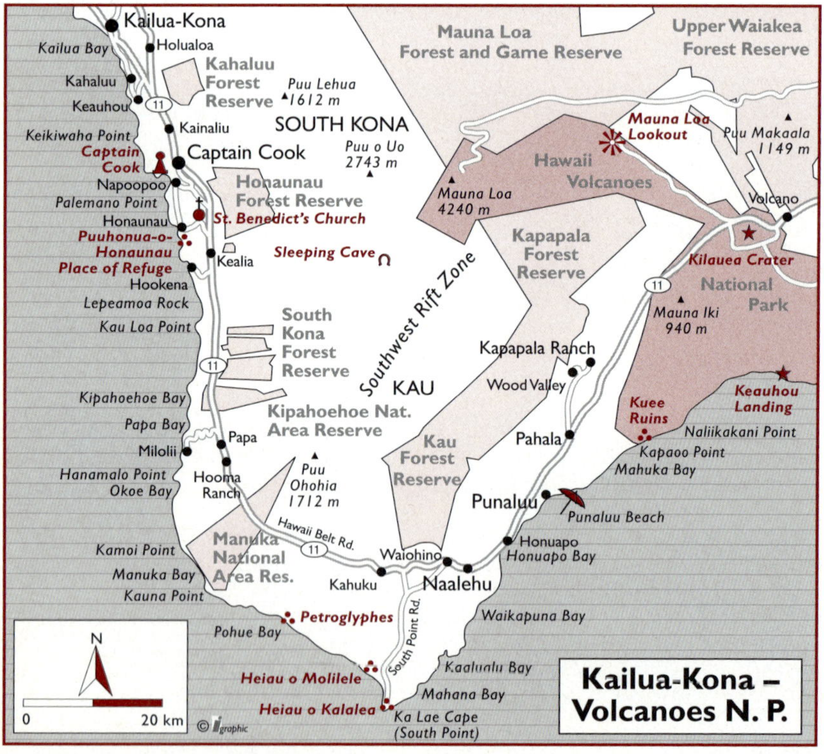

Etappe bis Naalehu ist dabei 96½ km und die zweite Etappe bis zum Visitor Center 57,9 km lang. Wer allerdings dem South Point einen Besuch abstatten möchte, muss noch 17,4 km (pro Strecke) hinzurechnen. Ein beschränktes Angebot an Unterkünften findet sich am Ende der Etappe im Nationalpark, doch ist wegen des starken Andranges hier eine Vorab-Reservierung unbedingt ratsam. Wer am gleichen Tag weiter nach Hilo fahren oder zum Ausgangspunkt zurückkehren möchte, ist also gut beraten, so früh wie möglich aufzubrechen, da man im Nationalpark selbst mindestens einen halben Tag zur Verfügung haben sollte. In diesem Fall verbietet sich der Besuch einiger hier vorgestellter Punkte von selbst.

Um Big Islands Südspitze

Restaurants sind entlang der Strecke rar gesät, doch findet man immer wieder einen Laden, in dem man Früchte oder anderen Proviant kaufen kann, sowie einige nette Lokale in Naalehu und Punaluu.

Vor Ihrem Aufbruch sollten Sie übrigens auch an angemessene Kleidung denken. Erstens ist es auf der anderen Seite der Insel deutlich feuchter, zweitens kann es im Nationalpark in Höhenlagen von bis zu 1.300 m deutlich kühler sein als an der Westküste. Außer Regenjacke und evtl. einem Pullover ist festes Schuhwerk ratsam, da nicht alle Wanderwege im Nationalpark befestigt sind.

Zwischen Kailua-Kona und South Point

Die erste Teilstrecke legt man von Kailua-Kona am schnellsten auf dem Hwy. 11 zurück, der weiter von der Küste entfernt ist als der Alii Dr., aber durch eine durchaus eindrucksvolle Landschaft führt. Vor und nach Captain Cook gibt es allerdings auch viele Kurven, die ein Überholen oft nicht möglich machen.

Nachdem man den Weiler **Kealia** und die kleine Puukana-Kirche passiert hat, lohnt sich ein kleiner Abstecher zur Küste, wo zwischen den Meilenmarkern 101 und 102 rechts eine schmale und 3,7 km lange Straße zum Fischerdorf **Hookena** abgeht. Schon Robert Louis Stevenson hatte den Ort in seinen 'Travels in Hawaii' erwähnt; auf den damals noch völlig unberührten Ort war er durch König Kalakaua aufmerksam gemacht worden. Inzwischen hat zwar die westliche Zivilisation Einzug in Hookena gehalten, trotzdem findet man hier noch ländliches Ambiente ohne touristische Überfrachtung. Außerdem laden zwei kleine Strände (Kealia Beach und Hookena Beach) mit schwarzem und weißem Sand zum Baden und Schnorcheln ein, der dazugehörige Beach Park verfügt über Picknicktische.

Schwarzer und weißer Sand

Zurück auf dem Highway, geht es auf nach wie vor sehr kurvenreicher Strecke in einiger Entfernung parallel zur Küste, wobei man wegen der Höhe (300-500 m ü.d.M.) häufig einen weiten Blick bis zum Meer hat. Man durchquert die Kipahoehoe Natural Area Reserve, in dem inzwischen eine dichte Vegetationsdecke den Lavastrom von 1919 bedeckt, und kommt kurz darauf zu einem Abzweig, der einen auf asphaltierter Straße zum 8 km entfernten Fischerdorf **Milolii** bringt. Dort, wo diese Straße die Küste erreicht, passiert man die Siedlung Hoopulea, die 1928 durch einen Lavastrom vernichtet wurde. Die Einwohner siedelte man damals nach Milolii um, wo das Leben ihrer Nachfahren bis heute in traditionellen Bahnen verläuft. Wer an authentischem hawaiischen Leben interessiert ist – hier dürfte er es auf Big Island noch am ehesten erleben.

Die Hawaii Belt Rd. wird bald gerader und erlaubt zügigeres Fahren. Auf Höhe der **Hoomau-Ranch** (links) bestimmt auf einmal das saftige Grün von Rinderweiden das Landschaftsbild, anschließend begleitet ein großes Gelände mit Macadamianuss-Bäumen rechter Hand die Straße. Der Highway durchschneidet dann ein weiteres Naturschutzgebiet (Manuka Natural Area Reserve), das als großes Dreieck vom Südwestkamm des Mauna Loa bis zur Küste reicht.

Spuren der Eruptionen

In der Mitte des Gebietes zweigt links ein Weg ab, auf dem man zum Start- und Zielpunkt des schönen Wanderweges Manuka Trail gelangt. Sofort danach beginnt die eindrucksvollste Etappe, bei der man auf schnurgerader und sehr gut ausgebauter Strecke durch eine Abfolge unterschiedlicher Lavaströme gebracht wird. Die mächtigsten Eruptionen fanden in den Jahren 1887 und 1907 statt, als sich Unmengen glühender Lava von den Hängen des Mauna Loa hinabwälzten und als erstarrtes Plateau die Küstenlinie weit in den Ozean hinausschoben. Hier sollte man auf den Lookout auf der rechten Straßenseite abfahren, den Motor abstellen und die unwirkliche Einöde und Stille in sich aufnehmen.

Kurz darauf wird das Erscheinungsbild wieder freundlicher, und die ehemaligen Weiden der **Kahuku Ranch** erscheinen nach dem Erlebnis der Lavawüste als grüne Oasen. Der Betrieb hat im Jahre 2004 seine Viehzucht in dieser Region aufgegeben – das Land ging in den Besitz des Nationalparks über, der auf diese Weise nochmals stark vergrößert wurde.

Windfarm am South Point

Abstecher zum South Point

Nahe dem Meilenmarker 69 geht die schmale South Point Rd. zum südlichsten Punkt des Bundesstaates ab. Insgesamt 17,4 km ist die Straße lang, und ob sich dieser Abstecher lohnt, hängt davon ab, ob nachher noch genug Zeit für den weitaus eindrucksvolleren Nationalpark bleibt.

Immerhin hat man am Endpunkt der Strecke das Südkap von Hawaii erreicht, das gleichzeitig auch als 'southernmost point in the United States' bezeichnet wird. Das ist zwar nicht ganz korrekt, da sich ein Teil der viel weiter südlich gelegenen Samoa-Inseln in amerikanischem Besitz befindet, aber für Sammler geographischer Extrempunkte reicht es allemal.

Die asphaltierte South Point Rd. ist schmal (einspurig), bietet jedoch mehrfach Ausweich-Möglichkeiten und ist insgesamt gut zu befahren. Die Landschaft hier unten ist nicht sensationell, aber mit schwarzen Lavaflächen, vereinzelten Baumbeständen und saftigen Weiden abwechslungsreich. Etwa auf halbem Wege passiert man rechter Hand die im Juli 1987 eingerichtete Kamaoa Wind Farm, auf der 37 Windturbinen des Mitsubishi-Konzerns die umliegenden Haushalte mit Strom versorgen.

Am Südkap

Schließlich hat man das Südkap erreicht, das auf polynesisch **Ka Lae** (= 'der Punkt') heißt und das in frühen Zeiten dicht besiedelt war. Wahrscheinlich gingen hier die ersten Siedler von den Marquesas und aus Tahiti an Land; alte Heiaus und Kanu-Landeplätze sind von den Archäologen jedenfalls nachgewiesen worden. 1964 wurde das nunmehr unbewohnte Kap deshalb als National Historical Landmark eingerichtet. Die etwa 35 m hohe Steilklippe inmitten einer windzerzausten Weidelandschaft wird vor allem von lokalen Fischern aufgesucht, die hier ihre Boote zu Wasser lassen oder direkt von den Klippen aus angeln. Touristische Einrichtungen gibt es am South Point nicht.

Eine Besonderheit ist der östlich gelegene **Green Sand Beach**, den man auf einem 4 km langen Küstenpfad zu Fuß oder mit dem Geländewagen erreicht und der tatsächlich grünlich schimmernden Sand besitzt. Er befindet sich hinter einem vulkanischen Kegel, dessen Abhänge man zuvor bezwingen muss. Dafür trifft man hier kaum eine Menschenseele an und hat bei ruhiger See gute Badebedingungen.

Zwischen South Point und dem Nationalpark

Die erste kleine Ortschaft nach dem Abzweig der South Point Rd. ist **Waiohinu**, deren weiße Holzkirche (Kauahaao Church) rechts des Highways zu sehen ist. Das hübsche Gotteshaus mit seinem spitzen Turmhelm wurde bereits 1841 errichtet und ist im Innern bis auf ein schlichtes Holzkreuz schmucklos. Stolz ist man auch auf einen Baum nahe dem Shirakawa Motel, der von Mark Twain persönlich gepflanzt wurde.

Naalehu

Gut 3 km hinter der Kirche gelangt man auf dem Highway mitten durch das Städtchen Naalehu, dessen rund tausend Einwohner hauptsächlich von philippinischen und italienischen Einwanderern abstammen. Auffällig sind die vielen Schulgebäude und Sportplätze, die der Ort (übrigens der südlichste des Landes) in seiner Mittelpunktfunktion für das Umland besitzt. Des Weiteren findet man hier u.a. Kirchen, Tankstellen, zwei nette Bäckereien und einen öffentlichen 18-Loch-Golfplatz.

Punaluu

Hinter Naalehu berührt der Highway wieder für einige Kilometer die Küste. Weder der Lookout noch der nahe Whittington Beach (ohne Sandstrand) sind jedoch einen Stopp wert, stattdessen geht es 7½ km weiter zum Doppelort **Ninole** (mit der Condominium-Anlage Sea Mountain samt angeschlossenem 18-Loch-Golfplatz und kleinem Strand) und **Punaluu**. Dort lohnt sich der Abzweig zum Punaluu Beach Park, an dem man einen von Lavaklippen eingerahmten schwarzen Sandstrand vorfindet. Der so gen. Black Sand Beach, der in erster Linie von Einheimischen frequentiert wird, steht als Nistgebiet der Seeschildkröten unter Naturschutz. Über die Loop Rd. gelangt man zum Highway zurück; wer eine Erfrischung braucht, sei hier an das Shaka Restaurant verwiesen oder an den Punaluu Bakeshop, in dem das berühmte 'Punaluu Sweetbread' hergestellt wird.

Nistgebiet der Seeschildkröten

Hinter der Ortschaft verlässt die Straße das küstennahe Gebiet und bringt einen in 7,2 km zum Dörfchen **Pahala**, das von der nahen Rinderfarm Kapapala Ranch und den Macadamianuss-Plantagen und Obstgärten der Umgebung lebt. Vom gut 300 m hoch gelegenen Pahala steigt der Hwy. 11 stetig bis auf 1.200 m an und verläuft zunächst am südwestlichen Rand des Nationalparks entlang, in den man schließlich auf 927 m ü.d.M. hineinfährt. Dort sind bereits die ersten lohnenden Wanderungen möglich, z.B. der Kau Desert Trail und der Mauna Iki Trail.

Auf den gut markierten Pfaden kommt man dabei in jenes Wüstengebiet, das im Jahre 1790 von plötzlichen Asche-Ausbrüchen und von Giftgasen heimgesucht wurde. Genau zu diesem Zeitpunkt marschierten hier Soldaten des Königs Keoua gegen die Armee Kamehamehas I., und 400 von ihnen kamen bei der Naturkatastrophe ums Leben – für Kamehameha der Beweis, dass die Vulkangöttin Pele auf seiner Seite stand. Die fliehenden Krieger hinterließen ihre Fußspuren im Ascheschlamm, der später glasartig erhärtete. Einige dieser eingeglasten Fußabdrücke sind rechts der Straße in etwa 800 m Entfernung zu sehen (Hinweis).

Auf den nächsten 11 km bis zum Abzweig zum Visitor Center passiert man linker Hand ein Campinggelände und die Einmündung der Mauna Loa Rd., auf der man zum Kipuka Bird Park und zum Mauna Loa Lookout kommt, von dem ein Trail auf den zweithöchsten Berg der Insel führt. Vor allen anderen Aktivitäten sollte man jedoch zunächst vom Hwy. 11 nach rechts zum **Park Visitor Center** abzweigen und sich dort mit Kartenmaterial usw. versorgen *(s.u.)*.

Der Hawaii Volcanoes National Park

Überblick

Der 1916 eingerichtete Hawaii Volcanoes National Park ist eine der wichtigsten Sehenswürdigkeiten im pazifischen Raum und dürfte eigentlich von keinem Hawaii-Besucher versäumt werden. Er ist eine der wenigen Stellen auf diesem Planeten, an denen man gefahrlos und unmittelbar Zeuge erdgeschichtlicher Vorgänge werden kann. Das als Nationalpark naturgeschützte Gebiet umfasst nicht nur den Kilauea und seine direkten Nachbarkrater, sondern zieht sich im Westen bis zum Gipfelbereich des Mauna Loa hin sowie im Süden und Osten bis zur Küste – insgesamt ein Areal von 554 km².

Hawaiianerinnen opfern am Halemaumau-Krater

Seitdem der Mensch seinen Fuß auf die Insel gesetzt hat, ist die vulkanische Tätigkeit in dieser Region bekannt und gefürchtet. Die Polynesier vermuteten hier deshalb die **Heimat der Vulkangöttin Pele**, die im Halemaumau-Krater südlich des Kilauea zu Hause war und sich immer dann durch Eruptionen und Erdbeben meldete, wenn sie aus irgendeinem Grunde verärgert war. Früher versuchte man, den Zorn der Göttin durch Opfergaben abzumildern, heute beobachten wissenschaftliche Stationen die Vorgänge im und am Krater und haben in der Vergangenheit mehrfach Ausbrüche prognostiziert und Evakuierungsmaßnahmen in die Wege geleitet.

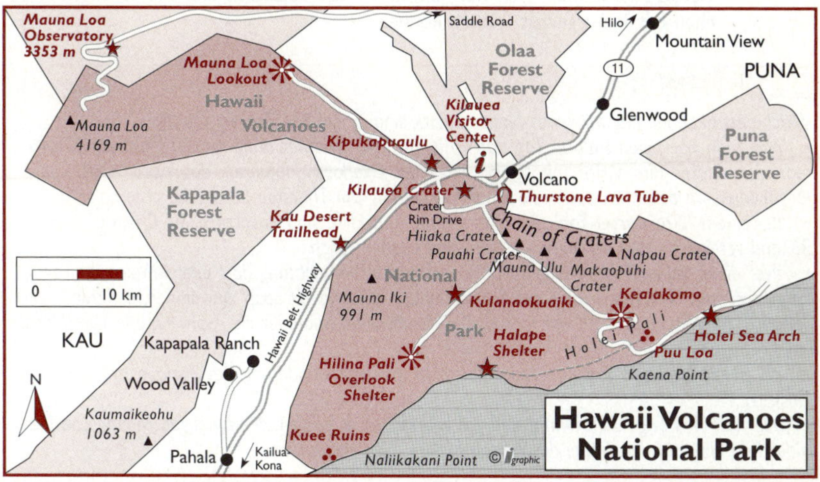

Der **Kilauea** ist insgesamt kein eigentlicher Krater, sondern eine Caldera, also ein eingesunkener Kessel über entleerten Magma-Kammern. Sein oval geformter Rand ist gut 4 km lang, 3,2 km breit und 122 m tief. Über 100 Jahre hinweg war der Kilauea ununterbrochen aktiv, und auf dem Boden seines Halemaumau-Kraters befand sich der berühmte brodelnde Lavasee mit einem Durchmesser von 800 m. In einer enormen Dampfexplosion wurde er 1924 'trockengelegt', ohne dass aber dadurch die vulkanische Tätigkeit abnahm. Diese verlagerte sich auf die Seitenkrater und Flanken mit Höhepunkten in den Jahren 1974 und 1982. Zuletzt zeigte der Vulkan im März 2008 deutlich sichtbar – Lavafluss und Schwefeldampfausstoß – seine Aktivität.

Wo die Vulkangöttin wohnt

Wissenschaftler haben ausgerechnet, dass das Lavamaterial, das in den letzten 1.100 Jahren vom Kilauea freigesetzt wurde, ein 805 km² großes Areal bedeckt. Noch gigantischer muten die Statistiken über den 4.169 m hohen **Mauna Loa** an, dem größten Vulkan der Welt. Seine Caldera ist knapp 5 km lang, 2½ km breit und 183 m tief. Im 20. Jh. brach er allein 14-mal aus, und seit 1832 sind 37 Eruptionen dokumentiert. Seine erstarrten Lavaströme bedecken eine Fläche von rund 3.220 km², und beim 23-tägigen Ausbruch von 1950 müssen allein 600 Mio m³ Auswurfmaterial freigesetzt worden sein. Die Gesamtmenge der Magma, die er innerhalb eines Jahrhunderts nach oben beförderte, wird auf 4 Mrd m³ geschätzt! Zuletzt brach der Mauna Loa im März 1984 aus, und zwar durch eine Spalte in 2.865 m Höhe, deren Lavafluss die Hauptstadt Hilo bedrohte.

Auch heute noch aktiv

Trotz dieser eindrucksvollen Zahlen sollte man nicht in dem Glauben zum Nationalpark fahren, auf jeden Fall Zeuge einer Feuer speienden Eruption zu werden. Solche außergewöhnlichen Ereignisse finden im Durchschnitt nur einmal in 11 Monaten statt und konnten in der Vergangenheit immer recht präzise vorhergesagt werden (was jeweils eine wahre Touristenflut auslöste). Dagegen ist es sicher, dass Sie bei Ihrem Besuch Fumarolen und aufsteigende Schwefeldämpfe sehen werden, auf immer noch warmem Lavaboden spazieren und alle sonstigen Anzeichen der Naturgewalt erleben können.

1 Zeitplan

Welche Attraktionen des Volcanoes National Park sind in welcher Zeit zu 'schaffen'?

- *Hat man nur einen **halben Tag** zur Verfügung (bei Übernachtung an der Westküste), sollte man den Crater Rim Drive mit seinen einzelnen Overlooks abfahren, das Visitor Center und Jaggar-Museum besuchen sowie die kurze Wanderung zur Thurston Lava Tube unternehmen.*
- *Bei einem **'Dreiviertel-Tag'** (bei Übernachtung in Hilo) sind zusätzlich die Chain of Craters Rd. und vereinzelte Wanderungen wie der 'Iliahi Loop' möglich.*
- *Wer einen **vollen Tag** im Nationalpark verbringt (Übernachtung dort oder in Volcano Village), kann das obige Programm und den faszinierenden 'Kilauea Iki Loop' bewältigen, außerdem ein Teilstück der Mauna Loa Rd. mit Kipuka Puaulu abfahren und/oder die Asphaltstraße zum Hiina Pali Lookout.*
- *Bei einem **zweiten Tag** im Nationalpark ist die Tageswanderung des Halape Trail empfehlenswert.*
- *Wer sich **4-5 Tage** Zeit nimmt und gut vorbereitet ist, sollte den einmaligen Mauna Loa Trail (über Red Hill) auf den Gipfel des Viertausenders nicht versäumen.*

In den letzten Jahren konnte man an der Küste eine enorme weiße Rauchsäule beobachten, wo die Lava unterirdisch in den Ozean abfloss. Häufig war auch von Aussichtspunkten und bei Helikopterflügen der Feuerschein zu sehen – besonders nachts eine Freude für alle Fotografen. In ausgezeichneten Filmen zeigen das Visitors Center und das Jaggar Museum außerdem die spektakulärsten Ausbrüche der letzten Jahrzehnte.

Der Crater Rim Drive

Gut ausgeschildert geht vom Hwy. 11 ein kurzer Verbindungsweg zum Crater Rim Dr. ab; jener ist insgesamt 17½ km lang und folgt dem Verlauf des Caldera-Randes. An mehreren Stellen führen kurze Stichstraßen oder Loops zu Aussichtspunkten bzw. anderen Sehenswürdigkeiten. Derzeit (März 2009) ist die Straße allerdings wegen Krateraktivitäten zwischen Jaggar Museum und der Kreuzung zur Chain of Craters Road auf unbestimmte Zeit gesperrt. Aktuelle Informationen über Aktivitäten und Sperrungen finden Sie unter www.nps.gov/havo. Die nachstehend aufgeführten Stationen sind chronologisch nach dem Streckenverlauf der Kraterrundstraße entgegen dem Uhrzeigersinn geordnet:

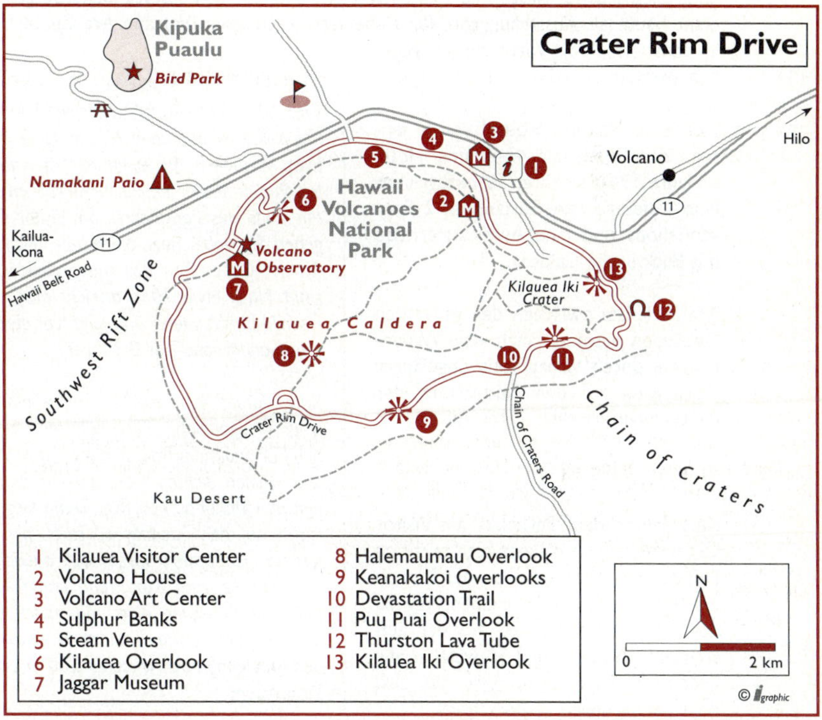

Kilauea Visitor Center (1)

Das wichtigste Informationszentrum liegt am Anfang des Crater Rim Dr. und sollte die erste Adresse eines jeden Besuchers sein. Hier erhält man Karten- und Informationsmaterial sowie Postkarten und Spezialliteratur, hier starten die Parkranger zu geführten Wanderungen oder geben Hinweise für Touren in Eigenregie. Schautafeln, Wandkarten und Modelle geben einen Eindruck von der geologischen Situation des Nationalparks, ebenso wird hier ein informativer Einführungsfilm gezeigt.

Das Volcano Art Center

Unweit des Visitor Centers (der gleiche Parkplatz) befinden sich noch zwei weitere Gebäude: das **Volcano House (2)** und das **Volcano Art Center (3)**. Beide gehen auf die erste feste Unterkunft am Kraterrand zurück, die bereits 1846 von Benjamin Pitman gebaut wurde und im Laufe der Zeit mehrfach ihr Aussehen veränderte. Der Bau, der seine Gestalt im Jahre 1877 bekam und solch illustre Gäste wie *Mark Twain* und *Franklin D. Roosevelt* beherbergte, dient heute als Ausstellungsort für einheimische Künstler (Volcano Art Center), in dem auch Hula-Vorführungen gegeben werden.

Am Nationalpark-Zentrum

Das neue 'Volcano House' wurde jenseits der Straße als 42-Zimmer-Hotel im Jahre 1941 errichtet. Es verfügt über eine Cafeteria, ein Restaurant, 2 Souvenirshops und eine Aussichtsterrasse mit Blick in die Caldera.

Am Parkplatz zwischen den genannten Gebäuden beginnen auch viele Wanderungen, deren Verlauf mit ungefährer Zeitangabe auf den Faltblättern der Parkverwaltung eingetragen ist.

Sulphur Banks (4)

Kurz hinter dem Parkplatz am Visitor Center (und von diesem auch leicht zu Fuß zu erreichen) geht von der Kraterrundstraße rechts ein kleiner Weg zu den 'Schwefelhängen' ab, wo der aufsteigende Wasserdampf Schwefel an die Erdoberfläche transportiert, der sich dort gelb-grünlich niederschlägt.

Wandern

Wer Lust auf eine erste kleine Wanderung hat, sollte es mit dem 2,1 km langen ***Iliahi Loop*** *versuchen, der einige der interessantesten Punkte dieser Region berührt. Vom hinteren Ende des Parkplatzes am Visitor Center gehen Sie dabei über die Straße nach links, wo der Crater Rim Trail (ausgeschildert) beginnt. Nach etwa 70 m erreicht man ein Infoschild für Wanderer und folgt hier dem Hinweis 'Sandalwood Trail 0,3 miles'.*

Kurz darauf geht es auf Stufen hinab zu einer Weggabelung. Hier hält man sich an den Halemaumau Trail, dem man etwa 300 m durch einen dichten Wald mit u.a. Baumfarnen und Ohia-Bäumen folgt. Dann biegt man rechts auf den Sandalwood Trail ein, der einen an Fumarolen vorbei auf aussichtsreicher Strecke zum Kraterrand bringt. An der nächsten Kreuzung biegt man nach rechts auf den Crater Rim Trail ab und vollendet den Rundgang nach weiteren 500 m bis zum Visitor Center.

Steam Vents (5)

Eine Parkbucht zur Linken bringt einen nahe an die typischen 'Dampföffnungen', die man auch an vielen anderen Stellen innerhalb der Caldera sehen kann. Hier dringt Oberflächenwasser durch Erdspalten in den heißen Untergrund, wo es verdampft und wieder nach oben steigt.

Kilauea Overlook (6)

Dieser Aussichtspunkt bietet sich für den nächsten Stopp an, wo man die gesamte Caldera überblicken kann. Bei wenig Zeit fahren Sie jedoch besser zum Jaggar Museum weiter.

Jaggar Museum (7)

Museum…

Das linker Hand der Straße befindliche Gebäude wurde 1987 eröffnet und trägt seinen Namen nach dem amerikanischen Geologen Thomas A. Jaggar, der als einer der ersten zu Anfang des 20. Jh. die vulkanische Tätigkeit des Kilauea studierte. Die wichtigsten Forschungsergebnisse wurden im nebenan gelegenen Observatorium erzielt, das aber für die Öffentlichkeit nicht zugänglich ist.

Das Jaggar Museum befindet sich in 1.243 m Höhe direkt auf dem Kraterrand und bietet von seiner Aussichtsterrasse einen weiten Blick über die gesamte Caldera. Mit Schautafeln, Videofilmen und Diashows werden Besucher über die vulkanologischen Vorgänge genauso wie über die polynesischen Mythen von der Vulkangöttin Pele informiert. Weiter befinden sich ein Schalter des Visitor Centers und ein Souvenirshop in dem Museum *(tägl. 8.30-17 Uhr geöffnet).*

Halemaumau Overlook (8)

…und Aussichtspunkte

Im Südwesten der Kraterrundstraße führt ein kurzer Weg vom Parkplatz zum Aussichtspunkt über den Halemaumau. Dieser äußerst aktive Krater, nach althawaiischer Vorstellung das Haus der Göttin Pele, hat seine Form und Größe im Lauf der Jahrhunderte mehrfach verändert. Noch 1924 gingen die Kraterränder mehr als 365 m steil hinab, und auf dem Boden befand sich ein brodelnder, rot glühender Magmasee.

Nach mehreren Ausbrüchen, besonders stark in den Jahren 1974 und 1982, wurde der Kratergrund mit Lava aufgefüllt. Aufsteigende Dampfsäulen, Risse in der Lavadecke und mineralische Ablagerungen sowie ein durchdringender Schwefelgeruch künden aber davon, dass die Göttin Pele nach wie vor den Kessel beherrscht. *(Der Aussichtspunkt ist derzeit gesperrt, s.S. 403.)*

Keanakakoi Overlook (9)

Der kleine, aber tiefe Keanakakoi-Krater liegt rechts der Straße und ist von dieser (hinter der Brücke) direkt einsehbar. In dieser Parkgegend trifft man häufig auch auf Nene-Gänse. beherrscht. *(Der Aussichtspunkt ist derzeit gesperrt, s.S. 403.)*

Devastation Trail (10)

Wo rechter Hand die **Chain of Craters Road** von der Kraterrundstraße abzweigt, führt zur anderen Seite eine Stichstraße zum Beginn des kurzen und interessanten Wanderweges. Dabei kommt man durch ein gespenstisches Gebiet, das 1959 durch eine Aschen- und Lavaeruption verwüstet wurde. Damals bedeckte eine meterhohe Schicht von Auswurfmaterial den alten Crater Rim Dr. und ließ von der Vegetation nur kahle Baumruinen stehen. Interessanterweise schlugen die für tot gehaltenen Ohia-Bäume nach drei Jahrzehnten wieder aus und tragen nun zarte grüne Blätter. Der bequeme Holzbohlenweg endet nach 800 m am Puu Puai Overlook *(s.u.)*, von wo man über die Asphaltstraße zum Ausgangspunkt zurückkehren kann.

Auf dem Devastation Trail

Puu Puai Overlook (11)

Eine 500 m lange Stichstraße bringt Besucher durch waldreiches Gebiet nach links zu einem Aussichtspunkt, von wo man dem Kegel des Puu Puai am nächsten ist und einen herrlichen Blick in den Kilauea-Iki-Krater hat.

Thurston Lava Tube (12)

Ein etwa 500 m langer Pfad führt rechts der Straße durch einen fantastischen Wald von Baumfarnen und Ohias zu einem so gen. Lavatunnel. Diese 150 m lange und bis zu 6 m hohe Röhre entstand, indem ein Lavastrom von außen rasch abkühlte und erstarrte, während im Innern das glühende Material weiterfloss und einen Tunnel hinterließ. Der Weg durch die Thurston Lava Tube ist außerordentlich eindrucksvoll; er ist auf Treppen und Holzbohlen bequem zu begehen und im Innern der Röhre beleuchtet.

In der Thurston Lava Tube

Kilauea Iki Overlook (13)

Auf einem kurzen Seitenweg gelangt man hier zum vielleicht besten Lookout auf den Krater des 'kleinen Kilauea', in dem übrigens 2001 Teile des Filmremakes 'Planet der Affen' gedreht wurde. Er entstand 1959, wobei über 36 Tage lang rot glühende Fontänen bis über 600 m in den Himmel schossen und stündlich mehr als 2 Mio Tonnen Lava ausspuckten. Das Phänomen der Lavafontänen ist für Hawaii übrigens charakteristisch und entsteht, wenn dünnflüssiges Material unter hohem Druck aus engen Öffnungen gestoßen wird. Die Mondlandschaft auf dem Boden des Kraters ist inzwischen abgekühlt und kann auf dem empfehlenswerten Kilauea Iki Loop durchwandert werden.

Wandern

*Am Parkplatz des Kilauea Iki Overlook beginnt der knapp 5 km lange **Kilauea Iki Loop**, für den man ca. 2½ Stunden benötigt. Auf dieser recht leichten Wanderung lernt man das Gebiet des Kilauea-Iki-Kraters kennen. Dabei geht man bis zum Boden des Kraters hinab, vorbei an Ohelo-Büschen mit roten Beeren, die traditionell der Vulkangöttin Pele geopfert werden müssen. Über die flache und wüstenhafte Lavaebene, aus der immer noch Dämpfe aufsteigen, wandert man gerade auf den gegenüber liegenden Kraterrand zu, den man auf einem Zickzackpfad erklimmt, vorbei an großen Baumfarnen.*

Oben stößt man auf den Crater Rim Dr. und den Crater Rim Trail, auf dem man in knapp 500 m wieder zum Ausgangspunkt zurück gelangt.

Die Chain of Craters Road

Auf der Chain of Craters Rd., die südlich vom Crater Rim Dr. abzweigt, hat man die seltene Möglichkeit, vom Kraterrand bis hinab zum Meeresufer durch eine völlig vom Vulkanismus geprägte Landschaft zu fahren, dabei mehrere tiefe Seitenkrater zu sehen und am Endpunkt den aufsteigenden weißen Dampf zu erleben, der durch den Kontakt von heißer Lava mit dem Meerwasser entsteht.

Vom Kraterrand zum Ozean

Früher war es möglich, von der Chain of Craters Rd. entlang der Küste nach Kalapana zu fahren und über den Hwy. 130 wieder auf den Hwy. 11 zu gelangen. Lavaströme zu Beginn der 1990er Jahre haben eine solche Rundfahrt jedoch unmöglich gemacht, und deshalb heißt es heute nach etwa 40 km: 'Road closed by lava flow'. Mit anderen Worten: Wer diese Strecke abfahren möchte, muss die entsprechende Zeit mitbringen – trotz der guten Straßenverhältnisse sollten Sie wegen vieler Serpentinen, gelegentlicher Spaziergänge und Fotostopps rund 2 Stunden für die 80 km einkalkulieren.

Auf den ersten 6,4 km ab dem Abzweig fährt man auf schnurgerader Strecke durch eine grüne Landschaft, deren Vegetation im feuchten und milden Klima beste Voraussetzung findet. Anzuhalten lohnt sich jeweils am Lua Manu Crater, Puhimau Crater und am Kookoolau Crater, die sich unmittelbar neben der Straße befinden. Dann kommt man zur Abzweigung der Hilina Pali Rd., die sich in 14,4 km bis zum **Hilina Pali Overlook** im Südwesten entlangwindet. Diese Piste ist zwar für normale Pkw geeignet, aber schwieriger zu fahren und deshalb nur bei größeren Zeitreserven zu empfehlen. Auf halber Wegstrecke erreicht man dabei den Camping- und Picknickplatz **Kipuka Nene** (890 m ü.d.M.), von dem aus der wunderschöne Halape Trail zur Küste führt.

Wandern

*Am Picknickplatz Kipuka Nene beginnt der fantastische, aber auch anstrengende **Halape Trail**. Er führt einen in 890 m Höhe von den Hängen des Kilauea durch ein ausgetrocknetes Gebiet hinab zum Meeresufer, wo die kleine Siedlung Halape 1975 durch ein Erdbeben und einen nachfolgenden Tsunami vernichtet wurde. Halape war bekannt für seinen Hain von hohen Kokosnusspalmen inmitten der Lavaödnis, die Erinnerungen an eine Wüstenoase wach* *werden ließen. Innerhalb von Sekunden wurde im November 1975 der idyllische Flecken um einige Meter unter den Meeresspiegel abgesenkt, und eine hohe Flutwelle riss die Hütten und Zelte einiger Camper ins Meer. Nach dieser Katastrophe ragten die zerfetzten Spitzen der Palmen aus dem Meer, gleichzeitig war aber eine Lagune mit weißem Sandstrand geschaffen worden, an dem sich inzwischen junge Kokosnusspalmen angesiedelt haben.*

Ausdauernde Wanderer können die gut 23 Kilometer hinunter zum Ozean und wieder hinauf zum Ausgangspunkt an einem Tag schaffen, allerdings ist dabei ein sehr früher Aufbruch notwendig. Eine starke Taschenlampe sollte sich in diesem Fall im Wandergepäck befinden. Ebenfalls muss man an ausreichende Mengen Trinkwasser und Proviant denken. Wer vorhat, in der Wildnis zu campieren, muss sich vorher am Nationalpark-Headquarter registrieren lassen.

Auf der Chain of Craters Rd. passiert man kurz hinter dem Abzweig auf der linken Seite den tiefen Pauahi Crater, ab wo die Landschaft von riesigen, z.T. grauen, z.T. tiefschwarzen Lavaflächen bestimmt wird. Ein relativ junges Lavafeld entstand 1969, als sich der **Mauna Ulu** wieder einmal geregt hatte. Dieser 'Ableger' des Kilauea, der in der deutschen Übersetzung 'wachsender Berg' bedeutet, konnte keinen besseren Namen erhalten. Bei der letzten Eruption hob er sich um gut 100 m, während seine Lavaflüsse an der Küste ein 80 ha großes Areal neuen Landes geschaffen hatten. Die Lavaströme, die bis 1974 nach Süden abflossen, bestimmen auch den weiteren Weg, bei dem sich der Highway in vielen Kehren hinabwindet.

Lohnend ist der Halt beim **Kealakomo Overlook** mitten in der schwarzen Vulkanwüste. Kurz bevor man die Küste erreicht, kann man auf einem kürzeren Trail einen Abstecher in diese Urlandschaft unternehmen. Dabei geht der 1½ km lange Pfad nach links zu den Petroglyphen von Puu Loa, die sich erstaunlicherweise erhalten haben. Zur anderen Seite hat man die Möglichkeit, den mehr als 10 km langen Puna Coast Trail bis zum Kap Apua zurückzulegen.

Dampfsäulen am Ende der Chain of Craters Road

Am Meeresufer biegt die Chain of Craters Rd. nach links ab und folgt der unmittelbaren Küstenlinie. Einen guten Eindruck von der schwarzen Mauer des neu geschaffenen Landes, das sich in einer Steilküste dem Ozean entgegen stellt, gewinnt man an der Naturbrücke der **Holei**

Sea Arch, nur wenige Fußminuten von der Straße entfernt. In der Ferne beweist eine aufsteigende weiße Dampfsäule, dass immer noch glühendes Material mit dem Meerwasser in Kontakt tritt. Kurz vor dieser Stelle ist die Straße gesperrt, und eine provisorische, mobile Filiale des Visitor Centers unterrichtet Besucher, wie weit man auf dieses Naturschauspiel gefahrlos zugehen darf und ob es sich lohnt, den Einbruch der Dunkelheit abzuwarten (wenn der rote Feuerschein natürlich besonders gut zu sehen ist).

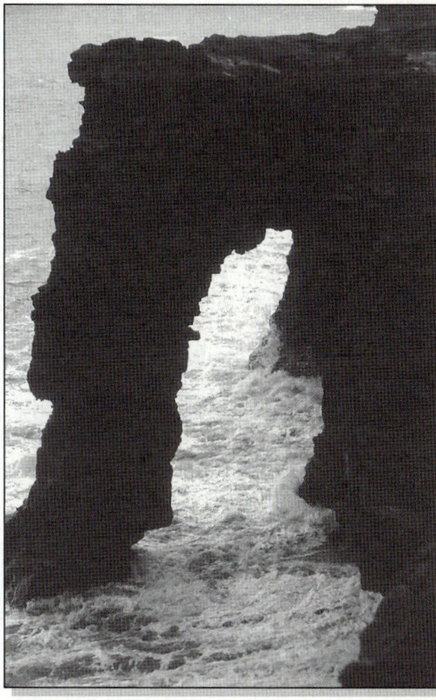

Der Holei Sea Arch

Der Pfad entlang der Küste bis **Kamoamoa** war in den letzten Jahren nicht mehr zugänglich. Dort stellte früher der Black Sand Beach eine Attraktion dar, der 1987 vom Meer angeschwemmt wurde. Der schwarze Sand solcher Strände entsteht während der plötzlichen Abkühlung der heißen Lava durch das Meerwasser, der das Material in mikroskopisch feine Teilchen zersplittern lässt. In dieser Region ist die Lebensdauer eines Strandes freilich nur kurz. Fünf Jahre nach seiner Entstehung verschwand der Black Sand Beach von Kamoamoa unter einer dichten Lavadecke! Überhaupt sind verlässliche Angaben über dieses Gebiet schwer zu machen, da die vulkanische Tätigkeit stets für neue Überraschungen sorgen kann.

Weitere Sehenswürdigkeiten und Volcano Village

Das enorme Ausmaß des Nationalparks bringt es mit sich, dass weite Teile weder von den oben beschriebenen Straßen (Crater Rim Dr. und Chain of Craters Rd.) aus zugänglich sind, noch vom Hwy. 11, sondern nur über lange Wanderungen durch die Vulkanwüste. An dieser Stelle soll jedoch nur auf jene Punkte hingewiesen werden, die man als Autotourist ohne große Mühen erreichen kann.

Fährt man vom Abzweig des Visitors Centers auf dem Hwy. 11 nach links (also in Richtung Kailua-Kona), passiert man nach wenigen Minuten linker Hand das Kilauea Military Camp, das zwar keine Attraktionen bereithält, aber wegen seines Postamtes von Nutzen sein kann. Auf gleicher Höhe zweigt nach rechts die Volcano Golf Course Rd. ab, die einen zum öffentlichen 18-Loch-**Golfplatz** mit angeschlossenem Clubhaus samt Restaurant bringt, zur benachbarten **Volcano Winery**.

Golf und Wein

Ein Weingut in 1.220 m Höhe haben wohl die wenigsten erwartet, doch scheinen hier die Früchte unter der tropischen Sonne bestens zu gedeihen. Auf 5½ ha

werden u.a. Guaven, Passionsfrüchte und Carambolas kultiviert und dann im Verhältnis 1:1 mit Chablis gemischt. Auch Honigwein und andere exotische Liköre können in der Volcano Winery probiert und gekauft werden.

Als nächstes zweigt die Mauna Loa Strip Rd. vom Highway ab, die einen zu mehreren interessanten Punkten bringt. Da sind zunächst die so gen. **Tree Molds**, die man auf einem rechts abgehenden Seitenweg nach wenigen Minuten erreicht. Solche 'Baumlöcher' entstehen, wenn die heiße Lava auf einen Baumstamm trifft und durch den Kontakt erstarrt. Durch die Hitze brennt der Baum zwar ab, hinterlässt aber ein Loch im Bodenmaterial.

Interessante Wanderung

Folgt man der Mauna Loa Strip Rd. etwa 2 km weiter nach Nordwesten, gelangt man zum **Kipuka Puaulu Bird Park**. Dort haben die Lavaflüsse ein größeres Gebiet ausgespart, in dem sich die einheimische Tier- und Pflanzenwelt wie in einer Isolierstation inmitten der lebensfeindlichen Umwelt erhalten konnte. Sehr zu empfehlen ist hier der knapp 2 km lange Wanderweg Kipuka Puaulu Loop, der einen zu den schönsten Punkten in dieser Vegetationsinsel bringt. Bei ausreichender Zeit kann man die gesamte Route (= 21,7 km) auf asphaltierter, aber kurvenreicher Strecke bis zum **Mauna Loa Lookout** zurücklegen, wo sich ein Picknickplatz befindet. Diese Stelle ist gleichzeitig Startpunkt des Mauna Loa Trail, einem 59 km langen Wanderweg zur Caldera des größten Vulkans der Welt.

Zurück auf dem Highway, kommt man danach am Picknick- und Campingplatz **Namakani Paio** vorbei sowie schließlich zu jener Stelle, an der einen der Kau Desert Trail nach ca. 800 m zu den versteinerten Fußspuren hawaiischer Krieger bringt, die 1790 vor einer Giftgas-Eruption flohen *(s.o.)*.

Volcano Village

Dörfchen am Vulkan

Nördlich vom Visitor Center (also in Richtung Hilo) bringt einen der Hwy. 11 zur Ortschaft Volcano Village, die für Besucher nur wegen ihrer touristischen Infrastruktur von Interesse ist. Sie liegt nördlich (linker Hand) der Hauptstraße und ist mit dieser an drei Stellen verbunden. Als Längsachsen durchqueren die Old Volcano Rd. (die als erste vom Highway abgeht) und parallel dazu die Kilauea Rd. den Ort, als Querstraßen sind die Haunani Rd. und die Wright Rd. am wichtigsten. Innerhalb dieses Straßenrasters befinden sich ein Postamt, ein Supermarkt, zwei Tankstellen, die Kilauea Lodge und viele Bed-&-Breakfast-Unterkünfte. Außerdem findet am ersten und dritten Sonntag eines jeden Monats dort der lokale Markt mit Kaffee-, Kräuter-, Blumen- sowie Secondhand-Ständen statt.

Vom Hawaii Volcanoes National Park nach Hilo

Vom Volcanoes National Park verläuft der Hwy. 11 stetig, aber ohne steile Abschnitte oder Serpentinen hinab in die Küstenebene von Hilo. Auf dem gut ausgebauten Highway ist die nur 45 Kilometer lange Etappe bis zur Hauptstadt in einer halben Stunde zu schaffen, so dass diejenigen, die ein Quartier in Hilo reserviert haben, sich ruhig Zeit im Nationalpark lassen können. Anders sieht es aus, wenn man noch den einen oder anderen Abstecher entlang der Wegstrecke unternehmen möchte. Geeignet dazu sind verschiedene Blumenzucht-Anlagen, Macadamianuss-Plantagen und botanische Gärten. Wer jedoch aus Zeitgründen zwischen den vulkanischen Attraktionen des Nationalparks und den erwähnten botanischen Highlights abwägen muss, sollte m.E. immer ersteren den Vorzug geben.

Die Sehenswürdigkeiten entlang des 45 Kilometer langen, gut ausgebauten und zügig befahrbaren Highways nach Hilo sind schnell aufgezählt. Es handelt sich dabei vor allem um Gärten und landwirtschaftliche Betriebe, in denen Blumen, Macadamia-Nüsse etc. kultiviert werden. Auf die erste Anlage dieser Art stößt man zwischen den Siedlungen **Volcano Village** und **Glenwood**, wo nach rechts ein kurzer, ausgeschilderter Weg zu den **Akatsuka Orchid Gardens** führt. In diesem 2½ ha großen Garten hat der Blumenzüchter Mori Akatsuka eine Vielzahl von Orchideen-Arten zusammengetragen. Der Hwy. 11 durchquert dann das kleine Dorf **Glenwood** in 700 m Höhe und steigt auf den nächsten 10 km bis zur Ortschaft **Mountain View** (kleiner Park, Gewächshäuser) auf 450 m hinab. Gut 9½ km weiter hat man bei **Keaau**, dessen Ortszentrum (Shopping Center,

Blumenzucht

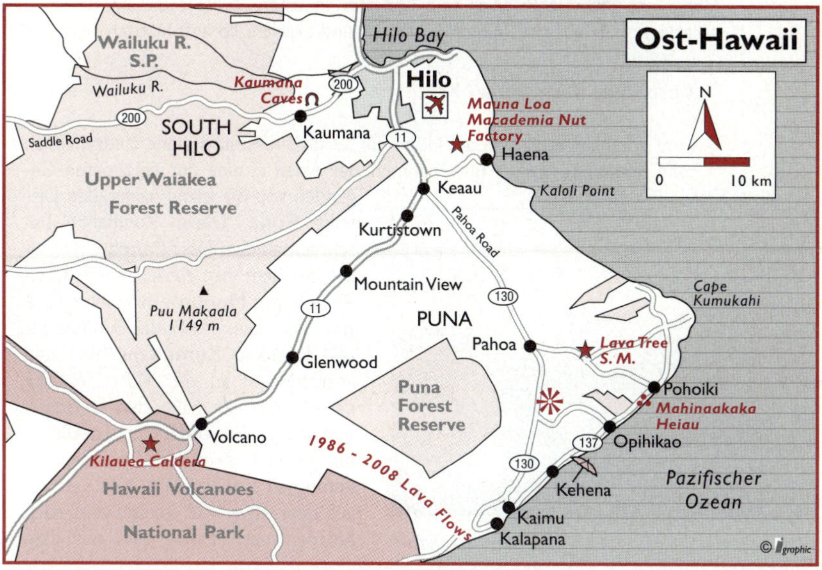

Cafés, B&B-Unterkunft) rechts der Wegstrecke liegt, die Ebene erreicht. Kurz hinter der Weggabelung geht nach rechts die Macadamia Rd. zur **Mauna Loa Macadamia-Nut Factory** ab (ausgeschildert), einem sehenswerten Großbetrieb mit etwa 800.000 Nussbäumen. Dieser weltgrößte Produzent der wohlschmeckenden Baumfrucht begann seine Produktion in den 1950ern. Besuchern bietet er die wohl beste Möglichkeit, sich Kenntnisse über das Wachstum, die Ernte und die Weiterverarbeitung der köstlichen Macadamia-Nüsse anzueignen – u.a. mit einem Visitor Center, einem informativen Videofilm und einem Rundwanderweg durch die Gärten. Auf dem Gelände befinden sich auch ein Picknickplatz und ein Snack-Shop, in dem Sie Kekse, Konfekt und andere veredelte Produkte kaufen können.

Gärten und Macadamia-Nüsse

Nur wenige Fahrminuten weiter (hinter dem Meilenmarker 4) weist ein Schild auf die **Nani Mau Gardens** hin, die man auf der rechts abgehenden Stichstraße Makalika St. erreicht, vorbei an weißen, wild wachsenden Orchideen. Der 8 ha große botanische Garten wurde 1970 angelegt und enthält rund 100 tropische Frucht- und Obstbaum- sowie 2.000 Blumenarten, vor allem diverse Anthurien, Orchideen und Ingwer. Beim Spaziergang durch das Gelände kommt man an einem künstlich angelegten Teich mit Wasserfall vorbei und kann die Picknick-Pavillons oder das Angebot des Plumeria Restaurants nutzen.

Zurück auf dem Highway, gelangt man unmittelbar danach bereits in die Außenbezirke der Hauptstadt. Die jetzt mehrspurige Straße bringt einen an der Prince Kuhio Plaza vorbei, Hilos größtem Einkaufszentrum (u.a. mit der Modefirma Hilo Hattie's), weiter an Tankstellen, Fast-Food-Gaststätten und der Abfahrt zum nahen **Hilo International Airport**, bis man schließlich auf die Küstenstraße Kamehameha Hwy. stößt. Wer sein Quartier in einem der Hotels am Banyan Dr. reserviert hat, hält sich immer geradeaus und erreicht so automatisch sein Ziel.

Abstecher nach Puna / Kalapana

Kurz vor Hilo kann man auf Höhe der Ortschaft **Keaau** einen landschaftlich sehr reizvollen Ausflug unternehmen, der einen in eine der einsamsten Gegenden von Big Island bringt, den Distrikt **Puna**. Diese Rundfahrt beschreibt ab dem Dorf **Pahoa** ein Dreieck, auf dem man zunächst zum **Lava Tree State Monument** kommt, dann zum östlichsten Punkt des Bundesstaates, dem Kap **Kumukahi** fährt und anschließend an der Küste entlang nach Süden, bis nahe der Ortschaft **Kalapana** die erstarrten Lavaflüsse der jüngsten Zeit ein Weiterkommen unmöglich machen. Von hier geht es auf dem Hwy. 130 geradewegs nach Norden nach Pahoa und auf dem

Straßensperre Lavafluss

Hwy. 11 zurück. Der gesamte Ausflug ist knapp 100 km lang und erfordert wegen der schlechten Straßenverhältnisse etwa 3 Stunden (einschl. Fotostopps). Wer hingegen nur zum äußerst lohnenden Ziel der so gen. Lava Trees fährt, muss ab dem Hwy. 11 für den Hin- und Rückweg nur 45 km zurücklegen und kommt gut mit einer Stunde aus.

Ab **Keaau** verläuft der Hwy. 130 (Pahoa Rd.) auf rund 18 km Länge durch ein landwirtschaftlich intensiv genutztes Gebiet bis zur Ortschaft **Pahoa**, die für ihre Anthurien- und Orchideen-Farmen bekannt ist. Der Highway umgeht das Ortszentrum in weitem Bogen und erreicht an dessen südlichem Ende den Abzweig des Hwy. 132, auf dem es nach links zum Weiler **Kaniahiku** und kurz darauf zum **Lava Tree State Monument** geht. Auf einem kurzen Rundweg durch diesen bizarren Park gelangt man zum merkwürdigen Phänomen der so gen. Lavabäume (Lava Trees). Diese entstanden bei einer Eruption im Jahre 1790, als das dünnflüssige Material in schnellem Strom einen Wald von Ohia-Bäumen erreichte. Dort traf die Lava auf die freistehenden Bäume, wo sie abkühlte und durch den Kontakt so erstarrte, dass sich eine feste Kruste bildet. Anders als bei den Tree Molds *(s.o.)* floss hier aber der bis zu 4 m hohe Lavastrom durch Spalten im Untergrund ab, so dass die Lavakrusten in Form der ehemaligen Bäume als bizarre, schwarz-graue Monumente stehen blieben.

Bizarre Lava-Skulpturen

Erstarrte 'Lava-Bäume'

Wenige Hundert Meter hinter dem Abzweig zum Lava Tree Monument biegt rechts die schmale Pahoa-Pahoiki Rd. in Richtung Meer ab, wo sie am Isaac Hale Beach auf den Hwy. 137 stößt *(s.u.)*. Interessant ist auf dieser Strecke das nahe **Hawaii Geothermal Project**, das 1990 auf einem Lavafeld eingerichtet wurde. In der eingezäunten Anlage werden Tiefenbohrungen unternommen, um das durch Erdwärme aufgeheizte und verdampfende Grundwasser in elektrische Energie umzuwandeln. Dieses Großprojekt, bei dem der 'Export' des Stromes durch Unterseekabel nach Oahu geplant ist, wird von Umweltschützern und Einheimischen allerdings heftig bekämpft.

Folgt man dem Hwy. 132 nach Osten, gelangt man durch ein ausgedehntes und spärlich von Moosen und Flechten bewachsenes Lavafeld, das 1960 bei einer Spalteneruption entstand und zur Aufgabe des Ortes **Kapoho** führte. Die verlassene Siedlung erreicht man nach 9 km ab dem Lava Tree Monument, hinter der Kreuzung mit der Küstenstraße Red Road (Hwy. 137). Wer möchte, kann hier noch auf einer 2,7 km langen Stichstraße durch den erstarrten Lavastrom bis zum **Cape Kumukahi** weiterfahren, wo ein Leuchtturm den **östlichsten Punkt** des Bundesstaates Hawaii markiert. Der Hwy. 137 bringt einen anschließend auf schmaler Teerstraße zur Küste und an dieser entlang weiter nach Süden. Knapp 24 km sind es bis zum Ende der Straße bei **Kalapana**, eine Wegstrecke, auf der man Papaya-Plantagen und

Regenwald, Lavawüste und den Isaac Hale Beach, warme Quellen und illegale Marihuana-Felder passiert. Nur wenige Menschen wohnen hier, viele davon sind Aussteiger, die sich diesen entlegenen Winkel ausgesucht haben, um ohne große Komfortansprüche ihr einfaches Leben zu führen und von Touristen dabei nur ungern gestört werden. Auch ohne den Kontakt zu den Einheimischen lohnt sich die Strecke jedoch unbedingt, wobei viele Kurven und das ständige Auf und Ab der Straßenführungen hohe Anforderungen an den Fahrer stellen. Während man die Küste nur selten zu Gesicht bekommt, bestimmen die erstarrten Lavaströme, die aus den Spalten der East Rift Zone 1955, 1960 und 1977 dem Meer zuflossen, das Landschaftsbild.

Verlassene Ortschaft

Die letzten Eruptionen, die 1983-86 und von 1986-93 die Gegend verheerten, bedeckten südlich von Kalapana den Highway und unterbrachen die alte Verbindung zur Chain of Craters Rd. Auch die Siedlung **Kalapana** musste dabei zum größten Teil geräumt werden, wobei die Einwohner ihre Holzkirche aus dem Jahre 1929 retteten und an einen ungefährlicheren Platz neben den Highway verlegten. Da die vulkanische Tätigkeit unvermindert anhält, ist nicht mit Bestimmtheit zu sagen, wo sich genau das Ende der Straße befindet; man ist jedoch bestrebt, die Verbindung zum Hwy. 130 nicht abreißen zu lassen, auf dem man in gut 13 km wieder nach **Pahoa** zurückkehrt.

Hilo

Überblick

Hilo, an der gleichnamigen Bucht (= 'Mondsichelbucht') gelegen, wurde 1778 gegründet und ist mit ca. 44.000 Einwohnern nach Honolulu die zweitgrößte Stadt des Bundesstaates. Für Big Island ist der Ort eine wahre Hauptstadt, nicht nur wegen der Ansammlung administrativer Gebäude, sondern auch wegen seiner Bedeutung als Hafen-, Schul- und Landwirtschaftszentrum.

Rund ein Drittel der Insel-Bevölkerung ist hier zu Hause, trotz der Gefährdung durch eine feindliche Natur, die gerade in der zweiten Hälfte des 20. Jh. die Stadt mehrfach verwüstete. Damit sind vor allem die beiden schlimmen **Flutwellen** von **1946** und **1960** gemeint, die zusammen mehr als 200 Todesopfer forderten. Aber auch die Vulkanausbrüche des Kilauea und Erdbeben haben in jüngerer Vergangenheit (1960, 1973, 1977, 1989) mehrfach zu schweren Schäden geführt und Hilo an den Rand der Totalevakuierung gebracht.

> **Tipp**
>
> *Bei einer Inselrundfahrt ist Hilo auch dann für eine Zwischenübernachtung ideal, wenn Sie ein festes Urlaubsquartier an der Westküste haben. Bei frühzeitigem Aufbruch dort hätten Sie einen Dreiviertel-Tag im Nationalpark und wären abends in Hilo. Am nächsten Tag könnten Sie hier die Stadt hinreichend erkunden und am Nachmittag die Rückreise antreten.*

Im historischen Rückblick ist das so gen. Hilo-Massaker von **1938** erwähnenswert, als die Polizei einen Streik der Werftarbeiter brutal auflöste. Auch der Angriff japanischer U-Boote am 30. Dezember **1941** hat den Namen der Stadt in die Weltpresse gebracht.

Für den **Fremdenverkehr** spielt Hilo bislang keine allzu große Rolle. Zwar besitzt die Stadt einen internationalen Flughafen sowie mehrere Mittelklasse-Hotels, aber der Mangel an guten Badestränden und das Stigma der 'regenreichsten Stadt der USA' (durchschnittlich 3.470 mm Niederschlag pro Jahr) lassen Touristen dann doch lieber die trockene Westküste als Urlaubsquartier wählen.

Besuch in der Inselhauptstadt

Vier Gründe jedoch sprechen eindeutig für einen Besuch von Hilo:

- Der hohe Niederschlag mag lästig sein, ist aber für eine unglaubliche Blütenpracht verantwortlich, die man u.a. in den vielen Parks der Stadt und in botanischen Gärten bewundern kann. Nicht umsonst trägt Hilo den Beinamen 'Orchid Capital'.
- Die größte Sehenswürdigkeit der Insel, der Volcanoes-Nationalpark, ist von Hilo weitaus schneller und bequemer zu erreichen als von Kailua-Kona oder Waikoloa. Wegen der größeren Nähe sind z.B. Helikopterrundflüge dorthin auch erheblich billiger. Außerdem ist das Preisniveau der Hotellerie eindeutig niedriger als an der Westküste.
- Die historische Altstadt von Hilo ist für Liebhaber und Kenner von Architektur allemal einen Besuch wert.
- Und das Imiloa Astronomy Center gilt als eine der größten Sehenswürdigkeiten des Bundesstaates.

Der Banyan-Drive (Waiakea Peninsula)

Die Waiakea-Halbinsel ragt zwischen Flughafen und historischem Distrikt in die Hilo-Bucht und wird durch den Banyan Dr. erschlossen, der halbkreisförmig von der Kamehameha Ave. abgeht. Ihren Namen trägt diese Küstenpromenade zu Recht, ist sie doch zu beiden Seiten von mächtigen **Banyan-Bäumen** gesäumt, deren Luftwurzeln und Blätterdach einen regelrechten Vegetations-Tunnel bilden. Viele der Bäume wurden von Persönlichkeiten des öffentlichen Lebens gepflanzt, deren Namen am Baumstamm markiert sind.

In den Liliuokalani Gardens

Die meisten auswärtigen Gäste werden den Banyan Dr. allein schon deswegen kennen lernen, weil sich hier nebeneinander die drei größten Touristen-Hotels befinden. Aber auch sonst reizt die von großzügigen Parkanlagen und einem Golfplatz bedeckte Halbinsel zu einem erholsamen Spaziergang. Sehenswert ist dabei besonders das Gelände westlich des letzten Hotels. Dort sollte man über eine Fußgängerbrücke das kleine und flache Inselchen **Coconut Island** *(Mokuola)* besuchen, das mit seinen Kokosnussbäumen, dem Pavillon, einem kleinen Badestrand sowie einer schönen Aussicht auf die Bay und – bei klarer Sicht – bis hinüber zum Mauna Kea lockt.

Auf dem Suisan-Fischmarkt

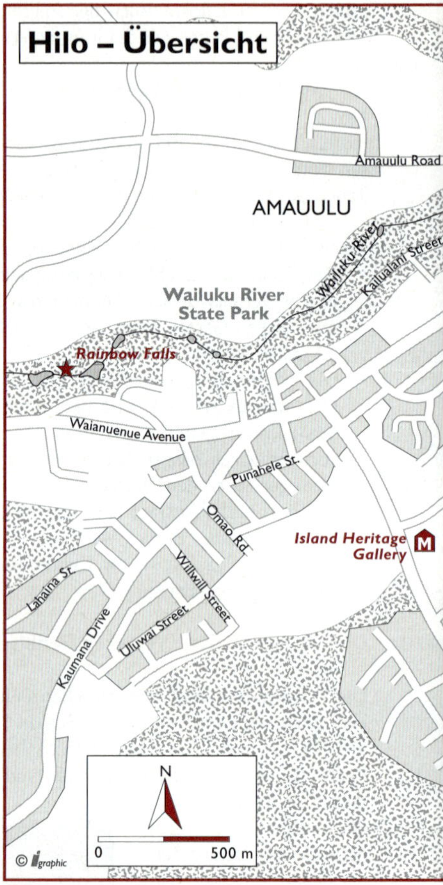

In alt-hawaiischer Zeit war das Eiland Geburtsstätte der *Alii* und Ort ritueller Heilungen. Zurück auf der Halbinsel, darf man sich die 12 ha großen **Liliuokalani Gardens** nicht entgehen lassen, die schönste der vielen Parkanlagen in der Hauptstadt. Sie ist ganz im japanischen Stil gehalten – mit geschwungenen Holzbrücken, Pavillons, fernöstlichen Statuen, Fischteichen und einem Teehaus. Der öffentliche Park trägt zwar den Namen der letzten hawaiischen Königin, stellt aber mit seiner Landschaftsarchitektur eine Verbeugung vor dem starken japanischen Bevölkerungsanteil von Insel und Stadt dar.

Japanischer Garten

Am westlichen Ende der Halbinsel, wo in einem engen Hafenbecken die ansehnliche Fischereiflotte von Hilo beheimatet ist, befindet sich als Sehenswürdigkeit ganz eigener Art der **Suisan-Fischmarkt.** Dort sieht man in den Morgenstunden die Einkäufer der Restaurants und Geschäfte aus dem ganzen Bundesstaat, die sich in einer lebhaften Auktion um die frischesten Marlins, Thunfische, Mahimahis, Schwertfische und andere Meerestiere bemühen. Wer früh genug auf den Beinen ist, d.h. vor 6 Uhr, findet hier eine spannende Atmosphäre voller Lokal-

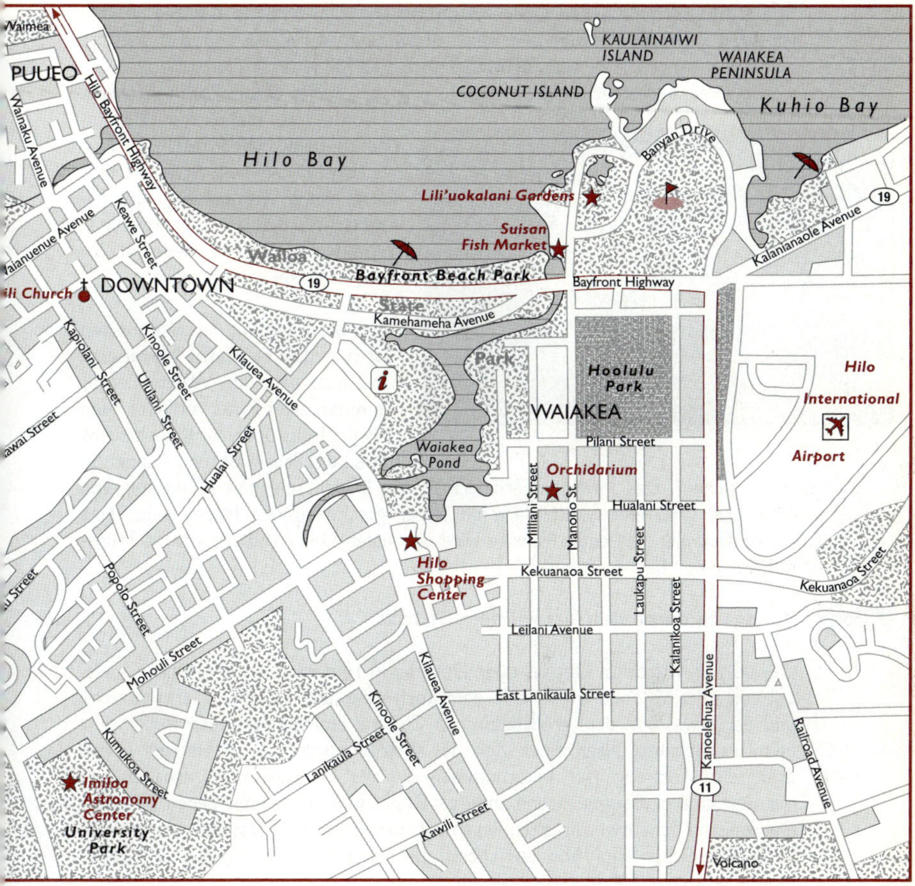

kolorit und vorzügliche Fotomotive. In einem benachbarten Laden können außerdem auch Privatpersonen frischen Fisch kaufen.

Das moderne Stadtzentrum

Die Stadtmitte zwischen der Waiakea-Halbinsel und dem historischen Distrikt ist von modernen Verwaltungsgebäuden, der weit verzweigten Lagune Waiakea Pond und großen Grünflächen geprägt, die diesem Gebiet einen parkähnlichen Charakter verleihen. Die Modernität der Gebäude ist eine direkte Folge der Flutwellen, die den alten Stadtteil vernichtet und eine völlige Neugestaltung notwendig gemacht hatten. Im Osten der Lagune, gegenüber der Waiakea-Halbinsel gelegen, erstreckt sich nun der **Hoolulu Park** mit dem Civic Center Auditorium. Auf der anderen Seite gelangt man zum Einkaufszentrum Kaikoo Mall, zum **County Of-**

fice Building, zum **State Office Building** und zum **Wailoa Center**, in dem u.a. Werke lokaler Künstler und Kunsthandwerker ausgestellt sind. Zur Seeseite hin findet man im Park eine **Bronzestatue** von Kamehameha dem Großen. Sie wurde 1997 aufgestellt und bekam 2004 eine Vergoldung. Die in Italien gefertigte Figur ist nicht identisch mit den anderen beiden Bronzestatuen (vgl. S. 259, 439), ob es aber stimmt, dass man in den Gesichtszüge des hawaiischen Königs den damaligen Präsidenten Clinton wieder erkennen kann, sei dahingestellt.

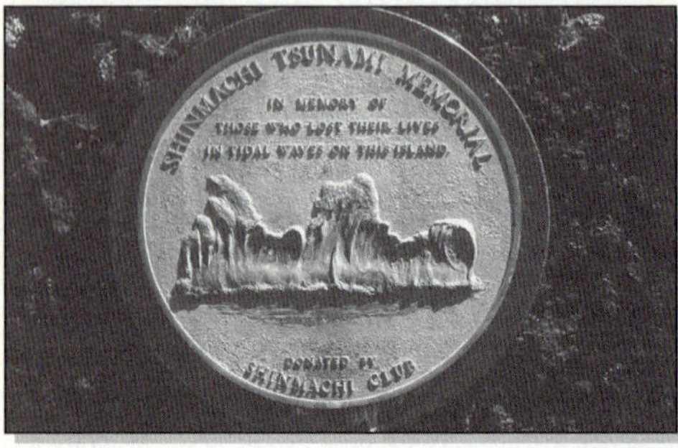

Plakette am Tsunami Memorial

Für Besucher am interessantesten ist hier das **Tsunami Memorial**, das man nahe am Wailoa Center inmitten eines Parks vorfindet (vom Hwy. 11 aus über die Kamehameha Ave., die Pauahi St. und Aupuni St. zu erreichen). Das Memorial erinnert an die beiden schlimmen Tsunamis von 1946 und 1960 und symbolisiert mit seiner geschwungenen Mauer selbst eine solche Flutwelle. Auf einer Plakette wird der vielen Opfer gedacht, die die Tsunamis unter der Bevölkerung gefordert haben.

Rundgang durch den historischen Distrikt

In Hilos Altstadt

Der so gen. Historical District oder Downtown Hilo ist ein quadratischer Stadtteil von ganz besonderem Reiz, in dem noch viele ältere Gebäude erhalten sind und der etwas von dem großstädtischen Charme erahnen lässt, den früher ganz Hilo auszeichnete. Nach einer Zeit des Verfalls wurden in den letzten Jahren erfolgreich Anstrengungen unternommen, die alte Bausubstanz zu erhalten und mit Restaurants, Boutiquen und anderen Geschäften wieder mit Leben zu füllen. Die meisten Sehenswürdigkeiten liegen nah beieinander, so dass man sie bequem zu Fuß erreichen kann: Von der Uferstraße bis zum Lyman Museum & Mission House sind etwa 800 m zurückzulegen.

Ein guter Startpunkt für den **Stadtrundgang** sind die Parkplätze zwischen dem Hwy. 19 und der Kamehameha Ave., auf die man kurz vor der Brücke links abbiegt. Hier befindet sich der Grünstreifen des **Mooheau Park (1)** mit einem Pavillon und der Hilo-Downtown-Busstation. Jenseits der Kamehameha Ave. wird der **Farmer Market (2)** abgehalten, der wohl interessanteste Obst- und Blumenmarkt der Insel. Die Bay-Front-Häuserzeile daneben stammt vom ersten Drittel des 20. Jh. Eines der schönsten Häuser ist hierbei das **Hata Building (3)** von 1912, das heute das beliebte Café Pesto beherbergt. Jenseits der Haili St. ist das Kress Bldg. von 1932 interessant, das im Stil des Art déco errichtet wurde.

Karte
S. 420

Und noch etwas weiter, an der Kamehameha Ave., werden im modern aufgemachten **Pacific Tsunami Museum (4)** die Flutwellen von 1946 und 1960 multimedial dokumentiert. Das Gebäude selbst

INFO Die Tsunamis von Hilo

Bevor es 2004 zur Tsunami-Katatrophe in Südostasien kam, stand vor allem der Name der Stadt Hilo für die Schrecken solcher seismischen Flutwellen (vgl. S. 55). Eine der bekanntesten im 20. Jh. wurde 1946 durch ein Erdbeben auf den Alëuten hervorgerufen. Ungläubig beobachteten am 1. April die Einwohner von Hilo, wie sich der Ozean zuerst weit zurückzog, um sich dann in Sekundenschnelle vor der Küste zu einer Wasserwand von rund 12 Metern aufzutürmen. Höher als die Bürohäuser an der Uferstraße brach die Riesenwoge über die Stadt, wirbelte Autos und Lastwagen wie Spielzeug durcheinander, zerschmetterte Gebäude und riss anschließend einen Großteil der Hilo Bay zurück ins Meer.

Innerhalb weniger Augenblicke waren 175 Menschen ums Leben gekommen, der Strand samt Uferbebauung völlig verheert und Schäden von über 25 Mio US$ entstanden. Dieser Angriff des Pazifik richtete schwerere Zerstörungen an als der japanische Überfall auf Pearl Harbour einige Jahre zuvor. Nach dem Schock gingen die Einwohner daran, die Trümmer beiseite zu räumen und ihre Stadt wieder aufzubauen. Und unter dem Eindruck der Katastrophe beschlossen die pazifischen Anrainerstaaten, auf Hawaii 1948 ein Frühwarnsystem für Tsunamis einzurichten.

1960 erschütterte auf mehreren Hundert Kilometern Länge ein Erdbeben die chilenische Küste, wobei rund 4.000 Menschen den Tod fanden. Gleichzeitig war diese Katastrophe am 22. Mai der Auslöser für Tsunamis, die auf ihrem Weg über den Pazifik erneut Hilo heimsuchten. Der Riesenwelle, die diesmal rund 11 m hoch war, als sie über Hawaii hereinbrach, folgten sofort danach zwei weitere und vergrößerten die Zerstörung. Zwar funktionierte das Frühwarnsystem, doch hatten sich die Einwohner angesichts der neuen, mehrere Meter hohen Schutzmauer am Hafen sicher gefühlt. Auch diesmal wurde die Stadt völlig überspült, und 61 Menschen verloren dabei ihr Leben.

Dort, wo sich früher ein lebhafter, hauptsächlich von Japanern bewohnter Stadtteil befunden hatte, erstrecken sich heute ausgedehnte Grünanlagen. Wegen der Tsunami-Gefahr wurden nach 1960 die Verwaltungsgebäude weiter landeinwärts verlegt. Außerdem würde heute eine erneute Tsunami-Warnung in Hilo die Evakuierung nach sich ziehen. 1960 waren übrigens die Hawaiianer nicht die alleinigen Leidtragenden: Auch die Küsten von Neuseeland, den Philippinen und Japan wurden von den Tsunamis betroffen (insgesamt 180 Tote).

war ehemals eine Bank, stammt aus dem Jahre 1930 und ist daher ein stummer Zeitzeuge, der beide Tsunamis überlebt hat.

Geht man zurück und am kleinen Platz über die Haili St. stadteinwärts, kommt man am interessanten **Palace Theater (5)** vorbei und erreicht kurz darauf die Keawe St., an der die meisten Restaurants der Stadt sowie an der Straßenkreuzung das **Hawaii Visitors Bureau (6)** zu finden sind. Folgen Sie der Keawe St.

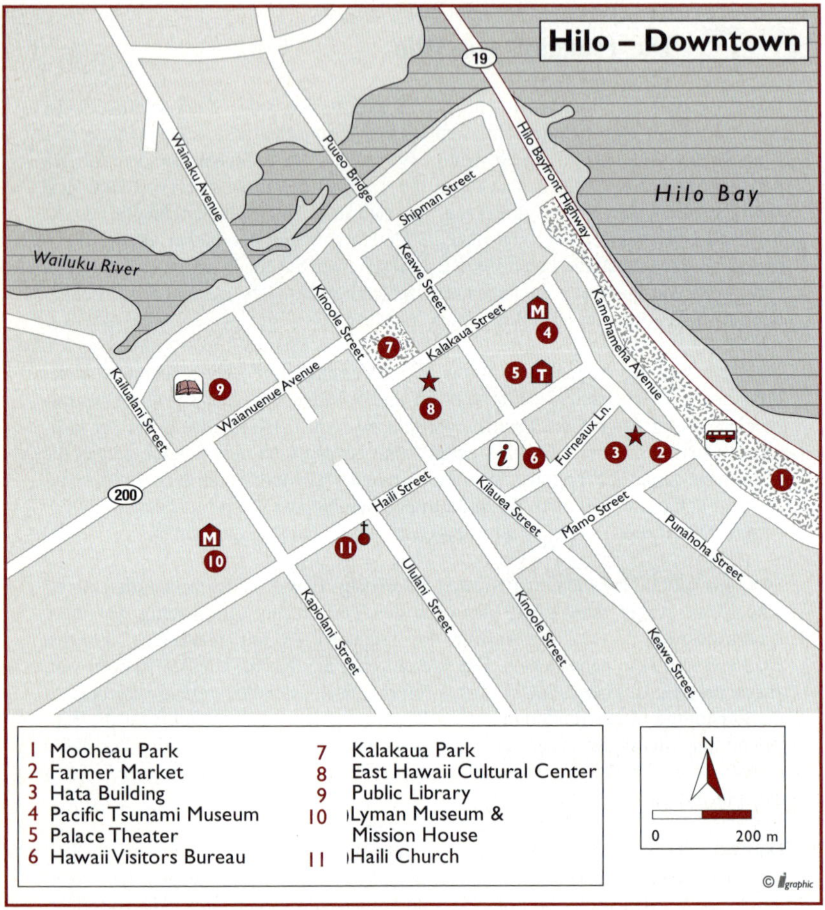

Schöner Park

nach rechts bis zur nächsten Querstraße, der Kalakaua St., auf der Sie die schönste innerstädtische Grünanlage erreichen, den **Kalakaua Park (7)**. Er trägt seinen Namen nach König David Kalakaua, dem 'lebenslustigen Monarch' (vgl. S. 36f), der als Bronzefigur auf seinem Thron sitzend dargestellt ist.

Umgeben wird der Park von einigen repräsentativen Gebäuden: im Rücken z.B. das **East Hawaii Cultural Center (8)**, dem Sitz der alten Polizeiwache von 1932, links daneben das Hawaiian Telephone Company Bldg., zur Rechten das Burns Bldg. und das Pacific Bldg. (ca. 1900) sowie jenseits der Waianuenue Ave. das First Trust Bldg. von 1908 und das große Post Office. Wenn Sie auf die Waianuenue Ave., die den Park nördlich begrenzt, links einbiegen, kommen Sie bald darauf zur **Public Library (9)** und davor an zwei auffälligen Steinen vorbei:

dem kleineren Pinao Stone, der aus einem alten Tempel stammen soll, und dem größeren Naha Stone, einem Monolith von der Insel Kauai. Die Legende weiß, dass König Kamehameha I. diesen Felsen mit bloßen Händen auf die Spitze stellte und damit die Prophezeiung erfüllte, nur dem ersten hawaiischen König könne dies gelingen – angesichts der 3.200 kg bedurfte er dazu natürlich göttlichen Beistands.

Statue des Königs im Kalakaua Park

Hinter der Stadtbücherei geht es von der Waianuenue Ave. links auf die Kapiolani St. ab und an der nächsten Kreuzung auf der Haili St. wieder nach rechts, wo Sie auf das **Lyman Museum & Mission House (10)** stoßen. Das schöne, zweistöckige weiße Holzhaus wurde 1839 für die ersten christlichen Missionare von Hilo errichtet und später unter Denkmalschutz gestellt. 1973 baute man daneben ein modernes Museum, das in verschiedenen Abteilungen Ausstellungsstücke und andere Dokumente zu folgende Themen aufbereitet hat: die Zeit der Missionare, Hawaiis ethnische Gruppen, Vulkanismus (sehenswerter Film), chinesische Kunst, hawaiische Kunst, Astronomie. Ganz besonders interessant ist im ersten Stock die Sammlung von Mineralien, Muscheln und Seetieren aus aller Welt.

Das Lyman Mission House

Kirchen und Museum

Vom Lyman Museum kann man nun die Haili St. immer geradeaus bis zum Ausgangspunkt des Stadtrundgangs zurückwandern. Sofort hinter der ersten Querstraße *(Kapiolani St.)* passiert man dabei zwei Gotteshäuser, nämlich auf der linken Seite eine sehr schöne Kirche im neubarocken Stil und rechter Hand die hölzerne **Haili Church (11)** aus dem Jahre 1824, die von den ersten protestantischen Missionaren errichtet wurde. Ein weiteres Gotteshaus, die Central Christian Church von etwa 1900, sieht man rechter Hand zwischen der Kinoole St. und der Keawe St.

Das Imiloa Astronomy Center

Nirgendwo in der Welt gibt es ein so enges Nebeneinander von astronomischer Forschung und Beobachtung einerseits sowie polynesischem Background und Fremdenverkehr andererseits. Schon seit Anfang der 1990er existierten daher Pläne, dieser besonderen Situation von Big Island Rechnung zu tragen und die Kontakte zwischen Wissenschaftlern, Einwohnern und Besuchern zusätzlich zu vertiefen. Im Science & Technology Park von Hilo, auf dem Campus-Gelände der University of Hawaii, wurden diese Pläne von 2002-2006 verwirklicht. Das 28-

Millionen-Dollar-Projekt ist schon von weitem zu sehen, leicht erkennbar an seinen drei Titanium-beschichteten Kegeln, die die Vulkane Mauna Kea, Mauna Loa und Hualalai symbolisieren wollen.

High-Tech-Attraktion

Das Imiloa Center vereinigt unter seinem Dach ein Hightech-Planetarium, ein naturwissenschaftliches Kino, mehrere Ausstellungssäle und ein fantastisch gestaltetes Außengelände. Zum Programm gehören z.B. die simulierte Besteigung des Mauna Kea, ein Film über die Reisen der Polynesier, computeranimierte Darstellungen der Urknall-Theorie, spektakuläre 3-D-Laser-Projektionen, Videofilme und interaktive Dokumentationen der neueren astronomischen Erkenntnisse und Diskussionen. All das wird in einer auch dem Laien verständlichen Form dargeboten – allerdings natürlich in englischer Sprache.

Um die Gebäude erstreckt sich ein Park, der die weltweit größte Sammlung hawaiischer Pflanzen und Bäume enthält. Daneben verfügt das Center u.a. über eine Cafeteria und einen Souvenirshop. Das Ganze hat allerdings einen hohen Eintrittspreis, so dass sich ein Kurzbesuch allein schon aus diesem Grund verbietet – man sollte mindestens 2 Stunden an Zeit mitbringen.

Der Wailuku River State Park

Bei genügend Zeit ist der Ausflug in den Wailuku River State Park eine unbedingt lohnende Sache. Dieses Naturschutzgebiet befindet sich noch diesseits des Wailuku River und damit innerhalb des eigentlichen Stadtgebietes, ist aber ganz und gar ländlich geprägt und touristisch nicht überlaufen. Man erreicht das Gelände von der Kamehameha Ave. in wenigen Minuten über die Waianuenue Ave., die auf den ersten 800 m mit dem Hwy. 200 identisch ist.

Die Rainbow Falls

Nach weiteren 400 m bringt einen ein kurzer Fußweg gegenüber dem Hilo Memorial Hospital zum ersten und schönsten Ziel, den **Rainbow Falls** (ausgeschildert), die sich aus 30 m in einen weiten Pool stürzen und die bei schrägem Sonnenlicht tatsächlich einen Regenbogen hervorzaubern. Etwa 2 km weiter oberhalb der gleichen Straße liegen die **Boiling Pots**, eine Serie kreisrunder Pools, die durch Kaskaden vom Wailuku River gespeist werden (Baden nicht erlaubt!). Nahebei sollte man sich dann auch die **Peepee Falls** anschauen, die nicht so eindrucksvoll wie die Rainbow Falls sind, aber den kurzen Abstecher unbedingt lohnen. Zurück auf dem Hwy. 200, der später zur Saddle Road wird, könnte man weiterhin etwa 5 Minuten stadtauswärts fahren, wo der **Kaumana Caves Park** direkt an der Wegstrecke liegt. Schöner als die Höhlen ist hier der Ausblick, den man vom Parkgelände aus über Hilo und die Hilo Bay gewinnt.

Der Norden von Big Island

Landschaftlich ist die Strecke von der Ost- zur Westküste über die Nordroute **(Hwy. 19)** abwechslungsreicher als die durch den Süden: Grüne Täler mit schwarzsandigen Stränden, Lavaklippen und Steilküsten werden abgelöst vom moderaten Hügelland um Waimea mit seinen Rinderweiden und schließlich vom trockenen Westteil mit seinen goldgelben Badebuchten und einer Fülle historischer Denkmäler.

Routen im Norden

Diese Route auf dem Hwy. 19 ist von Hilo aus bis Honokaa 65 km lang, bis Waimea sind es 89 km und bis Kailua-Kona etwa 155 km. Wer sich dabei aber auch nur die wichtigsten Sehenswürdigkeiten anschaut (Pepeekeo Scenic Drive mit dem Hawaii Tropical Botanical Garden, Laupahoehoe Point, Waipio Valley Lookout, Waimea), hat einen ausgefüllten Tag vor sich und wird erst am späten Abend am Westküsten-Hotel ankommen. Nur scheinbar ist die Strecke quer durch das Inselinnere über die **Saddle Rd.** kürzer und einfacher; viele Unwägbarkeiten machen diese Route nur in Ausnahmefällen empfehlenswert.

Der **Abstecher in den Norden** stellt eine eigenständige Halbtages-Rundfahrt dar, die man von Kailua-Kona und Waikoloa aus an einem separaten Tag durchführen sollte. Wenn man ihn innerhalb der Gesamtroute von Hilo zur Westküste unternehmen möchte, setzt dies einen sehr frühzeitigen Aufbruch in Hilo und Abstriche beim Besichtigungsprogramm unterwegs voraus.

Für die letzte Etappe **von Waimea nach Kailua-Kona** schließlich gibt es zwei Möglichkeiten: einmal den Hwy. 19 entlang der Küste, der an den schönsten Stränden und größten Hotels der Insel, an historischen Attraktionen und am Flughafen Keahole vorbeiführt, wobei sich ab Waimea zur Küste wieder zwei Routenvarianten ergeben (Hwy. 19 oder Hwy. 190, Waikoloa Rd. und Hwy. 19). Zum andern der Hwy. 190, der die schnellere Verbindung darstellt und durch von Lavaströmen und Rinderweiden geprägte Landstriche führt, insgesamt aber weniger interessant ist.

Auf dem Pepeekeo Scenic Drive

Von Hilo nach Waimea über den Highway 19

Durch den Regenwald

Der Hwy. 19 verlässt den innerstädtischen Bereich von Hilo über eine der drei Brücken über den Wailuku River und steigt auf der anderen Seite der Hilo Bay zum oberen Küstenrand hinauf. Einen schönen Blick auf Stadt und Bucht gewinnt man nach etwa 3 km von einem 'Scenic Point' zur Rechten. Durch einige ländliche Ortschaften und an einem großen japanischen Friedhof (links) vorbei gelangt man nach rund 7 km zu einem gut ausgeschilderten Abzweig nach rechts, an dem der herrliche **Pepeekeo Scenic Drive** parallel

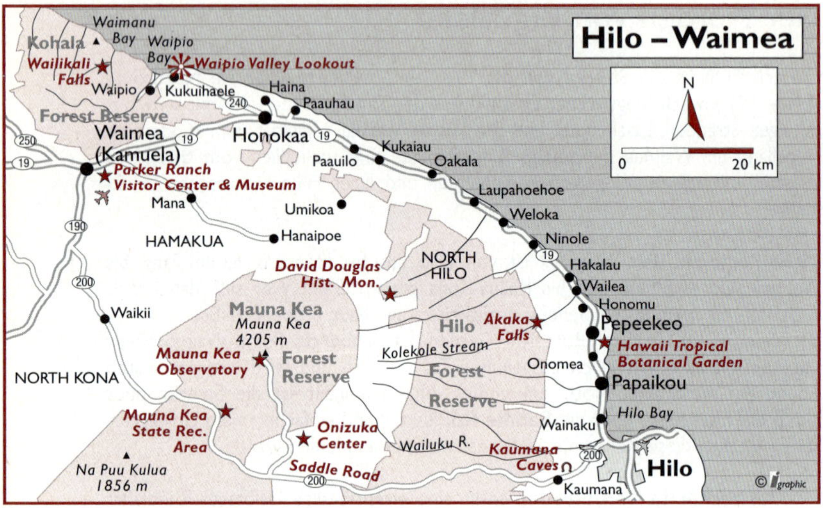

zum Highway beginnt. Länge und Straßenbeschaffenheit werden dem Besucher durch die Aufschrift '4 miles long, narrow winding road' mitgeteilt, doch sollte sich davon keiner abschrecken lassen. Im Gegenteil: Der Zeitverlust ist minimal, das Naturerlebnis aber einmalig. Gesteigert wird dieses durch den Besuch des Botanical Garden, für den man sich im Shop eine Eintrittskarte und einen Wegeplan besorgt.

Hawaii Tropical Botanical Garden

Die fantastische Wunderwelt eines tropischen Regenwaldes direkt am Meer, mit Seerosenteichen, reichem Vogelleben, einer unglaublichen Blütenpracht, klaren Bächen, Wasserfällen, 30 m hohen Palmen, allen endemischen Baumarten der Insel sowie Obstbäumen aus der ganzen Welt ist hier auf ca. 18 ha versammelt. Besucher werden von der alten Kirche aus mit Vans in das Gelände gefahren und haben dort die Möglichkeit zu einer Rundwanderung durch 'Natur pur'. Dafür sollte man allerdings gut 1½ Stunden an Zeit mitbringen!

Dschungelgefühl

Auch wer auf den Besuch des Botanischen Gartens verzichtet hat, wird auf dem Scenic Drive mit einem echten Dschungel-Gefühl belohnt. Der Weg schlängelt sich durch eine undurchdringlich erscheinende Vegetationswand hindurch, passiert die hübsche, grau gestrichene Kahokohoka-Kirche mit ihrem kleinen Holzturm zur Rechten und bringt einen zu einem Aussichtspunkt hoch über der Onomea Bay. Weiter geht es durch den Regenwald und über viele einspurige Holzbrücken hinweg, bis man schließlich automatisch auf den Hwy. 19 zurück geleitet wird.

Auf der Hauptstraße, die bald breiter (z.T. dreispurig) wird, ändert sich nun schlagartig das Bild: Anstelle des Regenwaldes bestimmen jetzt weite landwirtschaftliche Flächen – zumeist Zuckerrohrplantagen – die Landschaft. Auf hochgelegener Strecke, oft mit einem guten Blick auf den Ozean zur Rechten, geht es bis zum Abzweig des Hwy. 220, auf dem sich ein lohnender Abstecher anschließen lässt.

Abstecher zu den Akaka Falls

Honomu

Der 6 km lange Ausflug zu den Akaka Falls (ausgeschildert) auf dem Hwy. 220 bringt einen zunächst durch das Ortszentrum von Honomu, das mit einigen zerfallenen und mehreren restaurierten Gebäuden den Charme eines Wild-West-Städtchens versprüht. Ein kleiner Supermarkt und ein sympathisches Café mit Souvenirshop liegen auf der Wegstrecke, ebenfalls die interessante Hongwanji-Mission mit ihrer metallverkleideten Kuppel.

Die Hongwanji-Mission in Honomu

Von Honomu führt die gut ausgebaute Straße durch Zuckerrohrfelder und endet schließlich hinter einer einspurigen Brücke am Parkplatz des State Parks (sanitäre Einrichtungen, Erfrischungsstand).

Die Akaka Falls

Akaka Falls State Park

Als State Park ist das herrliche Naturschutzgebiet um die Akaka Falls voll erschlossen, d.h. bietet die üblichen Einrichtungen sowie gut befestigte und mit Stufen und Bänken ausgestattete Wanderwege. Dem steht der Nachteil gegenüber, dass es hier bisweilen recht überlaufen sein kann. Trotzdem sollte sich keiner den Spaziergang entgehen lassen, wobei Sie im Sinne der Erlebnissteigerung dem empfohlenen 'Loop' (= entgegen dem Uhrzeigersinn) folgen sollten. Er ist etwa 650 m lang und erfordert an Zeit nicht mehr als eine halbe Stunde einschließlich Fotostopps.

Hoher Wasserfall

Zuerst kommt man dabei bis nahe an die Kahuna Falls (= 'Priester') heran, dann schließlich zu einem Aussichtspunkt auf die größeren Akaka Falls (= 'klar', 'hell'), die sich aus einer Höhe von etwa 150 m in einen runden Pool stürzen. Wie bei vielen Wasserfällen auf Hawaii verursacht der unterschiedlich harte Untergrund das Zustandekommen der Kaskaden. Während das weichere Gestein vom Fluss schon längst zu einem engen Tal ausgewaschen wurde, braucht er für die Basalte flussaufwärts längere Zeit, so dass die beiden Wasserfälle nur langsam (aber stetig) zurückwandern. Zwar ist der State Park nach den Akaka Falls benannt, aber die dichte Vegetation des Tals lohnt den Abstecher mindestens in gleichem Maße. Dichter Regenwald mit Epiphyten (Pflanzen, die auf anderen wachsen), rotem Ingwer, Plumerien, Bananenstauden, Baumfarnen, Ti- und Hibiskus-Pflanzen, Paradiesvogelblüten und undurchdringliches Bambus-Dickicht, erfüllt von Vogelgezwitscher und dem Rauschen der Wasserläufe – diese tropische Wunderwelt macht den eigentlichen Reiz der Wanderung aus.

Dichte Vegetation

Zurück auf dem Hwy. 19, bleibt man nun immer nahe am Ufer, fährt auf bequem zu fahrender Strecke an Zuckerrohrfeldern vorbei und überquert mehrere sehr schöne Täler kurz vor ihrer Mündung in den Ozean. Von den jeweiligen Brücken und vereinzelten Lookouts hat man dabei herrliche Ausblicke, bei denen das Blau des Meeres und das Grün des Hinterlandes ein vorzügliches Landschaftsbild abgeben, u.a. an der Hakalau Bay und am Waiehu Point.

Schließlich erreicht man an einem ähnlich schönen Tal den Doppelort **Paauhau** und **Laupahoehoe**, der einige hübsche Häuser mit ländlich-altmodischem Ambiente aufweist.

Laupahoehoe Point

Zum sehenswerten Laupahoehoe Point (Hinweisschild) gelangt man nicht durch den gleichnamigen Ort, sondern erst, nachdem man das Tal in weitem Bogen umfahren hat. Die schmale Stichstraße zum Meer bringt einen zunächst an der 1899 errichteten und 1979 restaurierten Jodo-Mission vorbei und endet dann am Beach Park, der sich vorzüglich für ein Picknick eignet. Baden ist wegen der scharfkantigen Lavablöcke nicht möglich, dafür aber der Ausblick auf das anbrandende Meer umso schöner. Nahebei liegt der kleine Laupahoehoe Harbour, der von massiven Betonblöcken geschützt ist, und ein kleines Monument mit einer Gedenktafel. Hier wird der 24 Todesopfer gedacht, die bei der 10 m hohen Flutwelle vom 1. April 1946 umgekommen sind und von denen einige auf dem idyllischen, von Lavamauern umschlossenen Inselfriedhof bestattet liegen.

Auf dem Highway geht es anschließend in 6 km nach **Niu**, wo nochmals ein schönes, bewaldetes Tal am Wegesrand liegt, anschließend verlässt die Straße die unmittelbare Küste und verläuft in einiger Entfernung zu ihr z.T. schnurgerade nach **Kukaiau** (7 km). Nach weiteren 10 km (bzw. 65 km hinter Hilo) erreicht man den Ortsanfang von **Honokaa**, dessen Zentrum der Highway aber links umgeht und anschließend in die Höhenlagen von Waimea hinaufklettert.

Lohnender Abstecher

Bei genügend Zeit lohnt es sich jedoch, in Honokaa rechts auf den Hwy. 240 abzubiegen und einen Abstecher zum 15 km entfernten Waipio Valley Lookout zu unternehmen.

Abstecher zum Waipio Valley

Dieser Hwy. 240 ist gleichzeitig die Hauptstraße des kleinen Städtchens **Honokaa**, das er auf ganzer Länge durchquert. Der Ort bietet keine Sensationen, dafür aber Wild-West-Atmosphäre mit einigen hübschen Gebäuden aus den 1920ern und 1930ern (z.B. das Theater), eine weitere Macadamia Nut Factory und den Laden Kamaaina Woods, in dem man schönes Kunstgewerbe aus Koa-Holz bekommt.

Auf der gut ausgebauten Wegstrecke passiert man einfache Wohnhäuser mit blühenden Vorgärten genauso wie respektable Villen und gelangt schließlich zum Parkplatz, von dem ein steiler Fußweg in wenigen Hundert Metern zur Brüstung des **Waipio Valley Lookout** hinabführt. Hier genießt man den seitlichen Blick in das vielleicht schönste Tal der Insel sowie an der gegenüberliegenden Steilküste entlang.

Wandern

Vom Waipio Valley Lookout kann man die steile Piste hinunter ins Tal hinabsteigen und dann nach insgesamt 2½ km den wunderschönen, menschenleeren Sandstrand erreichen (auf dem ersten Weg nach rechts). Bei noch mehr Ausdauer und Zeit empfiehlt sich die Mehrtageswanderung auf dem insgesamt 29 km langen ***Muliwai Trail*** *entlang der Steilküste bis zum Waimanu Valley.*
Das menschenleere Tal mit vielen Überresten der hier einst blühenden polynesischen Zivilisation, eine überquellende Vegetation und die sehenswerten Waiilikahi Falls sind Highlights dieses Trails. Wer den gesamten Weg bis zur Waimanu Bay und zurück wandern möchte, muss mindestens einmal campieren (wegen der erforderlichen Permits wende man sich an die Division of Forestry & Wildlife in Hilo). Außerdem sollte man sich auf starke Regenfälle einstellen und auf eine Vielzahl hungriger Moskitos gefasst sein.

Waipio Valley

Das Waipio Valley ist knapp 10 km lang und wird von 600 m hohen bewaldeten Bergwänden eingefasst. In polynesischer Zeit war hier ein Besiedlungszentrum der Ostküste mit großen Dörfern und Tarofeldern sowie Tempelanlagen und Versammlungsplätzen der Priester. Vom Waipio Valley zog die Invasionsarmee Kamehamehas I. zu ihren Eroberungsfeldzügen aus, und vor der benachbarten Waminanu Bay fand die erste Seeschlacht zwischen den Königreichen von Hawaii und Maui statt.

Bei der königlichen Familie war das Tal als Sommerfrische beliebt und bekam so den Beinamen 'Valley of the Kings'. Als 1823 die europäischen Missionare das Tal entdeckten, lebten dort etwa 1.500 Menschen. Und noch zu Anfang des 20. Jh. gab es hier eine blühende Gemeinde mit Schulen, Läden, Kirchen, Restaurants, einem Hotel, einem Postamt und einem Gefängnis.

Der schlimme Tsunami von 1946 überspülte das gesamte Tal und machte der Siedlung ein Ende. In den 1960ern zogen wieder mehrere Familien ins Waipio Valley, wurden jedoch durch eine erneute Flutwelle im Jahre 1979 vertrieben. Bis auf ca. 60 Bauern, die nach wie vor Taro anbauen, ist das Tal heute menschenleer und eine der paradiesischsten Gegenden auf der gesamten Insel: Bewaldete Berghänge, eine steile Paliküste, Bäche, die sich in den Kaskaden der Hiilawe Falls mehr als 300 m tief (!) hinabstürzen, Seerosen-Teiche, Obstbäume, verwilderte Pferde und ein schöner grauer Sandstrand runden das Bild ab.

Nach Waimea

Nehmen Sie auf dem Rückweg nicht die bekannte Strecke, sondern die alte Landstraße, die unweit des Parkplatzes links zur Küste hinabführt. Dabei passieren Sie das Dörfchen **Kukuihaele** mit einem Landungssteg, einem County Park und dem Stützpunkt der Waipio Valley Artworks, von denen Geländewagen Touristen ins Waipio Valley bringen. Dort kann man sich aber auch Postkarten, Snacks und Insider-Informationen besorgen. Kurz danach windet sich die enge und kurvenreiche Straße zurück zum Hwy. 240. Um auf den Hwy. 19 in Richtung Waimea zu gelangen, ist es übrigens nicht notwendig, das gesamte Städtchen **Honokaa** zu durchqueren. Biegen Sie stattdessen am Ortseingang (Hinweis: 'Health Center') rechts ab und an der katholischen Kirche Our Lady of Lourdes vorbei immer geradeaus, dann kommen Sie automatisch auf die Hawaii Belt Rd. zurück.

Weiden und Wälder

Die nun folgende Strecke nach Waimea ist 24 km lang und bringt einen in eine völlig andere Szenerie. Langsam auf rund 900 m ü.d.M. ansteigend, bleibt die fruchtbare Küstenebene zurück; bewaldete Höhenzüge mit Nadelbäumen, dazwischen Viehweiden mit grasenden Kühen bestimmen das Bild und erinnern ein wenig an das Allgäu. Bald ist das Ziel der Etappe erreicht: Waimea, das ganz im Zeichen der größten amerikanischen Ranch steht.

Waimea (Kamuela)

Überblick

Heimat der Hawaii-Cowboys

Das zwischen 900 und 1.000 m hoch gelegene Waimea (= 'rotes Wasser') zählt etwa 7.000 Einwohner und ist damit das Zentrum von Nord-Hawaii. Um Verwechslungen mit den Ortschaften gleichen Namens auf Oahu und Kauai auszuschließen, bekam Waimea die postalische Bezeichnung **Kamuela**, die manchmal auch auf Landkarten eingetragen ist. Das Städtchen, das einen aufgeräumten und wohlhabenden Eindruck macht, unterscheidet sich von den meisten anderen Siedlungen Big Islands durch seine landschaftliche Umgebung und die Architektur der Farmhäuser, die an den Osten oder Mittleren Westen der USA erinnert. Während früher die 'Paniolos' (= Cowboys) das Leben in Waimea bestimmten, stellen heute wohlhabende Amerikaner, die in den Villen und Condos der Umgebung wohnen und die das milde Klima und die gute Luft hierher gezogen hat, einen großen Teil der Einwohnerschaft. Auch die Unterkünfte der Wissenschaftler der Mauna-Kea-Observatorien befinden sich hier.

Landschaft bei Waimea

Waimea ist nicht nur lokales Zentrum, sondern auch ein Verkehrsknotenpunkt im Norden der Insel. Der Hwy. 19, der die Ostküste mit der Westküste verbindet, stellt die Querachse der Ortschaft dar, von der der Hwy. 190

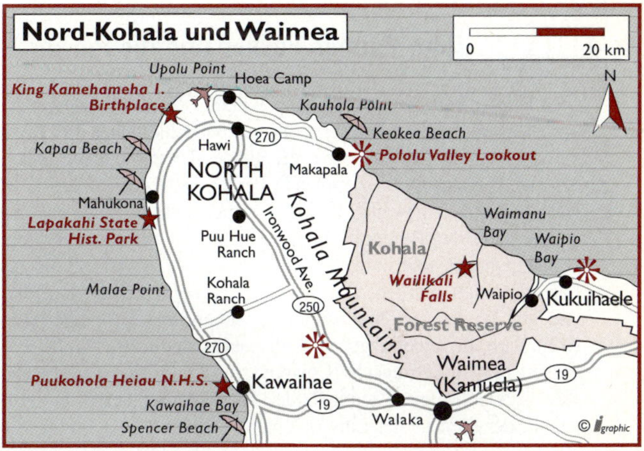

durch das Inland zur Saddle Road bzw. nach Kailua-Kona im Süden abzweigt, und der Hwy. 250 über den Kamm der Kohala Mountains nach Norden.

Der Flughafen Waimea-Kohala Airport wird von Kleinflugzeugen von anderen Teilen Big Islands und den Nachbarinseln angeflogen und dient als Basis für Helikopterrundflüge. Außerdem hat sich in Waimea durch einige sehr gute Restaurants, den 18-Loch-Golfplatz, einem Einkaufzentrum, Tankstellen, Reiseagenturen, Gestüte und Fahrradvermieter eine beachtliche touristische Infrastruktur entwickelt. Die Geschichte des Städtchens ist bis auf den heutigen Tag von der Rinderzucht und dabei in besonderem Maß von der Parker Ranch geprägt, die auf das Jahr 1848 zurückgeht.

Ortsbesichtigung

Die Imiola Church in Waimea

Wer auf der bisherigen Route anreist, also über den Hwy. 19 von Hilo kommend, passiert am Ortsanfang rechter Hand die Church Row mit mehreren Kirchen unterschiedlicher Konfessionen. Am wichtigsten und schönsten ist dabei ganz rechts die **Imiola Church**, die 1855-57 gebaut wurde. Das von einer ansehnlichen Kirchhofsmauer umschlossene Gotteshaus entspricht dem neuenglischen Architekturstil der Missionare. Das Innere ist sehr einfach und schmucklos gehalten, bekommt aber durch die reichliche Verwendung einheimischer Hölzer (Wände, Decke, Fußboden, Möblierung) einen warmen Charakter.

Das Denkmal vor der Kirche erinnert an den Bauherrn und Geistlichen Lorenzo Lyons, der u.a. durch Übersetzungen vom Hawaiischen ins Englische und umgekehrt in Erscheinung getreten ist. Wenige Hundert Meter danach liegt kurz vor der Weggabelung der Hwys. 19 und 190 rechter Hand das moderne Waimea

INFO John Palmer Parker und die Parker Ranch

John Palmer Parker war einer jener Weißen, die als Abenteurer zu Beginn des 19. Jh. nach Hawaii kamen und hier nicht nur wirtschaftlichen Erfolg hatten, sondern auch zu bedeutenden Gestalten des öffentliches Lebens wurden. Als 19jähriger erreichte der aus Massachusetts stammende Parker 1809 den Archipel, wo er das Vertrauen Kamehamehas I. gewann. 12 Jahre vorher hatte der britische Kapitän George Vancouver die ersten Rinder nach Hawaii gebracht, die aber verwildert waren, sich rasch vermehrt hatten und immer mehr zu einem drängenden Problem für die hawaiische Landwirtschaft wurden. Der König beauftragte Parker nun, die Tiere einzufangen und auf Weiden zu domestizieren, wobei sich der junge Amerikaner die besten Exemplare für seinen eigenen Viehbestand aussuchen konnte. Für diese Arbeit holte Parker 1830 mexikanische Cowboys ins Land, die Vorfahren der heute noch auf Hawaii arbeitenden 'Paniolos' (das Wort ist übrigens eine Verballhornung für 'Español', der Sprache der Einwanderer).

Als 1848 durch die so gen. 'Große Mahele' der Landbesitz für alle Bürger möglich wurde, kaufte sich Parker ein Weidegebiet an den Hängen des Mauna Kea – der Grundstock der Parker Ranch. Durch die Heirat mit der einheimischen Adeligen Kelii-kipikane-o-kolakala, die mit Kamehameha I. verwandt war und selbst über beträchtlichen Grundbesitz verfügte, wurde die Ranch erweitert; gleichzeitig stieg der Amerikaner in die Führungsschicht des Königreiches auf. Durch weitere Landkäufe brachte er in der Folgezeit knapp 10 % der gesamten Fläche von Big Island in seinen Besitz. Die Parker Ranch blieb bis auf den heutigen Tag in den Händen der Familie (inzwischen in der sechsten Generation). Etwa 35.000 Rinder und über 1.000 Pferde machen den Viehbestand aus, und das Weideland stellt mit 920 km² die größte private Ranch in den USA dar! Bei der touristischen Erschließung Big Islands machte die Familie enorme Gewinne, indem sie das wenig ertragreiche Land an der Westküste an die großen Hotelkonzerne verkaufte. Auch heute nimmt der Immobilienverkauf bzw. die -verpachtung einen großen Teil der geschäftlichen Aktivitäten ein.

Der Ort Waimea und seine nähere Umgebung werden durch die Parker Ranch in hohem Maße geprägt. Ein großes Einkaufszentrum, ein Motel, ein eigenes Visitor Center mit Museum und rekonstruierte Gebäude der Parker-Familie sind einige der Attraktionen, die Einheimische und Touristen gleichermaßen anziehen.

Ranch mit Museum

Center und links, etwas zurückgesetzt, der auffällige und große Komplex des **Parker Ranch Shopping Center**, in dem sich auch das **Parker Ranch Museum** befindet. Es dokumentiert die Geschichte der Parker-Familie und der Farm mit Fotografien, Erinnerungsstücken und Schaubildern sowie einem 20-Minuten-Videofilm. Auf geführten Spaziergängen kann man sich das seit 1988 zugängliche Gelände anschauen und kommt dabei u.a. zum Familienfriedhof, zu Stallungen, dem restaurierten Herrenhaus Mana aus den 1840er Jahren und zum mondänen Puuopelu, in dem die Besitzerfamilie einen großen Bestand an internationalen

Kunstwerken angesammelt hat, u.a. italienische und chinesische Kunst sowie Meisterwerke französischer Impressionisten (*Degas, Pissarro, Renoir*).

Am rustikalen Paniolo Country Inn zweigt sofort anschließend die Lindsay Rd. rechts ab und von dieser nach links der Hwy. 19. Wer die direkte Route zur Westküste fahren oder später die Rundfahrt um die Nordhalbinsel unternehmen möchte, ist hier auf dem richtigen Weg. Auf den ersten hundert Metern passiert man hierbei rechter Hand den **Waimea Park** und ihm gegenüber den **Parker Square** mit einer Galerie und den Wohnhäusern der Parker-Familie ('Mana' und 'Puuopelu'). Es folgt die **Opelo Plaza**, u.a. mit dem Restaurant Merriman's, und dann eine 3 km lange Strecke bis zum Abzweig des Hwy. 250. Diesem gegenüber befindet sich das lohnende **Kamuela Museum**, das ein Sammelsurium unterschiedlichster Ausstellungsgegenstände – vom ausgestopften Bären aus Kanada über alt-hawaiische Artefakte bis hin zu Gerätschaften der örtlichen Paniolos – bietet. Allemal sehenswert ist jedoch der wunderschöne Garten mit einer unglaublichen Kakteensammlung.

Von Hilo nach Waimea über die Saddle Road

Streckenhinweis

Die berüchtigte Saddle Road hat zwar durch die durchgehende Asphaltierung viel von ihrem einstigen Schrecken verloren und ist zwar z.T. recht rau, aber insgesamt in akzeptablem Zustand. Ob sie jedoch für Touristen mit einem normalen Pkw als Teilstrecke einer Inselrundfahrt eingeplant werden sollte, bleibt aus folgenden Gründen fraglich: Der Sattel zwischen den beiden Vulkanriesen ist fast immer von dichtem Nebel bedeckt, hinzu kommen Regen- und Graupelschauer, die das Fahren strapaziös machen. Zweitens gibt es aufgrund der Straßenverhältnisse auf der Strecke z.B. nach Kailua-Kona keine Zeitersparnis gegenüber dem nur 12 km längeren Hwy. 19. Als Alternative zu diesem würde man drittens die vielen Sehenswürdigkeiten an der Küste verpassen. Viertens gibt es keinerlei Einrichtungen wie Tankstellen, Werkstätten, Gaststätten oder Unterkünfte entlang der Saddle Rd. Fünftens schließlich erlauben die meisten Mietwagenfirmen die Etappe nur für geländegängige Autos; wer sich an diese Auflage nicht hält und stecken bleibt, ist also nicht versichert und muss jeden Schaden selbst tragen. Fazit: Wenn überhaupt, dann nutzen Sie diese Strecke nur mit einem geeigneten Fahrzeug – etwa auf dem Weg zum Trailhead der Mauna-Loa-Wanderung oder zum Observatorium des Mauna Kea. Und wenn Sie die Wahl haben, fahren Sie der besseren Aussicht wegen lieber von Hilo nach Westen als in umgekehrter Richtung!

Quer durchs Inselinnere

Der östliche Startpunkt der Saddle Rd. (Hwy. 200) ist das Stadtzentrum von **Hilo**, wo man von der Küstenstraße Kamehameha Ave. auf die Waianuenue Ave. abzweigt und immer deren Verlauf folgt. Dabei passiert man in einiger Entfernung den sehenswerten Wailuku River State Park und erreicht nach etwa 5 Minuten den **Kaumana Caves Park** mit einem schönen Panoramablick auf die Bucht von Hilo (vgl. S. 422).

Ab nun liegen vor einem ca. 95 km bis nach Waimea und ca. 143 km bis nach Kailua-Kona, wobei die Saddle Rd. zunächst stetig ansteigt. Bald nach dem Golfplatz des Hilo Country Club verändert sich das Landschaftsbild – das grüne Vegetationskleid wird deutlich spärlicher, gleichzeitig nehmen auch die Kühle und Feuchtigkeit zu. Ab etwa 1.000 m Höhe, wo der eigentliche Sattel zwischen dem Mauna Kea und dem Mauna Loa beginnt, werden Autofahrer durch die Wetterverhältnisse i.d.R. gezwungen, das Licht einzuschalten und die Scheibenwischer auf Dauerbetrieb zu stellen.

Nicht ungewöhnlich: die Saddle Road bei Regen und Nebel

Schon weit vor der Passhöhe von etwa 1.900 m Höhe bestimmen graue und schwarze Lavaplateaus die Landschaft und tragen ihrerseits zum düsteren Gesamteindruck bei. Die Straße passiert einige Stellen, in denen die Lavaströme so gen. *Kipukas* ausgespart haben, Vegetationsinseln, die ein wichtiges Rückzugsgebiet der einheimischen Flora und Fauna darstellen. Dort leben z.T. auch größere Bestände von Nene-Gänsen, weswegen es streng verboten ist, diese Areale in der Brutzeit (Anfang November bis Ende Februar) zu betreten.

Wandern

*Etwa auf Höhe des Meilenmarkers 22 beginnt am südlichen Straßenrand (Parkplatz) der ausgeschilderte **Puu Oo Volcanoe Trail**, der knapp 12 km lang ist. Er folgt einem alten Pfad, auf dem Rinderhirten ihre Tiere an den erstarrten Lavaströmen vorbei über die Ortschaft Volcano zum Viehmarkt nach Hilo brachten. Die verschiedenen Lavaflüsse (aus den Jahren 1855, 1881 und 1935) mit ihrem unterschiedlichen Erscheinungsbild sind die eine Attraktion des Trails, die Vegetationsinseln dazwischen – so gen. Kipukas –, mit ihren uralten Beständen an Ohia-, Koa-, Ohelo- und anderen endemischen Baumarten die andere. Auch die einheimische Vogelwelt ist reich vertreten (sogar mit Nene-Beständen), wodurch dieser von Touristen nur selten benutzte Trail zu einem Eldorado für ornithologisch Interessierte wird.*

*Etwas weiter westlich und deutlich höher sind die Bergwanderungen **Mauna Loa Trail** und **Mauna Loa Summit Trail** eindeutig die interessantesten, die man in dieser Region unternehmen kann. Der Mauna Loa Trail ist insgesamt 59 km lang, für die man gut und gerne 3-4 Tage benötigt. Er führt über den Red Hill zum Mauna Loa und beginnt in 2.031 m Höhe am Mauna Loa Lookout, der mit dem Wagen vom Nationalpark bzw. Hwy. 11 erreichbar ist. Steinhügel (Ahus) und die Spuren anderer Wanderer sind die einzigen Markierungen. Man wandert durch eine bizarre, vegetationslose Landschaft, an flachen Aschekegeln sowie an langen Vulkanspalten vorbei, später nutzt man das 'Bett' des Lavastromes von 1984, vorbei an den Kegeln Dewey Cone (3.476 m), Steaming Cone (3.593 m) und Pohaku Hanalei (3.787 m). Am nördlichen Ende der riesigen Mokuaweoweo Caldera trifft der Wanderweg* *mit dem Mauna Loa Summit Trail zusammen, der am Jeep Track unterhalb des etwa 3.352 m hoch gelegenen Observatoriums beginnt. Er ist mit 19 km kürzer, aber auch steiler und wegen der dünnen Luft ohnehin anstrengend, so dass man sich auch hier zwei Tage Zeit nehmen sollte.*

Ungefähr in der Mitte der Wegstrecke gehen kurz hintereinander zwei Stichstraßen in Richtung der Vulkangipfel ab. Etwa am Meilenmarker 28 ist das zunächst die asphaltierte Observatory Rd., die nach links in ca. 27 km bis zum 3.371 m ü.d.M. gelegenen Observatorium am Fuß des aktiven Vulkans **Mauna Loa** führt. Eine lange und anstrengende Wanderung bringt Sie von dort zur Caldera des zweithöchsten Berges von Hawaii hinauf. Wenig später geht nach rechts der ebenfalls asphaltierte John A. Burns Way von der Saddle Rd. ab und auf den Mauna Kea zu.

Big Islands Bergriesen

Abstecher zum Mauna Kea

Der Name des höchsten Berges im Pazifik (= 'weißer Berg') bezieht sich auf die Kuppe aus Schnee und Eis, die weit über den Winter hinaus den 4.205 m hohen Gipfel bedeckt und abenteuerlich veranlagten Touristen das seltene Vergnügen einer Skifahrt in den Tropen beschert. Nun ist gerade dieser Gipfel etwa vom Haleakala auf Maui weitaus besser zu sehen als von der Saddle Rd., aber Reisende, die sich zu ihm auf den Weg gemacht haben, sollten angesichts des häufigen Nebels nicht unbedingt verzweifeln: Oft genug lichtet sich in den oberen Regionen die Wolkendecke, und je mehr man sich der Spitze nähert, desto größer wird die Chance auf Sonnenschein und eine unglaubliche Fernsicht.

Der Mauna Kea mit Schneekappe

Der John A. Burns Way ist zwar sehr steil, aber asphaltiert und bis zum Onizuka Center auch mit dem normalen Pkw zu befahren. Am Versorgungs-Camp Hale Pohaku vorbei gelangt man dabei in knapp 10 km bis zu einem **Lookout** und auf der anderen Straßenseite zum **Ellison S. Onizuka Center for International Astronomy** in knapp 3.000 m Höhe, einem Visitor Center, in dem man mit Schautafeln über die Bedeutung der astronomischen Station auf dem Berggipfel informiert wird.

Ab hier gibt es für 'Gipfelstürmer' verschiedene Möglichkeiten. Wer trainiert ist, genügend Zeit mitbringt und sich die anstrengende **9,6 km-Wanderung** in der dünnen Luft zutraut, kann sich am Mauna Kea Summit Trail versuchen. Dabei kommt man u.a. am Lake Waiau vorbei, der mit 3.700 m der dritthöchste See der USA ist. Für diesen Aufstieg, der durch eine unglaubliche Aussicht belohnt wird, muss man zu jeder Jahreszeit mit widrigen Witterungsverhältnissen rechnen und das Wandern auf Schnee und Eis beherrschen.

Die bequemere Alternative ist die Fahrt auf der steilen Gebirgsstrecke bis zum **Mauna Kea Observatorium**, die nach Straßenarbeiten inzwischen ebenfalls mit einem Pkw durchführbar ist. Das Observatorium, das durch einige Beobachtungsstationen verschiedener Länder komplettiert wird, besitzt seit 1992 unter einer 30 m hohen Kuppel das Teleskop **Keck I.**, das der amerikanische Öl-Tycoon Myron Keck mit umgerechnet 35 Mio € gesponsert hat. Der 10 m große, aus 36 Segmenten zusammengesetzte Spiegel ist eines der größten optischen Teleskope der Welt. Zusammen mit dem etwas jüngeren, aber identischen 'Kollegen' **Keck II.** fängt es die Lichtsignale fernster Galaxien ein. Das Observatorium wird gemeinschaftlich von der University of Hawaii und der NASA unterhalten.

Mauna Kea Observatorium

Ganz in der Nähe erhebt sich Japans **Subaru Telescope** mit seinem 22-Tonnen-Spiegel. Als es 1999 eingeweiht werden konnte, hatte es 10 Jahre Bauzeit und Kosten von 300 Mio US$ verschlungen – was es zum aufwändigsten irdischen Teleskop überhaupt machte. Zusammen mit dem europäischen Anlage VLT, die sich in der chilenischen Atacama-Wüste befindet, und dem im Weltraum ausgesetzten Hubble Space Telescope zählt das Mauna Kea Observatorium mit seinen 14 Gebäuden aufgrund seiner Höhe und der völlig klaren Luft zu den besten astronomischen Beobachtungsstationen überhaupt. Es ist nicht zu jeder Zeit öffentlich zugänglich, jedoch werden an manchen Wochenenden geführte Rundgänge durch die Station angeboten.

Internationale Observatorien

Zum Mauna Kea gelangt man im Übrigen auch innerhalb von pauschalen Arrangements, bei denen man z.B. von den Hotels an der Westküste abgeholt und mit einem Geländewagen (maximal 7 Personen) zum Gipfel gebracht wird, wo man den Sonnenuntergang erlebt. Ein anderer Anbieter startet in Waimea zu einer 6-Stunden-Tour zum Gipfel (maximal 4 Personen), bei der auch ein Mittagessen eingenommen und nach Möglichkeit das Observatorium besichtigt wird. Unter www.ifa.hawaii.edu kann man sich weitere Infos über alle astronomischen Anlagen auf dem Mauna Kea besorgen.

Hinter dem Sattel steigt die Straße stetig hinab und lässt langsam die Lavawüste, schließlich auch die monotone Steppe hinter sich. Die ersten niedrigen Sträucher zeigen sich, bald abgelöst von grünen Weiden mit Pferden und

Kühen. Und als erster Vorbote der vielen Rinderfarmen um Waimea liegt die **Waikii Ranch** am Wegrand.

Bei der Weiterfahrt hat man – gutes Wetter vorausgesetzt – mehrfach einen sehr schönen Blick bis hinunter zur Kohala-Küste sowie auf vereinzelte Aschekegel, die sich als Minivulkane aus der Landschaft erheben. Nachdem man den letzten davon, den Nohona o Hae (990 m ü.d.M.), passiert hat, endet die Saddle Rd. am **Highway 190**, einem Teilstück der Hawaii Belt Rd. Biegt man auf diesen rechts ein, so kommt man nach 10 km zum Zentralort **Waimea**. Wer direkt zu den Resorts von **Waikoloa** weiterfahren möchte, folgt dem Highway nach links und zweigt nach 7,7 km rechts auf die Waikoloa Rd. ab. Reisende nach **Kailua-Kona** schließlich bleiben auf dem Hwy. 190 und erreichen ihr Ziel nach etwa 53 km.

Zurück an die Küste

Abstecher zur Nordspitze

Der Abstecher zur Nordspitze sollte nach Möglichkeit als eigener Halbtagesausflug durchgeführt werden, wobei die Anfahrt wahlweise nach Waimea oder Kawaihae erfolgt. Hier wird die lohnende Rundfahrt ab/bis Waimea im Uhrzeigersinn beschrieben, wobei sich die insgesamt 106 Streckenkilometer wie folgt verteilen: von Waimea nach Kawaihae 16 km, von Kawaihae nach Hawi 31 km, von Hawi bis zum Pololu Valley Lookout und zurück 25 km und von Hawi nach Waimea 34 km.

Der Start- und Endpunkt der Rundfahrt ist der westliche Ortsausgang von **Waimea**, dort, wo sich das Kamuela Museum befindet und die Hwys. 19 und 250 zusammenkommen. Ab hier geht es in vielen Kehren auf dem Hwy. 19 (Kawaihae Rd.) durch eine karge Landschaft hinab zur Küste – immer wieder mit herrlichen Blicken auf das Blau des Ozeans. Auf den knapp 13 km bis zur Straßengabelung, wo der Hwy. 19 nach Süden abbiegt und der Hwy. 270 nach Norden, wird eine Höhendifferenz von rund 800 m bewältigt – was sich sowohl am Landschaftsbild als auch am Klima bemerkbar macht.

Sofort nachdem man auf den Hwy. 270 abgezweigt ist, erreicht man den Hafenort **Kawaihae**, der über einige Läden und eine Tankstelle verfügt. Außerdem gibt es hier den schönen Samuel E. Spencer Beach, die letzte Bademöglichkeit an der Westküste. Die größte Sehenswürdigkeit des Ortes, das schon von weitem sichtbare Puukohola Heiau, findet man vor dem Ortsanfang links des Highways; zum Visitor Center führt dabei eine kleine ausgeschilderte Asphaltstraße ab.

Puukohola Heiau

Wie eine Akropolis thront der massive, 68 x 30 m große Steinbau des Heiaus auf dem 'Hügel des Walfisches'. Den Tempel ließ Kamehameha I. 1790-91 errichten und seinem Kriegsgott Kukailimokua weihen. Er tat dies aufgrund einer Weissa-

Die 'Akropolis' der Insel

gung, die ihm nach erfolgtem Tempelbau die Herrschaft über die Insel zusicherte. Nach Vollendung der Kultstätte, die damals natürlich auf den Steinfundamenten Grashäuser, Altäre, Götterbilder etc. trug, lud er seinen ärgsten Widersacher und Vetter Keoua zur Tempeleinweihung ein – unter dem Vorwand, das Kriegsbeil zu begraben. Tatsächlich wurde jedoch Keoua samt Gefolge erschlagen und seine Leiche dem Gott geopfert, wodurch Kamehameha zum unumschränkten Herrscher der Insel aufstieg.

Eindrucksvolle Lage

Die Besichtigung des Geländes ist auf einem unebenen Wanderweg möglich, der trotz seiner Kürze in der glühenden Mittagshitze zu einer Strapaze werden kann. Schauen Sie sich jedoch zunächst am kleinen Visitor Center das Video (unter freiem Himmel) an und besorgen Sie sich das informative Faltblatt, das es erfreulicherweise auch in deutscher Sprache gibt. Das Betreten der Kultstätte selbst ist verboten, aber die eindrucksvollste Perspektive ergibt sich ohnehin am Fuß des Hügels. Dorthin kann man übrigens auch vom Highway mit dem Wagen gelangen – auf dem Weg zum Spencer Beach Park.

Die 'Akropolis' des Puukohola Heiau

Ein weiterer Tempel, der Mailekini Heiau, befindet sich jenseits dieser Straße und ist nur noch in Überresten erhalten. Er wurde von Kamehamehas Vorfahren benutzt und soll etwa die gleichen Ausmaße wie der Puukohola Heiau gehabt haben. Ein dritter Heiau, der dem Gott der Haifische geweiht war, ist inzwischen vom Seewasser bedeckt. Der Steinpfahl, den Sie hier am Ufer sehen, war der Sage nach die Lehne eines Häuptlings, der die Haifische beobachtete, die zu den Menschenopfern des Tempels schwammen.

Wieder auf dem Highway, passiert man kurz hinter dem Abzweig zum Spencer Beach rechter Hand einen schmalen Pfad, der zu den spärlichen Überresten des so gen. **John-Young-Hauses** führt. John Young war ein britischer Seefahrer, der sich 1790 nach einem Schiffbruch auf Hawaii niederließ und von Kamehameha I. protegiert wurde. Der Engländer konnte dem König wertvolle Auskünfte über Seefahrt und Bewaffnung der Weißen geben und stieg zu einem seiner wichtigsten Berater auf, weshalb ihn Kamehameha zum Häuptling beförderte und ihm ein Stück Land gab. Dort baute er das erste Haus im westlichen Baustil auf dem Archipel. Young, der sich mit einer einheimischen *Alii* verheiratete und nie wieder nach England zurückkehrte, machte auch sonst eine erstaunliche Karriere, betrieb Seehandel mit Honolulu und stand von 1802-12 Big Island als Gouverneur des Königs vor.

Erstaunliche Karriere

Anschließend durchquert man den Küstenort und umfährt den Port of Kawaihae, einen kleinen Container- und Industriehafen. Der gut ausgebaute Hwy. 270 (Pule Hwy.) bleibt danach immer relativ nah zur Küste und führt durch eine Steppenlandschaft, die im Sommer knochentrocken ist. Das gesamte Terrain zur Rechten, das sich über den Grat der Kohala Mountains hinüberzieht, gehört zur ehemals zweitgrößten Ranch der Insel, der **Kohala Ranch**. Von japanischen Investoren aufgekauft, wurde das Areal in eine Ferienlandschaft mit Condominiums und Eigentumswohnungen umgewandelt bzw. als Bauland weiterverkauft. Über eine Verbindungsstraße zwischen den Hwys. 270 und 250 gelangt man zum Besucherzentrum und zu den Gestüten, die begleitete Pferdeausritte anbieten.

Etwas weiter, insgesamt knapp 20 km hinter Kawaihae, erstreckt sich vom Highway bis zum Meer der Lapakahi State Historical Park.

Lapakahi State Historical Park

Durch diesen Park, dessen Besuch für historisch Interessierte auf alle Fälle lohnend ist, wird man auf einem Pfad an den Überresten eines 600 Jahre alten ehemaligen Fischerdorfes vorbeigeführt, von dem noch mehrere Grundmauern von polynesischen Wohnhäusern und einem Heiau zu sehen sind. Besorgen Sie sich am Eingang (wo ein altes Grashaus auf dem originalen Fundamenten rekonstruiert wurde) den Lageplan nebst Objektbeschreibung, der die Orientierung wesentlich erleichtert. Nördlich wird der Park vom alten Hafenort **Mahukona** begrenzt, zu dem vom Highway ebenfalls eine Stichstraße hinführt.

Relikte der alten Polynesier

Nach dem Ausgrabungsgelände dauert es nicht mehr lange, bis man sich der Nordspitze Hawaiis nähert und sich damit aus dem Windschatten der Kohala Mountains hinausbegibt. Am Landschaftsbild ist jene Grenze der trockenen Westseite und der mit Niederschlägen reich gesegneten Nord- bzw. Nordostküste ganz deutlich zu sehen: Fast schlagartig weicht die karge Steppe mit ihren Kakteen einer Region mit sattem Grün, mit Obstplantagen, Blumen und hohen Bäumen. Ungefähr auf dieser Scheidelinie passiert man zur Linken das Gelände der Rinderfarm **Puakea Bay Ranch** mit ihrem monumentalen Eingangstor, dann gelangt man am Meilenmarker 20 zum Abzweig einer Stichstraße, die nach links in Richtung **Upolu Airport** (3,2 km) führt.

Nicht der kleine Flughafen lohnt hier den Abstecher, sondern die Überreste des **Mookini Heiau**, einer der größten und ältesten Kultstätten der Insel (wenn auch beim Datierungsvorschlag 480 n. Chr. einige Fragezeichen angebracht werden müssen). Die Anlage, von der noch 80 m lange und sehr hohe Steinwälle zu sehen sind, ist im Kohala Historical Sites State Monument denkmalgeschützt, wo weitere spärliche Steinfundamente jenem Palast zugeschrieben werden, in dem König Kamehameha auf die Welt gekommen sein soll (Kamehameha I. Birthplace).

Hawi

Der folgende Ort heißt Hawi, ist der nördlichste der Insel und war einmal das Zentrum von Big Islands Zuckerindustrie. Eine Schmalspurbahn brachte ab 1880 das Zuckerrohr zur Kohala Mill und die verarbeiteten Produkte zum Hafen von Mahukona. Für den Trassen- und Gleisbau holte man chinesische Vertragsarbeiter vom Hakka-Stamm hierher, die später auf den Plantagen und in der Zuckermühle Arbeit fanden und lange Zeit durch ihr Traditionsbewusstsein und ihren engen Clanzusammenhalt diese Region prägten. Nach dem Niedergang der Zuckerindustrie sanken Hawi und die benachbarten Dörfer zur Bedeutungslosigkeit ab, viele schöne Gebäude verfielen, und erst in jüngster Zeit wurden Anstrengungen unternommen, neues Leben nach Hawi zu bringen. Einige Aussteiger und Esoteriker sind darunter, aber auch einfache Bauern, die Obst, Gemüse und sicher auch Marihuana anbauen oder sich einige Pferde und Kühe halten. Es herrscht also eine besondere Atmosphäre hier oben, die durchaus ihren Reiz hat und vom Massentourismus zum Glück bislang verschont wurde.

Rustikale Atmosphäre

Wenn Sie schon bis Hawi gekommen sind, sollten Sie hier nicht sofort die Rückreise über den Hwy. 250 antreten, sondern unbedingt noch die letzten 10 km bis zum Ende der Straße zurücklegen. Vielleicht schauen Sie sich vorher die exponiert gelegene Sacred Heart Church rechts der Straße an oder nehmen im Restaurant neben dem schönen Takata-Gebäude (1926) oder in einem anderen Café einen Imbiss ein.

Kapaau

Hinter Hawi geht es auf einer nun deutlich schmaleren (aber durchgängig asphaltierten) Strecke weiter nach Kapaau, dessen Ortsanfang man nach wenigen Minuten erreicht. Hier begrüßt einen auf einem Hügel die schöne weiße Holzkirche St. Augustine's Church, die 1884 erbaut wurde. Die links abgehende Stichstraße zum Kamehameha Park bringt einen zu Schulgebäuden und Sportanlagen samt Golfplatz. Ähnlich wie Hawi ist Kapaau von halb verfallenen oder restaurierten Häusern im Wild-West-Stil geprägt.

Hinter dem schönen Art-déco-Gebäude der Bank of Hawaii befindet sich schließlich rechts der Straße die größte Sehenswürdigkeit der Region, nämlich die König-**Kamehameha-Statue**. Stellen Sie den Wagen am Parkplatz des Kohala Civic Center ab – vielleicht holen Sie sich im Shop gegenüber auch ein gutes Sandwich oder einen Kaffee! – und betrachten Sie dann das Denkmal vom hübschen und schattigen Park aus (sanitäre Anlagen, Picknicktische).

Das Original steht hier!

Nach Kapaau folgt eine Reihe unbedeutender Siedlungen wie **Halaula**, **Halawa**, **Makapala** und **Niulii**, deren Lebensgrundlage früher die Kohala Sugar Company war und die heutzutage kleine landwirtschaftliche Betriebe beherbergen. Achten Sie auf der Strecke auf jenen Stein, der nach einer Kurve rechter Hand als Kamehameha Rock markiert ist; der Legende nach soll er vom jungen König als Kraftprobe von der Küste bis an diese Stelle getragen worden sein.

Kurze Zeit später legen der historische Laden Wo On Store und das Gebäude des Wo-Tong-Geheimbundes (1886) Zeugnis von der alten chinesischen Gemeinde der Region ab. Gleiches gilt für **Niulii** mit seinem kleinen chinesischen Friedhof; man passiert diesen, wenn man die 1½ km lange Stichstraße zum **Keokea**

INFO Die König-Kamehameha-Statue

Die meisten Hawaii-Besucher werden nicht dieses originale Standbild des Königs bewundern und fotografieren, sondern die weitaus besser präsentierte Kopie, die in Honolulu an exponierter Stelle zwischen Iolani- und Justizpalast zu finden ist (vgl. S. 259). Warum es überhaupt zwei Ausgaben gibt, geht auf eine merkwürdige und interessante Geschichte zurück: Ihr Auftraggeber war der lebenslustige König Kalakaua, der das Standbild zur Verschönerung des Platzes vor dem neuen Iolani-Palast und als Mittelpunkt seiner Hauptstadt haben wollte. Für die damals hohe Summe von 10.000 Dollar modellierte der amerikanische Bildhauer T.R. Gold das Kunstwerk, wobei er sich einen wegen seiner Schönheit allseits bekannten Mann aus Honolulu zum Vorbild nahm. Gegossen wurde die Bronzestatue in Paris und dann in Bremen auf den Segelfrachter 'Georg Friederich Händel' gebracht. Beim Transport nach Hawaii kenterte jedoch das Schiff und ging auf Höhe der Falkland-Inseln samt Besatzung und Fracht unter.

Da die Statue mit 12.000 Dollar versichert war, wurde flugs ein zweiter Abguss hergestellt, diesmal jedoch vom Sohn des inzwischen verstorbenen Bildhauers, so dass die Kopie dem Original nicht besonders ähnlich war. Dieses Standbild erreichte wohlbehalten Honolulu und nahm 1883 den Ehrenplatz ein, auf dem es heute noch steht.

Der Zufall wollte es, dass Schiffer der Falkland-Inseln inzwischen das Wrack der 'G.F. Händel' entdeckt hatten, die Statue bargen und sie in ihrer Hauptstadt Port Stanley aufstellten, ohne zu wissen, wen die Figur darstellen sollte. Ein weiterer Zufall führte den amerikanischen Kapitän Jervis dorthin, der den König Kamehameha erkannte, das Standbild für 500 Dollar kaufte und es nach Honolulu transportieren ließ, wo allerdings der zugedachte Platz bereits durch die Kopie besetzt war. So entschloss man sich, das Original an den Geburtsort des großen Königs zu bringen, wo es nun einer eher ärmlichen und ländlichen Gegend ein wenig Hauptstadt-Glanz verleiht.

Beach Park hinabfährt. Auch sonst macht dieser Abstecher Sinn, weil ansonsten der Hwy. 270 immer in einiger Entfernung zum Meer verläuft. Die Piste hinab zum Picknickplatz ist eng und rau, aber asphaltiert. Am Beach Park ist Schwimmen zwar nicht möglich, doch hat man einen schönen Blick auf die Steilküste.

Blick ins Tal

Pololu Valley Lookout

Der Highway selbst ist kurze Zeit später an einem kleinen Parkplatz zu Ende, von dem aus man die gute Aussicht auf das Pololu Valley und die nordöstliche Küstenlinie genießen kann. Wer möchte, kann in das von bewaldeten Bergwänden eingezwängte Tal in etwa 20 Minuten hinabsteigen; für die ziemlich steile Kletterpartie wird man durch einen wunderbar einsamen, schwarzen Sandstrand inmitten herrlicher Vegetation belohnt.

Zurück nach Waimea

Auf dem Rückweg gibt es bis **Hawi** keine Alternative zu der bereits bekannten Strecke. Dort allerdings biegt man nun nach links auf den Hwy. 250 ab, der sich sofort anschließend in die **Kohala Mountains** hinauf windet und durch völlig unterschiedliche Vegetationsstufen geht. Der Hinweis 'next 17 miles narrow and winding road' sollte keine übertriebenen Befürchtungen wecken – es gibt auf Hawaii weitaus schlimmere Gebirgsstrecken. Auf den ersten Kilometern kommt man durch eine fruchtbare und landwirtschaftlich intensiv genutzte Gegend; zwischen Bäumen und Obstgärten sieht man Kühe, Pferde und – auf einer kleinen Weide zur Rechten – sogar auch Lamas. Hinter der Zufahrt zur **Puu Hue Ranch** ändert sich das Landschaftsbild: Ähnlich den alpenländischen Almen bedecken nur noch weite Wiesen die Hügel. Eine zweite Rinderfarm mit angeschlossenem Gestüt, die **Kahua Ranch**, begleitet den Weg, kurz danach passiert man einen erneuten Zugang zur **Kohala Ranch** *(s.o.)*, auf dem man übrigens auch bis zur Küstenstraße Hwy. 270 hinabgelangen kann.

Auf dem Gelände der Kohala Ranch

Hügel und Rinderweiden

Lassen Sie sich aber die weitere Strecke über die Kohala Mountains nicht entgehen, die im Wesentlichen auf einem Grat verläuft und ihren höchsten Punkt mit 1.086 m ü.d.M. erreicht – etwa gleich weit von Hawi und Waimea entfernt. Nach einer von Ironwood-Bäumen gesäumten Allee gelangt man am Meilenmarker 8 zu einem Lookout, von dem der Blick über die kargen, von Kakteen bewachsenen und Schafen bevölkerten Berghänge bis zum Ozean reicht, wo an klaren Tagen der Dreitausender Haleakala auf Maui in der Ferne auszumachen ist. Nach diesem 'Scenic Point' geht es in einigen Kehren hinab, das Land wird wieder fruchtbarer, und kurz darauf stößt man am Ortsanfang von **Waimea** auf den Hwy. 19 – dort, wo sich vis-à-vis das Kamuela Museum befindet und wo die Rundfahrt ihren Ausgang nahm.

Zwischen Waimea und Kailua-Kona

Für die letzte Etappe der Inselumrundung gibt es drei Wegvarianten, von denen hier nur die dritte ausführlicher beschrieben werden soll. Die anderen beiden sind:

❶ **Variante I.:** Vom Ortszentrum in Waimea geht es auf dem Hwy. 190, der die eigentliche **Hawaii Belt Rd.** komplettiert, durch das Inselinnere in 64½ km direkt nach Kailua-Kona. Dabei fährt man durch eine moderate Hügellandschaft,

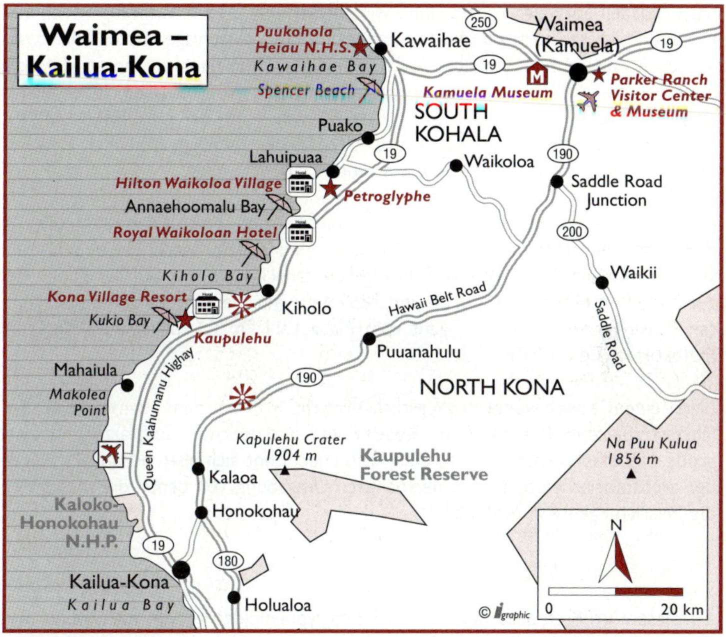

die über weite Strecken von den erstarrten Lavaströmen des Mauna Loa geprägt ist. Auf dem Weg kommt man am Abzweig der Saddle Rd. nach Hilo, am Abzweig der Waikoloa Rd. nach **Waikoloa** sowie an den Siedlungen **Puuanahuhu** und **Kalaoa** vorbei.

❷ **Variante II.:** Bei dieser Variante folgt man ebenfalls dem Hwy. 190, zweigt dann aber 7,7 km hinter der Saddle Rd. nach rechts auf die Waikoloa Rd. ab. Die gut ausgebaute, breite Asphaltstraße bringt einen in weiten Kehren am interessanten Krater Puu Hinai vorbei und passiert dann eine vierspurige Straßeneinmündung, auf der man nach rechts zum **Waikoloa Village** gelangt. Dieses 'Dorf' ist eine grüne Oase inmitten der Lavawüste – geprägt von modernen, eingeschossigen Wohnhäusern und dem großen Golfplatz. Ein Ziel dieses Abstechers könnte das Waikoloa Haina Tropic Center mit seinen guten Einkaufsmöglichkeiten sein. Vor allem der Supermarkt Waikoloa Village Market ist reich bestückt und ein Tipp für alle, die als Selbstversorger in den Condominiums an der Küste wohnen.

Schließlich erreicht man auf der Waikoloa Rd. den Hwy. 19 am Waikoloa-Heliport. Zum Waikoloa Beach Resort geht es von hier aus nach links, zum Mauna Lani Resort nach rechts.

Nach Kailua-Kona über die Küstenstraße (Hwy. 19)

Auf dieser dritten Variante fährt man von Waimea auf der schon bekannten Strecke des Hwy. 19 (Kawaihae Rd.) bis zum Hafenort **Kawaihae**, wo der Hwy. 270

nach Norden abzweigt. Hier bleiben wir auf dem Hwy. 19 in Richtung Süden, der in den Inselkarten auch als Queen Kaahumanu Hwy. eingetragen ist. Er führt zwar immer parallel zur Küste, aber doch in einiger Entfernung zu ihr, so dass die einzelnen Resorts und Strände nur auf Stich- oder Nebenstraßen zu erreichen sind. Die Strecke selbst bietet wenig Attraktionen – von der grandiosen Kargheit der schwarzen Lavawüste einmal abgesehen, in die unzählige Besucher ihre Namen oder Botschaften mit weißen Steinchen markiert haben.

Karge Lavawüste

Die ersten beiden Abzweige, die hinter Kawaihae vom Queen Kaahumanu Hwy. in Richtung Meer führen, bringen einen zum Mauna Kea Beach Hotel und zum schönen Hapuna Beach. Wenige Fahrminuten danach kann man auf der Pueko Rd. zur hübschen **Hokuloa Church** von 1859 gelangen. Der Zugang zu den berühmten Puako-Petroglyphen *(s.u.)* geht vom Maua Lani Dr. ab, ebenso der Weg zum Holokolokai Beach Park.

Nach einem etwas weiteren Wegstück erreicht man auf dem Highway eine Zufahrtsstraße zum **Mauna Lani Resort**, das ausgedehnte Golfplätze und zwei große Nobelherbergen umfasst. Der Abstecher lohnt sich aber besonders wegen der archäologischen Stätten in der näheren Umgebung, von denen die wichtigsten die Felsritzungen von Puako sind.

• Puako Petroglyph Archaeological Preserve

Zu diesem größten aller hawaiischen Petroglyphenfelder gelangt man, wenn man sich in Richtung Holoholokai Beach Park und auf Höhe des Hotels 'Fairmont Orchid' der Ausschilderung folgt. Die Straße endet an einem Parkplatz in Strandnähe, wo der gut 1 km lange Malama Trail beginnt. Am Anfang des Pfades sind einige Petroglyphen in moderner Zeit nachgebildet worden, um Fotografen zu jeder Tageszeit gute Motive und denjenigen, die die Konturen auf Papier 'durchrubbeln' wollen, ein Demonstrationsobjekt zu bieten.

Eine der Felsritzungen von Puako

Zu den Originalen geht es dann auf einem schmalen Fußpfad durch Gestrüpp, über Lava und Asche, aber fast immer im Schatten. Sobald Sie auf einen breiteren Feldweg stoßen, überqueren Sie diesen und kommen auf der anderen Seite nach wenigen Hundert Metern zu einer Balustrade, hinter der sich ein großes Steinfeld erstreckt, das völlig mit Petroglyphen besetzt ist. Mehr als 3.000 Felsritzungen sind hier erhalten, zumeist figürliche Darstellungen, aber auch Tiere und abstrakte Symbole.

Auf die Frage, wann die Petroglyphen angebracht wurden und warum gerade in dieser sehr unfruchtbaren Gegend ohne jegliche Trinkwasservorkommen, kann die Forschung keine eindeutige Antwort geben. Auffällig ist, dass die Figuren fast alle zum Berg hin gewandt sind. Insgesamt sind an der Kohala-Küste mehr als 12.000 Petroglyphen erhalten, und ein zweites, weniger großes Feld befindet sich ganz in der Nähe.

Tausende von Felsritzungen

Vergessen Sie nach dem Besuch nicht, vom Parkplatz aus dem Strand einen Besuch abzustatten, der sich zwar nicht zum Baden eignet, mit seinen Lava- und Korallensteinen jedoch einen fantastischen Schwarz-Weiß-Kontrast aufweist. Picknicktische und gute sanitäre Anlagen empfehlen den Ort außerdem für eine Rastpause.

Bei der Rückfahrt kann man von der Straße aus oder über den Hoteleingang des Mauna Lani Bay Hotels weitere Ausflüge in die Geschichte unternehmen. Etwa zum **Historical Park** des Hotels, bei dem ein Pfad durch ein archäologisches Ausgrabungsgelände führt, wo Überreste einer alt-hawaiischen Siedlung erhalten sind. Das ganze ist eingebettet in eine bizarre Landschaft, in der sich die Golfplätze des Resorts inmitten von Lavabrocken, Schlacken und Asche wie grüne Oasen ausnehmen. Manchmal werden vom Hotel lohnende Spaziergänge veranstaltet, auf denen Gästen Felszeichnungen, alte Fischteiche und andere Relikte gezeigt werden.

Zurück auf dem Highway, kommt man zunächst an der Einmündung der Waikoloa Rd. vorbei, die sich durch ein Lavafeld zum **Waikoloa Village** *(s.o.)* und weiter zum Hwy. 190 hinaufschlängelt, sowie direkt daneben am Heliport, von dem aus verschiedene Firmen ihre Helikopterrundflüge starten.

Der nächste Abzweig nach rechts – etwa am Meilenmarker 16 – bringt einen dann zum **Waikoloa Beach Resort**, das Attraktionen der unterschiedlichsten Art bereithält. Zunächst ist da das Hotel 'Waikoloan Beach Marriott', auf dessen Gelände sich das Petroglyphenfeld **Anaehoomalu** befindet. Auf einem kurzen und gut gestalteten Pfad gelangt man vom Parkplatz vor dem Hotel dorthin. Hinter dem Hotel sind zwei alte Fischteiche zu bewundern und natürlich der von Palmen gesäumte und beste Sandstrand der Insel, an dem alle Wassersportarten möglich sind (**Anaehoomalu Bay**). Außerdem hat das Resort wunderschöne tropische Gärten.

Großzügige Hotelanlagen

Folgen Sie nun der Straße zwischen dem Hotel und dem gegenüberliegenden King's Shops, einem Einkaufs- und Restaurantzentrum auf hohem Niveau, nach rechts, dann erreichen Sie nach wenigen Minuten den Besucherparkplatz des **Hilton Waikoloa Village**, das eine Sehenswürdigkeit für sich darstellt. Für 360 Mio US$ errichtet und 1988 nach nur 26 Monaten Bauzeit als Hyatt Regency Waikoloa eröffnet, wurde die Mega-Anlage weit über Hawaiis Grenzen hinaus als bestes Beispiel eines so gen. Fantasy Hotels bekannt. Auf eigene Faust oder

Am Hilton Waikoloa Village

innerhalb geführter Touren können Sie die Wunderwelt erkunden (sofern Sie nicht ohnehin hier wohnen). Für den Personentransport innerhalb des 25-ha-Terrains stehen eine eigene Elektrobahn sowie mehrere Motorboote zur Verfügung, die auf einem künstlichen Kanalsystem pendeln.

Die über tausend Zimmer sind in drei riesigen Komplexen untergebracht, wobei die Normaltarife die Spannbreite von US$ 250 bis US$ 3.000 umfassen. 9 Restaurants und etliche Bars sorgen für das leibliche Wohl, in mehreren Einkaufszentren kann man Mode, Schmuck, Kunst usw. kaufen, eine künstlich angelegte Salzwasserlagune samt Strand und einem ebenfalls künstlichen Wasserfall bilden das Zentrum des Resorts, zu dem außerdem mehrere Pools (einer von 2.000 m²), ein Delfinarium, zwei 18-Loch-Golfplätze, 7 Tennisplätze mit eigenem Stadion u.v.m. gehören. Ausgestattet ist das Ganze mit kostbaren Kunstwerken, vor allem aus dem asiatischen Raum.

Weitere Nobelunterkünfte

Auf den Kanälen des Hilton Waikoloa Village

Ein solch riesiger Betrieb ist sicher nicht jedermanns Sache, und zumal europäische Touristen mögen Vorbehalte gegenüber dieser gut geölten Urlaubsmaschinerie äußern. Aber ob's einem gefällt, kann man erst sagen, wenn man sich an Ort und Stelle eine eigene Meinung gebildet hat.

Die nächsten touristischen Einrichtungen sind auf dem Queen Kaahumanu Hwy. relativ weit entfernt, wobei die Strecke Lavaströme von bizarrer Schönheit begleiten. Nach einem Lookout oberhalb der **Kiholo Bay** sind es noch etwa 9 km, bis erneut eine Stichstraße nach rechts abgeht, und zwar zum **Kona Village Resort**. Mit seiner polynesischen Architektur ist auch diese Nobelunterkunft eine Stippvisite Wert, und sei es nur, um in einem der vorzüglichen Restaurants eine Mahlzeit einzunehmen.

Kurz hinter dem Hotel besteht dann an der sehr schönen Kua Bay die letzte Möglichkeit vor dem Flughafen, im Ozean zu baden.

• Kona-Keahole Airport

Der Keahole Airport, der allgemein nur 'Kona-Airport' genannt wird, liegt inmitten eines Lavastromes, der 1801 vom Mauna Loa herabfloss und die Küstenlinie nach außen verschob. Touristen, die hier zum ersten Mal den Boden Big Islands betreten (und das sind die meisten), kommen also direkt mit einer prägenden Landschaftsform der Insel in Kontakt – egal, in welche Richtung sie fahren. Der Flughafen selbst ist nicht nur mit allen modernen Einrichtungen ausgestattet, sondern kann wegen seiner offenen und funktionalen Architektur als äußerst gelungen bezeichnet werden.

Museum

Wer vor seinem Abflug noch etwas Zeit übrig hat oder ein besonderes Interesse für die Geschichte der Raumfahrt hegt, findet auf dem Flughafengelände zwischen Ankunfts- und Abflugshalle das Astronaut Ellison S. Onizuka Space Center, das mit Fotos, Exponaten und audiovisuellen Vorführungen an den hawaiischen Astronauten Onizuka erinnert. Er kam 1986 bei dem Unglück des Spaceshuttle Challenger ums Leben.

Ellison S. Onizuka

Nur 11 km sind es vom Airport bis nach Kailua-Kona, eine Strecke, die die meisten Urlaubsgäste möglichst schnell zurücklegen werden. Wer sich für die hawaiische Geschichte interessiert, findet am Wegrand aber auch hier mehrfach Gelegenheit, sein Wissen zu vertiefen. U.a. gibt es in der Bucht von Kaloko noch Spuren einiger alter Fischteiche und die vermutete Begräbnisstätte König Kamehamehas I.

Ein 525 ha großer Teil des Geländes steht als **Kaloko-Honokohau National Historical Park** unter Denkmalschutz. Hier haben Archäologen mehr als 200 verschiedene Relikte einer polynesischen Siedlung freigelegt, die bis ins 19. Jh. Bestand hatte – u.a. zwei Heiaus, Fischteiche, Kanu-Landeplätze usw. Im kleinen Visitor Center liegt umfangreiches Info-Material bereit.

Nahebei befindet sich der **Honokohau Harbor**, der neben dem Kailua Pier wichtigsten Adresse für Yachten, Ausflugsboote und Hochseeangeln. Und genau wie im südlichen Nachbarort ist auch hier das Wiegen der Fänge, die die Sportfischer angelandet haben, ein tägliches Spektakel.

7. REISEN AUF KAUAI (ⓘ s. S. 181)

Überblick

Inselsteckbrief Kauai	
Beiname:	*The Garden Isle* (= 'Garteninsel')
Inselfläche:	1.431 km² (Länge: 34 km; Breite: 40 km)
Küstenlinie:	145 km
Einwohner:	63.000
Hauptstadt:	Lihue (12.000 Ew)
Verwaltungseinheit:	County Kauai
Höchste Erhebung:	Mount Kawaikini, 1.598 m

***Einige Entfernungen** (und ungefähre Fahrzeit-Angaben)*

Lihue – Wailua	*11 km*	*15 Minuten*
Lihue – Kapaa	*16 km*	*20 Minuten*
Lihue – Koloa	*18 km*	*25 Minuten*
Lihue – Poipu	*23 km*	*30 Minuten*
Lihue – Spouting Horn	*24 km*	*30 Minuten*
Lihue – Hanapepe	*29 km*	*35 Minuten*
Lihue – Kilauea	*42 km*	*45 Minuten*
Lihue – Kekaha	*45 km*	*1 Stunde*
Lihue – Hanalei	*56 km*	*1 Stunde, 5 Minuten*
Lihue – Haena	*65 km*	*1¼ Stunde*
Lihue – Kalalau Valley Lookout	*72 km*	*1 Stunde*

Kauai liegt mit seinem Trabanten Niihau am nordwestlichen Ende der bewohnten Hawaii-Inseln und ist vom großen Nachbarn Oahu relativ weit entfernt: 115 km beträgt der Abstand an der engsten Stelle des *Kauai Channel*. **Geologisch** ist die kompakte und runde Insel, die mit 1.431 km² den vierten Rang innerhalb des Bundesstaates einnimmt, älter als alle anderen bewohnten Inseln, da sich ja die Drift der Inselkette von ihrem Entstehungsort, dem *'hot spot'*, in nordwestlicher Richtung fortbewegt. Der Schildvulkan, der sich vor rund 5 Millionen Jahren aufbaute, ist daher vom Zahn der Zeit bereits beträchtlich angenagt worden – mit anderen Worten: Kauai wird stetig kleiner.

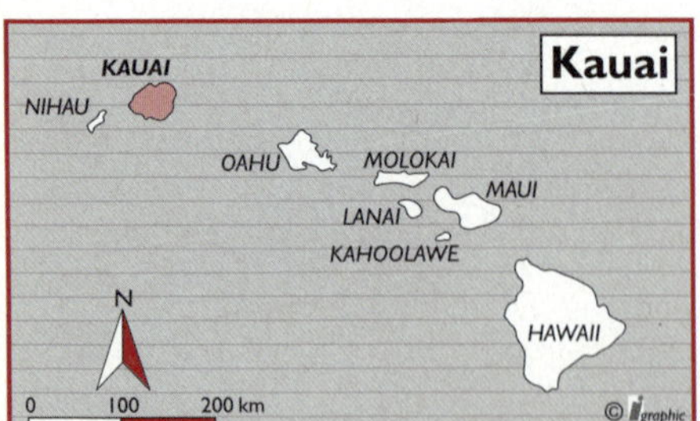

In der **Topographie** hat die verhältnismäßig lange geologische Geschichte natürlich ihre Spuren hinterlassen: Da hier die Erosionskräfte von Wind, Wetter, Flüssen und Meer am längsten walten konnten, ist keine andere Insel so zerklüftet, hat solche Canyons oder eine solch zersägte Steilküste wie Kauai. Das

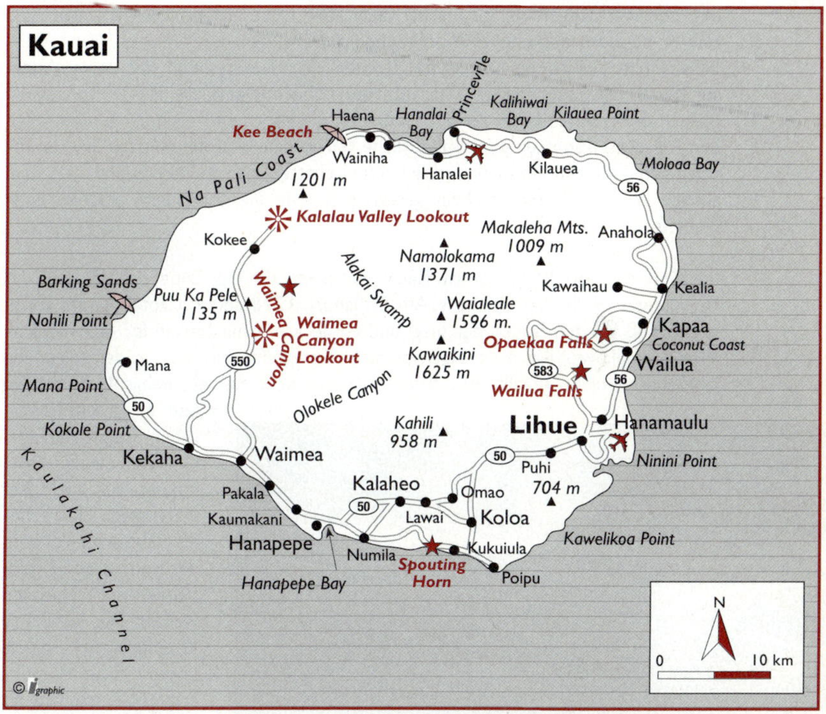

Resultat ist der wohl vielfältigste und beeindruckendste Naturraum Hawaiis, der aus diesem Grund zur bevorzugten Filmkulisse für Streifen wie South Pacific, Blue Hawaii, Reef, King Kong, Jurassic Park u.v.m. wurde. Und jedem Besucher wird es leicht fallen, angesichts dieser fantastischen Landschaft in die lokale Hymne einzustimmen, deren Anfangszeile lautet: *Maika'i Kauai hemolele i ka malie* – 'Schön ist Kauai, über jeden Vergleich erhaben... '.

Klimatisch unterscheidet sich die Insel kaum von ihren Nachbarn, jedoch eindeutig hinsichtlich ihrer **Niederschläge**. Kauai ist als nordwestlicher Vorposten am stärksten den Passatwinden ausgesetzt, deren Wolken in der Gipfelregion des 1.569 m hohen Mt. Waialeale abregnen und die dortige meteorologische Station mit durchschnittlich etwa **12.000 mm** Regen im Jahr als **'feuchtesten Ort der Welt'** ausweisen. Diese riesigen Wassermassen fließen in etlichen Bächen und Flüssen ab, von denen der Wailua River der größte und außerdem auch der einzig schiffbare Fluss des Archipels ist. Ein anderes Auffanggebiet stellt das knapp 80 km² große Sumpfgebiet des Alakai Swamp das, das große Teile des Inselinneren unzugänglich macht. Die hohen Niederschläge sind auch verantwortlich für eine einzigartige **Vegetation** mit großen Beständen endemischer Pflanzen sowie guten landwirtschaftlichen Voraussetzungen, die dem Beinamen Garden Isle zu seiner Berechtigung verhilft.

Niederschlags-Rekorde

Hurrikan-Gefahr

Die nordwestliche Randlage macht Kauai aber nicht nur zum 'Regenfänger' von Hawaii, sondern auch zum 'Windbrecher' oder anders ausgedrückt: Wenn **Wirbelstürme** den Archipel erreichen, treffen sie als erstes und mit voller Wucht auf Kauai. Dies sind freilich **Ausnahmeerscheinungen**, die keinen von einem Besuch der Insel abhalten sollten. Und auch die enormen Regenmengen betreffen den Reisegast kaum, da der südwestliche Teil, in dem sich die meisten Hotels und sonstigen Unterkünfte befinden, im Windschatten der beiden Gipfel liegt und ähnlich reich mit Sonnenschein gesegnet ist wie die touristisch erschlossenen Gebiete der anderen Inseln.

Im **historischen** Rückblick ist Kauai vor allem für das Ende des 18. und das beginnende 19. Jh. von Interesse. Am 21. Januar **1778** setzte Captain James Cook seinen Fuß auf den Boden der Insel und entdeckte damit Hawaii für die westliche Welt. Damals war Kauai ein eigenständiges Königreich, das auch in den folgenden Jahrzehnten nicht gewillt war, sich der Streitmacht Kamehamehas I. zu beugen und im gesamthawaiischen Reich aufzugehen. Als einzige Insel konnte sie von dem mächtigen Herrscher niemals erobert, sondern nur durch Diplomatie angeschlossen werden: Der Inselkönig Kaumualii behauptete unter Kamehameha seine Machtstellung als Gouverneur. Später heiratete ihn Kamehamehas Witwe Kaahumanu und verstärkte dadurch die Bande zwischen Kauai und den anderen Inseln. Aber noch in den Jahren **1816-17** versuchte er, über den deutschen Abenteurer Georg Anton Scheffer und das zaristische Russland aus dem Inselverband auszuscheren und eine Sonderrolle im Pazifik zu spielen (vgl. S. 479).

Hotelanlage an der Ostküste

Nach Kaumualiis Tod im Jahre 1824 war dieses Intermezzo endgültig beendet, und Kauai ging den allgemein-hawaiischen Weg bis hin zur Errichtung des Bundesstaates. Interessant aber, dass unter den vielen Einwanderergruppen, die im 19. Jh. eine blühende Zuckerindustrie etablierten, die Deutschen eine wichtige Rolle spielen konnten.

Dünne Besiedlung

Mit insgesamt 63.000 Einwohnern bzw. 41 Ew/km^2 ist Kauai nur dünn **besiedelt**, wobei die Menschen hier wegen des undurchdringlichen Inselinneren ausschließlich auf einem schmalen Küstenstreifen im Süden, Osten und Nordosten wohnen. Innerhalb der Bevölkerung sind die Weißen mit rund 28 % unbedeutend stärker

Redaktions-Tipps

- Ein ausgiebiger Besuch des **Waimea Canyon** (S. 482ff), evtl. mit Wanderungen, gehört zum touristischen Pflichtprogramm.
- Spektakuläre Erlebnisse versprechen der Helikopterflug entlang der **Na Pali Coast** (S. 470ff) und über den **Waimea Canyon** und/ oder ein Bootsausflug zur **Na Pali Coast**).
- Romantisch und großartig: ein Strandspaziergang und Erlebnis des Sonnenuntergangs an den Barking Sands im **Polihale State Park** (S. 481).
- Für passionierte Wanderer: Der **Kalalau Trail** (S. 470) gehört zu den berühmtesten Pfaden der USA und ist auf einer Mehrtageswanderung zu erleben
- Für **Golfer**: Verpassen Sie trotz hoher greenfee nicht die fantastische Anlage des Princeville-Hotels.

vertreten als im hawaiischen Durchschnitt, doch ist mit 26 % der überproportional hohe Anteil der Filipinos deutlich.

Die insulare **Wirtschaft** wurde bis in die 1970er Jahre hinein fast ausschließlich vom **Zuckerrohr-** und **Taro-**Anbau bestimmt. Auch heute noch bedecken Zuckerrohrfelder rund ein Fünftel der Inselfläche und sind die Schornsteine der großen Zuckermühlen deutliche Wahrzeichen dieses Wirtschaftszweiges.

Immer mehr aber bestimmt der **Fremdenverkehr**, der jetzt schon ein Viertel aller Arbeitskräfte bindet, das ökonomische Leben auf Kauai. Dabei meisterte man bisher erfolgreich die schwierige Gratwanderung zwischen Naturschutz und Ausbau der Infrastruktur, u.a. ablesbar an der Bestimmung, dass kein Hotelneubau höher als die Krone der Kokospalmen sein darf. Zentren des touristischen Aufschwungs sind im Norden Princeville und Hanalei, im Osten Wailua, Waipuli und Kapaa, im Südosten die Hauptstadt Lihue und Puhi sowie im Süden Poipu. Ins Inselinnere und an die schöne Westküste ist der Fremdenverkehr bislang noch nicht vorgedrungen.

Da im Nordwesten die schroffe Na-Pali-Küste Straßenbau nicht zulässt, kann es auf Kauai also keine **Inselrundfahrt** im eigentlichen Sinn geben. Möglich und empfehlenswert sind jedoch zwei Ausflugsfahrten entlang der Küste und ein Abstecher zum Waimea Canyon, die in den folgenden Kapiteln vorgestellt werden.

Lihue: Die Inselhauptstadt und ihre Umgebung

Überblick

Das mit rund 12.000 Einwohnern (davon etwa 6.000 im Zentrum) recht überschaubare Lihue gehört sicher nicht zu den großen Sehenswürdigkeiten der Insel, trotz einiger hübscher Einzelgebäude und Parkanlagen. Der Ort wirkt zersiedelt und ist hauptsächlich durch seine Einkaufszentren (vor allem Kukui Grove und Rice Shopping Center), die Zuckermühle, flache Einfamilienhäuser und Verwaltungsgebäude des Countys geprägt. Trotzdem wird wohl jeder Tourist zumindest am Rande mit Lihue Bekanntschaft schließen, weil sich erstens der größte Flughafen sozusagen im Stadtzentrum befindet und hier zweitens die beiden Hauptver-

Kleine Inselhauptstadt

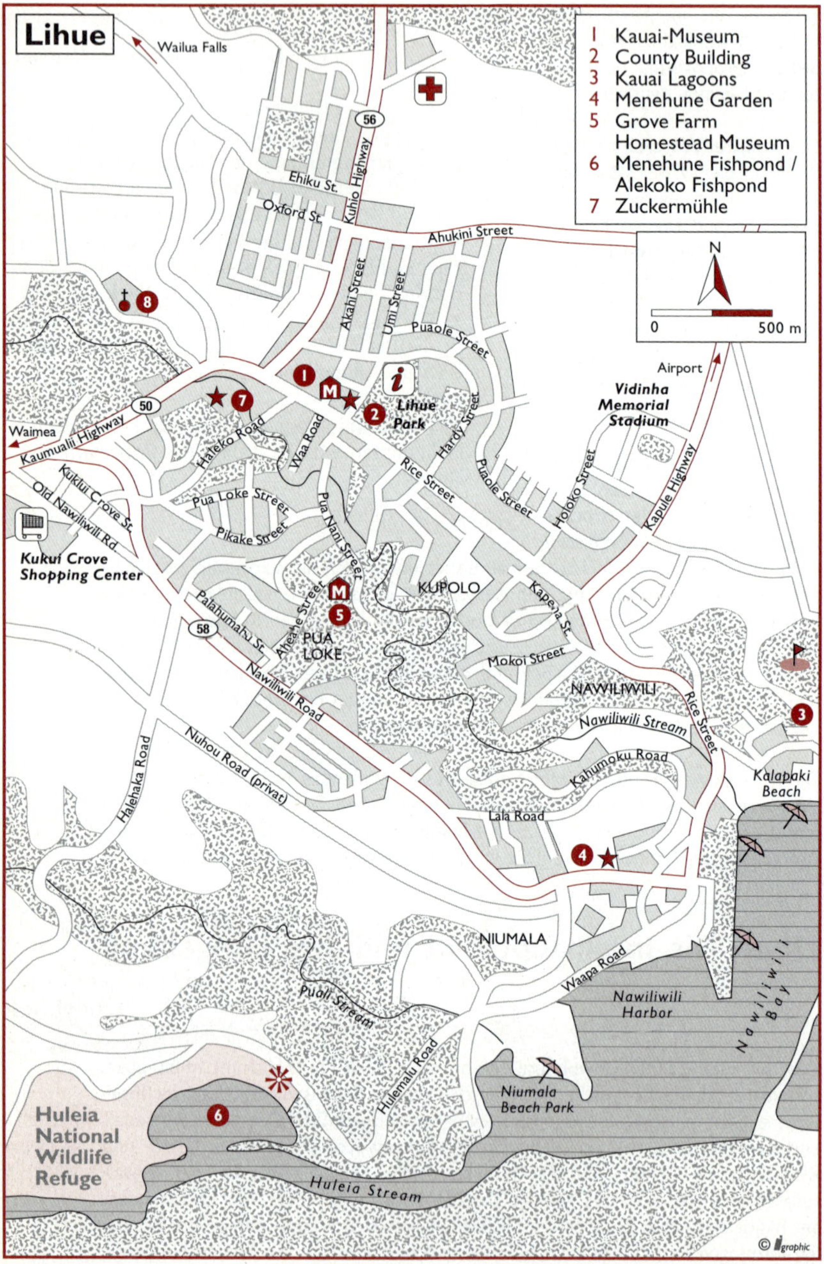
Lihue
Wailua Falls
1 Kauai-Museum
2 County Building
3 Kauai Lagoons
4 Menehune Garden
5 Grove Farm Homestead Museum
6 Menehune Fishpond / Alekoko Fishpond
7 Zuckermühle
N
0
500 m
56
Ehiku St.
Oxford St.
Kuhio Highway
Ahukini Street
Akahi Street
Umi Street
Puaole Street
Airport
Vidinha Memorial Stadium
Lihue Park
Hardy Street
50
Waimea
Kaumualii Highway
Haleko Road
Waa Road
Rice Street
Puaole Street
Holoko Street
Kapule Highway
Kukui Grove St.
Old Nawiliwili Rd
Pua Loke Street
Pikake Street
Pua Nani Street
Kukui Grove Shopping Center
KUPOLO
Kapena St.
Palahumahu St.
58
Aheahe Street
PUA LOKE
Mokoi Street
NAWILIWILI
Nawiliwili Road
Nawiliwili Stream
Rice Street
Nuhou Road (privat)
Kahumoku Road
Kalapaki Beach
Halehaka Road
Lala Road
NIUMALA
Waapa Road
Nawiliwili Harbor
Nawiliwili Bay
Puali Stream
Hulemalu Road
Niumala Beach Park
Huleia National Wildlife Refuge
Huleia Stream
© igraphic

kehrsstraßen beginnen, an denen man bei einer Inselbesichtigung nicht vorbeikommt (Hwys. 50 und 56). Und bei dieser Gelegenheit lohnt es sich durchaus, zumindest einen kurzen Abstecher in die Kapitale zu unternehmen, wobei sich Ihr Interesse auf folgende Bereiche konzentrieren sollte:

- Das innerstädtische Zentrum um den Lihue Park mit Museum, County Bldg. und Courthouse.
- Das Hafengebiet zwischen den Kauai Lagoons und dem Menehune Fishpond.
- Die östliche Peripherie mit der deutschen lutheranischen Kirche.

Da diese Punkte relativ weit auseinander liegen, sind sie am besten mit dem Mietwagen zu erreichen. Einen Mietwagen braucht man auch, um zu den sehenswerten Wailua Falls oder zur Kilohana Plantation zu gelangen, den interessantesten Sehenswürdigkeiten in der näheren Umgebung der Stadt.

Lihue

In das **innerstädtische Zentrum** gelangt man vom Flughafen über den Hwy. 51 (Kapule Hwy.), vom südlichen Inselteil über den Hwy. 50 (Kaumualii Hwy.) und aus Richtung Hanamaulu bzw. den Wailua Falls über den Hwy. 56 (Kuhio Hwy.). Auf allen diesen Straßen gelangt man zur Rice St., die als ca. 1½ km lange Achse den eigentlichen Ortskern von Nordwesten nach Südosten durchquert. Am oberen Ende der Straße befindet sich, eingerahmt von einem Einkaufszentrum, Banken und Tankstellen, das einzige sehenswerte Gebäudeensemble nahe dem hübschen **Lihue Park**:

Kauai-Museum (1)

Das Kauai-Museum stellt auf zwei Etagen sehenswerte Exponate zur Geschichte der Insel, ihrer Geologie, Flora und Fauna sowie zu ihren ethnischen Gruppen aus. Die interessantesten Einblicke verschaffen Erinnerungsstücke der frühen Missionare, ein kurzer Film mit herrlichen Naturaufnahmen, eine umfangreiche Muschelsammlung sowie das Modell eines polynesischen Dorfes. Sehenswert ist jedoch nicht nur die Ausstellung, sondern auch das Gebäude als solches: Im Jahre 1922 als Albert Spencer Wilcox Memorial Building gebaut, beherbergte es

Das Kauai Museum

bis 1960 die öffentliche Bibliothek der Insel und überzeugt zur Straßenseite vor allem durch die drei hübschen Arkadenbögen.

County Building (2)

Repräsentative Architektur

Rechts vom Museum, jenseits der Eiwa St., stellt das County Building die politische und administrative Zentrale des Verwaltungsbezirks dar, zu dem außer Kauai auch die Insel Niihau gehört. Das repräsentative, blendend weiße Gebäude wurde 1913 als erstes Regierungsgebäude innerhalb des Territoriums Hawaii errichtet und erinnert an den Architekturstil der amerikanischen Südstaaten. Zur Hauptstraße hin ist es durch zwei ionische Säulen mit Portikus und Uhr geschmückt. Vor dem Bau befindet sich ein schöner, von hohen Palmen bestandener Platz mit einem Glockenturm, der 1968 anlässlich des hundertjährigen Jubiläums der japanischen Immigration errichtet wurde, einer fünfstöckigen, kleinen Pagode und einem Denkmal für einen Nationalheld der Filipinos. Jenseits der nächsten Querstraße Umi St. erhebt sich das Lihue Plaza Bldg.

Das County Building

Folgt man der Rice St. zum unteren Ende, stößt man auf den Hwy. 51, der am **Stadion** vorbei nach links zum **Lihue Airport** führt und sich nach rechts als Waapa Rd. zum Hafen hinabwindet. Linker Hand dieser Straße erstreckt sich zu beiden Seiten der **Kauai Lagoons (3)** ein mondänes Resort-Gebiet, das von zwei 18-Loch-Golfplätzen und dem Komplex des Kauai-Marriot Hotels eingenommen wird. Der Architekt Chris Hemmeter hatte dieses 840-Zimmer-Resort in einem Stil gestaltet, der je nach Kritiker als 'pompöser Kitsch' oder 'spektakuläre Erlebniswelt' beurteilt wurde und seine Vorbilder in der Antike genauso wie in Disneyland suchte. Außer dem Bau als solchem und dem angrenzenden **Kalapaki Beach** mit seinen Wassersportmöglichkeiten lohnt der Abstecher wegen der Lagunen, die über 1½ km ins Inselinnere hineinragen und eine wunderschöne Wasserlandschaft mit Inselchen

Wasserlandschaft und Golfplätze

Bootstour in den Kauai Lagoons

und reicher Vegetation gestaltet haben. Es lohnt sich, vom Kalapaki Beach auf der Fußgängerbrücke den Nawiliwili Stream zu überqueren und durch den **Nawiliwili Beach Park** zu schlendern. Er endet weit entfernt am Leuchtturm des Ninini Point.

Vom Abzweig zu den Kauai Lagoons führt die Waapa Rd. am Anchor Cove Shopping Center und dem Nawiliwili Beach Park parallel zum Hafen, der hauptsächlich von Frachtern und gelegentlich auch von Kreuzfahrtschiffen frequentiert wird. Nach wenigen Hundert Metern zweigt hier die Nawiliwili Rd. (Hwy. 58) nach rechts ab und bringt Besucher an zwei schönen Gartenanlagen vorbei:

Menehune Garden (4)

Gärten und Herrenhäuser

Vom Hafen her kommend, stößt man auf diesen Park zuerst, der nach den legendären Menehune *(s.u.)* benannt wurde. Auf dem idyllischen Gelände findet man eine Vielzahl tropischer Zierpflanzen und Heilkräuter sowie einen riesigen Banyan-Baum – ein schöner, ruhiger Platz, um eine Ruhepause einzulegen oder ein Picknick einzunehmen.

Grove Farm Homestead Museum (5)

Etwas weiter erstreckt sich rechts der Nawiliwili Rd. das 32 ha große Gelände einer ehemaligen Zuckerplantage, die 1864 vom bekannten George N. Wilcox gegründet wurde. Das historische Herrenhaus, das noch 1980 von der Familie bewohnt wurde, hat einschließlich seiner Möblierung unverändert den Lauf der Zeit überdauert und kann viel von der typischen Plantagen-Atmosphäre des 19. Jh. vermitteln, in der die alteingesessenen Familien wie Feudalherren über riesige Ländereien und billige importierte Arbeitskräfte verfügten.

Zu bestimmten Terminen werden sehr instruktive, zweistündige Touren durch das Haupthaus, die Nebengebäude sowie einen Teil des Grundbesitzes angeboten. Da die Zahl der Besucher begrenzt ist, empfiehlt sich bei Interesse eine telefonische Reservierung.

Menehune Fishpond / Alekoko Fishpond (6)

Biegt man in Hafennähe von der Nawiliwili Rd. auf die Niumalu Rd. bzw. Wilcox Rd. in südliche Richtung ein, wird man am **Yachthafen** vorbei und dann über die Hulemalu Rd. zu einem Lookout geleitet, von dem aus man einen sehr guten Ausblick auf den alten Fischteich, die Biegung des Flusses Huleia Stream und das bergreiche Hinterland hat.

Sagenhafte Wesen

Der Legende nach sind die *Menehune* gnomhafte Wesen, die bereits vor der Ankunft der Hawaiianer in den Wäldern und Bergen hausten. Mit Zauberkräften ausgestattet, können sie die schwierigsten Aufgaben lösen, u.a. Steine zu mächtigen Heiaus aufschichten oder die Mauern für die Fischteiche ins Wasser setzen – allerdings nur nachts und ohne von einer menschlichen Seele beobachtet zu werden. Völkerkundler halten diese Geschichten für eine Erinnerung der Polyne-

Gewässer mit Historie

sier, die Hawaii von Tahiti aus erreichten und hier auf die Nachfahren einer älteren Einwandererwelle stießen – nämlich die von den Marquesas-Inseln. Hier auf Kauai, wo der Glaube an die *Menehune* besonders ausgeprägt war (und z.T. immer noch besteht), schrieb man ihnen den Bau jener 270 m langen und bis zu 3 m hohen Mauer zu, die einen Fischteich von der Flussmündung abtrennte. Angeblich sollen zwei *Menehune*-Menschenketten die Steine aus 25 Meilen Entfernung aus dem Dschungel herangeholt und von Hand zu Hand weitergereicht haben. Als sie bei ihrer nächtlichen Arbeit vom Königspaar der Insel überrascht wurden, verwandelten sie dieses in zwei Steinsäulen, die oberhalb des Fischteichs zu sehen sind.

Zwar ist die Mauer teilweise zerstört und von Mangroven überwachsen, der Teich als solcher aber deutlich zu erkennen (zu den hawaiischen Fischteichen vgl. S. 494). In diesem Biotop haben zahlreiche einheimische Tiere überdauert, weshalb das Gelände als Huleia National Wildlife Refuge geschützt und nicht zugänglich ist. Dafür kann man aber an Paddeltouren über den Huleia Stream teilnehmen, die durch das Naturschutzgebiet führen. Der umgebende Regenwald diente übrigens einigen Hollywood-Streifen als exotische Kulisse.

Dort, wo die Nawiliwili Rd. auf den Kaumalii Hwy. stößt, erhebt sich der große Komplex der **Zuckermühle (7)** mit ihren Förderbändern und der Verladestation der Zuckertransporter. Bis zum Jahre 2000 war sie einer der wenigen noch bestehenden Großbetriebe, die von dem guten Dutzend operierender Zuckermühlen in den 1930ern übrig geblieben sind, dann wurde auch sie geschlossen. Sie befindet sich in einem Tal, das der Nawiliwili Stream gegraben hat und vom Highway überbrückt wird. Unmittelbar vor der Brücke zweigt nach rechts die Hoomana Rd. ab, an der das Hinweisschild 'Hawaii's oldest Lutheran Church' das Ziel angibt.

Die Lutherische Kirche

Lutheran Church

Nach wenigen Hundert Metern sieht man die Kirche samt angeschlossener Schule und Kindergarten rechts des Weges. Ihr Besuch ist insbesondere für deutsche Touristen interessant, stellt sie doch den Mittelpunkt jener deutschen Emigrantengemeinde dar, die sich 1849 etabliert hatte und eine der größten hawaiischen Zuckerplantagen aufbauen konnte. Ihr bedeutendstes Mitglied war der Pastorensohn und Agronom Heinrich D. F. Isenberg (1837-1903; vgl. S. 106), der die Kirche am 11. November 1883 anlässlich des 400. Geburtstages von Martin Luther einweihen konnte. Als Nachfolger stand später sein jüngerer Bruder Hans Isenberg sowohl der Gemeinde als Pastor als auch der Plantagengesellschaft als Präsident vor. Die Kirche selbst ist ein kleines, weiß gestrichenes Gotteshaus, das in seiner Architektur vage an ein Schiff erinnert. Auf der Erklärung innerhalb der Kirche ist zu lesen, dass die Auswanderer damit bewusst an ihre entbehrungsreiche Reise nach Kauai erinnern wollten und z.B. die Empore wie eine Kapitänsbrücke oder die Lampen wie Schiffslampen gestalteten. Und das tonnengewölbte, weiß und hellblau gestrichene Holzdach, unter dem sich altmodische Ventilatoren drehen, ist einem Schiffsrumpf ähnlich.

Zentralpunkt deutscher Emigranten

Durch den Hurrican 'Iwa' wurde die Kirche 1982 zerstört, anschließend aber originalgetreu wiederaufgebaut. Gottesdienste finden jeden Sonntag um 8.00 und 10.30 Uhr statt. Versäumen Sie außerdem nicht den Besuch des Friedhofs, auf dem Sie die Grabstätte von Heinrich Isenberg und vielen anderen deutschen Auswanderern finden.

Umgebung von Lihue

Ausflug zur Kilohana Plantation

Das Ziel dieses Ausfluges, für den auf dem Weg nach Waimea die Zeit fehlen dürfte, liegt 2½ km südlich vom Ortszentrum und ist über den Hwy. 50 (Kaumualii Hwy.) leicht zu erreichen. Nachdem man in Lihue die Zuckermühle und kurz darauf das große Kukui Grove Shopping Center passiert hat, sind es nur noch wenige Fahrminuten bis zum ausgeschilderten kurzen Abzweig zur Rechten. Wie die Grove Farm *(s.o.)* gehörte auch diese 14 ha große Plantage der Wilcox-Familie und wurde 1935 von Gaylord Parke Wilcox, einem Neffen des berühmten George Wilcox gegründet.

Die Kilohana Plantation

Das von dem britischen Architekten Mark Potter gestaltete Anwesen zeigt die Formensprache eines englischen Landsitzes mit holzverkleidetem Obergeschoss und ausladendem Holzschindel-Dach, während das Innere von edlen Möbeln aus San Francisco geprägt ist. Bis zur Aufgabe der Kilohana Plantation im Jahre 1970 galt das elegante Haus als Treffpunkt der guten Gesellschaft, dann fanden mit dem Niedergang der Zuckerindustrie die gesellschaftlichen Empfänge, Konzerte und künstlerischen Treffen ein Ende.

So lebten die Zuckerbarone

In den späten 1980ern instand gesetzt, beherbergen das Herrenhaus und die Nebengebäude nunmehr ein renommiertes Restaurant, das vor allem wegen seiner Luaus bekannt ist. Auch ein Plantagenmuseum und mehrere Kunstgalerien, Läden und Boutiquen findet man auf dem Gelände. Ferner bietet die Plantage auch Kutschfahrten an.

Ausflug zu den Wailua Falls

Dieser kurze Ausflug zum schönen Wasserfall des Wailua River geht nordwestlich der Stadt vom Kuhio Hwy. (Hwy. 56) ab, und zwar auf der durchgängig asphaltierten Straße 583 (Maalo Rd.). Auf dem 6,3 km langen Weg passiert man zunächst den alten 'Friedhof der unbefleckten Empfängnis' und dann die großzügige Friedhofsanlage der Kauai Memorial Gardens.

Die Wailua Falls

Durch Zuckerrohrfelder fährt man nun immer geradeaus, d.h. man ignoriert alle Abzweige von unasphaltierten Straßen (die für die Zuckerrohrtransporter reserviert sind). Der Weg endet oberhalb der Wasserfälle an einem Parkplatz, auf dem bisweilen Imbissstände und Fotografen mit Papageien etc. auf Kundschaft warten – vor allem, wenn ein Kreuzfahrtschiff im Hafen liegt.

Der Blick auf die Wailua Falls, die sich aus gut 30 m in einen runden natürlichen Pool stürzen, lohnt die Anfahrt aber trotzdem; die beste Perspektive hat man, wenn man am Zaun entlang ein wenig auf der Straße zurückgeht. Nach Regenfällen führt der Fluss oft so viel Wasser, dass sich die beiden parallelen Wasserfälle (Wai lua = zwei Wasserfälle) zu einem einzigen, großen vereinen.

Man kann auf einem sehr rutschigen Pfad bis zur Basis der Fälle wandern, keinesfalls sollte man aber versuchen, zur oberen Kante der Wailua Falls vorzudringen – hier gab es in der Vergangenheit bereits tödliche Unfälle!

Der Osten und die Nordküste: zwischen Lihue und Haena

Überblick

Insgesamt ist die Strecke von Lihue zum Haena State Park nur **65 km** lang und kann bei günstigen Verkehrsverhältnissen in 1¼ Stunde geschafft werden. Viele mögliche Abstecher – u.a. die Bootsfahrt auf dem Wailua River zur Fern Grotto, die Wanderung auf den 'Sleeping Giant' oder die Fahrt zum Kilauea Lighthouse – machen aus der Route aber leicht einen ausgefüllten Tagesausflug. Nehmen Sie Schwimmsachen mit, da einige der schönsten Strände entlang der Strecke zu finden sind. Falls Sie den Touristenströmen aus dem Weg gehen möchten, legen Sie Ihr Tagesprogramm so, dass Sie alle Besichtigungen auf der Hinfahrt 'erledigen' und am späten Nachmittag am Kee Beach ankommen. Dann verlassen die meisten Gäste dort bereits den Strand, und mit etwas Glück haben Sie die fantastische Aussicht auf die Na Pali Coast und die untergehende Sonne ganz für sich allein.

Von Lihue nach Kapaa

Die erste Etappe von Lihue nach Kapaa ist etwa 10 km lang und wird von Lihue bzw. dem Flughafen aus durch den Hwy. 51 bzw. Hwy. 56 (Kuhio Hwy.) erschlossen. Entlang der Wegstrecke findet man vereinzelte Zuckerrohrfelder und Golfplätze, vor allem aber Hotels und Condominium-Anlagen sowie Einkaufszentren. Inzwischen sind die Orte nördlich von Lihue (Hanamaulu, Wailua, Waipouli und Kapaa) fast zusammengewachsen und bilden das größte Siedlungszentrum der Insel. Dementsprechend stark ist der Verkehr auf dem Highway, der bis Kapaa dreispurig geführt wird. Wer zu den Sandstränden der so gen. **Coconut Coast** gelangen will, muss von der Hauptstraße auf schmale Seitenwege abbiegen oder die Zufahrten zu den Hotels benutzen.

Orte an der Coconut Coast

Vom Flughafen aus wird man über den Hwy. 51 zum Hwy. 56 gebracht, auf dem man die Fahrt in nördlicher Richtung fortsetzt. Nach wenigen Minuten passiert man rechter Hand die Zufahrt zum Kauai Beach Hotel, das zusammen mit einer Condominium-Anlage am hübschen Sandstrand des Nukolii Beach liegt. Anschließend geht es am Wailua-Golfplatz vorbei, hinter dem man die Möglichkeit hat, auf der Leho Rd. einen Schlenker nach rechts zu unternehmen. Dabei kommt man zum Lydgate State Park, der sich für ein Picknick anbietet, und am Aloha Beach Hotel vorbei, auf dessen Gelände die Überreste des alt-hawaiischen **Hikini Okala Heiau** (= 'Tempel der aufgehenden Sonne') zu sehen sind. Das Steinfundament dieser ehemaligen Zufluchtsstätte, die sich bereits an der Mündung des Wailua River befindet, war ca. 3 m hoch und hatte die Außenmaße 100 x 25 m. Unweit des Tempels führt die Leho Rd. wieder auf den Highway zurück.

Noch **vor der Brücke** über den Fluss geht zur Linken eine kleine Asphaltstraße ab, die einen zum Smith's Tropical Paradise Park und von dort aus per Boot zur Touristenattraktion der Farngrotte bringt:

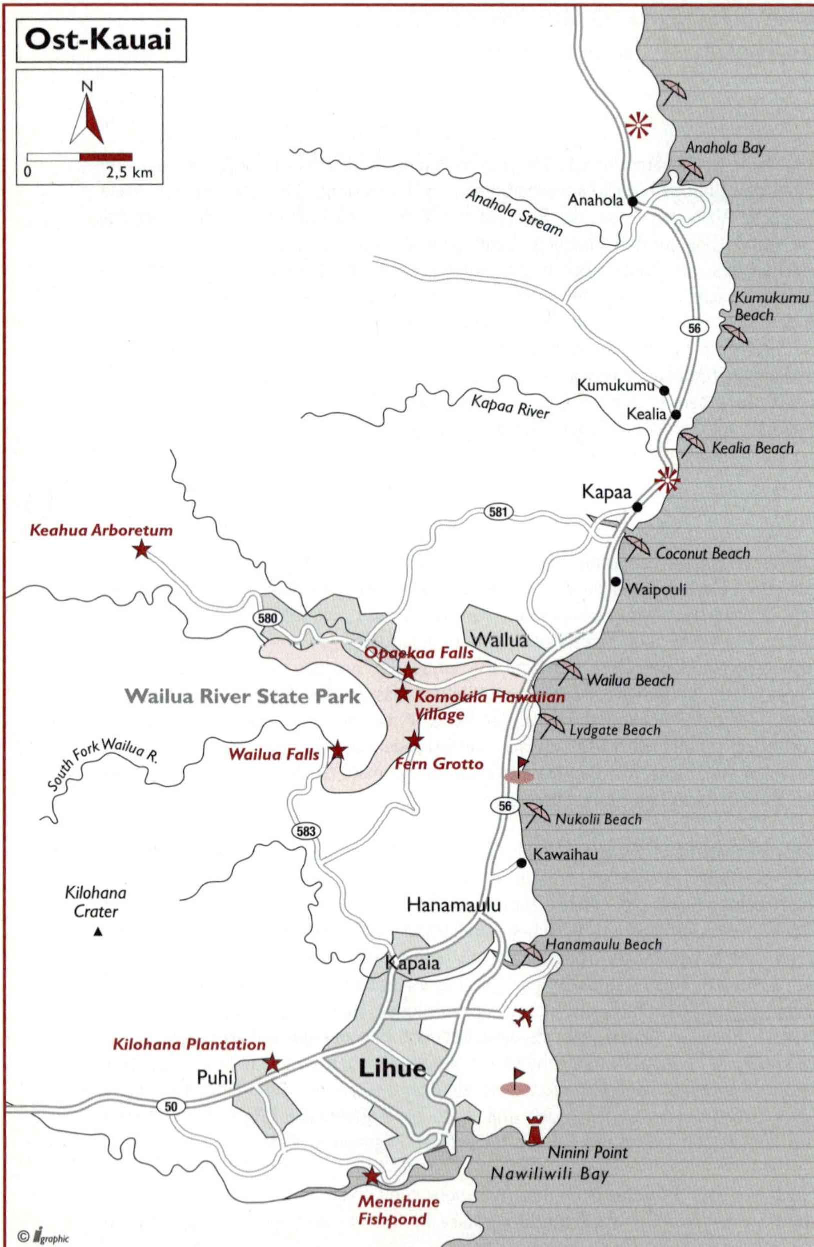

Ost-Kauai
N
0
2,5 km
Anahola Bay
Anahola
Anahola Stream
Kumukumu Beach
56
Kumukumu
Kapaa River
Kealia
Kealia Beach
Kapaa
581
Keahua Arboretum
Coconut Beach
Waipouli
580
Wailua
Opaekaa Falls
Wailua Beach
Wailua River State Park
Komokila Hawaiian Village
Lydgate Beach
South Fork Wailua R.
Wailua Falls
Fern Grotto
56
Nukolii Beach
583
Kawaihau
Kilohana Crater
Hanamaulu
Hanamaulu Beach
Kapaia
Kilohana Plantation
Puhi
Lihue
50
Ninini Point
Nawiliwili Bay
Menehune Fishpond
© graphic

Wailua Marina

Der große Parkplatz ist schon ein Hinweis darauf, dass hier die Touren zur beliebtesten Touristenattraktion der Insel starten, der 'Fern Grotto'. Der Anlegeplatz am Fluss, von dem sich ein schöner Blick auf die merkwürdige Felsformation des 'Sleeping Giant' (Nounou Mountain) ergibt, wird von mehreren Firmen frequentiert, deren breite Flussboote mehrmals täglich zur berühmten Grotte abfahren. Während dabei Reiseleiter auf die Sehenswürdigkeiten der Umgebung per Megaphon aufmerksam machen, werden den Gästen zusätzlich hawaiische Tänze und Gesänge geboten, die jedoch ziemlich verkitscht daherkommen und mit authentischer polynesischer Kultur nichts gemein haben.

Ausflugsboote auf dem Wailua River

Immerhin: Die Fahrt als solche und das Ziel der Reise lohnen den Ausflug allemal. Ein weiterer Touristenmagnet für aktivere Besucher sind die Kajaktouren auf dem Fluss, die von mehreren Veranstaltern angeboten werden. Man findet sie direkt an der Marina und am gegenüberliegenden Flussufer (Straße 580). Man kann individuell oder in einer Gruppe den Fluss hinauf paddeln, an der Farngrotte vorbei bis zu einem Wasserfall. Für den Ausflug sollte man mindestens drei Stunden einplanen. Wer möchte, kann ab der Mariana auch Wasserski auf dem Fluss fahren.

Hawaiis schiffbarer Fluss

Fern Grotto

Nahe am Flussufer und nur per Boot zu erreichen, befindet sich diese Grotte, deren Wände und Decke über und über mit Farnkraut bewachsen sind und der Höhle zu ihrem Namen verhalfen. Sie entstand nicht durch Wassererosion, sondern in der vulkanisch aktiven Vergangenheit, als sich hier ein Lavastrom auf das Meer zubewegte und heißes Material abfloss, während die äußere Hülle schon erstarrt war. Vom Bootssteg aus geht es über einen asphaltierten Pfad in wenigen Minuten zur Grotte, deren gute Akustik Anlass ist, dort Gesangsvorstellungen zu geben; darüber hinaus ist sie sehr populär als Ort für Hochzeiten.

Besuchermagnet Farngrotte

Smith's Tropical Paradise Park

Am Ende des Parkplatzes an der Marina, umgeben von einer schönen Grünanlage, die zu einem erholsamen Spaziergang am Flussufer entlang reizt, befindet sich das

Eingangstor zum 12 ha großen Park. Zu sehen sind dort eine Lagune und Seerosenteiche, eine Insel im japanischen Stil, einige 'Dörfer' (Filipino Village, Polynesian Village), mehrere Blumengärten, ein Bambus- und Regenwald usw. Zu den einzelnen botanischen Abteilungen kommt man auf bequemen Pfaden oder per Tramtour. Abends bietet der Park einen exotischen Rahmen für Fackelzeremonien, Luaus und Hula-Vorführungen.

Abstecher zu den Opaekaa Falls

Sofort hinter der Brücke, am eigentlichen Ortsanfang von Wailua, zweigt nach links der Hwy. 580 *(Kuamoo Rd.)* ab, der einen in 3,2 km zu den Opaekaa-Wasserfälle bringt und schließlich am Keahua Arboretum endet. Dieser Weg lohnt sich auch deshalb, weil man an einigen alt-hawaiischen Kultstätten vorbeikommt und später einen schönen Panoramablick auf den Wailua River hat.

Zu Wasserfällen und Tempelanlagen

Den ersten Stopp kann man gleich nach wenigen Hundert Metern einlegen, wo linker Hand ein Parkplatz neben den Relikten des **Pohako Hoonawao Heiau** angelegt wurde. Neben dem Tempel, an dem adelige Frauen ihre Kinder zur Welt brachten, befindet sich die heilige Felsspalte Pohako Piku, wo nach alter Sitte die Nabelschnüre der Neugeborenen versteckt wurden. Hinter dem Tempel führt ein plattierter Treppenweg zu einem sehr stimmungsvollen japanischen Friedhof hinauf.

Japanischer Friedhof

Auf der Wegstrecke zum Aussichtspunkt liegt linker Hand ein weiterer Tempel, nämlich der **Poliahu Heiau**, dessen Steine von den Polynesiern mühsam vom Flussufer hinauftransportiert werden mussten. Die Umgrenzungsmauern der mehrfach veränderten und umgebauten Kultstätte sind größer und eindrucksvoller als die des Pohako Hoonawao Heiaus; Rekonstruktionszeichnungen informieren Besucher über das ursprüngliche Aussehen des Tempels.

Wenige Hundert Meter dahinter sollte man an der Parkbucht auf der rechten Seite anhalten und den Blick aus der Distanz auf die **Opaekaa Falls** genießen. Mit einer Fallhöhe von rund 12 m sind sie nicht gerade sensationell, was durch die äußerst naturschöne Umgebung jedoch wettgemacht wird. Versäumen Sie es anschließend nicht, auf die gegenüberliegende Straßenseite zu gehen, wo man die beste Aussicht auf den Wailua River hat.

Die Opaekaa Falls

Ein kleiner Pfad führt hier hinunter ins Tal und bringt einen zum **Komokila Hawaiian Village**, die rekonstruierte Anlage eines hawaiischen Dorfes mit Grashütten. Vielleicht kommt Ihnen das Dorf bekannt vor: Es war Kulisse im Film Outbreak mit Dustin Hoffman. Eine Besichtigung ist tägl. möglich, erfordert wegen des Ab- und Aufstieges aber mindestens 1 Stunde. Wer in Zeitdruck ist, kann das Dorf auch per Pkw erreichen, für die Benutzung der Zufahrtsstraße werden allerdings vom Besitzer (und Erbauer des Dorfes) Spenden ab US$ 5 pro Person erwartet. In der Anlage kann man auch Auslegerboote und Kajaks mieten – auf Wunsch mit Guide – und damit den Wailua River bis über die Fern Grotto hinaus erkunden – eine gute Alternative zu den oft allzu touristisch aufgemachten Trips zur Fern Grotto.

Wenn Sie von der Parkbucht der Straße bis zu ihrem Ende folgen, passieren Sie zunächst die **Koholalele Falls** zur Linken und erreichen schließlich das **Keahua Arboretum**, wo man einen botanischen Lehrpfad mit einheimischen Bäumen (u.a. Sandelholz) begehen kann. Außerdem ist es möglich, über einen Abzweig nach rechts *(Kamalu Rd./ Hwy. 581)* einen großen Bogen um den *Nounou*-Berg zu machen und später in Kapaa wieder auf die Küstenstraße zu gelangen.

Wailua

Der Ortsname Wailua (= 'zwei Wasser') bezieht sich vermutlich auf den großen Fluss, der auch in polynesischer Zeit mit Schiffen befahren wurde und das fruchtbare Hinterland mit dem Hafen verbindet. Dass den alten Hawaiianern diese Gegend als heilig galt, beweisen die Vielzahl von Heiaus, Zufluchtsstätten, Geburtssteinen und versteckt liegenden Höhlengräbern an den Hängen des Flusses.

Trotz seiner langen Geschichte kann das 2.000-Einwohner-Städtchen außer den genannten Heiaus weder mit Kulturdenkmälern noch mit einem besonders schönen Ortsbild aufwarten, sondern ist im Wesentlichen ein reines Dienstleistungszentrum mit mehreren Hotels. Eines der bekanntesten war das Coco Palms Resort. Seine Kapelle nutzte man für Filmhochzeiten u.a. von Rita Hayworth und

Elvis Presley und wurde danach von vielen Hundert Paaren zum gleichen Zweck aufgesucht worden. Der Hurrikan Iniki bereitete dem Resort ein vorläufiges Ende.

Kokosnuss-Haine

Die **Kokosnusspalmen**, die dem Hotel, der Küste und dem später folgenden Einkaufszentrum ihren Namen gegeben haben, wurden übrigens im 19. Jh., vom deutschen Einwanderer Wilhelm Lindemann angepflanzt, der das Kokosnussfleisch (= Kopra) für die Ölproduktion nutzen wollte. Wirtschaftlich war seine Plantage ein Misserfolg, doch sind ihm dafür heute nicht nur Touristen dankbar, die in dieser Gegend den wichtigsten Teil des Südsee-Klischees erfüllt sehen, sondern auch die Hollywood-Filmemacher, die die Kulisse der schlanken Bäume gerne für Produktionen wie z.B. 'Blue Hawaii' nutzten. Zwischen Kokosnusspalmen breitet sich weiter nördlich und rechts der Hauptstraße auch der **Coconut Plantation Market Place** aus, ein Freiluftgelände mit etwa 70 Shops und Restaurants. Hier gibt es u.a. zwei Kinos, ein Visitor Center, einen gut sortierten Buchladen, Anbieter von Ausflügen und Sportgerät sowie einen zentralen Platz, auf dem an manchen Tagen kostenlose Hula-Shows dargeboten werden.

An verschiedenen Hotelanlagen vorbei gelangt man dann in den sich unmittelbar anschließenden Ort **Waipouli**, dessen Stadtbild sich nur unwesentlich von Wailua unterscheidet. Auffällig ist hier das große **Kauai Village** links der Straße, das sich wie ein kleines Wild-West-Dorf um den Parkplatz gruppiert, viele Einkaufsmöglichkeiten bietet und u.a. das sehr gute Restaurant Pacific Café beherbergt. In dem Center befindet sich auch die Supermarkt-Kette Safeway, die wegen ihrer vorzüglichen Lebensmittel-Abteilung erwähnenswert ist. Auch ein interessantes **Museum** gibt es, das in Schaukästen, Videofilmen und Modellen (u.a. ein rekonstruiertes Grashaus) die polynesische Vergangenheit der Insel, d.h. ihre Kunst, Flora und Fauna, Geologie und Mythologie, dokumentiert. Im angeschlossenen gut sortierten Souvenirshop findet man entsprechendes Kunsthandwerk und Literatur.

Wandern

Der Gipfel des Sleeping Giant ist das Ziel dieser Wanderung von mittlerem Schwierigkeitsgrad. Sie könnte beispielsweise nach oder vor dem Besuch der Opaekaa Falls *oder der* Fern Grotto *unternommen werden. Der Trail startet an einem kleinen Parkplatz rechts der Straße auf Höhe des Telefonmastes N° 39; der Zeitaufwand beträgt ca. 2½ Stunden. Das Ende des Trails liegt in 341 m Höhe an einem Unterstand, von wo Sie einen fantastischen Rundblick genießen. Besonders spektakulär sind hier oben die Sonnenuntergänge, wobei man allerdings an eine starke Taschenlampe für den Abstieg denken muss. Der Rückweg erfolgt am besten auf der gleichen Route wie beim Aufstieg.*

Auffälliger Bergrücken

Außer dem Kauai Village passiert man zwei weitere Shopping Centers, zwischen denen man nach links auf den Bergrücken schauen sollte, der die Küste überragt. Dabei handelt es sich um den 341 m hohen Nounou Mountain, besser bekannt unter seinem Namen **Sleeping Giant**. Von dieser (und nur von dieser!) Stelle aus sieht er mit etwas Fantasie wirklich wie ein Riese aus, der sich zum Schlafen hingelegt hat. Kurz darauf überquert man die Mündung des Waikea Canal und fährt in den nächsten Ort ein: Kapaa.

Kapaa

Neben Lihue ist Kapaa die größte Ortschaft der Insel, versprüht aber mit seinen Holzhäuschen in Wild-West-Manier mehr Charme als die Hauptstadt oder das benachbarte Wailua.

Straßenszene in Kapaa

Viel zu sehen gibt es nicht, doch lohnt es sich, auszusteigen und ein wenig an den Geschäften und Cafés der Hauptstraße (= Kuhio Hwy.) entlangzuschlendern. Am schönsten ist der Abschnitt kurz hinter der Einmündung des Hwy. 581, der eine große Runde um den Berg 'Sleeping Giant' beschreibt. Auch der Kapaa County Beach Park lohnt den Abstecher. Gästen bietet Kapaa, das ursprünglich eine Siedlung für Plantagenarbeiter war, eine beachtliche Infrastruktur; u.a. gibt es hier Fahrrad-, Surf- und Kayakverleih, Tauchschulen, ein kleines Kunstmuseum, Läden, Tankstellen, Boutiquen und einige nette Cafés und Bars.

Von Kapaa nach Hanalei

Die nächste Etappe ist über den Kuhio Hwy. 33½ km lang und folgt der nordöstlichen Küstenlinie in gewissem Abstand. Auf dem Weg nach Kealia, dem nördlichen Nachbarort von Kapaa, hat man vom Scenic Lookout rechts der Straße einen guten Blick auf die Bucht und den schönen **Kealia Beach.** Am Meilenmarker 10 kann man zum feinsandigen Strand gelangen, der bei hohem Wellengang ein beliebter Surfer Spot ist. Anschließend geht es an Feldern und einem Friedhof vorbei bis zur Brücke über den Kapaa Stream, hinter dem das Dörfchen Kealia beginnt.

Strände im Nordosten

Zwei Abstecher landeinwärts sind hier vom Highway aus möglich: Wer vor der Brücke auf der Mailihuna Rd. links abbiegt, kommt nach gut 1 km zur katholischen **St. Catherine's Church**, die interessante Wandmalereien aufweist. Etwas weiter, rund 500 m hinter der Brücke, kann man bei ausreichender Zeit über die Kealia Rd. eine lohnende Rundfahrt durch das Hinterland unternehmen, wobei man nach 4 km am **Spalding Monument** zu einer Wegkreuzung gelangt.

Wer dort weiter geradeaus fährt, hat nach weiteren 5 km das Ende der Straße erreicht, wo ein Pfad zu den **Waipahee Falls** abzweigt. Auf die Hauptroute zurück gelangt man von der Kreuzung aus über die Hauaala Rd., die nach 3,4 km in Anahola auf den Hwy. 56 stößt.

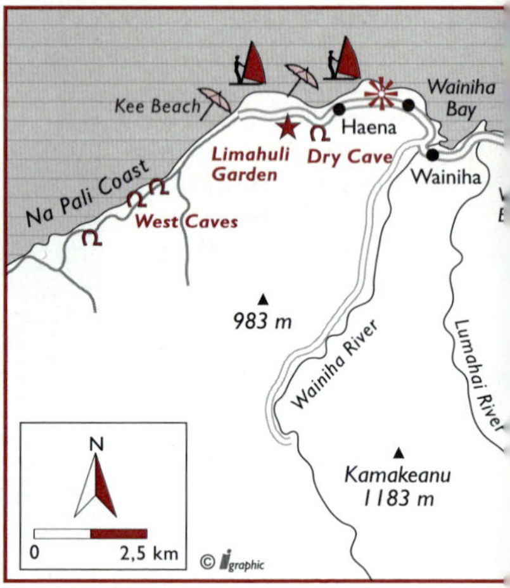

Der Highway bringt einen von Kealia nach knapp 5 km zum Nachbarort **Anahola**, wobei man die unmittelbare Küste verlässt und durch ausgedehnte Zuckerrohr-Felder fährt. Nahe dem Weiler **Kumukumu** können sich Strandenthusiasten zum Kumukumu Beach bzw. **Donkey Beach** durchschlagen, der nicht beschildert und etwas schwierig zu finden, aber einer der schönsten an dieser Küste ist (von der Hauptstraße aus muss man einige Hundert Meter hinter dem Meilenmarker 11 auf einem kleinen Pfad in rund 10 Minuten dorthin wandern). Lange Zeit galt er als beliebtester Treff der (gesetzeswidrigen) FKK-Szene.

Verschwiegene Bucht

Einen weiteren schönen Strand findet man später am **Anahola Beach Park**, zu dem man vor der Brücke über den Kaalua Stream rechts abbiegen kann, während man hinter der Brücke sehr gut die bizarren Bergformationen der Anahola Mountains sieht, die hier bis nahe an die Anahola Bay heranreichen. Nun folgt ein längeres Wegstück von 15 km bis Kilauea, auf dem man auf gut ausgebauter Strecke durch ein landwirtschaftlich stark genutztes Gebiet kommt: Der fruchtbare rote Boden wird für Papaya- und Guaven-Plantagen genutzt sowie für ausgedehnte Weiden, auf denen schwarz-weiße Kühe grasen.

Abstecher zum Kilauea Point

Vom Highway biegt am Ortsanfang von **Kilauea** eine Stichstraße nach rechts ab, die durch das weiß-grüne Hinweisschild 'Kilauea Lighthouse' markiert ist. Zunächst wird man dabei durch den wenig attraktiven Ort mit der bescheidenen katholischen Kirche St. Sylvesters und seinen flachen Einfamilienhäuschen geleitet. Am nördlichen Ortsausgang passiert man einen kleinen, hübschen Platz, an dem sich ein interessantes Feldsteinhaus mit drei vorgestellten Säulen befindet. Dabei handelt es sich um den historischen, 1892 erbauten Kramladen des Chinesen **Kong Lung Koo**, der heutzutage exquisite Möbel, Schmuck und Souvenirs der gehobenen Preisklasse führt. Der Farmers Market bietet sich mit seinen Snack-Delikatessen für eine Zwischenmahlzeit an, auch Cocktails, Öko-Wein, Bier etc. kann man hier bekommen.

Kap mit Leuchtturm und Vogelkolonie

Auf der schmalen, aber asphaltierten Lighthouse Rd. erreicht man von Kilauea aus nach rund 3 km ein Kap, dessen weißer Leuchtturm schon von weitem zu sehen ist. Als das **Kilauea Lighthouse** im Jahre 1913 oberhalb der Steilküste gebaut wurde, erregte seine vom französischen Physiker Augustin Fresne installierte Technik mit einer der weltweit größten Spiegel-

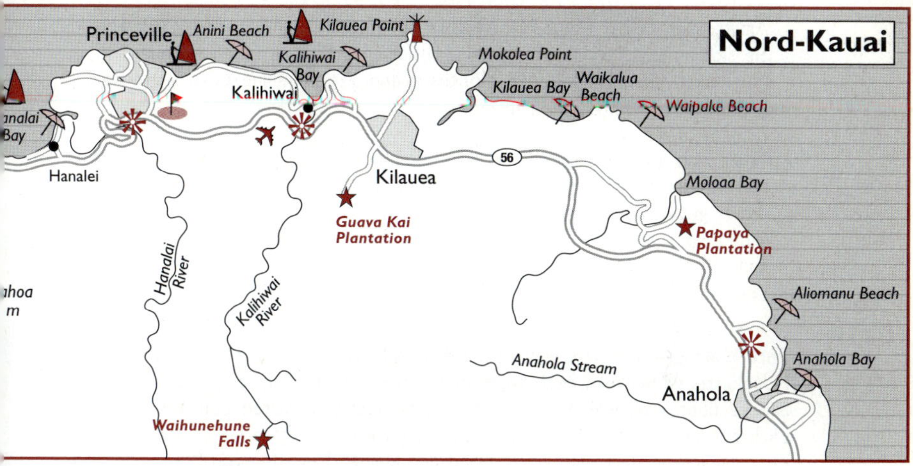

Linsen für Aufsehen. Sie sorgte dafür, dass der Lichtschein ihrer Öldampflampe bis über 100 km weit den Ozean abtastete. Heutzutage dient der Leuchtturm nicht mehr seiner ursprünglichen Funktion (die nebenan ein modernes Gerüst mit einem Scheinwerfer übernommen hat), sondern ist als Stützpunkt des **U.S. Fish & Wildlife Refuge** das weithin sichtbare Zentrum eines ausgedehnten Naturschutzgebietes.

Das Kilauea Lighthouse

Besucher gelangen zu ihm durch ein parkähnliches und von vereinzelten Palmen bestandenes Gelände, in dem ein kleines Museum (Exhibition Hall) das außerordentlich reichhaltige Tierleben dieser Region dokumentiert. Vom Parkplatz (mit sanitären Einrichtungen) geht es zum Leuchtturm auf einem kurzen Pfad, von dem aus man bereits herrliche Ausblicke auf eine schwarze Lavaklippe mit Vogelkolonien hat.

Auch vom Freigelände um den Turm kann man nicht nur an der Küste entlang und auf kleine, vorgelagerte Inselchen schauen, sondern vor allem eine Vielzahl von See- und Zugvögeln beobachten. Außer Seeschwalben und verschiedenen Möwenarten gibt es hier besonders große Bestände von Fregattvögeln und

Albatrossen. Selbst einige Nene-Gänse kommen in dieser Region vor. Wenn Sie sich im Leuchtturm ein Fernglas ausleihen, gelingt es Ihnen vielleicht, im Meer auch eine der seltenen Mönchsrobben, Wale, Delfine oder Seeschildkröten zu sichten.

Guaven-Plantage

Fährt man im Ort Kilauea an der Kreuzung in entgegengesetzter Richtung ab, erreicht man nach wenigen Minuten die **Guava Kai Plantation**. In dieser gepflegten Anlage nebst kleinem botanischen Garten erfährt man per Video-Film und durch eigene Anschauung alles über den Anbau von Guaven, kann frischen Guavensaft trinken und entsprechende Produkte kaufen – ein überaus lohnender Abstecher also.

Zurück auf dem Highway, geht es auf den nächsten 13 km bis Hanalei parallel zur Nordküste, wobei man nach wenigen Fahrminuten am 'Scenic Lookout' vor der Brücke über Kalihiwai River auf der rechten Seite anhalten und den schönen Blick auf das grüne Tal, den Fluss und seinen kleinen Wasserfall genießen sollte. Kurz danach passiert man linker Hand den kleinen Flughafen von Princeville, von dem aus einige Helikopter-Firmen zu Rundflügen starten, und auf gleicher Höhe den Abzweig einer kleinen Straße, die nach rechts zur Küste führt. Dort bieten sich der **Kalihiwai Beach** und mehr noch der **Anini County Beach State Park** für ein Bad im Ozean, Strandspaziergänge, Sonnenbaden oder ein Picknick vor zauberhafter Kulisse an.

Das Hanalei Valley

Princeville

Nun sind es nur noch wenige Fahrminuten, bis man, am Gelände des Princeville Golfclub und den Pooku-Reitställen vorbei, den Eingangsbereich zur mondänen Freizeitanlage Princeville erreicht. Diese kündigt sich durch das **Princeville Shopping Center** auf der rechten Seite an, eine moderne Anlage mit Geschäften, Restaurants, Snackbars und Souvenirshops. Ihm gegenüber auf der linken Straßenseite befindet sich ein ausgeschilderter Aussichtspunkt auf das **Hanalei Valley**, den man nicht verpassen sollte.

Das fruchtbare Tal, dessen Taro-Felder stets gut bewässert sind, ist schon in polynesischer Zeit ein wichtiges Siedlungsgebiet gewesen. Heute liefert es einen Großteil der Taro-Produktion der Insel, ist gleichzeitig aber auch ein Vogelschutzgebiet. Am Lookout wird man mit Schautafeln über die Tierwelt des Tales informiert. Wer dieses idyllische Tal näher kennen lernen möchte, kann später vom Highway links abbiegen und auf einem asphaltierten Sträßchen dem rechten Ufer des Hanalei River ein Stück weit flussaufwärts folgen.

Zur Meerseite hin erschließt eine breite, von einem geradezu monumentalen Eingang ('Welcome to Princeville') flankierte Zufahrtsstraße das größte Urlaubsgelände an der Nordküste, dessen Flaggschiff das luxuriöse Princeville Hotel ist. Fahren Sie ruhig einmal durch den französischen Park und an den beiden 18-Loch-Golfplätzen (die zu den besten Hawaiis zählen) vorbei bis zum feudalen Hoteleingang mit seiner großen Brunnenfigur. Falls Ihnen der Sinn nach einem guten Essen steht, bieten im Hotel ein Café und ein Restaurant nicht nur eine grandiose Aussicht auf die Bucht, sondern auch eine hervorragende Küche, die freilich ihren hohen Preis hat.

Exklusives Urlaubs-Resort

Auf dem Weg zum Hotel passiert man gepflegte Apartmenthäuser und Condominium-Anlagen, Tennisplätze und den Abzweig zum Princeville Golf & Country Club, dessen Hauptgebäude ein renommiertes Restaurant mit Bankettsaal beherbergt. Hier kann man zum Breakfast, Lunch oder Dinner einkehren oder auch nur eine Tasse Kaffee trinken. Selbst wenn Sie nichts von dem tun möchten, sollten Sie einmal in das Gebäude hineingehen, sich das kitschig-schöne Treppenhaus mit seinem Springbrunnen anschauen und den Blick durch die verglaste Hinterfront genießen.

Der Name Princeville stammt übrigens aus dem 19. Jh., als hier der schottische Arzt R.C. Wyllie eine Kaffeeplantage betrieb, die von Kamehameha IV. und Königin Emma besucht wurde. Ihr damals zweijähriger Sohn, Prinz Albert, beeindruckte Wyllie so sehr, dass er ihm zu Ehren die gesamte Plantage umtaufte. Der Kaffeeanbau war jedoch auf lange Sicht wirtschaftlich ebenso unrentabel wie der Zuckerrohranbau, der von der Viehzucht abgelöst wurde. Erst ab 1969 begann man, das Gelände touristisch auszubauen.

Vom Abzweig zum Princeville Resort geht es auf dem Kuhio Hwy. durch eine Haarnadelkurve hinab zum Hanalei River, der auf einer kleinen Holzbrücke überquert wird. Bei Hochwasser ist diese Stelle manchmal überflutet und ein Weiterkommen dann nicht mehr möglich. Sofort hinter der Brücke zweigt der Weg ins Hanalei Valley ab *(s.o.)*, dann fährt man am Fluss zur Rechten und an einer Weide zur Linken vorbei, auf der manchmal grasende Bisons zu sehen sind, und erreicht den Ortsanfang des hübschen Hanalei.

Hanalei

Nach dem mondänen Princeville wirkt das 500-Seelen-Dorf Hanalei (= 'Sichelbucht') bodenständig und strahlt durch seine Holzhäuschen und eine bunte Mischung von Restaurants, alternativen Läden, Sport- und Ausflugsunternehmen, historischen Gebäuden und seinem Beach Park eine gleichermaßen gemütliche und interessante Atmosphäre aus. Direkt am Ortseingang kann man bei genügend Zeit das **Hanalei Museum** und schräg gegenüber das **Native Hawaiian Museum** besuchen, zwei Häuser mit einer kleinen Sammlung zur Lokalgeschichte.

Sympathisches Dörfchen

Wer vorhat, an einem der Strände der Umgebung ein Picknick abzuhalten, kann sich im **Ching Young Village** oder im Hanalei Shopping Center mit Lebensmitteln eindecken bzw. in einem der kleinen Restaurants ein Lunchpaket ordern.

Historisches

Die größte Sehenswürdigkeit ist sicher das **Waioli Mission House Museum** am Ortsende, direkt am Highway gelegen und von Sportplätzen umgeben. Dieses 1837 im neuenglischen Stil errichtete Holzhaus war das Heim des Missionarspaares Lucy und Abner Wilcox und ist z.T. noch mit der originalen Möblierung bestückt.

Durch das kleine Gebäude werden während der Öffnungszeiten ½-stündige Führungen angeboten, auf denen man viel über die Zeit der ersten Missionare und jener Epoche erfährt, als Hanalei Kauais größter Stützpunkt der Walfänger war. Sehenswert und oft fotografiert sind zwei weitere historische Gebäude auf den angrenzenden Grundstücken: Einmal die 1841 errichtete alte Missionarskirche, die heute das Gemeindezentrum (Waioli Social Hall) darstellt, und zum andern das 1912 gebaute Holzkirchlein Waioli Huiia Church, das wegen seiner Farbe auch als Green Church bekannt ist.

Die Hanalei Bay

Es wäre aber ein Fehler, den Ort nur auf dem Kuhio Highway kennen lernen zu wollen. Biegen Sie stattdessen am Ortsanfang über die Aku Rd. nach rechts ab und dann auf der Weke Rd. erneut nach rechts. Dort kommen Sie, vorbei am auffälligen Hanalei Pavilion, zum **Hanalei Beach Park**. Hier gibt es einen Parkplatz, Picknicktische auf einer Wiese unter Palmen, einen breiten Sandstrand und eine Betonmole, von der einige Wassersportaktivitäten ausgehen und die Besuchern einen fantastischen Blick über die Bucht und zu den hoch aufragenden Bergen des Hinterlandes bietet.

Weit geschwungene Bucht

Bei der Weiterfahrt können Sie auf der Weke Rd. bleiben, die parallel zum weit geschwungenen Ufer verläuft und einen zum **Waioli Beach Park** (schöner Sandstrand, herrlicher Blick auf Princeville) bringt. Am Ende der Bucht biegt man wieder auf den Kuhio Hwy. ein und kann dort den Weg zum Haena State Park fortsetzen.

Von Hanalei zum Haena State Park

Wenn man schon bis nach Hanalei gekommen ist, sollte man auch die letzten 11 km bis zum Ende des Highways zurücklegen. Denn diese schmale und gewundene Strecke, auf der es mehrfach über einspurige Brücken geht, bietet die schönsten Landschaftseindrücke des Nordens und bringt einen nahe an herrlichen Sandstränden vorbei. Den ersten davon, den **Waipa Beach**, passiert man bereits nach etwa ½ km hinter Hanalei, kurz hinter der zweiten Brücke.

Herrliche Sandstrände…

Noch berühmter und aus vielen Szenen des Films South Pacific bekannt, ist der **Lumahai Beach**, der von der Straße nur selten eingesehen werden kann. Einen sehr schönen Blick auf den weißen, sichelförmigen Sandstreifen erhält man, wenn man kurz nach der ersten Linkskurve den kleinen Hügel zur Rechten hinaufsteigt. Später, auf Höhe des Meilenmarkers 33 und am Beginn der nächsten Linkskurve, ist nochmals ein Aussichtspunkt direkt an der Straße, dessen Parkbuchten allerdings oft besetzt sind. Dort geht auch ein steiler und nach Regenfällen sehr rutschiger Pfad hinab zum Strand. Bequemer ist der Zugang, wenn Sie etwas weiter bis zum Parkplatz auf der rechten Seite (vor der Lumahai-Brücke) fahren.

So schön der Lumahai Beach ist, so gefährlich kann allerdings auch seine Brandung sein. Beobachten Sie also erst einmal den Wellengang und andere Badegäste, bevor Sie sich selbst in die Fluten stürzen. Die Popularität des Strandes bringt es mit sich, dass es hier tagsüber ziemlich voll sein kann; wer jedoch die Geduld mitbringt, bis zum Abend zu warten, kann den Sonnenuntergang oft völlig allein beobachten. Gleiches gilt auch für alle weiteren Strände, die entlang der Wegstrecke folgen.

Auf dem Highway geht es nun weiter zur kleinen Siedlung **Wainiha** an der gleichnamigen Bucht, wobei man den Wainiha Beach passiert und über mehrere einspurige Brücken geleitet wird, am schönsten an der Doppelbrücke über den Wainiha River. Inmitten einer paradiesischen Landschaft sieht man hier vereinzelte Wohn- und Ferienhäuser auf Stelzen (die unter dem Haus Stellflächen bzw. Garagen ermöglichen und bei Springfluten die Zimmer vor Überschwemmung schützen), Bed & Breakfast-Unterkünfte, ein YMCA-Camp, das idyllische Hanalei Colony Resort und wenige Restaurants.

…und hohe Klippen

Bald darauf wird die palmengesäumte Straße noch enger, die steil aufragenden Klippen der Na Pali Coast schieben sich in den Vordergrund, und aus dem undurchdringlichen Bergland strömen etliche z.T. mit Mangroven bewachsene Flussläufe dem Meer entgegen – manchmal sogar über die Straße hinweg, wobei die Furten (dips) jedoch von jedem normalen Pkw gemeistert werden können.

Haena State Park

Einen Großteil dieser Wunderwelt von Bergen, Vegetation und Meer nimmt der lang gestreckte Haena State Park ein, der zum Pazifik hin drei schöne Sandstrände aufweist (von Ost nach West): Tunnel's Reef Beach, Haena Beach und Kee Beach. Schwimmen ist hier im Sommer zumeist gut möglich, und die kleinen

Dünen reizen zum Sonnenbaden. Ein Zeltplatz (Permit erforderlich) mit sanitären Anlagen ist ebenso vorhanden wie Duschen und Trinkwasser. Angesichts der atemberaubenden Natur kann man gut verstehen, dass Filmemacher auf der Suche nach der Südsee-Idylle an diesem Flecken Erde nicht vorbeikamen; u.a. war der Haena State Park Schauplatz des legendären 'Bali Hai' im Hollywood-Klassiker South Pacific.

Höhlen am Ufer

Auf der letzten Wegstrecke bis zum Parkplatz am Kee Beach fallen linker Hand einige Höhlen auf, die auf unterschiedliche Weise entstanden sind. Zuerst kommt man an der so gen. Dry Cave (= 'trockene Höhle') oder **Maniniholo Cave** vorbei, die nur wenige Meter links der Straße liegt und oft von Souvenirständen angekündigt wird. Diese Höhle ist der Überrest eines alten Lavatunnels und wurde der Legende zufolge vom Menehune-Häuptling Maniniholo gegraben, der auf der Suche nach Fischen war, die ihm böse Geister gestohlen hatten. Auf der anderen Seite der Höhle befindet sich ein Zugang zum Haena Beach.

Wenige Hundert Meter hinter der Dry Cave und kurz nach einer einspurigen Brücke stößt man auf zwei so gen. Wet Caves (= 'nasse Höhlen'), von denen sich die **Waikanaloa Cave** ebenfalls direkt am Highway befindet. Der Mythologie nach wurde diese wunderschöne Doppelgrotte, deren Grund stets von Wasser bedeckt ist, ebenso von der Vulkangöttin Pele geschaffen wie die etwas oberhalb liegende **Waikapalae Cave.** Die Göttin suchte hier im Erdboden nach Feuer, fand aber nur Wasser und zog daraufhin fort. Geologen zufolge sind die beiden Grotten das Resultat von Wellenerosion und entstanden vor etwa 4.000 Jahren, als der Meeresspiegel bis hierhin reichte.

Etwa 300 m danach endet die Straße am wunderbaren, leider aber oft überfüllten **Kee Beach**. Von Korallenriffen geschützt, bietet er ganzjährig gute Bademöglichkeiten und ist außerdem ideal für Schnorchler. Das große Plus dieses kleinen und von schattigen Bäumen gesäumten Strandes ist jedoch die fantastische Aussicht auf die schroffe **Na Pali Coast**, bei deren Anblick man verstehen kann, wieso es keine Straße rund um die Insel gibt. Bis zu 1.200 m fallen die scherenschnittartig verwitterten Klippen dort steil ins Meer ab,

Wandern

Wer die westlichen Küstenabschnitte mit ihren pittoresken Sandbuchten erwandern möchte, und kann das auf einem der schönsten hawaiischen Trails – dem 17½ km langen ***Kalalau Trail*** *– tun. Möchte man diesen berühmten Wanderweg nutzen, braucht man ein Permit für alle Strecken, die über die ersten 2 Meilen hinausgehen. Eine Infotafel am Beginn des Pfades erläutert den Schwierigkeitsgrad und die einzelnen Etappen des Trails.*

Der Pfad folgt einem alt-hawaiischen Weg und führt immer an der grandiosen Na-Pali-Küste entlang. Allerdings kann die Gesamtstrecke nur mit gewissenhafter Vorbereitung bewältigt werden: Erstens muss man sich bei der Division of State Parks in Lihue um ein Day Use Permit bemühen, zweitens sollte man eine gute, regensichere Campingausrüstung dabei haben, drittens sowohl Sonnenschutz als auch Trinkwasser. Zwar kommt man auf dem Weg an einigen Bächen vorbei, deren Wasser kann allerdings schädliche Bakterien enthalten (Alternative: vor Benutzung das Bachwasser kochen).

Zur Übernachtung stehen drei recht einfache Zeltplätze zur Verfügung: am Hanakapiai Beach, am Hanakoa Shack und am Kalalau Beach.

von Wildwassern in Dutzende enger Täler getrennt.

Taro-Felder auf Kauai

Es macht Spaß, ein wenig in den Lavaklippen am Strand herumzukraxeln oder in wenigen Minuten zu den Überresten zweier alt-hawaiischer Tempel (Kaulu Paoa Heiau und Kaulu o Laka Heiau) zu wandern, bevor man die Rückfahrt nach Lihue auf gleicher Strecke antritt. Wer sich damit noch etwas Zeit lässt, kann vom Kee Beach aus bei gutem Wetter einen wunderbaren Sonnenuntergang erleben.

!!! Achtung

Das Schwimmen, Surfen und Schnorcheln kann an allen Stränden der Na Pali Coast sehr gefährlich sein, zumal es weder Lifeguards noch Erste-Hilfe-Stationen gibt. Die Unterwasserströmungen sind z.T. enorm, im Winter kommt eine extrem hohe Brandung hinzu. Deswegen sollten alle, die mit den örtlichen Verhältnissen nicht vertraut sind, das Wasser meiden.

Eine weitere, aber seltene Gefahr stellen die Tsunamis dar, die sich oft dadurch ankündigen, dass sich die See ungewöhnlich schnell und weit zurückzieht. Beim Beobachten eines solchen Phänomens sollte man unverzüglich höher gelegenes Gelände aufsuchen.

Die Südküste: zwischen Lihue und Polihale State Park

Überblick

Die Fahrt von Lihue in den Westen hat zwei unterschiedliche Ziele, nämlich einmal den riesigen Sandstrand des Polihale State Park, der vielleicht eindrucksvollste des Archipels, und zum anderen den Waimea Canyon, der sich schon durch seinen Beinamen 'Grand Canyon des Pazifik' als absolutes Muss eines Besichtigungsprogramms ausweist. Die Strecke von der Hauptstadt bis zum Kalalau Valley Lookout ist 72 km lang und kann in einer Stunde zurückgelegt werden.

Hier gilt im Wesentlichen das Gleiche wie beim Ausflug an die Nordküste: Die Zahl der Sehenswürdigkeiten und möglichen Abstecher ist so groß, dass die Tour trotz der relativ kurzen Strecke einen ausgefüllten Tag ausmacht. Reisegäste, die längere Zeit auf Kauai zur Verfügung haben, sollten sich ohnehin für den Waimea Canyon mehrere Tage vornehmen, um die vielfältigen Wandermöglichkeiten zu nutzen und die je nach Wetter und Tageszeit unterschiedlichen Stimmungen einzufangen.

Restaurants der gehobenen Qualität und Preisklasse bieten entlang der Strecke vor allem die Hotels in Poipu, während man in Koloa, Kalaheo, Hanapepe und Waimea eher auf kleinere und bodenständigere Lokale trifft, die man zu einem Imbiss nutzen kann. Selbst im Kokee State Park gibt es Einkehrmöglichkeiten, während man für die Strände der Westküste ein Lunchpaket braucht.

Von Lihue nach Waimea

Die wichtigste Straße für die erste Etappe bis Waimea ist der Hwy. 50 *(Kaumualii Hwy.)*, der in Lihue mit dem von Norden kommenden Kuhio Hwy. zusammenstößt oder vom Flughafen aus über die Straße 570 *(Ahulini Rd.)* zu erreichen ist. An der Lihue-Zuckermühle und am Abzweig zur lutherischen Kirche vorbei geht es auf gut zu fahrender Strecke zum Nachbarort **Puhi**, einer alten Plantagensiedlung, in der der Legende zufolge der polynesische Haifischgott Kaholiakane in einer Höhle haust. Vor dem kleinen Ort passiert man die rechts abzweigende kurze Zufahrt zur sehenswerten Kilohana Plantation (vgl. S. 455) und die modernen Gebäude des Kauai Community College. Achten Sie hinter dem Ort auf die Bergkette

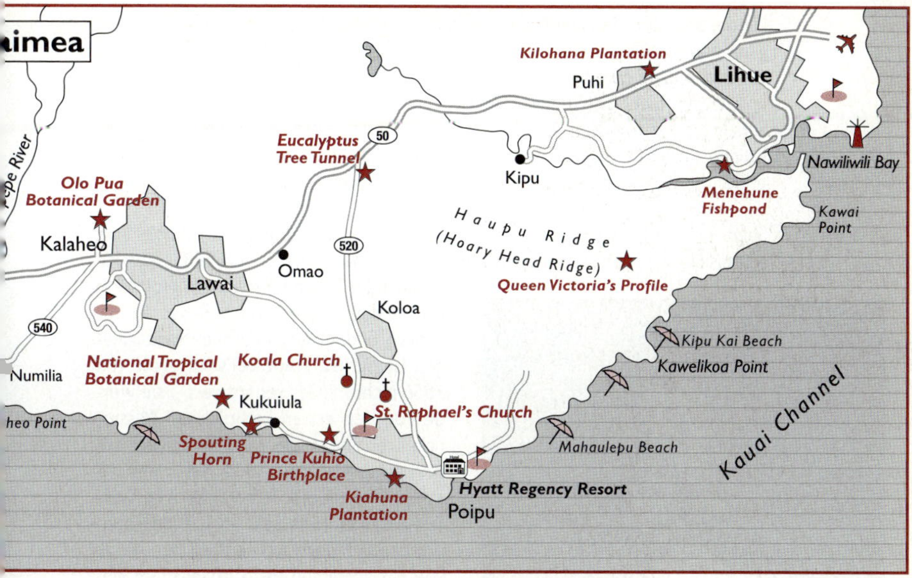

Haupu Ridge zur Linken, die an einer bestimmten Stelle dem Profil der Königin Victoria ähneln soll. Durch eine Landschaft voller Wälder, Weiden und vereinzelter Seen kommt man 10 km hinter Lihue und kurz hinter der Halfway Bridge zu einer Weggabelung, wo es nach links zu den Stränden, Hotels und Sehenswürdigkeiten der Küste von Poipu abgeht.

Abstecher nach Koloa und Poipu

Vom Hwy. 50 bringt einen die Straße 520 *(Maluhia Rd.)* in Richtung Meer, wobei bereits die ersten hundert Meter sehr interessant sind. Flankiert wird hier die Straße von Sumpf-Mahagonibäumen, die zur Familie der Eukalyptusbäume gehören und durch ihre dichten Laubkronen einen regelrechten Tunnel bilden. Obwohl das 'Dach' dieses so gen. **Tree Tunnel** durch die Wirbelstürme in den 1990ern arg gelitten hat, ist die Durchfahrt immer noch sehr eindrucksvoll. Hinter der Allee passiert man mehrere Zuckerrohrfelder und das weiter östlich gelegene **Waita-Reservoir**, das 1906 aufgestaut wurde und mit 1,8 km² den größten See Hawaiis darstellt. Rund 5 km hinter dem Abzweig erreicht man die Ortschaft Koloa.

Tunnel aus Bäumen

Koloa

Kaum jemand vermutet bei der Fahrt durch das verschlafene Dorf, dass es in der ersten Hälfte des 19. Jh. der wichtigste Ort der Insel war. Hier errichteten 1835 weiße Siedler aus Neu-England, denen König Kamehameha III.

Schöne Baudenkmäler

Ländereien zur Verfügung gestellt hatte, die erste Zuckerrohrplantage von ganz Hawaii. Gleichzeitig blühte der Ort mit seinem Hafen (Koala Landing) auf und wurde zum Wirtschaftszentrum der Südküste. Fast alle Einwanderer erreichten hier ihre neue Heimat, hier gab es u.a. die erste öffentliche Schule und den ersten Arzt der Insel. Ein Überbleibsel jener Zeit stellen die Ruinen der **Old Sugar Mill** von 1835, sofort neben der Straße und unmittelbar an der Gabelung der Straßen 520/530, dar.

Setzt man hier die Fahrt in Richtung Poipu fort, passiert man kurze Zeit später die wunderschöne protestantische **Koloa Church** von 1835, die sich strahlend-weiß und mit hohem Holzturm rechts der Straße erhebt. Etwas weiter südlich und an einer Parallelstraße gelegen ist die **St. Raphael's Church** von 1856 nicht minder sehenswert – sie wurde von den ersten katholischen Missionaren errichtet, die 1841 auf Kauai angekommen waren. Auch die ostasiatischen Einwanderer haben hier ihre Gotteshäuser hinterlassen, so z.B. der buddhistische Hongwanji Tempel, der genau wie die japanische **Jodo Mission** im Jahre 1910 entstand.

Die alte Koloa-Kirche

Außer den historischen Bauten lohnt sich der Besuch des kleinen Koloa wegen der verträumten Wild-West-Atmosphäre (vor allem nahe der alten Zuckermühle), wobei die Holzhäuschen heute preiswerte Pensionen, einige wenige Souvenirshops, Boutiquen und das Restaurant Koloa Broiler beherbergen. Auf der Poipu Rd. geht es von Koloa in Richtung Meer, wobei sich nach etwa 2½ km, am Ortsanfang mit dem Poipu Plaza, die Straße gabelt: Nach Westen (rechts) bringt einen die Lawai Rd. u.a. zur Attraktion des Spouting Horn, nach Osten (links) die Poipu Rd. zu den besten Stränden und größten Hotels des Fremdenverkehrsortes.

Poipu

Zum 'Salzwasser-Geysir'

Für Besucher, die nicht unbedingt die schönen Strände östlich des Waikomo-Flusses benutzen wollen, birgt die rechts abgehende Lawai Rd. sicher die interessantesten Eindrücke. Dabei passiert man zunächst rechter Hand den Geburtsort des Prinzen Kuhio (Prince Kuhios Birthplace), der durch eine kleine Parkanlage neben dem Prince Kuhio Resort markiert ist. An einigen

Restaurants, Hotels und Pensionen vorbei folgt die Straße dem Kieselstrand und endet am großen Parkplatz des **Spouting Horn Beach Park**, an dem mehrere Souvenirstände und Imbissbuden aufgereiht sind. Die eigentliche Attraktion ist die Lavaküste, wo es unmittelbar am Beach Park das Phänomen eines so gen. Salzwasser-Geysirs zu bewundern gibt: Hier presst sich das Meer durch eine enge Lavaröhre und eruptiert im Minutenabstand mit einem fauchenden Geräusch.

Das 'Spouting Horn'

National Tropical Botanical Garden

Außer dem Spouting Horn und dem schönen Schnorchler- und Surfer-Strand Lawai Beach sind die Botanischen Gärten von Lawai der größte Anziehungspunkt in dieser Gegend. Vor allem für botanisch Interessierte und Vorinformierte sind die tropischen Parkanlagen, die sich auf einem über 75 ha großen Gelände erstrecken, ein lohnendes Ziel. In einem engen und schattigen Tal, das vom Lawai Stream durchflossen wird und bis zum Ozean reicht, werden hier seltene tropische Pflanzen herangezüchtet und erforscht – mit weltweit anerkannten Ergebnissen.

Überquellende Vegetation

Einen Schwerpunkt der botanischen Forschung bilden verschiedene Früchte und Gewürze aus aller Welt, u.a. Vanille, Pfeffer, Zimt, Kardamom und Ingwer, aber auch einheimische und importierte Frucht-, Obst- und Gemüsesorten wie Taro, Brotfrucht, Jackfrucht, Pflaumen und Bananen, von denen allein rund 60 verschiedene Arten vertreten sind. Beachtlich ist daneben die Sammlung an Palmenarten, die als die kompletteste der Welt gilt, sowie die herrlichen Gärten voller Zierblumen und die Teiche voller Seerosen, unter denen die wagenradgroße *Victoria Amazonica* die größte Aufmerksamkeit auf sich zieht.

Auf dem Gelände des Botanischen Gartens befinden sich auch die **Allerton Gardens**, die der Chicagoer Bankier Robert Allerton anlegen ließ und die man nur auf einer geführten Tour kennen lernen kann. Und im oberen Teil des Tales stellt der **McBryde Garden** einen eigenständigen Bereich dar, zu dem jede halbe Stunde eine Tram ab dem Besucherzentrum führt. Das Visitors Center selbst erreicht man vom Spouting Horn Beach Park aus.

Die in einigen Karten eingetragene Straßenverbindung entlang der Küste nach Westen ist ein Privatweg und darf nicht befahren werden; also geht es erst einmal nach Poipu zurück. Folgen Sie dort der Poipu Rd. nach Osten, gelangen Sie schnell in das am deutlichsten vom Touristen-Boom geprägte Gebiet, in dem sich eine Vielzahl von Condominium-Anlagen, Hotels, Restaurants und Golfplätze an den stets sonnigen Stränden (Poipu Beach, Brennecke's Beach, Shipwreck Beach) entlang zieht. Hier kann man die Wind- und Bodysurfer bei ihren Kunststücken beobachten oder selbst ein erfrischendes Bad nehmen.

Herrenhaus und Parkanlage

Eine Sehenswürdigkeit für sich ist an der Poipu Rd. die **Kiahuna Plantation**, das ehemalige Zentrum des örtlichen Zuckerrohranbaus. Rund um das schöne Herrenhaus des 'Zuckerbarons' und die Nebengebäude, in denen sich heute eine First-Class-Condominium-Anlage, ein Shopping Center und ein exquisites Restaurant befinden, wurden bereits in den 1930ern die so gen. **Moir Gardens** angelegt, eine tropische Wunderwelt von 14 ha mit Palmen, Seerosenteichen, Wasserläufen, Blumen und Obstbäumen. Unter den rund 4.000 hier versammelten Pflanzenarten verdienen die Kakteen besondere Aufmerksamkeit, die in einem eigenen Garten in einer einzigartigen Vielfalt zusammengestellt worden sind – immerhin zählt der Park zu den zehn weltweit besten Kaktus- und Sukkulenten-Gärten. Er kann täglich von Sonnenauf- bis -untergang besichtigt werden.

Kalaheo

Rund 3 km sind es von Lawai nach Kalaheo, einem weiteren kleinen Nest, das von Zuckerrohrplantagen und grünen Gärten umgeben ist. Früher war das Dorf eine Hochburg der portugiesischen Einwanderer, wovon immer noch die katholische Iglesia Ni Christo kündet. In Kalaheo bieten sich bei ausreichender Zeit zwei Abstecher an: Nach links kann man auf der Puu Rd. die kurze Rundstrecke des **Puu Road Scenic Drive** befahren, auf der man auf schmaler und aussichtsreicher Strecke um einen Hügel geleitet wird. Auf diesem (Zufahrt) befindet sich ein Golfplatz und der japanisch gestaltete **Kukui o Lono Park** mit einigen althawaiischen Steinsäulen.

Panoramastraße

Etwas weiter geht von der Hauptstraße nach rechts die Mehana Rd. ab, der einen nach wenigen Hundert Metern zur Olu-Pua-Plantage bringt. Auf dem 1931 erschlossenen Gelände ist ein weiterer botanischer Garten sehenswert, in dem auf 5 ha Tausende von tropischen Bäumen und Blumenarten (insbesondere seltene Orchideen und Helikonien) wachsen, die man auf einer einstündigen geführten Tour kennen lernt.

Am Ortsausgang *(auf Höhe des Abzweigs zum Olu Pua Botanical Garden)* ist die links abgehende Halewili Rd. *(Hwy. 540)* als Alternativstrecke möglich, doch sollten Sie hier auf dem Hwy. 50 bleiben, da man auf diesem nach wenigen Fahrminuten rechter Hand einen herrlichen Ausblick auf das **Hanapepe Valley** genießen kann (Lookout am Meilenmarker 14), das von steilen Hängen eingezwängt ist und dessen Taro-Felder mehreren Bauernfamilien eine Lebensgrundlage geben.

Dahinter neigt sich der breite Highway der Hanapepe Bay zu, einem vorzüglichen Naturhafen. Dort, am Port Allen Small Boat Harbor, liegen stets einige Yachten und Fischerboote, dort starten auch einige Ausflüge per Boot zum Whalewatching, Hochseeangeln oder sogar bis zur Na Pali Coast. Wer die beschauliche Hafenatmosphäre erleben möchte, biegt in der Rechtskurve vor Hanapepe links ab. Dabei passiert man auch das Eleele Shopping Center, das u.a. mit zwei empfehlenswerten Gartenrestaurants aufwarten kann.

Hanapepe

Hübsche Holzhaus-Bebauung

Hanapepe ist ein kleines Zweitausend-Einwohner-Dorf am Hanapepe River, das mit einigen hübschen Holzhäusern im Westernstil den Abstecher lohnt. Dazu zweigt man vom Highway rechts auf die Dorfstraße (Hanapepe Rd.) ab, an der ein Schild mit der Aufschrift 'Welcome to Kauais biggest little town' die Gäste begrüßt. Eine Handvoll Läden, Restaurants und Kunstgalerien, der Kauai Soto Zen Temple am Highway, die rekonstruierte Swinging Bridge über den Hanapepe River sowie echtes Lokalkolorit – nicht mehr und nicht weniger gibt es hier zu sehen.

> **Hinweis**
>
> *In Hanapepe befindet sich auch die Lappert's Ice Cream Factory, die Walter Lappert seit dem Jahre 1983 betreibt. Seit dieser Zeit ist sein wohlschmeckendes Speiseeis im ganzen Bundesstaat bekannt geworden, und Mr. Lappert, der häufig einfach nur 'The Hanapepe Ice Cream Man' genannt wird, hat mehrere Filialen auf Big Island, Maui und Oahu eröffnet.*
>
> *Auf seiner Heimatinsel ist Lappert's außer in Hanapepe u.a. in Koloa, Puhi, dem Coconut Plantation Market, Princeville Center und der Kilohana Plantation vertreten.*

Hinter der Brücke am Ortsausgang (Hinweis: 'Veterans Cemetery') zweigt nach links die Lele Rd. bzw. Lokokai Rd. ab, die in südlicher Richtung zum kleinen Inselflughafen Port Allen Airport (Helikopter-Rundflüge) führt, aber auch zum **Salt Pond Beach Park**. In dem geschützten Gewässer ist fast immer Schwimmen möglich sowie auch alle Formen von Wassersport, der Beach Park verfügt außerdem über sanitäre Einrichtungen und ist bewacht.

Der Name 'Salt Ponds' rührt übrigens von den nahen Becken her, in denen bis heute auf traditionelle Weise Salz gewonnen wird, indem man das eingeleitete Meerwasser verdunsten lässt.

Auf den nächsten 10 km bis zur Waimea Bay durchquert man große Zuckerplantagen, deren Wirtschaftswege den Highway auf kleinen Brücken überqueren. Weit geht der Blick auf das Meer, wo man die Nachbarinsel Niihau erkennt, und an der Küste entlang, an der in der Ferne der hohe Schornstein der Zuckerfabrik von Kekaha auszumachen ist. Kurz vor der Mündung des Waimea River sollte man dann nach links auf dem ausgeschilderten Weg zum State Historical Park abzweigen, in dem die Überreste des russischen Fort Elizabeth besichtigt werden können.

Russian Fort Elizabeth

Von der Festung, die von 1815-64 bestanden hatte, sind noch gut die sternförmigen Außenmauern zu sehen, die einmal 4 m hoch und mit 38 Kanonen bestückt waren. Im Innenbereich sind vage die Plätze zu erkennen, an denen sich einst die

Im Fort Elizabeth

Kommandantur und die Mannschaftsräume befanden. Da das Fort ohne Mörtel erbaut und später geschleift wurde, sind die ursprünglich geraden Mauern zu einem Steinwall zusammengebrochen, der an einigen Stellen betreten werden kann und dort einen schönen Blick auf Waimea bietet.

Zurück geht die Gesamtanlage auf den Deutschen Georg Anton Scheffer, eine der kuriosesten Gestalten des 19. Jh. Das durch ihn initiierte Intermezzo hätte um ein Haar der hawaiischen Geschichte eine völlig neue Wendung gegeben.

Intermezzo

Waimea

Der Name Waimea bedeutet 'rötliches Wasser' und bezieht sich auf die Färbung der Bucht, die die im Fluss mittransportierte eisenhaltige Erde verursacht. Ähnlich wie in Koloa merkt man heute dem verschlafenen 1.600-Seelen-Ort seine historische Bedeutung nicht mehr an, die ihm als Königssitz, Missionarssiedlung und Walfangstation zukam. Das bedeutendste historische Datum war der 20. Januar 1778, als hier die Schiffe 'Resolution' und 'Discovery' vor Anker gingen und Kapitän James Cook als vermutlich erster Europäer seinen Fuß auf eine hawaiische Insel setzte. Auch George Vancouver wählte im Jahre 1793 Waimea als Ankerplatz, und 1820 trafen hier die ersten christlichen Missionare auf Kauai ein.

Das Capt. Cook's Monument

An die große Vergangenheit erinnert nur noch wenig, und insgesamt zählt das Städtchen sicher nicht zu den schönsten der Insel. In seiner ganzen Länge wird es durch den Hwy. 50 durchquert, der damit gleichzeitig als Hauptstraße fungiert. Kurz hinter der Brücke über den Waimea River sieht man am Ortsanfang rechter Hand einen kleinen Park mit dem **Captain Cook's Monument**, einer Bronzestatue des Entdeckers mit einigen historischen Szenen zu seinen Füßen. Das Original befindet sich übrigens im englischen Whitby.

INFO Georg Anton Scheffer und das 'russische Hawaii'

Scheffer wurde 1779 geboren und an der Universität Göttingen zum Arzt ausgebildet. Der abenteuerlich veranlagte Bayer entschied sich in den Napoleonischen Kriegen zunächst für den Beruf des Feldarztes in der russischen Armee, den er einem geruhsamen Leben bei weitem vorzog. Danach diente er als Schiffsarzt der russisch-amerikanischen Kompanie, die damals dabei war, im Zusammenhang mit der Erschließung Alaskas Stützpunkte an der amerikanischen Westküste anzulegen (Fort Ross in Kalifornien).

Scheffer hatte jedoch Visionen von einem weltumspannenden Zarenreich, die weiter reichten als die Ideen der St. Petersburger Außenpolitik. Ohne direkten Befehl des Zaren segelte er mit einer russischen Besatzung nach Hawaii, wo er 1815 eintraf. Der Zufall wollte es, dass dort Kamehameha I. soeben an einer Grippe erkrankt war, die der bayerische Arzt schnell heilen konnte. Als Dank schenkte Kamehameha Scheffer ein Grundstück in Honolulu, das dieser wiederum zur Operationsbasis aller russischen Aktivitäten ausbauen wollte. Die Errichtung eines Holzhauses scheiterte jedoch am Widerstand der Bevölkerung. Daraufhin segelte Scheffers Expedition, inzwischen durch drei weitere russische Schiffe zu einer kleinen Flotte verstärkt, nach Kauai, dessen König Kaumualii zwar Kamehameha tributpflichtig war, aber Wert auf größere Selbstständigkeit legte.

Scheffer bestärkte ihn darin und überredete den König, seine Position durch die Anerkennung der zaristischen Herrschaft zu festigen. Ein entsprechender Vertrag wurde unterzeichnet, und von 1816-17 gehörte Kauai offiziell zum Riesenreich von Alexander I. In diesen Jahren wurde von Scheffer das Fort errichtet und mit Kanonen bestückt; er taufte es nach der Gattin des Zaren 'Elisabeth'. Sehr bald beunruhigte die Fahne der russischen Weltmacht mitten im Pazifik sowohl die Hawaiianer als auch die seefahrenden Nationen. Kamehameha I. setzte seine gesamte Autorität ein, um König Kaumualii zum Widerruf des Vertrages zu zwingen. Zar Alexander I., von dem internationalen Wirbel über das russische Engagement aufgeschreckt, erklärte Scheffers Aktivität zum Alleingang und versicherte, ihm sei ausschließlich an normalen Beziehungen zum Königreich Hawaii gelegen.

Vor der großen Diplomatie musste Scheffer kapitulieren und notgedrungen Hawaii verlassen. Auf einem amerikanischen Schiff segelte er nach Macao, dann nach Brasilien, wo er von Kaiser Pedro I. in den Adelsstand erhoben und mit Latifundien bedacht wurde. Hier starb Scheffer im Jahre 1836.

In unmittelbarer Nähe erhebt sich die First Hawaiian Bank, eins der wenigen hübschen Gebäude Waimeas. Wenige Hundert Meter weiter sieht man rechts der Straße die unauffällige **Hawaiian Church**, ein bescheidener Holzbau aus dem Jahre 1846 mit einem kleinen weißen Dachreiter. Das Holz des Gotteshauses, in dem man sonntags noch hawaiische Hymnen hören kann, soll aus 13 km Entfernung über den Fluss herantransportiert worden sein. Eine andere Sehenswürdig-

Denkmal und Kirche

keit befindet sich weiter landeinwärts und ist über die Menehune Rd. zu erreichen, die vor der Hawaiian Church abzweigt. Sie endet am **Menehune Ditch**, einem vorhistorischen Bauwerk der legendären Menehune (vgl. S. 453f).

Altpolynesischer Kanal

Wie alt dieser Kanal, dessen Mauer von George Vancouver als 8 m hoch beschrieben wurde, tatsächlich ist, vermag keiner mehr zu sagen; ebenso wenig, wie die Bauleute das Material ohne die Erfindung des Rades aus dem 12 km entfernten Steinbruch hierhin transportierten. Der Menehune Ditch ist auch insofern ein wichtiges Zeugnis der polynesischen Baukultur, als er – anders als die Heiaus und Fischteiche – aus sorgfältig behauenen Steinen bestand. Leider ist von dem Kanal außer spärlichen Überresten nichts mehr erhalten, dafür entschädigt jedoch die idyllische hölzerne Hängebrücke über den Waimea River für die Anfahrt.

Streckenhinweis

*Die meisten Touristen werden von Waimea aus **zum Waimea Canyon** weiterfahren. Der kürzeste (und nicht gut ausgeschilderte) Weg dorthin ist die Waimea Canyon Rd. (Hwy. 550), die sofort hinter der Kirche rechts abzweigt. Es ist also nicht notwendig, auf dem Hwy. 50 bis zum Nachbarort Kekaha zu fahren, wo die besser beschilderte Kokee Rd. zum Canyon führt.*

Von Waimea zum Polihale State Park

Wer sich von Waimea direkt auf den Weg zur Westküste machen möchte (z.B. weil er sich für den Waimea Canyon einen anderen Tag reserviert hat), bleibt auf dem Kaumualii Hwy. *(Hwy. 50)* und fährt zunächst in 5,6 km zum Nachbarort Kekaha. Entlang der Route hat man erneut einen schönen Blick auf die Insel Niihau und passiert kurz hinter Waimea einen eindrucksvollen Kokospalmenhain.

Ideal für Badegäste

Kekaha ist eine kleine Ortschaft, die vor allem wegen ihrer weithin sichtbaren Zuckerfabrik bekannt ist. Sie liegt direkt neben der Straße, einige Fahrminuten vom Abzweig des Hwy. 550 entfernt, der zweiten möglichen Route zum Waimea Canyon. Aber auch die St. Theresa's Church in der Nähe der Industrieanlage verdient Aufmerksamkeit, ebenso wie der **Kekaha Beach Park** am nördlichen Ortsausgang. Mit sanitären Anlagen, einem Strandpavillon und Grillplätzen ausgestattet, ist er ein idealer Erholungsplatz am Beginn des breiten und kilometerlangen Sandstrandes. Bei ruhigem Wetter ist Schwimmen, Schnorcheln, Surfen und Windsurfen möglich, bei aufkommendem Wind oder hoher Brandung sollte man jedoch sehr vorsichtig sein.

Die nächsten 11 km bis zum Barking Sands Airfield können zügig zurückgelegt werden, da der Highway schnurgerade und gut ausgebaut ist. Dabei durchquert man in nordwestlicher Richtung die flache, ausschließlich von Zuckerrohr bewachsene Mana Plain, hinter der im Osten die Berge unvermittelt aufsteigen. Abends, wenn die grünen Hänge von der Sonne beschienen werden, ergibt dies ein sehr reizvolles Bild.

Polihale State Park und Queen's Pond

Der Highway endet an einer Weggabelung, wo es nach links zum Mana Point abgeht, dem westlichsten Punkt der Insel. Dort befindet sich das öffentlich nicht zugängliche Barking Sands Airfield, ein Raketenstützpunkt mit Militärflugplatz. Man hält sich dort also rechts und muss jetzt ein wenig aufpassen, da der Abzweig (grünes Schild mit der Aufschrift Polihale State Park) ziemlich unvermittelt von der Hauptstraße links abgeht; unversehens befindet man sich auf einem unasphaltierten Feldweg inmitten der Zuckerrohrfelder. Die nun folgende Strecke ist etwas rau und geht über einige Schlaglöcher hinweg sowie über zwei kleine Holzbrücken. Bei schlechtem Wetter oder nach Regenfällen sollte man die Piste daher nur mit einem geländegängigen Wagen befahren!

Zu Hawaiis längstem Sandstrand

Nach ca. 5 km gabelt sich der Feldweg bei einer Sanddüne. Wer hier links abbiegt, sollte so weit fahren, wie es auf dem sandigen Untergrund möglich ist, dann den Wagen abstellen und zu Fuß weiter gehen. Am Strand stößt man auf eine Art natürlichen Pool, der durch vorgelagerte Korallenriffe entstand. Hier ist das Wasser immer ruhig, außerdem niedrig und deshalb auch für Kinder geeignet. Schnorchler kommen im **Queen's Pond** ebenfalls auf ihre Kosten. Bleibt man an der Weggabelung rechts, gelangt man nach 8 km zum Ziel – weil der Anfahrtsweg in einem solch schlechten Zustand ist, scheint er länger zu sein. Belohnt wird man am **Polihale State Park** mit einem ca. 24 km langen und enorm breiten Sandstrand. Dieser wird auch Barking Sands genannt nach dem 'bellenden' Geräusch, das der mit kleinen Lava- und Korallenpartikeln durchsetzte Sand erzeugt, wenn man über ihn geht.

Strand des Polihale State Park

Man kann dem Feldweg bis zu seinem Ende folgen und den Wagen am Beach Park *(Zeltgelände, Duschen, Grillplatz)* parken oder auch vorher die Dünen erklimmen und zum Wasser gehen. Oft ist die Brandung zu stark, um gefahrlos zu schwimmen, aber die endlose Weite des Strandes, der erst von den Bergen der Na Pali Coast begrenzt wird, die verschwiegenen Plätze in den Dünen, bei denen man die Hinweisschilder No Nudidity fast nicht beachten möchte, und die spektakulären Sonnenuntergänge entlohnen für die lange Anfahrt allemal.

Abstecher ins Inselinnere: Zum Waimea Canyon

Der Abstecher ins Inselinnere bringt einen zu einem der größten Naturwunder auf den hawaiischen Inseln. Tatsächlich ist der Waimea Canyon ein 'Grand Canyon', der es aber hinsichtlich seiner Länge, Weite und Tiefe natürlich längst nicht mit dem berühmten Vorbild im Westen der USA aufnehmen kann.

Auch sonst gibt es viele Unterschiede: Der Waimea Canyon ist viel jünger, grüner und öffnet sich nicht innerhalb einer Wüstenlandschaft, sondern zum Meer hin. Auf rund **19 km Länge** hat der Waimea River ein bis zu **900 m tiefes** und enges Tal in das poröse Vulkangestein gegraben, wobei seine drei größeren Zuflüsse ähnlich aktiv waren und den Waialae Canyon, den Koaie Canyon und den Poomau Canyon schufen. Der größte Teil dieses Gebietes ist steht unter Naturschutz, wobei alle Autotouristen zu den Lookouts im **Kokee State Park** gelangen.

Tipp

Wenn Sie es sich zeitlich einrichten können, versuchen Sie, in den frühen Morgenstunden oder kurz vor dem Sonnenuntergang an einem der Waimea Canyon Lookouts zu sein: Das schräg einfallende Licht zaubert ein grandioses Farbenspiel auf die Felswände, das allein einen Hawaii-Urlaub unvergesslich machen kann!

Und noch ein Wort zum Wetter: Es regnet oft auf den Berghängen am Canyon-Rand, deswegen empfiehlt sich die Mitnahme von Regenkleidung. Lassen Sie sich aber nicht durch einen möglicherweise grau verhangenen Himmel vom Besuch des Naturwunders abhalten! Denn das Wetter wechselt ständig, und nach kurzen Regenschauern reißt die Wolkendecke i.d.R. schnell wieder auf. Die Szenerie mit ihrem dramatischen Spiel von Sonne und Bewölkung ist außerdem für die Farbspiele an den Canyonwänden verantwortlich, die eigentlich schöner sind als ein reiner blauer Himmel über dem Tal.

Weiter östlich und nur durch einige schwierige Trails erschlossen, befindet sich die **Alakai Wilderness Preserve**, ein riesiges Sumpfgebiet, das mit seiner feuchten Hochebene das wichtigste Rückzugsgebiet der ursprünglichen hawaiischen Flora und Fauna darstellt und im starken Kontrast zum eigentlichen Canyon steht. Und zur Küste hin wird der Kokee State Park vom **Na Pali Coast State Park** begrenzt, auf dessen zerklüftete Berge und Täler man vom Westrand des Waimea Canyons ebenfalls blicken kann.

Bei wenig Zeit lässt sich der Besuch mit einer Rundfahrt durch den Süden und Westen der Insel verbinden. Sollten Sie jedoch länger auf Kauai verweilen, lohnt es sich durchaus, mehrfach hierhin zu fahren (und evtl. eine Nacht in den Hütten der Kokee Lodge zu verbringen), um das große Angebot an fantastischen Wanderwegen auszunutzen. In der Kokee Lodge ist man Ihnen mit Kartenmaterial und Wandertipps behilflich.

Zum 'Grand Canyon des Pazifiks'

Von der Küstenstraße (Hwy. 50) zweigt man in **Waimea**, sofort hinter der kleinen Kirche auf der rechten Seite und vor den ausgedehnten Sportplätzen, nach rechts auf den **Waimea Canyon Dr.** ab. Die Straße ist zwar sehr kurvig, aber asphaltiert, gut zu befahren und nicht übermäßig steil. Unterwegs, gut 10 km vor dem Kokee State Park, führen Wanderwege wie der Kukui Trail und Koaie

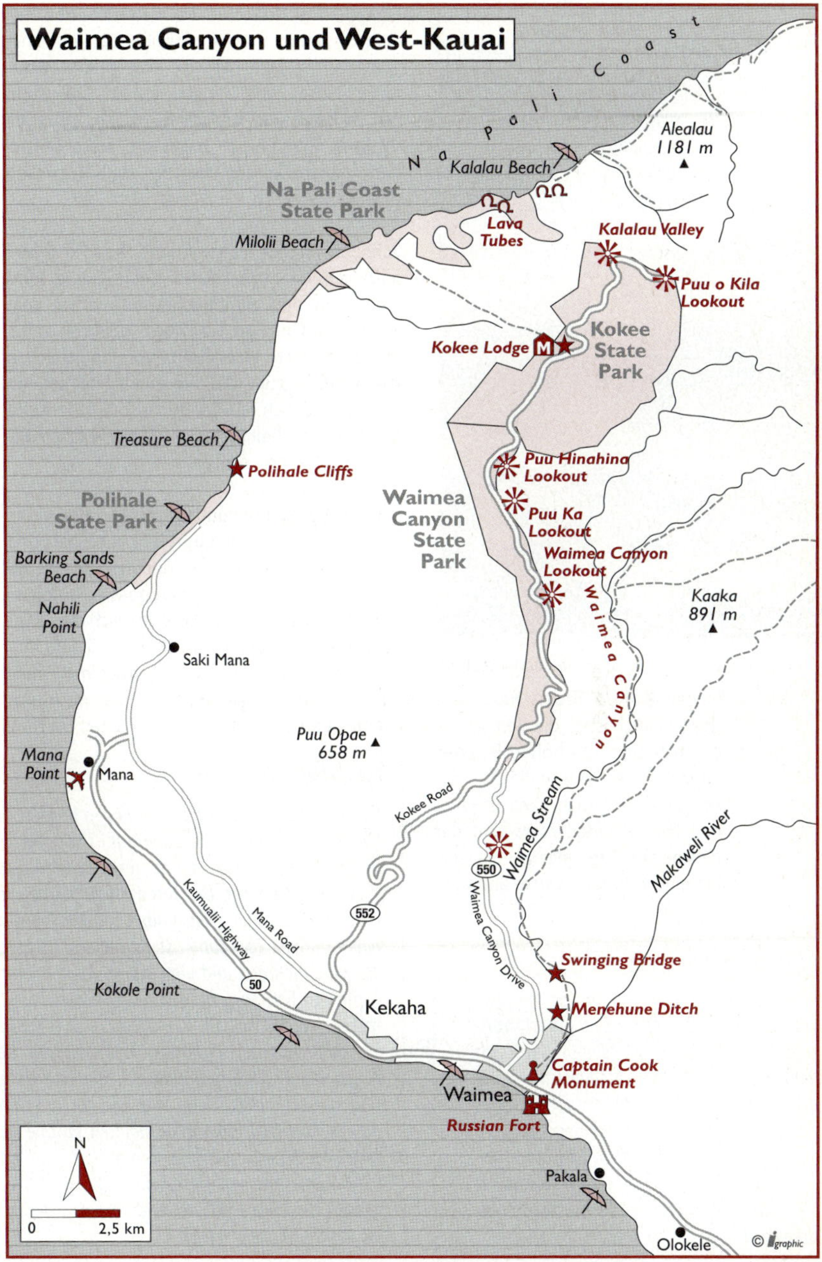
Waimea Canyon und West-Kauai
Na Pali Coast
Kalalau Beach
Alealau
1181 m
Na Pali Coast
State Park
Lava
Tubes
Kalalau Valley
Milolii Beach
Puu o Kila
Lookout
Kokee
State
Park
Kokee Lodge
Treasure Beach
Polihale Cliffs
Puu Hinahina
Lookout
Waimea
Canyon
State
Park
Puu Ka
Lookout
Polihale
State Park
Waimea Canyon
Lookout
Barking Sands
Beach
Kaaka
891 m
Nahili
Point
Waimea Canyon
Saki Mana
Puu Opae
658 m
Mana
Point
Mana
Kokee Road
Waimea Stream
Makaweli River
550
Waimea Canyon Drive
552
Kaumualii Highway
Mana Road
Swinging Bridge
50
Kokole Point
Kekaha
Menehune Ditch
Captain Cook
Monument
Waimea
Russian Fort
N
Pakala
0
2,5 km
Olokele
© igraphic

Am Waimea Canyon Lookout

Canyon Trail hinunter bis zum Talboden des Canyons – eine schweißtreibende und langwierige Angelegenheit, die nur geübte Wanderer hinter sich bringen sollten. Der rund 10 km lange und landschaftlich sehr reizvolle Waimea Canyon Dr. macht das erste Drittel der Wegstrecke aus und folgt dem Westrand des Tals.

Schließlich stößt man auf die Kokee Rd. (Hwy. 550), auf die man rechts einbiegt und kurz darauf an der Hunting Station vorbei zum **Waimea Canyon Lookout** abfahren kann. Er ist der erste einer Reihe von fantastischen Aussichtspunkten, die alle einen Halt lohnen und (da sie sich auf der rechten Straßenseite befinden) nacheinander auf der Hinfahrt angefahren werden sollten.

Alle größeren Lookouts verfügen über einen Parkplatz, z.T. mit sanitären Einrichtungen, und eine Aussichtsterrasse, zu der man jeweils einige Schritte zu Fuß gehen muss. Es folgen der **Puu Ka Pele Lookout** und der **Puu Hinahina Viewpoint** in 1.070 m ü.d.M. Unmittelbar an diesem Punkt gelangt man auch in den **Kokee State Park**. An den Masten des geophysischen Observatoriums der NASA vorbei, die von weitem zu sehen sind, geht es in 8,4 km weiter bergauf, bis man eine von hohen Bäumen umstandene Wiesenfläche erreicht, an der man nach links zu den Park Headquarters und der **Kokee Lodge** gelangt, die sich für eine Erholungspause anbietet.

Museum

In dem kleinen Holzbau unweit der Kokee Lodge sind informative naturhistorische Ausstellungen zu sehen, die sich hauptsächlich mit der Na-Pali-Küste und dem Waimea Canyon, aber auch mit dem pazifischen Wettersystem beschäftigen. Sehr gut ist die Auswahl an Literatur, Kartenmaterial, Postkarten und Kunsthandwerk, die der angrenzende Museumsshop bereithält.

Wandern

Etwa 400 m hinter der Kokee Lodge beginnt der Wanderweg **Nualolo-Awaawapuhi Loop**, *der insgesamt 15 km lang ist und für den man etwa 7 Stunden benötigt. Die Rundwanderung ist von mittlerem Schwierigkeitsgrad, beansprucht aber einen ganzen Tag; dabei ist es ratsam, Trinkwasser mitzunehmen und eine starke Taschenlampe – für den Fall, dass Sie von der Dunkelheit überrascht werden sollten. Bei weniger Zeit können Sie auch nur den* Nualolo Trail *oder nur den* Awaawapuhi Trail *bewandern – letzterer ist hin und zurück knapp 10 km lang und gut in 5 Stunden zu schaffen. Entlang der letzten Etappe sind einige endemische Pflanzen markiert; wer sich für Botanik interessiert, sei an die Broschüre verwiesen, die diese Pflanzen erläutert und die man im Kokee-Museum erhält.*

Von hier aus setzt man die Fahrt auf kräftig ansteigender Straße nach knapp 3 km zum 1.256 m hoch gelegenen **Kalalau Lookout** fort, wobei man die militärische Radarstation der Kokee Headquarters Hawaii National Guard passiert.

Hütte der Kokee Lodge

Der Aussichtspunkt eröffnet einen weiten Blick in das spektakuläre Kalalau Valley, das sich mit zerklüfteten Klippen fächerförmig zum Meer hin öffnet. Die bizarren Bergzacken der Na Pali Coast, die grüne Vegetation und im Hintergrund der tiefblaue Ozean – allein wegen dieses Ausblicks hat sich die Reise nach Kauai gelohnt! Kurz vor der Stichstraße zum Kalalau Lookout biegt rechts eine schmale, aber durchgängig asphaltierte Straße zum **Puu Kila Lookout**. Dort ist die Straße dann endgültig zu Ende. Falls der Weg durch eine Schranke für Fahrzeuge gesperrt ist, muss man die Strecke bis zum Lookout zu Fuß zurücklegen.

Wandern

*Am Puu O Kila Lookout beginnt der Wanderweg **Pihea Trail**, der weitere fantastische Blicke auf die Klippen freigibt. Ingesamt ist der Trail von mittlerem Schwierigkeitsgrad und 11 km lang. Eine kürzere Alternative ist die Wegstrecke zum Pihea Lookout, den man vom Ausgangspunkt in ca. 1,7 km erreicht, worauf man auf gleicher Route wieder zurückgehen kann.*

Auf dem Rückweg fährt man bis zur Weggabelung des Waimea Canyon Dr. und der Kokee Rd. auf schon bekannter Strecke. Die Entscheidung, welche Straße man dann zum Hwy. 50 nimmt, hängt davon ab, ob Sie anschließend noch einen Abstecher zu den Stränden der Westküste unternehmen möchten. In diesem Fall ist die Kokee Rd. eine Abkürzung, die im Zentrum von Kekaha auf die Küstenstraße stößt. Aber auch für diejenigen, die wieder zum Urlaubsquartier im Süden oder Osten zurückkehren wollen, mag es sinnvoll sein, auf der Straße 550 zu bleiben, um auf dem letzten Drittel der Abfahrt neue Eindrücke zu gewinnen.

Dieser Abschnitt der Kokee Rd., der sehr kurvenreich und mit 12½ km auch etwas länger als die Alternativstrecke ist, bringt einen von den bewaldeten Berghängen in die Ebene mit ihren Zuckerrohrfeldern zurück. Sobald man **Kekaha** erreicht hat, gibt es die Möglichkeit, sich im Waimea Canyon Plaza mit Souvenirs, Lebensmitteln oder Snacks einzudecken; um einen zusätzlichen Kaufanreiz zu bieten, vermeldet diese Handvoll kleiner Läden stolz, 'the westernmost shopping complex in the United States' zu sein.

Die Insel Niihau

Inselsteckbrief Niihau	
Beiname:	*Forbidden Island* (= 'Verbotene Insel')
Inselfläche:	186 km² (Länge: 28 km; Breite: 10 km)
Einwohner:	ca. 300
Hauptort:	Puuwai
Verwaltungseinheit:	County Kauai
Höchste Erhebung:	Mt. Painau, 390 m

Mit **186 km²** Landfläche und etwa **300 Bewohnern** ist Niihau die kleinste der bewohnten Hawaii-Inseln. Außerdem ist sie für den Fremdenverkehr mehr oder weniger tabu, so dass sie hier nur der Vollständigkeit halber aufgeführt wird.

Inselchen mit Sonderstatus

Der Grund für die touristische Abstinenz liegt in einer **historischen Sonderrolle**, die auch dazu führte, dass die Insel bis heute die einzige ist, auf der fast ausschließlich Hawaiisch gesprochen wird. Als *Captain Cook* 1778 vor Niihau vor Anker ging, wurde er von sehr gastfreundlichen Insulanern empfangen, deren Anzahl die heutige weit überschritten haben dürfte. Denn noch 1831, nachdem schon eingeschleppte Krankheiten gewütet hatten, wurden bei einer Volkszählung über 1.700 Einwohner auf Niihau festgestellt.

Einen Hinweis auf die früher größere Bedeutung geben auch jene fünf *Heiaus*, die man zu Anfang des 20. Jh. ausgegraben hat. 1864 hatte die *Sinclair*-Familie die Insel von König *Kamehameha V.* für 10.000 Dollar gekauft, und noch heute gehört deren Nachfahren, den *Robinsons*, das gesamte Land, auf dem Rinder- und Schafzucht betrieben wird. Seit 1915 ist die Insel mehr oder weniger von der Außenwelt abgeschnitten, mit Einverständnis und auf Wunsch der Bevölkerung, die hier ihr traditionelles Leben ohne Telefon, Elektrizität, Gewehre, Schnaps, Gefängnis oder andere 'Segnungen' der Zivilisation verbringt. Es gibt kaum Straßen und deshalb auch so gut wie kein Auto auf der Insel, das übliche Transportmittel sind Pferde.

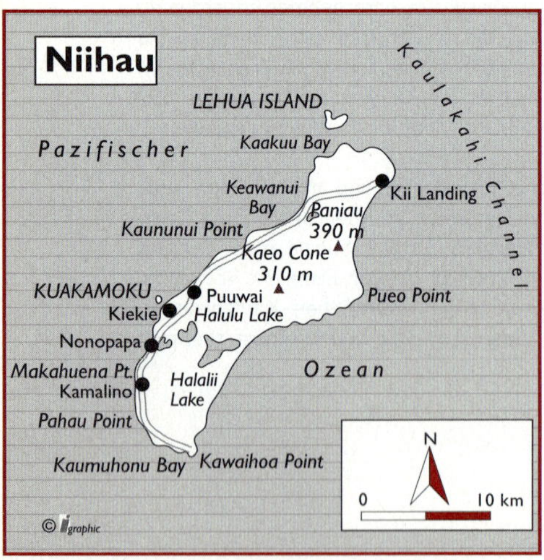

Die Einwohner leben in einfachen Holzhäusern, arbeiten auf der Robinson Ranch oder betätigen sich als Bienenzüchter, Fischer und Kunsthandwerker. Weithin berühmt sind ihre *Lei*-Ketten, die nur auf dieser Insel aus winzigen, unterschiedlich gefärbten Muscheln hergestellt und u.a. in den Juwelierläden von Honolulu verkauft werden – mehrere Tausend Dollar kosten solche *Niihau Shell Leis,* deren Herstellung auch bis zu 200 Stunden dauern kann!

Unterrichtssprache der kleinen Volksschule im Hauptdorf Puuwai ist Hawaiisch und Englisch, weiterführende Schulen oder sonstige Ausbildungsmöglichkeiten gibt es nicht. Deswegen verlassen viele Jugendliche die Insel, kehren aber in den Ferien oder nach einem längeren Aufenthalt in 'Rest-Hawaii' in ihre Heimat zurück. Selbst für Hawaiianer der anderen Inseln ist es verboten, sich auf Niihau niederzulassen, obwohl unter der Bevölkerung einige Japaner und sogar ein Deutscher leben sollen. Seit 1989 kann man zwar die Insel betreten, darf jedoch keinen Kontakt aufnehmen.

Verbotene Zone

Verschiedentlich werden Bootsausflüge angeboten, auf denen man Niihau recht nahe kommt. Den besten Blick auf dieses merkwürdige Gemeinwesen erhält man jedoch vom Kleinflugzeug oder den Hubschraubern, die regelmäßig Rundflüge über die Insel anbieten. Dabei sieht man, dass das flache und erodierte Eiland äußerst karg und trocken ist. Trotzdem gibt es zwei natürliche Süßwasserreservoirs, den Halalii Lake und den Halulu Lake. Ersterer ist der größte See Hawaiis, trocknet allerdings im Sommer häufig aus.

Nördlich ist Niihau der Vulkankrater **Lehua Island** vorgelagert, der sich ähnlich wie das Inselchen Molokini bei Maui wie eine Sichel aus dem Meer erhebt. Benannt ist die Insel nach der *Lehua*-Pflanze, da der Legende nach *Hiiaka*, eine Schwester der Vulkangöttin *Pele*, hier eine Blumenkette *(Lei)* aus *Lehua*-Blüten hinterlegt hatte.

8. REISEN AUF MOLOKAI (ⓘ s. S. 181)

Überblick

Inselsteckbrief Molokai	
Beiname:	*Friendly Island* (= 'Freundliche Insel')
Inselfläche:	676 km² (Länge: 61 km; Breite: 16 km)
Küstenlinie:	142 km
Einwohner:	7.400
Hauptstadt:	Kaunakakai (ca. 3.000 Ew)
Verwaltungseinheit:	County Maui
Höchste Erhebung:	Mt. Kamakou, 1.513 m

Einige Entfernungen *(mit ungefähren Zeitangaben) ab Molokai Airport*

Kaunakakai	*13 km (10 Minuten)*
Palaau Park	*15 km (15 Minuten)*
Kamalo	*22½ km (30 Minuten)*
Kepuhi Beach	*24 km (25 Minuten)*
Halawa Valley	*58 km (2 Stunden)*

Abwechslungsreiche Landschaft

Landschaftlich gehört Molokai zu den interessantesten Inseln des Archipels, da es völlig unterschiedliche Naturräume aufweist: Im Norden ragt das lang gestreckte Eiland mit einer spektakulären Pali-Küste schroff und steil aus dem Meer, die bis über 1.000 m abfallenden Klippen gehören zu den höchsten der Welt. Der Süden hingegen ist weitgehend eben – hier befinden sich die meisten Siedlungen, und das Meer ist wegen der vorgelagerten Korallenriffe flach und ruhig. Der Osten zeigt wegen der dort niedergehenden Wassermengen ein 'typisch hawaiisches' Bild mit Regenwald, grünen Tälern und dichter Vegetation, während der Westen sehr viel trockener ist und streckenweise das Gepräge einer Wüsten- oder Steppenlandschaft trägt.

Geologisch ist die Insel wie Maui oder Oahu aus zwei Schildvulkanen aufgebaut, deren Lavamassen sich später vereinigten und die Gesamtinsel bildeten. Im Westen ist das der ältere *Puu Nana*, der infolge der langen Erosionstätigkeit nur noch 421 m hoch ist. Demgegenüber ragt der jüngere *Mt. Kamakou* im Osten 1.513 m auf und ist damit hoch genug, um Winde und Wolken vom Inselinnern abzuhalten und der Ostküste ihre reichen Niederschläge zu bescheren. Später kam noch ein dritter, sehr niedriger Schildvulkan im Norden hinzu, der die Halbinsel Kalaupapa wie ein kleines An-

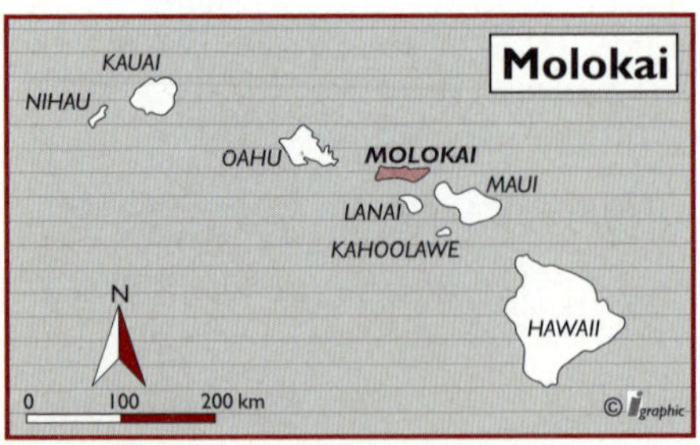

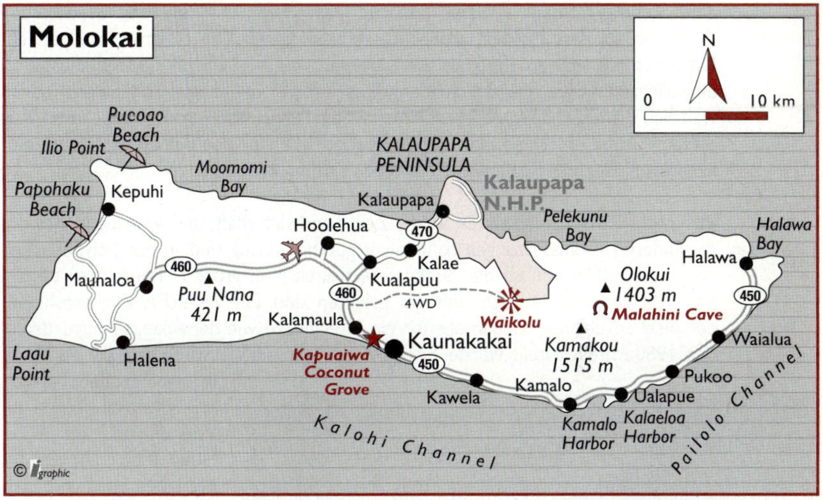

hängsel an Molokai anschmiedete. In der Rangfolge der größeren Inseln des Bundesstaates steht Molokai mit einer **Fläche** von 676 km² und einer **Einwohnerzahl** von rund 7.400 auf dem fünften Platz, jeweils hinter Kauai und vor Lanai. Damit bildet die Insel wie Lanai keine eigenständige Verwaltungseinheit, sondern ist dem County von Maui angegliedert (eine Ausnahme bildet die Kalaupapa-Halbinsel, die dem Gesundheitsministerium untersteht).

Die **Nachbarinseln** im Südosten sind jeweils relativ nah und können von Kaunakakai oder der Küstenstraße deutlich erkannt werden: Südlich ist die Insel durch den *Kalohi Channel* vom 14 km entfernten Lanai getrennt, im Südosten durch den *Pailolo Channel* vom ebenfalls 14 km entfernten Maui. Nach Westen hin beträgt der Abstand zur Nachbarinsel Oahu immerhin 47 km, so dass man beim Blick über den *Kaiwi Channel* etwa den Diamond Head nur schwach erahnen kann.

Historische Sonderrolle

Historisch spielte Molokai, das in polynesischer Zeit stets dichter bevölkert war als heute, eine gewisse Sonderrolle. Die magischen Kräfte ihrer Priester waren weithin bekannt und gefürchtet, so dass die Nachbarinseln bis ins 18. Jh. hinein von Eroberungsversuchen absahen. Kamehameha I. schließlich schickte seine Invasionstruppen gegen die Insel, von der er noch fünf Jahre zuvor seine Frau Keopuolani geholt hatte, und besiegte in der äußerst blutigen Schlacht von Pakuhiwa die Verteidiger. Es heißt, dass sämtliche Krieger Molokais dabei ums Leben kamen.

Von den europäischen Entdeckern hatte James Cook die Insel zwar 1778 gesichtet, beschrieb sie aber als öde und sah von einer Landung ab. Als erster Weißer betrat der Brite George Vancouver Molokai im Jahre 1792. Die christliche Missionstätigkeit begann im Jahre 1832. Obwohl die Insel unter den Hawaiianern immer einen besonderen Ruf hatte – u.a. errichtete König Kamehameha V. hier eine Sommerresidenz –, sank während des 19. Jh. die Zahl der Bevölkerung rapide ab, so dass Molokai schließlich den Beinamen 'Die einsame Insel' erhielt. Dazu gesellte sich ab 1865, als auf Kalaupapa die berüchtigte Quarantänestation eingerichtet wurde, die Bezeichnung 'Lepra-Insel', und beide Spitznamen waren wahrlich nicht geeignet, den Ruf Molokais als Feriendestination zu etablieren. Aus diesem Grund entschied man sich in heutiger Zeit für den Beinamen 'Die freundliche Insel', der der Realität auch erheblich näher kommt.

Wirtschaftlich dominierten lange Zeit Landwirtschaft und Viehzucht, obwohl die äußeren Voraussetzungen dafür nicht gerade günstig sind. In der polynesischen Vergangenheit wurde an der Südküste Aquakultur in großen Fischteichen betrieben, von denen viele noch sehr gut erhalten sind. Die Versuche, Zuckerrohr auf der Insel anzubauen, blieben ebenso ein Intermezzo wie der Ananas-Anbau, der in den 1980ern eingestellt wurde. Erfolgreicher war die Viehwirtschaft, die bis heute in zwei großen Farmen (die Molokai Ranch im Westen und die Puuo Hoku Ranch im Osten) betrieben wird und nach wie vor das wirtschaftliche Standbein bildet. Daneben umfasst die Produktpalette der Insel u.a. Kaffee, Macadamia-Nüsse, Wassermelonen und Honig.

Die höchste Steilküste der Welt

Wegen des Niedergangs der Ananas-Industrie stieg die Arbeitslosigkeit unter der Bevölkerung, die zu 50 % alt-hawaiischen Ursprungs ist, erheblich an, und man entschloss sich, den Fremdenverkehr als weitere Einnahmequelle auszubauen. Ein Fehlschlag war jedoch das Entwicklungsprojekt im äußersten Westen, das u.a. einen eigenen Fährhafen und Appartements für 30.000 Menschen vorsah. Dieses Projekt wurde nie fertiggestellt, und die Ende der 1970er gebauten touristischen Einrichtungen sind – u.a. durch Missmanagement eines japanischen Investors – inzwischen mehr oder weniger dem Verfall preisgegeben. Nur der Golfplatz, einige Condominium-Anlagen und Ferienhäuser künden dort noch von den weitreichenden Plänen.

Geruhsame Atmosphäre

Insgesamt geht auf Molokai alles einen weitaus geruhsameren Gang als auf den größeren Inseln. Die Eigenwerbung, dass Gäste hier nicht nur den Geburtsort des Hula, sondern insgesamt noch das 'wahre Hawaii' entdecken könnten, stimmt: Bei Erkundungen der zauberhaften Landschaft mit ihren unberührten Regenwäldern, spektakulären Küsten und menschenleeren Stränden treffen Touristen nur selten auf ihresgleichen. Stark gestiegen ist in den letzten Jahren allerdings die Zahl der Tagesbesucher, die per Flugzeug oder mit der Personenfähre von Maui aus auf die

Insel strömen und Ausflüge mit dem Mietwagen unternehmen. Oft ist auch zu lesen, dass die Insel aufgrund ihrer geringen Größe bequem an einem Tag zu 'schaffen' sei. Wer allerdings die wichtigsten Sehenswürdigkeiten (Kalaupapa Lookout, Fahrt zum Halawa Valley, Strand von Papohaku) nicht nur abhaken, sondern auch genießen möchte, sollte wenigstens eine Zwischenübernachtung einplanen. Falls man zudem noch wandern, an einem Bootsausflug teilnehmen, die 'Hauptstadt' und andere Stätten kennen lernen möchte, sollte man schon drei Tage im Reisegepäck mitbringen.

Redaktions-Tipps

- Die schönste Landschaftsfahrt ist die auf der **Küstenstraße** (S. 493ff) bis zum Halawa Valley.
- Die schönsten Strandwanderungen unternimmt man am **Papohaku-Beach** (S. 508) oder in den Dünen von **Keonelele** (S. 499).
- Berühmt-berüchtigt: die ehemaligen **Lepra-Kolonie** (S. 502ff) auf der Kalaupapa-Halbinsel. Ein Erlebnis ist der Abstieg von den Klippen hinunter und die Besichtigung der Kolonie.

Der Süden und Osten: Vom Flughafen über Kaunakakai zur Halawa Bay

Der einzige Landweg in den Osten führt vom Flughafen aus über den *Hwy. 460*, der bis zur Hauptstadt Kaunakakai den Namen *Maunaloa Hwy.* trägt und ab dort als *Hwy. 450 (Kamehameha V. Hwy.)* dem südlichen Küstenverlauf folgt. Die erste Etappe ist 13 km lang und kann auf der gut ausgebauten Strecke in 10 Minuten zurückgelegt werden. Dabei durchfährt man jene trockene Ebene von *Central Molokai*, die die vulkanischen Gebirgsstöcke im Osten und Westen miteinander verbindet und keine weiteren Sehenswürdigkeiten bereithält. Das letzte Stück führt die Straße bergab und schnurgerade auf den Pazifik zu, wo sie eine weite Linkskurve beschreibt. Dort, etwa 1½ km vor der Hauptstadt, macht rechter Hand ein herrlicher Hain von hoch gewachsenen Kokosnusspalmen auf sich aufmerksam und fordert zum Halten auf:

Königlicher Palmenhain

Warnschild in der Kapueiwa Grove

Kapueiwa Grove und Church Row

Dieser Wald, der in der Übersetzung 'geheimnisvolles Kapu' heißt und einfach auch als *Coconut Grove* bezeichnet wird, ist einer der letzten erhaltenen königlichen Palmenhaine von Hawaii und bestand ursprünglich aus 1.000 Bäumen. Sie wurden in den 1860er Jahren für König *Kamehameha V.* angepflanzt, der in der Nähe seine

Sommerresidenz hatte. Sie können mit dem Wagen durch den Kokosnusshain bis zum Meeresufer fahren, dort evtl. angelnden Einheimischen zuschauen oder einfach nur den majestätischen Anblick der schlanken Bäume genießen. Besonders schön ist es hier beim Sonnenuntergang, wenn die schräg einfallenden Strahlen das gegenüber liegende Lanai in rötliches Licht tauchen. Schräg gegenüber der *Coconut Grove* sieht der Betrachter eine ganze Reihe kleiner Gotteshäuser, die friedlich und ohne von profanen Bauten getrennt zu sein nebeneinander stehen.

Sechs kleine Kirchen

Die hübschen Holzkirchen, sechs an der Zahl plus einer Bibelschule, geben ein stimmungsvolles Bild in Braun, Grün, Rot und Weiß ab und repräsentieren fast alle christlichen Glaubensrichtungen auf Molokai. Sonntags kann man den Gottesdiensten beiwohnen, die z.T. noch in hawaiischer Sprache abgehalten werden.

Kaunakakai, die Inselhauptstadt

Die 'Hauptstadt' Kaunakakai entpuppt sich als kleiner, überschaubarer 1.300-Seelen-Ort, dessen Sehenswürdigkeiten schnell aufgezählt sind. Auf dem *Hwy. 460* kommt man nach der Brücke am Ortseingang zu einer Kreuzung, wo nach rechts die *Kaunakakai Rd.* und nach links die *Ala Malama St.* abzweigen, während auf der anderen Seite der *Hwy. 450* weiter ostwärts führt.

Kirchlein an der Malama Street

Biegt man rechts ab, kommt man nach einer Weile zu einer Betonstraße, die über das Wasser bis zur **Wharf** führt, wo die tägliche Fähre nach Maui anlegt und gelegentlich auch ein Kreuzfahrtschiff. Weiter sieht man hier einige Yachten und Ausflugsboote liegen, die Touristen zu einer Inselumrundung oder zum Hochseeangeln, zu Schnorcheltrips und zum Whalewatching mitnehmen. Bevor es auf die Betonpiste geht, kann man auf einem Rasenstück direkt am Wasser die spärlichen Überreste vom ehemaligen **Sommerpalast** Königs *Kamehamehas V.* entdecken.

Wieder an der Kreuzung, fährt man an der Pizzeria (rechts) und der Tankstelle (links) vorbei auf die *Ala Malama St.*, die Hauptstraße der Ortschaft. Auf der linken Seite, sofort hinter der Tankstelle, ist die Bücherei beachtenswert, ein schönes, grün gestrichenes Holzgebäude. An den nächsten drei Blocks sieht man einstöckige Holzhäuser in Wild-West-Manier, in denen sich Shops, Imbissgaststätten, ein Supermarkt und die *Kanemitsu Bakery* befinden, deren *Molokai Bread* (mit

Wild-West-Charakter

Zwiebeln oder Käse) zu einem Begriff geworden ist. Am *Post Office* mit dem *Bell Park* und dem hübschen Kirchlein ist die Hauptstraße zu Ende, und man kann Kaunakakai beruhigt den Rücken kehren.

Straßenszene in Kaunakakai

Bei der Weiterfahrt auf dem *Kamehameha V. Hwy.* passiert man am Ortsausgang zur Linken die Siedlung Kamiloloa Heights und zur Rechten die *Molokai-Shores-Condominium*-Anlage und das *Hotel Molokai*, zwischen denen der sehr gut bewahrte **Kalokoeli Fishpond** platziert ist, der erste einer ganzen Reihe der für Molokai charakteristischen alten Fischteiche *(s.u.)*. Die nächsten beiden, nämlich den *Alii Fishpond* und den *Kaoini Fishpond*, kann man knapp 5 km hinter der Hauptstadt am Ufer entdecken. Genau zwischen den zwei Teichen befindet sich der **One Alii Beach Park** mit seinem schmalen Sandstreifen. Das flache und fast immer ruhige Wasser ist für Kinder ideal, der Park selbst hat alle Einrichtungen einschließlich Picknicktische, Pavillon, Sportplatz und Campinggelände.

Entlang der Südküste

Nächste Station ist das Dörfchen **Kawela**. Im Hinterland (sehr schwer zugänglich!) befindet sich ein alter Heiau, der die Funktion eines Zufluchtsortes hatte. Früher war dieser Küstenabschnitt dicht besiedelt, ein Grund wohl, dass hier die Invasionstruppen Kamehamehas I. zur Eroberung Molokais ansetzten. Etwas weiter östlich liegt der Kakahaia Beach Park und dahinter ein Vogelschutzgebiet, in dem noch einige endemische Seevögel beobachtet werden können. Nach weiteren 6 km – hinter dem Meilenmarker 10 – sieht man rechts der Straße ein kleines, weiß gestrichenes Holzkirchlein mit Dachreiter. Es handelt sich dabei um die katholische St. Joseph's Church, die von Father Damien 1876 erbaut wurde. Sehenswert ist auch der angrenzende Friedhof und eine Bronzestatue des Paters, die von einem ehemaligen Lepra-Patienten geschaffen und 1979 hier aufgestellt wurde.

Alte Holzkirche

Father Damiens Statue

Gut 1½ km hinter dem Gotteshaus weist ein leicht zu übersehendes Holzzeichen auf jene Stelle hin, an der am 14. Juli 1927 *Ernest Smith* und *Emory Bronte* ihr Flugzeug bruchlandeten, mit dem sie soeben in 25½ Stunden von Kalifornien nach Molokai geflogen waren – der erste zivile Transpazifik-Flug der Geschichte. Ebenfalls schwer einsehbar liegt ein Stückchen weiter rechts der Straße der **Keawanui Fishpond**, ein erneutes, diesmal aber besonders großes und schönes Beispiel für die hoch

INFO Die Königlichen Fischteiche von Molokai

Für den Keawanui Fishpond bauten die Polynesier eine über 600 m lange Mauer in das flache Meer und schnitten so ein Areal von über 22 ha vom Pazifik ab. Als Baumaterial nahmen sie Korallensteine und Basaltblöcke, die z.T. eine halbe Tonne schwer waren. Der unter Denkmalschutz stehende Teich von Keawanui ist zwar besonders groß, aber längst nicht das einzige Beispiel der frühen Aquakulturen. Auf allen hawaiischen Inseln trifft man auf Relikte dieser spezifischen Form der Fischzucht, wobei Molokai wegen seiner flachen Südküste offenbar besonders gut für Fishponds geeignet war: 58 solcher Anlagen haben die Archäologen hier nachweisen können.

Alter Fischteich

Die Anfänge der Aquakultur, die ab dem 15. Jh. perfektioniert wurde, vermuten Forscher im 13. Jh. Nach der Ankunft der Europäer geriet die Technik langsam in Vergessenheit, die meisten Fischteiche versandeten oder Flutwellen zerstörten ihre Mauern. Die Idee der Fischteiche ist genauso einfach wie genial: In flachen Gewässern oder vor natürlichen Buchten wurde eine Mauer errichtet, in die man eine oder mehrere kleine Öffnungen einließ. Ein Gittergeflecht *('Makaha')* ließ Jungfische bequem in den Teich hinein, wo Sonnenbestrahlung und geringe Wassertiefe – normalerweise 90-120 cm – ideale Ernährungsbedingungen geschaffen hatten. Die Fische fraßen sich hier bald so fett und groß, dass sie nicht mehr durch das *Makaha* hindurchpassten und gefangen waren. Nun konnten sie mit Netzen oder der bloßen Hand ohne große Anstrengung an Land geholt werden.

Dieser 'Sport' war übrigens alleine den Häuptlingen und Königen vorbehalten, weshalb man auch von 'Königlichen Fischteichen' spricht. Für das gemeine Volk, das die Mauern der Teiche errichtet hatte, waren die Teiche *kapu*. Für sie blieben nur das offene Meer oder die Flüsse übrig, wo der Fischfang von Booten bzw. vom Ufer aus betrieben wurde, und zwar mit Speeren, Reusen, Angeln oder Netzen.

entwickelte Aquakultur der Polynesier. Zusammen mit dem *Ualapue Fishpond (s.u.)* ist dieser Teich als historische Stätte unter Denkmalschutz gestellt worden.

Der Highway, der nun deutlich enger und viel kurviger wird sowie häufiger Betonfurten *(= dips)* überquert, bringt einen auf Höhe des Meilenmarkers 13 zum Weiler **Ualapue** mit einem ebenfalls unter Denkmalschutz stehenden *Fishpond*, einem kleinen Laden und einer Condominium-Anlage.

Dörfer,…

2½ km danach gelangt man zum Dörfchen **Kaluaaha**, dem man heute nicht mehr ansieht, dass es in polynesischer Zeit die Hauptsiedlung der Insel darstellte. Zur Seeseite gibt es hier eine fast ununterbrochene Reihe recht gut erhaltener Fischteiche, während links der Straße zwei Kirchen das Interesse wecken: Am Ortseingang steht die **Kaluaaha Church**, die 1844 von den ersten protestantischen Missionaren auf Molokai erbaut wurden und die auch das älteste Gotteshaus auf der Insel ist. Am Ortsausgang lohnt ein Besuch der katholischen Kirche **Our Lady of Sorrows**, die 1874 wieder einmal von *Father Damien* gebaut wurde; durch Holzsäulen in drei Schiffe eingeteilt, ist sie größer als die *St. Joseph's Church* und besitzt eine reichhaltigere Ausschmückung – der Kreuzgang, die altertümlichen Ventilatoren und Lampen an der Decke, all das strahlt eine friedliche und keineswegs museale Atmosphäre aus. Dazu gehört auch der stimmungsvolle Friedhof, der hinter der Kirche inmitten eines Palmenhains zu sehen ist.

Ein alter Tempel, der **Iliiliopae Heiau**, kann etwa einen km hinter der Kirche auf einem Fußweg besucht werden, allerdings befindet er sich auf Privatgelände, ein Besuch muss vorher angekündigt und bewilligt worden sein. Die Kultstätte ist eine der ältesten und mit 100 m Länge und 36 m Breite eine der größten von ganz Hawaii. Viele Legenden von der sagenhaften Entstehung des Tempels und der dort abgehaltenen Menschenopfer haben sich bis heute erhalten. Etwa 800 m weiter, am Meilenmarker 16, passiert man das verschlafene Örtchen **Pukoo**, das einmal der Sitz der Inselregierung (mit einem Gerichtsgebäude, Gefängnis und Hotel) gewesen ist. Heute können Sie hier im *Neighborhood Store'n'Counter* ein einfaches Mittagessen einnehmen oder sich mit Lebensmitteln und Getränken für ein Picknick eindecken.

…Tempel…

Der nach wie vor schmale Highway schlängelt sich durch eine paradiesische Landschaft, geprägt von kleinen Farmen und grasenden Pferden. Ab und zu setzen Häuser mit einer witzigen Architektur (in Kugelform oder mit strahlend blauen Ziegeldächern) bizarre Akzente in die ländliche Gegend. Die nächste Ortschaft heißt **Waialua** und beherbergt kurz nach der Ortseinfahrt linker Hand die *United Church of Christ Waialua Congregational Church*, während rechter Hand ein Parkplatz mit Pavillon sich zu einem Picknick anbietet: Der schöne Sandstrand mit Blick auf Maui ist nicht weit.

Wenige Fahrminuten danach sind vor dem Meilenmarker 20 links der Straße die spärlichen Ruinen der alten *Moanui Sugar Mill* zu sehen, die in den 1870er Jahren errichtet wurde, und hinter dem Meilenmarker auf der rechten Seite der schöne Sandstrand des **Twenty Mile Beach**. Es folgt ein sehr enges Straßenstück, wo die Höchstgeschwindigkeit z.T. nur 5 m.p.h. beträgt. Man fährt direkt oberhalb

…und Sandstrände

der Küste mit fantastischen Ausblicken auf das raue, von Lavabrocken gesäumte Ufer sowie auf die Nachbarinsel Maui jenseits des *Pailolo Channel*. Da auf dem schmalen Highway ein Anhalten unmöglich ist, sollte man zwischen den Meilenmarkern 21 und 22 zum (nicht ausgeschilderten) Lookout abbiegen und hier die Aussicht in aller Ruhe genießen. Unweit der Küste sieht man hier zwei Felsklötze im Meer, nämlich den näheren *Kanaha Rock* und die größere und höhere Insel **Moku Hooniki**. Beide sind heute naturgeschützte Eilande mit großen Seevögelbeständen – und angesichts dieser Stimmung kann man sich kaum noch vorstellen, dass *Moku Hooniki* während des Weltkrieges von Bomberpiloten als Übungsziel auserkoren wurde.

Vorgelagerte Inselchen

Der Black Rock

Als letzter Felsen, direkt neben der Straße und an seiner Farbe unschwer zu erkennen, markiert der **Black Rock** das Ende der Küstenstraße, denn kurz danach windet sich der Highway ins Inselinnere hinauf. Schlagartig verändert sich die Szenerie; nun bestimmen saftige Rinderweiden das Bild. Sie gehören zur **Puu O Hoku Ranch** (= 'Sternenhügel'), dem zweiten großen Landwirtschaftsbetrieb auf der Insel. Früherer Besitzer war der kalifornische Millionär *Paul Fagan*, der von hier nach Maui überwechselte und dort die berühmte *Hana Ranch* aufbaute (vgl. S. 343).

Das 58 km² große Ranchgelände erstreckt sich auf beiden Seiten der Straße und geht östlich bis zu den Steilklippen am Meer. Mit komfortablen Ferienhäusern, Swimmingpool, kleinem Kongress-Zentrum und Gestüt setzt die Ranch auch auf den Tourismus. Nördlich wird es von einer schmalen Straße begrenzt, die rechts vom Highway abzweigt und einen bis zum mächtigen **Cape Halawa** bringt, dabei passiert man auf halbem Weg einen Hain mit Kukui-Bäumen, der in alt-hawaiischer Zeit Begräbnisplatz der Häuptlinge war.

Schmale Straße mit Lookouts

Blick auf die Halawa Bay

Der enge *Hwy. 450* hingegen schlängelt sich bergauf und bergab ebenfalls durch dichtes Waldgebiet, das immer wieder unvermittelt von kahlen Felsen oder Weideflächen abgelöst wird – hier zeigt sich Molokai von seiner schönsten Seite! Schließlich erreicht man in einer scharfen Linkskurve den Aussichtspunkt, von dem der Blick ca. 360 m tief zur *Halawa Bay* und ins **Halawa Valley** geht; auch der Wasserfall am Ende des Tales ist von hier aus zu sehen.

Halawa Bay

Vom Lookout geht es in vielen Kehren auf einer einspurigen Straße (mit Ausweichbuchten) ins Tal hinab, das sich bald mit Bananenstauden, Papayas, Guaven, Blumen und dichtem Baumbestand ankündigt. Das *Halawa Valley* ist das einzige der vier großen Täler in Molokais Norden (die anderen sind *Waikolu, Pelekunu* und *Wailau Valley*), das mit dem Auto erreicht werden kann. Früher gab es hier viele Einheimische (etwa 500 zur Mitte des 19. Jh.), die sich vom Taro-Anbau und der Fischerei ernährten. 1946 brach jedoch ein schlimmer Tsunami in das Tal ein und vernichtete Wohnhäuser und Felder. Die meisten Bewohner wanderten daraufhin aus, und heute leben nur noch wenige Familien im Halawa Valley.

Am Ende der Bucht

Kirchlein im Halawa Valley

Kurz bevor die Straße an der Bucht endet, stellt auf der linken Seite die kleine, grüne Holzkirche einen hübschen Blickfang dar; hier startet auch ein Trail zu sehenswerten Wasserfällen.

Am *Halawa Beach Park* endet die Asphaltstraße. Wer zum Sandstrand hinüber möchte, muss durch den flachen Fluss kurz vor seiner Mündung waten, ein wenig lohnendes Unterfangen, da der Strand nicht besonders gut und Schwimmen gefährlich ist. Stattdessen sollte man einfach die herrliche Szenerie der von hohen Klippen eingerahmten Bucht genießen, ein Picknick einnehmen und ein wenig zum Kieselstrand diesseits des Flusses wandern. Campingfreunde finden an den sanitären Anlagen des Beach Parks ein Zeltgelände, das aber einen etwas verwahrlosten Eindruck macht. Und Wanderer schließlich können sich zu den beiden Wasserfällen am hinteren Ende des Tal aufmachen, wobei man allerdings Orientierungssinn, Proviant, Moskitoschutz und rund 4 Stunden an Zeit mitbringen muss.

Zum Waikolu Lookout

Der Ausflug in das waldreiche Inselinnere des Ostteils rund um den 1.513 m hohen *Mt. Kamakou* ist ein Highlight für alle Naturliebhaber – findet man hier doch eine völlig unberührte Natur mit einer der größten zusammenhängenden Flächen einheimischer Flora und Fauna auf Hawaii. Allerdings ist es nicht ganz einfach, dieses Terrain zu erkunden: Man braucht entweder viel Kondition als Wanderer (24 km sind es bis zum Waikolu Lookout und zurück!) oder einen robusten Geländewagen. Nach Regenfällen ist die Strecke gänzlich unpassierbar.

Ins unberührte Hinterland

Startpunkt ist der *Maunaloa Hwy. (Hwy. 460)* zwischen dem Flughafen und Kaunakakai. Hier geht etwa 5,8 km vor Kaunakakai, kurz hinter der Betonbrücke, in östlicher Richtung der Feldweg *Maunahui Rd.* (auch *Molokai Forest Reserve Rd.* genannt) ab und klettert gut 900 m hinauf ins Bergland. Wichtig ist, ab der Abzweigung auf den Meilenzähler des Wagens zu achten. Zunächst geht es durch eine landwirtschaftlich genutzte Ebene mit Eukalyptus-Bäumen, Cook-Pinien und Monterey-Zypressen immer in östliche Richtung, vorbei an etlichen Abzweigungen und leicht bergan. Nach 5,3 Meilen hat man die Grenze der *Forest Reserve* erreicht und kurz danach einige Bewirtschaftungsgebäude.

Durch aufgeforstetes Gebiet, das vielen seltenen Vogelarten zur Heimat geworden ist, geht es weiter, vorbei an einem Wasserreservoir (6,5 Meilen), bis man nach etwa 9 Meilen rechter Hand eine auffällige Grube in Schiffsform passiert. Dabei handelt es sich um den so gen. **Sandalwood Measuring Pit** *(Luana Mokuiliahi)*, der zu Anfang des 19. Jh. nach dem Modell (Umfang und Tiefe) eines Segelfrachters ausgegraben wurde. Damals blühte der Handel mit Sandelholz, und die hawaiischen Könige ließen binnen kürzester Zeit die gesamten Sandelholz-Wälder abschlagen und verkauften sie schiffsladungsweise an europäische und amerikanische Händler. Diese brachten das Holz nach China und tauschten es dort gegen Seide und andere Waren ein. Damit die polynesischen Waldarbeiter nun wussten, wann eine Schiffsladung zustande gekommen war, benutzten sie solche Gruben im Originalmaßstab.

Täler, Bäche, Wasserfälle

Etwa 500 m weiter kommt man zum 1.128 m hoch gelegenen **Waikolu Lookout**, wo man anhalten, den schönen Blick auf das tiefe *Waikolu Valley* genießen und evtl. eine Pause einlegen (Picknick-Tische) sollte. Das *Waikolu Valley* öffnet sich wie ein Amphitheater nach Norden, von wo der Wind fast immer dichte Wolken herantreibt, die hier dann abregnen. Die Folge ist ein undurchdringlicher, dichter Regenwald und eine Unmenge von Bächen und Flüssen sowie hohe Wasserfälle, die das Landschaftsbild des Tales bestimmen. Unterhalb des Lookouts befindet sich übrigens der Beginn eines knapp 9 km langen Tunnels, der durch das Bergmassiv gebohrt wurde und den Stausee des *Kualapuu Reservoirs* mit Wasser versorgt.

Hinter dem Picknick-Gelände gelangt man zum Eingang der **Kamakou Preserve**, die 1982 als 1.123 ha großes Naturschutzgebiet angelegt wurde und deren Zentrum der *Mt. Kamakou* darstellt. In dieser stets feuchten Wunderwelt der Natur gibt es große Bestände des ursprünglichen Regenwaldes, u.a. Sandelholz- und Ohia-Lehua-Bäume, eine einheimische Veilchenart, endemische Moose, Farne und Gräser. Kaum sonst wo auf Hawaii kann man eine unberührte Naturlandschaft erleben, in der die alte Flora und Fauna, wie sie vor der Ankunft der Menschen den Archipel prägte, so gut erhalten ist. Die Tierwelt ist u.a. durch fünf vom Aussterben bedrohte Vogelarten vertreten, von denen zwei (der *Molokai Creeper* und der *Molokai Trush*) nur hier vorkommen. Durch die *Kamakou Preserve* führt eine ganze Reihe von Wanderwegen, einige davon sogar auf hölzernen Stegen über den fast immer schlammigen Untergrund. Der interessanteste Pfad ist dabei der *Pepeopae Trail*, dessen Begehbarkeit allerdings stark von den Wetterverhältnissen abhängig ist.

Wanderrevier

Der Norden: Vom Flughafen zur Kalaupapa-Halbinsel

Nur 15 km sind es vom Flughafen bis zum Lookout auf die Kalaupapa-Halbinsel, und da die Straßenverhältnisse sehr gut sind, braucht man für die Strecke nicht mehr als eine Viertelstunde. Wegen einiger Besichtigungspunkte unterwegs und Spaziergänge am Zielpunkt sollte man sich für diesen Ausflug jedoch einige Stunden Zeit nehmen, und wer den Weg hinunter zur Kalaupapa-Halbinsel (ca. 1½ Stunden), den dortigen Rundgang und den Aufstieg zurück zum *Palaau State Park* (ca. 2½ Stunden) unternehmen möchte, hat einen ausgefüllten Tag vor sich.

Hinweis

Wenn man in Hoolehua der Farrington Ave. *und der folgenden* Moomomi Rd. *noch weiter nach Nordwesten folgt (links), kommt man nach gut 5½ km zum* **Moomomi Beach**, *einem schönen Sandstrand. Das Schwimmen ist dort allerdings zu gefährlich, und die starken Winde machen auch Sonnenbaden zu keiner angenehmen Sache. Gut 3 km westlich der Bucht erstreckt sich das ausgedehnte Dünengebiet von* Keonelele, *das auch als 'Desert Strip' bezeichnet wird. Die Landschaft ist fantastisch, jedoch besteht der Anfahrtsweg sowohl nach Moomoni als auch nach Keonelele aus einer äußerst rauen und sandigen Piste, für die ein Geländewagen notwendig ist.*

Vom Flughafen fährt man zunächst in Richtung Kaunakakai auf dem *Hwy. 460*, von dem man nach wenigen Kilometern links auf den *Hwy. 470* abbiegt. Reizvoller (und kein großer Umweg) ist es, wenn man bereits vorher links auf den *Hwy. 480* abzweigt und durch landwirtschaftlich intensiv genutztes Gebiet nach Norden bis **Hoolehua** fährt. Hier stößt man auf die *Farrington Ave.*, auf die man rechts einfährt und bald darauf nach Kualapuu bzw. zum *Hwy. 470* gelangt.

Kualapuu

Zum Osten hin wird die *Farrington Ave.* zur Hauptstraße des kleinen Marktortes Kualapuu, in dessen Zentrum sich ein Kramladen, das Postamt und ein fotogenes Restaurant befinden. Rund 800 m vom Ortszentrum entfernt stellt im Nordwesten *(zu erreichen über die Lihi Pali Ave.)* die **Purdy's Natural Macadamia Nut**

Farm einen interessanten Abstecher dar. Auf dieser Farm wachsen u.a. Avocados, Kokosnüsse, Zuckerrohr, Bananen, Mangos und Papayas, die Attraktion aber ist eine 60 Jahre alte Macadamianuss-Plantage mit etwa 50 Bäumen. Man kann durch die Anlage spazieren und viel über Herkunft, Wachstum und Verarbeitung der 'Königin der Nüsse' lernen. Natürlich können Sie auch eine Kostprobe zu sich nehmen und Souvenirs (u.a. Macadamia-Honig) kaufen.

Nüsse und Früchte

Nach Osten hin bringt einen die *Farrington Ave.* in wenigen Hundert Metern zum *Hwy. 470*, vorbei an Kaffee-Feldern, die in den 1930er Jahren angelegt wurden. Sofort an der Einmündung in den Highway kann man sich den hier angebauten Kaffee in dem grün-weißen Holzgebäude *Coffees of Hawaii* schmecken lassen bzw. abgepackten Kaffee und Souvenirs kaufen.

Am Ende der Ortschaft biegt man auf den *Hwy. 470* ein, der einen in 6½ km zum Palaau State Park bringt, vorbei an Rinderweiden und durch schattige Wälder. In der Nähe des Weilers **Kaele** liegt kurz hinter der Kualapuu links der Straße die **R.W. Meyer Sugar Mill**, deren Besuch sich lohnt. Sie wurde 1878 von dem Hamburger *Rudolph Wilhelm Meyer* gegründet, der 1850 als 24-Jähriger nach Molokai eingewandert war und zunächst der Molokai Ranch als Verwalter vorstand. *Meyer* hielt die klimatischen Verhältnisse im 460 m hoch gelegenen Kaele für ideal, um hier Zuckerrohr anzubauen, das dann auf Ochsenkarren zu seiner Zuckermühle gebracht wurde. Seine 12 ha großen Ländereien warfen in Spitzenzeiten 50 Tonnen Zucker ab. Auch privat fand *Meyer* sein Glück auf Molokai: Er heiratete die Einheimische *Kalama Waha* und hatte mit ihr elf Kinder. Nach seinem Tod im Jahre 1899 wurde die Mühle noch eine Dekade weiter betrieben, bevor sie wegen Unrentabilität aufgegeben werden musste.

Alte Zuckermühle

Nach vielen Jahrzehnten des Verfalls erinnerte man sich 1972 wieder an das Baudenkmal und restaurierte es in 16-jähriger Arbeit. Im Innern des Holzgebäudes werden Sie in einem 20-minütigen Videofilm über die Geschichte von *R.W. Meyer* und seinen Betrieb informiert, und in der Hauptsaison zeigt man manchmal die Maschinerie, die von einem Pferd in Gang gehalten wird. Ein kleiner Souvenirshop und sanitäre Anlagen sind ebenfalls vorhanden. Schauen Sie sich nach dem Besuch der Mühle auch noch auf dem Friedhof *(R.W. Meyer Cemetery)* um, auf dem die Gräber des Gründerehepaares und zahlreicher Familienmitglieder erhalten sind. Er liegt unweit des Parkplatzes.

Wieder zurück auf dem *Hwy. 470*, geht es in 1½ km leicht bergan auf gut ausgebauter Strecke zum *Palaau State Park*, wobei man linker Hand die Maultier-Ställe *(Mule Stables)* und rechter Hand den Startpunkt des Maultierpfades zur Halbinsel Kalaupapa passiert.

Palaau State Park

Dieser herrliche, 95 ha große und rund 485 m hoch gelegene *State Park* ist umgeben von dichten Ironwood- und Eukalyptuswäldern, durch die ein dichtes Netzwerk von schönen Wanderwegen führt. Der Highway 470 endet am Parkplatz (mit sanitärer Einrichtung, in der Nähe ein Campinggelände), von wo zwei ausgeschilderte kurze Trails abgehen. Biegt man hier rechts in den Wald ein, kommt man zum Aussichtspunkt auf die Halbinsel, geht man schräg nach links, gelangt man zum berühmten *Phallic Rock*.

Der Phallic Rock

Phallic Rock

Etwa 300 m sind es bis zu diesem merkwürdigen Felsen, wobei der Weg durch einen dichten Ironwood-Wald führt, in dem man nichts von der Nähe des Meeres spürt. Wenn Sie dem Pfad hinauf auf einen Hügel folgen (nicht links abbiegen), gelangen Sie in einen regelrechten Steingarten mit mehreren von Wind und Wetter glatt geschliffenen Felsen.

Genau in der Mitte dieses Terrains befindet sich der *Phallic Rock (Kaule O Nanahoa)*, der an seiner charakteristischen Form unschwer zu erkennen ist. Der Legende nach geht der Stein auf einen gewissen *Nanahoa* zurück, der hier auf dem Hügel mit seiner Frau *Kawahuna* lebte. Eines Tages beobachtete diese, wie ihr Mann ein junges hübsches Mädchen beobachtete. Rasend vor Eifersucht rannte sie auf das Mädchen zu, während der ertappte Ehemann zu seinem Weib lief und es wütend zu Boden warf, wo sie sich in einen Stein verwandelte.

Markanter Felsen

Doch auch *Nanahoa* wurde versteinert, und zwar in Form eines Phallus. Der Volksglaube will es auch, dass unfruchtbare Frauen, die eine Nacht am *Phallic Rock* verbracht haben, schwanger nach Hause gekommen seien.

Kalaupapa Outlook

Der andere Pfad bringt Sie in wenigen Minuten zu einer Steinmauer direkt an der Steilküste, von wo man einen guten Blick auf die Kalaupapa-Halbinsel hat. Auf fünf Schautafeln finden Sie Erläuterungen zur Naturgeschichte von Kalaupapa, zu der Leprakolonie, zur Leprakrankheit, zum Leben und Werk von *Father Damien* und *Mother Marianne* sowie zur heutigen Situation auf Kalaupapa. Einen noch besseren Blick auf die Halbinsel erhält man, wenn man dem Pfad, der vom Lookout aus durch den wunderschönen Ironwood-Wald bergab führt, etwa 200 m folgt und dann nach rechts zur Steilküste abbiegt – hier sieht man einen größeren Teil von Kalaupapa samt der aufragenden Küste –, aber Vorsicht: Dieser Spot ist nicht gesichert, und die Klippen fallen rund 500 m steil ab.

Kalaupapa

Flache Halbinsel

Die flache Halbinsel ist das Produkt von Lavaeruptionen, mit denen sich der flache Schildvulkan *Kauhako* aufbaute. Dies war die letzte Eruption auf der Insel und fand statt, nachdem die Steilküste schon voll ausgebildet war. Der *Kauhako*-Krater ist mit 125 m nicht sehr hoch, sein Inneres wird von einem See bedeckt, der allerdings 240 m tief hinabreicht. Die Halbinsel misst 4 km von den Klippen bis zum *Kahiu Point* und ist fast genauso breit wie lang.

Die isolierte Lage der nur von wenigen Fischern bewohnten Halbinsel war der Grund, dass man sie 1865 zur zentralen Quarantänestation von Hawaii für Leprakranke machte. Der schlimme Ruf, den diese 'Leprakolonie' (und mit ihr ganz Molokai) weltweit erhielt, steht in merkwürdigem Kontrast zur eindrucksvollen

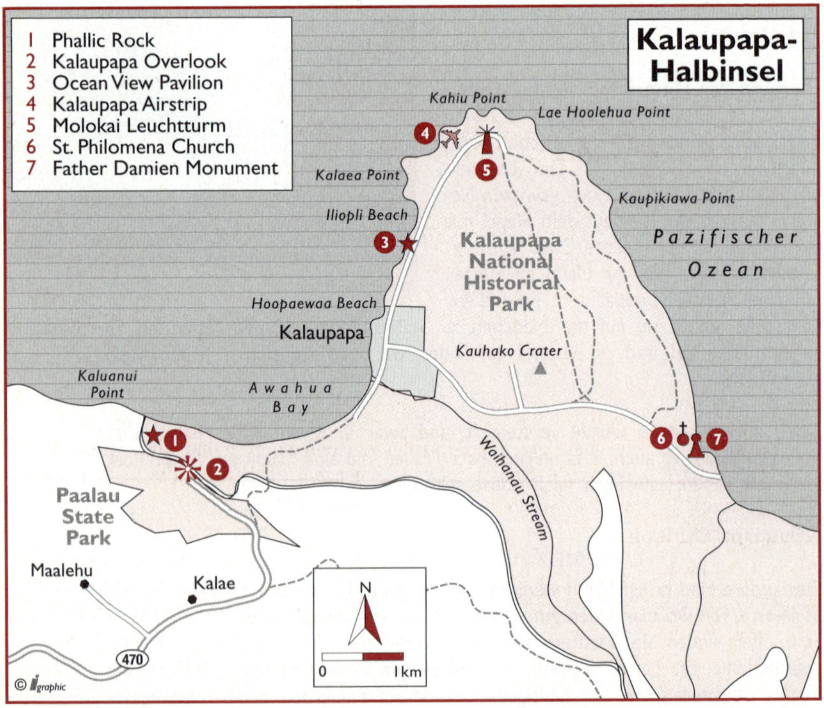

Natur, der von Dichtern, wie *Robert Louis Stevenson* und *Jack London*, die beide die Kolonie besuchten, treffend beschrieben wurde. Auch *James A. Michener* sprach davon, dass es 'seit Menschengedenken keinen solch höllischen Ort in einer solch himmlischen Umgebung' gegeben habe. Untrennbar ist die Lepra-Kolonie aber auch mit dem Wirken eines *Father Damien* (s.u.) verbunden, der wegen seines aufopferungsvollen Dienstes an den Todgeweihten zu den herausragenden Gestalten von Hawaii zu zählen ist.

Blick auf die Kalaupapa-Halbinseli

INFO Die Lepra, Father Damien und Kalaupapa

Neben der Pest haben nur wenige Seuchen dort, wo sie auftraten, ein solches Maß an Furcht und Schrecken verbreitet wie die Lepra. Diese Krankheit ist leicht übertragbar, schlummert aber lange im Körper, bevor sie ausbricht. Das Krankheitsbild betrifft den gesamten Körper, hauptsächlich aber die Extremitäten und den Kopf. Erste Anzeichen der Lepra ist der Gefühlsverlust, z.B. im Bein, mit Lähmungserscheinungen. Daneben und mit fortschreitender Krankheit tauchen Deformierungen der Knochen, Hautblasen und Blindheit auf. Auch das Immunsystem des Körpers wird nachhaltig geschwächt, und wegen der Gefühllosigkeit sind die Infizierten anfällig für Verletzungen und Infektionen aller Art, die häufig zur Amputation von Gliedmaßen führen (es ist aber nicht so, wie häufig geschrieben steht, dass Hände, Arme, Nasen usw. durch die Lepra 'abfallen').

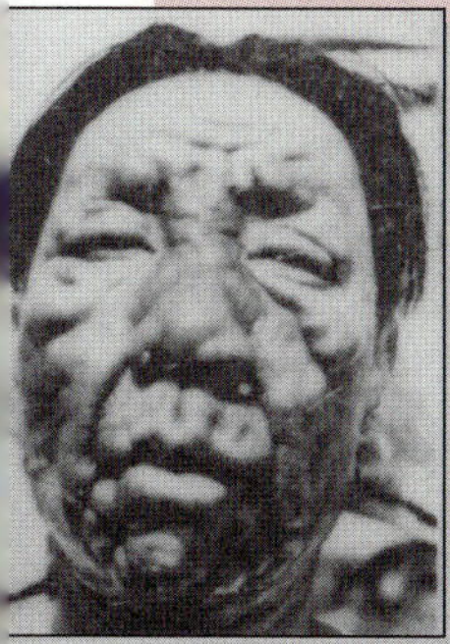

Patient der Lepra-Kolonie

1873 gelang es dem norwegischen Physiker Dr. Gerhard Hansen erstmals, den Lepra-Bazillus zu isolieren; nach ihm wird die Krankheit auch Hansen's Desease genannt. Aber es sollte noch lange dauern, bis die Lepra auch heilbar wurde.

Unheilbarkeit und schnelle Ansteckung waren die Gründe, dass man überall Leprakranke wie Kriminelle aus der Gesellschaft ausschloss. In Hawaii tauchte die Krankheit ab den 1830ern auf, vor allem unter der einheimischen Bevölkerung, die die Einwanderer aus dem Fernen Osten für deren Ausbreitung verantwortlich machten und Lepra deshalb *Mai Pake* (= 'chinesische Krankheit') nannten. Die Seuche hatte schnell ein solches Ausmaß angenommen, dass sich das Gesundheitsamt zum Handeln entschloss. 1865 wurde die abgelegene und unzugängliche Kalaupapa-Halbinsel im Norden Molokais als Quarantänestation bestimmt und im gleichen Jahr schon mehr als 500 Infizierte dorthin geschickt, darunter auch ein Neffe von Königin Emma.

Die ersten Kranken vegetierten unter skandalösen Umständen dahin: Es war weder für ein Hospital oder einen Doktor, noch für Behausungen oder Nahrungsmittel gesorgt. Manchmal entschlossen sich Ehepartner oder Familienmitglieder, mit den Verstoßenen zu reisen, wohl wissend, dass sie selbst angesteckt und nie mehr zurückkehren würden. Schlimm war auch, dass die Furcht vor der Lepra die Behörden dazu brachte, regelrechte Kopfgelder für die Meldung eines Krankheitsfalles auszusetzen, und dass durch Denunzierung selbst Menschen mit harmlosen Hautausschlägen den Weg in das Todeslager antreten mussten. Da es dort keine Vertreter irgendeiner Ordnungsmacht gab, waren die Leprakranken völlig sich selbst überlassen – in einem Gemeinwesen, das von Anarchie, Brutalität und Vergewaltigung geprägt war.

In diese Kolonie mit ihren barbarischen Zuständen schickte im Jahre 1872 der katholische Bischof Maigret einen jungen Missionar, der sich so entsetzt über die Verhältnisse zeigte, dass er darum bat, nach Kalaupapa versetzt zu werden. Sein unermüdlicher Einsatz für die Leprakranken und seine Verdienste um eine Verbesserung der Lebensumstände machten ihn unter dem Namen 'Father Damien' bekannt.

Joseph Damien de Veuster

Father Damien wurde 1840 als Joseph Damien de Veuster im belgischen Tremeloo geboren. Als Priesteranwärter und Mitglied des Ordens vom Heiligen Herzen war er 1864 nach Honolulu gekommen, von wo er als Missionar auf viele hawaiische Inseln geschickt wurde. Von seinem Wirken zeugen allein auf Maui und Molokai rund ein Dutzend katholischer Kirchlein. Seine Inspektionsreise zu der Leprakolonie sollte jedoch sein weiteres Leben prägen. Er insistierte beim Königshaus und der Regierung auf eine effektive Hilfe, baute eine Krankenstation und eine Kirche, legte einen Maultierpfad in den Klippen an, auf dem er in Notlagen Lebensmittel herbeischaffen konnte, sorgte für seelischen Beistand genauso wie für eine zivilisierte Organisation des Lagerlebens. Schnell sprach sich das Wirken des Priesters herum, und durch die Presse wurde sowohl seine Person als auch die Leprakolonie weltbekannt. Dazu trug auch ein Brief bei, den der Dichter Robert Louis Stevenson nach einem Besuch auf Kalaupapa schrieb.

Seit 1876 mehrten sich bei Father Damien, der die Kolonie nun nie mehr verließ, die Verdachtsmomente, selbst angesteckt zu sein. 1883 verlor er das Gefühl in seinem linken Fuß, und in den nächsten Jahren erging es ihm immer schlimmer. Zu diesem Zeitpunkt lebten über 1.000 Menschen in Kalaupapa, andererseits flossen viele Spendengelder und Lebensmittel in die Kolonie und immer mehr Geistliche folgten dem Beispiel des Belgiers. Als er im April 1889 als 49-Jähriger starb, gab es zwei katholische, zwei protestantische und eine mormonische Kirche sowie eine

Gruppe von Franziskanerinnen (darunter die ähnlich bekannte Mother Marianne) auf der Halbinsel. Die Habseligkeiten des Priesters schickte man nach Belgien, wo sie in einem Museum in Tremeloo aufbewahrt werden. Seine sterblichen Überreste wurden 1936 exhumiert und ebenfalls in Belgien (Leuven) beigesetzt. Father Damien, der von Papst Joh. Paul II. 1995 in Brüssel selig gesprochen wurde, wird nicht nur auf Molokai, sondern auch an anderen Plätzen in den USA verehrt. Sein Standbild repräsentiert Hawaii im Kapitol von Washington – neben dem von König Kamehameha I!

Seit 1946 ist die Lepra heilbar, und die Quarantänestation wurde als solche 1969 aufgehoben. Zzt. leben noch etwa 70 ehemalige Kranke auf der Halbinsel, die aber das Recht haben, den Ort jederzeit zu verlassen. Die Zahl dieser älteren Leute, die ihren Lebensabend in der gewohnten Umgebung verbringen möchten, nimmt von Jahr zu Jahr ab; wenn die Letzten gestorben sind, soll Kalaupapa (dessen Gebäude bereits jetzt unter Denkmalschutz stehen) als historischer Nationalpark eingerichtet werden.

Quarantänestation unter Denkmalschutz

Touristen verlassen den Ort wohl selten ohne ein beklemmendes Gefühl. Es leben weder Kinder in Kalaupapa, noch dürfen Personen hierhin kommen, die jünger als 16 Jahre sind. Beim Besuch des so gen. *Leprosarium*, also der alten Quarantänestation, zeigt man Ihnen jene Siedlung **Kalawo**, die unter Father Damien auf der entgegengesetzten Seite des heutigen Ortes bestanden hatte. Dort befindet sich der verwahrloste **Friedhof**, auf dem rund 8.000 Opfer der Seuche begraben liegen, der Pandanus-Baum, unter dem Father Damien die ersten Nächte verbrachte und unter dem er bestattet wurde, die von ihm gegründete **St.-Philomena-Kirche**, eine protestantische Kirche und das **Father Damien Monument**. Nach dem Bau einer Wasserleitung wurde der Ort 1888 auf die westliche Seite verlegt, später kamen moderne Einrichtungen wie ein Leuchtturm, ein Inselflughafen und der so gen. *Ocean View Pavillon* hinzu.

Der Blick von Kalawo zurück auf die Pali-Küste ist sicherlich einer der spektakulärsten, die man auf ganz Hawaii erleben kann. Dass dies auch Hollywood nicht verborgen blieb, beweist u.a. Steven Spielberg in seinen Jurassic Park-Filmen, in denen er diese Kulisse gerne ablichtete.

Ein **Besuch** der Halbinsel unterliegt strengen Reglementierungen. Man darf sich dort nicht frei bewegen, sondern muss an einer Führung teilnehmen, die oft von ehemaligen Patienten geleitet wird. Der **Kalaupapa Trail**, der übrigens nicht identisch ist mit dem Pfad, den Father Damien genommen hat, kann bis zur Basis der Klippen von jedermann begangen werden, spätestens im Ort sollte man dann jedoch seinen Guide treffen. Der Trail startet wenige Hundert Meter vom Parkplatz entfernt links des Highways auf einer Höhe von 488 m ü.d.M.; ab hier geht es dann in 26 Zickzackkurven steil hinab bis auf Meeresspiegelniveau. Für den Abstieg sollte man mit 1½ Stunden, für den Aufstieg mit 2½ Stunden rechnen, die Gesamtstrecke beträgt 6½ km. Da man sich auf der Halbinsel nicht frei bewegen darf und ein Permit des *State Department of Health* benötigt, ist es am sinnvollsten, einen Rundgang mit Führung (ca. 4 Stunden) im voraus zu buchen (z.B. bei *Damien Tours)*, wobei das Permit eingeschlossen ist.

Zu Fuß oder mit dem Maultier?

Wer nicht selbst gehen möchte, kann den Trail auf einem Maultier zurücklegen – eine nicht unbedingt bequemere Lösung! Der Maultierritt muss vorbestellt sein und startet normalerweise um 9.00 Uhr. Fußgänger sollten möglichst früher zu ihrer Wanderung aufbrechen, um mit den Maultierkarawanen nicht zu kollidieren. Eine dritte und sicherlich die bequemste Möglichkeit ist ein Flug mit Kleinflugzeugen vom Molokai Airport nach Kalaupapa. In diesem Fall sorgt *Molokai Mule Rides* bzw. die Fluggesellschaft für das erforderliche Permit. Eine Übernachtungsmöglichkeit auf Kalaupapa gibt es im Übrigen nicht, es sei denn, Sie werden von den Einwohnern eingeladen.

Auf der Rückfahrt vom *Palaau State Park* benutzt man wieder den gut ausgebauten *Hwy. 470 (Kalae Hwy.)*, der einen erneut an Kalae und Kualapuu vorbeibringt. Dabei hat man einen sehr schönen Blick auf das **Kualapuu Reservoir**, das in den 1960ern angelegt wurde und ein Fassungsvermögen von 5,3 Milliarden Liter hat! Es stellt die Trinkwasserversorgung und landwirtschaftliche Bewässerung von Zentral- und West-Molokai sicher. 2½ km danach stößt man auf dem *Kalae Hwy.* auf den *Hwy. 460 (Maunaloa Hwy.)*, der einen nun nach rechts zum Flughafen zurück bzw. nach West-Molokai bringt oder nach links zur 6½ km entfernten Hauptstadt Kaunakakai.

Vom Flughafen zur Westküste

Wer vom Flughafen auf den *Hwy. 460 (Maunloa Hwy.)* einbiegt und in westlicher Richtung fährt, mag von der Landschaft enttäuscht sein: Wo sich sonst auf Hawaii sattes Grün in Tälern und auf steilen Berghängen ausbreitet, ist hier die Natur ausgedörrt und steppenartig, das Landschaftsbild leicht gewellt und eintönig. Und da die Sonne meist gnadenlos vom blauen Himmel knallt, beeilen sich die meisten Besucher, die ca. 25 km zu den beiden Traumstränden an der Westküste *(Popohaku Beach* und *Kepuhi Beach)* möglichst schnell hinter sich zu bringen, wofür man auf der gut ausgebauten Strecke etwa 25 Minuten braucht.

Zu Molokais Westteil

Der Highway steigt vom Flughafen sanft an und führt zu einem Pass unweit des alten Schildvulkans *Puu Nana*, der mit 421 m ü.d.M. die höchste Erhebung dieses Inselteils darstellt. Gut 4 km danach erreicht man den Abzweig der *Kaluakoi Rd.*, die rechts zu den genannten Stränden hinabführt.

Maunaloa

Bleibt man an der Abzweigung auf dem *Hwy. 460*, gelangt man nach 2½ km zum Straßendorf Maunaloa, wo der Highway endet. Das 1923 errichtete Dorf war ursprünglich eine Siedlung für die Arbeiter der Ananasplantagen von *McNeil & Libby*. Etwa 50 Jahre lang versuchten die Firma, die später von der *Dole Company* aufgekauft wurde, und das Konkurrenzunternehmen *Del Monte*, dem trockenen Boden mit intensiver Bewässerung profitable Erträge abzugewinnen, bis 1975 *Dole* und 1982 *Del Monte* die Plantagen aufgaben. Fast alle Einwohner verließen daraufhin Maunaloa und erst einige Jahre später wurde der Ort von Aussteigern und Künstlern, in den 1990er Jahren dann auch von Bauherren für Ferienwohnungen wiederentdeckt. Dabei allerdings hat man gnadenlos die gesamte 'alte' Bausubstanz planiert.

Ehemalige Ananas-plantage

Heute hat Maunaloa wieder einige Hundert Bewohner und verfügt über eine Kirche, eine Schule, einen Supermarkt, eine populäre Imbissstube und die originelle *Big Wind Kite Factory* mit Souvenirshop.

Nach der Stippvisite nach Maunaloa fährt zurück bis zur Abzweigung der *Kaluakoi Rd.* Auf dieser geht es auf die Westküste zu, wobei man schon aus der Ferne den Golfplatz von Kaluakoi als grüne Oase sieht. Das 1977 gebaute und ehemals zum Sheraton-Konzern gehörende *Kaluakoi Resort* ist inzwischen nur noch eine Erinnerung an die weitreichenden Pläne der Tourismus-Industrie. Nur in den Condominium-Anlagen verlieren sich noch einige Besucher. Dabei sind die äußeren Voraussetzungen fantastisch: Zum Westen hin wird das Areal vom wunderschönen und weißsandigen **Kepuhi Beach** begrenzt, der bei ruhiger See zum Schwimmen geeignet ist. Nördlich davon befindet sich ein weiterer schöner Sandstrand, der **Kawakiu Beach**, der die gleichnamige Bucht säumt. Er ist am besten über die Condominium-Anlage *Paniolo Hale* und den Golfplatz erreichbar.

Wenige Unter-künfte

Der Kepuhi Beach

Und weiter südlich, vom *Kepuhi Beach* durch den 33 m hohen Schlackenkegel *Kaiaka Rock* getrennt, erstreckt sich der knapp 5 km lange, 100 m breite und von Kiawe-Bäumen gesäumte **Papohaku Beach**, einer der längsten von ganz Hawaii und sicher auch einer der schönsten. Schade nur, dass die starke Strömung und die hohe Brandung Schwimmen wenig ratsam erscheinen lassen. Zu diesem weißsandigen Bilderbuchstrand gibt es drei öffentliche Zugänge. Der erste ist rechts der *Kaluakoi Rd.* am *Papohaku Beach Park*, wo es auch Picknicktische, Duschen, sanitäre Anlagen und ein Campinggelände gibt.

Bleibt man auf der *Kaluakoi Rd.* (Vorsicht: wilde Truthähne!), hat man nach 800 m über die *Lauhue Rd.* und nach 2 km über den *Papapa Pl.* weitere Anfahrtsmöglichkeiten; Letztgenannte befindet sich am südlichen Ende des Strandes, der wenige Schritte vom kleinen Parkplatz entfernt liegt.

Der Papohaku Beach

Molokais schönste Strände

Wem die 5 Kilometer des Papohaku Beach nicht ausreichen, der kann zu einer Reihe weiterer Strände aufbrechen, die z.T. etwas versteckt liegen. Der letzte öffentlich zugängliche Strand im Süden der Westküste ist der **Kapukahehu Beach**, der von den Einheimischen nach einem Schiff, das hier in den 1920ern auf das Riff auflief, **Dixie Maru Beach** genannt wird. Er liegt gut 3 km vom Papohaku Beach entfernt, verfügt über einen schmalen, aber schönen Sandstrand, an dem man bei ruhiger See gut schwimmen kann. Er ist über die *Poha Kuloa Rd.* zu erreichen.

Diese Straße führt als *Kulawai Loop* auf die *Kaluakoi Rd.* zurück, auf der man anschließend wieder auf das *Kaluakoi Resort* zufährt. Kurz vorher gibt es nach rechts eine weitere Rundfahrtmöglichkeit, wobei einen der *Pa Loa Loop* nicht zum Ufer, sondern durch die Steppe des Inselinneren und ein gutes Stück oberhalb des Hotels zur *Kaluakoi Rd.* zurückbringt.

Schildkröte am Strand von Molokai

9. REISEN AUF LANAI (ⓘ s. S. 181)

Überblick

Inselsteckbrief Lanai	
Beiname:	*The Private Island*
Inselfläche:	361 km² (Länge: 29 km; Breite: 21 km)
Küstenlinie:	75 km
Einwohner:	3.200
Hauptstadt:	Lanai City (3.000 Ew)
Verwaltungseinheit:	County Maui
Höchste Erhebung:	Mount Lanaihale, 1.027 m

In der Rangfolge der größeren Inseln des Bundesstaates steht Lanai mit einer **Fläche** von 361 km² und einer **Einwohnerzahl** von rund 3.200 jeweils auf dem sechsten Platz: Nur die 'verbotene Insel' Niihau ist noch kleiner. Der geringen Bedeutung entsprechend bildet Lanai auch keine eigenständige Verwaltungseinheit, sondern ist wie Molokai dem County von Maui angegliedert. Die Nachbarinseln sind jeweils relativ gering entfernt, so dass man fast von allen Küsten Land sieht: Im Südosten liegt die Insel Kahoolawe, die durch den 29 km breiten *Kealaikahiki Channel* von Lanai getrennt ist, im Osten und Nordosten Maui, das an der engsten Stelle des *Auau Channel* nur 14 km entfernt ist, und im Norden und Nordwesten Molokai, das der ebenfalls 14 km breite *Kalohi Channel* von Lanai trennt.

Kleine Insel mit wenigen Einwohnern

Topographisch ist die Insel von einem ehemaligen Schildvulkan geprägt, der ihr von fern das Aussehen eines gleichmäßig aus dem Meer aufragenden Buckels gibt. Dabei handelt es sich um den Rand eines eingestürzten Kraters (= Caldera), der im *Mount Lanaihale* mit 1.027 m ü.d.M. seine höchste Stelle erreicht, während die Caldera selbst, das so gen. *Palawai Basin*, als etwa 500 m hohes, vorwiegend landwirtschaftlich genutztes Plateau das Zentrum der Insel bildet. Auch die Hauptstadt Lanai City und der kleine Flughafen befinden sich in diesem Kessel.

Wegen der Nachbarschaft der genannten Inseln, die allesamt höher als Lanai sind, fällt hier recht wenig **Niederschlag**, vor allem natürlich im zusätzlich abgeschlossenen Kraterkessel. Rund 750 mm jährlich weist die Statistik aus, von denen der Großteil an der Ostseite niedergeht. Dort findet man auch die wenigen Überbleibsel der ehemaligen tropischen **Vegetation**, während das Landschaftsbild der Insel sonst durch ausgedehnte Ananasplantagen und aufgeforstete Norfolk-Kiefern geprägt ist.

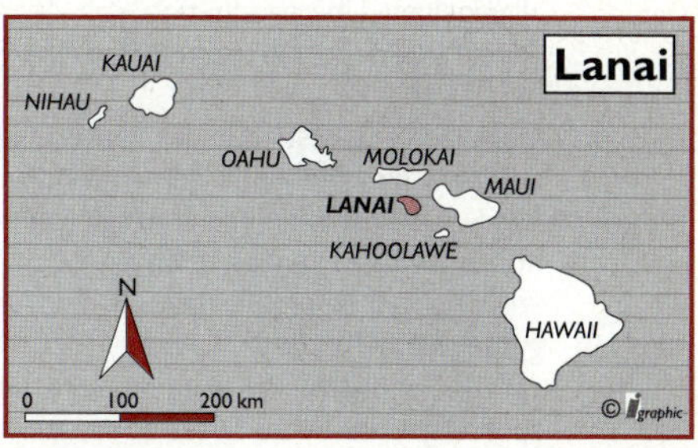

Die **historische** Entwicklung wurde lange Zeit durch den polynesischen Glauben behindert, dass hier böse Geister ihre Heimstätte hätten. Deswegen dauerte es bis ins 14./15. Jh., bis Lanai zum ersten Mal besiedelt wurde, wobei der Legende nach der damalige Pionier, ein gewisser Häuptling *Kaululaau*, die Geister besiegte und dem Spuk ein Ende bereitete. In den europäischen Horizont geriet die Insel vermutlich zum ersten Mal durch *Charles Clerke*, einen von Kapitän *Cooks* Offizieren. Nach vielen Jahrzehnten der Stagnation versuchten die Mormonen in den 1850er Jahren, geistige und wirtschaftliche Impulse nach Lanai zu bringen.

Diese Versuche nutzte das Gemeindemitglied *Walter Murray Gibson* zum eigenen Vorteil, indem er von Kirchengeldern fast die gesamte Insel aufkaufte. *Gibson* (1822-88) – ohnehin eine abenteuerliche Gestalt, die später in mehrfacher Hinsicht auf die hawaiische Politik Einfluss nahm – erwarb sich damit eine riesige zusammenhängende Landfläche, die von ihm und seinen Nachfahren zum Zuckerrohranbau und als Weidegrund genutzt wurde. 1922 wurde das Land für die lächerliche Summe von 1,1 Mio US$ an die *Dole Company* verkauft, die hier ihre landwirtschaftlichen Erfahrungen von Oahu umsetzte und die 'größte Ananas-Plantage der Welt' installierte.

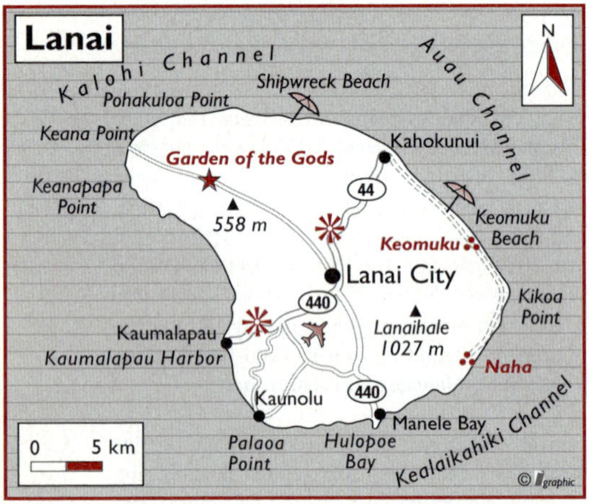

Dieser neue Wirtschaftszweig war es, der bis auf den heutigen Tag das insulare Erscheinungsbild prägte. Damit sind nicht nur die endlosen Ananas-Reihen und die aufwändigen Bewässerungsanlagen gemeint. Sondern auch die 'Hauptstadt' Lanai City, die als gleichmäßig angelegte Siedlung für die Plantagenarbeiter entstand (von denen übrigens rund die Hälfte von den Philippinen stammt). Oder der Tiefseehafen *Kaumalapau*, der einzig für die Ananasexporte gebaut und durch eine Asphaltstraße mit Lanai City verbunden wurde. Seit 1966 ist die Plantage im Besitz des Unternehmens *Castle & Cooke*, das sich angesichts der allgemeinen Überproduktion von Ananas zur Stilllegung einiger Felder und dem Abbau von Arbeitskräften entschließen musste.

Größte Ananasplantage der Welt

Gleichzeitig investierte das Unternehmen (bzw. seine Tochtergesellschaft *Lanai Company Inc.*) jedoch in den **Fremdenverkehr**, der das ökonomische Defizit der Landwirtschaft zunehmend ausgleichen kann. Vor allem, seitdem 1990 zwei Luxushotels ihre Pforten öffneten und den Weg in die Zukunft wiesen: Lanai soll und wird sich zu einer Destination des gehobenen Tourismus entwickeln, in der eine gutbetuchte Kundschaft mehr oder weniger unter sich bleibt und die fantastischen Golfplätze, die Wanderwege und umfangreiche Reit-, Jagd- oder Wassersportangebote nutzt. Diese sonst auf Hawaii nicht mehr anzutreffende Atmosphäre von Abgeschiedenheit und Ruhe wurde auch durch die 'Umbenennung' der Insel deutlich gemacht: Hatte früher Lanai den Beinamen *Pineapple Island,* so wird sie heute *The Private Island* genannt. Der touristische 'Normalverbraucher', der in diese Privatheit einbrechen will, hat die Möglichkeit, Lanai auf einem Tagesausflug (per Flugzeug oder Schiff) kennen zu lernen oder sich in dem einzigen preiswerteren Hotel bzw. in einem der wenigen Ferienhäuser einzuquartieren.

Redaktions-Tipps

- Unterkunft im **Luxushotel** *Four Seasons Resort Lanai at Manele Bay* (S. 515).
- **Strandleben** und **Wassersport** an der Hulupoe Bay (S. 515).
- **Golfen** auf der fantastischen Anlage der *Koele Lodge* (S. 512).
- Tageswanderung oder Jeep-Exkursion über den **Munro Trail** (S. 516f) zum Gipfel des **Mt. Lanaihale**.
- Ausflug mit Mietwagen, zu Fuß oder per Mountainbike zum **Garden of the Gods** (S. 518f).

Die Inselhauptstadt Lanai City und das Palawai Basin

Auf der einen Seite hat kaum ein anderer Ort den Namen 'Hauptstadt' so verdient wie **Lanai City** – lebt hier doch mit über 90 % fast die gesamte Inselbevölkerung. Auf der anderen Seite ist der Name 'City' angesichts von 3.000 Einwohnern nun wahrlich zu hoch gegriffen. Durch die Achse der *Lanai Avenue*, zu der man automatisch kommt, wenn man eine der drei Asphaltstraßen Lanais befährt, ist der Ort klar gegliedert. Von ihr gehen links und rechts Seitenstraßen ab (durchnummeriert von *3rd Street* bis *13th Street;* Nummer 1 und 2 fehlen).

Straßenszene in Lanai City

Wer nun an der *Lanai Avenue* historische Baudenkmäler oder gar irgendwelche Sensationen erwartet, verkennt den Charakter der Insel und ihrer Kapitale. Diese Siedlung, die den typischen Charme einer kleinen amerikanischen Kleinstadt versprüht, wurde in den 1920er Jahren von der *Dole Pineapple Company* für ihre Plantagenarbeiter angelegt, und zwar für damalige Verhältnisse mustergültig. Kleine, einstöckige Einfamilienhäuschen, alle aus Holz, mit bunten Dächern und mit blühenden Vorgärten versehen, flankieren die Hauptstraße, und nur ab und zu unterbricht eine Tankstelle, das *Post Office*, das weiße *Lanai Company Administration Building* oder daneben die *First Hawaiian Bank* das gleichförmige Bild. Sehr angenehm ist die großzügige Bepflanzung mit Schatten spendenden Norfolk-Kiefern, die dem Ganzen einen parkähnlichen Charakter verleiht. Dies trifft insbesondere auf den Bereich des **Lanai City Community Park** zu, der mit Post, *Community Center*, dem oben genannten *Administration Building*, zwei Cafés und zwei Kirchen so etwas wie die gute Stube der Hauptstadt darstellt.

Grüne 'Hauptstadt'

Folgt man der *Lanai Avenue* zum nordwestlichen Ortsausgang (Hwy. 44, Richtung Shipwreck Beach), geht es nach einer scharfen Rechtskurve durch eine herrliche Pinien-Allee und am *Cavendish-Golfplatz* auf das **Luxushotel** *Lodge at Koele* zu, das in sich schon eine Sehenswürdigkeit darstellt. Links vor dem Haupteingang, vor dem Hintergrund eines riesigen Banyan-Baumes, lohnt die kleine, grüne Holzkirche *'Kalokahi Okamalamalama'* einen Besuch, die restauriert und von anderer Stelle hierher gebracht wurde. Heute dient sie dem Hotel als Hochzeitskapelle.

Holzkapelle an der Koele Lodge

Wer die Nobelherberge besichtigen möchte, kann das im Rahmen täglicher geführter Touren tun, aber auch Individualtouristen steht man nicht ablehnend gegenüber. Versuchen Sie, an der Rezeption den *Art Guide* zu bekommen, der die vielfältigen Kunstwerke und Antiquitäten des Hauses erläutert.

Unverzichtbar ist auch ein Spaziergang durch den Garten mit seinen Wasserspielen, Fischteichen, künstlichen Bächen und dem Orchideenhaus.

Das **Palawai Basin**, an dessen Rand sich auch die Hauptstadt befindet, ist im Wesentlichen ein ca. 65 km^2 großes Becken, das als Caldera (also durch den Einsturz eines alten Schildvulkans) entstand, inzwischen aber durch Erosion vielfach überformt ist. Es wurde und wird hauptsächlich landwirtschaftlich genutzt, im Wesentlichen durch den Anbau von Ananas, die wegen eines ausgeklügelten Bewässerungssystems auf dem roten Boden vorzüglich gedeiht. Die einzige Asphaltstraße zum Westen hin, der Hwy. 440 *(Kaumalapau Hwy.)*, durchquert das Bassin in Richtung Kaumalapau Harbor und passiert dabei den **Flughafen**, eine sympathisch-kleine, moderne und von hohen Norfolk-Kiefern umgebene Anlage.

Als wichtigste kulturelle Attraktion hält das *Palawai Basin* für Besucher die Felsritzungen (Petroglyphen) von **Luahiwa** bereit, die allerdings nicht einfach zu finden sind – lassen Sie sich daher vom Mietwagenverleiher oder Hotel den Anfahrtsweg genau beschreiben. Zu den Felszeichnungen gelangt man, wenn man zunächst auf dem Hwy. 441 *(Manele Rd.)* in Richtung Manele Bay fährt, dann (an einem Vorfahrtsschild) nach links in die geschotterte *Hoike Rd.* abbiegt. Fahren Sie bis zum Zaun der Schweinefarm *(Pulawai Hog Ranch)* und an diesem entlang wieder nach links. Wenn Sie ein Bewässerungsrohr erreicht haben, folgen Sie diesem nach rechts, kurze Zeit später geht es links hinauf auf einen Steilabhang. Dort befinden sich in einem kleinen Hain 34 graue bzw. schwarze Steine, die die umfangreichste Sammlung an Petroglyphen auf der Insel darstellen. Man sieht Kreise und andere abstrakte Symbole sowie figürliche Darstellungen, Kanus und Hunde. Das Alter der Petroglyphen ist schwer zu bestimmen, wobei die Abbildung von Pferden natürlich in eine Zeit nach der europäischen Entdeckung weist. Wahrscheinlich sind hier jedoch ältere und jüngere Bilder vereint.

Polynesische Felsritzungen

Ausflug zur Nordküste

Eine von Lanais drei Asphaltstraßen, nämlich der **Hwy. 44** *(Keomuku Rd.)*, führt von Lanai City auf die windige Nordküste zu. Diese 13,4 km lange und sehr kurvenreiche Strecke ist also auch mit normalen Pkw zu befahren; auf dem Weg passiert man zwei vorzügliche Aussichtspunkte, die einmal den Blick zurück auf das *Palawai Basin* und zum andern auf die Meeresstraßen zwischen Lanai und Molokai bzw. Maui freigeben. Kurz vor der Küste endet die Straße, ab hier geht es nur zu Fuß oder mit dem Geländewagen weiter. Der Küstenabschnitt zur Linken, also in nordwestlicher Richtung, wird **Shipwreck Beach** genannt.

Ihren Namen verdankt die ca. 13 km lange Uferstrecke dem Umstand, dass die flachen Gewässer (Riffe) und das oft stürmische Wetter für eine ganze Reihe von Schiffsunglücken verantwortlich sind. Traurige Überbleibsel von Segelbooten findet man als größere oder kleinere Holzplanken am Strand, zusammen übrigens mit einer erklecklichen Menge Treibholz. Daneben sind auch zwei größere Wracks auf dem Riff vor der Küste zu sehen, darunter der Rumpf eines Liberty-Frachters aus dem Zweiten Weltkrieg. Den besten Blick auf das **erste Wrack** hat man, wenn man mit dem Geländewagen oder zu Fuß etwa 1½ km dem Küstenverlauf folgt, bis man auf die Ruinen eines Leuchtturms stößt. Oberhalb der Ruinen sind außerdem noch gut erhaltene alt-hawaiische **Petroglyphen** zu entdecken. Ab hier können abenteuerliche Naturen den Weg auf einer längeren Strandwanderung fortsetzen, wobei sie mit Sicherheit auf allerlei interessantes Treibgut stoßen werden.

Strand mit Schiffswracks

Auf Höhe des **zweiten Schiffswracks** geht ein Pfad zum *'Garden of the Gods'* ab, während etwas weiter der schöne *Polihua Beach* zum Sonnenbaden lockt; Schwim-

Hinweis

Wer vorhat, diese 'große Runde' abzuwandern, also vom Shipwreck Beach *zum* Polihua Beach *und zurück nach Lanai City, braucht dafür einen vollen Tag. Dabei ist es sinnvoll, für die erste Strecke bis zur Küste ein Taxi zu ordern. Denken Sie auch an ausreichend Proviant und Trinkwasser. An stürmischen Tagen ist die Wanderung nicht zu empfehlen, da aufgewirbelter Sand am* Shipwreck Beach *die Sicht behindert.*

men ist jedoch wegen der Riffs und starker Strömungen am gesamten Strandabschnitt zu gefährlich. Auch ab dort kann man auf einem Pfad ebenfalls zum *'Garden of the Gods'* gelangen.

Die Küste, die sich am Ende der Asphaltstraße nach rechts, also in südöstliche Richtung erstreckt, heißt **Keomuku Beach** und ist rund 20 km lang. Erschlossen ist sie durch eine teils sandige, teils geschotterte Piste, die hohe Anforderungen an Fahrer und Geländewagen stellt. Falls Sie vorhaben, diese Strecke abzufahren, fragen Sie vorher nach den Bodenverhältnissen und kalkulieren Sie einen guten halben Tag für den Ausflug ein. Interessant ist die Strecke allemal. Gut 9 km nach Verlassen der asphaltierten *Keomuku Rd.* erreicht man z.B. die 'Geisterstadt' **Keomuku**, die einmal den mit Abstand größten Ort der Insel darstellte. Zum Ende des 19. Jh. lebten hier fast 2.000 Menschen, die auf den Plantagen der *Maunalei Sugar Company* oder in deren Zuckerfabrik arbeiteten. Um das Jahr 1900 musste die Gesellschaft den unrentablen Zuckerrohranbau aufgeben, und auch die Versuche, einen Ersatz mit Baumwolle oder anderen Produkten zu schaffen, schlugen fehl. Die Familie *Gay* übernahm das Areal und baute es zum Zentrum ihrer Rinder- und Schafszucht aus. Aber auch diese Farm gab 1954 auf; die wenigen verbliebenen Einwohner siedelten nach Lanai City um, wo sie bei der *Dole Company* eine Anstellung fanden. Da man in den 1970er Jahren alle Häuser abriss, künden nur noch die baufällige **Malamalama-Kirche** (1903) und die Ruinen der Zuckerfabrik vom vergangenen Leben des Städtchens Keomuku.

Geisterstadt

Gut 3 km weiter südlich erreicht man den Strand des 'Club Lanai', der von Ausflugsbooten aus Maui angelaufen wird. Der Standort trägt den Namen **Halepalaoa Landing**, weil hier früher der Wirtschaftshafen des nahen Keomuku gelegen war. Vorher schon, im Jahre 1829, ging in Halepalaoa die damals 69-jährige Königin *Kaahumanu* an Land, um ihr Volk von den Vorzügen des Christentums zu überzeugen. Der Platz war insofern gut gewählt, als sich hier ein altes Heiligtum, das *Kahea Heiau* befand. Mit den Steinen dieses Tempels baute übrigens die *Maunalei Sugar Company* ihre Fabrik und eine Schmalspur-Eisenbahnlinie auf – wegen der Entweihung waren die Einheimischen deshalb vom wirtschaftlichen Misserfolg des Unternehmens nicht weiter überrascht! Während die Relikte des *Heiau* vor dem 'Club Lanai' aufgespürt werden können, ist dahinter (rechts des Weges) der stimmungsvolle japanische Friedhof einen Besuch wert.

Auf den nächsten 7½ km passiert man zwei weitere *Heiaus* und den hübschen Strand von **Lopa**, der sich zum Sonnenbaden und Surfen, nicht aber zum Schwimmen eignet. In der Nähe sieht man noch die Mauern eines alt-hawaiischen Fischteichs aus dem Wasser ragen, drei andere Teiche liegen unter der Wasseroberfläche. An einem weiteren Strand *(Kahemano Beach)* vorbei geht der schlechte Holperweg und endet schließlich in **Naha**, einem kleinen, von einheimischen Fischern frequentierten Hafen. Auch hier kann man bei Ebbe die Überreste eines alten Fischteiches erkennen, außerdem erinnern ein überwachsener *Heiau* und Relikte eines alten gepflasterten Weges an die polynesische Zeit. Nahas schmaler Strand unter Kiawe-Bäumen ist nicht unbedingt zum Schwimmen geeignet, dafür kann man aber die naturschöne Umgebung bewundern und Strandspaziergänge unternehmen, bevor es auf gleicher Strecke zum Ausgangspunkt zurückgeht.

Naturstrand

Ausflug zur Südküste

Am südlichen Ortseingang von Lanai City biegt die asphaltierte, gut 12 km lange *Manele Rd. (Hwy. 441)* vom *Kaumalapau Hwy.* (Flughafen) ab. Auf den ersten 3,7 km führt sie schnurgerade durch das landwirtschaftlich genutzte *Palawai Basin*. Danach verlässt die Straße den Kessel und steigt am Hang hinauf; wo sie eine scharfe Linkskurve beschreibt, zweigt rechts die *Kaupili Rd.* ab, die einen nach Kaunolu bringt *(s.u.)*. Wenige Hundert Meter weiter führt ein anderer Abzweig zur Linken (am Stoppschild) durch die Felder auf den Munro Trail zu.

Lanais schönste Bucht

Auf der letzten, gut 5 km langen Etappe geht es in Serpentinen wieder hinab und auf die sehenswerten Buchten *Manele Bay* und **Hulopoe Bay** zu. Letztere besitzt den schönsten Strand der Insel, der wegen eines vorgelagerten Lava-Riffs relativ gefahrlos ist und sich ganzjährig zum Schwimmen, Tauchen und für andere Wassersportarten eignet. Etwas oberhalb der Bucht liegt die **Nobelherberge** *Four Seasons Resort Lanai at Manele Bay*, zu der rechts ein Zufahrtsweg von der *Manele Rd.* abgeht. Hier können Gäste auch ihren Wagen parken und über einen kleinen Fußweg zum Strand gelangen, oder man fährt noch ein Stückchen weiter und biegt rechts zum Parkplatz des **Hulopoe Beach Park** ab. Dass der heutige Hotelstandort schon in alt-hawaiischer Zeit besiedelt war, beweisen die Überreste eines *Heiau,* der nun unterhalb des Swimmingpools in die Hotelanlage integriert ist.

Luxushotel an der Manele Bay

Vor allem Schnorchler und Taucher werden an der Bucht ihre helle Freude haben, da einige unterseeische Lavamauern verschiedene Becken *(Tidepools)* gebildet haben – eine Art natürliches Aquarium. Die schönsten dieser **Tidepools** befinden sich am äußeren linken (südlichen) Ende der Bucht, wo man besonders bei Ebbe die Vielzahl der Fische, Muscheln, Krebse und marinen Pflanzen schon mit bloßem Auge beobachten kann. Anhand eines kleinen Informationsheftes (an der Hotel-Rezeption oder am Strand-Kiosk zu bekommen) kann man sich mit Namen und Aussehen der wichtigsten Lebewesen vertraut machen, bevor man sich auf Beobachtungsposten begibt oder die Taucherbrille überzieht.

Durch das legendenumwobene Felsenkap **Puupehe** ist *Hulopoe Bay* von der **Manele Bay** getrennt, in der sich ein kleiner Hafen mit Segel- und Fischerbooten befindet, außerdem legen hier auch die Ausflugsboote von Maui an. Bis zum Bau des *Kaumalapau Harbor* war diese Anlegestelle die wirtschaftliche Nabelschnur zu den anderen Inseln. Wegen des Schiffsverkehrs ist Baden in der Manele Bay nicht möglich, dafür entschädigt der schöne Blick auf die Nachbarinsel Kahoolawe und das nahe gelegene Maui.

Verlassene Ortschaften

Ein weiteres interessantes Ziel im Süden, genauer gesagt am Südwest-Zipfel der Insel, ist das verlassene Fischerdorf **Kaunolu**. Sie erreichen es mit einem Geländewagen, wenn Sie entweder von der *Manele Rd.* oder vom *Kaumalapau Hwy.* auf die unasphaltierte *Kaupili Rd.* abbiegen, die die beiden Straßen in einem weiten Bogen westlich und südlich des Flughafens verbindet. 3½ km hinter dem *Kaumalapau Hwy.* bzw. 4,3 km hinter der *Manele Rd.* geht eine Piste in südlicher Richtung ab, ein Hinweisschild 'Kaunolu' weist ab da den Weg. Der Ort ist von weitem auch an seinem weißen Leuchtturm zu erkennen.

Der Besuch von Kaunolu lohnt sich vor allem aus historischen Gründen. Hier lag einmal ein alt-hawaiisches Fischerdorf, das im 19. Jh. ein bevorzugter Platz von *Kamehameha I.* war, den die guten Angelmöglichkeiten zu seinem hiesigen Sommersitz lockten. Etwas oberhalb der Bucht, also im Nordwesten, sind noch die Überreste des alten **Tempels** *Halulu Heiau* zu sehen. Dieser hatte, wie einige andere Kultstätten auch, die Funktion eines Zufluchtsortes und wurde als solcher zwischen 1778 und 1810 genutzt. Ganz in der Nähe sind gut erhaltene Petroglyphen sowie bizarre, steile Felsen, Höhlen und ein Schutzgebiet für Seevögel weitere Attraktionen. Das Dorf Kaunolu selbst wurde um 1900 verlassen, muss aber einmal eine lebhafte Fischergemeinde beherbergt haben. Rund 80 Hausfundamente haben die Wissenschaftler nachgewiesen.

Munro Trail

Seinen Namen trägt dieser Trail nach dem Neuseeländer *George Munro*, der Anfang des 20. Jh. zur Wiederaufforstung der Insel nach Lanai geholt wurde und hier eine kleine Farm betrieb. Er entdeckte, dass Norfolk-Kiefern wie keine andere Baumart geeignet waren, Niederschläge zu speichern und langsam an die Umgebung abzugeben. Auf ihn geht also die Anpflanzung dieser heute so charakteristischen Bäume (aber auch der Eukalyptus-Bäume) zurück, die aus einem ehemals wüstenhaften Terrain eine blühende, dicht bewaldete und vor weiterer Erosion geschützte Landschaft gemacht haben. Die schönsten Beispiele dafür sind auf eben jenem Munro Trail zu sehen.

> **!!! Achtung**
>
> *Der Trail führt durch ein waldreiches Gebiet, in dem oft gejagt wird. Wanderer sollten deshalb helle Kleidung tragen und sich vorher erkundigen, ob Jagdaktivitäten stattfinden. Nach Regenfällen sei Autofahrern geraten, sich beim Mietwagen-Verleiher vorher über die Bedingungen zu erkundigen, oft machen dann nämlich tiefe Pfützen und Schlammlöcher ein Befahren des gesamten Trails unmöglich.*

Der Wanderweg, der einem alten Maultierpfad folgt und bei guten Wetterverhältnissen auch von Mountainbikes und Geländewagen befahren werden kann (eine sehr holprige Angelegenheit!), benutzt den Grat des ehemaligen Vulkankraters und führt bis zur höchsten Inselstelle *(Mount Lanaihale)* hinauf. Je nachdem, ob man ihn in Nord- oder Südrichtung erwandern bzw. befahren möchte, gestaltet sich die **Anfahrt** unterschiedlich. Wer von Süden kommt, also vom *Manele Bay Hotel* oder dem *Hulopoe Beach*, benutzt den Hwy. 440 *(Manele Rd.)*. Nachdem man die Serpentinenstrecke geschafft hat, gelangt man zu einem Stopp-Schild (neben vier gelben Bewässerungsrohren) und biegt hier rechts auf einen schnurgeraden Feldweg ab. Durch Ananasplantagen geht es nun geradewegs auf den Hang des Kraterrandes zu, bis ein kleines Hinweisschild *Munro Trail* nach rechts weist. Am nächsten Schild *(Puu Manu)* hält man sich links und kann sich von nun an nicht mehr verfahren.

Auf dem Munro Trail

Diese Wegbeschreibung ist für Selbstfahrer gedacht, die den Munro Trail mit dem **Geländewagen** befahren möchten. Wanderer sollten sich mit dem Taxi hierhin bringen lassen.

Leichter ist der Trail an seinem Nordende zu erreichen. Dabei verlässt man Lanai City über den Hwy. 44 *(Keomoku Rd.)*, an der Koele Lodge vorbei. Nach 2,4 km geht nach rechts ein asphaltierter Weg zum Friedhof. Nach etwa 400 m führt der inzwischen unasphaltierte Weg nach links und durch einige Eukalyptus-Haine. Nachdem man eine kleine Nebenstraße zur Linken passiert hat, windet sich der Trail nun steil (und für Fahrer sehr holprig) am Rand der Caldera nach oben. Durch dicht bewaldetes Gelände, in dem Wildblumen, Baumfarne, Ironwood, Eukalyptus-Bäume und besonders Norfolk-Kiefern anzutreffen sind, gewinnt man immer weiter an Höhe und hat nach 6½ km einen wunderschönen Blick auf Lanai City und die alte Caldera des *Palawai Basin*.

Zum höchsten Punkt der Insel

Nach weiteren 2,1 km ist der höchste Punkt am *Mount Lanaihale* (1.027 m ü.d.M.) erreicht. Hier oben ist es spürbar kühler als im Tal, und oft ziehen graue Wolken über die Baumgipfel, um kurz danach wieder blauem Himmel zu weichen. An schönen Tagen geht der Blick weit über die hawaiische Inselwelt, man sieht Oahu, Molokai und den *Haleakala-Krater* von Maui, im Winter ist am Horizont sogar die Schneekuppe des *Mauna Kea* von Big Island zu erkennen.

Wanderer sollten nun zum Ausgangspunkt zurückkehren, da der Endpunkt des Munro Trail auf der anderen Seite inmitten von weitläufigen Ananasplantagen liegt. Insgesamt hat der Munro Trail eine Länge von knapp 12 km, der Zeitaufwand beträgt für geübte Wanderer etwa 7 Stunden.

Ausflug zum Garden of the Gods

Für den Ausflug zum Naturphänomen des 'Garden of the Gods' benötigt man erneut einen geländegängigen Wagen oder ein Mountain Bike. Der **Anfahrtsweg** beginnt in Lanai City, und zwar an der Koele Lodge. Wenn Sie hier der Asphaltstraße nach links folgen (Hwy. 430), kommen Sie nach wenigen Hundert Metern zu den Tennisplätzen, vor denen ein Weg links abbiegt. Auf diesem passieren Sie auch die Reitställe der Lodge und erreichen anschließend eine Kreuzung, an der Sie nach rechts fahren.

Landschaftliches Highlight

Nun sind Sie auf der *Polihua Rd.*, die schnurgerade an Rinderweiden, Zuckerrohr- und Ananasfeldern vorbei nach Nordwesten führt, immer in gehörigem Abstand zu einem Ausläufer des Kraterrandes zur Rechten. Auf der sandigen Schlaglochpiste erreichen Sie zunächst einige Viehgatter (Durchfahrt erlaubt) und das ausgedehnte Waldgebiet der **Kanepuu Reserve**, einen so gen. *Dryland Forest*. Dem Neuseeländer *George Munro (s.o.)* ist es zu verdanken, dass hier ein Stück jener ursprünglichen Vegetation erhalten wurde, die einstmals ganz Lanai bedeckte.

Botanisch Interessierte stoßen in diesem Hain auf etwa 48 einheimische Spezies, u.a. auf das rar gewordene Sandelholz, auf lokale Olivenbaum-Arten und auf die seltene Gardenien-Art *Morning Glory*.

Wunderwelt des 'Garden of the Gods'

Ein Stückchen weiter, insgesamt 10 km hinter Lanai City, sind Sie am so gen. **Garden of the Gods** angelangt. Dabei handelt es sich um ein rotsandiges, wüstenhaftes Plateau, auf dem Gesteinsblöcke und Lavabrocken über Jahrtausende von Wind und Wetter abgeschliffen und wie Riesenmurmeln platziert worden sind. Das bizarre Erlebnis versuchten in der Vergangenheit Touristen noch zu steigern, indem sie kleinere Steine pyramidenartig auf die vorhandenen legten.

Die Anwesenheit der Götter verspürt man besonders, wenn man an diesem reizvollen Ort bei Sonnenauf- oder noch besser bei Sonnenuntergang verweilt. Die schrägen Sonnenstrahlen verwandeln dann das Areal in ein tiefrot bis hellgolden erstrahlendes Naturwunder. War der Weg bis hierhin schon nicht einfach, so sind die Pfade, die vom *Garden of the Gods* in Richtung Meer führen, noch eine Spur schlechter. Am ehesten für Geländewagen geeignet ist dabei der *Kaena Trail*, der nach einer Weile links abzweigt und am **Kaena Point** endet. In der Nähe sind dort die spärlichen Überreste des ehemals größten Tempels der Insel *(Kaena Heiau)* ausgegraben.

Ein anderer Trail *(Polihua Trail)* geht an der Abzweigung geradeaus zum **Polihua Beach**, einem herrlichen, weißsandigen und von Dünen gesäumten Strandabschnitt. Der Name *(poli* = 'Bucht', *hua* = 'Eier') weist darauf hin, dass hier die Seeschildkröten ihre Eier im Sand vergraben. Die starke Strömung an diesem Strand macht Baden allerdings zu einem Risiko. Ausdauernde Wanderer können vom *Polihua Beach* zum 13 km entfernten *Shipwreck Beach* gehen und kommen dabei an steilen Küstenabschnitten, Höhlen und einem Leuchtturm vorbei. Da die Strecke allerdings nicht für Wagen geeignet ist, muss die Anfahrt oder Abholung vorab geklärt werden.

Fantastischer Dünenstrand

Ausflug zur Westküste

Zwar ist die Westküste ab Lanai City durch den 22 km langen Hwy. 440 *(Kaumalapau Hwy.*, die beste Asphaltstraße der Insel) leicht zu erreichen, ist aber ansonsten unzugänglich und bietet Besuchern keine außergewöhnlichen Erlebnisse. Dieser Ausflug sei also nur der Vollständigkeit halber erwähnt. Der landschaftlich reizvollste Teil des Highways beginnt kurz hinter dem Flughafen, wenn es aus dem *Palawai Basin* hinauf auf den alten Kraterrand und von dort in einer rund 4 km langen Serpentinenstraße wieder hinabgeht, begleitet von schönen Panoramablicken auf die westliche Küstenlinie.

Die Straße endet am **Kaumalapau Harbor**, einem kleinen Industriehafen, der 1926 für die Frachtschiffe der *Dole Pineapple Company* errichtet wurde. Wegen des Schiffsverkehrs ist Schwimmen und jede Form von Wassersport hier nicht erlaubt. Südlich des Hafens schiebt sich eine bis zu 380 m hohe Steilküste *(Pali Kaholo)* bis unmittelbar an den Pazifik. Zum Norden ist die Küste weniger steil, aber immer noch überaus interessant, so dass sich die Teilnahme an einem **Bootsausflug**, der von Maui aus und manchmal auch von den beiden Luxushotels angeboten wird, unbedingt lohnt.

Hafen und Steilküste

Dabei sieht man tiefe, von der Meeresbrandung ausgewaschene Höhlen sowie enge Täler, die sich in die Hänge des *Mount Lanaihale* eingeschnitten haben. Besonders interessant sind jene beiden Felsnadeln von **Nanahoa**, die sich steil aus dem Meer erheben und Heimat vieler Seevögel sind; sie konnte man bereits vom Lookout oberhalb des Kaumalapau Harbor erkennen. Der Legende nach handelt es sich bei den Felsen um ein Ehepaar, das versteinert wurde, nachdem der Mann seine Frau misshandelt hatte.

10. ANHANG

Hawaiisches Wörterbuch

Im Folgenden sind einige hawaiische Wörter aufgelistet, die Ihnen in Orts- und Flurnamen, im Inselalltag oder in historischen Zusammenhängen häufiger begegnen werden. Wenn man ihre Bedeutung kennt, kann man vielen Silbenkombinationen einen Sinn geben und z.B. darauf stoßen, dass *Ala Moana* Straße am Meer heißt.

aa	harte Lava
ae	ja
ahi	Thunfisch
aikane	Freund
ala	Straße, Weg
alii	König, Häuptling, adelig
aloha	guten Tag, auf Wiedersehen, alles Gute
aumakua	Familie
aole	nein
halau	Hula-Schule
hale	Haus, Gebäude
hana	Bucht, Arbeit
haole	Weißer, Fremder
haupia	Pudding aus Kokosmilch
heiau	Tempel, Kultstätte
hoku	Stern
holomu	langes Kleid
huhu	verärgert
hula	hawaiischer Tanz
hulu	Feder
ilio	Hund
imu	traditioneller Erdofen
ipo	Freund/in, Geliebte/r
kahuna	Priester, Zauberer
kai	Meer
kamaaina	Einheimischer
kane	Mann
kapa	Baumrindenstoff
kapu	Verbot, Tabu, heilige Stätte
keiki	Kind
kokua	Hilfe
komo mai	willkommen
kona	westlich, windabgewandte Seite (Lee)
lanai	Balkon, Veranda
lani	Himmel
lei	Blumenkette
limu	Seetang
lomilomi	traditionelle Massage
lua	Toilette
luau	Fest, hawaiisches Festessen
mahalo	danke
mahalo nui loa	vielen Dank
makai	dem Meer zugewandt
malihini	Neuankömmling, Tourist
mana	(göttliche) Macht
manu	Vogel
mauka	dem Meer abgewandt
mauna	Berg
moana	Meer
muumuu	langes hawaiisches Kleid
nene	hawaiische Gans
nui	groß, bedeutend
ohana	Familie
ono	lecker
opu	Bauch, Magen
pahoehoe	'weiche' Lava
pali	Klippe, Abgrund
paniolo	hawaiischer Cowboy
pau	fertig
pele	Lava, Feuergöttin
pili	Gras
pua	Blume
puka	Loch
punee	Bett, Sofa
pupu	Vorspeise, Imbiss
ukulele	hawaiische, 4saitige Gitarre
waa	Kanu
wahine	Frau, Mädchen
wai	Wasser
wiki	schnell
wikiwiki	ganz schnell

Amerikanisch – Deutsch: kleine kulinarische Sprachhilfe

zum Frühstück:

Frühstücksarten

American Breakfast	üppiges Frühstück mit Eiern, Schinken oder Speck, Kartoffeln, Toast, Marmelade u.v.m.
Western Breakfast	amerikanisches Frühstück mit Steak
Continental Breakfast	kleines Frühstück mit Toast oder Croissant, Marmelade und Fruchtsaft

Eierspeisen

boiled eggs	(weich) gekochte Eier
eggs over easy	beidseitig gebratene Eier
huevos rancheros	Eier auf Tortillas mit Chili-Soße
omelettes	Omelettes
poached eggs	pochierte Eier
scrambled eggs	Rühreier
sunny side up	Spieleier

Teigwaren

bagel	festes, ringförmiges Brötchen
biscuit	Bisquit, ähnlich einem Zwieback
coffee cake	leicht süßes Gebäck
cookies	Kekse
Danish pastry	Blätterteigstückchen
English muffin	leicht süßes, halbes Brötchen
French Toast	in heißem Fett gebackenes Weißbrot, 'Armer Ritter'
onion roll	Zwiebelbrötchen
pancakes	Pfannkuchen
raisin bread	Rosinenbrot
rolls	weiche Brötchen
rye toast	Roggentoast
shortcake	Mürbeteigküchlein mit Früchten
waffles	Waffeln
wheat toast	Weizentoast

Beilagen

baked beans	dicke Bohnen in Tomatensoße
bacon	Schinkenspeck
cornflakes	unterschiedliche Getreideflocken
crispies	knusprige Getreideflocken
french fries	Pommes Frites
granola, cereal	Müsli
ham	dicke Scheibe gekochter Schinken
hash browns	geschnetzelte Bratkartoffeln
sausages	Würstchen

Aufstrich

Bologna sausage	Mettwurst
cottage cheese	Hüttenkäse
jam	Konfitüre
jelly	Gelee
peanut butter	Erdnussbutter

zum Dinner:

Vorspeisen (starters/appetizers)

wheat toast	Weizentoast
soup	Suppe (verschiedene Arten)
crab bisque	Krabbencremesuppe
shrimp cocktail	Krabbencocktail
cole slaw	roher Kohl mit Dressing

Hauptgerichte (entrées/main courses)

- Fleisch:

beef	Rind
lamb	Lamm
pork	Schwein
veal	Kalb
prime rib	Rinder-Rippenstück
spareribs	Schweinerippchen
steaks	Steaks

- Steakarten:

sirloin steak	Lendensteak (sehr zart)
tenderloin steak	sehr feines Filet

T-bone steak	Steak mit T-förmigem Knochen
- Zubereitung:	
well done	ganz durchgebraten, 'französisch'
medium	halb durchgebraten, innen rosa
rare	nur außen angebraten, 'englisch'
BBQ (barbecue)	auf dem Grill zubereitet
- Fisch:	
ahi (tuna)	Thunfisch
aku (skipjack tuna)	Bonito
akule (Mackarel)	Makrele
au (swordfish)	Schwertfisch
chowder	Fischcremesuppe
clams	Muscheln
crabs	Krebse
crayfish	Languste
hapu'upu'u (grouper)	Zackenbarsch
kajiki (blue marlin)	Blauer Marlin
kaku (barracuda)	Barrakuda
lobster	Hummer
mahimahi (dorado)	Goldmakrele
mano (shark)	Hai
onaga (red snapper)	Roter Schnapper
ono (wahoo)	Königsmakrele
oysters	Austern
shrimps	Krabben bzw. Garnelen
salmon	Lachs
scallops	Kamm-Muscheln
seafood	Meeresfrüchte
- Geflügel:	
chicken	Hähnchen
duck	Ente
turkey	Truthahn
- Beilagen:	
baked potatoes	Folienkartoffeln
chips	gebratene Kartoffelscheiben
french fries	Pommes Frites
poi	Brei aus Taro-Wurzeln
salads	Salate
vegetables	Gemüse

Nachspeisen (desserts)

brownies	'süße Stückchen'
hot fudge sundae	Eis mit warmer Schokoladensoße
ice cream	Eiscreme (sehr sahnig)
pies/tarts	Kuchen, Torten

im Hotel

baggage	Gepäck
bell captain	Gepäckaufsicht
check in (out)	An-(Ab-)meldung
double	Doppelbett
elevator	Fahrstuhl
front desk	Rezeption
kingsize, queensize bed	besonders große Doppelbetten
(no) vacancy	(nicht) ausgebucht
room service	Zimmerbedienung
single	Einzelzimmer
twin	zwei getrennte Betten

Im Folgenden sind einige Vokabeln aufgeführt, die sich im amerikanischen und britischen Englisch erheblich unterscheiden:

Amerikanisch	Britisch	Deutsch
after	*past*	nach (zeitlich)
aisle	*gangway*	Durchgang
apartment	*flat*	Wohnung
baggage	*luggage*	Gepäck
billion	*milliard*	Milliarde
booth	*kiosk*	Kiosk
to call	*to ring up*	anrufen
can	*tin*	Konservendose

candy	*sweets*	Süßigkeiten
check	*bill*	Rechnung
closet	*cupboard*	Schrank
comforter	*eiderdown*	Daunendecke
cookies	*biscuits*	Plätzchen
cop	*policeman (bobby)*	Polizist
corn	*maize*	Mais
date	*appointment*	Verabredung, Termin
diaper	*nappy*	Windel
drugstore	*chemist*	Drogerie
elevator	*lift*	Fahrstuhl
fall	*autumn*	Herbst
faucet	*tap*	Wasserhahn
first floor	*ground floor*	Erdgeschoss
first name	*Christian name*	Vorname
to fix	*to repair*	reparieren
flashlight	*torch*	Taschenlampe
freeway	*motorway*	Autobahn
french fries	*chips*	Pommes Frites
gas (gasoline)	*petrol*	Benzin
grain	*corn*	Weizen
guy	*chap*	Kerl
hood	*bonnet*	Motorhaube
icebox	*refrigerator*	Kühlschrank
kid	*child*	Kind
last name	*surname*	Nachname
line	*queue*	Schlange
long distance call	*trunk call*	Ferngespräch
mail	*post*	Post
movie	*cinema*	Kino
observatory	*view tower*	Aussichtsturm
one way ticket	*single ticket*	einfache Fahrt (Fahrkarte)
pants	*trousers*	Hose
pavement	*road surface*	Straßenbelag
purse	*handbag*	Handtasche
round trip ticket	*return ticket*	Rückfahrkarte
sidewalk	*pavement*	Bürgersteig
stick shift	*gear stick*	Schaltknüppel
store	*shop*	Geschäft
streetcar, trolley	*tram*	Straßenbahn
subway	*underground*	U-Bahn
tenderloin	*undercut*	Rinderfilet
third floor	*second floor*	zweiter Stock
thread	*cotton*	Baumwolle
trailer	*caravan*	Wohnwagen
truck	*lorry*	Lastwagen
trunk	*boot*	Kofferraum
underpass	*subway*	Fußgängerunterführung
vacation	*holiday*	Ferien, Urlaub
vest	*waistcoat*	Weste
wrench	*spanner*	Schraubenschlüssel
zip code	*postcode*	Postleitzahl

Literatur

Der besondere Reiz des Archipels mit seiner Landschaft, seinem Klima und seinen Einwohnern faszinierte immer wieder Autoren von Weltrang. Aus einer ganzen Reihe berühmter Schriftsteller, die sich in der einen oder anderen Weise mit Hawaii auseinandergesetzt haben, sollen an dieser Stelle nur folgende genannt werden:

- ***Herman Melville*** (1819-91): Der New Yorker, dessen besonderes Interesse der Seefahrt galt, begleitete von 1841 bis 1843 verschiedene Walfangschiffe und lernte dabei den gesamten Pazifik kennen. Natürlich legte er auch in der Hauptstadt Lahaina und im aufstrebenden Honolulu an, wo er Hilfsarbeiten annahm. Die besondere Atmosphäre jener Zeit verdichtete er in Romane wie *Typee* und *Billy Budd* vor allem aber in *Moby Dick* (1851), durch den Melville zu Weltruhm gelangte. Die Geschichte vom besessenen Walfänger Ahab, der schließlich vom weißen Wal Moby Dick mit ins Grab genommen wird, gilt als Klassiker der Abenteuerliteratur und wurde kongenial verfilmt. Wer die alte Walfängerstadt Lahaina und die Walfang-Museen besucht, sollte sich *Moby Dick* als Urlaubslektüre nicht entgehen lassen.
- ***Mark Twain*** (1835-1910): Als der große amerikanische Schriftsteller noch sein Geld unter dem Namen *Samuel Langhorne Clemens* als Zeitungsreporter verdiente, bereiste er 1866 mehrere Monate lang intensiv die Inseln Oahu, Maui und Big Island. Einerseits beeindruckte ihn die Naturschönheit des Archipels, der ihm als *„die lieblichste Flotte von Inseln, die auf einem Ozean vor Anker liegt"* erschien. Andererseits beschrieb er mit wachem Auge das Erscheinungsbild und das Sterben des alten Hawaii. Seine Erkenntnisse brachte er in vielen Zeitungsartikeln zum Ausdruck sowie in dem Buch *Meine Reise um die Welt* (1898).
- ***Robert Louis Stevenson*** (1850-1894): Abenteuerlust und gesundheitliche Gründe waren es, die den Autor (u.a. *Die Schatzinsel, Dr. Jekyll & Mister Hyde)* aus seiner schottischen Heimat vertrieben. Nachdem er viele Jahre im kalifornischen Napa Valley gelebt und gearbeitet hatte, verbrachte der Tuberkulosekranke die letzten sechs Jahre seines Lebens in der Südsee. Nach Besuchen auf den Marquesas, Tahiti und den Gesellschaftsinseln kam Stevenson mit seiner Frau *Fanny* 1889 nach Honolulu, wo er sechs Monate blieb. In dieser Zeit wurde das Ehepaar zu guten Bekannten von König *Kalakaua* und seiner Schwester *Liliuokalani*. Stevenson besuchte auch andere Inseln des Archipels, u.a. Molokai mit der Leprakolonie Kalaupapa. Nach mehreren Erkältungen segelte Stevenson nach Samoa weiter, wo er sich niederließ. 1893 kam er nochmals nach Honolulu, diesmal für fünf Wochen. Bereits vom Tode gezeichnet, kehrte er nach Samoa zurück und starb dort im folgenden Jahr. Seine pazifischen Erlebnisse verarbeitete der Autor in seinen Südseegeschichten, u.a. in dem großartigen Tagebuch *In der Südsee* (1894-98). Seine letzte Geschichte, *The Master of Ballantrae*, vollendete er in seiner Unterkunft in Waikiki.
- ***William Somerset Maugham*** (1874-1965): Maugham wurde zwar in Frankreich geboren und starb auch dort, wohnte aber seit seinem zehnten Lebensjahr in England und fühlte sich immer der britischen Kultur verpflichtet. Als zynischer, sarkastischer und misstrauischer Gesellschaftskritiker (u.a. *Of Human Bondage*,

1915) bereiste er rastlos die Welt, wobei ihn jene exotischen Metropolen besonders interessierten, in denen er ein vitales Gemisch von Ethnien und Kulturen vorfand. Singapore war solch eine Stadt, aber auch Honolulu, das er 1916 kennen lernte. Seine Beobachtungen dort sind in *The Trembling of the Leaf* (1921) literarisch festgehalten.

▶ ***Jack London*** (1876-1916): Wie Stevenson besuchte auch der in San Francisco geborene Schriftsteller (u.a. *Der Seewolf, Lockruf des Goldes)* zweimal Hawaii – 1907 und 1915 – und wie dieser segelte er mit einer Yacht durch den Pazifik. Der draufgängerische, selbstzerstörerische und politisch aktive London hatte einen wachen Sinn für alles Abenteuerliche und für die Schönheiten der Natur. Seine pazifischen Begegnungen waren für ihn Grundlage der *Südsee-Abenteuer* und *Südseegeschichten.* Besonders beeindruckten ihn die hawaiischen Inseln, über die er in dem Essay *My Hawaiian Aloha* sagte: *„Hawaii ist ein Paradies – und ich werde nie müde, es zu verkünden".*

▶ ***James A. Michener*** (1907-99): Der aus New York stammende Michener, Assistent an der Harvard-Universität, diente während des Krieges auf den Salomon-Inseln im Pazifik. Anschließend lernte er als Korrespondent den gesamten pazifischen Raum kennen und ließ seine Erfahrungen in umfangreiche Romane einfließen (u.a. *Frühlingsfeuer, South Pacific, Die Brücke von Andau, Verdammt im Paradies),* die alle zu großen Erfolgen wurden. Seinen Weltruhm begründete er jedoch mit dem Epos *Hawaii* (1959), das später verfilmt wurde. In ihm wird anhand von Einzelschicksalen die Chronik der Inseln ausgebreitet, wobei jedes der 6 Kapitel einen bestimmenden Abschnitt Hawaiis widerspiegelt. Die Besiedlung der Polynesier, die Ankunft der Missionare und Walfänger, die skrupellosen Geschäftemacher und Großgrundbesitzer, die Anreise und das beschwerliche Leben der Chinesen und Japaner – bis hin zur Geschichte des Zweiten Weltkrieges wird ein Geschichts- und Sittengemälde entworfen, das auf umfangreichen Recherchen beruht. Wem das Werk mit seinen über 1.000 Seiten nicht zu schwer ist, sollte es mit auf die Reise nehmen und an den Originalschauplätzen lesen. Eine informativere und spannendere Urlaubslektüre lässt sich kaum denken!

▶ ***Kiana Davenport***, eine Schriftstellerin hawaiisch-amerikanischer Abstammung, nimmt ebenfalls eine historische Perspektive ein. Ihr Roman ‚Haifischfrauen' (1995 auf Deutsch erschienen) erzählt voller Magie und Sinnlichkeit die Geschichte einer hawaiischen Familie vom 19. Jh. bis zur Jetztzeit, wobei *Davenport* vor allem an den Frauengestalten der Familie interessiert ist. Das umfangreiche Werk (653 Seiten) ist gut recherchiert und sehr spannend.

Stichwortverzeichnis

A

B

C

D

I

J

K

L

M

N

O

P

Q

R

S

T

U

V

Hawaii...und seine Inseln
• Die schönsten Reiseideen
• Individuelle Reiseausarbeitung
• Hotels • Bed & Breakfast
• Mietwagen • Hochzeiten
... einfach schöner reisen
PACIFIC TRAVEL HOUSE
PACIFIC TRAVEL HOUSE
Bayerstraße 95
D-80335 MÜNCHEN
Tel. 089 - 5 43 21 80
Fax 089 - 5 43 21 822
pth@pacific-travel-house.de
Dorfstrasse 78
CH-8706 Meilen/Zürich
Tel. 044 - 925 11 88
Fax 044 - 925 11 80
sales@pacific-travel-house.ch
Besuchen Sie uns auf unserer Webseite:
www.pacific-travel-house.com